當代新儒學叢書

郭齊勇 高柏園
主編

楊祖漢新儒學論文精選集

楊祖漢 著

臺灣 學生書局 印行

當代新儒學叢書序

　　現當代新儒學思潮是從中國文化自身的大傳統中生長出來的、面對強勢的西方文化的挑戰應運而生的、20 世紀中國最具有根源性的思想文化的流派，是在現代中國反思與批判片面的現代性（包括全盤西化或俄化）的思想流派，也是在現代中國積極吸納西學、與西學對話，又重建傳統並與傳統對話的最有建設性與前瞻性的思想流派。這一思潮是非官方、非主流的，其代表人物都是在野的公共知識分子，故深具批判性與反思性，又是專家、學者兼教師，在哲學、史學與教育界等領域有著卓爾不群的建樹。這一思潮發揚中國傳統的人文精神，既有終極性的信念信仰，又不與自然或科學相對立，堅持社會文化理想與具體理性，揚棄工具理性，開啟了 21 世紀中國重釋、重建傳統與批判現代性弊症的文化走向，又延續至今，在中國思想文化界繼續發揮著積極健康的作用。在西化思潮席捲全球、包舉宇內的時代，國人把儒學棄之如敝屣，洋人視儒學為博物館、圖書館，當此情勢下，有現當代新儒家興焉。這一思潮的代表人物正視儒學為活的生命，真正能繼承、解讀、弘揚儒學的真精神，創造性地轉化包括儒家、道家、佛教等思想資源在內的傳統文化，把中華文明的精華貢獻給全人類，積極參與世界與中國現代文明的建構，其功甚偉！所以，這一學派雖然很小，影響力有限，在臺灣也是寂寞的，但因思想深刻，不隨波逐流，值得人們珍視。

　　現當代新儒學思潮形成於 1915-1927 年發生的東西文化問題論戰與 1923 至 1924 年發生的「科學與人生觀」論戰期間。最早的代表人物是梁漱溟、張君勱、熊十力、馬一浮等。以上也可以視為本思潮發展的第一階段。以後的三個階段，時空轉移，頗有意思。第二階段發生在抗戰時期與勝利之後的中國大陸，第三階段發生在 1950 至 1970 年代的臺灣與香港地區，第四

階段發生在 1970 至 1990 年代的海外（主要是美國），改革開放後又由一些華人學者帶回中國大陸。第一階段可以簡稱為五四以後的新儒學（家），第二階段可以簡稱為抗戰時期的新儒學（家），第三階段可以簡稱為港臺新儒學（家），第四階段可以簡稱為海外新儒學（家），改革開放後返輸中國大陸。其代表人物包括三代四群十六人：第一代第一群：梁漱溟、熊十力、馬一浮、張君勱；第一代第二群：馮友蘭、賀麟、錢穆、方東美；第二代第三群：唐君毅、牟宗三、徐復觀；第三代第四群：余英時、杜維明、劉述先、成中英、蔡仁厚。此外，現代新儒家陣營中，還應包括如下人物：陳榮捷、陳大齊、謝幼偉、張其昀、胡秋原等。

隨著對現當代新儒學思潮與人物研究的開展，兩岸三地湧現出一批專家學者及其研究成果。

2015 年，友人、學者高柏園教授與我商量在臺灣學生書局出版當代新儒學叢書事，他提出了本叢書的構想、計畫及兩岸三地的作者人選。當時柏園兄擔任校長職，公務繁忙，諸事請學生書局主編陳蕙文女史籌畫。陳蕙文主編很有眼光，又很幹練，很快寫出本叢書出版與編輯計畫書，全面闡述了出版緣由及具體方案，祈望本叢書的出版，能更進一步闡明現當代新儒家學說，以利儒家思想之傳播，為民族復興盡綿薄之力。

本叢書名為：當代新儒學叢書。叢書主編是高柏園教授與在下。擬收輯臺灣、大陸、香港、海外學者共 30 位。每本字數：25-30 萬字。叢書各冊為論文集形式，各篇論文多寡長短不限，也不論其是否曾經發表出版。每冊書後附作者簡介，與該作者新儒學研究論著目錄。

本叢書各冊擬於 2020 年及以後陸續出版，衷心感謝各位作者及學生書局各位同仁的辛勤付出，懇望得到學術界、讀書界的朋友們的指教！

是為序。

郭齊勇
2019 年夏天於山東嘉祥

當代新儒學叢書序

　　子曰：必也正名乎！今逢《當代新儒學叢書》開始陸續出版之際，正可對「當代新儒學」一名之意義做一說明，並指出其中可能的發展與價值之所在。

　　儒學可大分為三期，其一為孔孟荀為主軸的先秦儒學，其核心關懷是周文疲弊的問題。其二為宋明新儒學，牟宗三先生認為其新有二義，其一是宋明理學之伊川朱子學，此為歧出轉向之新，其二是伊川朱子學之外者，其乃調適上遂之新。宋明儒學的核心關懷是回應佛老在文化與學術上之挑戰，並積極建構儒學自身的學問系統。今日所言之當代新儒學乃是屬於中國哲學史上第三期儒學，其代表性人物有熊十力、梁漱溟、張君勱、唐君毅、牟宗三、徐復觀等人，其核心關懷乃是中國及其文化，在面對西方文化入侵與挑戰之時，如何一方面靈根自植，真實護持中國文化之價值，另一方面遍地開花，對文化、民主、科學等問題，予以全面性、整體性的批判、回應與建構。其實，這樣的關懷並非當代新儒家的專利，也是當代中國人的共同關懷，而當代新儒家之為當代新儒家，乃是對此問題有其特殊的角度與立場，此即是當代新儒學的特質所在，也可以說是當代新儒學的理論性與系統性所在。

　　儒釋道三教是中國文化的主要內容，而三教之為三教在其有各自的教相，也就有其特殊性與系統性，缺少系統性就無法成為一套特殊的立場與教相。當代新儒家的教相或系統性有三個重點：其一是道德的理想主義，理想主義可以有不同型態，而當代新儒家乃是以道德為首出的理想主義。道德的理想主義不但不排除任何客觀知識，反而是要吸收、消化客觀知識，以幫助其道德理想之實現，因此當然不是反智論。同時，道與德乃是對所有人開放

的存在,因此也沒有人有絕對的優位性去宰制他人,反而是尊重每個人對道德的體會與價值的實現,當代新儒家在此排除了良知的傲慢與文化的自大,而是重視對話、溝通與和諧。以道德的理想主義為基礎,當代新儒家特別強調生命實踐之學的重要與必要。道德的理想主義不只是一種理念,更是一種實踐的方向與內容,而此方向與內容也就落在日常生活中加以實現,也就是一種生命的學問,一種生命實踐之學。如佛經所謂「說食不飽」,生命之學不只是知道聖賢之道,而更要成為聖賢,具體真實地善化、實現、圓滿我們的生命。因為生命之學的推動,道德的理想主義才在具體的實踐中彰顯天道性命之永恆與普遍。更進一步,則無論是道德的理想主義或是生命實踐之學,都是在仁心無限的基礎上展開。仁者親親仁民愛物,其心一方面自覺、自在、自由,一方面則以一切存在為其所關懷、參與、與轉化的對象與內容,此即所謂自由無限心。此自由無限心之圓滿境界,即是天人物我合一之學,此義分四層,天是指超越界,說明儒家並非只是侷限在人間世,而保有一定的超越性。此超越性也呈現為一種無限性與絕對性,滿足儒家的宗教性。地則說明人與存在之關係,所謂「萬物皆備於我」、「大人者與天地萬物為一體」,接著強調人與自然、人與環境的本一與合一。本一就存在說,合一就價值說,其本一也。如果只是偏指自然環境,則人便是特指人文社會的存在,也就是文化的內容。孔子盛讚周文之郁郁乎文哉,其實也正是強調人文化成的價值與重要。人固然是活在自然環境之中,然而人也同時活在人文世界、意義世界之中,人是以其傳統文化為其前理解,進而與世界進行溝通與互動。而當代新儒家之重視道德,其實也就是重視文化,重視我們生命不可或缺也無可逃的前理解。這樣的態度並不是一種封閉的命定主義,而是指出歷史文化的必然影響,當我們如是說時,其實也說明我們對歷史文化已有充分的自覺與反省,這也就成為我們由繼承而創造,日新又新的動力與基礎所在。道德是自覺,而理想主義就表現為動力與目標,知行一也。知行無他,即是我之知、我之行,也就是人的主體性與主體自覺之問題。主體並非憑空而至,它乃是在歷史文化與生活世界中,逐步成長的存在。它具有歷程性、開放性與超越性,它是在我們的道德實踐的過程中,逐步形成的價值內

容的創造者與參與者，它具價值義與實踐義。所有的道德工夫修養，皆是依心而發，也就是主體性的自我實現的自覺表現。

孟子讚孔子為聖之時者，今由天地人我合一之學觀之，則當代新儒家除了繼承並發揚傳統文化之價值之外，尤其重視時代的感受與回應。21 世紀的人類文明與宗教問題，這是天；人與環境、自然之關係，這是地；人與社會、家庭之關係，這是人；人與自己的心靈、身心之關係，這是我。我想，面對 21 世紀當代新儒家並未缺席，反而更積極地參與世界的改造與進化。以中華文化、孔孟思想、宋明理學、當代新儒家為前理解，以獨特的思想提供給人類社會，這是我們的責任與義務，也是我們的價值與喜悅。

《當代新儒學叢書》得以出版，要感謝學生書局陳仕華教授的倡議，郭齊勇教授的支持，學生書局陳蕙文小姐與其團隊的努力，以及所有學者的共襄盛舉。叢書的出版一方面是總結成果之豐碩，更重要的是它將成為我們了解儒學之前理解，從而將迎來更令人讚歎的學術文化迴響，人能宏道，非道宏人。且讓我們以豪傑之士自許，雖無文王，而儒學猶興。

高柏園
序於淡江大學中文系
2019 年 8 月 1 日

楊祖漢新儒學論文精選集

目　次

當代新儒學叢書序 ………………………………… 郭齊勇　I

當代新儒學叢書序 ………………………………… 高柏園　III

牟宗三先生對「仁」的詮釋及在「倫理教育」上的涵義 ………　1
哲學的古義與成教——論牟宗三先生對中西哲學會通的看法 ……　15
牟宗三先生對孔子的理解 ……………………………………………　35
徐復觀先生對王陽明哲學的理解 ……………………………………　51
關於牟宗三先生的哲學方法論問題 …………………………………　71
時代與學問——熊先生與牟先生的一次論辯 ………………………　89
牟宗三先生的哲學 ……………………………………………………　103
《文化宣言》論中國文化的宗教精神 ………………………………　127
比較牟宗三先生對天台圓教及郭象玄學的詮釋 ……………………　137
唐君毅先生對朱子哲學的詮釋 ………………………………………　157
儒家思想的超越性與內在性 …………………………………………　185
儒家道德實踐理論新詮 ………………………………………………　205
香港新亞書院的成立對臺港二地新儒學發展的影響 ………………　235
從「否定知識，為信仰留地步」看中國哲學 ………………………　251
比較康德的德福一致論與孔子的天命觀 ……………………………　271
從牟宗三先生康德第二批判的詮釋看康德與朱子的思想型態 ……　293

如何理解中國哲學的思辨性——從伊川、朱子之學說起 313
康德的「外在自由說」與華人社會的發展
　　——對戴震「以理殺人」之說的解答 339
思辨於成德是否必要——敬答黃兆強教授並論讀經問題 357
比較馮、牟、勞三位先生對宋明理學的詮釋——兼論圓教的涵義 369
論唐君毅先生的返本開新說 397
牟宗三先生哲學之貢獻與朱子思想新詮 421
孟子告子之辯的再探討 443
程朱、陸王二系的會通 469
朱子的「明德注」新詮 489
從《生命存在與心靈境界》論述唐先生的一些哲學見解 517
論董仲舒的思想是否為「宇宙論中心」哲學 545
道家的無相原則、審美判斷及超越的合目性原則
　　——牟宗三先生對康德審美判斷的批評與重構 559
牟宗三先生的《圓善論》中所蘊涵的安身立命之道 597
哲學思辨、自然的辯證及道德實踐的動力 625
AI 時代的來臨與人之所以為人的反思 649
論楊澤波教授對牟宗三先生圓善論之批評 671
朝鮮儒學的核心價值及其 21 世紀新意義 693
戴璉璋先生的易學研究 723

附　錄

一、楊祖漢簡介 741
二、楊祖漢新儒學研究論著目錄 742

後　記 753

牟宗三先生對「仁」的詮釋
及在「倫理教育」上的涵義

　　當代熊十力先生一系新儒學的工作成果，一般多注意其儒家形上學義理的建構，及對民主與科學如何能從重德的中國文化生命開出的問題之思考上，對於日常的生活實踐，新儒家予人的印象，似乎是不甚措意的，但其實不然，儒家形上學義理的開發，其目的正是為了暢通道德實踐之根源，使道德行為能真正出現。而所謂天道性命之涵義，是由倫常實踐而體悟到的；若離開了人倫生活的實踐，道德形上學的理論，便立足不穩，或甚至是無從立足。故道德形上學乃是實踐的形上學。形而上之玄思，由倫常生活的實踐而發，並不是由思辨所生。這一對實踐性的重視，是新儒學一特色。既是如此，則當代新儒學之義理雖或涉於玄遠之境，但亦必切於倫常實踐，其對於倫理教育而言，亦應有其啟發，本文擬從此一角度，探討牟宗三先生論仁之意義。

　　本文首先討論道德教育所以會用力多而收效少之故，再探討何者是道德教育的恰當方法。然後引入牟宗三先生對「仁」的詮釋，說明孔子論仁時所採用的啟發、指點，令人反求諸己的方式，是很值得從事倫理教育者參考的。孔子以此方式教人，顯示仁是人的真實生命，有此真實生命之呈現，才能有種種德性行為的產生。本文對於仁的內容意義，亦關連於道德教育問題，作了一些闡釋。

一

　　道德倫理教育，目的是要人成德，但這種教育，似乎十分困難，功效往往不如預期，康德有一段話，道出了其中的癥結：

> 我有一信來自已故的卓越的蘇爾蔡（Sulzer），信中他問我：道德教訓，雖然它含有很多在理性上足以令人信服者，然而它成就的卻甚少，這是何故？……但這答覆也只是如此，即：教師們自己不曾把他們自己的觀念弄清楚，而當他們因著到處收集那「道德的善」之動機而努力去補救其不清楚之缺陷，以便去使他們的醫藥真強有力時，他們卻正破壞了其醫藥。[1]

這是說教授道德的人並不清楚了解道德，他們到處尋找「道德的善」的動機，而這樣作正好破壞了人的德性心。依康德，道德實踐的動力，只有道德法則或尊敬道德法則，人的踐德，只能是為了義務而行，方有真正的道德價值。而若不是只為了義務，只因道德法則而行，而別有動機，如為了功利，為了來生的幸福，或基於理性之圓滿概念而行善，都沒有道德價值。許多從事道德教育的人，確是對為何要有道德，作了許多不恰當的說明，使踐德被理解為「有條件」、「有所為而為」的行為（行善是為了達到人所欲求的某些目的），這樣作，與教人成德之目的正好背道而馳。康德續云：

> 因為最普通的理解亦表示出這意思，即：如果一方面我們想像一種正直底行動，以堅定心靈而作成，毫不計及今世或來世的任何利益，甚至在迫切的需要或引誘底最大試探之下亦不在意，而另一方面，我們又想像一類似的行動，它為一外來的動機所影響，儘管其程度甚低，

---

[1] 康德：《道德底形上學之基本原理》，第二章，引自牟宗三譯注《康德的道德哲學》（臺北：臺灣學生書局，1982年），頁40。

如是,則兩者相較,前者遠超過了後者,而且使後者黯淡無光;它(前者)提升了靈魂,並引發了一個人能如此去行動的心願。甚至不太年輕的兒童亦有此印象,所以一個人決不可在任何別的路向中把義務表象給他們(兒童)。[2]

比較一動機純粹與不純粹的行為,人立可發現,只有前者能提升人的靈魂,及促進人的道德意識,而這動機純粹與否,是普通的人,甚至兒童,都可明白地鑑別出的。

故道德並不能引入別的原則、動機來說明它,它只是一義所當為,沒有別的原因、理由可說。由於沒有其它理由可說,故教人了解道德,除了豁醒人自己的道德意識,使其自知義所當為之外,亦別無他法。上引文康德所提議的知德之方法,是比較善行之動機純粹與否,使人逐漸提升其靈魂,引發無條件地為善之心志。

道德之理,依儒家義,又可曰「天理」。天理一詞,雖表示它是自存於天地間的實理,是形而上之存有,但其根本義,只是由道德意識直下肯定的義所當為。牟宗三先生釋程明道的「天理」義,說:

> 天秩、天序、天命、天討、天倫、天德:這總起來便只是一個天理,是義理之當然。這直下是道德意識,德性生命之所肯認。這天理亭亭當當,平鋪放著,並不容許我們有任何歧出的念頭去想它。故當我們體貼這天理時,直下是一個純淨的道德意識(德性生命)之呈現。這是儒家徹頭徹尾是一道德意識所貫注之道德的莊嚴,這是至真至實的。[3]

說道德之理是天理,是本於人對道德之理之為絕對的、不容懷疑、不須另作

---

[2] 同註1。

[3] 牟宗三:〈宋明理學綜述〉(四)(《人生雜誌》第二十六卷第三期,1963年6月,香港)。後收入牟宗三:《宋明儒學的問題與發展》(臺北:聯經出版事業公司,2003年),頁79。

說明等性質而來之感受，故這是道德意識之至乎其極，亦由此而證道德之理為具絕對普遍性之理。

面對這「天理」，吾人只能直下肯定，不許有任何歧出的想法，這一意義，可從中國人言「天倫」之意義見之，牟先生說：

> 譬如五倫中的父子一倫，這是屬於「天倫」。這天倫不應以社會學的眼光來看它。社會學中無所謂「天」，即無所謂定然必然應然之理；而天倫亦絕非只社會學中的「社會關係」；亦非只生物學中的生物關係。它是一個道德性的天倫，有道德性的實理天理以實之、定之，使其必然如此。這不是科學所能接觸到的。科學的觀點是描述經驗事實，是不過問價值、意義、定然不定然的問題的，它是純事實的實然觀。如果我們從生物學的觀點出發，視父親為生產兒子的生物，早生一點，活久一點，吃多一點，睡多一點，則父慈子孝毫無意義，這根本無所謂天理。……儒家由天理實理肯定天倫，這純粹是一個精誠的道德意識在貫注。這是要直下承當肯認，毫無條件曲折可言的。這裡不能有任何歧出的理由來解說它或解消它。它是最後的。[4]

所謂天倫，即表示這一倫常關係，是有天理貫注其中的，故父慈子孝，兄友弟恭，是定然而無條件的，既是定然而無條件，便不須，亦不可用別的理由來說明它，對此人當下便須肯定，肯定此倫常之理是絕對的。若於此而另作說明，引入種種心理動機以解釋之，便會使天倫之定然而無條件性消失了，而天倫之絕對性亦沒有了。此如上文康德所說，若在別處尋找道德的善之動機，效果只會適得其反。

現在的臺灣社會，無可諱言，是處於一道德倫理的危機狀態中，年輕人情慾氾濫，男女無別，夫妻外遇嚴重，關係不穩，固無論矣；而父母子女兄弟間，所謂天倫者，亦時有逆倫亂倫之慘變，這在以前是很罕見的。所以至

---

[4] 同註3，頁81-82。

此，功利思想盛行，人多利慾薰心，固然是很重要的原因，而人崇尚科學，習慣以經驗實然的態度看人生，對倫常關係中的天理、價值，逐漸忽略，視而不見，這亦有推波助瀾之作用。從此一角度看，宋明以及當代儒學的強調天理，倡言道德的形上學，是很有倫理教育上之意義的。能體悟天理，才能了解道德的純粹與莊嚴，如此方能提振人的生命。故說天理、天道，似乎玄遠深奧，其實是很切於實踐，或甚至是為了實踐之故而說的，此意可於下面一段話見之：

> 恢復天理的尊嚴，才可恢復道德的尊嚴，換句話說：先立天道之尊，人道之尊才得以成立。因此，我們不應視新儒學為純粹的哲學，例如近人論朱子必分列朱子的宇宙論、朱子的人生論等條目，其實都不相干。這學問其實就是內聖之教，成德之教。它同時是道德的，同時亦是宗教的，並非西方哲學中一般的形而上學。他們講天理、實理是直下由其精誠的道德意識而肯認的，是直下就聖人之德化而充其極的，故其講天理實理雖講得那麼深遠玄奧，而其實也是徹上徹下而又那麼平實的。[5]

依此意，儒者言天理之崇高與莊嚴，是由道德意識，即在人相應於無條件之律令而行時所引發，而若對超越之天理知所敬畏，亦會契悟道德法則之無條件性，天道與性命，道德與宗教，是通而為一的。能從道德法則之普遍性而契入天理，了解圓滿的道德境界即是宗教境界，應便是人的德性發展，成德歷程之完成，此一意義，當亦為論道德教育者所肯定的。[6]

---

[5] 牟宗三：〈宋明理學論述〉（五）（《人生雜誌》第二十六卷第四期，1963 年 7 月，香港）。《宋明儒學的問題與發展》，頁 99。

[6] 如郭耳保（L. Kohlberg）所說的「道德發展」，認為道德認知發展可分六階段，序階六為「普遍的道德原則」，但他又認為有第七階段（序階七）的可能，此是宗教性的階段。見所著，單文經譯：《道德發展的哲學》（臺北：黎明文化事業公司，1986 年 6 月），第四篇，頁 371-458。

二

　　由上文的敘述，顯示了求道德與求知識有著不同的進路與方法。要真知德，須從當然之義契入，由義所當為、理所當然處，見到道德法則是定然而無條件的；道德行為，是意志之自我立法，即是自我創發，自由而又自律的，又由此而肯定天理，相信有絕對之天理存在，這些基本上都是由實踐而來的體悟、肯定，若人而沒有道德意識，沒有踐德的感受，是不容易了解上述的意義者。這是由實踐而知，與求知識的認識活動不同。又求知識是往外追求的，希望不斷增加，但若問何謂善，何者是人所當行的道德義務，則是坦然明白地，在此處用不著許多知識，人只要反求諸己，便可得之。你若不反己自證，而順著求知識的方法，在客體、對象處尋求道德法則，是會越找越糊塗的。故為善不能有別的動機。對於天倫之道，亦只可直下肯定，不能有任何歧出的解說，在此處，似乎知識越少越見到此理。你若希望從其他的學理（如從生物學、社會學）來解說倫常關係，是決見不到其中有必然的理存在的。

　　故求道德的方法應是反求諸己的、逆覺的，不同於求知識之為外求的、順取的。如果這一區分不錯，則吾人便可了解，何以孔子論仁，很少用下定義的方式來解說。而大多用啟發、指點的方式，要人反己自證的緣故。以下引牟先生對「仁」之詮釋，以說明此意。

> 仁道之大可知（……），而亦甚親切。故孔子說仁大抵皆指點語也。首先說：「仁而不仁如禮何？仁而不仁如樂何？」又說：「禮云禮云，玉帛云乎哉？樂云樂云，鐘鼓云乎哉？」此即示凡禮樂決不只是一些虛文，必須有真實生命方能成其為禮樂。而仁即代表真實生命也。孔子由許多方面指點「仁」字，即所以開啟人之真實生命也。對宰予則由「不安」指點。親喪，食夫稻，衣夫錦，於汝安乎？宰予說「安」，即宰予之不仁，其生命已無悱惻之感，已為其關于短喪之特定理由所牽引而陷于僵滯膠固之中，亦即麻木不覺之中，而喪失其仁

心，亦即喪失其柔嫩活潑，觸之即動，動之即覺之本心。是已「不安」者即是真實生命之躍動，所謂「活潑潑地」者是也。此處正見仁。然則「安」者正是停滯下來，陷於痴呆之境而自固結也。[7]

仁是禮樂的本源，沒有仁，禮樂即成為虛文，這是解《論語》者之共識。而牟先生對仁，則有進一步的具體規定，他認為仁是人的真實生命，是觸之即動，動之即覺，而活潑潑地者。此真實生命，亦表現為悱惻不安之感，此一對仁的規定，應是很貼切於《論語》中論仁之文義的。如此的規定仁，仁便既是理，亦是心，並非如程、朱所理解的仁只是性理，不是心，亦不是情。又牟先生認為孔子論仁，是用啟發指點的方式說，以這方式說仁，即是肯定仁是人人本有，可當下呈現的，因若非本有，且當下呈現，便不能用啟發、指點的方式來說了。故孔子採取這方式來說仁，便可知孔子認為仁是可當下呈現的。若是，則仁雖然是理，但亦一定是心，亦可說是情。仁心人人本有，是人之真實生命，真正之自己，但在平時，被私欲障蔽了，而若能反求，而體會自己不麻木之悱惻之感，便可得之。若依孔子此一義理方向以言道德教育，則道德的教育並不重在使人增加一些本來沒有的知識，而是要啟發人，使人能將本有的道德心實現出來。牟先生續云：

> 孔子指點仁正是要人挑破此墮性固結之安，而由不安以安於仁也。故重憤啟悱發。有憤始啟，有悱始發。……無論他動之啟發，或是自動之啟發，皆須有憤悱作根據。而憤悱即是真生命之躍動。推之，一切德性之表現皆由憤悱而出也。憤悱即不安，即是不忍。故後來孟子即以「不忍人之心」說仁，以「惻隱之心」說仁。此雖另撰新詞，而意實相承也。（……）孔子之「學不厭，教不倦」亦不過是真實生命之憤悱之「不容已」。此亦即真實生命之「純亦不已」也。……故由「學不厭教不倦」而啟悟仁智亦自是順適相應而毫無杜撰處。若由字

---

[7] 牟宗三：《圓善論》（臺北：臺灣學生書局，1985年7月），頁258。

面觀之,「教不倦」與仁有何相干?由「教不倦」說仁,可謂全無根據。然此不是字義訓詁之事,乃是真實生命之指點與啟悟之事。「學不厭」是智之表現,亦轉而成其為智;「教不倦」是仁之表現,亦轉而成其為仁。子貢有此生命之感應,故能即由孔子之「學不厭教不倦」而體悟到仁且智也。若非「精誠惻怛」,焉能「學不厭教不倦」乎?故由不厭不倦單體悟仁字亦可也。[8]

由牟先生之詮釋,可以知道《論語》中言仁,何以會是言有多方,似乎無一定意義之情況。孔子是就學生之具體之生命情況,以啟發指點,使其能自覺自己之真生命,而不是客觀地就「仁」這一概念本身來論理。若客觀地論理,便不會有此言有多方,而不易統一的情況發生。孔子就學生(問者)當前之生命狀況來指點,挑破其生命之沈滯固結,以觸發其內在之真生命。若問者之真生命經指點而暢通出來,他對「仁」之意義,便可以喻解。由於問者之現實生命存在情況各有不同,師生談論之機緣有異,因應各具體不同情況,論仁之義便有不同。但由於所被啟發者是人之真生命,是人人一樣的,故雖言有多方,亦有其統一。這不是從字義上得到一概括之統一,而是由真生命被引發後有相同的實踐的感受之統一。雖引發之端不同,真生命一旦呈現,便可有一相同的了解,毫無疑義。[9]他們是在師生的精誠生命感應下,感到自己當下所顯發的,便是普遍的仁道。仁道必須在各個人有憤悱不容已之真切要求下,才能躍然而出,而這在主體中呈現之真生命,雖具體、特殊,又是普遍的。若瞭解孔子在《論語》中言仁,是用啟發指點,要人反己自證,以顯發真生命,洞開實踐行動之源的說法方式,便可對《論語》上論仁,似乎義有多方,不易統一,但孔門師生之間,卻似又有共同之喻解的奇怪現象,有合理的解釋。孔子藉學生之問以引發對方之仁心,不論從哪一方

---

[8] 同註7,頁258-9。
[9] 如孔子回答顏淵及仲弓問仁,一說「克己復禮」、「為仁由己」,一說「出門如見大賓」、「己所不欲,勿施於人」,二說有不同,但兩人聽後,都馬上領會,似乎對「仁」完全了解,都說「雖不敏,請事斯語矣」。(《論語・顏淵第十二》)

面說，都是引發仁心之端倪，發端雖不同，所被引發的本體則是一樣的，故可有共通的理解。由此義牟先生提出了一了解《論語》中所說的仁的途徑：

> 若從字義訓詁觀之，即孔子答弟子之問，亦幾乎無一語是訓詁上相對應者，然而卻皆足以指點仁。此可以獲得體悟仁體實義之門徑矣。原來仁是要超脫字義訓詁之方式來了悟。孔子根本不取此方式，他是從生活實例上「能近取譬」來指點仁之實義，來開啟人之不安、不忍、憤悱不容已之真實生命。仁甚至亦不是一固定之德目，甚至亦不能為任何德目所限定。孔子本人根本未視仁為一固定之德目。恭、敬、忠都足以表示仁，恭、寬、信、敏、惠亦都足以表示仁。「克己復禮為仁」。……凡此等等，如從字面觀之，似乎無一字與仁有關係。（……）然而孔子去正是從這些德與不德，仁者如何如何，不仁者如何如何，來指點仁。仁不為任何一德目所限定，然而任何一德目亦皆足以指點仁。[10]

牟先生說理解仁要超脫字義訓詁之方式來了悟，這是很關鍵性的話，可以說是理解《論語》、理解孔子所說的仁的重要方法。這一意思和上文所說的啟發指點方式，是意義相連的。由於經由啟發指點而呈現憤悱不容已之真生命，而由此真生命，可創發種種德行；此是本體，並不是任何一項德行。從任一德行都可引入、契悟這本體，但這本體並不為任一德行所限。既如此，人固可藉日常生活中任一德行，或事情以契悟仁體，但並不能認為，仁只是這一德行。若執著文義，則仁便被了解為某一德行，並不是引生一切德的本體。這有似於王弼所說的言與意的關係。要了解《周易》所要表達之「意」，固然必須通過《易》之「言」與「象」，但要真正得象，便要忘言，要真正得意，便要忘象。若不能忘言忘象，則「存言者，非得象者也，

---

[10] 《圓善論》，頁 259-260。

存象者,非得意者也。」[11]我們可以說,若不能超脫文義訓詁的方式來理解仁,便是「存文義,非得仁者也。」

又由上文之討論,似可提供一倫理教育的方法論之思考。道德倫理之教育,須從生活實例上來討論,期能引發學生的道德感,不能只從事於知識性的概念、文義的講授。概念的運用,文義的訓解,當然是不能免的,但倫理教育的最終目的是養成德性,這便必須超脫文義訓解的方式,使學生藉文義而有主體之自覺。

三

對於這活潑潑地、憤悱不容已、惻然有所感的仁心之內容及特性,牟先生有很明白的規定及具體的描述,他說:

> 由不安、不忍、憤悱不容已說,是感通之無隔,覺潤之無方。……不安、不忍、憤悱不容已即直接函著健行不息,純亦不已。故吾常說仁有二特性,一曰覺,二曰健。健為覺所函,此是精神生命的,不是物理生命的。覺即就感通覺潤而說。此覺是由不安、不忍、悱惻之感來說,是生命之洋溢,是溫暖之貫注,如時雨之潤,故曰「覺潤」。「覺」潤至何處,即使何處有生意,能生長,此是由「吾之覺」之「潤之」而誘發其生機也。故覺潤即起創生。故吾亦說「仁以感通為性,以潤物為用」。橫說是覺潤,豎說是創生。[12]

以覺言仁,或「以覺訓仁」,是謝上蔡的說法,此說明為湖湘學派胡五峰的弟子所竭力主張,認為人必先有所覺,才能真正用力施功為仁。上蔡的說法,本諸程明道以「渾然與物同體」及「不痿痺」為仁,後來王陽明亦以人

---

[11] 王弼:《周易略例・明象》。
[12] 《圓善論》,頁 260-1。

心之仁是「與萬物為一體」的,可見以「覺」說仁,是一傳統說法。[13]故仁並不只是理的律則,不是一從外加強於自己的規範;仁固然是理,但此理是由人的內在之真實生命自發的要求,人本具有這惻然有所感,不安不忍之情。這是道德的「覺情」,此覺不同於感性的感覺、知覺,此覺是清明的,不呆滯、不昏昧、不自私、不下墮,與天地萬物感通不隔,與一切痛癢相關。所以這覺是理性的、純粹的,而感性之覺,是只能及於一定的範圍,不能如仁心之覺,有無限感通之要求。

此覺既要求無限的感通,自然會親親、仁民、愛物,做不止息的實踐。故牟先生以仁的另一特性是「健」,健行不息。人一旦有仁心之覺,便會生不息不止之實踐,此正是孔子教子貢從「己立立人」、「己達達人」處體會仁之意思,若自己先無所覺,而說希望博施濟眾,那是沒有本源的一時的想法,一定不能久,勉強而行,亦易生倦怠。故孔子教他,須反求諸己,體會自己這欲立欲達,又同時希望立人達人的真實要求,從自己這真實的與人相通不隔處,便可產生源源不絕的德性了。

仁是「以感通為性,以潤物為用」,這一對仁之描述,是很生動貼切的。由這一說法,可知儒家固然是以道德為教,希望人人成德,但這成德之教,並不是以道德來教人。道德是要求自己的事,不能要求人(故曰「君子求諸己,小人求諸人」,「有所不足,不敢不勉,有餘不敢盡。」)人須從自身做起,先使自己的生命真誠,不自私,不墮落。由自己真生命之呈顯,而自然給人關懷,予人溫暖。此所謂潤物也。而不是拿嚴格的道德標準來要求人,甚至責備人。若求諸人,自己的仁心便一定已經消失。而就在這不斷的反己、正己而不求於人的情況下,自己的仁心才得以不斷開顯,而別人的真生命,亦必然得到啟發開悟。而亦不斷呈現。即唯有正己而不求於人,才可感發人,興起人,此是德性生命之奧妙處。而若如此,人我之間便在這精誠相感的情況下,踐德不已。孟子所說的「君子所過者化,所存者神,上下

---

[13] 朱子反對「以覺訓仁」之說,認為「心之德愛有理」才是仁的恰當定義,但如此界定仁,孔子論仁所顯示的活潑潑地、憤悱不容已之意義便被略去了。

與天地同流」（《孟子・盡心上》）說的便是唯以正己為務的有德者，自然感化人於無形之境界。《中庸》所說的「故君子不動而敬，不言而信」，「君子篤恭而天下平」亦是此意。我想，這德化之意義，亦應是德性教育者所須注意的。

由仁心感通潤物的無限制、不止息，人便可體悟到天道之內容意義，牟先生說：

> 綜此覺潤與創生兩義，仁固是仁道，亦是仁心。……此仁心是遍潤遍攝一切而「與物無對」且有絕對普遍性之本體，亦是道德創造之真幾，故亦曰「仁體」。言至此，仁心、仁體即與「維天之命於穆不已」之天命流行之體合而為一。天命於穆不已是客觀而超越地言之；仁心仁體則由當下不安不忍憤悱不容已而啟悟，是主觀而內在地言之。主客觀合一，是之謂「一本」。[14]

牟先生曾以「踐仁以知天」來概括孔子的教訓，及其智慧方向，這是學界所熟知的。他認為從子貢說「夫子之言性與天道，不可得而聞」，可知客觀面之天，並非孔子平日講學之重點，孔子的講學重點，應在於論仁，以開啟人之真生命。但這並不表示孔子輕忽了天道，或甚至否定天道天命之存在。從孔子之言「知天命」、「畏天命」，可知孔子對天是十分敬虔重視的，只是孔子對天，並不用理智來推測，亦不著重向天祈求禱告，而唯是反己踐仁，盡自己所當盡。而當孔子反身踐仁時，從人心的感通無限，便證實了天之所以為天。這對天不肯用理智來推測求知，又不肯在未盡己所當盡時，向天祈求禱告，吾人認為，應是面對上天、尊敬上天之恰當態度，而踐仁，亦應是知天之真實可行之途徑。此處義理曲折，亦容或可有許多不同之意見，本文暫不詳論。而這由仁道之實踐，開啟了知天之途徑之說，從道德教育的角度來看，也是很有意義的說法。此一說法，使人感到人當下的道德實踐，不只

---

[14] 《圓善論》，頁 261-2。

是人之事，同時亦是天道的流行，而超越、絕對、奧秘之天道，可由人之踐德而加以證實，人越踐仁，便越能知天。而這踐仁，既通於天道，則便可有無限發展、進步之可能，此即人由反己自覺所開闢之內在之人格世界，是可無限深廣，永無止境的。這一體會，對於踐德者來說，是會有莫大的鼓舞的。由此便可以提升人之精神，淨化人之生命。而若論道德只及於人生界，以為與天道不相干，便是堵截了靈感之源泉。

哲學的古義與成教——論牟宗三先生對中西哲學會通的看法

對於何謂哲學,一直是一個爭論的問題。有人乾脆認為哲學是「無定義之學」,而認為可用「實指的定義法」列舉歷來一般認為之哲學思考之問題,如形上學、知識論等,而以哲學作為這些學科的總名或總稱,以代替為哲學下定義。[1]但若不能對哲學之為學下一明確之定義,則這門學問便不能有其與其他學問不同之本質、內容,似乎可以人各一說,哲學之意義,隨不同之時代,不同學派者之看法而轉移,這對哲學之研究是很不利的。

牟宗三先生認為,其實中西哲學家對何謂哲學,是有不謀而合處,即是有共識存在的。他在《圓善論》自序中,引用康德所說的對哲學之規定,進而認為康德所說的哲學之古義,實即中國哲人所謂之「教」。吾人認為,牟先生此一說法,使哲學之為「學」,有明確的界說、內容、及目的,這使哲學之研究,有其鮮明之意義,不再有感到其為無定義之茫然之感。而亦可藉此中西哲學之共識,見到中西哲學會通之道。

一、康德所說的哲學的古義

牟先生《圓善論》一書,為的是解決「德福一致」如何可能,此即是思考「最高善」(牟先生所謂的圓善)[2]一問題者。康德說:

---

[1] 見勞思光:《哲學淺說》(香港:友聯出版社,1981年),頁16-18。
[2] 德福一致之為最高善,此最高是最完整、圓滿之意,不同於道德之為最高善之意義。

> 為我們的合理行為底諸格言而去實踐地即充分地（適當地）規定一最高善之理念，這乃是「實踐的智慧論」之事，而此實踐的智慧論，作為一門學問看，復又即是所謂哲學。哲學一詞是取古人所了解之意義。古人以為哲學意謂一種「概念中之教訓」，概念乃即是「最高善已被置于其中」的那概念，並且亦意謂一種「行為中之教訓」，行為乃即是「最高善所因以被得到」的那行為。去把哲學一詞留在其作為一「最高善論」之古義中（就理性努力去使這最高善論成為一門學問而言），這必應是妥善的。[3]

實踐地規定最高善，意即最高善是由人的合理行為（即道德行為）的格準所規定，力求實現之者。這實踐地對最高善作界定，便是「實踐的智慧論」，而此亦即是古人（古希臘人）所意謂的哲學。古人所了解的哲學，是一種使人明白何謂最高善，及如何能達致最高善的教訓。康德認為將哲學保持於此一古義中，是較妥善的。即哲學是「最高善論」。

如此規定的哲學，是以實踐成就最高善，即「德福一致」為其終極目的者，但哲學是一種思辨性之活動，思辨性的學問，如何與這以實踐為目的之哲學定義相關呢？康德續云：

> 因為一方面，「作為一最高善論」這所附加的限制必應適合于那個希臘字（希臘字哲學一詞指表「愛智慧」），而同時它又足以在哲學之名下去擴攝「愛學問」，即是說，「愛一切思辨的理性知識」，所謂「愛一切思辨的理性知識」是就這思辨的理性知識在以下兩方面均可「適用於理性」而言，即，一是在那個概念（即最高善之概念）方面可適用于理性，一是在「決定我們的行為」的那實踐原則方面可適用于理性，而在這兩方面適用于理性卻亦並未喪失這主要的目的（愛智

---

[3] 康德《實踐理性之批判》，〈純粹實踐理性之辯證〉，第一章，見牟宗三先生《康德的道德哲學》（臺北：臺灣學生書局，1982 年 9 月），頁 346-7。引文據《圓善論》（臺北：臺灣學生書局，1985 年 7 月）自序，牟先生此處之譯文稍有修訂。

慧），而單為此主要目的之故，此思辨的理性知識始可叫做實踐的智慧論。

視哲學為「最高善論」，這所加的限制，是合於古希臘人所說哲學是「愛智」之學的意義。依康德意，愛智即是愛能明白何謂最高善之智慧。而如此言哲學，亦可包含「愛學問」之意義。愛學問，即是對一切思辨的理性知識之愛好。但所謂一切思辨的理性知識，依哲學之為最高善論之定義，是有限制的，即是指能在了解此最高善之概念及決定我們的行為，使人所行者是合理的，這兩方面能作出貢獻的理性知識。如此，思辨的理性知識可收攝進來，而思辨的知識有一方向上的決定，並非無所依歸的。這是以成就道德實踐之目的來擁攝思辨的理性知識。

依此義，對所謂哲學家亦是有明確的規定的：

> 另一方面，因著在此定義中（意即在哲學作為最高善論之定義中）執持一個「必十分降低一個人之虛偽要求」的自我估價之標準于一個人之面前而去抑制那「冒險去要求哲學家之稱號（自居為哲學家）」這樣一個人底自大，這必是無害的。因為一個智慧底教師必不只是意謂一個學者（……）；智慧底教師是意謂智慧底知識中之師，智慧底知識之師所函蘊的比一個平庸人所要求于其自己者為更多一點。這樣，哲學如同智慧必總仍然是一個理想，此理想，客觀地說，其被呈現為完整的是單只在理性中被呈現為完整的，而主觀地說，對一個人而言，它只是此人之不停止的努力之目標，而無人能有理由宣稱為實得有之，得有之以冒稱哲學家之名，倘無人能展示此理想之不可錯誤的結果于他自己的人格中以為一範例（即在其自我作主中以及在那「他于一般的善中異常地感有之」的那無疑問的興趣中展示此理想之不可錯誤的結果于他自己的人格中以為一範例），而這一點卻亦正是古人所要求之以為一條件，以為值得有那個可尊敬的（光榮的）「哲學家」之頭銜之條件。

哲學家不同於學者，一般所謂學者並不明瞭最高善，亦不能由實踐以達到之，他亦更不能指導他人以達致最高善。哲學家是智慧的教師，故若能稱得上是哲學家者，一定是因為此人已確實將哲學之為「最高善論」、「實踐之智慧學」的意義體現在自己的生命中，他既能自我作主（即以理性之原則主宰其生命活動），又對一般的善（普遍的善）有異常的、特殊的關心；由是他便可作世人之模範。必如此，人才可以被稱為哲學家。可知依康德意，哲學家是一理想，是沒有人可以自居的。此理想客觀上只有在理性中能完整呈現，在主觀上是人不停止（不懈）的努力之目標。

在康德的其他著作中，亦有與上文相類似的說法，而可與上說相參證的，牟先生曾引述在《純粹理性之批判》中，康德所說的哲學的「宇宙性的概念」，來作補充。所謂「宇宙性的概念」，是「關聯到那『每一個人必然地對之有興趣』者」。[4] 此「每一個人必然地對之有興趣」，當是指一終極之目的。而上文所說的最高善，便是此「終極目的」。即對何謂最高善，及如何能達致最高善，是一個每一個人都會感興趣，都會關心的終極目的。[5]

二、哲學的目的在成教

依上述康德對哲學的規定，則哲學研究，是有定義、有目的、有方向的，而不是一般所以為的沒有定義、漫無邊際的。若哲學是最高善論，而愛智慧之智慧，是就最高善而言，即明瞭及嚮往最高善，謂之有智慧。哲學家則是指能將善體現於己身，使自己的生命活動，能以理性作主，又能作智慧之教師，使人明白至善之所在者。這樣的有明確之目的、方向的哲學，牟先

---

[4] 《圓善論》自序，頁 vii-viii。

[5] 在為其學生所寫的有關他自己（康德）的宗教哲學書之序文中，康德對哲學亦有相類似的規定，即認為哲學是智慧學，是有關終極目的（final end）之理論，而此一終極目的，是一切人所應追求的。（I. Kant, Preface to Reinhold Bennhard Fachmann's Examination of the Kantian Philosophy of Religion，收入 I. Kant, *Religion and Rational Theology*, Translated and edited by A. Wood, Cambridge, 1996, p.333.）

生認為,即是中國傳統所謂之「教」。對於教,牟先生作了以下的規定:

> 籠統方便言之,凡聖人所說為教。即不說聖人,則如此說亦可:凡足以啟發人之理性並指導人通過實踐以純潔化人之生命而至其極者為教。哲學若非只純技術而且亦有別於科學,則哲學亦是教。[6]

按牟先生所謂之教,並不是狹義的宗教之教。宗教強調信仰,而此「教」是要啟發人之理性,由理性之實踐以達理想之人格,這是由自己的理性力量的彰顯而純潔化自己,並不是仰賴一外在之主宰加恩賜福。若對比仰賴一外在之主宰之宗教而言,則此教是「內信內仰」之教,因此教是啟發人本有的理性,而聖人,則為依理性實踐而至其極者,理性及聖人,可以是一信仰之對象,但此對象,並非外於我的。道德理性我固有之,而聖人則是由道德理性自發以求達至的圓滿人格之理想。

牟先生此一對「教」的規定,適用於儒釋道三教,因三教都可以說是以啟發人固有之理性,純潔化人之生命而至其極為教。成聖人、真人或佛,皆是生命之純潔而至其極者。但當然牟生所說的實踐,是以道德實踐為正義。而且是以孟子的學說以規定道德實踐。此即表示善(道德的善)是由本心決定者,此如同康德對善之規定。

若哲學是最高善論,則對善的規定,即何謂善,須以康德之說為合理。牟先生說:

> 哲學之為智慧學(實踐的智慧論)——最高善論,這雖是哲學一詞之古義,然康德講最高善(圓善的善)之可能卻不同於古人。他是從意志之自律(意志之立法性)講起,先明何謂善,然後再加上幸福講圓滿的善。[7]

---

6 《圓善論》自序,頁 ii。

7 同上,頁 ix-x。

最高善（圓善）是德福一致，而此須先決定何謂善，據康德的衡量，對善之規定，以往的說法，都是有問題的。不論是以存有論的圓滿，以人格神上帝之意旨，或以功利來規定善，都不是合理的說法。[8]以上諸說，都是意志底他律，是從對象來規定善。康德主張，善須由道德法則來決定，而道德法則，是意志自己所立的；即由意志之自我立法，給出道德法則，由法則以決定善惡。善惡是純粹實踐理性的對象。[9]

康德由道德法則決定善，和孟子的「仁義內在」，及本心即仁義禮智之說是相同的。牟先生說：

> 我今講圓教與圓善則根據儒學傳統，直接從孟子講起。孟子的基本義理正好是自律道德，而且很透闢，首發于二千年以前，不同凡響，此則是孟子的智慧，雖辭語與思考方式不同于康德。[10]

孟子的基本義理同於康德，且不特此也，孟子之義理型態，是康德理論之更進一步。康德雖肯定意志之自我立法，但此自律自由之意志，康德只能承認其為一設準，即此一意志是必要的假設，但並不能是人之現實之意志。對於現實的意志，只能藉著對於法則之尊敬，壓制感性性好的影響，而接近道德法則。如是則道德實踐之動力是不足的。由尊敬法則而來的實踐，並沒有必然之保證。孟子之言仁義內在，是內在於心，心是本心，此本心是隨時可以呈現的，此心是純粹的，即是仁義禮智，這很明顯即是康德所肯定，但不能承認其可以呈現的自由意志。故孟子學，是相應於康德對善之理解，而又進了一步。

順著這一線索來思考，吾人認為，儒學的要人先呈現本心的作法，是對於明白何謂道德的善的恰當的教法。孔子很少對「仁」下定義，而常以啟發、指點的方式，讓弟子有不安不忍的感受，由此感受，以了解「仁」。孟

---

[8] 見康德：《道德底形上學之基本原則》，第二節。
[9] 見康德：《實踐理性底批判》，卷一，第二章〈純粹實踐理性底對象之概念〉。
[10] 《圓善論》自序，頁 x。

子則說「學問之道無他,求其放心而已矣。」「先立乎其大者」。孔孟都是以觸發人的純粹的道德本心,為講學的重點。他們並不是先為「仁」、「善」下定義,並不先說仁是何種理想之境界,或有何種功效方是仁。即孔孟並不先探究何謂善,而是要先顯道德心。道德心呈現了,則何謂善,何者應為,何者不應為,便朗然明白了。由康德學之對照,可知孔孟之教法,是有義理上之必然性的。善不能由對象決定,必須是由法則決定,法則之給出,必由純粹之自由意志,故自由意志之呈現,是明白何謂善之首要條件。此處康德有所不足,而孔孟之教,正是著眼於自由意志,道德心之如何能呈現,故說這一教法,是有義理上之必然的。可以說,康德的分析之盡頭處,其不及處,正是儒家之教的起點。儒聖在此處雖未必有如康德般的詳細辨析,但對真理有如實之把握,其方向正確,毫無虛幻。

三、感觸是哲學之源

如果將哲學定義為最高善論,則能明善便是哲學智慧之所在。上文所說的孔子之言仁,重在以啟發、指點的方式,觸發人的不安不忍,而不從對象上來說仁,甚至對仁亦不用下定義、運用概念來說明的方式來思考;這是要人當下直截的呈現出能自願為善、自我立法的意志之教法。這對於以明善為哲學目的而言,是非常相應的。因若從運用概念,下定義的方式說,人雖在概念上、思辨上有所掌握,但已從不安不忍、與物感通不隔的仁心呈現之情境中脫離開來,在概念思辨中之主體並非仁心覺情,而仁心覺情之呈現,才是道德價值之根源。故如何顯發出仁心覺情,如何能使人有所感觸,而呈現其仁心,比用概念規定何謂仁,是更為優先的。

是故要人先有所覺,是儒學的首要工夫。牟先生甚至認為,這覺情,是哲學之源。他說:

又〔按指熊十力先生〕謂必有感觸而後可以為人。感觸大者為大人,

感觸小者為小人。曠觀千古，稱感觸最大者為孔子與釋迦。[11]

牟先生對熊先生這一說法作了以下的解釋：

> 人要有感觸，……真正的哲學就在這裡出現，出現了以後，成了一個觀念，或者說成了一個概念，再冷靜下來加以專門的分析、瞭解，那是第二義、第三義以後的事情呀。那是把最初的感受、最初的洞見凝結化。凝結化以後，成一個客觀的論點，這才有分析、研究，有種種的專家學問出來。你這個專家學問成一個論點，就是從那個地方凝結起來。那個地方成為專家研究的論題，這個辯論辯過來，辯過去，以為這是專家之學，是真正的學問所在。實在只是第二義、第三義的講法。哲學的真正的 original meaning，哲學的最根源的意義是在感觸的那個地方。[12]

牟先生此處所謂的感觸，是從對時代的感受說起，再進至仁之為「覺」之義。牟先生認為這感觸及覺情，是哲學的最根源之意義，這可以從上文所說的，由感觸而生起的仁心是價值之根源來理解。有所感，才能明善，而這即是哲學的目的。

這覺情，是哲學智慧的根源，而一般所謂的學問，專家之學，是第二義第三義的，是將這作為本源的感觸覺情凝結後，才產生的。這個說法，對於以為專家之學才是學問的時代偏見，實在作了很好的針砭。專家之學固然重要，但只是源頭之水之凝結，只停留在凝結成冰處用心，而不回到源頭之水上，並不是真哲學，亦不是真智慧。

從感觸而言哲學，人或會以為只是個人的主觀感受，不能成為具普遍性的學問，此一想法其實是不對的，牟先生說：

---

[11] 同上，頁 xv。
[12] 盧雪崑整理，楊祖漢校訂：《牟宗三先生演講錄・伍，實踐的智慧學》第三講（臺北：東方人文基金會，2019 年），頁 37-38。

> 你以為最根源的那個感觸是主觀的個人的。豈知，主觀的就是客觀的，個人的就有普遍性。真正的哲學問題就從這個地方呈現。現在唸哲學的人聽到這種話，以為這不是哲學。……平常每一年開的課程沒有這種學問，因為你所開的課都是根源的洞見出來以後所凝結的。那都是凍結點，凍結成為科學、凍結成為哲學、凍結成為文學，文學中有小說、詩歌。再凍結成李白專家，只知道李白，而不知道杜甫。專家愈專愈小，愈凍結愈小。那個就是一般人所說的學問，那不是哲學。[13]

此感觸雖發自於個人、主體，但有普遍性，牟先生「主觀的就是客觀的，個人的就有普遍性」，說得真是中肯。因這便是純粹的本心、真生命，即是理性本身之呈現，並不是由感性情緒而來的感觸。康德之言自由意志，因不能呈現，故未能進至洞見此活潑潑的本心、感觸處，但如若人間有真正的道德，這即情即理的感觸之存在，乃是必然的。

是故牟先生認為，從凍結處的學問理論，返回去感觸的覺源處，才是哲學：

> 甚麼是哲學呢？我現在告訴你。你要知道那個凍結怎麼來的，你再把那個凍結，那個凝結點融解，化掉它，化成原初的那個流動的水。那個流動的水就是哲學。這句話有很深的 insight。你假定知道這些專門的學問都是凍結凝結點，然後你把那些凍結、凝結點化掉，像冰一樣，把冰再化成水，那麼，這個水才是真正的哲學。真正的哲學靠熊先生所說的那個感觸。[14]

「學問」是那感觸、覺源的凍結，知道那是凍結，於是把凍結融釋，返回到

---

[13] 同上註，頁39。
[14] 同上註。

源頭活水處，便是哲學。牟先生此說，真有其靈感與洞見，他此說，除了根據熊十力先生之實感外，似亦是以康德的批判哲學作準而論說的。康德的三大批判，便是對人生之理性活動所形成的各方面——知識、道德、審美，或說真、善、美——加以反省。若都能給出恰當之衡量，又見其皆出於根源的動力，將這根源的動力重新活出來，這便是哲學。此如前文所說愛智慧函愛學問，愛一切理性的知識之意。由於是對凍結成系統的學問作反省，故其中有理論系統，有概念之思辨，這是哲學作為學問的內容，這些理論系統，概念思辨，便是一般學哲學者所要下工夫的；但不能停在，僵固在這些理論系統中，而要隨時想到這些系統是原初的洞見所凝結，而回到那覺源上去，使生命活潑，心思有躍動。

　　牟先生此感觸為哲學之源，回到此覺源處，才是真正之哲學的說法，先不論其是否合於西方之哲學義，但就中國哲學而言，此確是可通貫孔孟以至宋明儒來說的，儒學成德之教，確是由此實感步步發展出來的。不但是儒者，政治家如諸葛孔明，亦對此義有相應的了解：

> 熊先生說「感觸」是用很普通的話說的啦，假定提到「覺」字的時候，那就是覺源。說到「覺」字，那就是諸葛亮說的兩句話：「惻然有所覺，揭然有所存。」……甚麼叫「揭然有所存」呢？這是中國的聖賢格言。儘管諸葛亮是三國時代的人，隔現在一千多年，但現在還是一樣。這種語脈上下貫通，這就是中國文化的根源，你就從這裡瞭解中國文化。……中國文化在哪裡呢？……對於那些專家看來，中國文化在哪裡呢？你沒有科學，也沒有民主政治。這個民主政治、科學……沒有甚麼了不起的；你要重視創造科學、創造民主政治的那個動力。從覺源這個地方你才能瞭解中國文化，它是一個長江大河源遠流長。哪裡像現在人的看法呢？[15]

---

[15] 同上註，頁 40-41。

惻然有所覺,是這既主觀又普遍之感觸,由此興發種種德性實踐;而揭然有所存,是指這感觸、覺源亭亭當當,不須任何依靠,它本身便具絕對之價值,而可作吾人生命之主。牟先生說:

> 甚麼叫「揭然有所存」呢?存甚麼呢?「揭然」就是昭然若揭,擺在這。「揭然有所存」就是中心有所存主。你不要說我心中存「道」那些東西。如果你說我心中存上帝,那就壞了。昭然若揭,堂堂正正的存在,光光明明地擺在這,中心有主,八風吹不動。……理學家講來講去,講的就是「揭然有所存」這句話。康德《實踐理性底批判》為什麼那麼重視自律道德呢?為什麼講自律道德一定講 free will 呢?你不肯定 free,講道德而不講自律道德,你那個「主」在哪裡?你那個主體性在哪裡呢?就是把你這個「主」挺起來嘛。從內部生命挺起來嘛。這個不是哲學嗎?這才是真正的哲學,他們現在把哲學都變成技術了。[16]

有所存即有所主,而此存主,並不是在心之外另找一個對象以作心中之主,而是此心之本身便是主。這即是挺立起自己,顯出自己的道德主體。這道德主體本身便是絕對價值所在,此即是善,此主體之為善,不是世間任何其他的善的事物可以比擬的。而這便是康德道德哲學的要義所在。善的意志,即此惻然有所覺的仁心,是唯一可稱為善而不加任何限制者。此挺立主體以顯善之所在,正是儒學的綱領命脈。故若以哲學為最高善論,這由感觸而證悟覺源、道德主體之說,是真正的哲學。

而這挺立人之主體,使人見到這真正的自己便是絕對價值之所在,由此而依本心自發的無條件的律令而行,於是便有真正的道德實踐;不已地如是實踐,人便可純潔化其生命而成德。故哲學即是成德之教的「教」。

據以上所引述,牟先生對哲學的規定似有兩方面的意思:一是了解最高

---

[16] 同上註,頁 41-42。

善之所在，嚮往而由實踐以達致最高善，於是可成為一學問系統，此亦即所謂教。二是將學問視作原初洞見、感觸、覺源之凍結，須了解此種種凍結之系統，並融釋而回到原初之洞見，活化此根源性的動力，而這才是哲學。

這兩方面的說法，可看作是上下層之關係。就哲學作為一學問而言，是第一種說法。就哲學之「源」說，是第二種說法。第二說比第一說更為根本。即人必須先有感觸，才能有對最高善之嚮往，並熱切的求實現之。以這感觸、覺源為本，才可真知最高善之所在。成系統的，作為學問理論的哲學，雖是以達致最高善為目的之教，但仍是感觸、覺源之凍結、凝結。

四、仁且智——中國哲學的原始模型

實踐的智慧學即中國傳統之所謂教，而儒家所說的教，最合乎這哲學的古義，因為儒家的教，直接從道德實踐來說。釋、道雖亦有修行，這亦可說實踐，但並不是實踐之最恰當的意義。釋、道的修行，並不是相應於道德意識而起實踐。若儒學最相應於哲學之為實踐之智慧學之義，則儒學之理論，與西方哲學之古義，在內容上應有相通相近處。若從這角度上看，孔子的智慧方向，確是相應於此義之哲學者，牟先生認為，孔子的「仁且智」的思想內容，智慧方向，即顯示了哲學之為實踐智慧學的內容意義，而這亦是中國哲學的原始模型。牟先生說：

> 實踐的智慧學是愛智慧，也愛學問。智慧以「最高善」來規定。「最高善」牽涉到一個概念系統，從概念系統這方面說就是愛學問。所以叫做實踐的智慧學。智慧與學問兩方面合在一起，假定用儒家的詞語表示，再簡單化，簡單化是一個原始的模型，那個原始的模型你可以隨時擴大，把一切東西都裝在裡面。那個模型儒家本來就有。暫時離開德與福這兩面，暫時放一放。先從智慧、學問這方面講愛智慧、愛學問。德、福是整個系統的一個問題。照康德的講法，智慧是以最高善規定。講最高善先瞭解甚麼是善。這是一大套，總起來在希臘名之

曰智慧學,照康德的講法,那就是屬於實踐理性的問題。實踐理性的問題就是德。那麼,在《論語》裡,代表德這方面是仁這個概念。與仁相對的那個概念,在孔子的思想裡面是甚麼呢?是智。孔子的教訓是仁智雙彰。一定兩面都講,光講仁不行呀,光講智也不行,但仁是本。這是一個根源的模型、型範。[17]

當然康德所謂的最高善是「德福一致」,即最完整而圓滿的善。若將最高善嚴格規定在這一意義,則「仁且智」並不必涵對「德福一致」如何可能之討論。對於「圓善」問題之討論,在以往之儒者,並不是一充分意識到之問題,孟子之言「天爵」、「人爵」之關係,已意識及之,但未充分討論。牟先生的「圓善論」是希望根據儒道釋之圓教義理,對此作究竟的解決。這問題本文暫不討論。牟先生上引文即暫時放置有關德福一致之問題,而就智慧、學問之意義來討論。仁即是德,代表善,而智即代表能知善之所在之智慧,亦代表學問。故仁且智總起來,便函愛智慧、愛學問,並以實踐達到最高善(雖則此善未必涉及福的方面)之哲學之內容意義。

在此處我想作一點補充。孔子聖人生命內容所顯示之仁且智,其智是與仁不相離的,這除了是知道善之所在之智外,更表示即是仁之往外通達之智慧之光。此時仁與智相融不分,仁是具智的仁,智是以仁為本質之智。(牟先生曾用「攝智歸仁」「仁以養智」來表示此義。)由於仁是具智的仁,故仁必往外通達,而成己成物,有其大用;又由於智是以仁為本質之智,故此智必是洞見真諦、毫無虛幻之智。此義,可以用孟子之語來說明,孟子讚美孔子為集大成,始終條理,明確規定孔子之生命為仁且智,孟子曰:

> 孔子之謂集大成。集大成也者,金聲而玉振之也。金聲也者,始條理也;玉振之也者,終條理也。始條理者,智之事也;終條理者,聖之事也。

---

[17] 同上註,第六講,頁 124-125。

> 智,譬則巧也;聖,譬則力也。由射於百步之外也,其至,爾力也;其中,非爾力也。[18]

智是始條理,聖是終條理,但孔子以外之聖,如伯夷、伊尹等並不能「始終條理」,即能至,而不能中。唯孔子是仁且智,故其聖是「中」之聖。「中」雖與智有關,智不足,即不能中,但既能中,亦表示其必能「至」。即若中是智之表現,而此智是函至之中,則智不只是智,而亦是仁,而此時仁之至,為函中之至,故又不只是仁。此如上文說「仁且智」中之仁智二者,是相融不離的之意。而此義似可以說是哲學之為智慧學所函之義。即哲學所追求者,是「中」的境界。知最高善所在而又達致之,此即是孔子仁且智之境界。[19]

這仁且智,是原始的模型,孔子對這模型之內容並未有太多的規定,他是決定方向;但順著這智慧的方向,此模型之內容可隨時代之要求而擴大。牟先生說:

> 仁智雙彰,兩方面都一定要有的。這是 original norm,是儒家本來就定下的這麼一個模範。所以,從這個 original norm,隨著問題的牽涉,層面的擴大,時代的發展,它隨時開闊的。原初孔子說得很簡單。[20]

這模型會隨時代之要求而擴大,如「智」的意義,便是如此:

> 智從學來。《論語》頭一篇〈學而第一〉頭一句就說:「學而時習之,不亦說乎。」荀子也有〈勸學篇〉,《禮記》有〈學記〉。這些

---

[18] 《孟子・萬章下》。
[19] 參考牟宗三先生講〈儒家的道德的形上學〉(《鵝湖月刊》第 3 期,1975 年 9 月)。
[20] 同註17,頁 127-128。

都是重要文獻。至宋明理學家出來的時候就講兩種知識：德性之知與見聞之知。德性之知與見聞之知都概括在智的範圍內，智不限於見聞之知，也不限於德性之知，兩方面都有的。宋明儒重視的是德性之知，見聞之知開科學，這方面中國人差。見聞之知的正式化就是科學，儒家不反對見聞之知呀。這都是智的範圍之內的事情。[21]

智可以上下通，往上是德性之知，往下是聞見之知。在以往，是強調德性之知，智必須往上通而與仁合一，智是仁德往外及物之光。智的往上通而與仁合一，牟先生認為這即是智的直覺，亦如陽明所說的良知明覺。智往下開之知性，則是與仁分開的。孔子一生學而不厭，又強調博學於文，當然有運用知性以成就知識之意義在，只是並未充分的正視而突顯之，現在順時代之要求，顯智的知性之性格，正視純粹知性之獨立意義，以開出民主與科學，這便是孔子仁且智的原始模型之隨時代之要求而拓大。

五、中西哲學表達方式之不同

從上述可見中西哲學有共同關心的對象與內容，但中西哲學亦確有很不同的風貌。在表達方式上，便很有不同。西方哲人常說中國哲學作品不清楚，缺乏思辨的成份[22]；其實它是十分清楚的，問題是你能不能有相應的了解，在此處，牟先生區分中西哲學的不同表達方式。牟先生說：

> 在「仁以養智」、「攝智歸仁」這兩句話所決定的實踐智慧學這個「教」的原初模型，儘管就是西方人所說的愛智的那個哲學的古義，但講法不一樣呀，它沒有西方那樣的表達。假如西方那種表達方式我們名之曰 extensional mode of expression，那麼，中國這個表達的方式

---

[21] 同註17，頁128。
[22] 如黑格爾在《哲學史講演錄》卷1，論孔子處，即如此說，Antony Flew 的哲學導論書亦然。

我們正好用一個相應的名詞：intensional mode of expression，那個是外延的表達方式，這個是內容的表達方式。

「外延」、「內容」這兩個字是照邏輯上的使用。這個「內容」你要會瞭解，並不是說孔子講的仁、智把內容都說出來了，而西方人沒有說內容。西方人用概念講，說的內容更確定，……我們說中國的表達方式是內容的表達方式，並不是表示說《論語》、《孟子》這種表達方式能夠充分把內容表現出來。這要有一點邏輯訓練，邏輯上使用這兩個字有一定的意義。所以，我換兩個字也可以。外延的表達方式可以換一個名詞，就是廣度的表達方式；內容的表達方式可以換一個名詞，就是強度的表達方式。用廣度、強度這兩個詞好一點。[23]

西方哲學的表達方式，是運用概念，下定義的方式講，思辨清楚，這方式不用多作解釋。但何以中國哲學用的是內容的，或強度的表達方式？牟先生說：

「學不厭，智也，教不倦，仁也。」這句話很好。「學不厭智也」的意思可以想到。教不倦為甚麼是仁呢？訓詁家找不出理由來。但是孟子就這樣講，孟子並不是做訓詁呀。這是指點語呀。從這個地方指點仁的意義、智的意義。「仁且智，夫子既聖矣。」（《孟子‧公孫丑上》）這是指點聖的意義。同時指點我們實踐智慧學的最原始的規模。這是內容的表達、強度的表達，它不用概念，它用指點的方式講。[24]

所謂內容的、強度的表達方式，就是指點的方式。牟先生以教不倦仁也為例來說明，教不倦和仁似乎是不相干的，這種表達方式並不是運用概念，以另

---

[23] 同註12，第七講，頁154。
[24] 同上註，頁156。

一個與仁相近的概念來說明仁,而是要你從教不倦處作體會,人能教不倦,表示其自家生命中有一股不已地起作用之精神,你體會到這真生命之不容已,你便可以理解仁了。所謂啟發指點,即通過這指點,使你的生命有所感應,你若有所感,則對所謂的仁,自然有所喻解了。故所謂內容的表達方式,是使對方生起對所說者起共鳴、感應的方式。牟先生續云:

> 我們說內容的表達方式,強度的表達方式也同樣清楚明確,就是你瞭解不瞭解的問題。那麼,它通過哪一種方式來呈現它的清楚而明確的意思呢?為什麼說它是強度的呢?這個地方很麻煩呀,講也不好講,把握也不好把握的。但是,意思是一定的。所以,自從孔子提出仁、智,後來理學家的理解大體不算錯的,大體沒有甚麼歪扭。[25]

牟先生此處提示了一個很重要的理解中國哲學的方法。一般常認為中國哲學意思不清楚,那是習於以思辨的方式,概念的方式來看中國哲學的文字,而不能從其中得到啟發,不能有感應,故不能了解。若有感應,便會覺得其中之意義是一定的、明確的,不能有別的解釋。這亦即上文所說的作為哲學之源的感觸雖是主觀的,但亦具普遍性之意。你自身興起了這感觸,自然感到古人要表達的意思。當然,這種感觸,共同的了解,是就成德之教、生命之學問來說。孔孟言仁,道家之言玄理玄智,佛教之般若悲慧,都是生命的學問(或曰「內容的真理」),是人生命中普遍具有的真實生命,故一旦被指點啟發,便有共同的喻解。若討論的是有關對象的知識,則不必能有共同的感受。又現代的中國人,習慣於運用概念、下定義之方式,不容易由古人之文字引發感觸。你自己的感受沒有了,當然對古人一脈相承、大體有共同了解的義理,感到格格不入了。

對於這中國哲學的特殊的表達方式,牟先生續加說明:

---

[25] 同上註。

> 這種方式表現的那種清楚明確,它通過一個甚麼觀念來達到這個意思呢?甚麼叫做強度呢?它是重視這個語脈。我們可通過音調這個字來瞭解,即它有音樂性。凡是音樂性的表達的意思,那個清楚明確好像一個和聲一樣,好像一個諧和的音調。從這個諧和的音調呈現一個甚麼樣的意思,那是一定的,它有一種音調上的感應。這個不能拿概念的那個外延來決定嘛。這也就是說,從音調的感應這個地方來呈現那個意義的清楚、明確。[26]

這內容的表達方式自有其清楚確定性,但不是由概念思辨而來的確定性,而是如音樂般的音調和諧一樣。牟先生指出這點,實在十分重要,可以說是了解中國哲學的重要提示。如論仁,孔子從不安不忍處指點,孟子從惻隱處契入,諸葛亮言惻然有所覺,程明道言渾然與物同體;上下千餘年對仁的了解,若合符節。雖然都不用概念、下定義的方式說,但這些指點、抒發自己實感之言,都指向一個一定的意義,你不能往別處了解。這確如音樂的旋律、和聲一樣,其中之每一音調不同,但聯結起來,是一諧和的整體。故讀中國哲學文獻,須注意文獻的脈絡、氣氛。從樂章主旋律之迴環往復,便可了解其要傳達的意義。

六、結語

以上根據牟先生《圓善論》之自序,及其他有關的講課紀錄,以草成本文,希望能系統介紹牟先生對哲學的定義之看法。由於這一說法在《圓善論·自序》文中表示得稍簡略,故徵引他上課時之講解作補充,旨在介紹,不敢多作引申發揮及評論。

從上文之敘述,可知西方的哲學之古義,與中國所言之教,尤其是儒家道德實踐之教,實不謀而合,由是可予哲學一明確之定義、目的、及研究之

---

[26] 同上註,頁157。

範圍。若哲學可以用「最高善論」及「實踐的智慧學」來規定，則哲學之為學之性格，及與其他學科之不同，便朗然明白。此亦可使哲學成為可學之學科，使初學者不致有漫無邊際、茫無頭緒之苦。此一哲學之古義，西方在康德以後，漸為人所遺忘。當代的西方哲學，牟先生認為，鮮有以最高善為討論之對象者，有號稱顯學，而根本不涉及道德實踐的。此一現象，依哲學之古義來衡量，根本是哲學的墮落。牟先生認為，此哲學的古義，正好保存在中國以往的哲學傳統。中國所言之「教」，正是嚮往最高善，並要通過實踐以達最高善者。而孔子之仁且智，恰好是實踐的智慧學的原始模型，而此原始模型，乃中國文化長久以來的動力所在，若明此義，則若國人仍持「中國並沒有哲學」或「沒有西方所謂哲學」之說者，誠數典忘祖，妄自菲薄之讕言也。

　　從這哲學為最高善論之說，可涉及牟先生許多見解，而這些見解，都是有關中西哲學會通之問題者。如他認為由孟子之言善性、本心，及仁且智之智往上通，可以證明自由意志可以呈現，於是智的直覺在人亦是可能的，人可以知「物自身」界。故依中國哲學，可以「一心開二門」為架構，以言兩層存有論，即由本心、良知明覺開「無執之存有論」，良知明覺所對者為物自身；由知體明覺開知性，知性主體所對者為現象，此為「執的存有論」。牟先生認為康德亦有此兩層，但無執的一層，並不能充分證成。中國哲學的智慧，則往無執處表現，於知識性、現象界處並不能充分正視。此兩層存有論之說，可含攝中西哲學，及指出二者之可能發展及融通之道。西方哲學應進一步肯定本心明覺，如是才能真知德。若中國文化能保有傳統的重德之精神，又由智下開知性，明白純粹知性的作用，成就邏輯、數學、經驗科學；又在客觀的實踐上，建構民主政治，則便會是一「大綜和」，而使人類的哲學、文化精神推進一大步。

牟宗三先生對孔子的理解

一、孔子的思想性格

在熊十力先生一系的新儒家中,徐復觀先生對孔學的理解,較為殊異,他認為熊先生等講的道德形上學,是不合孔子的思想性格的,他說:

> 一切民族的文化,都從宗教開始,都從天道天命開始;但中國文化的特色,是從天道天命一步一步的向下落,落在具體的人的生命、行為之上。……
> 即使非常愛護中國文化,對中國文化用功很勤,所得很精的哲學家,有如熊師十力,以及唐君毅先生,卻是反其道而行,要從具體生命、行為,層層向上推,推到形而上的天命天道處立足,以為不如此,便立足不穩。沒有想到,形而上的東西,一套一套的有如走馬燈,在思想史上,從來沒有穩過。……
> 所以從宋儒周敦頤的太極圖說起,到熊師十力的新唯識論止,凡是以陰陽的間架所講的一套形上學,有學術史的意義,但與孔子思想的性格是無關的。[1]

對於「孔子的思想性格」,徐先生有以下的規定:

---

[1] 徐復觀:〈向孔子的思想性格回歸〉,收入《中國思想史論集續編》(臺北:時報文化出版企業公司,1982 年 3 月),頁 432-433,引文的先後順序與原文不同。

> 論語中許多語言，不是由邏輯推論出來的，不是憑思辨剖析出來的，而是由孔子的人格直接吐露出來的。……我們可以先把握一個基點，……就是與「言」相關相對的「行」。
>
> 孔子說「為仁由己」（顏淵），又說「我欲仁，斯仁至矣」（述而），是他在體驗中已把握到了人生價值係發自人的生命之內，亦即道的根源，乃在人的生命之內。……孔子所志的道，是從行為經驗中探索提煉而來，則學道的人，自必要求在行為中落實貫通下去。……孔子特別重視言與行間的距離，必使言附麗於行，不給言以獨立的地位。不僅要求言行一致，而且要求行先言後。……
>
> 孔子之所謂道，主要是指向生活、行為的意義，由這種意義來提昇人生的價值、使人真成為一個人，亦即論語中的所謂「成人」，所謂「君子」。[2]

平情而論，徐先生的說法是很深切的，說孔子重行，即重實踐，孔子的學說，是從行為實踐中的體悟所引發，而不似西方哲家，由邏輯思辨而建立理論，這些意思都很中肯，不容人反對。這其實也是唐先生等所贊成的。但這從生活行為、人事上的實踐，是否便一定不能有體證形上實體之可能，而由實踐而來的形上學，是否如徐先生所說，是從具體生命行為上推，至天道處立足，這便須要商榷的。

唐先生較早期的著作，如《人生之體驗》，已很明白道出惻怛的仁心，一定引發人這惻怛必即是宇宙心之實感。唐先生說：

> 悲憫！悲憫之情之來臨，如秋風秋雨一齊來，使日月無光，萬象蕭瑟。……我同時發現我心體，並非只是靈明之智慧，我心之大覺之本，不在理之無不通，而在情之無不感。
>
> 我發見我之心體，唯是無盡之情流。……

---

[2] 同上註，分別摘引自頁 434，436，437，438，440。

不忍、不忍，這惻惻然有所感觸之不忍，這一種對于一切生命之無盡的同情，與虔敬的不忍。這非一切言語所能表達，常只在一刹那忽然感受之不忍。這一種無數的生命之情流在交會，彼此照見彼此的悲歡苦樂，欲共同超化到一更高之所在，而尚未達到之際的一種虔敬的同情、這一切生命的深心中的，一種共感的悽顫，共感的忐忑。只能感觸，不能言語表示。……

當一朝人類社會化為真善美之社會，人人有至高的人格之發展，證悟到心體之絕對永恒時，人類當不怕一切，而重為宇宙的支柱，盤古真可謂復生了。

這時縱然太陽光逐漸黯淡，地球亦將破裂，人類知道宇宙由其自心之本體所顯造，心之本體所顯之宇宙無窮，亦可再新顯造另一宇宙。[3]

由這段文字可見把惻隱的本心看作是宇宙心、是絕對永恒之本體，是一種不容自已的肯定。是一種感悟，而不是邏輯的、思辨性的推理。並不是為了找穩固的立足點而說天道天命，而是悲憫不忍之情本身直下便是感通不隔，莫有限制，由此而見此心體是絕對的。唐先生所說的「大覺之本、不在理之無不通，而在情之無不感」，道出了其中的奧祕。這是至情之無不感而來的肯定，肯定此即是天理。徐先生說「行」是孔子思想性格的基點，當然是對的，但這由行、由實踐而引發的悲憫惻隱，則是無所不通，澈上澈下之情，你不能把它封限於現實的人生界，而不許其亦是宇宙之本體。若一定要作此封限，便和這悲憫之情感通無限之性不能相應。

二、踐仁以知天

牟宗三先生在肯定道德的形上學這一問題上，和唐先生是一致的，上述

---

[3] 唐君毅：《人生之體驗》（臺北：臺灣學生書局，1989 年 2 月全集校訂版），第三部〈自我生長之途程〉，頁 229-231。

唐先生由惻怛之仁心體證此心為形上的實在之義,牟先生深表同意,他說:

> 這原始而通透的直悟(按指「道德的形上學」)是以儒聖的具體清澈精誠惻怛的圓而神之境為根據,也可以說是聖人所開發。這是一個絕大的原始智慧,不是概念分解的事。這是中國儒家傳統與德國理想主義底哲學傳統所不同的地方,雖在客觀義理與最後方向上屬同一類型。〔關於這一點,我請讀者參看唐君毅先生《人生之體驗》中〈自我生長之途程〉一文以及《人文精神之重建》中〈孔子與人格世界〉一文。我即從此兩文悟到孔子的精誠惻怛的渾全表現所代表的那原始的智慧,並見到儒家何以一下子即能使實踐理性充其極而澈底完成了那「道德的形上學」,而康德則不能之故。唐先生此兩文都在多年以前發表,前文尤早,尚在抗戰時期。我由此兩文所悟到的意思蓄之已久,今始正式說出,聊作「辯以相示」。(……)讀者於此或可得一眉目〕[4]

由牟先生這段話,可知「道德的形上學」一詞,雖是牟先生正式提出,但此學之義蘊,是唐先生先發的。故唐先生所強調的悲憫不忍之情,是理解此學之關鍵。有這實感,便有可能契入此學。而若言此學者不培養此實感,便會有將此學講成一套思辨理論,與自己身心毫不干涉的危險。

徐先生認為中國文化及孔子思想,是由天道天命步步往下落,落至具體的人之生命行為上,他言下之意,既落至具體的人生,則天道天命便不是孔學的主要內容,或甚至不必說了。徐先生對孔子「五十而知天命」的理解,是認為此時孔子體會到自己生命中的道德法則的先驗與普遍,道德根源於自己的心性,非由外鑠。即他認為孔子所謂知天命,實際是「知性」,知自己

---

[4] 牟宗三:《心體與性體》(一)(臺北:正中書局,1996 年 2 月第十次印行),頁189。

的「本心」。[5]如此理解，天道天命便被虛化，失去作為宇宙之根源，為客觀之實有之義。徐先生所說的知天命即知心、性，亦可說是「心即天」，[6]但並不表示徐先生肯定本心為絕對普遍、不限於人生界、即天道本身。而是認為天道天命，實即一個人的本心顯發。即天是虛說，心才是實說，屬於宇宙論領域的天的意義不能說，只能說人生界的道德心性，即徐先生並不能（或不同意）由惻隱之仁而見本心為絕對普遍之宇宙本體。他所說的「心即天」，心未能至乎其極，只限於人生界。徐先生與唐先生等所言之心即天之意義，有本質上的差別，這是須注意的。

孔子的思想性格、智慧方向，當然不是要人對天道天命，作理智的探測，或皈依祈求，而是要人反身修德，自覺其仁心，由主體之自覺，而產生真正的道德實踐。這確是對天道天命先存而不論，而先啟發人的道德心，但這重主體自覺，並不涵對天道天命加以輕忽，使之虛化，而是由主體之自覺，反而開出了知天道天命的確實途徑。這其中有甚曲折奧妙處。徐先生對孔子的思想性格，看得太直接，缺乏了對此中曲折處之體會。以下藉分析牟先生之說，以展開此意。

這先不論天道天命，而重主體自覺，又由此而開出知天之途徑，即牟先生所說「踐仁以知天」之義旨。牟先生有一段討論子貢所說「夫子之言性與天道，不可得而聞」意義的話，對孔子的思想性格、智慧方向，作了很重要的規定，亦道出了上述的義理之曲折：

> 天道與性稍不同。帝、天、天道、天命之觀念是顯著之老傳統，孔子對之自極親切而熟習，何以亦可說孔子不常言？縱或言之，何以子貢竟亦不可得而聞？……
> 無論對「性」字作何解析，深或淺，超越或實然（現實），從生（從氣）或從理，其初次呈現之意義總易被人置定為一客觀之存有，而為

---

[5] 徐復觀：〈有關中國思想史中一個基題的考察——釋論語「五十而知天命」〉，收入《中國思想史論集續編》，頁389。
[6] 同註5，頁390-396。

> 一屬于「存有」之事。凡屬存有，若真當一客觀問題討論之，總須智測。事物之存有與內容總是複雜、神祕而奧密。何況人、物、天地之性？天命天道是超越的存有，其為神祕而奧密（不說複雜），自不待言。縱使性字所代表者是比較內在而落實的存有，邵堯夫所謂「性者道之形體」，亦仍然是神秘而奧密。……至于自生而言性，淺言之，雖可極淺，而若深觀，則氣性才性亦非簡單，此不但神祕而奧密，且亦有無窮之複雜。此是屬于自然生命之事，個性之事。明夫此，則知孔子所以不常正式積極言之，縱或言之，而亦令人有「不可得而聞」之嘆之故矣！[7]

此段言性（不論是理性或氣性）、及天道天命，是屬於客觀面的「存有」之事，此方面之問題，神祕、複雜而又奧密，孔子對此，並不逞其理智而推測之。在此點上，牟先生亦一如徐先生，認為孔子並不同於希臘的哲學家。牟先生續云：

> 因孔子畢竟不是希臘式之哲人。性與天道是客觀的自存潛存，一個聖哲的生命常是不在這裡費其智測的，這也不是智測所能盡者。因此孔子把這方面——存有面——暫時撇開，而另開闢了一面——仁、智、聖。這是從智測而歸于德行，即歸于踐仁行道，道德的健行。這是從德行盡仁而開闢了精神領域，這似乎是自己所能把握的：「我欲仁，斯仁至矣」，「一日克己復禮，天下歸仁焉」。……他在這裡表現了開朗精誠、清通簡要、溫潤安安、陽剛健行的美德與氣象，總之他表現了「精神」、生命、價值與理想，他表現了道德的莊嚴。性與天道是自存潛存，是客觀的，實體性的，第一序的存有，而仁智聖則似乎是凌空的、自我作主地提起來的生命、德性，其初似乎並不能直接地把它置定為客觀的、實體性的、自存潛存的存有，因此它似乎是他自

---

[7] 《心體與性體》（一），頁218-219。

己站起來自己創造出的高一層的價值生命。[8]

牟先生認為孔子不常言性與天道,是暫時撇開了客觀的存有之領域,而從德行踐仁處開闢了仁、智、聖的精神生命,此即由德性之主體之開顯,而創造了道德價值,成就了精神人格。這當然是孔子的智慧方向。這德性的人格,道德的領域,如牟先生所言,是自我作主的創造,是不同於性與天道之為客觀之存有,此中有應然與實然之區分,是很清楚的。故道德的形上學,並非不區分應然的道德領域與實然的存有界,而是以應然之道德價值以規定存有。即性與天道雖似是實然之存有,其實是德性價值之創造;道德價值雖似是求在我而自作主宰的,其實亦是客觀本有的道體之實現。牟先生續云:

> 所以這是在第一序的存有——客觀的或主觀的——外,凌空開闢出的不著跡的「虛室生白吉祥止止」的居間領域,但這卻是由其自我作主、自己站起來、自己創造出的陽剛天行而有光輝的領域,這是德行上的光輝、價值、生命、精神世界的光輝。人的生命在這裡是光暢的,挺立的。他的心思是向踐仁而表現其德行,不是向「存有」而表現其智測。他沒有以智測入于「存有」之幽,乃是以德行而開出了價值之明,開出了真實生命之光。[9]

牟先生此段文字實是至美之言,對踐仁所開出的德性生命,人格世界,作了精闢的說明,對於由自作主宰而朗現出來的人格精神、德性價值是居間領域,不同於性與天道之為自存潛存之領域,作了明白的闡述。由此可見孔子的智慧之高明,對中國文化貢獻的偉大。

但孔子的智慧尚不止於此,牟先生說:

---

[8] 同上,頁 219-220。

[9] 同上,頁 220。

在這裡也有智，但這智是德性生命的瑩澈與朗照：它接于天、即契合了天的高明；它接于地、即契合了地的深厚；它接于日月、即契合了日月之明；它接于鬼神、即契合了鬼神的吉凶。在德性生命之朗潤（仁）與朗照（智）中，生死晝夜通而為一，內外物我一體咸寧。它激盡了超越的存有與內在的存有之全蘊而使它們不再是自存與潛存，它們一起彰顯而挺立、朗現而貞定。這一切都不是智測與穿鑿，故不必言性與天道，而性與天道盡在其中矣。故曰「五十而知天命」，又曰「下學而上達，知我者其天乎」？……原來存有的奧密是在踐仁盡心中彰顯，不在寡頭的外在的智測中若隱若顯地微露其端倪。此就是孔孟立教之弘規，亦就是子貢所以有「不可得而聞」之歎之故了。[10]

牟先生此處對孔子言「知天命」及「知我者其天乎」之解釋，應是最為恰當的，即孔子雖暫時撇開性與天道而不說，但由踐仁所開之價值世界，所顯發的聖智，卻是使性與天道明澈朗現的可能根據。天命天道，在人自覺奮發，相應於無條件的道德律令而實踐時，便如如呈現，天道並不是智測可知之對象，而是惟有反身踐仁者可以證知。如果不是如此，則孔子何以能知天命，又曰下學可以上達知天呢？

牟先生這一對子貢所以不得聞性與天道之故的解釋，實在是理解孔學的關鍵，是具綱領性及決定性的。順著牟先生的解釋，才可以明白在孔子之後，何以會有孟子、易、庸的思想義理的發展。如果孔子之學，只限於人生界，他所說的道，只是倫常政教的原則，而無形上之道體之涵義，則孟子所說的「盡心知性知天」，中庸所說的「至誠盡性」，聖德可以配天，易傳所說的「窮神知化」，都是不合於孔子之教的「歧出之論」了，這很不合理。

孔子不多言性與天道，而重反身修德，這一教訓，正指出了一條理解天道的正確途徑，正所以顯明天道的意義，即不多言，正所以深切地顯明之也，這其中實蘊含曲折的智慧，深奧的玄義。若不如此解，便不能說明子貢

---

[10] 同上，頁220-221。

不得聞性與天道，而孔子卻一再言我知天，天知我，這一義理上的前後不一致。即由子貢之言，可知性與天道非夫子所常言，既非常言，此便應非孔子講學之重點，但何以孔子對天道天命又如此的鄭重？由牟先生的解釋，才可以消解這不一致。徐復觀先生便似乎不能看出此中之曲折，所以他一定要把孔子所說的天道天命虛位化，去掉其形而上之本體義，但如此一來，對《論語》中的許多文獻，便不能有順當的解釋。

孔子的踐仁以知天，如牟先生所說，是樹立了道德主體，暢通了價值之源，使人人有一光明其自己之途徑，亦使中國文化走上一異於西方基督教之路子。故孔子之言為仁由己，重反身踐德，而不向存有作智測，並不是只著眼於人生界，只及於有限之領域，而不言超越之天道天命之狹義的、或激烈的人文主義，孔子所開啟出的儒家式的人文主義，是「立人道以彰顯天道」的。

又這不多言，或不正面回答，卻正指示一正確的理解途徑的言說方式，在《論語》中，並非罕見。如「季路問事鬼神」章，孔子所回答的「未能事人，焉能事鬼」，「未知生，焉知死」，雖是要子路用心於眼前的生之事與事人之道，而不要推測死之事與事鬼神之道，但亦並非表示孔子否定有鬼神之存在，及對死亡無所體悟；孔子之意乃是表示若能盡事人之道，盡生之道，則事鬼神之道，死亡之意義，便盡在其中矣。故程子說「知生之道，則知死之道；盡事人之道，則盡事鬼之道。……或言夫子不告子路，不知此乃所以深告之也。」[11]這「不告，所以深告之」確是理解聖人之言的一個重要方法。又如「予欲無言」章，孔子並非表示不欲再以言說立教，而是暗示言說所要表達的道，是要超出言說，而歸於默（如云「默而識之」）來了解的。《論語》中有著許多此類的「啟發性」的語言，都須經一「曲折」的方式來了解的，如果太執實，只從文字的表面意義作「直線」地了解，是不能恰當地掌握聖人的智慧者。

---

[11] 朱子《論語集注》卷六，「季路問事鬼神」章，引程子（程頤）之說。

三、不厭不倦、純亦不已

　　以上是從孔子之學，智慧生命之方向，即聖人之教訓方面來討論。而孔子之教，以成德為目的，孔子之生命，應便是其學的見證。宋儒每教人在讀《論語》時，要識得聖賢氣象，即認為從聖賢之生命具體表現上，便可領略到其成德所達之程度。識得聖賢氣象，可以欣賞到聖賢人格之美，又可以對照出自己所以不及聖賢的地方，求有以改進。對於孔子的生命本身，即聖人氣象的體會，當代新儒家亦有很精微的闡述。上文曾提及唐君毅先生〈孔子與人格世界〉一文，很為牟先生所稱賞。唐先生該文通過對人格世界中各種人格精神之比較，以烘托出聖賢人格的意義，又從不同型態的聖人人格，以顯出孔子人格精神之偉大。唐先生認為，孔子之人格精神之偉大，最主要一點，即在能崇敬一切人格世界的人格，如大地一般，持載一切。故孔子之所以高過其他宗教中之聖者，在於不止有高明之天德，而且有博厚的地德。[12] 唐先生以其他宗教之聖者（如釋迦、耶穌、甘地及武訓等）為「偏至的」（後改為「超越的」[13]）聖人型，而孔子則為「圓滿的」聖人型。所謂圓滿的聖人型，即指孔子的人格精神是承認人文世界中，一切人格精神的價值，而希望皆有以成就之。故孔子之偉大，並不只顯一崇高者自身般之偉大，而是於持載一切中，與一切相融，而不見其自己之偉大。這是「無偉大相」的偉大，所謂「泰山不如平地大」也。唐先生此說，非常精闢動人。

　　牟先生對孔子的德性人格的看法，散見他的多種著作中，而我覺得在〈為學與為人〉一文中，最能表達出牟先生對孔子生命的精微體會。在該文中，表明了孔子的生命，何以會是純粹的德性的表現，而且這純德的生命，是平淡自然的，聖人的生命境界，亦是人人可學，可以達到的。牟先生是從

---

[12] 以上之敘述，參考唐君毅先生《人文精神之重建》（臺北：臺灣學生書局，1977年8月三版）〈自序〉。

[13] 此文初刊在《民主評論》「三十九年孔子誕辰紀念特號」，文中稱耶穌釋迦等為「偏至的聖賢」，後收入《人文精神之重建》，於此書1974年重版時，「偏至」改為「超越」。

「學而不厭，誨人不倦」來契入孔子的德性生命的，可以說，不厭不倦便是聖人生命的本質。牟先生首先說，人須成為「真人」：

> 能夠面對真實的世界，面對自己內心的真實責任感，真實地存在下去，真實地活下去，承當一切，這就是一個真人了。[14]

而所謂「真人」，可以從孔子生命來了解：

> 怎麼樣的情形可以算一個真人呢？我們可以舉一個典型的例，就是以孔夫子作代表。孔夫子說我這個人沒有什麼了不起，我也不是個聖人，我也不敢自居為一個仁者，「若聖與仁則吾豈敢」。我只是一個「學而不厭，誨人不倦」，就是這麼一個人。這個「學而不厭，誨人不倦」是我們當下就可以做，隨時可以做，而且要永遠地做下去。這樣一個「學而不厭，誨人不倦」的人就是一個真人。這一種真人不是很容易做到的。（頁121）

孔子不敢自居於是聖者與仁者，他認為自己只是可以作到學不厭、教不倦，這一說法在《論語》中出現多次，可見這是孔子常說的話。孔子說這兩點「何有於我哉？」（〈述而〉）又曰：「則可謂云爾已矣（〈述而〉）「何有於我哉」一般解作「於我有何難」，即孔子意是認為這兩者是他完全可以做到的。但其實亦涵「除此兩者之外，我便再沒有其他了」之意。「則可謂云爾已矣」正是表示「只是如此而已」[15]。孔子說這話，一方面表示自己確實做到這兩點，一方面又表現自認除此以外，再沒有其他的謙謙君子之德，這可以說是聖人說話的藝術。

這教與學，是很普通的生活，人人可以做，而若做到不厭不倦的地步，

---

[14] 牟宗三：〈為學與為人〉，收入《生命的學問》（臺北：三民書局，1989 年 5 月五版），頁 120-121。以下數段引文皆出自此文，不另作註。

[15] 這是牟先生的說法，見《心體與性體》（一），頁 246-7。

便是聖人，這樣了解聖人，聖人即在眼前，普通平常，親切有味，這意思如上文所說，是無偉大相的偉大。牟先生說：

> 聖人，或者是真人，實在是在「學而不厭，誨人不倦」這個永恆的過程裏顯示出來，透示出來。耶穌說你們都嚮往天國，天國不在這裏，也不在那裏，在你們心中，在每一個人的心中。當這樣說天國的時候，這是一個智慧語。但我們平常說死後上天國，這樣，那個天國便擺在一個一定的空間區域裏面去，這便不是一種智慧；這是一種抽象，把天國抽象化，固定在一個區域裏面去。關於真人、聖人，亦復如此。孔子之為一個真正的人，是在「學而不厭、誨人不倦」這不斷的永恆過程裏顯示出來。真人聖人不是一個結集的點擺在那裏與我的真實生命不相干。真人聖人是要收歸到自己的真實生命上來在永恆的過程裏顯示。這樣，是把那個結集的點拆開，平放下，就天國說，是把那個固定在一個空間區域裏面的天國拆開，平放下，放在每一個人的真實生命裏面，當下就可以表現，就可以受用的。（頁121-122）

聖人是人倫之至，是人格的最高型範，故聖人當然是崇高偉大的，但若只從這意義看聖人，聖人便是一高高在上的、外在的理想，這固然可以使人興發向上，但亦有可能使人感到聖人是人永不能企及的理想，或甚至不相信有聖人這一人格之存在。這是把聖人看作一外在的理想的毛病。又在現實與理想的對比下，聖人的形象，不免會使人感受到壓力，因而緊張不安。牟先生的說法，便將聖人作為一外在的理想這一姿態打散，讓人明白到，聖人其實只是我們自己本有的真實生命的呈現，這真實生命人人本有，可以說是最普通平常的，只要人回到自己的真實生命上來，不已地實現之，到不厭不倦的地步，便是聖人。何以不厭不倦便是聖人？牟先生說：

> 你不要以為「不厭」「不倦」是兩個平常的字眼，不厭不倦也不是容易作到的。所以熊〔十力〕先生當年就常常感到他到老還是「智及」

而不能「仁守」,……所以也時常發生這種「厭」「倦」的心情,也常是悲、厭迭起的。……這個厭倦一來,仁者的境界,那個「學而不厭,誨人不倦」的境界就沒有了。……所以我們若從這個地方瞭解學而不厭、誨人不倦這兩句話,則其意義實為深長,而且也不容易作到。因為這不是在吸取廣博的知識,而是在不厭不倦中呈現真實生命之「純亦不已」,這是一個「法體」、「仁體」的永永呈露,亦即是定常之體的永永呈露。(頁122)

人的遭遇有順有逆,有吉有凶,人是否能在面對困厄,在遭受別人冷漠對待時,仍能正常地生活下去呢?孔子能「顛沛必於是,造次必於是」,不論是成敗利鈍,都不怨不尤,不厭不倦,可見在他的生命中,一定有一永不止息,不已地起作用的源泉存在。這便是仁,是人生命中的定常之體。因此從不厭不倦處契入,便可以見到人的真實生命,真實的本體。人的生命有限,而這本體的作用永不會止息。故牟先生說,這不厭不倦是仁體、法體的永永呈露。這兩點看似平常,其實是精純的德性生命之表現。

對孔子的不厭不倦,子貢當時便說是「仁且智」,故以不厭不倦來說孔子的生命,並不是牟先生的發明,但牟先生對此有很深入的發揮。我覺得牟先生對孔子德性生命的體會,是十分恰當相應的,可以說已達到絜淨精微的地步。這樣子的理解孔子,可知孔子確是「純亦不已」的聖人,而這聖人境界,自然平常,就在眼前,人人可學,但亦一生實現不盡。聖人這至高的理想人格,其實是人人多少可以表現,馬上便可實踐的,這是人人本有的真實生命,所謂「性命之常」,人能回到自己這正常的生命上來,便可當下得到安頓。人,只有在自己真實生命呈現時,才可以得到究竟的安頓。牟先生下面的文字即表示此意:

假如一個人能深深反省,回到這樣一個地方來,不要攀援欣羨,欣羨那個地方是至人,那個地方有真人,那個地方是天國。假定你把這個攀援欣羨的馳求心境,予以拆掉,當下落到自己身上來,來看看這一

種永恆的不厭不倦的過程，則你便知這就是真正的真人所在的地方。這裏面有無限的幽默，無限的智慧，也是優美，也是莊嚴（有莊嚴之美），真理在這裏面，至美也在這裏面。（頁124）

說至此，牟先生又轉出一重意思，說孔子的生命表現，有無限的幽默。可以說，由不厭不倦的實踐，生命便表現其平常自然、灑脫自在。對此，牟先生有以下的說明：

說這裏面有無限的幽默，這是甚麼意思？這裏怎會有幽默？這幽默不是林語堂所表現的那種幽默，乃是孔子所表現的幽默。孔子有沈重之感而不露其沈重，有其悲哀而不露其悲哀，承受一切責難與諷刺而不顯其怨尤，這就是幽默。……說到聖人不要說得太嚴重，太嚴肅。孔子自謂只是「學而不厭，誨人不倦」，這就自處得很輕鬆，亦很幽默。……聖人的這種幽默，中國人後來漸漸缺乏，甚至喪失了。幽默是智慧的源泉，也象徵生命健康，生機活潑。（頁124-125）

牟先生指出聖人的生命境界，其實有輕鬆、自然、幽默的一面。這幽默並不是說俏皮話式的幽默。人若能反身修德，回到自己之真實生命，便可自足而無待於外，故能「承受一切責難與諷刺而不顯其怨尤」。聖人雖顯示了道德的莊嚴，但其內心也是灑脫自在的。或可如此說，正因為其內心灑脫自在，故能踐德盡仁，恆久不已。一般人對聖人總是看得太嚴重，牟先生這段話很能表現聖人活潑潑的生命氣象。

四、結語

本文透過當代新儒家唐、牟、徐三位對孔子的「學」與「人」的理解之異同，以顯出牟先生對孔子的特殊體會。牟先生從對「性與天道子貢不可得而聞」的解釋，指出孔子對「存有」的問題不用智測，而重踐仁，開出道德

價值的世界,但這亦正是指出一條理解性與天道之途徑,這便成就了儒家的「道德形上學」。本文指出,這種「不多言,卻正啟發一解答的正確途徑」的言說方式,在《論語》中是常見的,這或許可能是詮釋《論語》的一重要的方法。牟先生對孔子的「學而不厭,誨人不倦」有很入微的解釋,使吾人明白何以不厭不倦便足以是聖人,聖人這崇高的理想,其實只是人之常性,真實之自我之呈現,故聖人之道,人人可行,但亦踐之不盡。牟先生將被一般看作超越之理想之聖人,拆下來平放,顯明聖之為聖,只是性情之常之自然流露。而這性情之常,是融高明於平常,此平常,是有本體作根據的,並非是一般人日常生活之顛倒,或日用而不知。最後,牟先生又強調了聖人的輕鬆自然幽默的生命氣象,這一了解,亦是很有啟發性的。

徐復觀先生對王陽明哲學的理解

　　徐先生在宋明儒學方面沒有專著，但發表了幾篇很有份量的論文。他對宋明儒學的價值，是非常肯定的，對於近代以來學術界排斥宋明學問的現象，徐先生曾深表不滿[1]。關於宋明儒學的內部義理，徐先生本擬在完成兩漢思想史的研究後，再撰作幾篇論文來討論，可惜成了他的未了之願[2]。雖然如此，在〈象山學述〉及〈程朱異同〉二文中，我們已可大略了解徐先生對宋明儒學的基本看法。

　　在〈象山學述〉[3]一文中，有一節論及「陸王異同」，在這一節文字中，徐先生表達了他對陽明學的質疑，對於陽明學的主要內容，他都有所批評。對於此一節文章的議論、徐先生後來一再表示不滿，而要加以修正，[4]

---

[1] 在《中國人性論史‧先秦篇》序中，徐先生說：「站在人類文化的立場，沒有任何理由可以排斥對歷史中某一門學問的研究工作。……兩百年來流行的無條件地排斥宋明理學的情形，經過我這幾年不斷地留心觀察，發現這並不是根據任何可以稱為學術上的研究的結論；而只是壞的習性，相習成風；便於有意或無意中，必以推倒在歷史中僅有的，可以站得起來的知識分子為快。」

[2] 徐先生在《中國思想史論集》再版序中說：「我在《兩漢思想史》寫成後，對宋明理學，預定要寫幾篇文章，以了我原來的志願。」又在《中國思想史論集續篇》序中說：「〈程朱異同〉一文，以『為己之學』，貫通孔、孟、程、朱、陸、王學脈，老莊對知識與人生態度與儒學異，但其學問方向亦與此相通，此乃余最後體悟所到，惜得之太遲，出之太驟，今病恐將不起，以未能繼續闡述為恨。」

[3] 此文標題有時亦作〈象山學術〉，不知以何為正。

[4] 在《中國思想史論集‧再版序》中，徐先生說：「〈象山學術〉一文中，『八、陸王異同』一節，我把問題處理得太簡單，應完全去掉。」又說：「我回想到在寫陸王異同和孝經成書年代時，多少帶有點賣弄聰明，馳騁意氣的成分在裡面，這是立說容易流於武斷的最根本原因。我在這裡特別指出，以作治學的大戒。」又在〈王陽明思

在〈王陽明思想補論〉一文中，亦作了某些的補正。但雖如此，徐先生在「陸王異同」中所提出的，都是陽明哲學的重要問題，透過對徐先生之見解的研究，會比較深入了解陽明學的義蘊，又從徐先生後來的修正意見，可以見到徐先生治學態度的誠摯，及學問的與時俱進。

一、對陽明以知言本體的批評

陽明以良知說本體，言致良知，知行合一，是其學說之特色，徐先生對此則有以下的批評：

> 首先我們應該了解，孟子雖言「心之官則思，思則得之，不思則不得也」，這是心的「知」的一面。但他主要係由道德的發見處言心，即所謂惻隱，羞惡，是非，辭讓之心等是。與道德之心的發見的同時，自必隨著有一個「知」的作用；然此時之「知」，係附麗於四端之心的裡面，或平列而為四端中之一端，——是非之心，而非將它當作一種獨立的活動；（……）因此，心也只會在道德上落腳，而決不能在知的本身上落腳。……陽明開始雖以知行合一立教，其中固含有挽救空言不行之弊之意；然其立言本旨，乃在指出知的發動處即是「意」，意即是行，要人在這種地方用力，把不好的一點念頭克掉，以為拔本塞源之計。……他的知行合一，即是誠意的工夫；他說這是「知行的本體」，和一般常識中所說的行為的「行」，尚有一段很大的距離。而其立言的精髓則是安放在「知」上；……由此可見陽明的思想，究極的說，是從心的知這一方面走進去，也係在心的知這一方面落腳。所以他和朱子一樣，愛以靈明說心，喜以明鏡喻心。如謂：「聖人之心如明鏡，纖翳自無所容」。又謂「聖人之心如明鏡，只是

想補論〉（此文收入《中國思想史論集續篇》，臺北：時報文化出版企業公司，民國七十一年）中說：「二十年前，我在〈象山學述〉一文中曾談到王陽明，後來深悔立論的粗率。但因年來忙於寫其他的東西，未暇專文更正。」

一個明,則隨感而應,無物不照。」(傳習錄)明鏡照物之心,其自身是「無記」的心。(《中國思想史論集》頁46-47。)

徐先生認為陽明以知言心之本體,不同於孟子所說的本心。孟子所說的本心之四端,雖有知是知非之智,但此智心並不是獨立的活動,即並不同於認知義的「知」,並不是認知心的活動。徐先生對孟子的了解當然是對的,知是知非之知,確不能是獨立的認知的活動,它是道德心呈現時的明覺返照,是以道德心本身,而不是以外物為其所知之對象。即在惻隱、羞惡、辭讓之心生起時,本心是自知此等之心之活動是該生起的;而若心之活動因感性欲望的影響,而不能生起該有的活動,即該惻隱而不惻隱,該羞惡而不羞惡時,此本心之明覺亦自知之,而以之為非。此知是知非的知,依孟子是「不慮而知」(盡心上)的,而認知的知,則必須運用概念,又有經驗的提供,然後可能,即乃是「慮而知」的,二者的不同是很明顯的。

然而陽明雖從知說心,但這知正是孟子所說的良知,而不是認知心之作用,這從陽明對良知的論述可知,陽明說:

> 良知只是個是非之心,是非只是個好惡,只好惡便盡了是非,只是非就盡了萬事萬變。(《傳習錄》下)

知是知非的知同時是個好惡,此好惡並不是感性的,而是好是惡非,好善惡惡的好惡。此種好惡是理性的,或如劉蕺山所說,是「淵然有定向」的。如果知是知非之知即是好善惡惡的好惡,則此知不能只是知而已,而應亦是孟子所說的羞惡之心。陽明又說:

> 蓋良知只是一箇天理自然明覺發見處,只是箇真誠惻怛,便是他本體。故致此良知之真誠惻怛以事親便是孝,致此良知之真誠惻怛以從兄便是弟,致此良知之真誠惻怛以事君便是忠。只是一箇良知,一箇真誠惻怛。(〈答聶文蔚〉(二),《傳習錄》中)

說良知是真誠惻怛的，即是說良知是惻隱之心。由此可見陽明說良知，雖然是以知是知非之知為主，但此知是包含羞惡、惻隱等本心的內容的，因此陽明所說的良知，便是孟子所說的本心，他是以四端之心中的知是非之知統攝其他三端而言的。[5]並不如徐先生所說，陽明只在知上說心，不同於孟子從道德的發見處言心。陽明所說的良知，便是道德心，而不只是鏡照的心。當然若依孔孟，而要以四端之一端來統攝本心的諸德，則當是以惻隱之仁，而不會像陽明，以知是知非之智之來說，但這只是偏重點的不同，其實都是關連著本心的全體之內容、意義而說的。孔孟的從不安不忍、惻隱之仁處了解道德心，固最足以表示道德心的特性，而陽明從良知明覺之知是知非處體會本心，亦有其殊勝處。人對自己的意念或行為稍加反省，便會有是非的判斷，自己的作為之是非善惡，自己當下便可知之，而這道德上的是非之判斷，是誰也不能自欺的，此在陽明，名曰「獨知」[6]，此獨知之知，是很深微，而又很清晰的，不同於認知的知，或感知之知。從這不能自欺的獨知處，便可體證到人的真生命，人的道德的主體。在此時，良知的是是非非，好是惡非，是有其理則，定然不可移的，於是人便可體會到道德心之法則性，了解到天理便在良知中顯發呈現。又此知是非之知，其本身便有不容自已的實踐力量，故若證悟良知，便會有真正的道德行為的出現。故陽明從良知說本體，是對道德心的非常明白的指點，使人當下便可以把握，馬上有一下手做工夫之地，這對於儒家的內聖之學，亦是一大發明。[7]

---

[5] 陽明所說的良知，是以知是非之知以統攝孟子言本心的各種涵義，此是牟宗三先生的說法，見《從陸象山到劉蕺山》，頁217-220。

[6] 如云：「此獨知處便是誠的萌芽，此處不論善念惡念，更無虛假。」（《傳習錄》上）又云：「無聲無臭獨知時，此是乾坤萬有基。」（〈詠良知四首示諸生〉）（四）

[7] 對於陽明以良知言本體，以知統四端，而使本心的意義很清晰明白地表現出來，使人對此有親切之把握之義，可引王龍溪一段話來說明：「先生（按即王龍溪）曰：仁統四端，知亦統四端。良知是人身靈氣，醫家以手足痿痺為不仁，蓋言靈氣有所不貫也。故知之充滿處，即是仁；知之斷制處，即是義；知之節文處，即是禮。說箇仁字，沿習既久，一時未易覺悟；說箇良知，一念自反，當下便有歸著，喚醒人心，尤

故徐先生在寫「陸王異同」時，對陽明所說的良知的了解，是不很恰當的，當然陽明特重道德心的智的一面來說，亦是容易使人誤解的，此意牟宗三先生有一段話分疏得十分明白，茲引之以助說明：

> 仁心覺情在對特殊之機上澄然貞定收斂而為智相，其最初之收斂是孟子所謂「是非之心」，是明辨道德上的是非者，常與羞惡之義心連在一起合用。再收斂而向下貞定，順其及物之用而及那純然的外物以為知識之對象，這便是純知識的是非之心，這與那仁心覺情之超越體距離尤遠。然而亦未始不以仁心覺情為本也。而仁心覺情在為輔助其自己之實現上，亦要求此種純知識活動之出現。當王陽明言良知時，則是順最初之智相（道德上的是非之心）向裡看（即順其「及」而內在地看，不是外在地看），把這智用轉而為良知，特重其自律自發自定方向的「內在的道德決斷」之作用。此作用與羞惡之義心連在一起，再向裡收，便逼近於那仁心覺情之自體矣。故陽明常以精誠惻怛與明覺說良知，此即以良知表仁體也。……「明覺」是其自知是非（善惡），自定方向；由自知是非（善惡）、自定方向而形成內在的道德決斷，便是其天理性，故云良知之天理，因而亦云心即理；此明覺之作用本於精誠惻怛之仁體，故良知本仁體，亦表仁體，此當是陽明言良知所當有之必然歸宿。（此點順精誠惻怛說是必然的。但四句教中「無善無惡心之體」一句，便容易引遐想，起誤會。此亦由于陽明于仁體下工夫少，于良知下工夫多之故。但若當說「無善無惡心之體」時，表明此乃直指仁心覺情說，則便可擋住那些遐想與誤會，而亦可

為簡易，所謂時節因緣也。」（《王龍溪全集》，卷四，〈語錄〉，東游會語）按：龍溪此段話最能表示出陽明提出良知教的時代意義，以仁言本心，或以仁統四端，固是最恰當的，但沿習既久，一般人便不易由之而入悟，而陽明說良知，由知統四端，使人從知是知非處體悟，確是至為簡易，有喚醒人心之功用。（參考王財貴先生論文《王龍溪良知四無說析論》〔臺灣師範大學國文研究所碩士論文，民國七十九年六月〕，第二章。）

使良知教更為正大而健康。惜乎陽明雖切說精誠惻怛，而究于正視仁體上嫌弱嫌少。此其悟道入路多迂曲，不甚正大故也。亦時代處境使然，故翻上來難，翻至陽明之境亦算不易。此讀王學者所不可不知也）。故陽明之良知，以今語釋之，可說即是那能夠自己去形成一內在的道德決斷之超越的，實體性的，本體論的「智的覺情」。（《心體與性體》（三），頁278-279）

由牟先生這段話可知陽明所說的良知即是仁體，即乃是實體性之本心，故陽明以知說本體是可以的。而陽明之言良知，突顯了本心之自律自發自定方向之義，是「智的覺情」，此是陽明學之特色。又因為陽明是由朱子的格物致知之工夫入手，悟朱子的心與理為二之不合理，然後回到孟子學，其悟道之入路較曲折，而由於朱子重心之知性，故陽明亦側重從良知來了解本心，以知統四端，這固然使人對本心有明白之把握，但亦由於此而於本心的仁之意義說得不夠，引起誤會與退想，此亦是徐先生對陽明的以知言本體所以會如此了解的原因。徐先生對陽明的批評，雖然不全契於陽明本旨，但仍是很有意義的批評。

二、關於「無善無惡心之體」之討論

陽明四句教中之第一句「無善無惡心之體」是王學中的重大論爭，徐先生認為陽明此語很有問題，他說：

陽明最後的致良知，不是繼承孟子的良知，而實是禪宗「寂照同時」的轉用。孟子的良知，只是不慮而知的道德的見端；與四端之說，是一而二，二而一的，是非常現成的東西。但陽明的良知，則「是學者究竟話頭」，是「從百死千難中得來」（均見傳習錄）。直截的說，這即是圭峰宗密所說的「剋體直指靈知，即是心性」（禪源諸詮集都序卷上）的靈知。剋就靈知（良知）的本身分位來說，則他對於道德

而言，只是「無記」的狀態。即是超善惡的無善無惡的狀態；因此，陽明在天泉問答的四句教中，不能不說「無善無惡者心之體」，這在當時已引起爭論。陽明自己以這是接利根與接鈍根者的方法來作解釋，但並沒有解決此四句話所包含的困難問題，因為既以無善惡為心體，則下面「有善有惡者意之動，知善知惡是良知，為善去惡是誠意（按：應作格物）」很不容易接下去。但若不接下去，則和儒家的道德精神，人倫生活，完全脫了節。無善無惡的心體，是炯然獨照的心體，是知的心體。陽明之達到此一心體，可能是由道德上的知善知惡，為善去惡的工夫，層層轉進，結果達到了超越於相對善惡以上，便有如禪宗之轉污成淨一般，而非如禪宗之跳過道德範疇，直接由知的迴光返照，一超直入；因此，在陽明自己或者是能將四句話和合在一起的。但禪宗可不歷階位，或將階位之過程，一齊掃淨；陽明則不能教人把為善去惡作一過程，因而將善惡一齊掃淨。所以由為善去惡以上達無善無惡，畢竟是一大曲折。此一曲折，是由以德性為目的，而以知性為底子所無法避免的。（《中國思想史論集》，頁47-48）

由此段文可知徐先生是認為陽明所說的良知，同於禪宗神會一系所說的靈知真性，所以是超越於道德的善惡，而為「無記」的狀態。按徐先生此說恐怕不對。前文已說明陽明所說的良知即是道德的本心，如果是道德的本心，則良知和以空寂為體的佛教的靈知真性或真心（清淨心）是不同的。雖然陽明言良知，和圭峰宗密言靈知真性，有文字上的表面的類似，但陽明所言的良知明顯地以道德為其內容，此在《傳習錄》中到處可見，故良知決不同於靈知真性。當然陽明亦有可能因讀禪宗書而得到啟發，但此只屬於外緣的刺激，不足以決定陽明所說的良知之本質內容。

陽明四句教的首句「無善無惡心之體」，所謂無善無惡，並不是中性無記，如告子所說的性無善無惡，或佛教所說阿賴耶識為無覆無記之義。言心體是無善無惡，依陽明，可含有兩層意思，一是心體是超越於相對的善惡之至善，一是作用義的無心，即不思為善，而自然是善，不思去惡而自然無惡

的化境。此二義須引陽明之言論以說明之：

> 侃去花間草，因曰：「天地間何善難培，惡難去？」先生曰：「未培未去耳。」少間曰：「此等看善惡，皆從軀殼起念，便會錯。」侃未達。曰：「天地生意，花草一般，何曾有善惡之分？子欲觀花，則以花為善，以草為惡；如欲用草時，復以草為善矣。此等善惡，皆由汝心好惡所生，故知是錯。」曰：「然則無善無惡乎？」曰：「無善無惡者，理之靜，有善有惡者，氣之動。不動於氣，即無善無惡，是謂至善。」曰：「佛氏亦無善無惡，何以異？」曰：「佛氏著在無善無惡上，便一切都不管，不可以治天下。聖人無善無惡，只是『無有作好』，『無有作惡』，不動於氣。然『遵王之道』，『會其有極』，便自一循天理，便有箇裁成輔相。」（《傳習錄》上）

欲觀花時，以花為善，以草為惡，便是相對的善惡，此善惡的判斷是主觀的，沒有定準的，故如果是在須要用到草時，便會以草為善。而天地生意，對花草沒有兩樣，這便是超越的絕對的至善。以花為善，以草為惡時之心，是動於氣的，不是心體之本然，若不動於氣，便是無善無惡。從陽明說「無善無惡者，理之靜」，又說「不動於氣，即無善無惡，是謂至善」，可知他所說的無善無惡，是不動於氣，完全如心體之本然而活動的狀態，而這便是至善，因此這決不能被理解為中性義的無善無惡，或無關於道德的善惡之意。心體至善，不能用相對的善惡之善來了解之。故就此義而言，無善無惡心之體，是說心體是超越於相對之善惡之上的至善之意。無善無惡是遮詮，以顯出心體之為至善。

又如果是不動於氣的心體之自然呈現，亦可以用無善無惡來形容，如前引文陽明所舉的書經的「無有作好」、「無有作惡」（《尚書‧洪範》），此是作用的無心之義，無心於為善，而自然是善；無心於去惡，而自然無惡。這是從事於為善去惡的道德實踐，至工夫純熟，人欲淨盡而天理流行時，心體自然自爾的表現之境界，就此義之無善無惡而言，佛道二家亦可

說，且以此為勝場。故薛侃問：「佛氏亦無善無惡，何以異？」在此作用的無心上看，儒釋道是沒有分別的，是共法。[8]但儒家從作用的無心所表現出來的道德的本心，具有直貫創生的活動性，佛道則不能語此，故陽明說聖人「一循天理，便有箇裁成輔相」，不像「佛氏著在無善無惡上。便一切不管。」佛氏固未必是一切不管，但與儒家本於道德意識而要開物成務之態度確是不同的。

由以上分析，可知陽明言心體無善無惡，是儒學應有之義，並不同於佛教或道家的說法，由為善去惡而無善無惡，是工夫實踐之自然上遂，甚至可說必達無善無惡之境，人之為善去惡的道德實踐，才是真實的，如此實踐，才沒有弊病，如周海門所說：

> 無善無惡，即為善去惡而無跡；而為善去惡，悟無善無惡而始真。（〈九解〉，《明儒學案》卷三十六）

故為善去惡與無善無惡，並沒有像徐先生所說的有不容易接下去的曲折與困難。

在前引徐先生文中，徐先生說到在天泉問答中，陽明以接利根與接鈍根的不同來解決四句教的困難云云，這是有關於王龍溪提出四無句，而認為陽明的四句教尚不是究竟的教法的問題，不是只就四句教來討論的，徐先生文中，對四句教和四無句沒有分別來討論，故問題交代得不很清楚。徐先生文中所說的「不歷階位」，「一超直入」，「把為善去惡作一過程，因而將善惡一齊掃淨」等語，大概可以用來說龍溪的四無句，用於陽明的四句教，是不適宜的。關於四有四無的問題，因不是徐先生文所討論的重點，在此不擬涉及。[9]

---

[8] 根據牟宗三先生的說法，見《中國哲學十九講》（臺北：臺灣學生書局，民國七十二年）第七講。

[9] 關於此問題，牟宗三先生《從陸象山到劉蕺山》第三章言之甚詳，又王財貴先生《王龍溪良知四無說析論》有專章討論。

三、良知與心即理

徐先生對良知和理的關係,有以下的討論:

> 一般底說,知的本性,總要分能所。分能所,則心與理為二。禪宗要能所兩忘,只是炯然自照,不另立理境。陽明之心理合一,固即可能所兩忘。但知是心的本體,如何而能心理合一?所以他必說「良知即是天理」,或「天理即是良知」。何以見得良知即是天理?因為「良知是天理之昭明靈覺處」。此語若解釋為天理如一房屋,良知乃此房屋之門戶;……房屋須由門戶而通內外,天理須由良知而始得昭著,此固圓融無病。但與陽明良知即天理之意,不能無若干距離。……因為天理須待良知而始昭著,則知僅係心之一德。知是心之本體,則知乃心之全德。知係心之一德,則知以外之德,如仁義禮諸德,皆為心所固有,可自心中流出,若知為心之全德,則仁義禮諸德,均係由心之「知」所照射而出,不能與知一起融和在心上。所以他以此諸德為「表德」,……仁義禮智為表德,則陽明的心與理合一之心,只是知的自體冥合,只是知識之心。此一心的本身,實近於朱元晦而遠於孟子陸象山。(《中國思想史論集》頁48-49)

徐先生因把良知視為一般所了解的認知之知,故有引文中所提的疑問,若了解陽明所說的良知即是本心,知是統四端而言的,便不會有這些問題。良知即本心即天理,故曰「良知是天理之昭明靈覺處」,昭明靈覺,即是天理本身,而不是由昭明靈覺去認知天理。若是以昭明靈覺去認知天理,便是朱子之說,這是析心與理為二,陽明一再批評朱子之說,以為是告子義外之論,這些批評在《傳習錄》中比比皆是,陽明對於心即理之義是了解得很透徹的,故決不會如徐先生所說,陽明是近於朱子而遠於孟子象山。陽明學與象山學本質上沒有不同,皆是孟子學,只是陽明不只言心即理,而更說知即理,只要了解陽明所說的知,是實體性的明覺,而不是有能所可分的認知之

知,便不會認為陽明不同於象山。陽明言良知即心即理,在《傳習錄》中是有明文的,如云:

> 理一而已,以其理之凝聚而言,則謂之性,以其凝聚之主宰而言,則謂之心,以其主宰之發動而言,則謂之意,以其發動之明覺而言,則謂之知,以其明覺之感應而言,則謂之物。(《傳習錄》中,〈答羅整菴少宰書〉)

由此可知陽明所說的知即是理,而不是以知來認知攝取理,若是當然便沒有如徐先生所說的,仁義禮諸德,皆由心之知所照射而出,不能與知融和在心上的問題。若知陽明所言之良知是理,是本體,則四德都可在良知中流露呈現;而若從仁說,義禮智等德亦可在惻隱之仁中流露。故四德是四而一,一而四者,以仁為體可,以良知為體亦可。由於對陽明所說的良知理解為認知義之知,因而產生了種種的疑問,這是徐先生「陸王異同」文中最根本的問題。

前引徐先生文中所說仁義禮智為表德的問題,亦須討論一下,徐先生是根據以下一段話而論的:

> 澄問:「仁義禮智之名,因已發而有?」曰:「然。」他日,澄曰:「惻隱、羞惡、辭讓、是非,是性之表德邪?」曰:「仁、義、禮、智也是表德。性一而已,自其形體也謂之天,主宰也謂之帝,流行也謂之命,賦於人也謂之性,主於身也謂之心。心之發也,遇父便謂之孝,遇君便謂之忠。自此以往,名至於無窮,只一性而已。猶人一而已,對父謂之子,對子謂之父,自此以往,至於無窮,只一人而已。人只要在性上用功,看得一性字分明,即萬理燦然。」(《傳習錄》上)

陽明此段文,是說仁義禮智是性體之具體分殊之表現,故仁義等是表德,表

者外也。性是體,良知亦是體,而仁義等皆是性或知之表現,體是一,而表現可以無窮,可以有無限德。若是則陽明說仁義理智是表德並沒有什麼不對。仁義等雖是表德,但皆是性體知體本身之表現,此意在前文已引過的陽明一段話言之甚明:

> 蓋良知只是一箇天理自然明覺發見處,只是一箇真誠惻怛,便是他本體。故致此良知之真誠惻怛以事親便是孝,致此良知真誠惻怛以從兄便是弟,致此良知之真誠惻怛以事君便是忠,只是一箇良知,一箇真誠惻怛。若是從兄的良知不能致其真誠惻怛,即是事親的良知不能致其真誠惻怛矣。……良知只是一箇,隨他發見流行處,當下具足,更無去來,不須假借。(《傳習錄》中,〈答聶文蔚〉(二))

據此段可知孝弟忠等皆是良知自身之表現,雖表現有不同,但都是同一箇良知。孝弟等是如此,仁義禮智等當亦是如此,即皆是同一個良知,同一箇天理之具體表現,若是則仁義等雖是表德,其實與本體並無距離,二者只是一事,不會如徐先生所說,諸德皆由知照射而出,而不能與知相融和之問題。因諸德皆是知體本身的分殊之表現。徐先生這幾句話若用來批評朱子,則是很恰當的。

四、陸王異同

徐先生根據上述的對陽明學的理解,而認為陸王之學是有不同的。徐先生說:

> 如前所述,禪宗之心,與朱元晦之心,同為明覺之心;所以陽明由朱元晦轉入二氏,在心的歷程上並無不同;只不過因此一轉而將向外窮理,「無所得入」之理,一齊從外面收歸心下,於是在「心即理」的這一點上,離開朱元晦而會於陸象山。三百年來,遂只稱「陸王」,

而不復有人了解他和朱的脈絡。更無人了解他與象山,因入路不同,立足點不同,其在心與理的認證上並不完全一致。(《中國思想史論集》,頁50)

以陽明之言心,即朱子的心,這是不恰當的,理由已如前述。陽明的悟格物致知之旨,是明白到仁義禮智等道德之理皆由本心所自發,而不是由對外物的窮格而獲致的,這是扭轉朱子的歧出,而重新體認到孟子「義內」之旨,並不是如徐先生所說將理一齊收歸心下。理即心,無所謂收歸。當然陽明之特重本心之知,又以致良知之說以解釋大學,都是因為從朱子學說入手而又扭轉之之故,他並不是從象山或孟子學入手的,故要了解陽明,必須通過朱子,徐先生亦很能見出朱王二賢的學術關係。[10]

徐先生所認為的陸王之異,主要在於二人所認定的心的性格有出入。徐先生說:

> 象山繼承「天命之謂性」的遺說,認為人心之理,是由天命而來,「天之所以命我者不殊於天」(語錄),因此,人之心與天地,乃共此一理。復其本心,即是顯發不殊於天之理,不與宇宙相限隔,而人即與「天地相似」。……他既認心之理係由天地而來,自然要認「此理乃天地所固有」(與朱元晦辨太極圖說)。因此。他只說「心即理」,他決沒有說過「無心外之理。」因為他不說無心外之理,則倫理之外,還可承認有物理;所以他意識到在立大本之外,還另有一套學問之存在。王陽明則進一步說「心即理也。天下又有心外之事,心外之理乎?」(傳習錄上)。又謂「無心外之物」。(同上)……由象山的「心即理」而到陽明的「無心外之理」,這與其說是一大演進,無寧說是一大轉變,把物理一起轉變而為倫理,把客觀一起轉變

---

[10] 唐君毅先生亦說:「陽明之學,歸宗近陸象山,然實由朱子之學發展而出。」(〈陽明學與朱子學〉,收入《陽明學論文集》,臺北:華岡出版有限公司,民國六十六年)。

而為主觀。（同上，頁 50-51）

徐先生認為象山雖然主張心即理，但並不說心外無理，因象山所說的理是天地萬物所固有的，故在倫理之外，還可承認有物理。按徐先生此說是須要商榷的。象山固然不會否認理的客觀實在性，但若此心此理「不殊於天」，而且「宇宙便是吾心，吾心即是宇宙」，則在我的此心此理便是絕對普遍的，天地萬物所固有的理，亦不外是我的此心此理。若在天地萬物中的理不止於我的此心此理，則便不能說此心此理不殊於天。亦不能說吾心即是宇宙。徐先生大概認為因理為天地萬物所固有，則在我以外的天地萬物之理，須是要從研究外物而得之，而不能只求諸吾心。若所謂理是經驗知識的理，即事事物物的曲折的相狀，則當然可如此說，但象山所說的心即理，是從仁義等道德之理說的，天理亦不外於此心此理，若是則決不能說心外有理。故陽明所說的「無心外之理」，是象山之學所應有之義。如果說從道德心及道德之理說天理，則經驗知識之理是否會被忽略？又如何能由道德主體轉成認知主體，以成就認知的活動？這則是儒學的各派，不管是程朱或陸王，都要共同面對的問題。朱子不說心即理，而要窮理於物，固然比較容易開出經驗知識，但他所要知道的仍是道德義的性理，而不是有關於事物的經驗之理。

徐先生又認為陽明主張「無心外之理」，會易流於獨裁：

傳習錄下有這樣一條公案：「又問心即理之說，程子云：在物為理，如何謂心即理？先生曰：在物為理，在字上當添一心字，此心在物為理」。若使象山斷此一公案，則將曰：「在物在心，同為一理」。依我看，若不承認「在物為理」，則心所關連到的事物的客觀的一面，將無確定之地位；於是吾人對於事物之用力，亦無確切之要求與意義。且即使完全站在倫理的觀點看，若不承認心與天地萬物同為一理，則陽明之所謂「大人者與天地萬物為一體」，這種一體，只是人的片面恩惠；對於天地萬物之自身，或且不承認為實有，如此，則所謂一體者，亦無確定之意義。或雖承認其為實有，亦係毫無價值之實

有，如此，則在一體之後面，亦可轉出一我慢之心。不僅狂禪之弊，由此而出；且無心外之理之心，獨往獨來，常易不感覺須受客觀之任何限定，遂與政治上獨裁者之精神，易相含混，於是良知之教，或者可假借為恣睢好惡，以為違法亂紀之資。加之，因不承認有心外之理而不受客觀限定之良知，若不曾真正經過一番「百死千難」工夫，人且將混同於原始生命力之衝動；此種衝動之渾沌性，且將冒瀆而假充為陽明之無善無善。……且因陽明認為無心外之理，無心外之事，故彼雖緊承心學的踐履精神而言「須在事上磨」（傳習錄上），但「事」「物」在陽明的思想中，祇認為是「意之所在」，於是他所謂「在事上磨」者，依然是從心意的本源上用力者多，在客觀對象用力之意甚少。（同上，頁51-52）

徐先生此處，藉他所理解的象山與陽明說法之不同，表達了一般所謂王學末流的成因的看法，是很有意義的討論。雖然如此，將王學末流之弊病歸咎於陽明不承認心外有理，且認為象山在心與理之關係之問題上，和陽明的看法不同，則未必能成立。陽明不滿「在物為理」之說，而認為應說「此心在物為理」，這在道德實踐的活動上說，是沒有什麼不對的。如事父之孝，必須是有孝親之心，然後有孝之理實現出來。如果沒有孝親之心，而要在父的身上去尋求孝之理，是尋求不到的。此如孟子所說的「且謂長者義乎？長之者義乎？」之意，吾人必有敬心存在，才會有敬長之行為出現，長者所以須敬之理，由本心所自決，而不是由長者決定。若是由長者決定、則便是義外。「此心在物為理」之義，可以陽明以下一段話來表示：

以此純乎天理之心，發之事父便是孝，發之事君便是忠，發之交友、治民便是信與仁，只在此心去人欲、存天理上用功便是。（《傳習錄》上）

事父應孝，事君應忠等等，即所謂在物之理，而此等理，在本心呈現時，便

會即於不同之對象而湧現出來，本心便是此種種理之根源。如果孟子所說的「仁義內在」是對的，則陽明此說亦是對的。

故陽明的心外無理，是道德之理由本心良知所自發，不能由外在之對象所提供之意，這是理當如此之論。此論亦不會與「物我同為一理」相衝突，因此心此理雖是在於我，但並不為我所限，亦在於一切人，及一切物，故陽明說良知生天生地，成鬼成帝。又說天地萬物皆具有良知。故良知雖在於我，為我所獨知，亦是客觀的，絕對普遍的。這亦是人致其良知而可與萬物為一體之根據。人必須存天理去人欲才能真正表現其良知，此中是有極深的省察工夫者。若有絲毫人欲夾雜，良知亦自知之，故若是真正致良知者，必不會自以為施恩於物，不會妄自尊大，只知有己，不知有人，即決不會獨裁專斷，放縱恣肆。

但人的私欲習氣，是極深微而難清理的，世間亦確常有混情識於良知，以人欲為天理的情況出現。由於有良知天理為憑藉，於是一任己意，獨斷獨行，在政治上表現為獨裁專制，產生許多罪惡，這亦是史不絕書的事實。這些雖然不是因為良知教本身的理論有缺陷而產生的流弊，但徐先生的擔憂，亦未為多慮。針對這些流弊，而對陽明良知教所本有的某些意義加以強調、或對良知教作一些補充，相信亦是有必要的。

首先良知固是知是知非，好善惡惡的，但人的欲根潛藏，不易克服，故必須時時省察，不能以為我既有知是知非的良知呈現，私欲習氣便立刻消除。私欲如塵，一日不作致良知工夫，以存天理去人欲，生命便立刻受障蔽。此義在陽明已屢屢言之，在今日更應特加強調。

其次，人的致良知，意志之自我立法，是極為簡易直截的，是非善惡，人當下便可知之。但理落實為事，即要在現實中具體地表現出理來，便會有許多曲折，其中會有許多限制，在這個層面上，亦有許多道理、原則可說的，並不像說良知天理般的簡易，這是所謂「事理」，如果從這方面來規定徐先生所說的意思，則徐先生的話便很有意義。如云：

但象山的理，是包攝著身心家國許多實踐的「事」。事為吾心所主

宰，但亦須受客觀的限定；因此，當吾心的理在實踐而為「事」的過程中，客觀的限定，與吾心互相連貫。則此時之理，儘管僅為吾心所主宰，但亦不妨，主客相融，內外共此一理。（《中國思想史論集》，頁51）

理實現為事，便須受客觀的限制，此義是極為諦當的。每一有意義的事物，都要苦心經營締造，才能成就，此中是有許多學問思辨可說的。政治上的事情，每每關涉到大多數人的幸福，更不能因個人好惡而隨意妄行，徐先生在這方面的感受是至為深切的。

再進一步言之，就「大人與天地萬物為一體」說，人固然可因良知天理之呈現而與萬物為一體，不分人我主客，但同時亦應視我以外的其他人亦可呈現其良知，而與萬物為一體，即皆可有其絕對之價值。因此吾人對於我以外的一切人的意見、決定，都須原則上加以尊重，視之為良知天理之決定，雖然與我由良知而發的決定或有不同，但亦可能是如前文所說的理落實於事而有的曲折，不能因為與我有不同便以之為不合理。又即使人我的想法做法有直接的衝突，亦須考慮這可能是理想與理想間之衝突，而承認對方之價值。總言之，從萬物一體之境界中，亦須轉出對人我彼此的不同，差別的肯定，此種對差別的肯定是以萬物一體之心量為基礎的，此所謂「無差而差」。

五、徐先生對陽明學見解之修正

在本文的開始處已說到，徐先生早已對「陸王異同」一節文表示不滿，但一直沒有詳細辨正。在〈象山學述〉發表後二十年，徐先生在一篇以論述王陽明的政治方面的事功為主的文章（即〈王陽明思想補論〉），對本文前面所述的對王學的看法，提出了若干的修正。

由上文的論述，可知徐先生因為把陽明所說的良知看作是知性之知，因而引生了許多對陽明的批評，而在〈王陽明思想補論〉文中，徐先生則說良

知並不是知識之知：

> 良知是在人生命中的道德主體的發用，此知非一般所謂知識之知。所以他曾說「德性之良知，非由於聞見」；此意首由程伊川透出，而為陽明所承。但他說「良知不由見聞而有，而見聞莫非良知之用。故良知不滯於見聞，而亦不離於聞見。」……是他把良知緊緊扣住知識，這便為良知成就事功提供了不可缺少的智能工具。所以陽明之學，就其精神脈絡的大處言，實可謂出自孔門正統。王學末流之弊，出在將良知浮遊上去，而失掉了良知乃因事而見，必落實於事，必成就事功的基本精神。（《中國思想史論集續篇》頁500）

徐先生此處所論，是極為允當的。陽明所說的良知不同於識知，故良知不假於見聞。而良知發用，亦不離於見聞，而使見聞識知成為良知之用。徐先生在此處特別重視良知緊扣知識，以知識為良知成就事功的不可少的智能工具，此義在陽明似並沒有明說，但應是陽明學的合理引申。徐先生對此義之強調，也可說是維持了上述論「陸王異同」之主要見解，只是在該節以對王學理論之批評來表達。

徐先生此段文認為陽明所說的良知，是因事而見，必落實於事，必成就事功，亦很相應於陽明學的精神。陽明學本來便很富行動性，踐履性的。此義在徐先生「陸王異同」之文，是比較忽略的，且認為陽明所說的知行合一，只重在知，而所謂行，並非是一般所說的行事。故陽明不似象山的在事上切實用力。在〈補論〉文中，則有以下的修正：

> 因為他所說的「知行合一」之知，實即指的是「良知」。他所要求的知行合一，即是「致良知」。致是把良知實現於事物之上，故「致」即是「行」。而致良知之致，乃良知自身的要求，所以致與良知實為一體，其真實內容，即是知行合一。……便可當下了解陽明致良知之教，是與「行」與「事」，融為一體而不可分。……事功即涵攝於良

知之教中,只是觸機而見,其間並無轉折。……在事上用工,是王學的真血脈,亦即是良知之教的歸結處。(同上,頁 499-500)

徐先生此處所論,實至為合理,由此後出之文,可知徐先生後來對王學的了解是很切當深入的,對於致良知必及於事,作了強調,不同於前文對陽明所重在知,忽略理表現於事之客觀限制之批評。徐先生此處,很能表達陽明致良知之教中重「行」的精神,及在事上用功之義。可惜此後出之文重點不在於論述王學的基本思想。如果徐先生本此見解,寫成論陽明的專書,一定是很有價值,很有他個人體會的著作。

六、結語

本文根據〈象山學述〉的「陸王異同」一節,以論述徐先生對陽明哲學的早年見解,又根據〈王陽明思想補論〉一文,以說明徐先生後來的修正意見。「陸王異同」一節,雖其中有須要商榷的地方,但亦是一段很有力量的文字,非一般論著可比。此節文涉及許多陽明學的重要問題,其中之誤解亦是一般理解王學很具代表性之誤解,藉著對徐先生此文之討論,或多少可以將王學之正義顯示出來。又徐先生曾一再表示對「陸王異同」一節文之不滿,可惜未能將詳予辨正,本文所作的,希望便是徐先生所要做而無暇完成的部分工作。

關於牟宗三先生的哲學方法論問題

最近讀到了杜保瑞教授〈對牟宗三宋明儒學詮釋體系的方法論反省〉[1]一文，文中對牟先生的儒學詮釋，提出了一些質疑，這些質疑都是相當值得討論的。本文回應杜保瑞教授有關牟宗三先生的哲學方法論問題之看法。杜氏由方法論的探討，進而批評牟先生「道德的形上學」及「圓善論」，認為牟先生之說不能證成儒學理論為最圓滿之教。本文認為杜教授所說之哲學方法論並不符合事實，牟先生並非先有一個主張在心中，然後立論以證成自己之見解。對於杜氏所說的道德形上學不能說明經驗存在界，及圓善論不能使德與福關聯在一起之批評，本文都作出回應，並以「不轉轉」，及「圓涉及」之義，對牟先生之說，作進一步之闡明，希望藉此討論，能使牟先生的有關見解更明白地呈現。

一、方法論的反省

杜教授此文（下簡稱「杜文」），是要反省牟先生對宋明儒詮釋的方法論。對於所謂方法論，杜文作以下的規定：

> 方法論是關於學術研究工作方法的理論，任何一門學科都有它特定的工作方法，就哲學研究而言，對傳統作品進行觀點陳述及理論介紹之時，一定是在一套對於傳統作品的詮解的抽象架構下，進行對傳統作品的具體觀點的鋪陳，那麼這套抽象的分析架構就是這位作者的研究

---

[1] 《哲學雜誌》第三十四期，2001 年 4 月，頁 120-143。

方法,對於作者所使用的這套抽象架構的本身進行理論研究時之觀點者即是方法論哲學。(頁 121)

杜教授所謂的哲學方法,是指從事哲學研究者所採取的藉以詮釋作品之抽象的分析架構,這一規定很有概括性,應是沒有問題的。然則牟先生的哲學方法或思想方法是什麼呢?我反覆細看,杜教授似乎沒有明白說出來,他沒有指出牟先生藉以理解哲學作品,鋪陳作品中的具體觀點的「詮解的抽象架構」。似乎他所謂的牟先生的思想方法其實是牟先生對中國哲學,特別是儒學的詮釋觀點。杜文云:

> 牟宗三先生在整個中國哲學中都有他的詮釋觀點,他也就在詮釋中國哲學理論作品的理論意義時逐步地建立了他自己的思想方法,他自己的思想方法在當代的意義而言就是一套方法論哲學,但是將他的思想方法長久地放在中國哲學史上看時那就是一套哲學理論了。(頁122)

據此段,可知杜教授所謂的牟先生的思想方法,是牟先生的「詮釋觀點」。按思想方法,或杜教授上文所說詮釋架構,雖與從事研究者的見解有關,見解決定了其所採取之方法,但思想方法,詮釋架構應與哲學見解有所區別。言方法,應是不涉及內容及見解的。依方法而處理思想文獻之內容,對文獻內容有理解,方形成見解。杜文續云:

> 牟先生從三教哲學比較中,始終揭櫫儒學之以道德意識之創生性為圓教之圓成之基本判準,牟先生從宋明儒學之三系說中又以儒學義理間架說明圓教之體系圓成之終極形式意義,……本文之作即擬從另一個重要的哲學問題作切入之處,用以貫串整個牟先生思考方式的內在理路,企圖從中重新說明牟先生的思考方式的方法論意義。這一個重要問題即是牟先生的圓善論的縱貫縱講的哲學型態之說究竟是一個什麼

樣的理論型態的問題。這個問題的著眼點即是在解析牟先生所建立的中國哲學式的詮釋體系的方法論意義。作者所要切入的問題即是在牟先生的解釋體系究竟是形成了一套詮釋客觀世界真相的儒學體系，還是形成了一套詮釋主觀價值活動的儒學體系。本文最終即要指出，牟先生以儒學是形上學的圓滿形式的觀點原來是要將儒學詮釋成談論客觀世界真相的最圓滿的理論，但其成果卻是將儒學詮釋成談論主觀價值活動的理論。（頁 123）

由上文之引述，可知杜教授所謂牟先生之哲學方法，是指牟先生的思考方式的內在理路；而這內在理路，可以從牟先生如何證成儒學的思想體系在儒釋道三教中，是最圓滿的看出來，此如牟先生的《圓善論》所說，只有儒學是縱者縱講，釋道都是縱者橫講。

按如果這樣去理解牟先生的哲學方法，思考方式，便是認為牟先生的著作，都是為了達到證成儒學的圓滿性而作，牟先生的思想體系，是以此問題為核心而構思的。如果上述之分析沒錯，則吾人可說，牟先生對此所謂的方法論的思考、反省，一定是不接受的。牟先生被公認是當代新儒家的代表人物，他歸宗儒家，認為儒學理論較佛道為合理，是最圓滿之教，這都沒有問題，但是否由此便可以說，他的哲學思考，是為了證成儒學的優越性、圓滿性？這是想當然爾的推論。儒學所講的，是要人成德，而成德，是要體現純粹的道德意識，如孟子所謂的義利之辨，便是要顯出人生命中的道德意識、道德理性的工夫。用康德的話說，成德便是要人依無條件的道德律令而行，而這無條件的道德法則，是人的意志自我立法的。若依此一對儒學的規定，則人預先設定其立論的目的，以哲學的思維來證成之，這是違反儒學的本質者。人若依儒學成德之教以作實踐，則其生命中之道德理性必日彰月著，其立說必不先入為主，其為學不會先懷抱著一目的以求達致，而以學問理論為工具。故若認為牟先生為證儒學的圓滿，而展開其哲學的思考，這在理上說，是不合理的。以上是從理上說。再從牟先生實質上表現的為學之精神及態度說，我覺得牟先生對中西哲學的研究、探討，都是很虛心的，決不會先

有一成見在心，而藉哲學理論的鋪陳，以證成此見解。牟先生的為學態度，我覺得可以用荀子所說的「以仁心說，以學心聽，以公心辯」（〈正名〉）來形容。由於有此一精神，牟先生才會以儒者而能對傳統儒學視為異端的佛教、道家的思想義理、生命智慧，有非常深刻的體悟與闡發。他對康德哲學的吸收與消化，更是耗費了巨大的精力；這並不能理解為牟先生為了證成儒學的優越，所以作出這些努力。我相信牟先生在治學過程中，若真發現有比儒學更為優異，更為圓滿的理論，他亦會衷心承認，不會隱諱。

　　再從我個人受教於牟先生的經驗上說，牟先生很少談到所謂的思想方法。當然一般的治學方法，如須有相當的邏輯訓練，思想要有理路，對文獻要作客觀的了解等，自常有提到；但如上文杜教授所說的思考方式，哲學方法，則未之聞也。我記得有一次，幾位臺大哲學系的同學曾請教牟先生，用什麼方法得出天台圓教是佛教中最圓滿理論之見解，牟先生回答說：「哪有什麼方法，只是好好讀書罷了。」學生又問：「老師是否用康德式的思考方式、進路來詮釋中國哲學？如果是，我們是否可以不用康德，而採現象學或海德格哲學詮釋？」牟先生答：「我用康德學來與儒學比較，因為康德之哲學精神近於儒家，又可補儒家之不足，康德學可以作中西哲學會通的橋樑。不是隨便這一家那一家的思想都可用來講中國哲學。中國哲學自有其生命，自有其發展，我們怎可以跟在西方哲學後面轉？」[2]

　　綜合以上所述，可知牟先生對於哲學方法並不重視，他的思想當然很有理路、謹嚴而合法度，但他並不是自覺地依一套思考方式或論證程序來鋪陳他的哲學理論，更不是先有一主張在心中，然後設法通過論證以建立或證成此一主張。我似乎可以這樣理解，牟先生的治學，研究方法，從其精神及態度上說，是「儒家式的治學方法」。牟先生對中國哲學傳統，是有無限熱情的，他是自覺地要通過哲學理論的思辨，以重新恢復中國哲學的慧命；這是具有道德意識、文化意識的哲學家，面對時代的挑戰而作出的回應，即牟先生之對中國哲學，是以真生命頂上去，而直下擔當使中國哲學慧命能承續不

---

[2]　以上所述只憑記憶，大意應不差，但當然亦會有失真處。

斷的責任。雖懷抱有這責任、使命,但牟先生並不先有一思想見解在心中,而驅策運用古今之哲學理論,以為我所用。因為道德精神是一種無條件地為所應為的精神,決不會視往哲之學問為工具。似乎此一儒家式的治學精神,可以解釋牟宗三先生一方面對中國哲學,特別是儒學抱有無比的熱情與責任感,又一方面能如情如理地了解中西各大思想學派的思想內容之故。

以上是從精神及態度上說,如果從具體的方法上說,則牟先生所說的「文獻的途徑」,是他主張的研究中國哲學的方法。[3]所謂的文獻的途徑,並不是說要怎樣理解文獻;而是指研究中國哲學不能離開文獻。牟先生認為中國哲學固然有其特有的問題,有其獨立的發展,但不似西方哲學般,重問題的思考,以問題為中心,採邏輯之進路。西方哲人重問題的思考,常常後哲與前哲對重要的哲學問題起爭辯,提出不同的思考,又重邏輯,故研究西方哲學,可以問題的思考為中心,並非一定要扣緊古典文獻作詳細的研究。中國哲學家並不以問題的思考為中心,又不重邏輯分析,故雖然中國哲學亦有其問題的發展,但其問題,必須從閱讀文獻方能有恰當的理解。即欲知中國哲學家所提出的哲學主張,或某些重要問題的思考,必須從文獻中作仔細的整理,使在文獻中存在的義理內容、問題意義能系統地表達出來。故牟先生主張研究中國哲學,須採「文獻途徑」。

二、對「道德的形上學」的思考

上節所引杜文之最後,杜教授說牟先生的道德形上學理論,是要將儒學理論詮釋為對整體存在界作說明的圓滿理論,但杜氏認為牟先生此一說法只能將儒學詮釋成談論主觀價值的理論,即對於客觀世界的說明,道德形上學的理論,是不能成功的。其所以不成功之故,是因為不能對現實世界所以是建基於道德意識作出合理的說明。茲引杜文以代說明:

---

[3] 見〈研究中國哲學之文獻途徑〉,收入《牟宗三先生全集》(臺北:聯經出版事業公司,2003 年 4 月),第 27 冊,《牟宗三先生晚期文集》。

形上學討論宇宙論及本體論，這是當代中國哲學界的一般認識，也是牟先生自己的說法，因而談形上學就要談現實世界，以及理想世界，亦即是要說現象也要說本體，所以始終沒有真正談到經驗現象世界的形上學即是空頭的本體論。牟先生說中國哲學的形上學都是一種本體宇宙論，亦即是說中國儒釋道三學的形上學是就整體存在界談論其終極意義之學，此一終極意義則始終需與整體存在有一內在的必然關係。例如大乘佛學緣起性空的命題即是就著現象世界的總在緣起的意義上直接下結論而言其意義是空，就中緣起法即是對於整個經驗現象世界的說明。另說萬法唯識者仍是對於現象世界的說明，說其唯識或非唯識是一本體論的觀念判斷，但整個唯識思維的萬法結構亦仍都在一個緣起的觀念上架構著，此即以大乘佛學的本體宇宙論的命題意義為例來說明經驗現象世界的知識與形上本體的觀念的內在必然關聯性，此一關聯性的要求是一本體論哲學觀念之建立的依據的要求，而牟先生以道德創生說儒學的本體宇宙論之時，卻對宇宙論的知識與本體論的觀念的聯結缺乏這一種內在的必然的說明。（頁126）

按牟先生的道德的形上學是由道德實踐而見道德本心之為無條件的自由意志，為生起感通無外、體物不遺之道德創造性之活動，由此體悟此心為本體，亦由此而證天道為一道德創造性之實在。此是由實踐而證天道，如此言天道，是由道德實踐作根據，若道德真為確實而不可疑，則由此而印證天道為一道德創造之實在，亦屬不可疑。此實踐之形上學不同於思辨之形上學。此說由實踐而肯定天道，而視天道為道德創造之實體即可，並不須進一步求思辨之證明，由此道德之創造肯定自由無限心，而此自由無限心即天道，或可如此說，若要說天道，此自由無限心即是天道。說此自由無限心為整體存在界之存在根據，亦是在道德實踐下證悟者，離開了實踐，在經驗之自然界，在氣化的活動中，是看不到此道德之創造，找不到此自由無限心者。若說要用此道德之創造來說明經驗界，說經驗之自然，是依於道德法則，是自由無限心所創發者，那是不可能的。經驗之自然，是由自然法則所支配的，

服從於必然之因果性底下,並無自由可說。言道德,必須肯定意志之自由、自發,而經驗之自然,則處於必然之自然法則底下,自由與必然不能並存,故康德有本體界與現象界二者有不可踰越之鴻溝之說。[4]現在杜教授說,道德形上學理論既要說明本體又要說明現象,既要說理想世界,又要說現實世界,這恐怕是不合理的要求。能說明理想界、睿智界者是自由之原則,此時所見之本體是自由無限心,而此時之宇宙之生化是生生不已,宇宙之秩序即是道德之秩序,此生化流行皆是誠體的終始過程,亦是元亨利貞四德之循環往復,一切生化皆是「繼之者善也,成之者性也。」這是所謂本體宇宙論,生化過程中必有誠體或自由無限心作為本體,而本體之創生必帶起氣化之生生,本體論與宇宙論不能區分為二事,此是睿智界之事。而若以感觸直覺,以知性理解世界,則整體存在界便在普遍的自然法則之決定底下,必須以機械之因果性來說明。這兩界各攝一切存在,而各歸屬於不同之法則之說,便是牟先生所謂的「兩層存有論」,[5]如此不正亦是既說明了理想世界,又說明了現實世界?杜教授或可說仍不滿意,但若經驗之自然界確是服從必然性之自然法則者,又如何可以道德的創造性,以自由來說明?

當然,世界只有一個,何以有自由與自然兩套的存在法則?理論理性與實踐理性都是理性所起之作用,何以由之而有兩界之區分?故康德由審美之判斷與審目的之判斷,於自然而見自由,於自然之合目的處見能自發地踐德之德性人格,為世界存在之終極目的,由此而見道德法則為存在界之存在之理,以此溝通兩界,這是康德的思考,亦可說是既談現象,亦談本體。但牟先生並不走此路,他以道德理性為理性之當身(自身),而理論理性(知解理性)是由道德理性自我坎陷而成。由理性之二用,而開兩界,此二界雖不相離,但不可混而為一,即此「一心開二門」之說是基本之模式,兩界之區分不能取消。[6]而康德所說的於自然之合目的性肯定超越的睿智者之存在,由此見道德法則為存在之法則(由道德法則所統治),其實即「乾道變化,

---

[4] 見康德《判斷力之批判》,〈引論〉。
[5] 見牟先生《現象與物自身》,《牟宗三先生全集》第 21 冊。
[6] 見牟先生《中國哲學十九講》(《牟宗三先生全集》第 29 冊),第十四講。

各正性命」之說。天道生生,一切存在皆有其存在之理由,皆非虛生,如此由乾道生化說下來即可,不必由自然之合目的性而湊泊。

故若明牟先生兩層存有論,一心開二門之說,決不會要求道德形上學之理論,須關聯經驗現實的存在上說。杜教授則始終都在道德形上學理論並不能說明經驗現實之存在與道德意識有必然的關聯性上說,如云:

> 牟先生說清楚了傳統儒者的說法,並且以之與西洋哲學相較而說出了儒學是一道德的形上學,但是卻未能更進一步證明道德意識之如何地創生了世界,我們當然可以說那是形構之理要探究的層面,但是儒學也始終沒有完成形構之理的建構,並且將形構之理的原理與道德意識的必然聯結作出論證,究竟我們的整體存在界是一個怎樣的相貌的問題是與本體是不是道德意識的問題根本相關的,更與形上學的終極原理的問題意識應怎樣進行根本相關的,而這個整體存在界的相貌問題在牟先生的理論思考中幾乎是不出現的。(頁129)

按如上文所論,依牟先生,經驗之自然的存在性相,是屬於兩層存有論中的「執的存有論」,由於有知性之執著,存在界便表現了由範疇所規定的種種性相,形構之理亦屬此一層次,這皆由識心、知性之執而成,而道德的形上學屬於「無執的存有論」,並無經驗存在界的種種相,若此兩層存有論的區分是合理的,則杜教授此處之問題便不足辯了。如是則杜教授所說的牟先生的理論,並非牟先生原義,這樣的批評,是將本不屬於牟先生之說來加以批評,這是不必回答的。杜教授如要批評,須先攻破兩層存有論之說,若要攻破兩存有論,則須先攻破自然與自由二界之區分。依我看,要破自由與自然二界之區分,幾乎是不可能的。

杜先生認為現象世界的存在性相,是「用」的層次,是牟先生之本體宇宙論須說明的;而依牟先生,經驗的自然、現象的層次,是「執的存有論」的範圍,關於此一方面,在《現象與物自身》中,藉對康德哲學的範疇論之討論,已有詳細的展開,即此一層面是可以對知性作超越的分解,言知性為

自然立法便可說明白。至於關於宇宙之生化流行，所謂本體之「用」，此是所謂「大用流行」，這仍是屬於物自身，即本體界、睿智界之事，並不是現象。故依牟先生，是體、用及現象三分的。本體當然有其用，當然會帶起氣化之生生，但這用並不是由知性之執而規定之現象界，而是大用流行，生生不已。此中本體即表現於宇宙生生之充盈活動中，全氣是神，全神是氣；如張橫渠所言之「太虛即氣」，「不如野馬絪縕，不足謂之太和」（《正蒙‧太和篇第一》）；此是牟先生本體宇宙論所謂的宇宙論。若要道德形上學擔負對宇宙生化，對「用」的說明，則只須作如是的說明。故綜上所說，牟先生之論，對體、用、現象都有說明，並不是如杜教授文中所說。他似乎不明白此體、用、現象三分之義。現象是人以知性認識存在界，使大用流行被執為有種種為範疇所決定之性相，現象界是由知性之執加進來而帶起，大用流行與現象須加分別。

　　若要問本體如何成用，如何生化而成世界，則依大用流行與現象之區分，牟先生之道德形上學可有兩層的解答。執的存有論，說知性為自然立法，便是說明本體界如何轉出現象；就大用流行說，則道德創生性之本體本身是即存有即活動，本體自有其神用，神用不可測，而又妙運一切存在，如上文所說，全體在用，全氣是神。神是本體之神用，並不是氣，而氣化皆不能外於本體之神用。氣是形而下者，神是形而上者，神不離氣，但神不是氣。此如橫渠所言之虛與氣之關係，虛即氣，但又不即氣。而氣與神，或本體（理）與氣之關係，則氣必須被視為本有的、「既與」的，雖說理生氣，但此生並非宇宙論式的直線演生，而為本體論式的「使其可能」之生，即理妙運氣，使氣生生而不滅。這一對理生氣意義的規定，在牟先生的前後期著作中，都可以看到。[7]牟先生此說，或可回應杜文所說道德意識如何創生世界的問題。由於依牟先生，道德的形上學中的宇宙論是兩層存有論中的無執的一層，且是由實踐所證的，此中便不能有太多由智測而來的思辨，杜教授

---

[7] 在《認識心之批判》下冊（《牟宗三先生全集》第 19 冊）之〈宇宙論的構造〉中已有此說；而《心體與性體》第一冊，論周濂溪「太極生陰陽」之義，亦有此意。

說牟先生少談這方面，不亦宜乎？

三、「德福一致」的問題

牟先生的《圓善論》認為德福一致之理想，在圓教的理論下，是可以實現的。對此，杜教授提出以下的質疑：

> 綜觀牟先生之「德福一致」的說法，其目的是在將道德實踐活動與現實世界的幸福感拉到一塊兒的作用，……
> 作者要討論的路線，即是這個經由詭譎的相即的道德活動究竟如何地涉及了存在，是否是經驗義的現實存在之真正幸福的意思。牟先生說依康德的目的王國與自然王國的相合之義的自然王國是一物自身的自然而非經驗的自然。牟先生說存在的涉及是指存在的隨心意而轉，而命限的限制是一存在中的真實感受，但在四無境中此一命限的感受已經被超越了，即已無命的概念了。所以作者要說，牟先生德福一致說中的圓教體系，其圓善論的涉及存在是涉及了主觀心境下的存在感受，而不是經驗生活中的真正幸福。……如果有一位大臣，他在治理國家的時候並不能把國家治理好，但是他的道德意識是強悍的，他也都依著道德意識的指令來治國，但是現實社會的困難重重，他也無法克服困難而使人民得以過著幸福的生活，但是因為他還是心安理得的，所以他的存在的現實經由他的道德意識的感受仍然是滿意的，他的滿意是滿意於他的問心無愧，所以他是幸福的。只需他有著這樣的心境，即是本迹圓融，這就是牟先生從郭象注莊中得到的聖人觀。所以他的詭譎的相即即是透過價值感受地把德與福感受在一起，即是此一詭譎，即是此一相即。論究價值的完成確實是在主觀感受下的完成，但論究存在的幸福時就不然了，儒者可以自以為迹本圓融地成聖，但百姓的迹的問題如何解消呢？（頁130-131）

按對於牟先生圓善論所說的德福一致問題的解決,不少學者提出質疑,亦大都認為依牟先生所說德福一致中的福不是經驗義的幸福,而是天福;[8]而康德所說的德福一致之福,是現實經驗之福。故牟先生的解決,是轉移了幸福的意義,並不是真正的解決。其實康德在討論德福一致時,亦承認由德性而來的「滿足於一人之存在(自慊)」之滿足,亦類似於幸福。[9]即康德所言之幸福,亦非只就現實經驗之幸福說。現在杜教授則認為這由道德意識而來的心安理得,即康德所謂的「消極的滿足」[10]可算是幸福,但這只是個人的存在上的幸福;對於百姓、人民的存在,是無關涉的。

　　按德福一致當然是圓滿的理想,而天下百姓舉安,都生活於幸福中當然是最圓滿。但德福一致之義,並不是從一切人都幸福此一圓滿理想上說,只是說有德者應該有福,即此福只就有德者說。此德福一致的理想是由道德意識,或康德所言之實踐理性所肯定的。因依道德心之要求,當然希望有德者必有福。有德者所以是有德,因其修德是無條件的,只因德應該得有而修之,不是為了獲致幸福而踐德。但正因有德者不因求福而踐德,他便「值得」有福。有德者值得有福,這是實踐理性、道德意識所必然肯定者。我們當然希望一切人都得幸福,但人須有德,他才值得有福。故並非只以如何使百姓得到感性、經驗的幸福為努力的目標,而是以如何使一切人成德為目的,即以成德為先。故儒學重人文化成、禮樂教化。並不是討好民眾,施政以滿足人的感性欲望為首要。(當然基本生存條件須先講求。)而要人成德,是以反己為先之德化。依道德理性,有德者必須有福,而因為如此,德福一致才是必須解答的難題。即有德者必須有福,是實踐理性必須肯定的,這是理性的事實,不容許反對,既是不容許反對的理性之事實,則此理想之實現須是必然的,這是道德理性直下規定,非要如此不可的。而希望天下人都幸福則仍未能如德福一致般,為非如此不可,必須要實現的理性的事實。

8　如陳榮灼教授在〈圓善與圓教〉(收入《當代新儒學論文集・內聖篇》,臺北:文津出版社,1991 年 5 月)中所說。

9　《康德的道德哲學》(《牟宗三先生全集》第 15 冊),頁 415。

10　同上,頁 416。

此中之分別,我們可如此說明,在一切百姓中,有道德意義上之善人,也有道德意義上之惡人,對於惡人,我們固然也希望他們得幸福,但必須待惡人改過遷善後,我們才認為他們值得有幸福,即希望百姓中的惡人得福,是以他們改過遷善為前提的;由此可見希望一切人得幸福的理想並不似希望德福一致般,為非如此不可,為必須肯定的理想。如果上述之分析不錯,則百姓之是否有幸福之問題不足以質疑德福一致。即德福一致的理想並不包涵百姓的幸福,而只專就有德者說,則如杜文所說,那治國的大臣已盡心治國,且心安理得,而杜教授認為這已是福,則他不能因百姓之未得福,而質疑牟先生之說。

當然牟先生所謂的一切法隨心而轉的德福一致,並不只是杜教授所說的心安理得之義。「心安理得」,只是主觀的心境,並不涉及存在界,而福必須涉及存在。此所謂之存在,是就有德者的生活、遭遇上說,而杜教授似就一切存在,即整體之存在界說,這似不對,德福一致與一切存在都以道德本體為根據的道德形而上學,雖有關聯,但並非同一回事。

德福一致之福所涉及的存在,雖是就有德者之存在而說,範圍較窄,但既涉及存在,而經驗自然的存在界並非道德法則所決定的,故有德者似只可保有心安理得義之自足之感,於涉及存在之幸福,即事事如意,是不可必得的,而這方是問題所在。此問題並非如杜教授所說百姓是否得幸福之問題。這問題之能否解決,決定德福一致之是否真能實現,依牟先生,此中之關鍵,一是圓教之保住一切法(一切存在),二是一切法隨心而轉。上文說德福一致之福所涉及之存在只就有德者所涉之存在說,但有德者之存在亦須涉及一切存在。因有德者所涉及之存在是不確定的,任何存在情況,都可能為有德者遭遇到,故若要肯定德福一致,則任何一種存在都涵於有德者之福所涉的存在中。故一切存在,即使是惡法,亦必須被保住。即既然有德者所涉之存在,或其遭遇是一切情況都是可能的,則德福一致中的福,便涉一切存在;這即是說,任何一種存在情況,都可以是幸福,如此方可保證有德者必有福。另一方面有德者在面對任何一種存在狀況時,何以都可以是福呢?這便必須肯定一切法都可隨有德者之心而轉,才可言德福一致。此一切法隨心

而轉,一般都理解為主觀境界,但其實不只此。那是涉及存在,而存在都在有德者之化境下,一切分別都泯化,而成為福。一般經驗界,是有幸福與不幸福的分別者,但在化境下,一切福與不福都隨心而轉,而為有德者順心如意之境,即都是福。這必須是在化境下方有之境界,而為善而心安理得,無視於遭遇上的不如意,這仍是分別境,並非一切法隨心而轉之義。

四、「不轉轉」與「圓涉及」

對於此「一切法隨心而轉」之義,我想順著牟先生之意,多作一些說明。這一切法隨心而轉,並不能被理解為客觀的存在法在此時有翻天覆地的大改變。存在法對於聖人而言皆是順心如意的,轉便是從此一意義上說,這的確是心境上的事。杜教授說「圓善論」的涉及存在是涉及了主觀心境下的存在感受,而不是經驗生活中的真正幸福。此義不算錯,但未盡牟先生之說之義蘊。牟先生圓善論是藉天台宗佛即九法界眾生而成佛之義來說的,九法界即是佛法界,雖成佛,九法界並不改變。若成佛,則九法界一體平鋪,皆是佛法;雖皆是佛法,而九界差別並無改變。而一切法隨心而轉亦是此意,聖人即於任一存在,任一遭遇而如意,而其所遭遇之存在法,可以並無改變。此義人一定以為是「精神勝利法」,即改變不了環境,只好改變自己的內心。但其實這是承認存在法有其客觀的規律,不是吾人可以如耍魔術般,瞬間便可以使其起突變。從這意義上看,牟先生圓善論此一似乎是「不涉及」存在,或雖涉及而不改變客觀存在法之差別之說,其實是很合理的。天地萬物的存在,自有其變化之規律,其變化亦有一由微而顯,由始到終的過程,並不會一下子起突變。而人生在世,人情事物之存在,亦有其存在的規則,如離合聚散,人生之種種情況,如莊子所說的「死生存亡,窮達貧富,賢與不肖毀譽,飢渴寒暑。」(〈德充符〉)人生大抵都是這些情況、遭遇。這些人生情況,亦是客觀而一定的,這情況人都會遭遇到,不是說你要改變,便馬上由夭轉壽,由貧而富。要改變,亦須依一定的法則、手續,必須有一改變的過程,不是要變就變。而且即使可以變,這些人生境遇的模

式,即死生窮達毀譽等,是一定而不能改變的。但即使一切不變,可當下便是佛法,此即天台宗所謂「無作無量四諦」中「無作」的意義,即並不須作意神通以改變存在法。又如云煩惱即菩提,此「即」是全體即是,雖證了菩提,於煩惱法本身,並無改變。這樣說,不正是肯定,或尊重存在法本身的客觀性麼?

以上是從「不涉及」說,如上說不誤,不改變現實的經驗世界,不是牟先生圓善論的缺憾,反而是其理論的「合理性」之所在。如果以「一切法隨心而轉」只是達成了一主觀的高妙心境,而對經驗世界無有改變來質疑,則是質疑圓善論中之聖人何以不能一下子改變世界,使現實之經驗界頓時隨聖人之心之要求而有現實上的大改變,改變之以與吾心相順,使我心想事成?此一對聖人之要求,一看便知是十分荒謬的。人怎可能一下子改變世界,使世界符合我意?牟先生之圓善論若有此意,何以為牟先生?故對「一切法隨心而轉」之義,當然要曲折地思考。即一方面肯定存在界自有其存在之規則,氣化發展自有其條理;另一方面又須事事順心,這如何可能?是否可「不變而變」?九法界不變,但頓時是佛法界;或「變而不變」?即雖當下之境遇頓時是順心如意之福,但所遭遇的吉凶禍福,死生存亡等情況不變;這便需曲折之思考。

牟先生對於康德以上帝存在為設準,以保證德福一致為可能之說,曾表示不滿,牟先生說:

> 因為人之德與有關于其「存在」(即物理的自然)的福既不能相諧一,何以與人絕異的神智神意就能超越而外在地使之相諧一,這是很難索解的。存在就是這同一的存在,物理的自然亦是這同一的物理自然,何以因安上一個上帝以創造之,就能使那本不相諧一者成為相諧一?上帝所創造的那個「自然」就是我原有的那個「自然」。安上個上帝只是為的說明之,並未重新調整之使其適合于吾人之德。若有一番重新調整,猶可說也,若我本無那個自然,上帝重新創造一個異樣的自然來配稱之,此尤可說也。現在,既無重新調整,又未重新創

造,則光說神智神意底因果性就能使那不諧和者成為諧和,這豈非難解?[11]

牟先生認為若自然只是這個自然,則說上帝創造,只是對這自然存在作一說明,於此一自然並無增損。於此,若說上帝保證有德者必有福,只是一說而已,上帝若不另造一自然之存在,或改變有德者的存在遭遇,則說上帝保證德福一致,並無意義。當然,吾人可進一步說,依基督教信仰,上帝隨時改變自然,隨時調整人的存在境況,亦是可能的,此即牟先生於上引文中所說的「若有一番重新調整,猶可說也」之義。但依牟先生對康德言上帝保證德福一致之理解,認為康德並不涵此義。而若說上帝可隨時依人內心之德之改變(由不純淨而至純淨)而改變其遭遇,這亦非很好的說法。因若如此,自然界或人之存在情況會隨時起突變,會隨時不遵守自然法則,而人生的際遇,亦時常會有如天外飛來般的離奇情況,若是這樣,是很不合理的。康德亦說「而如果我們真想要去允許新的事物,即新的本體,能夠隨時出現於世,則經驗底統一決不會是可能的。」[12]故若肯定經驗界自有其法則,不會隨時產生新事物,則康德的以上帝保證有德者必有福,這如何可能?是不易理解者。康德此「上帝保證」說不易理解,則牟先生依天台宗「佛即九法界而成佛」、「除無明有差別」、「不斷斷」、「生死與涅槃全體即是」之說,而言一切法隨心而轉,德與福詭譎地相即,便顯得很合理,而可以理解。即依牟先生圓善論之說,有德者之福不必靠存在界的突然改變才獲致;雖說是一切法隨心而轉,但這轉變是在「不斷斷」、「佛即九法界」之情況下轉變,雖轉變而不妨礙經驗界的統一。這可說是「不轉轉」。

再進一步言之,這保持九法界的差別、不違背自然法則、不破壞經驗的統一而轉一切法之說,當然是涉及存在界的,杜教授說牟先生圓善論並不涉及經驗世界,但依牟先生,此一切法隨心而轉之境,是即於存在界而顯的,

---

[11] 《圓善論》,《牟宗三先生全集》第22冊,頁235。
[12] 《純粹理性之批判》上冊(《牟宗三先生全集》第13冊),頁397。

無存在界,或若不是與存在界接觸,便無此福之感受。此如王龍溪所言的「無物之物其用神」、「神感神應」,在神感神應中,物我渾然是一,不知何者是我,何者是物,亦不知何者是心、何者是意、何者是知。這一定涉及存在界,但乃是在物我一體渾然的情形下涉及萬物,此當然與一般所想的人對經驗存在界的影響、涉及是不同的。

　　此一涉及存在界,或可以「一涉及,一切涉及」之義來說。在這渾化、圓頓之境中,若涉及任何一個存在物,遭遇到人生某一個境遇,則一切存在,一切可能的人生情況的意義都於此時彰顯,故曰「一涉及,一切涉及」,此亦可說是「圓涉及」。此義是天台宗的「一念三千」、「一心一切心」、「一切心一心」、「一界一切界,一切界一界。」(《摩訶止觀》卷五上)之義所表示的。佛教說空,不能離開諸法而說,不但不離諸法,可以一說空,一切法趣空。即若你於此法真正體會空義,你可就在此法而證一切法亦是如此。且這一切法趣空是在「存有論的圓具一切法」的意義下說的,即不只是言般若智證空之境,而是此空是具一切諸法而說的空。是具備一切法(三千法)、一切人生之事而言之者,此亦所謂「性具、理具」。此義亦可以用程明道所說「只此心便是天」,「只此便是天地之化,不可對此個別有天地。」來表示。天地生化萬物,而天地之生化,是需涉及一切的,人何以能如天地的生化般及於一切?故依張橫渠,人須充盡己心,求與天合一。此求合於天之過程可以是無限的歷程。但明道認為,這天人合一的「合」是多餘的,你若明得了,則此便是天,天道之生化一切,遍及於每一存在,其實便如同人當下的道德的真誠實踐。「徹上徹下,不過如此」。[13]此是即一義而通全蘊,可於任何一存在物而攝整個存在界。此亦可說是「即有限而無限」。明道此「一本」論,確如「一念三千」及「一切法趣」之義。人若能當下踐仁盡性,則一切存在頓時收攝於此,而為仁心感通之內容。仁心一旦呈現,則必以一切存在為其內容而呈現,決不是一孤懸獨立的存在。此如陽明所云「知無體,以天地萬物之是非感應為體」(《傳習錄》下)之義。若

---

[13] 以上所引程明道語,見《河南程氏遺書》卷一及卷二上。

仁心之感通無限，必以天地萬物為其感應之範圍，則於此時仁心感應一物而呈現時，一切存在亦頓時在於此刻之仁心、此時之際遇中，此可說是涉及一個即涉及一切之「圓涉及」義。

五、結語

由上文所述可知，杜教授要求牟先生道德的形上學及圓善論之說，須說明經驗界之存在，及須負擔使百姓感性生活上之幸福，此是一過度之要求。而不知牟先生之立言，自有其分際。經驗界之存在，是「執的存有論」之事，而道德的本體生化一切，是「無執的存有論」之事，二者不能混淆。而圓善論所言之德與福「詭譎地相即」，固然可說是對存在界有所轉化及涉及，但那是「不轉轉」及「圓涉及」，並非一般常識觀念下的轉變及涉及。當然在聖人（或佛、真人）之與物一體，事事順心的情況下，亦必會順著現實經驗存在之情況，作出合理的安排，這樣亦會產生改善存在界的作為；但這是漸次的改變，與事事順心之「頓」或「當下即是」，是不同層次而可並存的。如果你說牟先生這一講法用了太多佛教的圓教義，並不是純粹之儒學，吾人可答曰：此亦可見牟先生之為學，並無先入之見，他是步步思考，步步吸收，聞善必從。不是先存有一要證成儒學是最圓滿的學理之目的，來從事哲學思考的。故吾人認為牟先生固然有其哲學思考的方法，但恐怕不是如杜教授所想的。

時代與學問
──熊先生與牟先生的一次論辯

一、前言

　　牟宗三先生遇到熊十力先生,得到熊先生之指點啟迪,而洞見「生命的學問」之真義,即此學問是由真生命而生發,仁即是人之真生命,此是人的「真正的主體」,真正的自我,而此主體亦是宇宙生化之本源,天道之生生不已,亦即是仁心的純亦不已。熊先生於牟先生,有如是重要的影響,故牟先生對他這位老師,是終生感激與懷念的。[1]但牟先生與唐君毅先生,在哲學理論上,雖如牟先生所說,是順熊先生之說而往前進,[2]但客觀來看,牟、唐二位並非直接承「熊學」而往前進,而應可說是「曲折地發展」。對於熊先生的《新唯識論》、《體用論》之說,在精神上說,牟先生當然是贊成的、肯定的;但在客觀的學理上說,熊先生所運用的哲學概念,牟先生是不贊成的。此點熊先生應相當清楚,故雖對牟先生說「宏斯學者,吾不能無望於汝與唐君毅。」[3]但亦對韓裕文說:「吾年六十以上,一向無人可語,聰明過汝者,非無一二,然恐終不離粗浮之痛耳。吾舍汝,其誰望矣?」[4]

---

[1] 見牟先生《五十自述》(臺北:鵝湖出版社,1989年)第五章〈客觀的悲情〉。
[2] 牟先生說:「判教非易事,熊先生之辨解,由于其所處之時之限制,不必能盡諦當,然要而言之,彼自有其真也。吾茲所述者,亦只承之而前進云爾。」《圓善論》(臺北:臺灣學生書局,1985年7月),〈序言〉,頁xvi。
[3] 熊先生《十力語要》(北京:中華書局,1996年),卷二,頁223。
[4] 《十力語要》卷三,頁320。

此處所謂「非無一二」應是指唐、牟二先生。[5]

牟先生的學思過程,是先從邏輯入手,研究懷德海、羅素、維特根斯坦,然後契入康德哲學,由消化康德的三批判,指出康德可作中西哲學會通的橋樑,一方面藉康德的理論架構,以撐起及證成中國哲學的智慧,另一方面由中國的哲思,指出康德的不足;由此比較、會通,可以使康德學(其實亦可說「哲學智慧」)百尺竿頭,更進一步。[6]牟先生此一學思的進路與過程,不同於熊先生;他認為處於現時代,通過西方哲學(以康德學為主)以架構、證成中國哲學的智慧,是不能避免者,對此,熊先生並不贊成,在牟先生未正式發表的手稿《信札集》中,有〈湖上一夕談〉一篇,是記載及評論熊、唐、牟三先生一次會晤時,有關上述問題之見解。

二、論說理文字的表達方式

牟先生此一信札,尚未公開發表,所知者不多,其中對熊先生亦有些稍為激切的批評,此在牟先生後來的著述中,是未曾見到的,故這未必是對熊先生之「平心之論」。但此文對牟、唐二位與熊先生在學思進路上的差異,有明白的表示,對於理解牟先生後半生思想的發展,是有相當的參考價值的。現摘抄其重要內容,略作討論。

牟先生此文開首說:

卅七年(按即 1948 年)八月十三日與君毅兄同遊西湖,往謁熊先生,作一夕談。熊先生慨歎曰:「人當慎所與,日處擾擾之中,而無師友夾持,提撕警覺,鮮有不墮落而昏狂者。吾老來,尚有此懼,而

---

[5] 唐君毅先生說:「故熊先生嘗與友人韓裕文函,謂吾與宗三皆自有一套,非能承其學者,而寄望於裕文,熊先生一生之孤懷,吾亦唯永念之而已。」《生命存在與心靈境界》(臺北:臺灣學生書局,1977 年 9 月),下冊,〈後序〉,頁 1158。

[6] 見牟先生《純粹理性之批評》下冊(臺北:臺灣學生書局,1983 年 7 月),〈譯者之言〉。

況汝曹乎?」

師生一見面，熊先生便有切責之言，熊先生此段話，大概是不滿牟、唐二位當時疏於到熊先生處問學。認為師友不常見面相聚，精神便易墮落。熊先生於〈與韓裕文〉書中，有一段話即表示此意，而言之較詳，熊先生云：

> 吾告汝，凡上上資質，無師自得；中上之資，得師而長相依，可以青出於藍，冰寒於水。……中中之資，得師而長相依，雖難希上哲，而必遠於凡庸。凡人精神志氣，必待夾持輔養。蓬生麻中，不扶自直，此有至理。……然如得良師，而常親謦欬，究比尚友為親切也。……古今會斯意者少，輕淺怠慢之毒中乎身，必欲遠老成，以自鳴得意。學之絕、道之喪，良有以也。人日與流俗處，精神志氣，日靡乎流俗，欲無下達，其可得乎？[7]

熊先生此段話確十分真切，人若非上上之資，於真理有自發之創獲，則必須藉師友夾持，若得遇良師，須有一段長時間之相處，不能淺嘗輒止，欲速成自立。據此段，可知牟先生上文所述熊先生之言，是有責備唐、牟二位欲違師而自立之意者。對此切責，牟先生回答說：

> 先生之言，誠當銘記。所幸年來因家國天下之感，得令此心未至喪失。先聖之學，至此得一印證，後以此印證而略有所守。所守者，非特出處進退之間而已也。乃實秉承至道，以悲生民，以拒邪魔，而後為國家民族歷史文化指陳一康莊大道也。惟賴此故，得不墜失。世人能有此覺悟者甚少。聞余等之呼聲而有感觸者不多見。先生眼目高亢，不肯垂察。故于余等之言論，或有不暇顧及耳。

---

[7] 《十力語要》卷三，頁320。

牟先生認為自己的生命並未退墮，其所以未退墮，是因有家國天下之感以維繫，當時世局動盪，思想界、文化界有鉅大的轉變；牟先生反省當時之政治問題、文化問題，而深有所感，此所謂「客觀的悲情」，由此牟先生得以印證先聖之學，亦自信可以指出一條國家民族將來必須走的康莊大道。牟先生當時的心情，是很向上而奮進的。他與唐先生當時發表的文章已不少。熊先生當時已入老年，或未免較多悲觀與失望，此意見後文。對於此一回應，熊先生答：

> 汝所說，吾略有所聞。但老來精力短，不耐看糾繞萬分之文字。君毅文字，好鋪排，繳繞復繳繞，看了不知有何意味。汝亦好七翻八翻，多不必要，吾老眼不花也。

熊先生對唐、牟二位之文字表達方式皆有不滿，以為是繳繞翻覆，並無必要。熊先生之文字表達，較屬傳統的方式，雖說理精深，但較簡易直截。唐、牟二先生則有意採取西哲的表達方式，思辨較為曲折。當然二先生文筆暢順、明白易曉的作品仍是很多的，如唐先生的《人生之體驗》；但唐、牟二位當時正在撰作其重要哲學著作，《文化意識與道德理性》與《認識心之批判》，此二書則確是非常不容易讀的。唐先生對此，有一自我之反省，他說，

> 唯余對文化及道德之問題，於世書俗說，多所未安。意吾所欲言，皆須歷經曲折而後能達。乃不惜取西方哲學著作之體裁，繳繞其辭，碎義析理。粗心自讀，亦苦文意艱澀。[8]

唐先生此段文，正好是對熊先生「繳繞」之評之回應。若說理而要隨順世間

---

[8] 唐君毅：《文化意識與道德理性》（臺北：臺灣學生書局，1986 年 4 月全集校定版），〈自序一〉。

有關說法而分析,則不能免於繳繞。此一寫作方式,在現代應是有必要的。當然,唐先生省察之功深,對自己文字之曲折艱難,在晚年有如下之自我批評:

> 茲尚有附陳者,即此書之論哲學問題,其曲折繁密繳繞之處,大皆由其問題之橫貫西方不同學派之哲學而來。初學之士,於此或將感艱難。然對此諸問題之究竟答案,為東方哲學智慧所存者,原自直截、簡易、而明白,不歷西方哲學之途,亦能加以悟會。此諸問題,在有福慧之士,亦原可不發生。……若原無問題,則此或正見其福慧具足,原不必讀此書。……要之,吾於此書,雖亦自珍惜,然亦只是一可讀,亦可不讀之書,亦天地間可有可無之書,唯以讀者之有無此書之問題以為定。此不同於聖賢之書,先知,詩人之作,不論人之有無問題,皆不可不讀者,亦天地間可有而不可無者也;世間之一切哲學論辯之著,亦皆可讀可不讀,可有可無者也。……昔陸象山嘗言人之為學,不當艱難自己,艱難他人。吾既艱難自己,不當無故更艱難他人。[9]

唐先生此段文檢討《生命存在與心靈境界》之內容及文字之表達方式,認為人有感受到此書之哲學問題,才須要讀其書,若沒有此等問題,則不必讀;若無此等哲學問題,是表示其人福慧具足,而不是淺薄。而且對這些哲學問題,中國之先哲亦有答案,且表達得簡易而直截。故唐先生認為自己此書既艱難自己,又艱難他人;為可有可無,可讀可不讀之書。按唐先生此段話真是大賢之言,其謙德至足感人。但唐先生既有如是反省,則何以他仍要用這種似乎繳繞的表達方式?何以仍要隨順有關的哲學問題,古今的有關說法,而一層一層地反複思考,而不用較簡易直截的文句,甚至短語、韻語來表

---

[9] 《生命存在與心靈境界》(上)(臺北:臺灣學生書局,2006 年),〈自序〉,頁 6-7。

達?故唐先生亦當認為,在現在的時代,他和牟先生所採的表達方式,是有其必要的。通過曲折的思辨,詳細了解有關的哲學問題各種可能的想法,及其解決之道,方能回歸簡易;即必須有方以智的精神,方能撐起先哲圓而神的智慧。[10] 對於熊先生的批評,牟先生當時的反應,便比較直接而激越:

> 余曰:「文字乃表達之工具,與時代有關。思想概念有出乎以往思路之外者,其表達之文字即不能為前此之方式所限也。試觀以往說理之文,晚周諸子為一格,魏晉為一格,宋明語錄又為一格。吾人在此格套中,其意境及道理總不出乎古人之所說與所顯。縱稍有開擴或引申,而不能越乎其型範。況以往諸格皆造其極而成典型。吾人若處其中,不覺仰望而學之。仰望而學之,尤難出乎其所說與所顯。佛學東來,別成一體。然習乎其中者,亦不能越其所說與所顯。以往格調,盡乎數者。然道理無窮,意境無窮,概念之結構多端,審辨之方式亦極不一。西人之思路與意念,有迥非昔人所能具備者,故辭而出之,會而通之,亦有非以往之諸格所能奏效者。余等行文,自不善巧。然其所以礙眼者,固非只文字本身之技巧一事也。其中道理與思考方式亦有非不與于其中者所能習知也。先生老矣,不暇俯看。試卒讀一篇,當不至全無意味也。或亦不至只見其其表面文字之繳繞鋪排矣。」

牟先生這段申辯,可以使我們了解他和唐先生的著述,何以用的是這種文體。一般研讀他們二位著作的,都會感到其文體特殊,不能隨便看過,稍不留意,便會不知所云。唐牟二先生的較嚴格的論著,確都會使讀者有艱難,甚至不能卒讀之感。原來他們認為現在要表達的思想概念,是以前所未有的,則必須有一不同於以往的說理文字的方式。故一代有一代的說理文字的

---

[10] 此意詳見唐先生《中國文化之精神價值》(臺北:正中書局,1984 年),第十六章〈中國文化之創造〉(中),頁 494。

方式，此好比一代有一代之文學。的確，晚周諸子、魏晉玄學、宋明理學，都有其不同的文字表達方式。而南北朝隋唐的佛學，其文字表達方式，確更有特色。依此類推，若吸收消化西方哲學，而以中國文字表達之，便一定會有新的說理文字方式的出現。文字表達的方式與其要表達的內容，是很有關係的。抑唐牟二先生的文字要表達的不同內容，不是泛說的因有新的事物，故有新的內容，而是較根本的，文化型態的不同。中西文化的不同，用牟先生的話說，是「綜和的盡理、盡氣之精神」與「分解的盡理之精神」的不同，[11]亦是「理性之內容的表現」與「理性之外延的表現」之不同。[12]牟先生他們認為中國文化重在「理性的作用表現」，必須轉出「理性的架構表現」，[13]才能繼續發展、創造，才能使科學與民主生根於中國文化。牟、唐二先生是自覺地作文化精神的轉型，而亦自覺地作說理文字表達方式的轉型，要為中國文化之吸收、消融西方文化，而轉出一新的文字型態。故上引文牟先生說，他與唐先生文字所以會予人有礙眼之感，不是文字巧技上的問題，而是文字所要表現的，是以前不曾有過的思想概念、思考方式之故。他認為熊先生對此中之不同，未能垂察。

熊先生見出唐、牟二位文章表達方式的特別，他認為繳繞繁複，並無必要。牟先生在回應此質疑時，表達了義理思想若有異於以往之發展，則文章亦應有新體之見解。且認為若仍沿用往昔說理之文體及表達之方式，便不能超越以往之型範以顯新義。而義理無窮，西方哲人亦有其深刻而異於中國之見地，故不能以往昔之表達方式為已足。這一論辯，從文體與表達方式之討論，觸及了文化生命之發展與說理文字方式之轉變之關係問題。此是很深微的問題。新的說理文體之出現，似亦表徵了文化生命有其新的發展。

---

[11] 見牟先生《歷史哲學》（香港：人生出版社，1970 年），〈自序〉。
[12] 牟先生《政道與治道》（臺北：臺灣學生書局，1987 年），第八章。
[13] 《政道與治道》，〈新版序〉。

三、自轉而轉他

以上是論文字與義理的關係,下文則論及性情、學問與師友之道,牟先生於此,對熊先生有「責善」之言。

對於牟先生上述之辯言,熊先生答:

> 汝等只不虛心耳,不肯承認己過。得無蔽乎?反而察之,可自知也。

按由熊先生此數語,可知他對唐、牟二位吸收消融西學,致使文體亦有特殊的轉變之情況,並不相契。大概熊先生認為哲學主要是「見本體」之學,西哲於見體方面,不及中土哲人,中國文化的再造,不必非吸收西方哲學不可。他們師生在此一問題上,似是有「代溝」的。此意見後文。牟先生對熊先生上述「不虛心,不承認己過」之責備,作了詳細的反駁:

> 余曰:「余等自問,處今之世,敬先生而行先生之訓者,恐皆不若余等也。余等實有隱忍之心克制自己以聽先生之訓。然先生不肯俯察,只憑驀然一見,便下斷語,則不中其病者,不能服其心也。設若真中其病,則一經點出,未有不愧恥而赧顏者。……余等若非自外于真理,何能不認己過?……先生凡有所責,余等皆覺不甚相應。即蔽亦不至全蔽也。余等願有申辯,而先生輒不肯聽,使人不能盡其辭。先生亦未盡循循善誘之道也。……先生一味高亢,得無伻于天而畸于人乎?畸零久之,則自己封閉,而己處之門不開,人亦封閉先生也。如此下去,在先生則必日趨高慢,而對他人,亦必一切抹殺。此甚非相親之道,亦非印證真理開擴自己之道也。」

牟先生此處認為熊先生的批評切責,是「驀然一見,便下斷語」。其指責是不中人之病的,即乃是不相應的批評,故牟先生不能接受。牟先生更由熊先生此一不細察便下評論之作法,對熊先生的生命性情作出批評及規勸,認為

熊先生有一味高亢,不肯細察異於己者之想法之習氣,若長此下去,熊先生必日趨高慢,封閉其自己。人當印證真理而不斷開闊自己,不能自以為己之所見即是真理所在,對世間其他說法,皆一律抹殺。大概此時牟先生之思想有長足之進步,但未能得熊先生的了解與肯定,精神甚為痛苦。熊先生對牟先生此一反駁,答曰:

> 先生曰:「若如汝等言,我豈不虛心者乎?我自問讀書衡理,反復推敲,必求其當。此非不虛心者所能為。世間一切浮辭,淺薄混亂,尚堪入目乎?若稍有理趣,足成一家言,吾未有不詳細體玩者。吾儼若忽視他人者,實因吾已一一經過也。吾以上智之資,直湊源微,憑空架起,機參造化。真理不外是矣。汝等無創造之資,便應虛心守吾成規,順吾型範。汝等不誠,而謂吾高慢乎?」

對於牟先生的批評,熊先生亦不接受。熊先生認為自己並非不虛心,而所以予人有不細察便抹殺世間各種議論之印象,實因許多議論都是浮辭陋說,不堪入目;而稍有理趣足成一家言者,亦已詳細體玩,故其似忽視他人,其實因自己已一一經過。熊先生又認為自己已直湊源微,機參造化,自己所見,便是真理所在。既是如此,而牟唐二位便應遵從師說。牟先生等不遵師說而欲另行發展,正是不誠。言至此,師生可謂是針鋒相對。由此處論辯,可見熊先生對自己所見,有充分之自信;而牟先生與唐先生,則並不以熊先生之學為已足,要融通西哲,以開拓中國哲學的理境。牟先生答云:

> 余曰:「先生自謂虛心衡理。然以余等觀之,先生實未能如朱子所云:『平其心,移其氣,闕其疑,淺者淺說,深者深說。』而只橫撐豎架,必將對方衝破而後快,未能予以妥貼之理解;或好勝之心強,而必欲克服之,未能予人以分際而肯定之或超轉之。夫自創者固不易,客觀了解亦不易。先生屬于前者,而未必能合乎後者。淺薄混亂,固可不理,而謂吾已一一經過,則非余等所敢隨合。蓋天下道理

至無窮盡。而就哲學而言之，西方大哲，固未必皆能冥契至道，然其用心與其問題亦有非不入于其中者所能盡曉。而可全不理會乎？舜好察邇言，而況代表一文化骨幹者乎？余等固不敢云有創造之資，然于西哲或有比世俗所了為多者，思有以移植之以充實吾二千年之文化，則于先生亦不無少益也。余等非不誠。每欲致其誠而為先生抹殺矣。此余等所深以為痛苦也。」

牟先生並不否認熊先生是上智之資，於義理能有創造，但認為熊先生缺乏客觀的理解，如缺乏客觀的理解，不能對世間各種有意義的學理作恰當的理解，則不能與外界相接觸，別人將不能了解你的智慧，你亦不能逐步開拓其自己，如是自己便漸成一封閉系統，此病不可謂不嚴重。牟先生此一批評，應是針對熊先生對於批評者之反應而發。當時佛教界之學者，對《新唯識論》一再有評論，而熊先生之回應，多是強調己意，未能因批評者之意見而調整自己。牟先生從熊先生對己及唐先生學問及用心之不欣賞而強調客觀理解的重要。此處可見到熊先生和他這兩位高弟，對於「時代」的感受與反應，是相當不同的。牟先生於上引文說「欲移植（西哲之學）以充實吾二千年之文化」，正道出了他與唐先生平生用心之所在。對於唐牟這兩位新儒家對時代的感受，及對中國文化的未來發展方向的想法，即必須融入西哲思想，以豐富固有之哲思；此一想法既不同於保守派之一味肯定固有文化，又不同於西化派之以中國文化為一無可取。又他們之學習及吸收西方哲學，並非只要作一這方面的專家學者，而是要消融西哲之長，使中國文化生命有更進一步之發展。唐牟二先生此一看法、悲願，研究他們思想的人，必須正視之，深長思之。牟先生續云：

又先生以明聖學自任。夫聖學非只哲學理論也。先生雅言生化，自謂機參造化。然「君子之道本諸身，徵諸庶民，質諸鬼神而無疑，建諸天下而不悖，百世以俟聖人而不惑。」此實為聖學之全體。而所以能至此者，必起于「本諸身」也。本諸身者，仁者人也。本人倫以明實

理，立人極以參造化，故能建諸天地而不悖，百世以俟聖人而不惑。明道云：「道之浩浩，何處下手？惟立誠才有可居之處。」……若離開此一落腳之實事，而空對浩浩之大道，且復浩浩言之，則未有不落于以意為之之戲論者。而浩浩大道之生化亦只成一虛的光景而不能落實也。先生用智照境，而不肯攝智歸仁，則智之所照即懸空，而不能貼體于仁道，而自家一落現實便遑遑無所措，此豈非推置至道于懸空，而立誠可居之處反為空無耶？無怪乎先生只在文字上較量，言說上湊泊，而不肯就人己相與之際，平心指點實理，藉以自轉而轉他也。余等所願誠心以尊先生者，乃在先生能攝智歸仁也。倘或不能至此，而唯欲以一套言說以為吾人之型範，則余等不敢昧心，屈聖學以從先生也。先生屢言仁，終未歸于仁。仁亦非可以空言說也，何不本諸身以立可居之誠乎？

此段從熊先生之學，進而論及熊先生生命實踐之不足處，此即對老師責善也。牟先生認為熊先生之思參造化，是「智照」之境，未能「攝智歸仁」。若不能本諸身，將所悟之道體現於一己生命活動中，即不能顯一己之仁，以印證天道。則己所言之生化之道，便只成一光景，並非實事實理。必求道體具體化於一己生命中，方是聖學，聖學並非只是一套哲學理論。而道之能否體諸身，在於自己是否能「立誠」。牟先生言下之意，現在時代已不同，欲發揚傳統學問，必須如上文所述，加強「架構之思辨」，於西哲之長，不能輕忽。既知此而不肯調整自己，只堅守一己所見，排斥世間其他理論，這便是「不誠」。而熊先生在與批評者周旋回應時，所表現出來的，似是以勝人為務，只在文字上較量，對於異論，並不能平心細察，此則是令人遺憾的。由此看來，熊先生實未能攝智歸仁。牟先生此處所說的「就人己相與之際，平心指點實理，以自轉而轉他。」是非常深刻入微的話。天下之道理無窮無盡，人所見有限，豈有一己所見便是道之全體？即使己之所見者為真，但人的生命不能無感性之限制，或如熊先生所說，不能無污染。這便必須時時克己復禮，不敢以聖賢自居，又須與外界相接，正視異於己之議論，以開拓自

己，使生命保持開朗與暢通。如此方能立己立人，此應是牟先生所說「自轉轉他」之意。牟先生說熊先生只在文字上較量，是針對熊先生對批評者回應時，於對方之理論未能細察。熊先生對內學院一系學者，及印順法師對《新唯識論》的批評，都一一作出仔細的回應，一步不讓。大概牟先生並不認為熊先生對唯識學及中觀學的理解，是恰當無誤的。熊先生於回應批評時，實亦可藉機作客觀的理解，提升自己以轉化他人。牟先生此一責善之言，是相當重的，但熊先生的反應，據牟先生之記述，則亦表現了大賢的雅量。

> 先生曰：「余病亦非全不自知。智及不能仁守，此余之恆言也。近復悲厭二心，互為起伏，亦非孔子好學不厭，誨人不倦之至誠。貪嗔痴與生俱來，好名好勝亦所隱伏。汝所說者，正中癢處。然須知此只是吾生命之夾雜，吾自有其確向而不肯退墮也。確向者何？明先聖之道，藉以自警而警人也。」余曰：「先生之確向，吾等非不知之。然若病痛不拔，則確向非確向矣。而先聖之道，亦終不能明而取信於人也。」

熊先生此時一下子便轉回來，對弟子之批評，很能坦然接受，自承生命中確有毛病。但生命雖有夾雜，然亦有其確向而不退墮，此生命之大方向，即明聖道以自警警人。此見熊先生性情之真，亦可見先生平居於一己生命有深刻之省察。從此一表現上看，熊先生非「不誠」也，從這一段對話，可見出熊牟二先生師弟子相處之真誠，能直下以真生命相照，實在非比尋常。牟先生後來有一段文字，應是憶及此次與熊先生晤談之情形的，茲抄錄以資參考。牟先生說：

> 我們這樣子瞭解真人的時候，這個真人不是很容易的。你不要以為「不厭」「不倦」是兩個平常的字眼，不厭不倦也不是容易作到的。所以熊先生當年就常常感到他到老還是「智及」而不能「仁守」，只是自己的智力可以達到這個道理，還作不到「仁守」的境界，即做不

到拿仁來守住這個道理。所以也時常發生這種「厭」「倦」的心情，也常是悲、厭迭起的（意即悲心、厭心更互而起）。當然這個時代，各方面對我們是不鼓勵的，這是一個不鼓勵人的時代，到處可以令人洩氣。令人洩氣，就是使人厭倦，這個厭倦一來，仁者的境界，那個「學而不厭，誨人不倦」的境界就沒有了。……當年我們的老師，到老這樣感觸，也可以說這就是我們老師晚年的一個進境。[14]

四、結語

牟先生此〈湖上一夕談〉，除上引之文字外，後面還有一些熊、唐、牟三先生之言論，是有關對當時世局的感觸者，今不擬多論。大意是牟先生當時希望熊先生效法印度之甘地，作「為國家政治性之講學」，「擴大為歷史文化之鑄造」，要「掀起壯闊之波瀾」。但以當時的世局，及熊先生之年紀，此實在難以實行。熊先生亦認為印度人有宗教之情緒，中國人則否，不能起信向上。此雖不可行，衡之於牟先生後來的講學活動，及在研究上的創獲，牟先生應是以此自任的。

上文所引述的顯出了熊先生與他的兩大弟子對於時代的反應，是有所不同的。又由於當時牟先生對家國天下、中國歷史文化深有悲感，故他的言論，對老師的批評，可能過於激切。這些批評，在牟先生後來的著作中，是很少見的。[15]在〈熊十力先生追念會講話〉中，牟先生說：

但聖賢講仁，講性命天道，講良知，都不是一假定，而是一真實生命的呈現。但只這一句話亦不行，你說你真實，我說我真實，那究竟真

---

[14] 〈為學與為人〉，收入《生命的學問》（臺北：三民書局，2004 年 5 月），頁 135-137。

[15] 在〈客觀的了解與中國文化之再造〉（收入《牟宗三先生晚期文集》，《牟宗三先生全集》第 27 冊，臺北：聯經出版事業公司，2004 年）對熊先生及其同時代之哲人，牟先生亦評以治學缺乏客觀的了解。

實是在那裏呢?所以需要師友,要在現實生活中找一個見證。而這現實上的見證,在當今之世,只有熊先生夠資格,其他人都不夠。所以熊先生是一個真人。

牟先生又說:

這一點我們便差得很,我自愧不能達到我老師的萬分之一。儘管我講哲學系統、哲學概念或許比我們老師知道得多,他一生想要寫的量論寫不出來,而我或許可以寫出來,我可以順著他所呈現的內容真理來講,把它建立起來,而往前發展,但這並不表示我比我老師好。世俗之見會以為我超過我老師,但真正了解起來,其實是差得遠。[16]

牟先生這一段話,說得非常真摯,絕非客套恭維語,此亦可見牟先生之真處。必須將此段文和〈湖上一夕談〉所說者合看,方能見牟先生對熊先生的真實了解。

---

[16] 此文收入《時代與感受》(臺北:鵝湖出版社,1984年3月)。

牟宗三先生的哲學

　　牟宗三先生是當代新儒家的代表人物,他一生的學術成就,並不止於儒學的領域,而及於中國哲學思想之大部分重要內容,又不止於中國哲學,對西哲如羅素、懷德海、維特根斯坦、康德等,都有深入研究,其中於康德哲學用力尤深,這是學界所熟知的。牟先生對於上述的學術領域,大都有不同於前人的創見,其見解亦大都成為現在研究中國哲學,及關心中西哲學文化者必須研究的對象。因此,牟先生的諸多見解其實已為學界所熟知,本亦不須多說,且詳細論述牟先生之全幅成果,亦非一篇論文所能作到。但若能對先生之重要成就作有系統的簡要陳述,或許可對後學有指引之功,並或可由此回顧,提供一順著牟先生之業績而往前發展之可能路向,此本文之所以作也。

一、生命的學問

　　牟先生作為新儒學及當代中國哲學大師,當然是有其獨特的思想見解、哲學系統的;但記得有一次有人問牟先生他的哲學見解是什麼?他回答說:「我哪有什麼個人的哲學見解呢?我只是對以往的傳統思想作出詮釋,將傳統的哲學智慧講出來,我所講的都是古人原有的,當然,溫故而知新,對古人的見解講習熟了,順著前人的智慧,會表達一些個人的新見。」我覺得牟先生這一說法是很值得注意的,其中有幾重涵義。他並不是有意地提出他的個人見解,甚至無意建立自己的思想理論,只是想對以往的傳統中國哲學作恰當的詮釋。通過恰當的詮釋,牟先生當然是希望復活先哲的「慧命」。對於中華民族歷代締造的歷史文化,當代的新儒家,並不視之為已經過去了的

歷史陳跡,而是認為乃「活的生命之存在」;[1]所謂活的存在,並不只是認為過往的事件對現在仍有其影響,而是認為中國文化是如同生命存在般之存在。牟先生喜歡用「文化生命」及「智慧的生命」等語,即在他的感受中,中國以往哲人的智慧,是和他感通不隔,如在眼前的。當孔子說:「文王既歿,文不在茲乎?」此即表示孔子的生命與文王是感通為一體的。又程明道曾說:「堯舜知他幾千年,其心至今在。」[2]我認為這亦是牟先生的真實感受。

由以上所述,我認為牟先生所以認為自己沒有什麼獨創的哲學理論,是感受到往哲的智慧生命的存在,他個人的努力,是對此智慧生命的承續與發展。活的生命當然有其發展,雖有發展,但乃是此生命本身原有的內容之不斷往外實現,雖或有因應時代的不同,而有異於以往的新的表現,但文化生命本來便要不斷地發展的,從發展的觀點看,後來的不同的表現與原初的生命,仍是一體的。

我想從這一角度,來理解牟先生所謂「生命的學問」之意義。此所謂生命,雖可從人的現實生命說起,或說不離於現實生命;但並不止於現實生命,而是由生命之「真」以契接普遍恆常之真理。牟先生認為中國哲學,是以生命為中心,重主體性與「內在道德性」;不同於西方哲學重自然,以知識為中心,重客體性。[3]所謂重生命,當然是以調護人的生命為主旨;但並不止於安頓調護現實的生命,而是要通過生命的實踐,顯發生命中的理性,由理性而生出理想,藉理性的理想,使現實的生命逐步理性化;個體的生命由於理性的理想之潤澤,而成為合理的存在,不會盲爽發狂。而民族的生命,因理想之提撕,亦能生生不已,不會滅亡,此即牟先生所謂的「以理生氣」。而生命的學問,並不只是以理想滋潤生命;在人於實踐中見到自己生命中之理性時,所體會到的,並不是一靜態的客觀的規律,亦不只是一能作

---

[1] 此意見唐君毅先生等聯名發表的《中國文化宣言》(〈中國文化與世界〉,收入唐君毅:《說中華民族之花果飄零》,臺北:三民書局,1974年),頁132。
[2] 《程氏遺書》卷七。
[3] 牟宗三:《中國哲學的特質》(臺北:臺灣學生書局,1974年),第一講,頁4-5。

思考推理的思辨理性,而是實踐的理性,此實踐理性,並不全同於康德所說的,理性有思辨的使用(理論理性)及實踐的使用,在此區分下之實踐理性;而是理性的「正用」,是本體義的理性。而思辨的理性,是理性在本體的「自我坎陷」而轉出者。[4]此理性即「知體明覺」,亦曰「自由無限心」。既可以用「明覺」及「心」來說明之,則此理性便即是生命。此生命即是理性,亦即是本體,依此一義而言,生命的學問即由生命以顯本體之學,亦可說唯有顯此生命,方能見真理。

若傳統的中國哲學可以說是生命的學問,則要理解此學問,便不能視之為客觀外在的東西,如同認知對象般理解之,而必須於自己生命上用功夫,求能顯出生命中之理性,以與此學問相應。即若能顯人自身的真生命,便能理解往哲之論。此是一「存在的入路」,亦曰「逆覺體證」。

牟先生提出此逆覺體證之說,是本諸他的老師熊十力先生「良知是呈現」之說,[5]但牟先生並不因為重體證的方法,而忽略了對文獻的客觀理解。相反的,他很重視客觀的理解,又認為研究中國哲學,須採取「文獻途徑」。但我覺得,所謂客觀的理解、文獻的途徑,可以和上述的生命的學問,及體證的方法結合起來,二者並不衝突。

傳統的儒道釋之教,都是生命之學,故只有通過修證工夫方能相應,但這並不能脫離文獻來理解。因所云理性的生命,固有其普遍性,但必落在個人之生命上表現,而有其特殊性,故牟先生有普遍者通過特殊生命表現,此特殊生命,固然是一普遍者藉以表現之通孔,但亦是對普遍者作了限制之說。即既表現之,復亦限制之。[6]故三教所表現之義理型態皆有不同,而三教下之各學者各個人之體會亦有不同,各人之體會皆可有其真處,即皆有其義理之普遍性與特殊性。由於各有其真,亦各有其限制,又是道出感悟,而非以問題為中心,以邏輯為方法來道說,故不能離開文獻來了解,離開了文獻不能系統地掌握其中之義理。又此類之文獻、原典,往往表現了講此學者

---

[4] 《現象與物自身》(臺北:臺灣學生書局,1975 年),第四章,頁 122-123。
[5] 〈我與熊十力先生〉,收入《生命的學問》,頁 136。
[6] 《中國哲學十九講》(臺北:臺灣學生書局,1983 年),第一講。

的生命情調，及講學時的氣氛。此情調及氣氛是理解生命之學之憑藉，故閱讀文獻之工夫，是不可少的。離開了對文獻理解，很可能所說的是詮釋者自己的想法，所謂六經註我。這未免太主觀，忽略了普遍義理通過生命來表現時會產生的殊異性。但這所謂客觀的理解、文獻的途徑，亦不能離開由反身逆覺的體悟來說，或起碼詮釋者對此生命的學問有其自己的體會，不然其對文獻之分析疏解，便不能相應。故體證的方法與文獻途徑二者，是須結合為一的。二者互相補充，亦互相限制。此亦即牟先生說三教的哲學，是「教下名理」，此名理是有定向的，不同於哲學思辨之名理之故。[7]

由上述，牟先生對以往中國哲學，有一認為自己所理解者便是正確的之自信，並不認為此中存在著見仁見智之不同。他認為中國哲學有其自己所關心的問題，而由此而發的生命之學有其普遍性，人對此學，只有能理解或不能理解，或理解得深或淺的問題，而沒有見仁見智，各人有其各種不同的理解的可能，理解可有不同，但不能相差太遠。生命之學有其一定之範圍，皆由對生命之真實體會而發，亦有其客觀性。此不同於思辨的哲學，只要言之成理，便可人各一套。

「生命的學問」與「內容性的真理」的意思是相連的，牟先生通過這些概念，表達出傳統的「成德之教」與一般所謂的學問之不同。一般學問是追求知識，所得者是「外延性的真理」，而成德之教是要求生命的提升，以超凡入聖。求外延性的真理者，是追求廣度的知識，而求內容的真理者，是要生命有強度性的挺立。真理即在真生命的顯發上。成德之教與一般所言之知識性之學問甚有不同，而宋明理學家大抵上都是講成德之學者，而此一學問，為現代人所忽略，牟先生認為，熊十力先生的貢獻，主要便在恢復這生命的學問、成德之教上。[8]

牟先生順著此生命之學，闡釋傳統的成德之教，有很重大的發明，如他認為孔子所說的「仁」，便是人的真生命，孔子的教訓，並非在提出一些生

---

[7] 《才性與玄理》（香港：人生出版社，1970年），第七章，頁280-281。

[8] 〈熊十力先生追念會講話〉，收入《時代與感受》（臺北：鵝湖出版社，1984年），頁268。

活行為上之德目,亦不只在於成就和諧的人際關係,而在於啟發人的真生命,使人湧現此自我作主,無待於外,而自發地踐德之精神,所謂「為仁由己,而由人乎哉!」孔子對學生所啟發指點者,確在此真生命之顯發上。故曰「人而不仁,如禮何?」「禮云禮云,玉帛云乎哉?」故若以孔子的貢獻只在於整理六經及提出倫理教訓者,實不能知孔子智慧之所在。固然此成德之教,開顯人之真生命之學亦不能憑空地講,必及於經籍,亦須落實於倫理常行上,此點不必多論。

二、道德的形上學與主客觀兩面義理的挺立

由上節所論牟先生所說的中國哲學的特質及他所提出的研究中國哲學的方法,便可導出他的一些重要的哲學見解,如「天道性命相貫通」,「超越而內在」等,而這些說法可集合在「道德的形上學」的範圍中理解。

由於將傳統中國哲學為生命的學問,則若依儒學義理,在為仁由己而顯發自己的真生命處,必見到一自我作主的道德主體,此道德主體是純粹的,並無任何私利的動機在內;亦完全是自由的,其踐仁完全由自己自發,不受其他因素決定。於此人會體證一自發自決之自我,而於此自我之生發活動處,便產生了真正的道德行為。於此,人可見自己的真生命,是自作主宰而又必然合理合道的,精誠奮發,不能自已。此由踐仁,可見人有完全自主而不受外於我的任何力量影響之主體性,主體自由。此所謂「證體」。此一自發自決的道德自我、道德主體,確是道德價值之源。牟先生於解釋孔子之仁教,曾子所言之慎獨及孟子之性善論處,對此道德主體義,有很明白的解說,認為樹立此道德主體,即是暢通價值之源,此是儒學的根本大義。牟先生言孟子所言之性,是「內在的道德性」,不同於告子之以生理本能、心理情緒等為人性。孟子反對「生之謂性」之說,直下以能自發而無條件為善之道德性為性,是本諸孔子之仁教,扭轉從生說性之古訓,而為論性之新說。牟先生認為,此後中國哲學史上對人性之討論,不外是依「生之謂性」的用氣為性一路,及依孟子從人之內在道德性以言性,即「以理為性」一路。這

對傳統的人性論之諸說，給出了明白的區分。從自作主宰地無條件為善，又剛健奮發處言人性，確然見到人在價值上不同於禽獸處，這於人道之價值與尊嚴，給出了一大貞定。

但孔孟之學並不只在於樹立道德主體，暢通價值之源。牟先生認為，依孔子「踐仁以知天」，及孟子「盡心知性以知天」之教，此仁心善性之自發地實踐，表現了人的道德的創造性，踐德是自發的，亦可說是從無而有的創造。此道德意志的創造性，其實是與天道生物不已的創生相通的。仁心善性與天道相通，可以從仁心一旦生起，便一定要親親仁民愛物，求體物而不遺的心情上見到。雖然生命有限，在行事上不能完全實現仁心之要求，但從作為根源的仁心上看，是必求及於一切者。故從仁心之求遍體萬物而不遺處，可見此心為一無限體。由此便可說「天道性命相貫通」，即吾人之道德之性，與天道是相通的；吾人依道德心性自發的踐德之要求，亦即是天所命於人，人不能違反的命令。這由道德實踐而見仁心與天道相通，便是對天道的生化，作出了一道德意義的規定，即天道的生化，其實是道德義的創造；而宇宙的秩序，亦即是道德的秩序，一切之存在所以生生不已，存而又存，與人的踐德以求實現一切的善，是同一意義的。這即是對一切存在之所以會存在，作出道德價值的說明。這是由道德實踐以印證天道，解釋一切存在，故是道德的形上學，並不是以形上學理論來建立道德，說明道德價值。言道德的形上學，並無損於踐德之自發性、無條件性。此道德的形上學非但於道德義無損，而且對人之踐德時所含有的深刻的意義，作出了極大的闡發。

此一道德形上學的提法，顯示了儒家成德之教並不限囿於人生倫常，其涉及之範圍是包涵整體的存在界者；又不只是給出了道德實踐的超越的根據，以明成德成聖是人人可能的，有普遍性及必然性，而且於踐仁盡性處體會到生生不已的天道之創生，印證了天道之存在。此一說法，是很能相應於先秦及宋明的義理的，可謂是用現代的哲學概念，將原有的哲思作出十分明白的顯揚。

牟先生這一說法，亦將傳統儒學所含的宗教性顯發出來。即由道德實踐

而印證天道，便是對天道天命作一「遙契」。[9]天道天命是超越的存有，本來是人所不能知的。人的知識，只能及於可經驗的範圍，而天道天命並非經驗的對象，故是超越的。但如上述，從人的踐仁而有無限的感通要求上看，會直下體悟到一能產生自發而無條件的創造性之根源。於是，天道天命此時便成為可知的，則超越的天道亦可說是內在的。當然此內在而可知，是從通過實踐而證悟，由證悟而肯定，並非是認為天道成為一經驗的可知之對象。這是牟先生所謂的「超越而內在」之說。雖然依西方哲學，超越的（transcendent）與內在的（immanent）是相反字，超越的便不能是內在的。但人藉哲學概念以詮表思想義理，不必太計較原來的字義。[10]此「超越而內在」之說，表示人雖可由踐德而印證天道，但天道與人的道德的本心，仍可以保持距離，二者並非是一回事。當然二者亦可以是同一的，如象山說宇宙即吾心，陽明說良知即天理，又如程明道說「只此心便是天」、「只此便是天地之化」；但我認為牟先生對於性天的超越性，是十分鄭重的；他認為孔子之踐仁知天，仁與天在孔子心中，是有距離的，孟子言盡心知性知天，此心與性天，亦是有距離的。至宋明儒，才明白地說仁與天是一，及心性天是一。但牟先生於宋明儒之諸說，認為胡五峰、劉蕺山之「以心著性」說為最優越；[11]「以心著性」便保持了心、性與天之距離，由這些論述，我覺得牟先生對於天道的超越性，是十分鄭重的，亦因此他並不認為不先說客觀的天道，而以本心之充塞無外處即是天道的陸王心學，是最好的說法。此義相當重要，須再作分析。

既然由踐仁可以印證天道，則天道便是內在的；但天道浩浩無窮，以人有限的生命，如何能充分體現之呢？故孔子強調畏天命，而孟子亦說「聖人

---

[9] 《中國哲學的特質》第六講。

[10] 「超越而內在」一詞，神學家趙紫宸（1888-1979）可能早於牟先生使用，見其所著《基督教進解》，第一章。（此書初版於 1947 年，收入《趙紫宸文集》第二卷，北京：商務印書館，2004 年。）頁 57。牟先生曾讀過趙氏所著的《耶穌傳》，甚受啟發。見《五十自述》第五章，頁 118。

[11] 《從陸象山到劉蕺山》第四章。

之於天道也,命也」,這應是從體現天道而不能盡處,見天道之為一超越的,人不可企及的存有,於是便使人有敬慎寅畏之感。即使肯定天道即是人的本性,而心即是性,但亦必有此性、天是可引發無限的實踐之源泉,並非目下吾人之心所能充盡之感。人只能要求自己努力往盡本心之實踐要求,而此「往盡」,是永不能窮盡的。於此,對於天道之為客觀之實有,為超越之存在,便能明白肯定。故人於自覺從事於無條件地踐德時,會體悟到一生生不已之天道,越精誠地踐履,越能證實天道之實在。又從無論如何努力,其實踐亦不能盡處,體會到天道之超越性,見天道之不可企及。這便含有深刻的超越意識、宗教精神。這應是牟先生所說孔子對天命作「超越的遙契」之意。如果不保持心、性與天道的距離,或甚至否定天道天命的客觀性、實有性,而認為儒學只說道德心之自覺,是不切於儒學之本義者。天道、天命並不能虛化。

故超越的與內在的二詞,在牟先生「超越而內在」一語中,顯示了互相補充,又互相限制之義。即天道雖是超越的,但並非不可知,而雖可知,但體現之又永不能盡。故必合此意思似乎是相反之二語,方能明白規定儒學之本質。

此內在性與超越性二義並立,既顯示了人由踐德而見之道德主體,見到此主體是人的真正之自己;又體證到天道天命之絕對性、自存性,此天道天命是一必須敬慎寅畏者。此是即道德即宗教,亦可說是攝宗教於人文。人越真誠地踐德,便越能見其真正之自己,見其真實的本性,而於此時亦越能真見天道、天命,而於天命越發不敢違背。故此成德之教中所涵之宗教性,並非表示人要對超越者皈依、求告,不是面對超越者而匍伏認罪,而是於反求諸己以踐德中、在道德自我的不斷挺立中,證實超越者之存在,亦對超越者不斷致敬,以自己的踐德以回應超越者之命於我者。此宗教精神完全是由純粹的道德意識所引發,沒有私利心、恐懼情緒之夾雜,亦無迷信之成分。

三、判教與會通

　　上文說的「天道性命相貫通」及「超越而內在」等義，是牟先生對儒學義理的規定，視之為「儒學的本質」，此一儒學之本質，大略同於牟先生所理解之孔子之教訓，是以「踐仁以知天」為主旨之意。牟先生認為此亦是儒學所以為大中至正之教，為中國文化之主流之故。此說對於中國文化之精神，即人之精神生活之內涵，有很明白的顯發。此一對儒學的本質之規定，亦成為牟先生對儒釋道思想之所以不同，及儒學與康德哲學所以能會通的判準所在。

　　牟先生對傳統的中國哲學，幾乎全都涉及，而且創見極多；又提出以康德哲學做為中西哲學會通的橋樑。對於康德的三大批判，都有著作來消化，並提出進一步的構想，這是學界所熟知的。我覺得牟先生這些在學術研究上的創獲，可以稱得上是一「大判教」之工作。判教的目的，是要將各種不同的義理思想，作客觀的衡量，指出其特色，及其理論之型態，並安排一合理之位置，使各有關的思想得其正位。

　　這一判教的作法，當然要以客觀的學術研究作根據，但並不同於一般所謂的學術的研究。此意可借佛教之判教來說明。佛教的判教，是有一前提的，即認為各大小乘的教派，其所根據的「經」，都是佛說；既是佛說，便不能有錯。各大小乘的說法，各有不同，但都是真理，都不能有錯；若是如此，則諸教派的不同，只是佛在不同的時候，針對不同的對象而說，即所說者都是真理，只是應機之不同而有說法上的差異。我認為牟先生一生對儒、釋、道及基督教的義理的衡量，對康德哲學的消化，也表露了此一判教的前提。即他認為各大教派的義理，都是人類的理性所顯發的真理，都表現了具有永恆性的智慧，各大教派的不同，是普遍性的真理落在特殊的文化生命及個人生命上，而產生的不同表現，既是如此，便可以通過衡量批判，使各大派歸於其合理的地位上，由此便可見到人類在精神生活上所顯示出來的智慧的各個面相。雖有高下、偏盈，但都是真理所在，合而可見真理及智慧的整體。故牟先生的主要著述，並不是作一般所謂的學術研究，他所致力探討

的，都是能代表人類的智慧的某方面表現，都是具有永恆之價值者，他是要將這些教派的義理內容所表示的真理性顯發出來，又說明其特殊性、限制性。

　　牟先生這一判教的工作，使中國哲學的各主要思想流派的要旨、特色，及價值得以明白彰顯。就儒家說，如上文所述，牟先生認為天道性命相貫通，及道德的形上學，是儒學的本質，他藉此闡釋孔、孟、易傳、中庸的義理內容。他認為北宋三子及五峰蕺山（周、張、大程、胡五峰、劉蕺山）是最能相契此一本質而往前發展者。象山與陽明的心學，雖不違孟子義，但於客觀面的天道性命處，未能充分挺立，致有虛歉。朱子雖然是大宗師，但其理論於天道性命相貫通之義，有未完全切合處，故牟先生說朱子是「繼別為宗」。朱子言性即理，當然可以說性與天道相通，但他以心與理為二，未能以心為本心，不能肯定心、理即是一，則其言性即理，性理成為心所對之對象，須通過認知的方式以知之；由於心不即是理，朱子對本心之義未能契會，心只是心理學義、經驗義之心，而理則是一切存在物之存在之理，是「所以然」，心之知理，須由致知格物，由存在物之然處，推證其所以然，而不從本心之自發自願而無條件地為善處，當下認取。故朱子之說，不合孔孟本旨。本來以心即理及心不即理來區分朱子與陸、王不同，是以往之共識，牟先生之論，亦不能外於此，而牟先生對此，則作出了充分的證成，由是而朱子的思想性格，便有非常明白的呈顯。對於朱子思想性格之衡定，是牟先生在宋明儒的研究上最大的成果，後來學者對朱子的研究，都必須面對牟先生之說法，不能略過不談。

　　牟先生對朱子學判為儒門之別子，是明其義理型態之歸屬，並非意在貶抑朱子。牟先生對朱子的文獻用功最多，[12]對於朱子思想之價值，亦時有肯定。從牟先生衡定朱子學，可見朱子是一「以智成德」的倫理學型態，與古希臘柏拉圖、亞里士多德同一路，雖非真能切於道德本身之意義，但亦是成德之教一重要之輔助及補充。

---

[12] 牟先生在北大讀大學預科時，即已細讀《朱子語類》。見《五十自述》第三章。

牟先生在對宋明儒三系的衡量，當然十分重要，此為學界所熟知，而上文亦已提及「以心著性」說之特色，此一說法亦是牟先生獨自發明的，在他之前，幾乎沒有學者見出胡五峰之思想特色，及五峰、蕺山可視為同一系，且此系是宋明儒學之正宗。牟先生此一衡量，都以對文獻之客觀研究作根據，並非出於個人主觀的思想愛好。在論陸、王一系時，固然肯定陸、王之「心即理」說為不刊之論，於朱、陸之異同有非常明白的展示；但如上述，牟先生亦認為陸王心學於天道本體之為客觀實有之義，有所虛歉，由此亦隱伏了陽明學產生流弊之緣故。從這些論述可見牟先生詮釋義理態度之客觀，他並非站在陸、王心學的立場來貶抑朱子。牟先生的用心，是上文所說的要將不同的義理型態的特色顯發出來，而見此種種思想在義理世界中該有的位置，這完全是一種基於客觀的理解而來的「判教」的精神之表現。

　　於道家及佛教的哲學，牟先生亦有明白的衡量與批判。他規定道家思想的內容特色是「無的智慧」及「境界型態的形上學」，亦是一個既不違背以往的對道家思想理解的共識，又能更顯道家之面目，暢發其玄義之說法。「境界型態的形上學」即「道不生物，而讓物自生」之意；此意本來便是王弼、郭象所理解的老、莊之學，牟先生順之而進一步用明確的概念加以規定，使道家之智慧朗然呈現。依此「境界型態之形上學」之義，牟先生規定了老子所言之道之本質。即老子所言之道，雖有其宗主性、恆存性及實現性，但其實都只是「虛的姿態」，不能據此便說道是客觀的實有，而且道對萬物有真正的創生性。而至莊子，道的意義全由「無心」而顯，此可見由老子至莊子之發展。牟先生以莊子所言之「俄而有無矣，而未知有無之果孰有孰無也」，所顯示之無心之化境，來規定道家所說之道，是由沖虛自然的主體所顯示之境界，此便使道之意義得以暢達明白。

　　對於老莊的抨擊仁義，絕聖棄智之論，牟先生的理解是「作用層上的否定」，即道家並非原則上反對仁義聖智，而是反省要以何種方式，最能恰當地表現之。人若能無心於表現仁義聖智，或於表現仁義聖智時，並不自以為是在表現美德善行，便是表現仁義的最好的方式。故道家所關心的是「如何」〔how〕的問題，而非「是什麼」〔what〕的問題。牟先生此說順王弼

之論而有更明白的規定，應是很能表達出道家學之本質的。牟先生又順王弼所說的「聖人有情」及郭象所說的「迹冥」之義，以言道家之圓教義，即無為之道、本必須即於現實生活的一切存在而表現，即迹是冥，即有而無，方可見玄理是一活的智慧。順道家義，真正的聖人，是「有情而不累於其情」，甚至是「即天刑而解脫」。以上之所述，是說明牟先生對道家思想由老而莊而魏晉的不同特色，合而見道家的智慧之整體發展。

　　牟先生又認為道家所說的「無」之智慧，有其「共法」義，即此無心之玄理，其他的教派亦須承認，不能反對。如儒家言實踐道德，亦必承認無心於善，方是真善。後來王陽明言「無善無惡心之體」及王龍溪之四無說，便含有此無心於為善之義。在此處並不能說儒道二家有所衝突。牟先生此論可以解除了傳統以來儒者不敢多說虛無，以為一言虛無便落入異端之忌諱。當然除了此「無」之共法義之外，儒家有其實有層上之肯定，即於天命不已而體會到天道天命為一客觀之實有，此實有不已地起生化，而在人的生命中不斷引發道德的創造，並非如同道家的只是境界型態而無實有型態。牟先生之於儒、道之異，亦隨處點出，即二者之異，是「縱者縱講」及「縱者橫講」之不同。儒道都言道體，都涉及天地萬物之存在，故都是縱說，但儒學所言之道體，對於天地萬物有真實的創生性，不同於道家所言之道不生物。道不生物而讓開一步，物得以自生自化，如是則道對於萬物是「不著」的，此好比是主客對立的「橫」的關係，故曰「縱者橫講」。這是對儒道之所以不同，作出判教。而縱橫之別，亦可以說明儒釋之不同。佛教般若智證如，以觀空破執，以解脫煩惱痛苦，在為了說明煩惱生死的來源，及解脫之所以可能處，亦涉及一切存在，即亦有其縱說，但佛教之教訓，是要人即於一切存在而當下證空證如，空如是所證之境，並非一切存在所依之本體，亦不能起繁興大化、道德創造之活動。牟先生此一分判，確顯出儒釋道三大教義理型態之不同。明白此便可見三教所顯的智慧皆有其永恆性，但亦有分別。

　　就佛教的內部義理而言，牟先生順天台宗的判教論而亦有更明白的規定。他認為空宗所盛發的般若空義，是佛教大小乘一切教派所共同遵守的，此是佛教之基本義理，不能違反。而空是「抒意字」，非「實體字」；即空

或法性不能作一切存在之本體看。而空既是抒法之意者，言空，便不能離開法之存在來說。故空亦非對存在法之否定。又《中論》所說的「以有空義故，一切法得成」，此二句中所涵的「因為所以」，只是詮表上之因為所以義，即乃是由於緣起，故有一切法之意，並非指由空生起一切法。牟先生對空義的這些規定，十分明白。上說空義是大小乘之共法，不能以此區分大小乘。牟先生認為能否對一切法作根源的說明，及其說明達至何等境地，才是大小乘的不同，及大乘的不同派系區分之原因。佛教是實踐之解脫學，本不先著眼於法的存在，追問其來源。但為了解脫，故須說明煩惱痛苦之來源，及還滅之所以可能，便要涉及一切存在。佛教主張境不離心，故其言心至若何之程度，亦即表示其對一切法之存在說明至何等之範圍。小乘言心，只及於六識，即只就有限的心識以言法之存在，此對法之存在，只能於有限的範圍來了解，未能窮法之源，未達無限之境。而空宗雖言自度度他，有不捨眾生之大乘精神，但其言心，亦只及於六識，同於小乘，未達無限（無量四諦）之境。空宗所言之般若，則為共法，非足以決定大乘所以為大乘者，故空宗雖為大乘佛教，其大乘之性格並不穩定。

　　唯識宗言阿賴耶識為一切法所依止，而阿賴耶屬第八識，不同於第六意識之只在有限之範圍，故唯識宗對一切法之存在，已能給出一根源之說明，而其所言之法，亦達無量之境。但言一切法依止於阿賴耶，而阿賴耶本性是虛妄的、染的。若是則成佛所需要的清淨法、無漏法，從何而來呢？依唯識，無漏法由正聞熏習而生，若是則成佛是依於後天之熏習，並無必然。故雖然唯識宗對一切法作出了根源的說明，而展示了大乘的性格，但其窮法之源，而未至其極。至真常心系的義理出來，肯定人人皆本有自性清淨心，此真心在迷，即成阿賴耶識，故阿賴耶是生滅與不生滅之和合。虛妄分別是其現實性，真常清淨則為其超越性。故一心開二門，生滅法與清淨無漏法皆有其合理的根源說明，而成佛於是便有其保證，由於清淨心為本有，故成佛有其必然性。故至《大乘起信論》，方可說窮法之源，而至其極。

　　但《起信論》此一思想型態，是為了說明一切法的如何流轉，又如何還滅，並給出成佛的超越根據而逼出來的說法。此說肯定一超越之真心，以作

一切存在法所依止,有「本體論的生起論」之嫌疑,於佛教之言一切法皆緣起空無自性之義,似有違反;故真常心系並非佛教的最圓滿之教法。而依《起信論》而開宗之華嚴宗,亦非究極的圓教。牟先生對於華嚴宗及天台宗何者才是真正的圓教之分判,亦是順智者大師之論,而作更明白的規定,亦有進一步的闡發。

　　牟先生認為說一切法依止於超越之真心,及由真心生出一切法,只是佛教為了說明煩惱法之由來,及成佛之可能根據而逼出的,並非由此便說佛教肯定一恆常不變的實體性的心,故此實體性之真心只是一時顯出的型態,是可以打散的。牟先生此處之說,同於他認為道家所說的道,雖然有常存性及實現性(生成性),但只是虛的姿態,是可以打掉的想法。牟先生認為,天台宗的理論,正可以打散真常心,而顯佛教之原義。天台宗以「一念三千」說明一切法之存在,而一念心是陰識心,即妄心,而非真心;煩惱心遍,生死色遍,有煩惱心即有生死色,遍及一切。而「無明無住,無明即法性」,一念覺悟,此煩惱生死法便是清靜法。人能證空,便顯法之清淨性。而空是抒意字,空之義不能離開存在法而見,故於煩惱生死法處,便可證空,而離開煩惱法,亦別無可以見空之處。故見煩惱法之無自性即是證空,離煩惱外別無空如法性。故法性與無明,是「依而復即」之關係。故不須言一超越真心,而於一念三千,言無明無住,無明即法性;法性無住,法性即無明,便可說明一切法之所依止,及成佛之可能。即世間法本來便有此三千法,由於人之迷悟之不同,故有煩惱與清淨之不同,雖有迷悟之不同,但三千法一法不改,一切法之存在,及其差別相,都有其存在之必然性。故佛必即九法界而成佛,任何一種人生的存在之可能情況,都可以是佛境界之呈現,而煩惱即菩提,生死即涅槃。煩惱無明,固然必須斷盡方能成佛,但斷無明煩惱,並不須斷煩惱之法,即證空是即有而證,證真如是「立處即真」,見煩惱之為緣起性空,即得菩提,並非於煩惱法外另有菩提法。牟先生於此天台圓教之義理,暢發得至為明白,又極深微。他於此處又以分別說與非分別說來區分華嚴宗與天台宗之不同。若說煩惱與菩提、真與妄是獨立的不同,去妄方可證真,是分別說;若說煩惱即菩提,二者依而復即,是非分別說。非分別

說並非取消真妄的不同,直接認為惡法是善法,以為人不必修行,甚至為惡亦可成佛,若是如此便是大混亂。非分別說是要顯出世間只有如此的三千法,不論迷悟,三千法不改之意。迷悟雖有不同,但可以即於同一存在,同一法而表現,此即「詭譎的相即」。

此天台圓教之義理,能保住一切法,因一切法可以當體便是佛法,無一法可去,無一法可改;如此的保住一切法,亦可說是一種「存有論」的理論,故牟先生說此是「佛教式的存有論」。此一理論,雖是中國之天台宗所創發,但其實亦是順印度佛教之原有教義而來的應有之發展。牟先生認為中國的大乘佛教是中國之文化生命、智慧生命順印度佛教之智慧而接續發展,使佛教所開顯之智慧至乎其極。此佛教式的存有論,亦即以佛法身保住一切法,雖云可保住一切法,但並不能說般若或佛智生一切法。故佛教如同道家,是縱者橫講。

以上是述牟先生分判儒釋道三教之內容義理及其型態的不同。而他對於西哲康德學的消化、吸收及順康德學而推進一步,其中之內容更為繁賾,本文只能粗略的說一下。

康德的第一批判(《純粹理性之批判》)首先說明人類知識所以能有客觀性、必然性的根據,再說明西方傳統之形上學理論並非人能感知的經驗知識,故皆不能成立。由於經驗知識必須由人之感觸直覺接觸對象,使對象置於感觸直覺之形式(時、空)下,又加上知性給出之純粹概念(範疇)以統一對象,知識方能成立。而知識所以有普遍性、客觀性,即知識之所以為「真」,亦是因為有此等先驗的成分作為知識成立之條件之故。故知識之真,只是「現象界」之真。由於成立知識之條件不由於經驗,而為知性主體所提供,故有普遍性,故康德云人之知識只能及於現象,不能及於物自身。因人不能不以感觸直覺接觸對象,亦不能不以範疇來決定對象,而時空、範疇等並非物自身所本有。康德這一現象與物自身之區分,牟先生認為,是有很深的洞見者,但康德並不能證成其此一區分。因康德認為人只有感觸直覺,人所知的,便只能是現象,雖說知識之條件是人所加上去的,於此人可思議若去掉這些條件便是物自身,但此義之物自身是消極的限制性之概念,

只說明了知識有其限制，並不給出其自身之客觀實在性。而康德之言物自身，並不止於作為消極的限制性之概念，而認為是有客觀性、真實性者。康德於其《實踐理性批判》便認為通過理性的實踐之肯定，必須視自由意志、靈魂不滅，及上帝存在為必要的設準，而肯定此三者，即肯定「智思界」存在之真實性，此亦即表示物自身為客觀之實在。又康德於《判斷力批判》，認為審美可溝通自然與自由，而自然屬於現象界，自由屬智思界。於此書言「崇高」處，認為人之崇高感一旦被引發，人便可肯定在事物背後的「超感觸的基體」，又於目的論的判斷處，言從一切存在之合目的性，可體會到使一切存在有其合目的性的最高之存有（上帝）之存在。凡此都可見康德之言物自身，並非虛說。非但不是虛說，物自身界是超越的真際，是價值根源所在。

　　康德所言之物自身雖是實說，但是人無智的直覺，故不能知之。牟先生依中國哲學之傳統智慧路向來思考，認為若物自身並非思辨可知，而為實踐理性所肯定，則正是孔子踐仁以知天之路子。而在踐德上看，儒學肯定本心、良知之為呈現，而本心良知即康德所說的自由意志，於康德，自由是設準，不是呈現，因人無智的直覺故，而依儒學，良知並非假設，是人當下可以坦然明白的，由是而依中國哲學之智慧，康德所謂的智的直覺，是人人可能的。人若真正踐德，必有良知真我之呈現，而此自我必與萬物感通不隔，而神感神應。此應即是康德所言之物自身之境。此方面之義理，在儒學是家常便飯，在康德卻是不可知者。故牟先生認為，依儒釋道三教之說，物自身是可知的。如此便可使康德的現象與物自身之區分得以證成。此區分既可證成，則牟先生便提出其兩層存有論之說。人若真心呈現，則一切法便以物自身之身份存在；良知、道心及般若智皆是真心，牟先生又名之曰「自由無限心」。若以認知心認識世界，則一切存在便以時空、範疇為存在之形式條件，此時便為現象。此兩層存有論又名無執的存有論與執的存有論。牟先生以成就現象界的存有論，為執的存有論，是借用佛教之言識心之執，以解釋現象界是由於人之執性而緣起的之義，現象只是暫時之實在，若有本心良知或道心般若智呈現，現象界是可以化去的。

牟先生此兩層存有論的說法，可謂是康德哲學的中國詮釋，此既可說明中國哲學智慧之意義，又可給出康德學可以更進一步之可能，故牟先生認為康德學是中西哲學會通之橋樑。儒釋道三教所言之最高境界都是由實踐而證悟到的，其中所表現的勝義、玄境，確可以用康德所言之物自身或本體界來說明，故若智的直覺不可能，物自身不可知，三教之義理便會全盤倒塌。故無執的存有論之說，可對儒釋道三教之智慧，給出了一定位，說明其在哲學理論所屬的層次，並說明其可能根據，故牟先生此說，於傳統之中國哲學智慧，是給出了一種「證成」。而若儒釋道三教之智慧可得證成，則康德哲學的不足處，他所嚮往而「未達一間」處，亦便可朗然明白。康德學的進一步發展，應該便是中國的三教哲學義理。當然，藉康德學，吾人亦可以吸收西方之智慧之所長，故牟先生認為，將來的中國哲學，必是中西文化生命的「大綜和」。

四、反省與討論

　　牟先生藉中國哲學之義蘊，證成康德學所要達而未達的現象與物自身的區分，及意志自由是真實的可能，甚至智的直覺亦是可能的。如是便肯定一心開二門為哲學的基本模式，成立兩層存有論，如是則經驗之實在性（只是暫時的實在），與物自身界之超越實在性，兩義並立。牟先生雖說明現象界者是執的存有論，是暫時之實在，為「無而能有，有而能無」者，但此一層卻是中國文化精神之所缺，為邏輯、數學、自然科學，乃至民主政治所藉以開出者，故此一層之精神，即架構的思辨，必須鄭重加以鍛鍊，此西方文化之所長，必須吸收。故對於現象界，在牟先生之哲學理論中，並未輕忽。牟先生借用佛教識心之執一詞，以說明現象界之所由生，但並不如佛教般，視現實世界為虛妄。現象並非幻象。

　　但既然對現象界之說明者為執的存有論，其上有無執的存有論，無執當然比有執者為更真實，更有價值，於是人便很容易往無執處用心，於執處不願停下來好好學習，仔細用心。這便會產生流弊，即人會順牟先生對物自

身、智的直覺之肯定之義上用心，專以尋求無分別的萬物一體之境為務，以現實經驗為只有過渡的意義，並非真正有價值之存在。若是如此，確是有流弊的，亦大失牟先生提出兩層存有論之初衷。

若真有此流弊，[13]我認為這如同牟先生論王學末流之弊般，是「人病」而非「法病」。即這流弊並非由於理論本身有缺陷所致，而只是人依此理論而實踐時，會順自己生命氣質上的毛病，使此學產生流弊。陽明之致良知教本身不必會導至「虛玄而蕩，情識而肆」之病，但人的感性習氣會順良知教之精妙處而產生不合理的精神傾向。現在，牟先生的兩層存有論，其對物自身界的證成，當然是最吸引人的，人便向此而趣，以達神感神應的聖人化境為努力之目標，於是輕忽，甚至要衝破經驗現象，否決種種分別。此與王龍溪提出四無說，顯王學之精義，而卻引致流弊之情況相似。

此一流弊是人的好高騖等的習性，順著牟先生哲學之精義而引生，故是人病而非法病，但既有人病，亦可思考是否於牟先生之哲學理論，亦須作出調整，或甚至修正，以堵住此一流弊？對此我有兩點討論：

（一）牟先生在討論王龍溪的四無說引發虛玄而蕩的流弊處，強調四無說是陽明四句教之義理中所涵之化境，但不宜作為工夫教法。因工夫教法必有所對治，而四無說是神感神應之境界，無所對治。用四無說為工夫，必生流弊。於是牟先生認為四無句不能離開四句教（亦曰「四有句」）來說，即不能以四無句為獨立的工夫論，工夫只能依四句教而用，即只能致良知之知是知非以為善去惡。依王學，只可以此為工夫，而致良知之工夫熟了，人之生命活動全是天理流行，便可以有四無說之境界。吾人可依牟先生此意，說無執的存有論，其實與執的存有論是相即不離的，二層存有論所說者，只是一個世界，對於不同的主體，此同一套的存在事物、同一的一切法，而有不同的意義。即只是此一世界，對於識心而為現象，對於智心而為物自身。雖

---

[13] 大陸學者陳迎年有《感應與心物──牟宗三哲學批判》（上海：三聯書店，2005 年 11 月）一書，對牟先生各重要理論，都大加批評，其書之結語云：「我們已經可以確定：牟先生不僅敗壞了知識，最終也會敗壞了道德。在牟宗三這裡，找不到任何確定的知識。」（頁 543）

有此超越之區分，但二門並不相離，只是同一套存在法於人之不同面貌，不同意義。若是如此，人的要去妄存誠，轉識成智，亦只得在目前的一切存在上用工夫，離開眼前的世界，便無達致理想之可能。強調此二門不相離，只有一套之存在法之說，應是可以堵住須由智的直覺所顯之物自身處想像，而輕忽現象界之毛病。

當然雖強調此二門不相離，人仍可視現象為妄，雖然二門不相離，但真妄二者有真實的不同。若是真者便不是妄，妄者亦不是真，則雖說離妄無真，但必須破妄方能顯真，如是則由感性直覺，由範疇所構成的現象界仍須被破，並無存在之必然性；故現象與物自身是同一套存在法對不同主體而顯之說，仍堵不住對現象界之輕忽。

順此作進一步思考，牟先生費大力闡發的天台宗的圓教義，可以解答上述的疑難。天台宗主張法性即無明，無明即法性，無明之法與法性相即不離，法性之法亦與無明相即不離，成佛當然要斷無明，但雖斷無明而無明煩惱法不斷。斷無明故解心無染，不斷無明煩惱法，故九法界之差別不改。此所謂「不斷斷」，「即九法界而成佛」，此中之玄義甚深，非數語可明，但大抵而言，牟先生此一對天台圓教之理解，表示了雖成佛（或成聖成真人），而世間之差別不可改的想法。依佛教，人生一切是無明煩惱所引生，破無明，去妄執方可成佛，但即使如此看人生，亦終要肯定世間之差別。而儒家本來便視世間存在、人倫差別是合理的，當然更不會因追求萬物一體之無差別境，而抹殺存在界之差別相。在分析宋明儒的義理時，牟先生對胡五峰「天理人欲，同體而異用，同行而異情」之說，亦特別留意，大加稱賞，認為五峰之說，可以代表儒家之圓教義，五峰之說，亦大略同於天台宗，認為同一事體，可以是天理之事，亦可以是人欲之事，存天理去人欲，並不是於世間一切存在本身有所增減，只是於事上表現不同意義而已。

由牟先生對圓教詮釋所表示的差別法不能去之義，應突顯了現象界差別法存在的必然性，而人對理想境界的追求，必不能離開人生，此不能離開人生，是包涵了對現實之種種差別，須全盤承認之意的，若以為現實人生並不真實，並不足道，則是陷入一更大的妄執中。

（二）牟先生晚年翻譯了康德的《判斷力之批判》，並撰一長文〈以合目的性之原則為審美判斷力之超越的原則之疑竇與商榷〉[14]，以消化康德之美學，此文之最後，提出「真美善的分別說與合一說」，此一說法，我覺得可以是從根本上堵住上述因追求物自身之理想世界而輕忽經驗現象之流弊，而牟先生此一晚年見解，或尚可有發展的空間。此須引文以助說明，牟先生說：

> 分別說的真、美、善既各有其獨立的意義，是三種各依人之主體能力而凸顯的土堆，是則三者可各不相干。美既非一認知對象之屬性，與現象之知識無關，則現象之知識亦無求於美，於美亦無關。真屬於「自然」，善屬於「自由」，真無求於善，善亦無求於真。美無與於善之確立，善亦無與於美之對象或美之景色之呈現。是則三者可各不相干而自行其是，雖不必相衝突，亦不必相函。（頁87）

這是所謂真美善分別說，牟先生認為此三者皆有其獨立的領域，即所以構成知識之真、藝術之美及道德的善之原理及主體皆不同，並不能如康德所說美為道德的善之象徵，以美來溝通自然與自由兩界。牟先生於此處將真美善三領域視為可以平列者，似與兩層存有論之說不同。兩層存有論中的無執的本體界，是由實踐理性而契入的，即由於意識到道德法則之無條件性，而契入自由，又由此而肯定物自身或睿知界為實有。若是則人之依無條件之律令而實踐道德時，是可以契悟物自身者，即使康德於此分析有不盡，他不能肯定自由意志為呈現，只屬必要之預設（設準），但並不能說道德領域是屬於「執」的一層。康德所言之道德領域固然不同於無心為善而自然是善的化境，但此二者的不同不宜說為執與無執的不同。同理，若分別說的真與美可與善並列，則此真與美亦不能說是執。牟先生修正康德之美學，認為美之產

---

[14] 見牟宗三譯註：《康德：判斷力之批判》上冊（臺北：臺灣學生書局，1992年），頁3-91。

生,並非是判斷力依超越的合目的性原理以鑑賞對象,而是人之妙慧依無相原則接觸氣化之光彩所致,既說「妙慧」,又是一「無相原則」,則明顯地不能以執規定之。若分別說的美與善皆不是執的存有,則分別說的真亦不可以執相來規定,或雖可說執,此執著並不同於一般所謂的煩惱妄執。人當正視知識之真中所含之真理性。

牟先生認為分別說的真美善三者須融歸於即真即美即善之境,他說:

> 若在非分別說中,則妙慧被吸納於道心,而光彩亦被溶化而歸於「平地」,此時只成一「即真即美即善」之境地:真是「物如」之存在,善是「天理」之平鋪,美是「天地之美,神明之容」,美無美相。因為本是多餘之光彩而單為人類之妙慧所遭遇(因此而形成藝術審美之獨立領域),是故在人之全部精神生活之實踐過程中,這光彩可被溶化而歸於平地,而妙慧亦可被消融而歸於無聲無臭。(頁89)

若分別說的真美善最後須融入非分別的、合一說的即真即美即善之境,則仍可謂分別說的境地只是暫時的實在,而非分別之境地才最真實,若是則上述的疑難,或可能引致的流弊,仍不能真正解決。但他後文所說的分別說者與合一說者之關係,則轉出新義:

> 我們只能說:分別說的美是合一說的美之象徵,分別說的真是合一說的真之象徵,分別說的善是合一說的善之象徵。(頁89)

此「象徵說」固然顯示了分別說者與合一說者是有距離的,但既是象徵,則雖有距離,並不能被理解為妄執。且若分別說之三者是至真實者之象徵,則亦有須透過象徵理解至真實者之義,若是,則作為象徵者是不可去掉的。牟先生後文即有此意:

> 象徵者具體地有相可見之意。《易‧繫》曰:「天垂象,見吉凶,聖

人則之」。象徵之「象」即是「天垂象，見吉凶」之象。「上天之載無聲無臭」，是絕對的玄德，本無任何相可見。……但是天德固無盡藏以顯其妙用，但亦正因其自發之妙用（所謂天命不已），始有其「垂象」之必然，此是來布尼茲所謂「形而上的必然」。有「垂象」可見，始有種種的分別決定（吉凶）可言。（頁89-90）

象徵是那無聲無臭、無相可見的天德的顯露；而此象徵或垂象，是必須有的，是「形而上的必然」者，依牟先生此處之所示，則分別說的真美善，是具有存在之必然性者，則分別說者與合一說者雖有不同，但只是有距離之不同，並非真與妄之不同。而雖有距離，及亦可銷融為一，但象徵者乃是天德妙用之所生起，無此象徵，則天德亦不能見。如此說，則分別說之真美善三者所表現者，正是天德的無限豐富之內容，如是分別說之境地，焉可輕忽？牟先生續云：

「天垂象，見吉凶」可概括真、美、善之三領域而言。於「真」方面之垂象即是氣化之遭遇於吾人之感性與知性而成的「現象之存在」；於「善」方面之垂象則是氣化底子中人類這一理性的存有之經由其純粹而自由的意志決定其為一「道德的存有」；於「美」方面之垂象，則是氣化底子中人類這一「既有動物性又有理性性」的存有經由其特有的妙慧而與那氣化之多餘的光彩相遇而成的「審美之品味」。於「現象之存在」處，顯一「認知的我」乃至「邏輯的我」；於「道德的存有」處，顯一「道德的我」；於「審美品味」處，顯一「美感的我」。這都是「聖人則之」中所立之事，亦是「開物成務」中所成的事。

此段可證上文所說牟先生將真美善三者平列，不同於他較早期的以知性主體為識心之執，而道德之主體則通於物自身之說。既是如此，則「認知的我」、「道德的我」及「審美的我」三者都不宜以「識心之執」來說，此三

者是天德要顯示其自己所必要的垂象,三者之價值及存在之地位是相等的。牟先生此時,似已不再借用佛教的「執與無執」之語來說,於說明分別說之三者具有存在之必然性時,亦不用「除病不除法」來印證。他返回《易經》,用「天垂象」以表示天德與真美善三者及對應此三者而顯之三主體,以「垂象」來說,便更見此三者為具有實在性,顯儒家以世間為實事實理所充盈之立場,用「執」及「病」來說,雖可藉佛教之圓教義以顯玄理,但未免兼帶了佛教以世間為虛妄之教義。牟先生續云:

> 既開出如此等之事,則此等事便返而使那無聲無臭的天命不已之「平地」成為彰顯可見者。經過這一彰顯,那無聲無臭之無盡藏之豐富內容即可逐漸或圓頓地朗現於吾人之面前。因此,吾人說那分別說的真即是那無盡藏之「無相的真」之象徵(有相可見的相);那分別說的善即是那無盡藏之「無相的善」之象徵;那分別說的美即是那無盡藏之「無相的美」(天地之美,神明之容)之象徵。……人之渺然一身,混然中處於天地之間,其所能盡者不過是通徹於真、美、善之道以立己而立人並開物成務以順適人之生命而已耳。(頁90-91)

牟先生此段之說,於分別說之真美善三者之存在地位,有更為正面之肯定。通過此三者,使那本來是不可見之無聲無臭之天德成為可見,天德之無盡藏內容,因真美善三者而成為朗現而可見者。依此而言,分別說的三者非但不可輕忽,其實是天德藉以彰顯其自己者,若是則此三者是非有不可的,且人生的存在價值,便在於通徹於真美善之道。此處所謂的真美善,是以分別說者為主,固然非分別的合一說者亦在其中。人生之意義與價值,就在於不斷的表現真美善三者,即人當不斷的從事於認知的探究、道德的實踐,及美的欣趣;在不斷的求真求美求善之活動中,逐漸朗現天德之無盡藏。此中,能用力的是在於分別說之層次,而合一說的層次是不能用力的,若此一分析是合理的,則牟先生雖有現象與物自身,及執與無執之存有論之區分,但並不能因此而視現象界為虛妄。而物自身或無執之智思界,乃是人於現實世界努

力要求實現的理想。理想是無盡藏的,當然並非是藉由現實的象徵所能窮盡者,故二者當然有其距離,但這是能實現之體與所實現之用之不同,並非真與妄之不同。若是真與妄之不同,則不能說妄者一定不可去掉。牟先生此真美善分別說與合一說之論,固然並非與兩層存有論之說相違,但其中確有不同處。我認為牟先生此說是非常合理的,可以徹底堵住順兩層存有論之說,誤以為現象界者為妄,而以渾化一切分別者為真之流弊。此說給出了人當於現實世界順各人才性之不同,而分途努力之理論根據。認知的活動、審美的活動既然亦是合一說的無聲臭之天德藉以表現其自己的象徵,則人亦可從認知之純智的思辨,及審美之妙慧中逐步實現天德,此即由下而上,以體悟天德。若是則體悟天德,便不是只有實踐道德一途,認知、審美二途亦可使人精神往上翻而至最高境界。若是則對於認知、審美之活動,便更有價值上的肯定。這一意思是可以從牟先生此分別及合一之真美善說推出來的,而此義似乎與牟先生平素之說有些不同。若此說合理,則新儒學便更不能被看作為「泛道德主義」者了。牟先生此說涵義豐富,應可作更進一步之開展。

《文化宣言》論中國文化的宗教精神

　　《中國文化宣言》很扼要的宣示了聯合簽署的四位當代新儒家的共同見解，此文之內容十分豐富，幾已全面涵蓋了他們所理解的中國文化精神的內容，及中國文化今後應如何發展的途徑。此一文稿可說是當代新儒學作為一學派之成立宣言，此宣言可作此學派之綜述其「基本教義」之傳道小冊看。但雖似是傳道小冊，其內容並非只是直述基本之主張，而亦有為證成其各個主張之曲折的思辨，仔細讀之，實令人歎服。唐君毅先生曾論他自己的著述特色是：

> 此書諸文之結論，皆道中庸而致平實之論。然此書之文，如有任何價值，皆不在其結論本身，而在其如何經由曲折崎嶇之思想之路，再夷平之，以成平實之處。吾常謂吾人今日所遭遇之文化思想之衝突，如羣流之相激，非會通之無以成浩瀚之江流。[1]

　　《宣言》之執筆者是唐君毅先生，其中行文已不似唐先生一般論著之曲折崎嶇，廣涉中西各大思想理論以比較、會通，但仍有此一唐氏著述之特色。其實哲學性之著作，確以為證成其主張而表現的曲折思辨為本質。若只看結論，並不顯哲學性。唐先生上引文，表達了他著述的目的；即要經歷近世中華民族所遭遇之思想文化之衝突，而將這些衝突產生之曲折崎嶇，加以夷平。民族之心靈若不能克服這些衝突，便不能再往前發展，此一面對衝突而

---

[1] 唐君毅：《中國人文精神之發展》（臺北：臺灣學生書局，民國 73 年 7 月六版），〈本書旨趣〉，頁 4。

在義理上徹底解決之,是唐先生提出的融和會通中西文化之方法,必經歷此,民族與文化之生命才能持續深化。《宣言》中每節之內容都十分豐富而深刻,現擬只就《宣言》中討論「中國文化中之倫理道德與宗教精神」一節,希望既闡述其結論之為平實正大,又說明所以能得此結論之曲折思辨。

一、宗教精神與道德倫理通而為一,中國文化之一本性

《宣言》說:

> 對於中國文化,好多年來之中國與世界人士,有一普遍流行的看法,即以中國文化,是注重人與人間之倫理道德,而不重人對神之宗教信仰的。這種看法,在原則上並不錯。但在一般人的觀念中,同時以中國文化所重的倫理道德,只是求現實的人與人關係的調整,以維持社會政治之秩序;同時以為中國文化中莫有宗教性的超越感情,中國之倫理道德思想,都是一些外表的行為規範的條文,缺乏內心之精神生活上的根據。這種看法,卻犯了莫大的錯誤。[2]

按依唐先生,說中國文化注重人與人間之倫理道德,而不重人對神之宗教信仰,此並不錯。但此一說法並不必涵重人間倫常道德而不重人對神之信仰者,為沒有超越的宗教感情。中國文化精神,很可以是就在倫常的道德實踐中,表現了超越的宗教性感情,而此宗教性之超越之情,因直接由倫常實踐而發出,故不必藉對作為超越之信仰之對象,即上帝之崇拜而表現。此超越的感情,因即於倫常實踐而表現,故並不突顯其超越相,超越者與現實之踐履融而為一。即中國文化之重人間性,亦表現了其超越性,亦可說是由人與人間之實踐,給出了一條真實接觸超越者之途徑。此即所謂「超越而內在」

---

[2] 〈中國文化與世界〉,收入唐君毅:《說中華民族之花果飄零》(臺北:三民書局,2005 年 1 月二版一刷)。此是一重排本,頗有錯字、衍字,今據此書民國 83 年 11 月的版本校正。

之說，此說是當代新儒學理論之核心義旨。

以上是就「不重人對神之宗教信仰」之意辯說，反過來，從「注重人與人間之倫理道德」處說，中國文化固重人倫道德，但可以不囿於人生現實；認為中國文化，尤其是儒學，所述說者是一些無內心之精神生活上的根據的一些外在條文，且只求現實的人與人關係的調整，以維持社會政治之秩序，確是很普遍的誤解。[3]論者往往引孔子「未能事人，焉能事鬼」，「未知生，焉知死」之言為據，其實孔子此語可如宋儒所理解的，孔子之言只是略言之，而詳細說應是事人之道即是事鬼神之道，知生之道，即是知死之道。生死人神並無二道。[4]而此解之根據，是倫常人生之道德實踐，及此實踐所以能調整社會政治秩序，是有其超越之根源者。倫常實踐所以可能，是有一真生命作為行動實踐之源，此根源固然給出了不已的道德實踐，但並不囿於人際關係、社會政治。可以說，中國文化之精神，是即於人生倫理之實踐而體證一超越的、形上之本體，又本著此形上之本體以成就人生之倫常實踐。是超越與內在，道德與宗教通而為一的。

唐先生認為，上述所說之義，非但西方之漢學家們不了解，近代的中國學人亦不了解，他們「不願見中國文化精神中之宗教性之成份，而更看不見中國之倫理道德之內在的精神生活上的根據」。（頁135）《宣言》續云：

> 但是照我們的看法，則中國莫有像西方那種制度的宗教教會，與宗教戰爭，是不成問題的。但西方所以有由中古至今之基督教會，乃由希

---

[3] 西哲黑格爾便很貶視《論語》，說「裏面所講的是一種常識道德，這種常識道德我們在哪裏都找得到，在哪一個民族裏都找得到，可能還要好些，這是毫無出色之點的東西。」（〔德〕黑格爾著，賀麟、王太慶譯：《哲學史演講錄》（第一卷），北京：商務印書館，1997年2月，頁119。）又說「孔子只是一個實際的世間智者，在他那裏思辨的哲學是一點也沒有的——只有一些善良的、老練的、道德的教訓，從裏面我們不能獲得什麼特殊的東西。」（同上）黑格爾對孔子的德性生命不能了解，於《論語》讀不出意味。

[4] 明道云：「死生存亡皆知所從來，胸中瑩然無疑，止此理爾。孔子言『未知生，焉知死』，蓋略言之。死之事即生是也，更無別理。」（《二程遺書》卷二上）

> 伯來之獨立的宗教文化傳統，與希臘思想、羅馬文化、日耳曼之民族氣質結合而來。此中以基督教之來原，是一獨立之希伯來文化，故有獨立之教會。又以其所結合之希臘思想、羅馬文化、日耳曼之民族氣質之不同，故有東正教，天主教及新教之分裂，而導致宗教戰爭。然而在中國，則由其文化來原之一本性，中國古代文化中，並無一獨立之宗教文化傳統，如希伯來者，亦無希伯來之祭司僧侶之組織之傳統，所以當然不能有西方那種制度的宗教。但是這一句話之涵義中，並不包含中國民族先天的缺乏宗教性的超越感情，或宗教精神，而只知重視現實的倫理道德。這只當更由以證明中國民族之宗教性的超越感情，及宗教精神，因與其所重之倫理道德，同來原於一本之文化，而與其倫理道德之精神，遂合一而不可分。這應當是非常明白的道理。然而人們只以西方之文化歷史的眼光看中國，卻常把此明白的道理忽視了。（頁 135-136）

對照於西方基督教之有獨立之教會，而教會又有種種制度、儀式，各色之神職人員，而使其宗教信仰之活動有其異於日常生活及其他社會活動之處，此使宗教精神易於突顯；而在儒家，則並沒有獨立之教會，亦缺乏明顯與日常生活不同之宗教儀式，此似是中國文化缺乏宗教精神之證據。於此唐先生則認為基督教會之形成，主要由於希伯來文化本身自有其傳統，以其獨立的宗教傳統與希臘、羅馬、日耳曼等文化結合，遂造成獨立的，又各有不同之基督教會。而在中國，並無一與古代文化不同源的宗教文化傳統，亦遂無一獨立的教會組織。即基督教以其獨立的教會，與日常活動不同的宗教儀式，以表現其宗教精神，是有其歷史因緣的，而我們不能因此便以為宗教精神一定要以此方式表現。那只是一後天的，因歷史因緣而造成的特殊之方式，不能將普遍的每一民族文化傳統都可有的宗教精神，限制於某種特殊之表現方式上。由是，唐先生認為，中國文化之宗教精神，其實便表現在倫理道德的實踐上，與倫常生活一體而不分。道德實踐、倫常生活，乃至社會政治的活動，便是宗教信仰表現之處，不必另有一與上述不同的獨立的教會組織、崇

拜的儀式，及特殊的神職人員來突顯此宗教精神。這是中國文化之「一本性」。我覺得這一段的論辯很恰當、很有說服力。由此可見在中國歷史文化傳統中沒有獨立的教會組織，並不是缺乏宗教精神、或超越意識，而是宗教精神與倫常實踐等活動不隔之故，人若於人生種種活動上盡其所當盡，隨處可見神聖之價值，而表現了宗教的精神。表面的宗教性之缺乏，其實是因為道德與宗教一體相融之故。

二、天人合一，澈上澈下及正視死亡

以上論證中國文化之宗教精神與人生各活動不隔，唐先生進而申論中國人生道德思想中之宗教性：

> 至於純從中國人之人生道德倫理之實踐方面說，則此中亦明涵有宗教性之超越感情。在中國人生道德思想中，大家無論如何不能忽視，由古至今中國思想家所重視之天人合德，天人合一，天人不二，天人同體之觀念。此中所謂天之意義，自有各種之不同。……然無論如何，我們不能否認他們所謂天之觀念之所指，初為超越現實的個人自我，與現實之人與人關係的。而真正研究中國學術文化者，其真問題所在，當在問中國古代人對天之宗教信仰，如何貫注於後來思想家之對於人之思想中，而成天人合一一類之思想，及中國古代文化之宗教的方面，如何融和於後來之人生倫理道德方面，及中國文化之其他方面。如果這樣去研究，則不是中國思想中有無上帝或天，有無宗教之問題，而其所導向之結論，亦不是一簡單的中國文化中無神、無上帝、無宗教，而是中國文化能使天人交貫，一方使天由上澈下以內在於人，一方亦使人由下升上而上通於天，這亦不是祇用西方思想來直接類比，便能得一決定之了解的。（頁 136-137）

在中國的人生道德思想中，「天人合一」、「天人合德」之說是素所重視

的。不管對天如何了解，天總代表一超越於現實人生之存在，言天便表示其不同於人。故研究者於此，當研究此代表超越之存在之天，如何被視為可下貫於人，而言天人合德，天人不二，而不能懷疑、否定其中所涵的宗教精神或超越意識。

　　於此論天人合一處，唐先生亦表現了其曲折的思辨。他從中國古代思想素重天人合一，天人不二之觀念，推出中國文化中宗教精神、超越意識是並不缺乏的。但既不缺乏此，何以有中國文化只重人倫實踐，宗教信仰淡薄的現象？若如此思考，則可知問題之重點不應在中國文化之缺乏超越的宗教精神，而在於中國文化既具備宗教精神，何以予人有不重信仰的印象？於此思考，便可知中國文化中之宗教精神，原來是與其人生道德之實踐，是一根而發，一體相融的，故其宗教精神不必藉人生道德實踐之外的其他活動來表現。故於中國文化之表面上之宗教精神不足處，其實透顯了其宗教精神之表現型態，為異於西方宗教，於此可見中國文化，及文化中之宗教精神表現之特色。於此處，很能見到唐先生思想義理之特別表達方式。他表達了在表面不足之處，往往便是其特色、勝場之所在的思考方式。如於中國文化之宗教精神似乎不足處，正可見出其實中國文化是以一種更為合理的方式來表現宗教信仰。進一步，唐先生認為，由此天人合一或天人不二之論，可證中國文化中之宗教精神，是由在上者而往下，下貫於人性人生，此可使超越者落實表現；亦使在下者之人生道德生活往上提升，而證人生之倫常實踐表現了超越而絕對之價值意義，此說亦甚有玄思。此所謂澈上澈下。唐先生此一曲折的思辨方式，使其要表達的義理層層深入，對人的思想，很有啟發性。

　　故若肯定中國哲學之天人合一之說，則可知天代表超越意識，此一超越意義之天，是不可去掉的。由是便不能說中國文化缺乏超越的宗教精神，亦不能說中國文化只重人生倫常之實踐。於是既重人生倫常又不缺乏超越精神，則只有說中國文化中所重之倫常實踐是具有超越意義的，而中國之宗教信仰即在倫常實踐中表現。而論宗教信仰，亦不必要以西方基督教之「歸向一神」之型態為標準。吾人其實可以即道德即宗教，倫常實踐即是超越的宗教精神之表現處來規定宗教。以此澈上澈下之型態以言圓滿的宗教型態，為

什麼不可以如此說呢?何必事事以西洋為標準?《宣言》續云:

> 此外中國人之人生道德倫理之實踐方面之學問,此乃屬中國所謂義理之學中。此所謂義理之學,乃自覺的依義理之當然以定是非,以定自己之存心與行為,此亦明非祇限於一表面的人與人之關係之調整,以維持政治社會之秩序,而其目標實在人之道德人格之真正的完成。此人格之完成,係於人之處處只見義理之當然,而不見利害、禍福、得失、生死。而此中之只求依義理之當然,而不求苟生苟存,尤為儒者之學之所特注重。(頁137)

此段申明中國文化所重之道德實踐,並不只注意行為外表之合理,亦不只關心調整政治社會之秩序,[5]而更要求自覺地依當然之理以定是非,及定自己之存心與行為。要自覺地依理而行,便含有一要求自己之意志能純然合理之內聖功夫。故唐先生說,中國文化中之道德實踐,是有「完成人格」之要求在,此所謂義理之學。人不只求行為合理,而要內心自覺地依理而行,由此亦可見此須依之而行之理,乃吾心之所自發,此吾人自發、自作主宰之要求,即義之所在,而此要求,是具有普遍性的,即人同此心,心同此理。則由個人自覺依理而行時,便見一超越於人我之上之本體,此體即我之心性,故此心此性亦即是天道。此亦是人生倫理之道德實踐即是超越的宗教信仰,根據之所在。此義唐牟二先生言之詳矣。故傳統儒者之言倫常實踐,盡己之心性,並不只著眼於現實之人倫與政治活動,而實有超越的精神在其中表現。[6]唐先生在此處,強調道德實踐在中國文化之傳統中,是有正視死亡、超克死亡之作用的,而對死亡問題之解決,是宗教信仰之一重要問題,儒學所重之實踐,亦可處理此問題,且其處理之道,可能比其他宗教更為合理。
《宣言》續云:

---

[5] 上海復旦大學哲學系主編的《中國古代哲學史》,亦認為中國哲學重實踐,但此書所謂之實踐正是只就人生倫理,及調整社會政治之秩序上說。(見該書〈導論〉)

[6] 《宣言》第六節〈中國心性之學的意義〉便申述此意。

> 我們須知，凡只知重現實的功利主義者，自然主義者，與唯物主義者，都不能對死之問題正視。因死乃我的現實世界之不存在，故死恆為形上的宗教的思想之對象。然而中國之儒家思想，則自來要人兼正視生，亦正視死的。所謂殺身成仁，捨生取義，志士不忘在溝壑，勇士不忘喪其元，都是要人把死之問題放在面前，而把仁義之價值之超過個人生命之價值，凸顯出來。（頁137）

由從事道德實踐者往往可只見義所當為而不見生死存亡之分別，又志士仁人常把死亡置於眼前，隨時可接受死亡，可見儒學對死亡是能充分正視的。而死亡正是宗教所要解決的重大問題，就此義而言，怎可說儒學只重人生實踐而無宗教精神？由踐德而正視死亡，視之為隨時可以接受之事，甚至視死亡為人格之完成，豈非是對待死亡之最正確之態度？從儒學之能正視此「我之現實世界之不存在」之死亡，可證以為儒學只重現實人生之說，極為不相應。唐先生此處之論證，亦十分明白而合理。由此亦可知儒學固重現實人生，但又不囿於現實人生，儒學對於所謂現實的人生，特有一番真切的體會。即此現實可包涵超越的形上世界，此人生亦可包括死亡。《宣言》續云：

> 西方人對於殉道者，無不承認其對於道有一宗教性之超越信仰。則中國儒者之此類之教，及氣節之士之心志與行為，又豈無一宗教性之信仰之存在？而中國儒者之言氣節，可以從容就義為最高理想，此乃自覺的捨生取義。此中如無對義之絕對的信仰，又如何可能？此所信仰的是什麼，這可說即是仁義之價值之本身，道之本身。亦可說是要留天地正氣，或為要行其心之所安，而不必是上帝之誡命，或上帝的意旨。然而此中人心之所安之道之所在，即天地正氣之所在，即使人可置死生於度外，則此心之所安之道，一方內在於此心，一方亦即超越個人之現實生命之道，而人對此道之信仰，豈非即宗教性之超越信仰？（頁138）

此段論證由人生道德實踐而發出的為義捨生之行為，表現了超越人生之宗教精神，此論證亦非常明白。從人之會為義而捨生，可知儒者亦可表現殉道之精神。由殉道者之視道為絕對而超越，是真實之宗教性之信仰，可知儒者亦有其宗教性之信仰。而此中亦有不同，一般宗教徒之殉道，其所謂道是上帝之誡命、上帝的意旨；而儒者所殉之道，則是由人本心自發的仁義，儒者之所殉，乃是仁義之價值本身。此仁義之價值本身，由人心發出，而人又可為之置死生於度外，故儒者所信，可為之而殉之道，一方面內在於心，一方面又超越於個人之現實生命。故此一宗教信仰，既是信一超越而絕對者，亦是信一內在於我，為我本有者。依後一義，可說是「內信內仰」。

又唐先生言氣節，以從容就義為最高理想處，有些意思是可再加發揮的。依儒學觀點，義固有其絕對之價值，人可為之殉身。但人之為義殉身，又須表現為從容就義，方是最高理想之型態。意即殉道表現亦可如日常的道德實踐般，並不顯激烈、悲壯之相。若可如是理解，則儒家理想的殉道表現，是如同日常生活中之道德實踐般平平無奇的。此亦可說是融超越之宗教性之活動行為於現實人生之道德踐履中，而不見其迹。此意唐先生未說，但應是其論之合理引伸。

三、結語

以上摘錄《宣言》論中國文化中之宗教精神一節，稍加解說，此只是《宣言》的一小部分，但確已可見其為言約義豐，且論證層層深入，法度謹嚴。此外，我還有幾點感想：

（一）唐先生此文如上述，並不是以直陳己意之方式來表達，而是有曲折的思辨過程在其中的，這表現了哲學性的思維的本質，可見當代新儒學理論是富於哲學性的。

（二）此《宣言》本是針對西方學人研究中國文化學術之不正確之心態而發，故文中多以中西比較的方式來論述。由比較而見中西文化之異，但於異處，又可見有普遍者在其中實現，此可言同。如中國文化不重對超越而外

在的上帝作崇拜以表現宗教精神,此見中西之異,但中國文化亦有其宗教精神,此精神表現在倫常道德實踐中,而與日常生活不隔,此可見宗教精神為一普遍之真理,無分中西,只是表現之方式有不同,如此便可言會通。而此一論述方式,確容易展示中國文化學術之特質,在今日論述中國文化,確須用中西比較,又求其會通的作法,方可見其中之精義。

（三）唐先生能如此闡發中國文化之精義,固然由於其學養深湛而廣博;但他對中國歷史文化之深情,及要為中華民族找尋正常發展的坦途之悲願,更是他能見人所未見之靈感及動力所在。

比較牟宗三先生對
天台圓教及郭象玄學的詮釋

　　牟宗三先生對天台宗的哲學，有度越前人的詮釋，他認為天台宗是佛學中真正的圓教。本文試圖將牟先生有關天台圓教的詮釋，用在郭象的莊子注上。牟先生對郭象在莊子注中之義理，亦已有非常深入的闡明，但他認為郭象只表現了「般若作用的圓」，而未至「存有論的圓」的層次；本文在此問題上，提出進一步之思考，希望通過對郭象莊子注的相關文獻之詮釋，論證其中涵有「存有論的圓」之意義。

　　牟先生對於天台宗哲學，衡定其為佛教中的真正圓教，對智者的判教論，開權顯實、發迹顯本，及一念三千，佛即九法界眾生而成佛、不斷斷、佛性有惡等義，作了非常明白的詮釋。又根據天台圓教的義理，解決「德福一致」的問題，這是當代儒學在哲學上一個非常高的成果。我此文不重在討論天台的義理，而是想藉牟先生天台宗的詮釋，對向秀、郭象《莊子注》（下文簡稱「郭注」）的義理作進一步的發揮。

　　牟先生在《才性與玄理》對郭注的哲學內涵，已有非常明白的分析，如對逍遙、迹冥、天刑等玄義，有深度的闡發。[1]亦已說明郭注的迹冥及天刑義，是有圓教之義者。後來在《圓善論》中，也很清楚地表達了郭注的即俗迹而見至德之圓境，而認為天刑義如同天台宗之三道即三德。但牟先生又認為由於道家對一切存在並無根源的說明，其為圓教只是一境界型態之圓境，

---

[1] 見牟宗三先生《才性與玄理》（收入《牟宗三先生全集》第 2 冊，臺北：聯經出版事業公司，2003 年），第六章第三至七節。

只是以玄智成全一切迹用,由此保住一切存在,如同佛教之般若成全一切法,是般若作用的圓,尚非存有論的圓[2]。若郭注只屬作用的圓,而未至存有論的圓,則郭注對一切存在,只有由主體的道心玄智而來的妙用的保存,而不能自客觀的存在物本身,言其有存在之必然性,為不可少者。若是則牟先生雖亦藉郭注說明道家的圓善義,但由此而言圓善,其德福之詭譎的相即義,恐未能至如天台宗般之圓實之境。即郭注並未能窮法之源而至其極,若不能至極,則並不能對每一法之存在之必然性,有明確的論述,而其圓善義亦恐不能真正落實。

牟先生有關郭注的闡釋是非常高明的,好像已無餘意。但我覺得如果用天台圓教的角度來說明郭注的注文,有些地方是可以補充的。我認為郭注所言之「大小逍遙一也」、「性各有極」及「命遇之為必然」等義,似都可用存有論的圓來說明。若可如此說,則郭注的義理可得到更全面的理解,而道家之圓善義,亦似可更為落實。又若郭注有存有論之圓以保住一切法(存在)之義,則亦可從根本上堵截對郭注的一通常之誤解。此誤解即由於郭注之言大小逍遙一也,一切存在都可各任其性各當其分而自足,以為郭注是一要人安於現況,不思改進,對現實作委順的全盤承認之思想。其實圓教的保住一切法,並非對一切現實存在者作直下無條件的承認與接受。郭注所說的於當下之自己之才性能力及遭遇上作任其性當其分之工夫,乃是一極高度之精神修養工夫。只是此工夫即於當下之存在情況而任運之,其所顯發之精神境界與當下之情況脗合無間,於是不顯其工夫相,此意即理想之真人於每一存在處境中呈現之道心玄智,固非凡俗可及,但真人或至人之作為,亦不異於凡俗。圓教下之工夫,與凡俗之士不作工夫,以為凡所作者皆為合理,雖相似而實迥然不同。[3]此義可以用天台宗的法性之與無明,是「依而復即」

---

[2] 牟先生《圓善論》(《牟宗三先生全集》第 22 冊),第六章第四節。

[3] 錢穆先生說:「而向、郭以來清談諸賢,則浮沉富貴之鄉,皆支遁所謂『有欲而當其所足,快然有似乎天真』也。遊心不曠,故遂謂尺鷃大鵬各任其性,一皆逍遙矣。」(《莊老通辨》頁 454,《錢賓四先生全集》,臺北:聯經出版事業公司,1998)又云:「然郭象之說,辨矣而未能謂之是。唐權載之文集〈送渾淪先生遊南岳序〉,述

之說來闡明，即在同一個存在情況下，可以是法性或無明的表現，既然每一法都可以是如此，則斷無明而不必斷此存在之法。由是每一法之存在，皆不可少，而有存在之必然性。此亦同於胡五峰所云「天理人欲，同體而異用，同行而異情」（《知言》）之意，同一行為在凡俗是人欲之事，在聖人則是天理之事，故任何事都可以不去掉。除了藉天台圓義來說明郭注的內容涵義外，本文也希望表達郭注與天台學義理型態是大體相似的。天台智者大師所闡發的圓教思想，或可以被理解為中國哲學心靈在佛教思想的刺激下，藉佛教教義表達了固有的玄理。

一、從「存有論的圓」理解「大小逍遙一也」

支道林的逍遙義與郭注不同，牟先生已明白指出了支道林的說法，雖然清楚地表示至人逍遙與芸芸眾生逍遙的不同，但並不比郭注優勝。郭注除了涵有「至人的逍遙與大鵬小鳥的逍遙不同」此一意義，即分別說外，還有「在至人的逍遙之境界下，順通萬物，而見一切存在物都逍遙」的意義。而後一意義沒有抹殺前面的分別，而是更高一層之渾化，此為「融化說」，故郭注的義理比支道林更為圓融。[4] 於此，我想進一步說，我認為郭注的逍遙義與支道林所說的不同，除了「融化說」包涵「分別說」之義外，郭注似有客觀地就每一存在物言逍遙之可能，即不只是就主體言「一逍遙一切逍遙」之境界，而有「存有論的圓」之義。為方便討論，此處之有關文獻仍須徵引，《世說新語》劉孝標注云：

> 向子期、郭子玄《逍遙》義曰：「夫大鵬之上九萬，尺鷃之起榆枋，小大雖差，各任其性，苟當其分，逍遙一也。然物之芸芸，同資有

渾淪言：『郭氏注《莊》，失於脗合萬物，物無不適，然則桀蹠饕戾，無非遂性，使後學者懵然不知所奉。』此從其說之影響於人文界者言。」（《莊老通辨》頁 550）按錢先生所說的，便是一般對郭象注最易產生之誤解。

4 同注1，第三節。

待，得其所待，然後逍遙耳。唯聖人與物冥而循大變，為能無待而常通，豈獨自通而已。又從有待者不失其所待；不失，則同於大通矣。」支氏《逍遙論》曰：「夫逍遙者，明至人之心也。莊生建言大道，而寄指鵬、鷃。鵬以營生之路曠，故失適於體外；鷃以在近而笑遠，有矜伐於心內。至人乘天正而高興，遊無窮於放浪；物物而不物於物，則遙然不我得；玄感不為，不疾而速，則逍然靡不適。此所以為逍遙也。若夫有欲當其所足；足於所足，快然有似天真。猶饑者一飽，渴者一盈，豈忘烝嘗於糗糧，絕觴爵於醪醴哉？苟非至足，豈所以逍遙乎？」此向、郭之注所未盡。[5]

支道林的說法突顯了至人才能真正逍遙的意思，避免了以為「逍遙」是指一切大大小小的存在物都自然逍遙，不必用工夫的誤解。但支道林的說法只就至人本身以規定逍遙義，不能表示圓教的義理。牟先生解「又從有待者，使不失其所待，所待不失，則同於大通矣。」為渾化的境界，即是至人與一切存在一齊登法界之意。此大大小小的存在當然是不能自覺地作修養工夫，以達到真正的逍遙者，但在至人無待的心境下，一切存在是自由自在的，所以是「一逍遙一切逍遙」，牟先生如此說應是「主體的沾溉」義。此中並不就大小存在本身來討論此等是否逍遙，而是說一由至人生命表現出之物我皆逍遙之境界。牟先生此義當然是道家玄理該有的境界，但我覺得郭注也有就存在界大大小小的存在物本身來思考之意，他明白說各存在物只要能把它們的存在情況處理好，即「各任其性」、「苟當其分」，就可以都是逍遙。這並非只是至人任萬物自然而產生的物我渾化之境界，而是可以落實在每一存在物上說的。當然此雖涉及存在物而有存有論之意義，但是否能對一切存在作根源之說明，而且此一說明是否為一「圓說」，保住一切存在及其差別？此尚須詳論。而於此處，吾人欲先強調郭注有就客觀的存在物上說之義。固然

---

[5] 見劉義慶著，劉孝標注，余嘉錫箋疏：《世說新語箋疏・文學》（臺北：華正書局有限公司，1989年3月），第32條，頁220-221。

這「大小逍遙一也」是至人的境界,但這種精神境界是可以普遍地在每一個個體存在中表現的。每一個個體即於他們所處的情況、所能有的才力,作自然無為的工夫,就可以呈現逍遙的境界。此說涉及存在,且一切存在物皆不能外,故我認為可以借用「存有論的圓」來說明「大小逍遙一也」的義理。下再引兩段原文來說明:

> 夫莊子之大意,在乎逍遙遊放,無為而自得,故極小大之致以明性分之適。[6]

> 物各有性,性各有極,皆如年知,豈跂尚之所及哉!自此已下至於列子,歷舉年知之大小,各信其一方,未有足以相傾者也。然後統以無待之人,遺彼忘我,冥此群異,異方同得而我無功名。是故統小大者,無小無大者也;苟有乎大小,則雖大鵬之與斥鷃,宰官之與御風,同為累物耳。齊死生者,無死無生者也;苟有乎死生,則雖大椿之與蟪蛄,彭祖之與朝菌,均於短折耳。故遊於無小無大者,無窮者也;冥乎不死不生者,無極者也。若夫逍遙而繫於有方,則雖放之使遊而有所窮矣,未能無待也。[7]

郭象所說的「極小大之致,以明性分之適」,語雖簡,但其義很可以注意。他此一注語表明天地間的存在,不論是極大的或極小的,都可以逍遙,只要能夠適於性分的話。他所說的極大極小很明顯已包含大大小小、林林總總的存在物,這就表示了郭注所理解的逍遙,是存在界中一切存在,不管是怎麼樣子的存在,都可以達到的。依此義,即郭注所要表達的除了在聖人任順萬物,不干涉一切而表現出的逍遙境界之外,還有客觀的認定:一切存在物在任何情況,不管他們形體的大小,才力的高下有如何的不同,只要作無為自

---

[6] 〈逍遙遊〉「化而為鳥,其名為鵬」注。
[7] 〈逍遙遊〉「小知不及大知,小年不及大年。」注。

然的工夫,而至「各任其性,各當其分」之境,便都可以逍遙;而且即使逍遙境界呈現了,也不會改變存在物大大小小的情況。無小無大,無死無生,即是「冥」,而此冥是表現在一切的大小、年壽長短之存在物中,而並非泯除大小長短或死生。這裡表示了郭注有「逍遙」或「冥物」對於存在界本身的個別情況、各種差別,是固然可以成全,但亦不會改變之意,於此就可以說「不斷斷」。即逍遙之境的達至,固然必須有高度精神修養的工夫,因為有此精神修養,而使生命得以純潔化,這就是「斷」;但此高級的精神修養的呈現,不會改變存在物原來的狀況,這是「不斷」。第二段原文正表示此義。〈逍遙遊〉篇所列舉的存在物,有極大的、極小的,極長壽的、極短命的。依此義類推,當可以包含智慧極高的、能力極大的,與才智平庸、能力凡下笨拙的;也包含了各個存在物的遭遇的最好的情況與最壞的情況,如吉凶禍福等。如此一來郭注所認為的逍遙境界,確是即於每一個存在物、任何一種存在狀況,都可以顯示出來的理想境界。此境界並不與任何存在有隔。「無小無大」之冥,即於各大小之物而表現,故能「異方同得而我無功名」。這便是一圓教的說法,且其為圓,是就存在物之存在上說,而非只從道心玄智的妙用上說。支道林認為只有至人才顯示逍遙的境界,此義是很不足夠的;而只從聖人順通萬物而顯的主觀境界來說「一切逍遙」,似亦不能盡郭注的全部意蘊。郭注從物的形體大小、年壽長短、才性高下、遭遇的順逆來說明逍遙,明顯地是從存在物的存在情況來作考慮,而肯定逍遙不離開存在物的每一種可能的狀況,故我認為可以用牟先生「存有論的圓」來說明此義。又郭注云:

> 故有待無待,吾所不能齊也;至於各安其性,天機自張,受而不知,則吾所不能殊也。夫無待猶不足以殊有待,況有待者之巨細乎![8]

所謂「各安其性,天機自張」,便是在分殊中表現同一普遍之適性之境界,

---

[8] 〈逍遙遊〉「若夫乘天地之正,而御六氣之辯,以遊无窮者,彼且惡乎待哉!」注。

故曰「吾所不能殊也」，此境固然說的是至人的心，但也可以就每一存在者本身說，即理解為每一存在物在自己的存在位置、情況下，都可以表現出來的境界，天機自張，即每一物皆安於其自己，皆表示自由自在之無限意義，每一存在物都可以有這種玄境。「受而不知」，是物皆在自然、無心之境，即都是冥。以天台圓教的義理來類比，可說是佛即九法界眾生而成佛。郭注所理解的至人，亦可說是與一切存在不隔。圓佛之佛是即於九法界眾生而成佛，所謂圓佛，不能看作為一特殊的個體的圓滿智慧生命，而是一絕對普遍之智慧生命，此智慧可在一切人，甚至一切存在中呈顯。且其呈顯於存在界中，是即於任何一存在、任何一可能之情況而顯的。若能轉迷成悟，九法界眾生的差別不改，而可以不離當前的各特殊情況而表現佛的境界。佛法界與九法界相即，九法界一旦暢通決了，當體便是佛法界。郭象所說的逍遙，亦可理解為普遍永恆之智慧生命，此智慧亦與一切存在不隔。每一存在物，不論其為如何之存在，皆可表現逍遙之境。所謂「無待不足以殊有待」固是表示渾化之境，但也可以有「無待」的意義就在總總存在物的有待的情況中表現，「無待不隔於有待」之意。或可說是，無待而以有待的樣式表現。

二、才性的高下與極限作為圓教的內容與憑藉

從上一節所說的「無待不隔於有待」，「逍遙即於大小、長短、順逆而顯」，我們可以了解郭象何以會對人的才性之不同、命遇的順逆都全盤承認的緣故。從上所說，既然每一個人、物不論其大小長短都可以逍遙，則各人、物的大小、長短、智愚、吉凶等都可以保住。因為這些可以當下都是圓境，於是這些個別不同的情形就不需要去掉，如此就可以有郭注所云的不管才性是高是下都可以適性，安於其自己之意。這就是說，每一個人或物，可以就他當前的情況而冥化，如是，種種大小、高下及智愚的不同情況就成為表現「無」或「冥」之境界的機緣。固然於每一個當前情況表現「冥」的境界是非常不容易的，但也可以說是人人可能的。所謂不容易是說自然無心的心境極難呈現，而人人可能是說此境界跟我們自身的才性、所處的情境不

隔,甚至是可以合而為一的。最高的境界可以不異於吾人當下所處的情況,於是,我們所處的任何情況與環境可以都是表現真人境界的機緣。從這個角度看,也可以說真人是人人可能的。真人所以能表現其生命意義的情況,我們都有。如果任何存在的情況都可以是聖人、真人境界之呈現機緣,其存在便有必然性。此如天台宗所說三道即三德,不論是染或淨、迷或悟,都只是此三千法。若是則三千法都有其存在之必然性。若三千法皆因可是佛法而有其存在之必然,則吾人亦可由此肯定一切眾生皆可成聖成佛及成真人。如此言人人皆可成聖成佛,是以聖佛與眾生不隔,任何生活之情況,都可以是聖、佛之生活之義上說,與一般從人人都有善性或佛性,而肯定人人可以成聖成佛之論不同,但亦可相通。

　　本來講聖人、真人或佛等理想境界,必須要肯定人人有成聖成佛的根據,然後才有成聖、佛的必然性,而成聖成佛的根據與人的生理自然的氣性才性是不同的,於是就有兩重人性的講法。要成聖成佛須體現超越的成聖、佛之性以轉變自然生理的才性,如宋儒所說以「天地之性」(或「義理之性」)來變化「氣質」。依此思路,才性或氣質之性對於成聖是限制。但現在按照郭象的看法,才性的高下與逍遙不隔,玄智便即於才性而表現。人在知「物各有性,性各有極」而不想去改變它,不因為自己凡庸卑下而羨慕上智高才,能夠如是地安於其自己,不攀緣羨欲,那就可以當下逍遙無待。而在此情形,才性的限制固然是限制,但同時也是逍遙境界的開顯呈現之條件。於是,其有極限的才性就成為逍遙必然具有的條件與基礎,依此義,才性不必為義理之性所對治,而只須即此而任之,人對自己高下不同,有其極限的才性也不必企圖改變。或此可說是「不變變」,即改變自己因有此限制而欣羨之想法,而肯定現實之才性存在之必然。這樣看來,人各有他的不同的才性,才性之必有其極限,是人人可以成聖、成真人的條件。就是說,如果要真正證成人人皆可以成聖、人人可以成真人,則每個人才性的不同、天資的高下及遭遇的順逆等不同,都需要保住。我們不能說,成聖、成真人只有在某種具有高級智慧的人又有平順遭遇才可以,因為如果這樣說,則成聖、成真人就不是每一個人都可以達到的事。成聖需要有高度智慧的呈現,

此是不錯的，但此高度智慧必須能在一切人的具體狀況中呈現。當然這當中還是要區分成聖的根據（義理之性或道心玄智），與才性、氣質之性的不同；但聖性、玄智的呈現，不必改變人的現實才性。或可進一步說，聖智就是因為人之才性有高下，有賢不肖之分，及有吉凶禍福等不同，才會呈現。因為沒有這些不同，人便不會知有限極而放下攀緣，安之、任之，而表現普遍的玄智。由此義，亦可說有極限之高下、長短或吉凶，亦是成聖成真人所以可能之根據。此與人人本具善性，故有成聖之根據之義不同，但似亦可有此一「根據」之義。我想這可能是郭象講「性各有極」，肯定「大小逍遙一也」之微義。如果上說不誤，聖智可以與才性相冥，而以才性的樣子來呈現，而且可以原有的不同的才智而呈現，此可說是「冥物不二」，或即於不同的各存在物而冥。則此大略同於天台宗所謂的「佛即九法界而成佛」，或是無明與法性是在同一三千法中呈現之意。吾人所見的，只是不同的人、物各依其才性表現其大小不同、高下有別的種種活動，但這種種不同的事情可以是真心的逍遙之境，也可以是成心的有為生活，不管是無明法或是法性法，都只是這三千法。同一三千法可以是無明，亦可是法性，二者同體互依，故此中三千法之存在不可改，由此便保住成真人為人人可能。吾人由此可以說，存有論之圓具一切法為郭注義理必要之論。

　　上面的說法表達了郭象注的兩重玄義。第一，本來是成聖限制的高下、大小不同的才性，成為人人可以成聖之理論必須要保住的分別。此義可以讓我們了解為什麼天台宗非要保住九法界的差別不可。保住差別法，才可說人人皆可成佛，若佛境界不能即於差別法而呈現，則本來便在差別中之眾生便無成佛之希望。第二，人才性的高下有其不同，有其極限，本來面對極限人就會感受到無可奈何、沒有辦法；但郭注卻可以在即於才性的極限處發現逍遙的真實根據。於知道才性能力的極限，而又能安於此限，便可以顯發理想的逍遙境界。即是說最高的精神境界，在遇到了極限，無路可前進的時候發生。此時，極限就是一種成全。每個人都會遇到從他的才性而來的限制，此是最令人沮喪的事，但按郭象注，此卻是讓我們可以表現最高境界的時候。在知有限極時，此限制似是一呼召，要你放下攀緣羨欲而安之；面對極限之

逼迫，你非放下焦慮及不安不可，一旦放下，便體現了無限的精神，於此，人便取得最高的價值，有最大的滿足。我覺得郭象此義是相當玄奧的。這樣了解郭注，應該可以避免認為郭注是安於現實，不求上進的思想。圓教的肯定一切，是經過發迹顯本，即於每一存在中顯發其本具之無限價值而肯定之，此是暢發每一存在與最高價值不隔之義，此切不可被理解為頹廢思想。郭注云：

> 夫年知不相及若此之懸也，比於眾人之所悲，亦可悲矣。而眾人未嘗悲此者，以其性各有極也。苟知其極，則毫分不可相跂，天下又何所悲乎哉！夫物未嘗以大欲小，而必以小羨大，故舉小大之殊各有定分，非羨欲所及，則羨欲之累可以絕矣。夫悲生於累，累絕則悲去，悲去而性命不安者，未之有也。[9]

此段說眾人之所悲，往往只為了人與人之間相當有限的差距，而人與人之間之差距，比起以八千歲為春、八千歲為秋者，誠不可以里道計，這應是更可悲的，但人卻不會因比不上大椿之長壽而悲。何以故？以差距太遠，性各有極，不能比較也。故知限極，會使人心情安定，而止於其所當止。故差距如此大而使人知限極，反而是使人止於其性分之道。就表示了在才性方面，人可因差別懸殊，而不作比較，於是便安於所限。人如果能夠安於其限，對優勝於我者沒有一點羨欲，生命毫不動盪，於是就可以在分殊的定限中得到最大的滿足。由此可以說對於高下、長短、順逆等的不同，是非要肯定不可的。郭注此段以年知相差之限極會使人知限而不作比較，以明限制處即是人之解脫處，亦甚玄奧。

人生種種差別是必須要肯定的，因若不然，聖人、真人之境就不是每一個人都可能達到。而成聖人、真人亦必須要是聖智、玄智的呈現，依天台宗的說法，合此二義，便須說「不斷斷」，如上文所說的聖智（此是無限的）

---

[9] 〈逍遙遊〉「而彭祖乃今以久特聞，眾人匹之，不亦悲乎！」注。

在才智（此是有限的、有高下的）中呈現，才智就是聖智，二者相即。此亦可說才性之限制與聖智是「詭譎地相即」者。郭注確有「不斷斷」的義理，在郭注中有如下一段：

> 理固自全，非畏死也。故真人陸行而非避濡也，遠火而非逃熱也，無過而非措當也。故雖不以熱為熱而未嘗赴火，不以濡為濡而未嘗蹈水，不以死為死而未嘗喪生。故夫生者，豈生之而生哉，成者，豈成之而成哉！故任之而無不至者，真人也，豈有概意於所遇哉！[10]

郭注此段大意是真人之行動與一般人沒有兩樣，但他的內心之境界是不一樣的。如求生是理所應為的，故真人亦會避免危險，但他這樣行動並不是因為畏死，只是按理而行。故真人和一般人一樣，會行於陸而不蹈水，亦會遠於火。其行為外表固然與眾人一樣，但他的所以發出行為之心是出於自然，並非有所為而為，即不是如眾人內心般有避濡逃熱的想法。因此真人雖然不畏熱，但也躲開火；不在意水會濕身，但也不會行入水中；他不會擔心死亡，但亦不會輕易放棄生命。郭注這段話很明白表達了真人的生命活動可以與眾人一模一樣，但他的內心卻表現了最高的精神境界，而與凡俗的心不同。由是可說同一件行為，其所以產生此行動之動機，所根據之行動原則，可以不同，此亦可以說是迷悟之不同。雖有迷悟之不同，但可以作出同樣的行為。這便同於天台宗所謂無明與法性同體相即，可以在同一法上表現，依而復即之意。如在外表上看是惡的行為（如貪、瞋或甚至打人殺人），固可因有惡心而發出，而亦可能是因為慈悲而引致。故一切法本有其存在地位，而不可斷，人須去掉的是內心之不純粹、不自然，而若去掉了此等生命之毛病，並不必會去掉此種因病而起之行為，因為此等行為亦可由自然無病之存心生出的。由此說佛境界才可遍及於一切法，所謂「通達惡際，即是實際，行於非

---

[10] 〈大宗師〉「若然者，登高不慄，入水不濡，入火不熱。是知之能登假於道者也若此。」注。

道,通達佛道。」(見智者之《觀音玄義》)郭注所說的迹冥、天刑及天之戮民等義,都含此意,牟先生對此有明白之闡發。而上引郭注之文,更明顯地從行動本身,即就法之存在上來討論,闡明任一法之存在都可以是聖人之法或是凡人之法,故成聖或成真人可即任一法來成就。此明顯有法之存在有其必然性之義,故由此吾人可說郭注有「存有論的圓」之想法。

順著上文的意思,我們可以轉一個想法,既然真人最高精神境界的表現不異於一般人,則一般人雖然所作所為是凡俗的事情,但也可以在這些事情上表現如真人般的最高的精神境界。即是說最高的精神境界,是人人可為,人人有份的,而後面這一層意思應該是郭象所重視的。此意即凡夫俗子在日常表現的行為,也可以是聖人所表現的,故凡即是聖,聖凡不二。由凡而聖,固然必須久遠的工夫歷程,但從「不二」說,又可言當下即是。此可見肯定才性的高下、能力的大小,及遭遇的吉凶順逆是很重要的。

三、於成心見真心,而真心又不會泯除成心

上述郭象的想法,雖然是嚮往逍遙無待的理想的精神境界,但他不是從理想境界本身來著墨,而是先從存在物的大小不同、才智高下來著眼,即他是從現實,甚至是從凡俗來著手。他是從與純粹而超越的理想不同之凡俗世間來入手,他似是要即凡而聖,即內在而超越。他的理論,是要達到理想的境界與一切凡俗的生活不隔。這種從凡俗入手,即俗而證真,又雖證真而不毀俗的看法,應該與天台宗的「觀心論」是相近的。天台宗所觀的心是一念心,而一念是當前的一念,當前的一念當然往往是陰識心、妄心。然此一念心雖是妄,但真心也涵在其中,並非決定性的妄;雖非決定性的妄,但還是可以說從妄心入。從妄心入而證真,證真心而以妄心的樣子呈現,如此就可以不壞九法界法,此是天台宗的核心觀念,圓教所以能成立的關鍵見解。如果從超越的真心為起始,從真心契入,固然可以指出成聖成佛的超越根據,但這樣一來,九法界法不容易被保住,因俗或妄是由於真心在迷、在纏而造成,若顯真,便須破妄,故曰「緣理斷九」。故真心系統雖使眾生成佛有其

保證，但所因處拙，曲徑迂迴，佛與眾生是有隔的。從工夫論角度言之，則嚮往一真心，或先求真心呈現以起工夫，亦是可批評的。如知禮云：

> 又若不立陰等為境，妙觀就何處用？妙境於何處顯？故知若離三道，即無三德。如煩惱即菩提，生死即涅槃，《玄》文略列十乘，皆約此立。又《止觀大意》以此二句，為發心立行之體格，豈有圓頓更過於此？若如二師所立，合云菩提即菩提，涅槃即涅槃也。（《十不二門指要鈔》卷上）

煩惱即菩提固然是圓說，而一念無明法性心固然如牟先生所說是開決了大小乘言心識之一念心，即此心是圓說之一念；但雖如此，從工夫論的角度看，天台宗之觀心，是從妄心入，從人當前之陰識心、幻妄心入。從此入，才有轉妄成真，觀空破執之工夫可用，若此一念是真心，則心已是真，如何用功？此義當然尚須考慮，真心呈現，亦可說是給出實踐之動力，給出價值之源，未必如知禮之所言。但知禮之論，確有實義。即由現實之一念心作工夫，工夫方有下手處，見妄之為妄，才要用功求真、求淨，同時此破妄成真，真亦即妄而表現，此方是圓。於此言妄心，則妄是真心之存在處、寄託處，必在妄中作去妄之工夫，方有真心，不然則若眼前者是真心，以真求真，便成了同語重複，故上引文云「菩提即菩提，涅槃即涅槃」，此如何用功？依此意，似可較深入理解郭注的意義。我覺得郭象從物的大小、才性的極限入手，也近似於天台宗的玄義。

從大小事物與高下才性入手可以保住種種分別，此義在郭象註解〈齊物論〉多次表現。據郭象的了解，莊子的平齊是非，並不是提出一個超越於一般人的真是真非來解決問題。而是即於世俗的是非，及是非所以形成的成心處，看到一切人其實有共同的是非，甚至天下一是，天下一非。郭注云：

> 物皆自是，故無非是；物皆相彼，故無非彼。無非彼，則天下無是

矣；無非是，則天下無彼矣。無彼無是，所以玄同也。[11]

夫自是而非彼，彼我之常情也。故以我指喻彼指，則彼指於我指獨為非指矣。此以指喻指之非指也。若復以彼指還喻我指，則我指於彼指復為非指矣。此〔以〕非指喻指之非指也。將明無是無非，莫若反覆相喻。反覆相喻，則彼之與我，既同於自是，又均於相非。均於相非，則天下無是；同於自是，則天下無非。何以明其然邪？是若果是，則天下不得〔復〕有非之者也。非若果非，〔則天下〕亦不得復有是之者也。今是非無主，紛然淆亂，明此區區者各信其偏見而同於一致耳。仰觀俯察，莫不皆然。是以至人知天地一指也，萬物一馬也，故浩然大寧，而天地萬物各當其分，同於自得，而無是無非也。[12]

郭象從人、物皆「以自己為是，以別人為非」入手，從人皆自是處說天下無非，從人皆非彼（以別人為非）處說天下無是，故「是」是另外一個角度的「非」，「非」是另外一個角度的「是」，於是要說「是」便通通「是」，要說「非」便通通「非」。此一論辯的方式很像天台宗湛然所說「心之色心，非色非心，而色而心，唯色唯心」（〈十不二門〉），即說是心，則心又是色，說是色，則色又是心；故色不只是色而又是色，心不只是心而又是心；最後，若說色則通通是色，若說心則通通是心，二家說法十分相似。郭象從人人都是己而非他的俗情來契入，這就是從妄心入；但於俗情處可以證悟到，俗情本身就包涵了真理，即可以推出無是無非。說「無是無非」就破了俗情中的自是非他，而雖然破了自是非他，但仍然可以維持人俗情上有是非的樣子，因為並沒有用另外一種是非來取代人的自是非他。只是於此心契入，即妄見真，即成心而見玄理；於見玄理處，道心玄智便顯。道心雖顯，但並沒有去掉世間之是非。而當說天下只有一是一非，則說「是」便通通

---

[11] 〈齊物論〉「物無非彼，物無非是。」注。
[12] 〈齊物論〉「天地一指也，萬物一馬也。」注。

「是」，說「非」便通通「非」，此確近於「唯色唯心」之論，這樣層層升進，可以從俗情成心而進到最高的玄理境界。又從俗情成心的自是非他，可以體會到天下人都是如此，這一體會一定是蘊藏了普遍的、超越的真心呈現；但此真心是即俗而真，沒有真心的樣子。於此可見，真心不隔於俗情。這裡可以表現像天台宗所說的「無明無住，無明即法性；法性無住，法性即無明」之義。又從自己成心的是非，體會到一切人的是非，又見到天下只有一是一非，此義與「一切法趣空，是趣不過」相近。

　　上引郭象第二段文獻，解釋「以指喻指之非指，不若以非指喻指之非指」不一定切合〈齊物論〉本文之文意，他所理解之指與非指，從彼我之是非處說，此未必合原意；但他以我指喻彼指，而明白彼指於我指為非指，又以彼指喻我指，則證我指為非指，其所用的辦法，亦是於俗情成心而見道心玄智，是相當能夠表達玄義的。從我指於他人為非指，他人之指於我為非指，可見「是」即是「非」。又由指是指而又是非指，非指是非指而又是指，則從我之指與非我之他之指處，便可以普遍地包括一切指，故為天地一指。由是於任何人之任何想法處，都可證無是無非，或全是全非，故一切便可止息而各歸其自己，各當其分而自得。以上證郭注從成心之是非體會玄理的無是無非，近於天台宗由妄心契入，即妄見真的說法。

四、命遇之冥化

　　上文曾說郭注表示即於一切存在之形體大小、才智高下，及遭遇之吉凶而逍遙；關於遇之吉凶處，須引文證明。下列各段皆表示可即於任一遭遇而冥，即遇而安，又體現無限價值之意。

> 羿，古之善射者。弓矢所及為彀中。夫利害相攻，則天下皆羿也。自不遺身忘知與物同波者，皆遊於羿之彀中耳。雖張毅之出，單豹之處，猶未免於中地，則中與不中，唯在命耳。而區區者各有所遇，而不知命之自爾。故免乎弓矢之害者，自以為巧，欣然多己，及至不

> 免,則自恨其謬而志傷神辱,斯未能達命之情者也。夫我之生也,非我之所生也,則一生之內,百年之中,其坐起行止,動靜趣舍,情性知能,凡所有者,凡所無者,凡所為者,凡所遇者,皆非我也,理自爾耳。而橫生休戚乎其中,斯又逆自然而失者也。[13]

中與不中（被箭射中與否）唯在命,即這是不可知的。而推廣此意,人生之一切遭遇,亦非我所能知,故云「凡所遇者,皆非我也,理自爾耳。」能體會至此,則便可即於任一遭遇而冥,雖並不改變我面臨的任何遭遇,但不管是何種遭遇,都可「遺身忘知與物同波」,而不會「橫生休戚乎其中」。

> 其理固當,不可逃也。故人之生也,非誤生也;生之所有,非妄有也。天地雖大,萬物雖多,然吾之所遇適在於是,則雖天地神明,國家聖賢,絕力至知而弗能違也。故凡所不遇,弗能遇也,其所遇,弗能不遇也;〔凡〕所不為,弗能為也,其所為,弗能不為也;故付之而自當矣。[14]

此從人之遭遇之不可測處,推證人之遭遇是有理作根據的。故說物無妄然,必由其理。此似正面肯定世界之合理性,但其實不然。此理是不可知,不可測的,因理並非出於人,故非人所能知。故人之遭遇之吉凶禍福,非人所能預料。往往有不為而成,為之反敗,求避禍反得禍,不避禍而得福之情況。故郭注認為凡所遇,是弗能不遇,而凡所不遇,是弗能遇也。此似是命定論之意,然其實義是於此命之不可測處任之安之,視為必然遇到者。即既然吾人之所遇,是不可測知的,吾人便可不論何種遭遇都安之任之。即既不可測,便放下任何推測之想法,於此人當下便得心神之安寧。這如上文所云於極限處顯發玄智,使極限成為呈現逍遙之境之場所之意。

---

[13] 〈德充符〉「遊於羿之彀中。中央者,中地也;然而不中者,命也。」注。
[14] 〈德充符〉「仲尼曰:『……是事之變,命之行也。』」注。

> 苟知性命之固當，則雖死生窮達，千變萬化，淡然自若而和理在身矣。[15]

> 既稟之自然，其理已足。則雖沈思以免難，或明戒以避禍，物無妄然，皆天地之會，至理所趣。必自思之，非我思也；必自不思，非我不思也。或思而免之，或思而不免，或不思而免之，或不思而不免。凡此皆非我也，又奚為哉？任之而自至也。[16]

此段說「其理已足」、「至理所趣」，即說一切遭遇，都是有理或合理的，此表示人生不可測的遭遇，皆有其理上之必然性。郭注所云必自思之，必自不思；或思而免之，或思而不免等等，相當表現了其人生體驗之悲情，亦玄奧之至。其旨即上文所說，於不可知不可測處，亦即在知有人力不能及之極限處，當下任之、止息自己之憂煩徬徨，於是便呈現玄智而逍遙。而既說遇皆有理而具必然性，當然是不可改的，由一切高下不齊、吉凶無定之有其存在之必然性；又說不論處於何種情況，都可逍遙，此可證本文所說郭注之玄理，不只就聖人一逍遙一切逍遙之境界說，亦不只言聖人可即一切而冥，亦是就一切存在本身說每一存在、處境都可以是聖境，而不可少。此肯定每一存在情況遭遇皆有必然性，又皆可即於此而逍遙，當然亦涵牟先生所說德與福詭譎的相即之義，由是而保證圓善之可能。

又上引文所說「凡所有所無、所為所遇，皆理之自爾」，明白說一切法之存在皆理所本有，為不可少的，此可說是對一切法之存在，作根源之說明。在〈大宗師〉之郭注中，有如下一段：

> 人之生也，形雖七尺而五常必具，故雖區區之身，乃舉天地以奉之。故天地萬物，凡所有者，不可一日而相無也。一物不具，則生者無由

---

[15] 〈德充符〉「故不足以滑和」注。
[16] 〈德充符〉「既受食於天，又惡用人！」注。

得生;一理不至,則天年無緣得終。然身之所有者,知或不知也;理之所存者,為或不為也。[17]

由「舉天地以奉之」及「凡所有者,不可一日而相無也。一物不具,則生者無由得生;一理不至,則天年無緣得終。」可見郭注有一切存在都收攝於此之意。此即是涉及一切存在,及說明一切存在之「存有論」之說法。郭象是從人之生存須涉及一切存在,以言一切存在無一可以去掉,而有此存有論之理論,此亦甚為特別,有似於佛教之言緣起。以緣起說明法之存在,則法之存在固然無自性,但一切因緣條件,都不可少。而對於任一法之存在,其所涉及之因緣,人是不能盡知的,故雖知有這些因緣,必有其理,但又不可盡知,不可測。於是知亦可以是不知。這樣便可說雖知其有理,但亦只能安之、任之。又另有一段郭注亦有保住一切存在之意:

非唯無不得化而為有也,有亦不得化而為無矣。是以〔夫〕有之為物,雖千變萬化,而不得一為無也。不得一為無,故自古無未有之時而常存也。[18]

郭象依其物塊然自生之玄理,而言無不可化為有,有亦不可化為無,又由此言自古無未有之時而常存,意即萬有之存在雖千變萬化,但不會有天地萬物不存在之情況出現。這雖是玄談,但亦可說是對一切存在,作了存有論之說明。因萬物之存在是有其理的,故不能沒有天地萬物之存在。若以上所說不誤,郭注中其實亦不乏對一切存在作根源之說明之存有論說法。由此似可證成本文所說郭象具有「存有論的圓」之義理。

---

[17] 〈大宗師〉「知人之所為者,以其知之所知以養其知之所不知,終其天年而不中道夭者,是知之盛也。」注。

[18] 〈知北遊〉「仲尼曰:『昔之昭然也,神者先受之;今之昧然也,且又為不神者求邪?无古无今,无始无終。』」注。又此注由余姵倩同學提供,並參考其意見。

結　語

　　郭注所說的逍遙、適性是不論存在物形體之大小，年壽之長短，才性之高下，及命遇之吉凶，都是可能的。而上述列舉之種種，應即涵一切存在之意。若是則郭注所說之所涉及之存在，應大略同於天台宗所說之九法界法，或「一念三千」之三千世間法。其言大小逍遙一也，是就客觀存在之一切法而言，並不止於至人之心境之逍遙。而上文所述之郭注，亦確有不論如何之存在物或情況，都有其存在之必然性，必須保住之意，此亦同於天台宗所言之不斷斷，除無明有差別。依郭注，此是由逍遙境界之不隔於任一存在，而保住一切差別法。而此保住一切之差別，如大小、長短、高下、吉凶等，是要說明一切存在皆是成聖成真人所必需之理論。若此等人人可能有之差別法之必須保住，方可言人人皆可成至人，皆可逍遙，則可知郭注是一圓教之義理，並非認為任順欲望、成見，便是逍遙。若加上此存有論之圓之義，則牟先生所闡釋之郭注之義理，或可更見其圓足，而道家之圓善（德福一致）義，則亦似更見其為必然，更為落實，或更有保障。

唐君毅先生對朱子哲學的詮釋

　　唐君毅先生對朱子哲學的研究雖無專書，但有多篇論文，及專書中的某些章節。這些論著對朱子的理論提出了許多特別的見解。唐先生對朱子思想的見解有前後期的不同，但亦有一貫的宗旨。本論文首先概述唐先生有關朱子學各重要論文之要旨，說明唐先生對朱子學的詮釋有其變化，再就他早期的論朱子理先氣後之文來討論，詳細分析此文的涵義。我認為唐先生此一較早期的論文，代表了一個理解朱子哲學的形態。文中表示了對道德法則特性的理解，會改變人現實的心理狀態，產生相應於道德的心氣，而引發實踐的力量。此說表示了道德實踐的根源動力，可以由對法則的認識而提供。此說既維持了朱子理氣二分、心性為二的理論架構，而又說明了實踐動力的來源。我認為唐先生此一對朱子學的理解，可與牟宗三先生對朱子學的詮釋並立，可能是對朱子學的一個善解。

一、概述唐先生之朱子詮釋

　　（一）唐君毅先生並沒有專書討論朱子的哲學，但有關的論文及論著中有關朱子的專章則不少。其中〈朱子理先氣後論疏釋——朱子道德形上學之進路〉（1947）[1]一文，雖屬較早期之著述，但極具創闢性及思辨性。而〈朱陸異同探源〉（1965）、〈陽明學與朱陸異同重辨〉（1969），[2]還有

---

[1] 此文後收入唐君毅：《中國哲學原論・原道篇》卷三（香港：新亞研究所，1974年）之附錄中，改名為：〈由朱子之言理先氣後論當然之理與存在之理〉。

[2] 此二文先刊在《新亞學報》8 卷 1 期（香港：新亞研究所，1967 年）及 8 卷 2 期（1968）、9 卷 1 期（1969），後分別收入《中國哲學原論》之《原性篇》（臺北：

《中國哲學原論・導論篇》中〈原太極〉章，及《中國哲學原論・原性篇》中之〈朱子之理氣心性論〉章，對朱子哲學的闡釋，亦十分深入。這幾篇論著，應是當代學者對朱子學的研究一不可忽視之成果。

（二）在〈朱子理先氣後論疏釋〉一文，大意是說宋明儒學所說之理，應為當然之理兼存在之理，當然之理是道德意義的，而存在之理則是決定存在物所以能存在之理。唐先生在此文之重刊前言中表示，朱子乃至宋明儒所言之性理、天理、生生之理是使一切存在物能夠存在之理，而不是當時的馮友蘭、金岳霖二氏所說的，本西方哲學以由邏輯分析而出之共相形式來說朱子之理義。[3]此文又辨朱子所說的理先氣後之先後，主要之意思是形而上之先後，而非時間上之先後及邏輯上之先後（馮氏則認為是邏輯上之先後）。而此理先氣後之意義，須在吾人之道德生活中，感到有當然之理，而要依此理而存心，而行動的體會中，方能契入。從人感受到有當然之理、義須去實踐時，此理對於人之現實存在，便會有其影響，此所謂理生氣，而當然之理與現實存在總有其距離，而顯理之超越義，故說理先氣後。朱子之理氣論，雖然是哲學中之宇宙論，是對宇宙生成作一理解，但宋明儒學講學的目的是要成聖，故並不能將朱子的理論看成是一套由邏輯分析而構成的知識性的理論。馮友蘭以形式之理，即各類事物所以為某類事物之理，來理解朱子所說之理，是不恰當的。唐先生此文之論辨，是很有貢獻的。馮友蘭先生對朱子哲學的詮釋，亦屬當代宋明儒學研究中之一重要觀點；唐先生此文，正是當代兩個最具代表性的對宋明儒乃至整體儒學的不同詮釋觀點之交鋒，是很值

臺灣學生書局，1984 年）〈附編〉及《原教篇》（香港：新亞研究所，1975 年）第 10 至 12 章。又〈探源〉文唐先生注明完成於 54 年（1965）12 月，與正式發表的時間不同。

[3] 唐先生認為馮友蘭之《新理學》及金岳霖之《論道》，都以共相形式言宋明儒學中的理，以質或能為氣。以邏輯上之先後，論理先氣後。（見《中國哲學原論・原道篇》卷三，頁 1386-1387）。馮氏之說見《新理學》第一章〈理 太極〉（1938 年版，臺灣翻印本，未注明出版年，頁 24-60），金氏之說見《論道》第一章〈道，式—能〉（北京：商務印書館，1987 年），又馮氏最後出的《中國哲學史新編》第五冊（北京：人民出版社，1988 年）論朱子部分（第 54 章），頁 159-168，仍是如此說。

得注意的。後來牟宗三先生寫《心體與性體》（1968）時，亦同意唐先生的說法，認為宋明儒所說的性理，是存在之理、實現之理，而非形構之理。柏拉圖（Plato）所說的理型，亞里士多德所說的形式，皆是形構之理。[4]牟先生還指出一點，存在之理是普遍的，是一，而形構之理則是多。理學家雖說理一而分殊，但這分殊之多，是虛多，即一理而多相，如月印萬川般。[5]故朱子雖說「物物一太極」，但又說「統體一太極」，這兩句中的太極是意義相同的。

　　（三）〈原太極〉一文，是處理朱子及陸象山對周濂溪的《太極圖說》的解說不同之問題，唐先生認為朱陸對《圖說》之考證及訓詁之所以不同，是由於二賢之所見之哲學義理之不同。此文又重述前文所說的，朱子所言之太極之理乃實現原則、存在之理，即是說明事物之創生所以可能之原則，此理不同於一事物為如何、為 what，表現何形式之理。二種理是不同層次的。而理生氣之生，是氣依理而行，依理而生生之意，並非如母生子之生。對於理先氣後之為形而上之先後，及朱子所言之理之超越性，唐先生此文亦再作說明。他認為朱子所謂理之超越義，實非他家所能真加否定者。

　　唐先生此文並檢討朱子之心、性與太極之關係之理論，朱子有明文說心是氣之靈，心是陰陽，而性才是理，是太極。如是則朱子並不能有心即理之本心義。唐先生認為朱子以心為氣之靈，是以身觀心，而不是以心觀心，即不是從心能呈現其本心時觀心，而從心任順身之氣所成之氣習以言心，此即是從心之經驗現象以觀心，而不知心本具超越義。朱子以心為陰陽，而有動靜，亦是以心屬於氣，而不知本心實不可以動靜言。而象山之言心即理，即從心自見其為清明在躬、志氣如神，而為性理所充實之時言心，此時之心不能說為屬於身，亦不能泛說為氣之靈。從唐先生此文，可知他對朱子和陸象山思想義理的不同，是區分得很清楚的。唐先生此時對朱子哲學的理解，與牟先生後來在《心體與性體》中對朱子理論的詮釋，是很相近的。

---

[4]　見牟宗三：《心體與性體》（一）（臺北：正中書局，1968 年），第二章第三節：〈存在之理與形構之理之區別〉，頁 87-100。

[5]　同上注，頁 90。

（四）唐先生寫〈朱陸異同探源〉及〈陽明學與朱陸異同重辨〉時，正是牟宗三先生陸續發表他對宋明儒學的研究成果的時候。牟先生後來寫成《心體與性體》三冊，唐先生對該書之價值極為肯定，認為是一大創作，但對於牟先生書中對朱子哲學的衡定，如認為是儒門的別子，不是正宗之說，應不以為然。[6]依牟先生之說，朱子在宇宙論上說理氣二分，在心性論上說心、性、情三分。心與情都屬於氣，心是經驗義的心理學所說之心，無超越的本心義，只有性理是超越的。而性理因不能即是心，故心與理為二，而理是只存有而不活動，喪失先秦儒學所本有，亦為北宋周、張、大程子所明言的道體之於穆不已之意義。由於心無超越之本心義，性理為心所認知地攝具，非先天地本具，故朱子之道德學為他律之道德學。牟先生對朱子學之性格，作了前所未有的明晰的規定。而其實照前述唐先生〈原太極〉一文之文意，唐、牟二先生對朱子學的理解，是大抵相似的。但在〈探源〉及〈重辨〉二文，唐先生對朱子學的理解與詮釋，和牟先生則有相當之差距。〈探源〉一文，「大要認為朱陸之異，不在一主尊德性，一主道問學，而在二家所以言尊德性之工夫之異。故朱陸異同問題之第一義在工夫論上，而不在本體論上。在第一義上，朱陸之異，乃在象山之言工夫，要在視滿心而發，無非此理，因而教人直下就此心之所發之即理者，直下自信自肯，以自發明其本心。而朱子果有以心與理為二之言，則初是自人之現有之心，因有氣稟物欲之雜，而恆不合理，故當先尊此理，當有一套內外夾持以去雜成純之工夫，方能達于心與理一上說。」[7]所謂朱陸之異，是在工夫論上，而不是在

---

[6] 此意唐先生在文中並未明言，但細察其文意，則清楚表示此意。又在唐先生全集中之《日記》（下），民國 58 年 6 月 21 日，有如下之語：「上午閱宗三《心體與性體》書完，此書為一大創作，有極精新處，但其論宋明儒學與我意尚多有所出入耳。」同年 10 月 30 日：「閱宗三兄書第三冊完，此冊問題頗多，不如第一二冊。」在民國 61 年 10 月 20 日，則有更直接的批評：「閱宗三心體與性體書，其書乃一家言，與宋明儒者之本旨或不相應。」見《唐君毅先生全集》，卷 28（臺北：臺灣學生書局，1988 年），頁 195-196、206，295。

[7] 引自《唐君毅全集・卷 29・年譜》（臺北：臺灣學生書局，1990 年），頁 168。按《年譜》的編撰者是唐端正。

本體論上,即唐先生此時對朱子所說之心之意義之瞭解,並非如前述的以心屬於氣,而是認為心有本心義。在〈探源〉中,唐先生有以下之說:

> 朱子在宇宙論上,固以心屬于氣,氣依理而動靜,並以心為有動有靜,有存有亡者;在工夫論上亦謂此合道之心,可由存而亡,亦可由亡而存,其存亡全繫在工夫上。然在純粹之心性論,與直接相應於其心性論之工夫論中,則又初不重依氣以言心,亦未嘗不言「超乎一般之動靜存亡之概念之上」之本心或心體。此本心或心體,乃內具萬理以為德,而能外應萬事以為用,亦原自光明瑩淨,廣大高明,而無限量者;唯由物欲氣稟之雜,然後體有不明,用有不盡。于是人之一切去除其物欲氣稟之雜之工夫,如相應于此心性論而言,亦可說不外求自明其心之性理之善,而有以復其初,以使此心之全體無不明,而大用無不盡。[8]

唐先生此以心之本體自存自在,而依此心之本體之虛靈明覺,以言其內具萬理,以主乎性,外應萬事,以主乎情,而此心與性理不特體上是一,用上亦當一之說法,在朱子的文獻中,的確可找到有這種意思的文字。[9] 但如果如此解,則朱子在宇宙論及心性論上的說法並不一致,對朱子以心為氣之靈、心是陰陽、性理方是太極之言,亦不好解釋。故此說雖可和會朱陸之異同,但會造成朱子自身理論的不一致,及將面對許多朱子文獻解釋上的困難。唐先生此時對朱子學之解釋,和在〈原太極〉文之有關說法已有不同。〈重辨〉文中對朱子理論的理解大抵同於〈探源〉,而又有進一步的看法,認為

---

[8]　〈探源〉下,唐君毅:《中國哲學原論・原性篇》(臺北:臺灣學生書局,1989年),頁638-639。

[9]　如後文所引朱子:〈答張欽夫書〉。又《朱子語類》卷12有「蓋此心本自如此廣大,但為物欲隔塞,故其廣大有虧;本自高明,但為物欲係累,故於高明有蔽」及「他本自光明廣大」之語,《朱子語類》(北京:中華書局,1994年),頁202、201。

王陽明的見解雖然近於象山,但乃是由對朱子的格物致知之論反省,而「化朱子之知理之知為天理良知,以還契陸之本心,則由陽明學亦可得此緣朱通陸之途」。[10]唐先生越到晚年越重視朱陸的會通。

（五）唐先生所以會說朱子亦曾說一超越的,內具眾理之心之本體,應是根據朱子的中和新說之意而說的,如云:

> 則心者固所以主于身,而無動靜語默之間者也。然方其靜也,事物未至,思慮未萌;而一性渾然,道義全具,其所謂中,是乃心所以為體,而寂然不動者也。及其動也,事物交至,思慮萌焉;則七情迭用,各有攸主,其所謂和;是乃心之所以為用,感而遂通者也。（〈答張欽夫書〉）[11]

唐先生大概是把「一性渾然,道義全具」瞭解為以仁義禮智為內容之性理全具於情未發而靜之心中,而此心乃是心之本體,或由此唐先生認為此心體即是本心,而性理為心所本具。但若依牟宗三先生的解釋,此「中和新說」的幾句話,所說的「中」,是分指心、性兩方面說,在思慮未萌,喜怒哀樂未發時,是一平靜之心境,此是「中」之直接的意義。而此時,亦見性之渾然,「中」亦隱指性說,但道義全具,並不是道義全具於心中,而是道義全

---

[10] 唐君毅:《中國哲學原論・原教篇》（香港:新亞研究所,1975 年）,〈自序〉,頁 5。

[11] 此書見《朱文公文集》（臺北:臺灣商務印書館,四部叢刊本,1967 年）,上冊,卷 32,為答張敬夫十八書之第十八書（頁 510-511）。又在朱子陳述其中和新說之三篇文字中,對所謂「中」之意義,說法相似,茲抄引其他二篇之有關部分以作比較:
「據此諸說,皆以思慮未萌,事物未至之時,為喜怒哀樂之未發。當此之時,即是心體流行,寂然不動之處,而天命之性體段具焉。以其無過不及,不偏不倚,故謂之中。」〈已發未發說〉（《朱文公文集》,下冊,卷 67,頁 1234）。
「按文集、遺書諸說,似皆以思慮未萌,事物未至之時,為喜怒哀樂之未發。當此之時,卻是此心寂然不動之體,而天命之性當體具焉。」〈與湖南諸公論中和第一書〉（《朱文公文集》下冊,卷 64,頁 1186）。

具於性，此具是性具，而非心具。在心寂然不動之時，見性體之渾然。心寂然，則性渾然。[12]如此解，則心性平行為二，而非是一，即沒有唐先生所說的心本具性理，本自高明廣大之超越之本心義。當然，上引文獻所謂「道義全具」，理解為道義全具於心，於文意亦很順當；但如要證成唐先生的解釋，則朱子論心，須有心之虛明靈覺，即是性理自身，即性理乃心之虛明靈覺之活動所自發，或心之昭明與性理俱呈俱現之義，不然，即使說心具理，亦只是心通過認知之作用而攝具性理而已，不可說心理是一。

二、從道德之理契入朱子言理之義

據上文之略述，可知唐先生對朱子哲學之理解，是有前後不同之變化者，他晚年極欲將朱、陸之不同，解釋為工夫論上之不同，而非二賢於心性本體之理解上有不同，由是肯定朱子之言心，有超越之「心體」義，而非只以氣論心。唐先生此說當然是有洞見的，可依此方向，重新分析朱子之文獻，或可由是而對朱子學有新的瞭解。但本文暫不從此方向探究。我認為唐先生早年寫就之〈朱子理先氣後論疏釋〉，其中頗多精義。我甚至認為此文對朱子之理氣論，及朱子哲學之整體內容，給出了一很有意義的詮釋方向，此一詮釋方向，實可與牟先生之朱子學詮釋並立，而略與韓國朝鮮朝之朱子學，有主理派與主氣派之對峙相似。牟先生所言朱子理氣論中之理，雖是存在之理，但乃是「存有而不活動」，理與心為二，理是存在之「所以然」，失道體之「於穆不已」之義，此「所以然」固然是超越的，但須從物之「然」處，推證其「所以然」，如此言性，有很深的哲學性，但理之道德義，便有減殺。我認為牟先生之論，與韓儒之「主氣派」對朱子之詮釋，尤其是李栗谷之說，是非常相似的。而唐先生從道德之理以契入朱子所言之理，由此而言此理較氣更具真實性，故言理在先；且道德之理單以其自身即可直接起作用，理之作用雖然藉氣而表現，但氣之活動由理自身所引發、決

---

[12] 見牟宗三：《心體與性體》（三），第二章，頁138-140。

定。故可以說理自身有其作用,不依於氣,不只不必依氣,且對氣有決定性之作用,而能「生氣」。唐先生此一對理之看法,近似韓儒之主理派。[13]而唐先生扣緊理之道德義來解釋,其言更為明白。而從此義以明朱子所說之理,便不能說於道德意義有所減殺。唐先生此說可以解釋朱子雖言心、理為二,但理仍有其引發道德實踐之力量。若此說可通,則不必將朱子所說之「心」理解為心體,而亦可以回答牟先生對朱子學之質疑。即唐先生後期費大力論證朱子所說的心有心體義,很可能是不必要的。心與理為二,是傳統對朱子的心性論的共識,要突破此一傳統的看法是很不容易的。依唐先生此一早期之說,很可能朱子之言理,是可從主理之角度來詮釋的,若此說可成立,則唐先生此較早期之詮釋朱子之文,是非常有價值的。此文代表了朱子思想之一可能之理解角度,與牟先生之詮釋為不同形態,但可並存,本文主要希望闡釋此意。

茲徵引唐先生有關之文字,展開上述之有關義理,又順文意稍作引申,希望能闡發唐先生之說之意義。

(一) 理先氣後為形上學之先後

> 吾人既不能以時間上之先後,心理認識上之先後,知識論之先後,邏輯上之先後,釋朱子所謂理先氣後,則唯有就朱子本人之言,與其意所謂形上之先以釋理之先。所謂形上之先者,以今語釋之,即在宇宙根本真實之意義上,理為超乎形以上之更根本之真實,而氣則根據理之真實性而有其形以內之真實性者;而吾人之論說宇宙之真實,當先

---

[13] 唐先生之說,可為李退溪的「理發」之說給出論據。又韓儒奇正鎮(號蘆沙,1798-1879)的主理見解及其論證,亦與唐先生相似。見奇正鎮:〈擬與權信元〉,《蘆沙先生文集》卷 4,收入《韓國文集叢刊》第 310 冊(首爾:民族文化推進會,2003年)。拙作:〈民齋學派與蘆沙學派的思想異同及其特徵〉,《民齋學論叢》第 10輯(首爾:民齋學會,2010 年),頁 189-205。對此義已有分析。

肯定未形之理之真實，而後能肯定已形之氣之真實。[14]

　　唐先生對朱子言理氣不離，但理先氣後之說，通過種種辨析，認為理之先於氣，只能是形而上之先，此對朱子所說：「理未嘗離乎氣，然理，形而上者；氣，形而下者。自形而上下言，豈無先後？」[15]作了恰當的詮釋。理是形而上者，較氣之為形而下者，更為真實。

　　但以理為形而上者，較氣之為形而下者真實，這可以只是思辨的、獨斷之論，故唐先生強調此形上學義之真實須由當然之理契入，此一論辨見後文。在辨理先氣後只能是形上學之先後處，唐先生認為對概念之邏輯先後之邏輯分析，與觀察經驗事物以抽出共相，都不足以建立形上學的理先氣後義。邏輯上在先者，不必即是形上學之在先者，因邏輯上之先後，唯依概念內容之涵蘊關係而辨，而形上學之先後，則依概念所指示者之真實性而辨。又唐先生認為以物之共相為朱子所言之理，由此以言理之在先，此是一常見的思考，但單就共相之理說，並不能建立其先於氣之真實性。而通常之謂一共相有真實性，恆是根據此共相為吾人所肯定為真實之個體事物之共相。此只能成就邏輯上理先於物之義，而不能成就理先於氣。若由此要成立理先於氣，則是混氣於物。物是「已實現理之氣」，並非只是氣。若就純然之氣概念說，亦可說氣先於物，而不能證理必先於氣。故以理先於氣為邏輯上之先，是不能證成的。此處唐先生有十分精細的分辨。

（二）須由道德實踐以證理比氣更為先在

　　故要證理之先於氣，且其「先」是形上學之先，即理比氣更為真實，只能從道德實踐之意契入，唐先生說：

---

[14] 唐君毅：〈由朱子之言理先氣後論當然之理與存在之理〉，載《中國哲學原論・原道篇》卷三（香港：新亞研究所，1974 年），頁 1418。以下凡引用此文均不再以腳注標示，而直接於引文後標示頁數。

[15] 見〈理氣上〉，《朱子語類》卷1，頁3。

> 朱子之形上學的理先氣後義，必須先于吾人內在之當然之理，與實現此理之氣之關係之體驗中，得其所指示之意義。理先氣後之形上學的意義，亦必須通過此體驗，乃能透視出。由此透視，而可見吾心之當然之理，亦即一切存在之存在之理，故理先氣後之言，對一切存在之理與其氣之關係之有意義，並非直接建立，而為間接建立者。吾人欲建立理先氣後，唯有先在吾人對當然之理與實現之之氣之關係之體驗上措思。吾人必須使當然之理與其氣，為首出之理與氣，使理先氣後之言，在此有意義；而不能謂理先氣後之言，可先對一切存在之存在之理與其氣之關係，有意義。（頁1423）

理先氣後之形上學意義，必須以吾人內在的當然之理，與實現此理之氣之關係之體驗為根據，而不能以一切存在之存在之理與其氣之關係為據。依唐先生之意，即吾人對一切存在之說明，須以道德實踐之體驗為據。說一切存在皆有理，理先氣後等說，是靠吾人對內在於人的道德之理之意識，及由此道德意識引生的對氣之關係的體認為依據來說的。此即是以「當然」的道德之理，來規定使一切存在能存在之理，又以道德之理為吾人所意識，而引致的心氣之活動之體驗來理解理氣之關係。若不以當然之理及道德意識為據，吾人並不能有成立理在先、理生氣等說之充分理據。故朱子之理氣論，所建立的理氣關係之種種說明，由於有道德實踐為根據，才能見其為有意義；理氣論固然是對一切存在加以說明之理論，然其對存在界之有意義，或理對氣具主宰性、理在先等說，並不能「直接建立」，只能「間接建立」。何以是如此？唐先生說：

> 吾人如反省吾人于當然之理之體驗，吾人首發現者，即當然之理之呈現于吾人也，乃首表現出一命令之姿態，命令吾人應遵此理而行，以實現此理。質言之，即表現為當實現之一理。而「當然」云者，即當如此然之意，亦即當如此實現之意。故吾人于覺一當然之理時，吾人即有不容吾人之不遵此理而行，不得不使此理實現于我之感。此即所

謂道德義務之感。如人無道德意識，或有之而不加反省則已，如有之而加以反省，人皆可發現如此之義務感。（頁 1425-1426）

唐先生從人的道德意識、義務感來理解朱子所言之理，並由此證理在先及理生氣之義，確是很恰當而且相應於宋明儒學精神之理解。宋儒之學，雖然有其形上學及宇宙論，對存在界多有探究，但乃是在成德之要求下發出來的見解，朱子所言之理，當然是以道德之理為首出之義。若以道德之理或當然之理規定朱子所說的理，則人一旦意識到理，此理便於人以命令之方式作出要求，要人「無條件」地依理而行。此即如康德所說，道德法則是以「無條件的律令」（定然律令）的方式給出的法則。[16]唐先生說當然即「當如此然」，或「當如此實現」之意，此說可道出道德之理之特性與作用。即吾人不意識到或不自覺到此理則已，若意識到此理，理必在吾人生命中起作用。理本身不須活動，只要人意識及之，便有作用產生。而且此理對於人心的作用，是給出你必須如此實現理之要求，而且你之遵理而行，是只因此是理之故，無其他原因。此理單以其自己便給出這定然的，你不得不如此行之命令。它並不需作其他的允諾，以利此命令之推行、實現。道德法則完全不須顧及人之現實情況、感性的意欲，並不允諾人於實踐道德後有任何好處，要人只因此是理，是人該遵行之故而遵行之。由此義，確可表示朱子所要說的理先氣後及理生氣之意。由於道德法則單以其自己便可下無條件的命令，完全不考慮形軀感性之要求，此可證理之存在並不依賴氣，由人在意識到法則時，必須朝向理之命令而求實現之，可見氣須服從理。由此可見理之真實性是高於氣者。若理較氣為更真實，則理在先，理先氣後，而此種先後是形上學義之先後，是無可疑的。

---

[16] 康德：《道德底形上學之基本原則》，第二節，見牟宗三譯注：《康德的道德哲學》（臺北：臺灣學生書局，1982 年），頁 54-64。

（三）由道德義務之意識說明「有理必有氣」及「理生氣」之義

唐先生續云：

> 然吾人但將此義務感重加分析，即知吾人此時是先有當然之理之命令之自覺，而繼之以當然之理不容我不遵之而行，而即往遵行之實現之之自覺。吾人之遵之而行以實現之，為氣之動。以氣之為氣，即就為理之實現者而立名。氣之活動即是一「去實現理」之「去實現」。然吾人于此乃先有理之命令之自覺，而後有氣從之動之自覺。吾今即以此為「理先氣後」、「理主氣從」之言之最初直接有所指處。吾人之一方覺理之命令，乃不容我不實現之，我即有求實現之之心氣，遂更遵之而行，此即「有理必有氣」之所指。吾人既遵理之命令而以心氣實現之，吾人此實現之活動，即為理所貫澈、所寄託、所表現之處。故此實現之之心氣活動中，即有所實現之理，此即「有氣必有理」之所指。吾將以朱子所謂有理必有氣，有氣必有理，理先氣後，理主氣從，最初之扣實所指處在此。以唯在此乃可使此諸言，皆直接有意義也。（頁1426）

唐先生從人之道德義務感分析出理先氣後、理主氣從之義。若扣緊人之道德意識、義務感以立論，確可使朱子這些宇宙論義之語句，有一確定又具體可解之意義。此亦如上文所說，宋儒之形上學乃是道德的形上學之意。雖然朱子有關理氣之種種說，可單就其言說理論本身以分析之，而亦可得一系統之說明，但若是如此，恐亦只成立一由純智之思辨而建立之形上學、宇宙論，是難免獨斷之譏的。

唐先生以道德之理一旦為人所意識，即不得不遵之而行之感，由是而證氣之必須遵理而行，理之所在，氣必遵從，而氣之活動處，必有氣所求實現之理存在，由此而釋理主氣從，理先氣後，及有理必有氣，有氣必有理等義，確甚貼切。而由此亦使朱子之宇宙論、形上學，為一道德的形上學，有

明白之論證，這亦給出了理解朱子思想的一合理之進路。另外，唐先生此處「人一旦覺到道德之命令，人之心氣即遵之而行」之說，對於理解朱子之心論，亦給出一重大啟發。即不論對朱子所言之心如何理解，理在心中，是一定起作用的。即使心是「氣心」，一旦自覺到理、道德法則，理於心便立刻起作用，要人遵之而行。若是，對朱子所言之心是本心抑氣心之爭論，不管是否有定論，但不能影響在朱子學說中，理必在心起用之說。故即使心是氣心，說理於心起用，有所謂「理發」，是可以的。

唐先生依朱子所言之理是當然之理，解釋理先氣後及理生氣之義：

> 復次，此種先後非邏輯之先後，以當然之理之表現，乃為一命令之姿態。此命令之意義，即是要變我以前未與此理相應之心氣，而生出一種與此理相應之心氣。如仁愛之理命我愛人，此愛人之理之表現，即命我變化以前錮蔽麻木之心氣，而生一種與愛人之理相應之惻然藹然之心氣。故理之表現為一命令之姿態也，即表現為一扭轉心氣之姿態，而此理即在心氣之扭轉之樞上呈現。故此理非自以前之心氣之狀態中可分析出，以其正為此理所命之去除者。然亦非立即可自以後與理相應之心氣中，可分析出者，以此與理相應之心氣，乃此理正命之生、引之者。雖在事實上有此理呈現時，吾已有心氣之動，所謂有理必有氣，然有理之自覺時；可尚未有與理相應之氣之自覺，而但有理之自覺，則理概念可成立，理概念即有意義。而對氣之自覺可尚未有，則氣概念可尚未成立，或尚無意義。則理概念不必由與理相應之氣之概念中，分析出之義明。（頁1428）

此段以當然之理對心氣之作用，論證理先氣後之為形上學之先後，非邏輯之先後。唐先生以人若有對當然之理之意識，則吾人現在之心氣便會遵從理而起變化；此證當前之心氣之存在，並不涵理之存在，此當前之心氣，是理所要扭轉，或甚至去除者。唐先生此一論證至為精當。於此吾人可稍作引申，由唐先生此論，亦可證朱子所謂「理氣決是二物」之意。即由吾人當前之心

氣在意識到當然之理時，為理所要變化、扭轉，以成為一相應於理之氣，可見理氣雖不離，但理並非氣所本有。當然之理之存在，並不依氣之存在，由是便可說理氣決是二物，而唯氣論之說，決不可通。人若有對道德之理之自覺，及由此而生之道德義務之感受，便一定會肯定此當然之理具超越性，而非與氣為同一層次之存在，亦不能承認理為氣之條理。

從人自覺到當然之理，而生出一種與此理相應之心氣，可見此理對人之心氣有改變、扭轉之作用，此即是對朱子所說的「理生氣」義，給出一道德實踐之證明。此一說明十分貼切，由此亦見唐先生在道德實踐上體會之深刻。從實踐上說，若人意識到道德法則，便可變化扭轉現實之心氣，生出實現當然之理之要求，由是而生出相應於理之氣。可見人之生命活動，並不能只從自然生理之本能或經驗的、實然的心理欲求來說明，而須肯定人隨時可有由對理之自覺而生之力量，此力量可扭轉生理、心理之欲求，而遵理而行。依此義而論存在界，則除了自然的、機械的因果法則必須承認外，亦須肯定並不能以自然的必然性解釋的道德法則或天理之存在。

（四）由實踐之體驗證理氣二者有距離，及理之作為實踐之動力之義

除理生氣之義從實踐上可得明白的體會外，對理先氣後，唐先生亦作出道德實踐上之證明：

> 人唯在感當然之理之命令之心理中，乃覺此理先昭露于前，氣從之以動。蓋吾人之感當然之理之命令，吾人必感吾人先尚未為吾人所當為，即吾人必感吾人先尚有未能實現此理之處。唯以吾于此理尚有未能實現之處，乃感其當實現。故此中當實現某理之感，即包含有「理與氣之距離之感」，包含有「理尚有未實現于氣處之感」。在此理尚未實現于氣之感中，如其所如而觀之，即有一「純粹之理之自覺」，與覺「此理之在一意義上，尚無足與之相應之氣之存在」之自覺。……在此，吾人必牢記當然之理之呈現于我也，乃呈為一扭轉心

氣之狀態，而表現于一去除吾人之舊習氣，更引生與理相應之心氣之命令中，即表現于我之心氣之革故取新之樞扭或關鍵上。在革故取新之際，則唯有一理昭露于自覺之中。……故理必先行被自覺。吾人復須牢記：當然之理之所以被覺為當然，即在其實際上之尚有未然。故在體當然之理之心境，必先有只覺理，而不覺氣之一境界。（頁1430-1431）

唐先生此處以在吾人從事道德實踐時，總覺未能完全實現當然之理，而見理氣之距離。由此而證雖可言有理必有氣，但理總是在氣之先，而有其尊位，而理氣決是二物。由是亦可證理決不能由氣來說明，而歸屬於氣。對於朱子既言理氣不離，又言理氣決是二物，常引起批評，說如是理便可被理解為離氣而獨立之存在，理氣似是原本分開，後再聯合。[17]而唐先生此一由道德實踐之體驗為根據之說法，是很可以解釋上述之疑的。即理氣雖不可離，但二者確可看作是二物，而二者亦有其距離。道德之理一旦為人所認識，便會引發相應於理之氣，故有理必有氣；但此亦同時證成理先氣後，理主氣從。又從不論人如何努力實踐，總覺有不能盡如理之要求，如程子云：「常思天下君臣、父子、兄弟、夫婦，有多少不盡分處。」[18]由是必體會到理氣間有其距離。吾人現實上的生命活動、心氣總要被克服、扭轉，而朝著理之命令處，及理所指出之方向，繼續努力。而且不管人如何努力，亦必見理之遙遙在前。由此見理氣之決是二物。唐先生此說，實有極深之實踐體驗在，而由此說，確可給出了對朱子之理氣論一合理之解說。對於朱子之理氣論所涵之理氣為二之義，牟宗三先生亦認為是不可反對的，[19]牟先生所質疑的，是朱子理不活動，心性為二，心只是氣心之說。

　　牟先生之質疑，當然是有充分理據的，但若朱子所說之理，是可如唐先

---

[17] 如羅整庵所批評者，見羅欽順著，閻韜點校：《困知記》（北京：中華書局，1990年），卷下，第19條，頁29。
[18] 見程顥、程頤：《二程集》（北京：中華書局，2004年），頁2。
[19] 見牟宗三：《心體與性體》（一），頁401-402。

生所理解的，即乃是道德之理，則理之不活動及心是氣心，並不足以為朱子理論之偏失處。只表示朱子之說為另一形態之道德實踐理論，此一形態之理論雖未肯定心即理，而直下以本心為實踐行動之源，但亦有其實踐行動之根源動力，即由人對道德之理之認知、肯定而生發實踐之動力。因若理是道德之理，則當吾人一旦自覺此理，由此而生義務之感，則吾人之生命活動，便一定遵此理而活動，如上文所述；則理不活動並不推論至實踐動力之缺乏，因此理並不同於一般經驗知識之理，對於知識之理之認知，不必帶出行動。而對於道德之理及義務之認知，則在吾人心中，一定生起要遵之而行之自我要求，只要保住此一自我要求，則理對人心之作用，引發之活動，是源源不絕的。由此，道德之理之不活動，並不表示實踐之動力因此便有不足。道德之理作為一實踐之方向、指標，便有引發實踐活動之力量。而活動，固是在氣化上，但氣化之活動，既由理所引發，則氣之活動，便表示了理之作用，於此義而言，理實不必活動也。理不活動而亦可言理生氣。

　　復次，由於人對理之意識會引生遵理而行之心氣活動，則心之未自覺或未自我肯定其為心即理之本心，亦不妨礙道德實踐之產生。因在吾人之道德意識中，本來便自覺道德之理純粹莊嚴、崇高偉大，並非為吾人此時之生命活動所可企及。此一對理氣有距離，及吾人此刻之心並不即理之感受，正足以引發人遵理而行，及由遵理而行，引發不已地超越自己，扭轉自己此一現實時時不純粹、不合理之氣心的願望，此亦是一至真切之實踐。即此自覺自己當下之心並不如理、由此而見理之為吾應實踐而一時尚未實踐者，此一主觀感受，亦會產生真正之道德實踐。當然肯認心即理，覺悟我此刻之心即是本心，由此而承體起用，洞開行動實踐之源，此亦是使人有真正之道德實踐之教法，而此一教法，當然亦給出生生不已的實踐動力；但似不能說必須以此為唯一相應於道德本質之教法。由認識到道德之理及義務之純粹而絕對，見到自己當下之心意及生命活動為不純粹，於是引發憤悱向上，非要如理般純粹不可之心願，這亦確可給出實踐之動力者。由唐先生之說，可見朱子之論，亦可以是言道德實踐之一合理之教法。

　　自覺吾人之心氣並不如理，而力求遵理以變化之，產生相應於理之心

氣，固然可以是道德之實踐，但若心、理為二，則理於何處見到呢？即若不悟心即理，道德之理是人意志之自我立法，自律而給出，理之存在之源便不清楚，由是便會求理於外，視道德之理為然之所以然，即存有論義之「存有」，理之道德義便會減殺。這確是一合理之質疑；但人對道德之理之認知，及由於知理而生之義務感，並不能看作一如客觀地認知對象，及由知識以決定行動之論。道德法則及對道德法則之理解，是如康德所說，最通常的理性（即一般的普通人）都很容易瞭解的；人稍加反省，便可得知，[20]故由知德而起實踐之行，並不困難。對此，吾人須瞭解對於道德之為無條件之實踐之事，此一對道德之認識，是十分特殊的。

（五）對道德法則之認識之特殊及其中之工夫論涵義

關於人對道德法則之認識，與一般所謂之認識意義不同，唐先生有以下之論述：

> 然吾今所欲論者，即此義務意識之自覺理先氣後，雖是一心理現象，然此現象，即啟示，且根據于一形而上學之理先氣後。此即自真實之意義，言理為更根本之真實，氣為根據理之真實性而有真實性者。蓋在此義務意識中，理之自覺而被認識，與氣之自覺而被認識，非同一般認識中之認識。在一般認識中，其認識與意識相對之對象，如物之共相殊相等，吾人在此時恆設定對象，如有存在或真實之意義者，乃意其屬于此對象之本身。故其被認識而入于認識，乃是外加上之關係。其為真實或存在，與其被認識乃二事；而諸對象之為真實之相互倚賴關係、先後關係，與認識之先後，亦二事。而認識上之先後與其形上學之先後，亦不必相應。然在此義務意識中，則此理此氣，皆非與意識相對而先有存在意義真實意義之物事。（頁1431-1432）

---

[20] 康德：《道德底形上學之基本原則》，第一節，頁30-31。

唐先生認為上文所說的以道德實踐之體驗以言理氣之諸關係,雖是一心理現象之說明,但自有其形上學義。即由人之道德意識及義務感中,可以論證在真實意義上,理為比氣更為真實之存在。繼言此對理之認識,不同於一般對事物,或共相殊相之認識。一般之認識,所認識的對象,是由被認識而入於認識,此為外加之關係。此或可用牟先生所說認識的關係,是主客相對,水平的、橫攝的關係。[21]所認識的存在物,是客觀之存在,其存在並非由我之認識活動所創造。而若言良知天理與萬物一體呈現,則天地萬物之存在,是天理所決定者。又一般之認識活動,其認識與所認識之存在對象之真實性,是兩回事,為不相干者;而人對道德法則之認識,與法則存在之真實性,則是相關連的。此義見下文。唐先生續言:

> 在義務意識中,吾人認識一當然之理,然此當然之理,即我當如何行為之理。吾真對此理有認識時,乃在感此理對吾人下命令時,亦即在此命令之貫澈于我時。如吾人不感此理之命令之貫澈于我,則不能認識之為我所當如何行為之理。我之能認識之,唯在其對我有所命令,我之有所感動上。故我之能認識其有,肯定其有,唯在其對我呈現一種作用,而顯露其真實性時。我愈認識其有,肯定其有,則其呈現之作用亦愈大,而愈顯露其真實性,其所呈現之作用愈強,亦愈顯露其真實性。(頁1432)

唐先生此段文字,真能表示出對道德法則之認識及由法則而來的義務感之特殊性。此種對道德法則及義務之認識,是唯在感到此理在對吾人下命令時,方可算是對法則有真正的認識,而且愈感到此命令貫徹於我,則我愈對法則有真認識。故吾人可說,在此對法則之認識中,法則(道德之理)與吾人之關係,並非水平地橫攝的關係,而是「直貫」的創生之關係。在義務意識

---

[21] 見牟宗三:《認識心之批判》(香港:友聯出版社,1956年),上冊,第 1 章第 2 節,頁 11。

中，當然之理本身對於吾人下命令，故是直貫或縱貫之活動，法則在人之義務意識中生出革故生新，要吾人之心氣扭轉以從理之要求。唐先生此處言心與理之關係，仍是心、理為二，此應合於朱子之理氣心性論；但雖心、理為二，心對於理須由認識活動以知之，然而不同於牟先生據此而認為朱子是以「講知識的態度來講道德」，是「泛認知主義的講法」。[22]依唐先生意，心對於道德法則、道德義務的認知並不同於一般之認識，而是如上文所說，一旦對法則有所知，法則即對吾人以一下命令之存在者之身分，要吾人依之而行，且在此時，愈能對此法則有恰當之認知，此法則愈真切地貫徹於吾人之生命活動中，而愈能讓法則、義務貫徹於人之生命活動，則人愈能真正認識道德法則，亦愈見法則為真實之存在。此理之真實存在性與心之認識，是不能分離的。如此言之「知」，與陽明所說的「知行合一」之「知」，已十分類似。我覺得唐先生此說，十分切於人對道德法則之認識及由此而生之義務意識。若以此意詮釋伊川、朱子所言若對理有真知，必有真正之道德行為產生之說，可避免說伊川、朱子是泛認知主義之批評。

此中問題之關鍵，在於道德法則及對法則之認識之特別意義。道德法則，或何種行為方是道德行為，是人人很容易便清楚瞭解的。例如若行為表面合法，但行動之存心是別有所圖的，便決非道德之行為。此義人皆能知，故對道德法則的瞭解是不難的，但此雖不難，人不能不對此法則之認知下工夫。人若對此不下工夫，即不能正視此法則之無條件性，亦不能清楚認知道德法則可不依於任何經驗、不須人之感性欲望絲毫之幫助，亦不許諾踐德者以任何事後之利益、好處，即一空依傍，單以一「理所當然」之義，即下一無條件的命令，要吾人低首下心，不得不遵之而行者。若不深切瞭解此諸義，便不能有真正之道德意識及義務感，亦不能有真正之道德行為出現。對道德這些意義之認識，亦可說是十分不容易的。此必須下大工夫以從事。故對道德法則之認識，可說易，亦可說難。從「難」此一角度上看，朱子用心

---

[22] 見牟宗三：《中國哲學十九講》，第十八講，頁 396-397，收入《牟宗三先生全集》，第 29 冊（臺北：聯經出版事業公司，2003 年）及《心體與性體》（三），頁 385-387。

於對理之知，認為「知性」是「盡心」之先決條件，亦有其意義。故若格物致知是旨在明白道德及道德法則之特殊意義，則此未必不是合於道德之本質之工夫。能有對道德之恰當認識，必伴之以生起真正的道德意識，及純粹的道德實踐。茲再引唐先生之言以明此意：

> 而所謂我之感其命令、感其呈現一作用而認識之，我即有心氣之動，與之相應而去實現之。故其真實性被認識被肯定，即在其能轉移我之心氣或我有心氣之轉移上，被認識被肯定。故理之真實性之肯定，與其被認識、及心氣之轉移三者，在此處乃相待而成，相持而長。故我不能外吾之認識與肯定，憑空思維其真實性。蓋一憑空思維之，則彼非復為對我有所命令者，而對我亦無轉移心氣之作用，亦無其真實性之顯露。吾人亦不能外此理之呈現作用顯露其真實性，而憑空思維為此理所轉移之氣，或從此理之氣。……吾唯愈肯定理之真實性，吾之氣乃愈隨之而從理而生。吾之肯定理之真實性之肯定一停止，吾之認識此理之活動即停止，而從理而生之心氣，亦即懈弛而退墮。此氣唯從此理之肯定而生，唯由理之肯定而氣從之而生，吾乃有對從理之氣之肯定。此皆義務意識之體驗所昭示。（頁1432-1433）

唐先生此段文字，明白表示在道德義務之意識中，人對法則之認識，與對法則之為真實存在之肯定，及由此而引生相應於法則之心氣，三事是「相待而成，相持而長」的。故若真「知德」，則不只是認識之事，必由此認識而生肯定，由肯定而產生相應於道德之心氣。此說實道出了對道德法則之認識之特殊意義。此中之認識與實踐，是分不開的。而在此認識活動與實踐活動中，道德之理之真實性，便愈發被肯定。而此對理之能愈加肯定，亦愈能引發相應於法則之心氣，愈使人對理有真正之認識。

除了唐先生文中所說者之外，吾人認為此說表示了如上文所云此理雖不難瞭解，而可說是「易知易從」的，但真正能瞭解此理之意義，而又能肯定之，使吾人之生命為此理所貫徹，又不已地生起道德的心氣，亦是很難的之

意。此一能與對理之肯定及合理之心氣之引發為相持而長的對道德之理之認識，應亦是一「知德」之重要工夫。即在對道德之理希望有恰當的認識上用工夫，亦是成德之教的重要工夫。此一知德之工夫，須有深刻的認識與體驗，而非一蹴可至。依此而言，成德之教須有一長期的逐步加強對道德之認識，由之以逐步作出真正之道德實踐之歷程。

對於道德意識及義務感之特殊，唐先生復有以下之說：

> 吾人在此亦不能由當然之理自外觀之，可被人遵從或不被人遵從，而謂當然之理不同一般存在之理之有真實性。因當然之理如不呈現則已，如其呈現，則呈現為命令吾人之遵從，而不容吾人之不遵從者。吾人如細反省吾人之義務感發生時，便皆可知當然之理，乃對吾人乃有真實作用者，而其有，即為真有實有，而使人不可不肯定其為有真實性者。吾人若試于此一懷疑其真實性，疑其為真有實有，而謂之為妄有或假有，或雖是有而無所謂真妄假實，則吾人對此理之為當然之理之意義，即不復認識，而亦不成為一呈現于我之當然之理，而與此理相應之氣，立即退墮，不復循之而生。唯吾人愈肯定其真實性，愈信其為真有實有，吾對此理之為當然之理之意義，乃愈能認識，而與此理相應之心氣，乃愈循之而生生不窮。故不肯定此理之真實性，則氣之真實性，亦不得肯定。必肯定此理之真實，乃有氣得被肯定為真實。于是肯定此理之真實，同時是形上學的先于氣之真實之肯定。
> （頁1433）

唐先生此處由當然之理對於人作用之真實，證當然之理為真實存在，亦由此證朱子所說的理為真實存在。由人自覺到當然之理而心氣必隨之求實現之，證理主氣從，及對氣之真實性之肯定，由於先有對理之為真實存在之肯定之故。如上文所述，唐先生此是由道德實踐之進路以言朱子之形上學，其論辨於宋明儒之義理，是非常相應的。而其中唐先生對道德之理及義務感之體驗，更十分真切。如云當然之理一旦呈現，便命令吾人遵從，而不容吾人之

不遵從者。從表面看，對道德之理，人並不是必然遵從者，但若從吾人之內心上作自我省察，則若我面對道德法則，及有當如此行之義務感時，我確是要求自己必須遵此而行，而不容我不如此行者。故在內省、慎獨時，吾人便見到道德法則及義務意識之威嚴，見其為不可違反的命令。此即內省而見法則之為真實存在，亦見法則與義務之真實力量與作用。

道德之理及吾人自覺此理而成之義務意識，是以無條件之命令方式要吾人遵從的，道德之理單以其自己即可要求人無條件地遵從，而吾人若不遵從之，亦決不會懷疑法則及義務之真實性，而只會認為不遵從義務之自己為不合理。從道德法則這種特性，可見其為最真實之存在，此如程伊川所說「天下無實於理者」[23]之意。當然此理之為最真實之存在，是在人內省時方可見到，而愈見其真實，此理便愈有作用，由理生氣，生生不窮。若一旦不肯定此理為真實存在，吾人之依理而行之實踐便立刻消失，吾人之心氣亦馬上退墮。此見對道德之理之認識，由認識而肯定其為真實之存在，是與道德實踐有密切之關係者。而此說便啟發一工夫教法，即人須時時正視此理之無條件性、真實性；時時保持道德義務意識。愈對法則有恰當之認識，便愈見此理之真實性，人亦愈能由尊敬法則，而遵理而行。唐先生之論，實涵此即認識即實踐之義，此一說法，吾人認為可用來詮釋朱子學之工夫論。

三、結論：唐先生的朱子詮釋之價值

唐先生以層層深入的思辨，證明朱子的理氣論的有關說法，皆可由道德實踐之感受、體驗來說明之，此亦即證明朱子之形上學是道德的形上學。即是說，朱子之形上學是以道德實踐為進路而建構的形而上學。吾人以為，此一對朱子哲學的理解方式，應該是朱子學可有的詮釋方式。若依此義，則不但對理先氣後、理生氣等說可得一善解，更可對朱子的心性工夫論有一善解。朱子以心性為二，而若比配以理氣之為二，則心屬於氣心，理在心之

---

[23] 見程顥、程頤：《二程集》，頁66。

外，於是心如何能知理、合理？心之合理如何能有保證？實踐的動力是否會有所不足？又從「然」推「所以然」的致知格物工夫，也會造成道德意義的減殺。這些牟先生對朱子學的評議，都是很難回答的。但若依唐先生此文所表達的義理，人在意識到道德法則、當然之理，即引發義務意識之時，則單只此理之自身，就可以引發吾人之心氣遵理而行的要求，理自己就可以直接下命令，而人一旦意識到道德法則，自覺到遵理而行是人之義務的時候，便自然有遵理而行的力量發出來，而吾人之心氣便得以變化、扭轉，而成為與理相應之心氣。如此一來，實踐的動力可以因為心對於理的認識，而源源不絕地生發出來。人一旦有此是當然之理之自覺，便不會受限於形氣，而扭轉超升。此中只要對當然之理有恰當的瞭解、認識，便可以引發道德實踐的動力。

固然理與心在這個情況之下還是為二的，但此心、理之二不會影響實踐動力的引發。在此我們可以這樣瞭解，朱子所說的理，本身就是實踐的動力，理之動力呈現於人對當然之理的意識中，如唐先生上文所說，對理的認識、肯定理為真實的存在，與心氣的扭轉而遵理，三事是相待而成、相持而長的。必須結合此三者，方真見到道德實踐之意義。故此認識並非一般的認識，在對理之認識中就有實踐的動力給出來。此一說法應該是對道德之理的特殊性格給出了最恰當之說明，道德之理為吾人所認識時，此理並不同於一般的被認知的對象，而是一旦認識之，此理對於我的心就馬上起作用，即此理會對我下命令，也使我感動，令吾人不得不循理而行，不得不改變自己的心氣，而成為相應於理的心氣，故若吾人對道德法則有恰當的認識，就可以引發道德的實踐動力。如果朱子所說的格物致知，是以對道德之理之特殊意義作深切之瞭解為主者，則可以是道德實踐之不可少之工夫。故由此義可以說明朱子重知理、知性，強調格物致知的工夫的緣故。

對於道德之理的認識與實踐，可以說易知易從，也可以說十分艱難，可能朱子之學理偏重在對道德的理難以有恰當的瞭解這一面。對於道德的理之無所依傍，沒有任何利益的承諾，而直接下命令要我遵之而行，這一現象，可以說是不可思議的，但道德之理就是有這樣的權威與莊嚴。人一旦有義務

意識,便不能不承認道德之理的權威,而對之低首下心,無條件地遵之而行。對此似是不可思議的現象,康德曾用目的論的判斷來說明,認為人之具有理性,並非為了達致人生的幸福,而是為了成就善的意志,而善的意志之價值,是唯一可以是善而不需任何限制者。[24]為了成就此善的意志,一切其他有價值之事(如幸福),須移於其後。又由於實踐義務是不能為了達致某些私人目的而行者,故道德行為必排除一切私人之目的,即其存心必須是純粹的。而此一無任何私人目的以為動機之存心,又如何可能有實踐之動力呢?康德以為此無條件之法則正好能引發吾人之尊敬,而對法則之尊敬便是踐德之動力。[25]即靠著對法則的尊敬,就能使人的心靈趨近道德法則。唐先生以道德實踐的體驗來說明朱子的理氣論,也可以引入尊敬來說明。即若問人何以故會感興趣於道德法則,服從道德法則的命令?答曰因尊敬法則之故。在朱子的理論中,「主敬」也是很重要的講法,朱子何以重敬?可以從此線索來瞭解。

如果道德法則一旦為吾人正確認識,就可以引發吾人之心氣遵理而行,則朱子所說的理雖然是存有而不活動,但也不會因此而缺乏實踐的動力。雖然心與理為二的確會有心的合於理沒有必然保證的問題,但也由於心理不一,吾人才能正視道德之理的純粹與崇高,此一心氣與理的距離,也可以引發吾人努力善化自己,改變心氣為合於理的心氣的願望,這樣也可以產生實踐動力,故心理的不一,也不必是道德實踐的理論困難。

總言之,通過唐先生此一對朱子的理氣論的詮釋,可以見到朱子是一「主理」的思想家,我們似亦可以「主理」與「主心」的不同來區分程朱學與陸王學。若唐先生的分析可以成立,朱子是從道德之理契入,由對於理的恰當認識而產生實踐動力,此一詮釋,對朱子的理氣心性論,可有一善解。此一詮釋之進路,其關鍵之處在於是否能對道德法則、道德實踐的本質、特殊意義有相應的瞭解,故「知德」是非常重要的。知德是對道德法則及義務

---

[24] 康德:《道德底形上學之基本原則》,第一節,頁 17-20。
[25] 康德:《實踐理性底批判》,第三章,見牟宗三譯注:《康德的道德哲學》,頁 244-255。

有恰當的理解與認識,此一認識之意義是十分特殊的。對道德法則越能有正確的認識,便越會肯定其為真實存在,亦越能貫徹於人之生命,引發真正的實踐行為。當然朱子對於理的認識、瞭解,是否如唐先生此文所說,理一定是道德當然之理;而對於道德之理,朱子是否如唐先生文所分析的,對道德之本質、法則與義務之意義,有真正的認識與恰當的體驗,這就需要廣引朱子的文獻來證明,此須另文詳論。而要略言之,朱子言理,當然是道德之理,這無可疑。雖然確如牟先生所說,朱子有從「然」、「所以然」契入理,使理有成為存有論意義之存有,而道德義減殺之情形;但對於理是當然之理,理之規定為無條件之律令,此在朱子是有深切理解的,此從朱子對孟子義利之辨之說明及與陳亮爭論漢唐君主之價值可知。在〈孟子見梁惠王〉章,朱子注曰:

> 此章言仁義根于人心之固有,天理之公也。利心生于物我之相形,人欲之私也。循天理,則不求利而自無不利;殉人欲,則求利未得而害己隨之。所謂毫釐之差,千里之謬。[26]

此言仁義是天理之公,而為人心所固有,即表示仁義本身即為吾人所要求實現者。行仁義是為了仁義之故,是「不求利」者。其言人心所固有,雖是表示仁義是人之性之義,但亦涵此「仁義是天理之公,吾人須只因仁義之故而行」,是吾人之心本有之想法。即只要吾人一旦意識到仁義,便產生吾人必須只因為仁義之故而行,不能有藉仁義之行而獲利之想法。在〈答江德功〉書中,朱子對道德行為之無條件性言之更為明白:

> 「有禮則安」說,立意甚善;但詳本文之意,只說施報往來之禮,人能有此則不忤於物而身安耳,未遽及夫心安也。況古人之所以必由於

---

[26] 朱熹:〈梁惠王章句〉上,《孟子集注》卷1,《四書章句集注》(臺北:大安出版社,1996年),頁280。

禮，但為禮當如此，不得不由，豈為欲安吾心而後由之也哉？若必為欲安吾心然後由禮以接於人，則是皆出於計度利害之私，而非循理之公心矣。[27]

朱子認為所謂「有禮則安」，[28]須從身安說。而人若能行為合於禮義，即「由禮」，固然會有身安的效果，但人之由禮，是「禮當如此，不得不由」，並非為了身安才如此。朱子此說，很明白表示出道德行為之無條件性。當然，若「有禮則安」之「安」是從心安說，則可理解為人心之安於禮，而此安於禮之心即本心也。若江德功是說此義，則是如孔子指點宰我「汝安為之」之義，即由人心之安於仁或不安於不仁，而見本心之存在。若是如此，江德功之說未必不對。朱子之言身安或心安，都從行動之效果上說，他反對為了行動之效果有利於我而行動，故曰此是出於計度利害之私。朱子與德功二人之論得失如何，現不擬深論，但從朱子所說的「禮不得不由」，亦表示了一旦意識到道德法則之無條件性，便會產生一不管人之感性喜不喜歡，及行動之後果是否對我有利，都必須依理而行之自我要求，即由對道德法則之意識而產生相應於法則之心氣。

在朱子與陳同甫爭論漢唐之價值時，朱子有以下一段文字：

> 嘗謂天理人欲二字，不必求之於古今王伯之迹，但反之於吾心義利邪正之間。察之愈密，則其見之愈明；持之愈嚴，則其發之愈勇。孟子所謂浩然之氣者，蓋斂然於規矩準繩，不敢走作之中，而其自任以天下之重者，雖賁育莫能奪也。是豈才能血氣所能為哉！[29]

按朱子說天理人欲之辨反於己心便可清楚，即表示對於何謂道德法則及義務，人一反省便可明白。雖是如此，朱子認為對理亦須嚴予考察。此如上文

---

[27] 朱熹：〈答江德功〉，《朱文公文集》，卷44，頁755。
[28] 「人有禮則安，無禮則危。」見《禮記·曲禮上》。
[29] 朱熹：〈答陳同甫〉，《朱文公文集》，卷36，頁577。

所論對何謂道德，須有知德之工夫。而持之愈嚴，則其發之愈勇，即對道德之理愈清楚認識，便愈能有真正之實踐，此近於唐先生所云相持而相長之論。又從「是豈才能血氣所能為哉」之句，可知朱子認為此時之實踐力量，並不可以氣論。由此可見朱子確有對道德法則若能瞭解清楚，便可由法則生發實踐動力之意。故由對道德法則之特殊意義契入，引發真正之道德實踐，應是朱子道德實踐理論之重點所在。

儒家思想的超越性與內在性

儒家為中國文化之主流,歷代的儒學都有深刻的發展。在中國與東亞地區,儒學確如基督宗教在西方社會的地位。但儒家是否為一種宗教?或雖非一般所謂的宗教,但亦有其超越意識、宗教情感,是故,儒學在中國文化中有宗教性的作用。即是說,使人在感受到自身的有限時,因著儒學的教訓而能夠有對無限者的體會,由此而引發靈感,提撕生命,雖自感有限,亦可安頓生命。對於儒學是否存有這種宗教性作用,一直是一爭論的問題。由於儒學重在人倫的實踐,對人倫世間的價值有根本的肯定,於是,儒學是否含有超越的意識,是否只著眼於人倫事物而沒有超越感,在這一問題上,近代是有不斷的爭論的。在二十多年前,蔡仁厚先生便曾與基督教神學家周聯華牧師就儒家與基督教思想的異同及是否有會通的可能的問題,各抒己見,作了一次頗受矚目的文字交鋒。雖然由於彼此的所同不勝其異,最後只做了各自的表述。但雖如此,已經作了一次新儒學與基督教的深度交談。[1]今年三月承蒙「會通與轉化討論會」的邀約,[2]我和與會的諸位先生,就基督教與儒家的同異與會通問題作了一次的交流,雖然不如蔡、周兩位先生當年論述的深入與全面,但我覺得對彼此是很有裨益的。現在將在當時我所提交的短文稍作修訂,而與前年九月我在新加坡南洋孔教會所做的演講之講稿合併成為

---

[1] 有關的文章收錄於蔡仁厚、周聯華、梁燕城合著《會通與轉化》(臺北:宇宙光出版社,1985 年)

[2] 此會議為臺大人文社會高等研究院之「華人的人觀與我觀:跨學科與跨文化研究」分項計畫五——「基督宗教之人觀與我觀:全球地域化潮流中基督宗教人觀與我觀對華人社會的意義」所舉辦,(會通與轉化討論會,2010 年 3 月 20 日,臺灣大學哲學系。)此次會議出席交流的學者有曾慶豹、林鴻信、林啟屏三位。

一篇論文，希望能夠較有系統地表達我對儒學的特色及其宗教性的一些理解，我此文主要是表達依儒學，超越性與內在性二義不能相離的想法。即是說，儒家的超越性不能離開它的內在性來表現，而其內在性也直接表現了它的超越性的意義。若只取其中一義，而不明此二義是相即不離的，便不能對儒學有恰當的理解。當然，此文所論都是當代新儒家常說的道理，並無新義，但對於此，吾人亦可以用「真理不重複，錯誤就會重複」來自解。

一、超越的是否可以是內在的？

宗教的精神亦可說是超越的嚮往，或超越意識。民國初年由陳漢章成立的「孔教會」便是希望以儒學為宗教，而且是中國人之國教。此一國教運動在中國內地，是不成功的，但在海外的孔教會，則持續不斷。這可見海外的華人，對儒學的宗教性、超越性是比較體會深切的。人離開了自己的國家、土地，對於自身的傳統文化，及代表著此文化的精神方向之聖人生命，常是不勝嚮往的。

以唐君毅、牟宗三二位先生為主的當代新儒家有一很關鍵性的主張，他們認為天道是「超越而內在的」。本來依西方哲學的一般規定，超越的（transcendent）與內在的（immanent）是相反字，即超越的，便不能是內在的。超越的表示並非感性經驗所能及，超越於每一人每一物之上。由於唐、牟二先生都認為人的道德的心性，與天道是相通的，故此超越者亦是內在的。對於此一說法，頗引發討論。有些人認為超越的與內在的既是相反字，則不宜說既超越而又內在。而若仍要用此一對詞語，則須聲明另有規定，不必依其原義；或有認為超越是採用 transcendental 義，即如康德所言之範疇（category，如因果，本體、屬性等）。範疇並不由後天經驗所提供，而是先於經驗的，由知性主體所自發，而範疇雖是先驗（a priori）的，但乃是構成經驗知識所不可少的條件。若依此義來規定，則超越並不與內在相反。而依此義，則超越而內在是可以說的。但新儒家所言超越的，是指天道而言，若以基督教作類比，則天道與上帝為同一層次的存有，而上帝則當

然是人之經驗所不能及,而為超越的(transcendent);依此,言天道是超越的,應當不用先於經驗而成為經驗之構成條件之 transcendental 義。當然,雖依此經驗不能及之義以言超越,但此超越是可以言內在的,與此字原來的規定有不同。即此超越者雖不為經驗之所限,但可不離於經驗。

本文不欲深究此一超越者是否可以內在之論辯,而是想藉超越與內在二義,闡釋一下儒學之內容及特色。

二、孔子的仁教與孟子的發展

儒學是要顯發人的道德意識,由實踐以成德之教。道德實踐是落實於倫常中之行動,是不離經驗的,這可說是「內在」的,但不能忽視在此實踐中,有著真生命的興發,及由此上契天命的超越之感受。孔子論仁,常就具體行事上說,如云:「居處恭,執事敬,與人忠;雖之夷狄,不可棄也。」(《論語‧子路》)「能行五者(恭、寬、信、敏、惠)於天下,為仁矣。」(《論語‧陽貨》)「弟子入則孝,出則弟,謹而信,汎愛眾而親仁,行有餘力,則以學文。」(《論語‧學而》)這些似乎是人生格言、倫理教條,無甚深義。西哲黑格爾便很貶視《論語》,說「裡面所講的是一種常識道德。這種常識道德我們在哪裡都找得到,在哪一個民族裡都找得到,可能還要好些,這是毫無出色之點的東西。」[3] 又說「孔子只是一個實際的世間智者,在他那裡思辨的哲學是一點也沒有的,只有一些善良的,老練的、道德的教訓,從裡面我們不能獲得什麼特殊的東西。」黑格爾對孔子的德性生命、智慧不能了解,於《論語》讀不出意味。孔子在《論語》的說法,其實是即事以言理,有深刻體證之言。西方哲人重思辨(或可說是「玄思」),以為哲學即思辨之活動,順思辨理性一往的推論,便可得真理。孔子之語,是以實踐為進路,在道德實踐中有深切的體會後,即事以言理而表

---

[3] 〔德〕黑格爾著,賀麟、王太慶譯:《哲學史演講錄》第一卷(北京:商務印書館,1997 年 2 月),頁 119。

達出之智慧之言。此中即事即物所顯出之理,當然是有普遍性及永恆性的。但因為不離事物,不離實踐,故不喜就理本身作思辨性的推衍。此似不顯理本身之崇高意義,而其實理之全幅意義,都可在人從事倫常實踐中見到。宋儒程顥(號明道先生)便說:「居處恭,執事敬,與人忠,此是徹上徹下語,聖人元無二語。」[4]程明道此說,正表示了若能從人倫實踐體證,則當下便見超越的天理。天理即在此事中,人倫的活動與天理、天道之生化是同一回事。

　　故讀《論語》,須配合自己之反身修德之實踐體會來理解,由自己實踐所得,印證聖人之言,則可見孔子之即事言理之語,實可引發人無限之感受。故亦可說孔子之言是啟發性、指點性之語言。孔子是預設人人都有不安不忍之仁心,然後用啟發式的語言,引起人真切的道德實踐之感受。孔子論仁有以下之指點:「有能一日用其力於仁矣乎?我未見力不足者,蓋有之矣,我未之見也。」(《論語‧里仁》)「一日克己復禮,天下歸仁焉。為仁由己,而由人乎哉!」(《論語‧顏淵》)「我欲仁,斯仁至矣。」(《論語‧述而》)即在道德行為的踐履中,孔子體會到一自發地努力踐仁之自我,此所謂道德自我、道德主體,此是一純粹的,力求為善的自我,與生理自然之本能欲求,或現實的感知的自我是不同的。此一自我,是在自發地求踐仁時呈現的,人越努力實踐,振拔其生命,越可見自己的心便是仁心。故由此而將仁之意義從合理之行為轉而至求踐仁之主體上。仁不只是行為的合理性、價值性,而亦是我在求踐仁之此刻之心。仁字之意,在春秋前期,本指「人際關係之善盡」[5],本是從合理的行為,及行為之結果上說,而由孔子這些話語,指點出仁是人之主體,此是攝客歸主之扭轉。此一步是十分重要的,此由「為仁由己」而見踐仁之自己為不同於平常之自己,此「真自己」是自願地努力踐仁者,此是真正道德行為之根源。對於此作為道德實踐、價值之根源之道德主體,孔子是深有體會的,如云:「不憤不啟,

---

[4] 《二程集》,〈河南程氏遺書〉卷第二上。

[5] 此處採用方穎嫻教授之說,見所著〈論語之「仁」義〉,收入《先秦之仁義禮說》(臺北:文津出版社,1996年)。

不悱不發，舉一隅不以三隅反，則不復也。」（《論語・述而》）「若聖與仁，則吾豈敢，抑為之不厭，誨人不倦，則可謂云爾已矣。」（《論語・述而》）即於踐仁中，孔子體會到的是一憤悱不容自已、不厭不倦的自我。（孟子引子貢論孔子語：「學不厭，智也，教不倦，仁也。」《孟子・公孫丑上》）由不厭不倦便可了解聖人的生命為仁且智。此一德性之自我，是在力求振作，在生命之感發興起中呈現的，此一感發興起，悱惻不容已之自我，與受感性欲望影響，常在計較打算中的現實自我是截然不同的，此當然可說是超越的。故孔子所說的「居處恭，執事敬」及「入則孝，出則弟」，並非只是要人依合理之行為之格式而行，而是由仁心之自覺而見諸行事。於行事上，其實不只是事，而有自覺心不容已地要見諸行事之要求，由自覺心以成就此種種。故此等之事是融入了仁心仁理在其中的，從事上說，由於仁心仁理必求見諸行事，故亦可說此理是內在的，但見著的雖是事，而事即是理之表現者，故其中之超越性，亦不可忽視。若了解孔子之言具此超越與內在二義，便不會如黑格爾般，把《論語》只看作常識性的道德格言。聖人之智慧之言，既不離日用倫常，又即於倫常而指點出其中本有的絕對性與永恆性，由是而啟發人的靈感，使人從日用中體會純粹而超越的價值。

　　從前面述論孔子處可知，道德行為是人自發的要求，仁者雖然一定要求見於行事，而具有美好後果的事情當然是仁者所希望達致的，但孔子言仁之意義，主要是指人的道德自我，而此道德自我的內容是悱惻不容已，在實踐之感受下，會覺得此刻之我方是真正的自我，而此一自我是悱惻不容已地求與一切相感通的，此自我並不與其他存在相對立，而為一具超越性及具無限價值之存在。這些意思在孟子有進一步的發展。孟子由見孺子入井之例，指點人皆有惻隱之心，及由惻隱之心可自發地給出往救孺子的道德行動，孟子說明以惻隱為內容的本心是真正道德行為的根源。又從惻隱之心給出道德行為是沒有其他任何條件的，（「非所以內交於孺子之父母也，非所以要譽於鄉黨朋友也。」《孟子・公孫丑下》）對於道德行為給出明白的說明。道德行為是行所當行，不是為了行為達到的後果有利於我，才去行動，此即孟子所說的「義利之辨」。由此可以證明人有無條件的為善的自發要求。孟子從

這裡說人性，故說人「性善」，又說「仁義內在」，仁義就是善，而此善在我無條件地實踐道德時就已經給出來，不須等到道德行為完成了，才具有善。孟子由此理解人性，反對告子「生之謂性」的說法。所謂「生之謂性」，是以自然生理欲望本能為性。人固然有這方面的性情，但孟子認為從惻隱等四端所證實的自發而無條件為善的地方，才是真正的人之所以為人之性。這是人不同於禽獸之處。而若人只會作利害之計算，只求滿足於感性欲望，而不能保存及表現此超越於感性，不受感性慾望決定的自發為善之心，則距離禽獸不遠矣。孟子是從應然的道德理想處言人性，故此性當然是善的。又孟子說「盡心知性知天」，由心性可體證天道，則此性亦可說是超越的。雖是超越的，但人人本來便具有，故亦是內在的。由於人性是善的，而此善在人發心動念，因為義所當為而為之時，就已經具有，所以心性本身就具有內在而固有的，甚至絕對的價值。人體會到有此心性，又順心性的要求發而為行動的時候，就取得了絕對的價值。這時所生發的行為或事功有大有小，也有在某意義講的價值上之高低，但從都是道德心性自發無條件要求而生的行動來看，這些行為或事件，都有最高的價值。孟子說：「君子所性，雖大行不加焉，雖窮居不損焉，分定故也。」（《孟子·盡心上》）即表示此德性義之心性本身，便具有絕對的，不會因為道是行或不行而有增減之價值。由於我之此心此性具絕對價值，故人便可有其「尊嚴」。人自覺其有尊嚴，則決不會因為貧富、利害、得失或甚至生死等只具有相對價值者，而違背自己心性所給出的道德原則。

三、孔門言志兩章的涵義

　　綜合前面的意思，我們可以說，道德心性具有超越的價值，這種價值不是世間的任何事功可以比擬；但具有超越價值的心性，一定也帶出具體的行為或事功，並不能脫離經驗。就此意義而言，也可說是內在的。即超越義的心性一定表現在經驗的、具體的行為上，使經驗的事情都表現無限的價值。這個意思我想用孔子言志「吾與點也」（《論語·先進》）一段來說明。一

般都知道,曾點的志願是「莫春者,春服既成,冠者五六人,童子六七人,浴乎沂,風乎舞雩,詠而歸。」而孔子很欣賞地說:「吾與點也。」朱子對這一章的註解,非常精要,他說:「曾點之學,蓋有以見夫人欲盡處,天理流行,隨處充滿,無少欠闕。故其動靜之際,從容如此。而其言志,則又不過即其所居之位,樂其日用之常……視三子之規規於事為之末者,其氣象不侔矣。」曾點在同門嚴肅地討論各人的抱負志向時,自顧自地鼓瑟,輪到他發言時,才放下瑟從容起立。這樣的動作舉止,很能表現自發自由的意思,他很輕鬆地表現了自作主宰的心情。他並不是看不起別人,而是具有從容而自得的氣度。

　　子路等說的都是治國平天下的大志願、大功業,曾點則只想跟朋友、兒童一起玩耍。這不是貶視治國平天下事功的價值,而是認為只要本著我們的自發、自我作主的心情來做事,就眼前的事情做好就可以了。事情有大小,而道理沒有大小,只要自己面對每一個眼前的事情,都能行所當行,即都以道德心來面對,則一切事情都表現完足的價值,這就是朱子所說的「即其所居之位,樂其日用之常」,「隨處充滿,無少欠闕」的意思。即是說,在此時,所面對的大大小小的事情,都有圓滿的價值,不須再往外追求些什麼。曾點表現的生命境界是人可以隨其所遇而作所應作,而由於凡作所應作者便有無限而自足的價值,故人隨時隨處都可感到圓滿充實,人當下就可以得到生命的安頓。人只有在體會到無限而自足的價值的時候,內心才真正得到滿足,而此時生命亦才能得到真正的安頓。當然,此一境界,是以上述孔子表現的憤悱不容已、不厭不倦的真生命為基礎的,並不是不求上進,而只以玩耍度日。由於人在當前的事上可以體會無限的價值,所以雖然憤悱向上,同時可以自然順適;不厭不倦地不斷追求,又可以當下自足。人若不能時時向上超越,其生命力必下墮而昏昧;但若只一直往外追求,不肯止息,則往往會逐物而不反,生命不斷的離其自己,懸空而不落實。故不斷的超越與當下自足二義必須合一,方能使人真正安身立命。而依「吾與點也」章之涵義,及上述孟子所言本心善性可引發無限的實踐,而此心此性本身便具有絕對價值之說,可以說明不斷超越與當下自足二義是確可合而為一的。這種兩方面

意思的合一,也可以用「超越而內在」來說明。超越的意義,可隨著自己眼前任何一個遭遇而表現,任何一個遭遇都可以是最高、最圓滿的生命境界之實現,這可以說是對人生一切事做出全盤的肯定。這樣,人生活中的任何一件事情都可以因為是道德心的生發而成為必然性的存在,即都成為不可少的存在,因為都具有最高的價值,所以是必然的。這樣便是以超越的價值可以內在於人生的事情上,保住了人間一切的存在。

　　《論語》上有關孔門言志共有兩段,另外一段的內容是子路、顏淵說完自己的志願後,子路問孔子的志願,孔子回答說:「老者安之,朋友信之,少者懷之。」(《論語・公冶長》)孔子這個志願,可以說是圓滿的理想,他希望一切人都能夠安樂過活,有仁心的人很自然就會有這種圓滿的理想。這個理想和子貢所說的「如有博施於民而能濟眾,何如?可謂仁乎?」(《論語・雍也》)意思差不多;只是孔子在討論「博施濟眾」的時候,要子貢不要只看客觀外在的事功,而應該先反問自己是否有「己欲立而立人,己欲達而達人」的心情。「己欲立而立人」是一種感通不隔的心情,從自己之欲立欲達,而感受到其他人也有這要求,於是希望其他人也能實現這些願望。這即是感通不隔,這是對所謂「仁」作出最親切具體的指點。就因為有這種心情,才會生發出「博施濟眾」的理想;如果只從客觀的理想來著眼,不要求自己有這種感通不隔的心情,那麼所謂「理想」可能是假的,即使是真的理想,也不能夠長久維持。孔子這個指點,如上文所述,是點出仁者固然要求達致圓滿的功業,但其實「仁」更切要的意義是我們感通不隔的心情。這個心情,是價值的根源,它本身就具有無可比擬的價值。

　　孔子在討論「博施濟眾」時,重點是要人自覺到本有的道德心,但「博施濟眾」當然也是仁者要實現的理想,所以說此一理想之達成,「何事於仁,必也聖乎!」而現在從「老者安之,朋友信之,少者懷之」這個孔子的志願來看,涵義更為豐富。此一說法除了表示希望一切人都有生活上的幸福外,亦表示了若要成就每一個人生活上的幸福,是要順著每一個人的特性,按照他們不同的存在情況來成就他們之意。例如老年人精神體力已衰,他們要求的是得到安養,人便當順著老人的要求,讓他們得到想要的;壯年人要

為生活打拼,要建功立業,便順著他們的要求,成就他們的誠信,讓他們在社會上能夠佔有一席之地;小朋友希望有一個好環境來茁壯成長,就提供一個好的環境,讓他們快樂平安地長大。如果按這種方式來了解孔子的志願,則孔子不只是講一個圓滿的、偉大的理想而已,他是照顧到社會上每一個個體不同的想法、要求,而體貼地照顧成就他們。

希望一切人都各得其所,此是一超越的、圓滿的理想。而此理想的實現,是要順著各個不同的個體個別的想法和能力來達成的,在此時,不是以聖人這個角度出發,以成就一切人;而是從每一個人本身出發,看他們需要什麼,便提供什麼,這是所謂「物各付物」的精神。在此章,朱子所引程子一段解釋,亦至為精要:「至於夫子,則如天地之化工,付與萬物而己不勞焉,此聖人之所為也。……先觀二子之言,後觀聖人之言,分明天地氣象!」順各個人的需要來成全之,這樣所作的好像不出於我,而是出於各個人。這是所謂「物各付物」。此即程子「付與萬物而己不勞焉」之意。這亦可說是以「物各付物」的方式來表現天覆地載的理想。希望一切人都各得其所,就是天覆地載。[6]天地生萬物,覆蓋一切,又承載一切,天地之大,無物不容,其中當然有著奧妙莫測的作用。天地生化之作用固然難測,但從聖人的實踐處,卻可具體地見到天地之神用。這是程子說孔子之言「分明天地氣象」之意。即在聖人「老者安之」之言所涵,其對人、物之成全,完全從對象方面來體貼之,就對象各別不同的情況、能力來成全之;聖人之成全別人,似看不到聖人的作為,而只見對象之自己成全自己。從此處,便顯出了聖人的完全無我,沒有絲毫人為做作的胸襟懷抱。而亦從此處,具體地表現了天地生萬物的氣象。天地之生物,依宋儒的理解,亦如聖人之成就別人,是物各付物,而非「以我付物」。即以其活潑生機暢通一切,讓一切存在成就其自己。表面上只見萬物之各依其自己之方式以生長,見不到有外在的天道在主宰生成萬物。此可說是天生萬物與萬物自生二義合而為一,亦可說是超越與內在之合一。「天覆地載」的理想當然可以說是超越的理想,而「物

---

[6] 《莊子・德充符》:「夫天無不覆,地無不載,吾以夫子為天地。」

各付物」則可以說是內在的實行方法。超越的理想需要表現為體貼每一個存在物的不同要求的內在行動。此亦即《易傳》所說「範圍天地之化而不過,曲成萬物而不遺」之意。

四、從超越與內在兩方面看程明道、羅近溪、劉蕺山的思想

上面要表示的意思是,必須要把超越性和內在性合在一起,才可以對儒學的義理有相應的了解。這個意思我想再舉宋明理學的一些理論來加以說明。

程明道是宋明理學家中第一個強調天理的意義的人,他說:「吾學雖有所受,天理二字,卻是自家體貼出來。」明道對天理的崇高性、超越性著墨很多,如云:「天理云者,這一箇道理更有甚窮已,不為堯存,不為桀亡。」[7]「太山為高矣,然太山頂上已不屬於太山,雖堯舜之事,亦只是如太虛中一點浮雲過目。」[8]又說:「幾時道堯盡君道,添得些君道多;舜盡子道,添得些孝道多?元來依舊。」[9]程明道應該是根據道德實踐的無條件性、定然性,來說天理的崇高,按照人自發無條件的要求,就可以見到理當如此。這個「理」,有絕對的崇高性,任何偉大的事功都不可與它比擬。如此說天理,當然是超越的,是經驗所不能及的;但明道也說「天理自然」,即他認為這種具有絕對崇高性的天理,其實就是人最自然的想法,他說:「立人之道曰仁與義,據今日合人道廢則是,今尚不廢者,猶只是有那些秉彝卒殄滅不得。」[10]明道認為父慈子孝、兄友弟恭,是人的常道常性,是最自然不過的,無論如何否定、打壓、摧殘,都消滅不了。此即表示從此處的人性的最自然而無任何人為做作上,便可知道何謂天理。崇高、絕對的天

---

7 《二程集》,〈河南程氏遺書〉卷第二上。
8 《二程集》,〈河南程氏遺書〉卷第三。
9 《二程集》,〈河南程氏遺書〉卷第二上。
10 《二程集》,〈河南程氏遺書〉卷第二上。

理,與人的最真切自然、毫無做作時的想法是一樣的。明道這兩個意思合起來,也就是超越而內在的意思。具有絕對的崇高性,不能為世間任何事業可比擬的天理,其實即是人最自然,沒有任何人為造作的道德心情。如此而言天理,固可由其崇高性、絕對性而引發人無限之敬畏之情,又可由天理即人心之自然不可殄滅之想法,而見天理即在人之心而有具體的活動性,此見天理對人也十分親切。

羅汝芳(號近溪)是明代陽明學派中泰州學派的重要人物,他的學說主旨是從赤子之心的不學不慮而自然孝親敬長,來體會人的本性,又由此可理解聖人的生命境界。他說:「噫!天下之理,豈有妙於不思而得者乎?孝弟之不慮而知,即所謂不思而得也。天下之行,豈有神於不勉而中者乎?孝弟之不學而能,即所謂不勉而中也。故舍卻孝弟之不慮而知,則堯舜之不思而得,必不可至。舍卻孝弟之不學而能,則堯舜之不勉而中,必不可及。」(《盱壇直詮》上卷)赤子沒有想到要孝父母,看到父母就歡天喜地;沒有想到要尊敬兄長,看到兄長就自然乖乖聽話。近溪在這裡說,不學不慮而自然孝、敬,不正是聖人的境界嗎?也因為不學不慮才能自然表現孝弟,如果有心去孝父母、敬兄弟,反而表現得不自然。在這裡他給出一個理解聖人境界的入路,又給出實現聖人般的道德行為的工夫或方法。不學不慮而自然愛敬,是神感神應的境界。這種神感神應的境界,赤子就可以表現,證明人人都有聖人之性。由近溪此說,可知孟子所說的善性,其實不是藏在生命背後,深不可測的東西,而是我們時刻都可以表現出來的性情。這種性情可以充滿於我們的形體與動作,只要回到像小朋友般不學不慮、自然而然孝親敬長,作所應作的心情,則滿眼所見、觸目所及都是春意盎然,風和日麗。由此也可以看到天命的生生不已。生生是生而又生,而不停留於一生,天道生一切,是活潑潑地生而又生。近溪對於「生生」也有特別的理解。他發揮孟子「樂則生矣」之說。孟子說:「仁之實,事親是也。義之實,從兄是也。智之實,知斯二者弗去是也;禮之實,節文斯二者是也。樂之實,樂斯二者。樂則生矣,生則惡可已也!」(《孟子‧離婁上》)人在孝親敬長的活動中,會體會到最大的快樂,這種快樂一旦生發起來,便會停不下,生而又

生。近溪用孝弟時產生的快樂的生而又生,來解釋天道的生生。天道能夠生萬物,而且讓萬物不斷地生而又生,其力量一定是十分偉大的。天道力量雖偉大,但可以從人的倫理生活來體會。人的事親從兄的孝弟之活動,所以會是恆久不變的,因為其中會生發最大的快樂。樂是生生不已的原因及動力所在。吾人可以類比地說,天道之生生不已,亦是有一股快樂的力量支持著的。天地萬物那麼繁多,人生事情那麼複雜,而天道產生這一切,一點也不覺得累。(若是疲累,便會停頓。)好比是人愛親敬兄的活動是停不下的,因為其中的快樂推動著我們生而又生。近溪用這種心情來具體說明天道所以能妙運一切,而不停頓的緣故。這是用倫常的實踐來說明天道的生生。倫常生活的快樂,是內在的;天道不停頓地生化一切,是超越的。兩者其實是同一回事。

劉宗周(號蕺山)在明朝亡國時絕食而死,可說是明代最後的理學家,他的殉國,亦是為他的學問作出見證。蕺山主誠意慎獨之說,他有感於王陽明學派有些學者對良知學的某些性質主張太過,產生流弊,而要加以扭轉。

蕺山主張「知藏於意」,即認為知是知非的良知,要以「好善惡惡」的意來定住。知是知非的良知固然是虛明靈覺,但必須以在生命中更為深刻、更為內在的好善惡惡的意來作主。人若作深切的慎獨工夫,必可見到自己的生命內部,有一「見善必好,見惡必惡」的意志,這是生命的深根,這深根才是可以自作主宰的道德自我。人必須以誠意慎獨之功夫,以體證此生命中之深根。蕺山主張以這生命中的深根,淵然有定向的意,作活動的根據,而在此好善惡惡之意呈現時,便會有知好知惡之知出現,此知與意是同一回事。如是便將良知收攝在作為生命深根之意中。蕺山這一說法及體證的工夫是很深的,牟宗三先生認為可以用「歸顯於密」來說明此思想型態。[11]

除體認意根以作為生命活動的主宰外,又須從好善惡惡中見出,這心、意的活動,便是性與天道之所在。性與天道的意義,必即於好善惡惡,或悱

---

[11] 見牟宗三先生《從陸象山到劉蕺山》(臺北:臺灣學生書局,1997 年)〈第六章:劉蕺山的慎獨之學〉。

惻、辭讓、是非等活動上看出。人之表現其四端之心，亦即是於穆不已的天道的逐步具體化。此所謂「以心著性」。天道藉著人的道德實踐而不斷主觀化、具體化；而人之由主體自覺所表現的道德活動，因為乃是天道之形著，亦得以逐步客觀化、普遍化。即天道之生化，不只是天之事，亦是人之道德實踐；人的道德的活動，不只是人生界之事，同時又是天道之生化，是使一切存在能不已地存在之事。如此了解天德，則天德為不斷呈現於人心者；如此了解人德，則人德為不斷具體化天德者。故蕺山之說，可分兩步，以好善惡惡之意定住知是知非之知，是「內在的歸顯於密」，由道德心而見其是天理所在，或可說心之活動即是性與天道的「形著」，是為「超越的歸顯於密」。而由形著、以心著性之說，天道與人道兩方面皆得以彰顯其意義。天道之奧秘，在人之主體自覺中朗現，而人道之實踐，是具有永恆而絕對之意義的。

五、從宋儒的人性論與天道論看超越性與內在性

上文已言及儒學的人性與天道相通之義，後文希望藉著在「會通與轉化討論會」之發言，對上文涉及之問題，從另一角度作一些補充。從該會議之邀請函所附的「問題意識」與「芻議」上的說明，我大概知道此計畫與本會議的主題，我想就其中的「人是什麼」（人性論）及「知人知天」兩點提出儒學的觀點。

（一）程明道的人性論

關於人性與天道之問題，當代儒學有非常豐富的思考成果，除了上文所說的「超越而內在」之義外，又有「道德的形上學」及「天道性命通而為一」等有名的主張，這是學界所熟悉的。而這些講法也表示儒家除了是一套道德哲學或倫理的理論外，也含有豐富的宗教精神，因而當代新儒家有儒學是「人文教」或「即道德即宗教」的講法。在此不擬重複這些內容，而是把最近講宋明理學課的一些心得提出來。因為是討論宋儒的說法為主，便更有

理由說這是儒學傳統的講法,如果只是依照當代新儒學的理論來講,或者有人會批評說其中已經有不少西方哲學(如康德)的內容,並非純正的儒學。又若此處所作的詮釋合於宋儒原義,而亦通於當代新儒學的見解,便可以證明當代新儒學的講法的確與宋明儒的見解在生命上、義理上是有一種存在的相呼應之情況。先引程明道一段話:

> 伯淳先生嘗語韓持國曰:如說妄說幻為不好底性,則請別尋一箇好底性來,換了此不好底性著。道即性也。若道外尋性,性外尋道,便不是。聖賢論天德,蓋謂自家元是天然完全自足之物,若無所污壞,即當直而行之;若小有污壞,即敬以治之,使復如舊。所以能使如舊者,蓋為自家本質元是完足之物。若合修治而修治之,是義也;若不消修治而不修治,亦是義也;故常簡易明白而易行。[12]

韓持國是信佛者,佛教言一切法無自性,如幻如化,故明道說如此言性,便是以性為幻妄。此與理學家言性之見解相左。明道肯定性善。從上引文看,明道言人性有其特殊的意味,他是從自己當下之道德實踐之感受來說的,並不是以人性作一討論對象而問人性是什麼。儒家(以孟子及宋明儒的大家而言)看人性是從實踐的觀點,從人能自覺地踐仁、盡其所當盡來規定,從上引明道的話「如說妄說幻為不好底性,則請別尋一箇好底性來,換了此不好底性著」,明道的意思是說「如果說我們自己的人性是不好的,則什麼性是好的呢?如果這個不好,那你就幫我另找一個好的人性吧!」言下之意,我們這本有的人性就是好的,因為沒有一個人在內省,面對自己時會認為他的本性是惡的;每一個人都會自以為他是具有善良的本性的,他是一個善良的人。每個人之內心,都自以為是善的。[13]沒有人會自認自己是惡人。當人省

---

[12]《河南程氏遺書》卷第一,收於《二程集》(臺北:漢京文化事業公司,1983年),頁1。

[13] 此處之論述,受唐君毅先生「人恆對自己之活動判斷為善」之說啟發。他說:「故吾人在有一任何活動時,吾人皆潛伏有一自以其所從事之文化活動為善之判斷。此判斷

察他自己而興起我應該做什麼，我應該是什麼樣子的人的想法時，「成為一個善人」是人對自己一個真心的盼望。明道的話正表示了此一盼望。人或許需要承認現實上之自己的作為是會有不合理的，自己的人性可能不那麼完美，但在知道自己行為上有缺失、不完美的同時，也立即會生出希望成為完美、善良的人的願望。從這個願望上看，這就是我們的本性。此如《詩經》上說的「民之秉彝，好是懿德。」如果這樣來看人的本性，即從人的願望他自己成為什麼樣子的人，來看人的本性，沒有人會認為他的本性是惡的。這個觀點就是前文所說的實踐的觀點，而不是對人性作一種客觀、理智的研究而產生的看法。

　　明道後文說：「道即性也。若道外尋性，性外尋道，便不是。」道是價值的根源，是一切道德行為之所從出。從人的實踐上講，吾人可說一切的德行都是從人希望自己是一個善人此一念頭產生出來的。若無此希望，便不會有為善的真正動力。既然這求自己為善的一念是德行、善行的根源，則這好善之一念，便應即是道了。人不可能在自己是一個惡人的認定下還願意去為善。故若自以為惡，便是閉塞了這價值之根源。孔子說仁從「於汝安乎」來指點，孟子說本心，從「人見孺子入井必有怵惕惻隱之心」來證明，用的都是當機指點的方法。這種方法當下讓人的本心呈現。用前文的話，從人願意他自己是一個什麼樣子的人的想法下，來覺悟自己的心性。這種通過當機指點引發人的當該如何實踐的自我要求，必然會得出人性是善的結論。在這種被指點興發出來的要求自己是善的心情下，道與人性是一而無二的。你要說道，這個要實現各種德行的真實要求就是道。道與性不能說還有距離。若從性即道這個地方看，人性當然是如明道所說「元是天然完全自足之物」。若人真誠的正視自己這個要求為善的意願，便不可能說其中還有惡的存在，或仍有不足可說。從這個地方看便如明道所說的「無所污壞」，而如果體證到

純為不自覺，而為一原始之潛伏的自善其善之活動。」（見唐君毅：《文化意識與道德理性》〔臺北：臺灣學生書局，民 75 年 4 月〕，頁 528）吳汝鈞先生對唐先生此義有很好的闡釋，見吳汝鈞：《當代新儒學的深層反思與對話詮釋》（臺北：臺灣學生書局，2009 年 10 月），頁 25-26。

本性是一切德行之所從出，是無所污壞的，便當「直而行之」。即是說，人當本著這希望自己為善，希望自己是一個善人的要求，當下付諸實踐。在這個時候，人當該對自己有自信，不必糾纏或掙扎在人性是善、是惡，自己究竟是善人或是惡人的想法中。人有這種真心為善的期望或自我要求，當然可以衝破種種疑慮與惡習。人覺得自己不能為善，往往是因為自己不能真心的認為自己可以為善。這是明道所說的「不消修治而不修治」的意思，而這也含著一種道德實踐最根本的工夫：順著人自信他自己是善良的而付諸實踐。

　　以上是從有應然之自覺處，體悟到道德實踐的能力本來是完足地具備在人的生命中。當然人在實踐的要求下，也會感受到自己未能盡其所當盡，如明道說：「常思天下，君臣、父子、兄弟、夫婦，有多少不盡分處」[14]，從這裡也可說我們的本性會受到限制，這也可以說有所污壞。但依明道意，當人自覺到他未能盡所當盡時，便應該努力改進。而在通過反省覺得自己本性有所欠缺時，最恰當的態度便是馬上改過，而如果能夠知過而求改，就可以馬上明白，改正過錯，完全是在自己能力範圍內的事。若是則不必從我之外另求改過的力量。明道上文所說：「若小有污壞，即敬以治之，使復如舊。」及「若合修治而修治之，是義也」都涵改過的能力本來便在自己手上之意，從這裡也可以反證本性其實沒有污壞。故曰「所以能使如舊者，蓋為自家本質元是完足之物。」即從實踐上省察到自己有過錯而又能改過處，就可以看到本性沒有污壞。若本性已有污壞，何以一反省便能改過？由改過的力量一反求即有，可見此本性一加自覺，即可開顯出來，此本性的力量，超越於善惡的行為而使人可為善去惡。由此可見，明道完全從人的道德意識來規定或體認人性，他說若覺得沒有污壞，就不必修治；若覺得有污壞就該修治，而這就是義，這些話就表現了純粹的道德意識。他從實踐道德是我當下可能的，來證本性原來是完全自足的，在這個地方不可說本性有所不足，而需要往外找一個更完美的本性來取代。而若一旦發現自己的行為實踐有問題，便馬上改過，而不需要在認為自己有過錯的時候，說自己的本性有惡或

---

[14] 《河南程氏遺書》卷第一，收於《二程集》，頁2。

有罪,而在人性之缺陷處作過度之沉思。人當然可以從普遍的發生在歷史中的人類的惡行而反省人之惡從哪兒來,但這種反省不同於道德實踐的態度,如果是道德實踐的態度,一定是見過即改。而如果不採取見過即改的作法,而過分沉思於人性的惡之問題上,甚至認為自己沒有能力克服惡根,而求助於人以外的力量,則是不能盡其所當盡。見有過惡而覺得自己不能捨棄惡,或不能克服深微的惡根,而希望從自己的能力之外,另尋拯救的根源,固然也是一種教法,也可以有幫助,但亦恐怕會如康德所說,陷於「理性無用論」之過失。[15]即只祈求超越者之眷顧,以使自己得拯救,而自己不作為善去惡的努力。

(二) 張橫渠的「知心所從來」

以上從有應然自覺處,體悟到人本有自足的實踐力量,而據明道的說法,此性即是天德,他是從人的道德實踐上去體會天德,這是宋儒的通說,對此意可引張橫渠的說法做進一步的討論:

> 大其心則能體天下之物,物有未體,則心為有外。世人之心,止於聞見之狹。聖人盡性,不以見聞梏其心,其視天下無一物非我,孟子謂盡心則知性知天以此。天大無外,故有外之心不足以合天心。見聞之知,乃物交而知,非德性所知;德性所知,不萌於見聞。[16]

> 人謂己有知,由耳目有受也;人之有受,由內外之合也。知合內外於耳目之外,則其知也過人遠矣。[17]

> 人病其以耳目見聞累其心,而不務盡其心,故思盡其心者,必知心所

---

[15] 此說見康德《單在理性限度內之宗教》第一章,參考牟宗三先生《圓善論》(臺北:臺灣學生書局,民74年7月),頁129。
[16] 《正蒙・大心篇》。
[17] 《正蒙・大心篇》。

從來而後能。[18]

橫渠重分解，先區別見聞之知與德性之知的不同，他清楚看到德性之知與見聞之知是有不同的來源者。見聞之知出於耳目，即根源於感性的形軀生命。而能夠體（體貼、體會）天下之物而與萬物為一體的這個心，不受見聞的限制，此心的要求，是無限的感通，要體貼一切、善化一切。這個具有無限要求的德性之知，一定不能夠像見聞之知一樣，以耳目或感性的生命形軀為其根源。那麼此心根源於何處呢？一定是超越之「天」才可以作為此心之根源。橫渠引孟子盡心知性知天來說，是非常恰當的。按橫渠的語意，此知天可以有兩種涵義，一是此心是以天為其根源，二是此心之充分體現便是天德的朗現。人從道德本心之要求超越出耳目感官的限制，而體貼天下之物，及有時候為了實現本心的要求，而全然不顧感性欲望的要求，或甚至犧牲形軀生命，從此處體會，人一定會肯定能夠發出這種種要求的本心，是上天特別賦予給我們的，上天給予我們這個心性，使我們人有別於純然受到生理本能決定的其他生類，這便是人之所以有其特別之價值，有其可貴之所在，此即孟子所說「此天之所以予我者」之意。宋儒陸象山對此意也特別有體會，他強調本心是天之所予，人要常常思考這點，即思想上天給予我們的是什麼，明白此，人才可以真正做一個人。上引橫渠所說的「故思盡其心者，必知心所從來而後能」，也是此意。即是說要體會此心與耳目見聞是有截然不同的根源者，而此另一根源正是人道價值之所在。知道了本心不同於耳目而以天為根源，才可知我們必須充盡此心，此中人本有之耳目與本心為不同之根源。若不知德性之知本出於天，人便不會希望如天般體貼、成就一切。此知心之所從來，不只是認知而已，而是體悟此心之超越性、無限性。由此體悟，人便會不受形骸所限，而發出無限之要求。故知心之所從來，是使人能不受形骸限制，而求如天般作無窮之實踐之條件。宋儒對於此一分別是很清楚的，他們不會把耳目見聞也認為是出於天。固然說耳目等感官作用也是天

---

[18] 《正蒙・大心篇》。

生的,亦不算錯,但當正式的說以天為根源者,一定從本心良知上說。程伊川有如下的說法:

> 「生之謂性」與「天命之謂性」,同乎?(曰):「性字不可一概而論。『生之謂性』,止訓所稟受也。『天命之謂性』,此言性之理也。今人言天性柔緩,天性剛急,俗言天成,皆生來如此,此訓所稟受也。若性之理也,則無不善。曰『天』者,自然之理也。」[19]

伊川此段便明白區分才性(生之謂性)與理性(義理之性)根源之不同。才性雖然也可以說是自然生成,而說天生;但嚴格來說,天命之謂性,及以天為根源者只能就義理之性說,故才性是稟於氣,而理性是出於天。只有性理,才可說是根源於天。作了此一區分,便強烈表示在我們生命中所體現的義理之性,不能用感性生理的作用來解釋。甚至可以說,此義理之性不受人類所限,不能用人類的本性,人的自然結構來說明此一道德的心性。道德心性的實踐要求,完全是純理性的、自發的要求,其中完全沒有感性生理欲望及本能的夾雜。是故,此心性一定以超越於一切存在之天道為其根源。而順此意往前進,便很自然會說,如果能充分體現道德心性的要求,人便可以知天。而作為一切存在的根據,使一切存在能生生不已、永不斷滅的天道的內容意義,便可以在只以天為根源,不斷生起自發的實踐的心性的作用上看到。故宋儒言性,必以此為天德;而盡人性,即打開了與天道相通之途徑。

謝扶雅先生曾說儒家的「衝天勁」不足,[20]但由橫渠之說,可知由道德實踐必會體會到此能拒絕感性形氣之要求之心性,有一異於感性之根源,亦見人之在天地間,迥然不同於其他生類,此是由知性而知天。此給出了一由實踐而知天之途徑,即由自己生命中有此純粹心性之體悟,而知人並非只為一團血肉,亦不只是一為了自己生存而營求者,而可表現一超越性。而又由

---

[19] 《河南程氏遺書》卷第二十四。
[20] 此語是牟先生對謝扶雅先生之說之略引,見牟宗三《生命的學問》(臺北:三民書局,民59年9月),頁83。

見此心性為天之所予我，使我不同於禽獸，於是實踐此人性，見此人性之自發之要求，實通於無限之天道，此由知性而知天，是一必然之要求。故由知性，便會產生一種要求如天般之超越、絕對、無限之渴望，這一對超越的天之覺識、洞見是很深刻的，亦可說是充滿了衝天勁，這是由道德實踐之體悟而生起者。故儒家言人道、人性，是從其可通於天道而言者，此是從知自己之真性開啟一真知無限奧祕者之途徑，奧祕即在本於性善之實踐中顯露出來。

六、結語

由以上所說，要了解儒學，必須關連著超越與內在兩方面，「內在」是從人的自覺地作道德實踐上說，從此處，可見到人之自主、自由。真正的道德實踐，必須是自我作主的，所謂「為仁由己」，此是人的創造；但這由人自主而生起的創造性，不能只限於人，不能說這只是人的事，故這內在是「可通於超越的內在」。「超越」是從作為一切存在之根據的天道上說，天道是普遍、絕對，而恆存的，但超越的天道對於人，並非一不可知的奧秘，於人之踐德而表現其道德之創造性時，天道即為人所明白，故此超越者是「與內在不隔的超越」。必合此超越的與內在的二義，才可以掌握儒學的全幅內容，亦由此可見儒學是富於宗教精神的。若說儒學是宗教，則應可說是「即道德即宗教」。宗教必須具超越的嚮往，而此超越的嚮往須落實於倫常之實踐中，二者相融為一，如此便是即內在即超越。於現實人生之倫常活動、對家國天下之實踐中，既完成了人生的責任，亦體會了無限意義。

儒家道德實踐理論新詮

前　言

　　本論文旨在說明儒學雖然以通過實踐而成德為目的，但此成德之教，除躬行實踐外，哲學性的思辨活動，是不可少的。本文引入康德「自然的辯證」之說，以證成上述之義，又藉此嘗試對程伊川、朱子所以要重視格物致知，給出一理論證明。又表示程朱之窮理工夫，是在已知道德之理之常知情況下，進一步求「真知」，合於康德所說要從對道德之通常了解，進至哲學的了解之意。

　　對於當代儒學的理論發展，本文也希望據上述的見解，給出一合理的說明，吾人認為當代儒學的「道德的形上學」及「圓善論」雖然有強烈的思辨性，但乃是相應於實踐的要求而必須發展出的理論。

一、儒學是否適宜於現代學術研究

　　先就本次會議的計畫書所提出的問題作一些討論，該計畫書提出兩個具有時代性，很值得深思的問題：（一）由於現代科學客觀性的研究的概念和體制代替了傳統的學問之道，儒學日漸成了大學書齋的講堂中的學問，這固然有利於對儒學的嚴肅而深入的學術探討和新的發展，但也使傳統儒學作為民族文化和生命指南的功能失去傳承的場域和載體。（二）儒學作為民族文化的弘揚工作與學術研究是什麼關係，大學教授是否應該承擔民族載體和生命導師的功能，學術研究和民族文化的弘揚工作的性質、方法、目標有何不同？二問題雖有不同，但似可歸結為一問題，即儒學是否宜於知識化，成為

一客觀的研究對象,成為一現代學術的學科?又可以順此而進一步問,加入了理論思辨,是否有損於儒學實踐的、教化的功用?對此,我的想法是:

（一）儒學的本質是顯發人的生命中的道德意識,也就是要使人的生命服從理性的道德原則,如孔子說的「克己復禮」,如果說儒學在中國傳統的社會「既是學問,又是民族文化信仰,同時是個人修身立的方向。」那是因為儒學此一以顯發人生命中的道德意識為主旨的學問,普遍的為中國人所接受,而成為民族文化的主流。由於儒學重德性,對道德實踐體悟深切;而道德實踐本來便是人類生命活動中最為人自己所關心的,最能顯人的自主性,使自己感受到價值意義的精神活動;由於此故,儒學便得以成為民族的主流思想。如果可以這樣說,對上述所說的問題,即以成德之教為目的之儒學,是否可以知識化而成為一種客觀的學術研究的對象?儒學作為現代的客觀的學術的對象後,得失如何?我的想法是本來儒學在以往也一直在被研究,這是所謂「講學」,即,儒學是一直通過儒者的講學而不斷地傳承與發展,產生了很多不同主張的學派、有許多的論爭,也形成了大量詮釋經典的文本。我認為傳統式的儒家講學當然也是一種學術研究,參與討論及提出有關論著的人也表現了他們的理性的研究精神。但,的確傳統的儒學研究與現代的所謂的客觀的學術研究是有所不同的,此所謂不同大家都很清楚,就是現代的學術研究是採取一種價值中立的態度,以愈能冷靜而客觀的從事研究,愈符合現代的學術要求。這種研究態度所產生的結果的確與傳統的講學不同,傳統的儒者講學的用心是希望透過對儒家經典文獻或思想見解的探索,以提振自己的生命;如思考自己在道德修養、生命境界上與聖賢是否有不同?自己不及於聖賢者是在甚麼地方?要如何下功夫才能達到聖賢的地步?基於此種要求,則其講論學問與自我要求作實踐是分不開的,且由此便會希望立己立人,團結師友共同為實踐成德之教而努力。當然由於有這種努力,便會影響社會,承擔了維持民族文化的責任,使群體的生命能夠有合理的生活規範,進而能夠繼續作正常的發展。由以上所述,以往的儒者的講學可以說是「為己之學」式的研究,此為己式的為學,是要求對學問的研究能夠有益於自己的德性修養,能提升自己的生命境界;而對他人與對社會的影

響,也是在學以為己的精神下逐步推擴。此學雖說是「為己」,但對別人之影響力卻是極大的。人在求學修德只是為了自己的內心的真實的需要,而非對別人作一種客觀的表現時,在這種「正己而不求於人」的態度下,愈不求於人,愈能產生對別人的影響力。此可說是此學的「奇詭」之處。我認為歷代的大儒對他們的師友,乃至於對社會、對時代的影響力量都是淵源於此;而現代的學問研究與以往講學的不同,此大略如同唐君毅先生所說的:是求表現與求實現的不同。[1]以往的講學希望把生命中本有的理想價值,努力地實現、體現出來;而現代學問的研究態度,則是把所研究的客體對象之意義通過我的探索與研究,把它清楚的展現出來,那個所展現的對象(或觀念)的意義則不一定是我所肯定或相信的;所謂求實現,是把我所本有的實現出來,以我所信、所希望者為主。求表現則以客體為主,將客體或對象是什麼,讓它客觀地呈現出來。牟宗三先生曾一再強調,傳統的儒道釋三教都是生命的學問,也是表示這個意思。三教的義理都是內容的真理,只有在真生命的呈現下,此真理才能存在。[2]故要作這種生命的學問的研究,和研究者本身的生命狀態是有密切的關係的。如對孔孟所說的「仁」與「本心」,一定要研究者有真切的不安不忍、不麻木的心情才能體認;道家所說的玄理,一定要研究者多少有「無為而無不為」,即愈能無意於作為,愈能成就有價值的事情的體會才能了解;對佛教的空義,研究者也需要從事「觀空破執」的功夫才能與之相應。所謂生命的學問,就是指學問所講的真理固然有普遍性、客觀性,但是,此真理必須要在主觀的生命的真切感受下才可以了解,故這所謂了解,是在真生命的呈現下而反身自證,此生命就是真理,了解真理就是體證了儒道釋三教所講的真實生命。三教所講的都是智慧的生命,或生命的智慧,如果沒有此既是主體,又具普遍性的生命之呈現,是不知此學的。如果照上述生命的學問的講法,現代學術所要求的客觀研究的態度與方

---

[1] 參見唐君毅:《中國文化之精神價值》,〈中國文化之創造〉(臺北:正中書局,1967 年 8 月臺 5 版),頁 363。
[2] 牟宗三:《時代與感受》,〈熊十力先生追念會講話〉(臺北:鵝湖出版社,1984 年),頁 254-255。

法，當然是對傳統儒道釋三教的研究有不適切之處。把三教的學問當作一個客觀的對象，對之作冷靜而客觀的研究，當然也可以得到真理，但，這個意義的真理，便如同牟先生所說的，是一「外延的真理」，而非「內容的真理」。³外延的真理，跟研究者的生命狀態是可以分開看的。內容的真理則是繫屬於主體的真理，如上文所說，「仁」在不安中呈現，仁這個道理只有在主體的不安、不忍中呈現；而外延的真理，是以理智思辨來探溯客觀對象的真理，這種作為客觀對象的真理，可以只是我的理智所思維的對象，而不會造成我的生命「去妄存誠」、「由迷轉悟」。如果「仁」、「玄理」、「般若」是繫屬於主體的真理，當它們被轉而為一個研究外延的真理的對象，當然是有問題的，其問題不單是這種通過學術研究而得知的真理，不一定對我的生命修養能有幫助；更嚴重的是，可能會在理解上造成極大的偏差，把傳統的學問講成另一種東西，不相應於儒道佛三教的本意。

（二）在以往，清儒重考證，認為訓詁通而後義理明，即是說要先通過文字聲韻的研究才能把握經典的義理，這樣也大體是以經典為客觀的研究對象，接近一種客觀的、認知的研究態度。當然清儒對於儒學義理不能說沒有主觀的生命的關心，但他們這種對經典作文字訓詁的研究，是需將自己是否成德的關心暫時停住，將經典當作外在的對象來研究⁴。此種偏重把學問當做客觀認知的對象的研究態度，也影響了他們對義理的了解，若仁與本心是一生命的真理，則若不要求自己的生命相應於聖賢經典之所說，當然不能有恰當的了解。他們所謂的訓詁通而後義理明的見解⁵，便忽略了儒學義理以

3　同上注，又頁 264-266 言之尤真切。

4　劉寶楠的《論語正義》是清代論語學的名著，而劉氏作此書之緣起，是因為與諸友好相約，各治一經。而寶楠「發策得論語，於是屏棄他務，專精致思」（《論語正義》後敘）。這是說劉氏學問廣博，可治數經，而所以會選《論語》，是因「發策得論語」，這近乎用抽籤來決定研究何書，此可見清儒治學態度之一斑。

5　戴震：「古訓明，則古經明；古經明，則賢人聖人之理義明。」見戴震〈題惠定宇先生授經圖〉，《戴震集》（上海：上海古籍出版社，湯志鈞校點，1980 年 5 月），頁 214。錢大昕：「訓詁者，義理之所出，非別有義理出乎訓詁之外。」見錢大昕，〈經籍籑詁序〉，《潛研堂集》（上海：上海古籍出版社，呂友仁點校本，1989 年 11 月），頁 392-393。

提振人的道德意識為主旨的特色。道德意識的提振並非一定要通過訓詁文字的工夫不可，人若對自己的行為的準則作坦誠的反省，當下就可以知道自己的行動存心是否純粹，是出於該行而行的想法，或者是利用這個行動取得自己所希望的別的利益，這種誠、偽判斷是人當下可以清楚明白的，並不需要專門的知識或理論的探究。故若說文字訓詁明而後義理明，便忽略了對道德之理之了解，是一當下可證之事實，有其獨立性。康德說道德、義務，是一理性之事實，即是由人理性所自發的，不依於經驗，亦是此意。當然對於經典之內容，學術性之研究是必要的，但其研究並非只是語文性之研究。在字句解釋上，一般用不了很專門的訓詁，其中當然有須作精深的討論的地方，但此中需要的，並非訓詁考證的工夫。如以孟子為例，就文字語句上說，須由訓詁解決之難題是很少的，但對於孟、告義內義外之辨，生之謂性之辯，孟子何以反對告子？盡心何以能知性知天？及知言養氣等問題，都是十分精微的，且是有關儒家核心義理之重大問題，必須通過嚴格的哲學式的思辨以作分析，非文字訓釋便可以給出答案。

二、以思辨性的「道德哲學」克服「自然的辯證」

此儒學應否知識化之問題，可引發理論性的研究或哲學式的思辨對於道德實踐是否有需要的思考，即實踐雖然必須具備知識，但如果要知德，是否必須通過精細嚴格的思辨？思辨性的哲學探究，對道德實踐是否必要？康德的《道德形上學基本原理》一再強調，對於道德原則及人的行動是否有道德價值，是一很容易明白的事實。對於這方面的判斷及人的行為的道德上是非善惡的省察，一般人都很清楚。在這個問題上，一般人可能比專家學者還要明白。這也可以說是理性的實踐的運用比理性的理論的運用更為確定。對於道德上的是非善惡的省察，不需要很多經驗知識的幫助，而且可以說越能不受感性經驗影響，越會有道德上的確定判斷。所以如果從儒學作為一道德實踐的學問來看，所要用的工夫應該不是在知識上的認知。從這個角度反省，象山所說的「雖不識一個字，也可以堂堂作個人」是說得通的。人對自己行

為的存心的省察，只要誠意地反省，就一定知道自己存心是否純粹與真誠；知識多的人，可能會以學問知識來為自己的動機不純粹辯白，這便反而會造成在道德上判斷的不明確，此所以陸象山說「與溺於意見之人言卻難」。[6] 依此義來看，程朱學派的「持敬窮理」說，認為必須要致知格物之後，才能明白道德之理，才能有相應於道德天理的實踐，恐怕是不對的。所以牟宗三先生認為，朱子的格物窮理所造成的艱難，是不對題的艱難，[7]他認為朱子以「道問學」的艱難來反對象山所說的「易簡」是不對題的。對道德之理，人當下便可「坦然明白」。人對於行為是否有道德價值，當下便可了知，即人是否動機純粹，並不須廣博地求知方能了解，在此處不必博學於文。若以理不易明，須格物方可知之，便是以道德之理當作認知的對象來了解，此是不相應於人之道德意識者。要知道德之理，恰當的方法，是反身自證，或牟先生所說的「逆覺體證」。以追求知識的不容易來反駁道德實踐時知是非善惡的易簡，確是不相應的，道德之理並不難知。從這個角度看，象山、陽明的肯定對道德的理之知是普遍的、人人都可知可行的，這種看法是合理的。當然肯定道德法則或道德行為的易簡性格，並不就否認道德實踐有其艱難，而且必須要下深切的工夫。本心良知雖然人人本有，但人的易受感性影響、隨著軀殼起念影響了本心良知的判斷，也是明顯的、人當該承認的事實，而在此便需要努力作工夫。而這工夫是在人自己發心動念處作「去妄存誠」的工夫，所謂「致良知」、「誠意」，也可以說是「存天理，去人欲」，而不是從事「格物窮理」的工夫。如果在道德實踐上從事「格物窮理」的工夫，依牟先生說，便是以講知識的方式來講道德，那是不切當的做法。即是說當人在該實踐道德、該本著良心行動的時候，卻不能作所應作，那不是知識不夠的問題，而是不肯去實踐的問題。在此時，造成實踐困難的原因，不在於對道德法則的知識有所欠缺，而是不能讓自己的本心良知作主；如果在此時不於如何使自己的良心真切呈現處下工夫，而去從事「格物窮理」的活動，

---

[6] 《陸九淵集》（北京：中華書局，2008年9月），〈語錄上〉，頁398。

[7] 牟宗三：《從陸象山到劉蕺山》（臺北：臺灣學生書局，1979年8月），頁9-10。

便是繞了出去作不相應的事情，即應作主者，反而成為被研究的客體；在這個時候，越去「格物窮理」，便越會耽擱了真正的實踐的工夫。象山認為朱子將本來坦然明白者說成曲折幽深，是「以學術殺天下」[8]，亦是此意。

以上是順著牟先生的分析，對伊川、朱子重視「格物窮理」作出評論。對於這個問題，我最近有些與上述稍有不同的想法，希望提出來討論一下。如果伊川與朱子所說的「持敬窮理」的工夫，是用在對道德義務、道德法則的認知，及思辨研究上，我認為這種認知與思辨對於道德實踐應該還是有必要的工夫，未必如牟先生所說的，是「以講知識的方式講道德」，若這種學問思辨於道德實踐有其必要，則由此而產生的艱難，或曰由格物窮理引起之艱難便不是「不對題的艱難」。

上文所說的對於道德義務的了解，一般人可以是非常清楚的，甚至比專家學者更為清楚，是象山、陽明常說之意，而康德於《道德底形上學之基本原則》亦一再強調。對於何謂道德義務，一般人都能清楚，原因在於那是理性的事實，是由人的理性自發地給出的，並不依靠經驗的認知，這是人人都感受到的事實，應該是無可疑的。所以在這一點上，象山、陽明的理解是對的，也是比伊川、朱子之學來得佔優勢的地方。但對於道德義務有如此深切明白了解的康德而言，他還是認為對於道德的哲學性的探索是必要的，人要從對道德的通常性的理解進到哲學性的理解。而對道德作哲學性的理解，就是建立康德所說的「道德形上學」（metaphysics of morals），他所說的「道德的形上學」，是通過超越的分解，對於道德之為先驗的、普遍必然的、由理性自發的要求及道德法則為按無條件律令（令式）而給出的命令等義，給出一理論的說明。而康德這一套「道德形上學」可說是一套思辨性的哲學理論，雖然是討論實踐之學，但其中含有深細的思辨，這套理論，是相當精深的，其內容並不是一般人通過日常生活的反省就可以給出來。在這個問題上，康德對於道德實踐是否需要以哲學性的思辨來幫忙，或實踐之學是否要以哲學理論的型態表現，作了很好的討論。我覺得可以借康德的分析來為伊

---

[8] 《陸九淵集》卷一，〈與曾宅之書〉，頁4。

川、朱子系「格物窮理」工夫的必要性，給出一很好的說明。康德先說明道德或道德法則之意義是一般人都了解的，他說：

> 這樣，不必離開通常人類理性底道德知識，我們即可達到道德知識底原則。無疑地，雖然普通的人們並沒有在這樣一種抽象而普遍的形式中思量道德知識底原則，可是他們也實在常常有這原則在其眼前，並且用之以為他們的裁斷之標準。在這裡，以這羅盤針（案即原則）在手中，人們去表明：在每一發生的事件上，如何很能辨別什麼是好，什麼是壞，何者符合於義務，何者與義務不一致，這必是很容易的，如果我們像蘇格拉底一樣，只須把人們的注意力指向於他們自己所使用的原則上，而絲毫不必教他們以任何新的東西；因而要想去知道「要成為誠實的和善良的，甚至要成為明智的和有德的，我們所定要去作的是什麼」，我們亦並不需要科學與哲學。實在說來，我們很可事先就揣想到：關於「每一個人所不得不去做，因而也就是所必須去知的」這一種知識實是在每一個人，甚至最普通的人，所能及的範圍之內的。在這裡，當我們見到，在人們底通常理解中，實踐判斷所有以勝過理論判斷（知解判斷）的利便是如何之大時，我們不禁起讚美之心。[9]

此段對何謂道德法則，及對於義務的意義，是一般人都很明白之義，有清楚說明。康德在此處認為只需像蘇格拉底一樣，引導人們反省自己在行動時所使用的原則，那就不必要教導任何新的東西，不必求助於科學及哲學，也可以使人明白要作一個有道德的人，應該作的是什麼。於此，康德對於在一般人中，實踐的判斷能力比理論（知解）的判斷能力為大大的優勝，不禁由衷地讚嘆。當然在這裡已經隱含了一種道德實踐的工夫，就是對自己行動所依

---

[9] 牟宗三譯註：《道德底形上學之基本原則》（臺北：臺灣學生書局，1982年9月），頁30-31。

據的原則加以反省;而在此處一旦加以反省,自己行動所依據的原則是否為道德原則,馬上就可以明白。所謂「道德的原則」,就是按照無條件律令給出的原則,即是說,一經反省,我們的存心是否純粹,此中是「有條件」抑或「無條件」?是坦然明白的;但雖說是坦然明白,這種對行動所根據的原則之省察,還是需要下工夫的。此種工夫即是「反躬自省」。但雖如此,此工夫是人人可行的。即使是知識不多的人,若反省自己行動的存心,都可對何謂道德之行動有清楚的了解。而康德認為,此只可算是對道德的通常了解。康德續云:

> 不,它之作此,幾乎比哲學家更為確實,因為哲學家不能持有任何與通常理性不同的原則,而同時他很容易因題外的複雜考慮而纏夾了他的判斷,因而遂致迷失正途。所以在道德之事中,「去接受(或贊同)通常理性底判斷,或不然,去有求於哲學至多是為的使道德系統更為完整,更為可理解,並使其規律更為便於應用(尤其為論辯之用),始有求於哲學,但是卻並非有求於哲學以便去撥轉通常的理解使之離開其可喜的單純性,或藉著哲學去把通常的理解帶至一新的研究途徑與新的教訓途徑」,這豈非更為明智?[10]

康德此段明白表示一般人對道德的了解,幾乎比哲學家更為確實,他這個意思與陽明所說的「與愚夫愚婦同者,便是同德;與愚夫愚婦異者,便是異端」[11]之義相同。當然康德在這段,已經說出了在道德之事中是可以有求於哲學的,只是這有求於哲學,是為了使道德體系更加完整、更可理解。這樣說好像哲學思辨對於道德實踐沒什麼必要性;但其實更有系統、更為可理解也是很重要的。使道德實踐更可理解,就是讓人更容易進入道德實踐的途徑,這是不可輕視的工作。

---

[10] 同上註,頁31。
[11] 《傳習錄》下。

康德此處以「哲學」與「通常理性」相對，應是表示哲學思維不同於通常的理性的了解，而其所以不同，是哲學有其「思辨性」。此處所說之思辨，是哲學思維之意，並非指哲學家一任理性之推理，越出感性、經驗之範圍，而產生諸如上帝、宇宙等理念之「思辨的形上學」。吾人認為，康德此處以通常的理性了解與哲學相對而言，是因為哲學是「思辨性」的學問。此意需引康德其他文獻來說明。在康德的《邏輯學講義》，有以下一段話：

> 要確定普通的知性使用何處終止和思辨的知性使用何處開始的界限，或者說，要確定普通的理性知識在何處成為哲學的界限，是有些困難的。
> 然而這裡還是有一種相當可靠的區別特徵，即：抽象普遍的知識是思辨的知識；具體普遍的知識是普通的知識。哲學知識是理性的思辨知識，它開始於普通的理性使用著手探索抽象普遍的知識的時候。
> 由對普通的與思辨的理性使用間的區別的這種規定，可以判斷哲學思考必定會發端於哪一民族。在所有的民族中，希臘人首先開始了哲學思考。因為他們最先嘗試不遵循形象的線索，而以抽象去栽培理性知識。反之，其他民族則總是試圖通過具體的形象，使概念成為可理解的。至今還有一些民族，如中國人和印地安人，這些民族雖然也討論神、靈魂不滅等單純來自理性的事物，但是卻沒有根據概念和規律來抽象地探究這些對象的本性。他們沒有將具體的理性使用同抽象的理性使用分離開來。[12]

在康德上引文中，他以普通的知性使用，與思辨的知性使用相對而言，而認為後者之開始是前者之終止處。即表示知性的思辨使用是普通的知性使用之

---

[12] 〔德〕康德著：《邏輯學講義》（北京：商務印書館，1991 年 1 月），頁 17-18。（李秋零譯本〔《康德著作集，第九卷，邏輯學，自然地理學，教育學》北京：人民大學出版社，2010 年 4 月，頁 26〕大意相同。）又由於陳榮灼教授的提示，我才注意到康德此段文獻，謹此致謝。

進一步。又依「需確定普通的理性知識在何處成為哲學的界限」句,則康德對普通的知性使用與思辨的知性使用之分別,同於普通的理性知識與「哲學」的分別。依此推,此中所謂的「哲學」,是指「思辨」的理性知識。[13]第二段引文,明白表示哲學知識是理性的思辨知識,而思辨的知識是抽象普遍的知識。而哲學知識是開始於普通的理性探索抽象普遍知識的時候(李秋零譯本作「哲學知識是理性的思辨知識,因而是在普通的理性應用著手在對共相的抽象知識中進行嘗試的地方開始的。」[14])。依此,哲學、思辨及抽象普遍的知識是可以關連在一起來了解的。我認為康德此一對哲學的規定,適用於他所說的「實踐哲學」。

在《道德底形上學的基本原則》,康德對於道德實踐必須要進入思辨的領域,有以下的論述:

> 天真確是一爛漫可喜之事,只是另一方面,它不能善自保持其自己,而且它很容易被引誘,這是十分可惜的。以此之故,甚至智慧(智慧原是比較更存於行為而不更存於知識)猶尚有需於科學(學問),其有需於科學(學問),不是為的從科學(學問)裡去學習,乃是為的去為其自己的規準得到認可及持久。對理性所表象給人(由於其如此值得受尊敬而表象給人)的一切義務之命令,人感覺到在他自己身上有一極強的敵對勢力來反抗這些命令,這極強的敵對勢力就是他自己的欲望和性好中的勢力,而這些欲望和性好底全部滿足,他總束之於幸福之名下。現在理性自無屈撓地發佈其命令,對於性好不許諾任何

---

[13] 「要確定普通的理性知識在何處成為哲學的界限」句,英譯本作 "where the common cognition of reason becomes philosophy"(I. Kant *Logic*, Translated by R. S. Hartman and W. Schwarz, Dover Publications, Inc. New York, 1988. p.31)英譯之意思比較明確,(J. M. Young 的英譯〔Immanuel Kant, *Lectures on logic*, Translated and Edited by J. Michael Young, Cambridge University Press, 2004, p.539〕句義亦同)即表示哲學比普通的理論理性的知識為更進一步。又上句「思辨的」在英譯正是用 speculative 一詞。

[14] 《康德著作集,第九卷,邏輯學,自然地理學,教育學》,頁 26。

事,而且對於那些要求,即「如此強烈,而同時又如此可稱許,而又將不允許其自己為任何命令所壓服」的那些要求,似是毫不顧及,而且予以輕蔑。因此,這裡就發生出一種「自然的辯證」,即是說,發生出一種意向,以反抗這些嚴格的義務之法則,並且去致疑它們的妥效性,或至少去致疑它們的純淨性和嚴格性;而且如果可能的話,去使它們更順從於我們的願望與性好,那就是說,從它們的根源上去腐化它們,而且完全去毀滅它們的價值——這一種事,甚至通常的實踐理性也畢竟無法稱其為善。[15]

康德此段實在洞見人心,非常精微,很有啟發性。他對天真之不能夠保持其自己的觀察,是非常恰當的。本來從赤子之心不學不慮便自然能孝親敬長處,便可真實見到人性之善,而從人都願望自己是善良的人,都自以為善,及對於自己是否有德是最關心的心理上看,人都是「好善惡惡」的;但何以為善及成為有德者,又並不很容易,甚至十分艱難?康德認為這是因為感性性好反彈,而使行動的存心從純粹轉為不純粹之故。由於道德義務之法則對人自己給出了斷然的命令,完全不顧或甚至輕蔑感性欲望、性好的要求;而人之順欲望之追求滿足,而以求幸福為人生目的,似是不能反對的,或甚至是可稱許的。如是,因為順著感性之欲求,而產生一種質疑或甚至反抗道德義務的性向,而這種性向,會使人在須踐德時產生了存心的曖昧、含混。由於產生了此曖昧與含混,遂使本來是清楚的、無可疑的道德法則被自己滑轉為有條件的。法則本身當然不會成為有條件的,而是在自己要作出行動,本來是應按無條件的法則而行時,加上了別的動機,希望在行善時亦可滿足感性上之要求。這種存心的易受感性欲望影響而滑轉,便是實踐上須面對之困難,而亦是在道德上說的天真不能常保之故。康德對此一在實踐時會產生的生命問題,名之曰「自然的辯證」。

從這角度來省察,我們可以了解,雖然羅近溪從「赤子之心」的「不學

---

[15] 牟宗三譯註:《道德底形上學之基本原則》,頁 31-32。

不慮」處體證聖人境界是十分精妙之論，但只說此義，並不容易挺立、維持此一聖人境界。所謂「王學末流」的毛病，亦包括近溪之學，是有道理的。近溪透過「赤子之心」來指點聖人境界，給出了一了解聖人境界的入路，這很有貢獻；但聖人神化之境，與現實上赤子的不學不慮，是有很遙遠的層次上的距離者，對此近溪當然有說明，但他對於赤子自然孝弟之境，還是過份強調；而分解的說明理、欲的不同，及以赤子之心以言聖境，只是指點語，真實的赤子與聖人之境，其實有大不同之義，言之不十分明白；或者近溪已有一再說明，但一般人都被其從赤子之心指點聖人化境，強調孝、弟、慈之平易普遍，及在人之形色之自然生命活動即是天性等妙義所掩蓋。對該有的分解未能鄭重正視，這便易生流弊。陽明提出不學不慮之良知作為道德實踐的真正根源與動力，當然是非常恰當的；但王學的發展重在從知是知非的良知，進至對無是無非、無善無惡或不學不慮之本體之體會，這種發展確是可產生流弊的。流弊的所以產生，可用康德此段文所說天真不能善自保持其自己來說明。固然陽明學發展至二溪之學是重主體明覺的心性之學應有的進程，但這種型態發展到最後，工夫完全落在主體的由自覺而至超自覺、從是非的判斷進至無是無非之自然流行，所重視的是主體的暢通開朗、自然無為，而不是對主體所給出的道德之理作徹底研究，這恐怕也是王學流弊的一個成因。固然本心良知能自然而然呈現，無是非而自然是是非非，是道德實踐的最高境界，而且這種由內聖學之工夫而達的境界的確是可能的。即由於心即理，良知的呈現便是天理的存在，良知越真切，天理便越呈現，而「致良知」的工夫，便是讓良知作主的切實工夫，也是可以逐步達至自然的化境的。但如果這是該有的發展，何以還會有王學流弊的現象呢？當然對此可以採用牟先生的講法，即流弊是由於「人病」，而非「法病」，即是說，是作工夫的人掌握得不夠真切，工夫不能中肯，而非陽明學的工夫理論本身有不足之處。但從康德上文所說的內容，我們似乎可以給出不同的思考。恐怕是王門後學的發展過份強調自然無欲之境，對道德法則之思辨性或哲學思維不夠，而忽略了或雖照察到但不能從根本上加以堵截，這由於感性欲望對無條件的道德律令的反彈，在實踐上通常會遇到的生命上的毛病。

康德所說的「自然的辯證」，是人會順感性性好之要求而質疑或甚至反抗道德義務之法則，這種想法造成一個很麻煩的結果：即這種想法會發生一種意向，來反抗嚴格的義務的法則，質疑道德法則的純淨性與嚴格性。照康德此一說法，我們在生起道德意識時會自然而然產生一種反抗道德法則的意向，這種意向會在人自己要去從事道德實踐的時候，質疑法則的嚴格與純粹。依此義，當我們從事道德實踐的時候，我們會面對自己生命中一個敵人，這個敵人是要質疑、混淆甚至否定道德法則的。對於這個敵人，不能只了解為自然欲望或者感性性好，如果只從欲望與性好來說明道德實踐的受限制，或者把它們理解為惡的根源，恐怕是一種外部的膚淺看法。宋明儒所謂的「存天理，去人欲」或「隨軀殼起念」之說並不只是針對本能欲望，或感性性好自身，應該有如康德所說的由於自然欲望、感性性好影響人，使人在發心動念、從事行動時，自然而然地順著感性要求，使行動的存心從純粹的滑轉而為不純粹之義。這種對於存心的影響是很深微的，要對付它，把它弄清爽是很不容易的，因為它不只是欲望本身。如果只是欲望，我們可以用禁欲的方法，將之控制住即可；這裡所要面對的敵人，即上文所說的「意向」或如康德在《單在理性限度內之宗教》中所說，是因著感性而來的「傾向」、或「性癖」，依牟先生的翻譯是「性癖於惡之性癖」。[16]這種自然而然地接受感性欲望、性好的影響，而使自己的存心轉成不純粹之傾向，才是我們要對付的，在道德行動中會遭遇到的敵人。對付這個意義的敵人非常不容易。這好比是陽明所說的「破山中賊易，破心中賊難」[17]，所謂的「心中賊」亦可如此理解，即是指此意義的性癖，陽明之言亦確有所見。在人要求自己成德處，便有一敵人如影隨形地潛伏在旁，伺機起作用。從這地方看，成德實在十分艱難，亦可說很險峻，要用很深切的，而且長久的工夫。

要對付這種性癖於惡的性癖，照康德上文所說，非要進到哲學的領域不可，即是說，在這個意義下，以嚴格的哲學思辨用於道德實踐，是必要的。

---

[16] 牟宗三：《圓善論》（臺北：臺灣學生書局，1985 年 7 月），第一章附錄，頁 87。
[17] 《王陽明全書・年譜》，正德十三年下。（《王陽明全書》〔四〕，臺北：正中書局，民國五十九年），頁 101。

由於我們所面對的是這種深微的敵人,所以哲學思辨是需要的。

> 這樣,人底通常理性便被迫走出它的範圍之外,而進入一實踐哲學之領域。其進入實踐哲學之領域並不是要想去滿足任何思辨的需要,(其實只要當人之通常理性滿足於其為純然的健全理性時,這種思辨的需要是不致發生於它身上的),而實是基於實踐的根據上。其基於實踐的根據而進入實踐哲學之領域乃為的是要想在通常理性內去得到關於「通常理性底原則底來源」方面之報告與清楚的教導,並且要想去得到通常理性之原則之在其「對反於那基於欲望與性好的格準」方面之正確的決定,這樣,它便可以免除敵對方面的要求之攪擾,而且不致因它所常易陷入的曖昧歧義而蹈喪失一切真正道德原則之危機。這樣,當實踐的理性修明其自己之時,即不覺在此理性中發生一種辯證,這辯證迫使它去求助於哲學,正如其在其理論的(知解的)使用中所發生於它者一樣;因此,在這情形裏,一如在其他情形裏(在理論理性之情形裏),它將見除對於我們的理性作一徹底的批判考察外,它無處可以止息。[18]

此處康德表示需由通常的理性進至實踐哲學之領域,此大略如上引康德之《邏輯學》書所說從普通的理性知識進至哲學,而哲學是指思辨的活動,而哲學的思辨,是著手探索抽象之普遍(共相)的知識。又《道德底形上學之基本原則》第一節之標題:〈從道德之通常的理性知識轉至哲學的知識〉,亦正表示了一般的理性知識與哲學的知識之不同,而與《邏輯學》書之說法一致。上引文所說在通常理性內得到關於「通常理性底原則來源」方面之報告與清楚的教導,與「對反於基於欲望與性好的格準」方面之正確的決定,即是從通常的理性知識(或使用)進至哲學的思辨。據此,吾人認為康德此處所說的實踐哲學,是一套運用哲學性之思辨於道德實踐而成之學問理論。

---

[18] 《道德底形上學之基本原則》,頁32。

即雖然說是「實踐哲學」，但依康德上述之規定，仍是思辨性的理論。而人的通常理性所以要進入思辨性的哲學領域，目的不是要滿足理論、思辨的需要，而是為了實踐的需要。從通常的道德理解需要進至道德哲學，原因在於有自然的辯證之現象，即由於人心容易遷就感性欲望與性好的影響，使在須作出無條件的實踐時，存心（動機）容易有偏向，因此需要對道德義務的意義作嚴格的分析，如道德義務的無條件性，道德行為的價值為行為本身所固有，而不在於行為所達成的結果等。道德的意義必須弄清楚，才會消解因為人順欲望的要求而質疑道德，造成存心的轉向的生命毛病。這裡含有由思辨的清晰朗現道德義務、道德法則的意義，從人對道德的意義之了解而澄清其意念，使自然的辯證不可能發生之作用之意。從這個地方看，思辨是必要的。當然此是扣緊道德意識，而以道法則為對象之思辨。此時之思辨可以說是使實踐更進一步，更為深化之工夫。根據此一講法，儒學亦不能免於思辨，歷代的儒者對於儒學理論，本來就有種種的思辨性的討論，而當代新儒學則更進一步，使儒學成為如康德所說的含思辨性的實踐哲學，這種發展，似乎也是必然的。只是我們需要明白，對道德的了解，所以要進至思辨性的道德哲學、道德的形上學，不是為了思辨上的需要，滿足思辨的興趣，而是為了實踐的緣故。是故，對於道德法則的根源（法則源於意志的自律），道德法則的無條件性等義之說明，對於道德實踐是必須要有的說明。這些問題如果說不清楚，雖然一般人對道德本來便有了解，但不能夠長期持守地作相應於道德意識的實踐。

　　由於道德義務的意識，人人稍加反省，便可得知，不必由經驗知識所提供，故對於道德之知，不必如科學經驗知識般，有待於經驗對象。是故，象山陽明的見解是對的。但根據此人人都有的道德意識，而明白展示其中的種種義理，如上所說的道德之理的無條件性等，則必須有事於思辨推理。從西方哲學史上，在倫理學的學說上長期以亞里士多德為主流的事實，可見人對道德雖有一般的了解，但恰當的根據道德意識，而講成為一套道德或實踐哲學者，也不容易，因所講的不一定能相應。而此進一步的哲學思辨如果做不好，則如康德所說的「為其自己的規準，得到認可及持久」也會做不到，更

不能夠對順著性好而起的自然的辯證或根本惡，作正本清源的工夫。即如果不能對道德義務或道德法則，理解到清楚而不可疑的地步，就不能夠堵住人在從事實踐時所會發生的存心之偏邪與滑轉。如果加上對自然的辯證，及人生命中潛伏了隱微的道德實踐的敵人的存在的了解，則為了克服這些生命上的毛病，道德實踐必須要依靠思辨的道德哲學的幫助。是故通常的對道德的理解，應該是不可靠的，必須要構造思辨嚴格的道德哲學。如果對道德本身作嚴格的思辨，說明道德的本意，及道德法則的根源，對於道德實踐是有助益的，甚至是有必要的，則思辨對於道德實踐來說，是不可免的。其為不可免，不只是為了如何使道德行動如何落實，如何達成道德心的願望而為必要，而是人如果要成德的話，思辨是必要的。因為對於道德法則及人會徇性好之要求而有存心上之滑轉之現象作嚴格的思辨，才可以堵住人在實踐時深微的生命上的毛病，克服此一生命毛病，人才可真正成德。如果依此義來解釋思辨對於實踐的作用，則用思辨於建立道德哲學，仍然是成德之教的範圍內的事情，即是說人要真正超凡入聖，對道德作哲學思辨的了解是必要的。如果這樣了解，則成德之教的範圍內，便有思辨知識的存在。如果是這個意義的思辨，就不是用知識或者以講知識的方式來講道德，也不能說是泛認知主義。在道德哲學中所表現的思辨，是用思辨來講明及解消道德實踐上的困難。如果自然的辯證、根本惡，是人在實踐上普遍會發生的現象，則此一意義的思辨，便有其必要性。於是，我們就可以了解，何以儒學作為以實踐為主的學問，會發展成為一套一套思辨性的道德哲學的緣故。這種發展，是不可避免的。上段康德的原文，說明了從通常的對道德的理解，必須要進至哲學的理解，進至實踐哲學；或者從通俗的道德哲學，要進到道德的形上學，是有其必要的。

三、消解由「德福不一致」而生之對道德實踐之懷疑

如果上述不誤，我們可以為儒學成為思辨性的哲學理論，給出一個辯護，也藉此肯定哲學思辨對於實踐上的幫助。當然人可以說，即使這個講法

是對的，但康德已經講得很清楚了，只需要重複康德所說就可以了，那當代儒學還要講什麼別的思辨的道德哲學呢？如果康德所講的是對的，而現在講的與康德不一樣，那可能便是錯的，如果不錯，就只有重複康德所說，於是當代儒學就其學問理論而言的價值又在哪？若從這個角度來思考，我們就可以了解，牟先生所說的要順康德學百尺竿頭更進一步的意義。他認為康德對道德的分析，雖然非常恰當，但康德將自由意志說成為設準，便是需要進一步思考的地方。

又康德所說的道德形上學，是對道德的先驗性格，其根本原則，作一詳細的分析，即是說明道德法則的先驗存在性、道德價值不依於經驗及行動的後果，及法則需要由意志自我立法所給出，康德對此諸義固然分析得非常清楚，又相應於人的道德意識，但這只是對道德義務本有的先驗的內容作一展示，此是對道德作「形而上的解釋」，而非宋明儒的天道論及當代儒學中的「道德的形上學」（moral metaphysics）。而此後一意義的道德的形上學，亦是道德實踐之學所必須的。此雖非康德所說道德形上學義之所涵，但亦應是一合理的，比康德學為進一步的說法。當然此一儒家義的道德形上學，在康德也有涉及，他是以「道德的神學」的理論來表示此意的。康德由道德實踐的要求而成立神學，肯定上帝存在、靈魂不滅，但這些講法，是否是最恰當的呢？康德之說，給出了人在道德實踐的要求下，一定要進到對天地萬物的存在作一道德價值的說明，這亦可以如上文所說，由於實踐的需要，而進至思辨的道德哲學，或道德的形上學。康德由實踐理性之要求最高善，而肯定上帝存在，當然不同於思辨的神學或形上學，而是從理性之實踐要求處，證此思辨所不能及者必須肯定，但此亦是一哲學思辨用於此而成立之神學，亦須有種種說明及論證，如說如果上帝不存在，則最高善，即德福一致為不可能，若德福一致不可能，則肯定德福一致之實踐理性是作了一不合理之肯定，如是便會造成道德法則為假之後果。[19]此中有種種論證，故此亦是

---

[19] 康德此說似可商榷，但其實並無問題。牟宗三先生認為所謂道德法則為假，此假是虛假、幻想之意。見《圓善論》第四章，頁188-189。

一具思辨性的「道德哲學」。而當代儒學之「道德的形上學」理論，亦是由道德實踐之要求而成立的，這不是任理性之思辨推類至盡而成立的，即此並非為滿足思辨理性之要求而有；但雖如此，亦須說明何以在道德實踐之要求下，會有此道德形上學之理論，而此形上學之內容，如以道德價值以說明存在，此義何以能成立？亦須分解地說明清楚，這便必須思辨性之哲學活動之加入，故當代儒家之道德形上學之理論，其中之思辨性亦是很強的。當然此處所謂的思辨是以哲學即思辨之活動來規定的，是從普通的理性使用進至探索抽象的普遍知識，並非指康德第一批判所批評的思辨的形上學。

我認為所以要進至此道德之形上學，是有必要的，原因是人會面對德福不一致之難題。德福一致是合理的，人之踐德當然是為了義務之故而行，而不是為了幸福；但這樣無條件為善的人，當然值得有福，而現實世間德福未必一致，這是不合理的，因而為了實現德福一致這一實踐理性之對象，須上帝存在來保證。康德說的上帝保證人的德福一致，亦可理解為是相信作為一切存在的根源的上帝是因為世界的存在是善的，所以才讓一切存在，而如果人有德而不能有福，就表示了世界的存在不一定合理，而不合理的存在，怎麼可能是以至善的上帝作為存在的根據呢？故康德的道德的神學，是從人在道德實踐下對世界存在是合理的肯定而發出來的信仰。如果依循傳統儒學的講法，在這個地方直接肯定天道生生、乾道變化、各正性命就可以了，不必如康德般的迂迴曲折。從上面的分析，可知從道德實踐的要求，一定要進到天道論、道德形上學的講法。而這個層次的學問，也必須要講清楚，要講清楚才能解決實踐上引起的困難。此一實踐上的困難並非是上文所說的自然的辯證，而是如康德所說的，如果不肯定德福一致，固然人仍可以作無條件的道德實踐，但往往是不能堅持下去的。由於有德福一致的信仰，人才可以作長久的實踐努力，這亦是一個踐德者必會遇到的實踐上的難題。對此問題，可引康德一段話來解說：

如是，讓我們再試想一正直的人，例如說像斯頻諾薩這樣的人，他思量他自己是堅決地相信"無上帝之存在"者，且亦是相信"無未

來的生命"者（因為在關於道德之目標中，亦有與此同樣的結果發生）。既然如此，那麼，他將如何評估其個人內在的"分定於目的"（Zweckbestimmung）這種分定呢？（這"分定於目的"之分定乃是由他在實踐中所崇敬的道德法則而引生出者）。他並不需要"法則之遵守（Befolgung）"必帶給他以任何私人的好處，不管是今生的，抑或是來生的。正相反，他的意志是無利害關心地只去確立"神聖的法則把他的一切力量所指向之"的那種善（即最高善，圓善）。但是他在其努力中是受限制的。他誠可以期望去找出一個機會，這機會時或與那"他猶覺得他自己必須而且被迫著要去實化之"的那個目的（即最高目的）協合一致，但是他決不能期望在自然中去找出一齊一的契合，即一依照固定的規律（"回應其格言之所實是以及主觀地所必是"的那些固定的規律）而來的始終一貫的契合，契合於那"他所必須要去實化之"的那個〔最高〕目的。欺騙、冒瀆，以及嫉妒將總是盛行而環繞著他，雖然他本人是正直的，和靄的，而且是仁慈的；而他在世界上所遇見的另一些正直的人，不管他們是如何之值得有幸福，將因著自然（不管你值得不值得有福的那自然）而致使遭受到匱乏、疾病，以及死非其時的死亡這一切的不幸，恰如世上其他動物之所遭遇。而這情形將繼續下去永遠是如此，直至有一個廣大的墳墓把他們一切盡皆吞噬掉（正直的，不正直的，在墳墓中並無分別），而且把他們都擲回他們所從來的那無目的的"物質混沌"之深淵裏而後已。（他們雖即能相信他們自己是創造或造化之終極目的，這亦無用，他們仍同歸於那無目的的物質混沌而後已）。這樣說來，這樣一個目的，即此正直的人，在其遵守道德法則中，他所自會把它記在心裏而且應當把它記在心裏，這樣一個目的（即圓善這一最高目的），必會確然被他所放棄而視之為不可能者。但是，或許他決心仍然去忠於其內在的道德天職之呼喚，而且他亦不情願讓這尊敬之情，即"道德法則所由以直接鼓舞著他使他來服從這道德法則"的這尊敬之情，由於那「回應此尊敬之情底高度要求」的那一個理想的終極目的（即

最高目的即圓善)之歸空之故,而被減弱下去。尊敬之情若一旦被減弱下去,則這不可免地要損害其道德情操,以此故,他不情願讓其尊敬之情被減弱。如果這一正直的人尚是如此樣的時,則他必須假定世界底道德的創造者之存在,即是說,他必須假定上帝之存在。[20]

康德此段文大意是說正直的人而無對上帝存在之信仰如斯賓諾莎者,雖可勉力踐德,但其尊敬道德之情不能不減弱,而此亦會削弱其實踐之力量。人於踐德時必有存在界是符合道德的,德福一致是可實現的肯定。據此說,道德的神學是必要的,而我們現在也可以說宋儒的天道論,乃至於當代儒學家的道德形上學對於實踐而言,是必要的理論,如果沒有這些理論,人是否能無條件的、長期的作實踐,是很可疑的。這並非是說,要有福報才從事道德實踐,在此無條件的實踐是首要的,不能動搖或打折扣。但吾人認為,越能無條件實踐,則內心會相應而產生越堅定的信仰,及肯定德福必然一致,上天對踐德者一定不會虧待。此如孔子說「天之未喪斯文也,匡人其如予何?」[21]又孟子勸勉滕文公說,現在行仁政,不一定會國家強大,但「後世子孫必有王者矣」。[22]這一行仁義必會引發合理的存在情況的信念,應是支持踐德之人長期做出無條件的實踐的動力。故必須有此堅信,並維持此堅信,才能作長期的道德實踐。對於此一堅信,是須作出哲學的論證,以證成之者。若不能證成之,則此堅信並不易維持。由是道德的形上學及德福必然一致的圓善論,是不可少的哲學理論。當然,不能夠是為了德福會一致而踐德,而是能從事無條件實踐者,自然在內心的深處生發出世界是有公義的,是合理的堅信。如果缺乏了這種堅信,很可能人是會堅持不下去的。如上文康德所說的,如果沒有對上帝存在的信仰,不相信死後有靈魂的存在,則在自己無條件為善,卻面臨許多無情的打擊、侵害,又見許多正直的人受盡折磨,最後

---

[20] 牟宗三譯註:《康德判斷力之批判》(下)(臺北:臺灣學生書局,1993 年 1 月),頁 179-180。
[21] 見《論語・子罕》。
[22] 見《孟子・梁惠王下》。

死於非命時,他如何能維持此無條件的實踐?如果世界上的好人、壞人的遭遇,都是由命運決定,跟是否有德無關。自然對待有德者與奸惡的人沒有分別,結局是一樣的,即有德者如同地球上其他生類一樣,最後無意義的同歸於一個廣大的墳墓。看到這些景象,的確會減弱人的對道德法則尊敬之情,削弱人的實踐的力量。康德之意是從人的自覺踐德,按照無條件的律令而行之時,會有對德福一致必能實現之肯定,而人也有促進此理想實現之使命,此是由於對道德法則產生的尊敬而肯定的;而如果人所面對的現實,德福是不可能一致的,或其一致只是偶然的,則人對於此從道德法則而來的理想(圓善)的肯定,便會減弱。於是對於道德法則的尊敬也會減弱。如果對法則的尊敬減弱了,道德實踐的動力也會不足,於是便產生道德實踐的困難。故如果這種因為實踐產生的,對現實存在與道德之理不一致的感受,會引起對道德的懷疑,則這個也是必須要解決的實踐上的問題。如是,則道德的神學或道德的形上學等理論也是必要的。此一在實踐道德時,感受到德與福的不一致,世界之存在為不合理,是必會使人產生人生是否有意義,及做種種的踐德之努力,究竟是為了什麼的茫然之感。而如果這種茫然之感是踐德的人,甚至是長期不懈的從事實踐的人必有的感受,則這一茫然之感是必須要面對,而加以克服的,若不然,道德實踐便會成為可疑的。當然,如孔孟等聖賢,並不必要以道德的形上學,或對德福一致是否真實可能之問題作透徹的了解後,方能克服這茫然之感,他們是由真誠純摯的實踐而引發的宇宙性之悲情,以知天命、畏天命之虔敬,而自然消去之。[23]而如果有一由思辨而給出的明白理論,對於一般踐德者,不是比較容易地克服此艱難?以思辨之理論釐清此道德界與存在界、應然與實然之是否為不可融通之兩層,或是否

---

[23] 如孔子云:「道之將行也與,命也;道之將廢也與,命也。公伯寮其如命何!」(〈憲問〉)又云:「君子之仕也,行其義也,道之不行,已知之矣。」(〈微子〉)又云:「鳥獸不可與同群,吾非斯人之徒與而誰與?」(〈微子〉)此言明知道不行而仍行其義而不輟,以為此乃天之所命。此便是由實踐而引發對現實上不能行道之事實,生一悲憫之情,亦由此而生一絕大的肯定,更堅定其行義之決心,此中之感觸是非常深微的。

有自由與自然、應然與實然之統一，又是否有圓善（德福一致）之可能，而人可即於世間的任何一件事，體驗無限之道福？若能釐清此等問題，一定可以方便一般實踐者契入此深刻的理境。此種問題必須由深刻精細的思辨，才能說明清楚及試圖解決，而若這是一個踐德之人所必會遇到又必須之解決之問題，則當代儒學所言的道德的形上學，及對圓善問題之思考，亦是必須要有的哲學性的思辨。這如同上文所說的，由於有自然的辯證的問題存在，思辨性的道德哲學是必須的。現在說由於有德福不一致的懷疑，道德的形上學及對圓善問題如何解決的思考，也是必要的，這是為了實踐的緣故，必須加入深微嚴格的思辨。

在康德，以德福一致是實踐理性必然要求實現的對象，由此要求而肯定上帝的存在，這還是順著西方的宗教傳統，推到對上帝的信仰，以解決此實踐上的困難。但這種解決，是否是恰當的呢？依當代儒學的講法，道德的形上學，同樣也給出一個信念，即相信人的無條件的道德實踐與宇宙的生化，是同一回事，於是人在從事實踐時，便可以即有限而無限，又據天道性命通而為一，天道既超越而又內在，則可說只此心即是天，只此便是天地之化；由此而言圓教，即天道或無限的價值意義可即於任一可能的存在情況而顯，則德與福相即不離，德之所在，即福之所在，如是便可說德福一致。這種講法也有可能從根本上堵住有德何以不一定有福的懷疑。所以牟先生對於圓善問題，有他從圓教的涵義而來的解決。即由圓教保證圓善。他藉著天台宗一念三千，法性與無明詭譎地相即之說，論證任何一法都有無明與法性兩種可能，故斷無明是除病不除法，三千法常住不變，於是只要是解心無染的佛智呈現，便可以即三千法中任何一法，而表現佛的無限意義，而得常、樂、我、淨之福。此所謂一切法隨心而轉。於是雖實現理想，但並不需要改變任何一法。由於理想的實現可以不改變任何當前的存在，則即任何一法或任何一種遭遇都可以是聖、佛境界的呈現。聖、佛的境界之呈現便可以說是福，而此福既可以即任何一法而呈現，那就可以說德之所在便是福之所在。此是由肯定三千法常住不變，而每一法都是無明法性相即，而引伸出來的理論，

由是就可以解決康德所說的德福一致是否能必然實現的問題。[24]如果牟先生此一圓善論能夠成立,則我們就可以說,對於此由實踐而來的有德者不必有福的理論困難,便給出了比康德的道德的神學為進一步,更為合理的說法。如果上說不誤,吾人就可以說,當代儒學確有新的理論開展,而在哲學上有新的創獲。而由此亦可說,思辨之用於實踐之學是有其必要的。康德的「道德形上學」(對道德作形而上的解釋)可解決自然之辯證,以保證人不因感性的要求而使道德行動之存心轉為不純粹;而新儒學的道德的形上學及圓善論,可使人產生堅信,以消除因為雖作不懈的踐德努力,卻無相應之結果產生,而有世界之存在為不合理之懷疑,此可見思辨對於實踐實有其必要性。

四、從克服「自然的辯證」以理解程伊川的工夫論

「持敬窮理」是伊川朱子系之工夫口訣,依牟先生之衡定,如上文所述,伊川、朱子是以講知識的方式講道德,即是說,把本該用反身自證的方式理解之道德義務了解為要如同探討經驗知識般,當作是認識的對象來研究。但我覺得,如果順著上文所說的,要克服「自然的辯證」此一實踐上的問題來思考,程伊川的很多講法似乎合於上文所說的康德所言之義,即伊川也可能是認為必須要透過思辨以釐清道德義務之本義,以防止人心之偏邪,防止或擋住了人心之偏邪,就可以維持人存心之純粹,而作真實而持久之道德實踐。下文擬順此理路分析一些伊川的文獻。

1. 視聽言動,非理不為,即是禮,禮即是理也。不是天理,便是私欲。人雖有意於為善,亦是非禮。無人欲即皆天理。(《河南程氏遺書》,卷第十五)[25]

此條言「不是天理,便是私欲」,此可理解為伊川對於道德法則之為無條件律令是有了解的,即是說為了義務而行,與藉行義務以求別的利益之分

---

[24] 見《圓善論》第六章。
[25] 程顥、程頤著、王孝魚點校:《河南程氏遺書》,《二程集》(北京:中華書局,2004年2月2版)。以下引文皆出於此本。

別，便是天理與私欲的不同。二者之分別十分明白，不能含混。而所謂「無人欲即是天理」就是說，存心完全依於理而無任何夾雜。如果上面的分析是對的，則伊川之言當然表現了他對道德法則的無條件性之了解。又，此條言「有意於為善，亦是非禮」，即表示人當行所當行，在行所當行處容不下其他想法。從行所當行處說「無意」，表示了道德實踐是人本該去做的事，於此無其他意念可以加進來。伊川此語甚精，確表現了他對道德義務之為無條件者、為當然的了解。

2. 公則一，私則萬殊。至當歸一，精義無二。人心不同如面，只是私心。（卷第十五）

此條言「公則一，私則萬殊」正如康德所言道德法則為先驗普遍必然，而且其中沒有任何材質內容之意。而由於道德法則或存心所依據的行動之原則，沒有任何經驗材質為其內容，故可以普遍化，伊川所說的「公則一」應該就是此意。伊川言「仁」，認為「惟公近之」，他不同於程明道從「覺」說「仁」，可以說伊川是有見於道德法則為可普遍化之理之意。

3. 曾子傳聖人學，其德後來不可測，安知其不至聖人？如言「吾得正而斃」，且休理會文字，只看他氣象極好，被他所見處大。後人雖有好言語，只被氣象卑，終不類道。（卷第十五）

伊川認為曾子臨終易簀時說「得正而斃」，此是得其所。伊川此處對曾子的讚嘆，也表示了他認為道德的實踐，只是行所當行，完全沒有行為會產生什麼後果的考慮。他認為曾子臨終所思考的，只是怎樣做才是理所當然。伊川認為曾子氣象正大，是他人比不上的。這種讚嘆亦完全表示了伊川對道德行為之無條件性的了解。從上述幾條可見程伊川對於道德之理的特性是非常能掌握的。如果他對道德之理的特性能掌握，而又要對道德法則用「致知」的工夫，則我們就不能認為伊川是由於對道德有不正確的了解，所以用了講知識的方式來希望了解它；他是在對道德法則有正確的了解的情況下，希望通過「致知」的思辨來深化對德的了解。

4. 「養心莫善於寡欲」，不欲則不惑。所欲不必沈溺，只有所向便是欲。（卷第十五）

這條所說的「只有所向便是欲」是伊川有名的「法語」。由此語可知伊川對於存心之偏邪不正，有深刻之體會，他所謂的「有所向」亦可用康德在分析「根惡」時所說之人心之滑轉、顛倒來理解。也就是上文所說的，由於順著感性性好的要求，而產生的對道德義務加以反抗的意向，這種意向確是使人為惡的根源，此惡的根源是很微妙而難以對付的。而伊川此語正是表現了人心之不合理之傾向，便是惡的根源。他所說的「欲」完全是表示此意。此「欲」不必是明顯的有一意欲的對象，而只是一傾向、習性，這傾向或習性是於人意欲去行動時才給出了它的影響力的。如果此解不誤，則伊川是深有見於人在實踐上會遭遇此一潛藏的敵人者。如果人的生命隨時有此一潛伏性的敵人存在，則人在實踐時，便必須要克服此容易讓人為惡的傾向、性癖，依此角度，對於伊川所重視的「持敬」及「閑邪」之論，就可以看出其中實有深義。

5. 閑邪則誠自存，不是外面捉一箇誠將來存著。今人外面役役於不善，於不善中尋箇善來存著，如此則豈有入善之理？只是閑邪，則誠自存。故孟子言性善，皆由內出。只為誠便存，閑邪更著甚工夫？但惟是動容貌、整思慮，則自然生敬，敬只是主一也。主一，則既不之東，又不之西，如是則只是中。既不之此，又不之彼，如是則只是內。存此，則自然天理明。學者須是將「敬以直內」涵養此意，直內是本。（卷第十五）

所謂「閑邪則誠自存」，即去掉存心的偏邪，生命就可以復歸其正。如果不能去掉此偏邪，在每一個要從事道德實踐的活動上，都可能受此性向影響而成為不純正的行為。從伊川一再強調「閑邪」與「持敬」，可見他對於存心的容易偏邪不正，是很有體會的。人在發心動念的時候，的確有這種受感性性好影響而來的，要以滿足感性要求為優先，而把無條件的道德要求置於其後的傾向，這是所謂「人心的滑轉與顛倒」，必須要有一種從生命內部作澄清及端正意念的工夫，才可以有真正的道德實踐。此工夫對治的對象，是如伊川上文所說的心「有所向」，它是沒有對象的存在的，只是人心一種偏邪傾向。而伊川所說的「動容貌，整思慮」，不只是從外部作精神集中的

工夫，而應該是由外部的容貌與精神的整齊專一使存心不容易偏邪，「持敬」的工夫是從外而內逐漸扭轉使心有所向的習性。我覺得如果從這個角度來理解伊川的「閑邪存誠」與「持敬」的說法，應該是很貼切的。此一存心容易偏邪不正的習性是若有若無的，而如果能維持心志的集中專一，以從內而發的誠敬維持、貞定生命，確可以對治此一幽深之毛病。依此意，也可以理解伊川與朱子何以強調「漸」的工夫。

6. 「敬以直內」，有主於內則虛，自然無非僻之心。如是，則安得不虛？「必有事焉」，須把敬來做件事著。此道最是簡，最是易，又省工夫。為此語，雖近似常人所論，然持之，必別。（卷第十五）

此條也可以依上文的理路，理解為伊川是以「敬」對治人心的偏向：持敬則「自然無非僻之心」，即用心於對治意念之偏向，則人之存心就不會有偏向，而回到「虛」的狀態，所謂「虛」就是前文所說的「公則一」。由於此時所要對付的是一潛存而不易顯露的敵人，故必須時常作工夫，因此伊川此條強調「必有事焉」。從此意義來理解「持敬」，可說此「持敬」工夫是針對存心之偏邪而用的，不只是從外部作集中精神的工夫而已；即使說從外部作整齊專一的工夫，也是為了對付這種存心的偏邪性。

7. 閑邪則固一矣，然主一則不消言閑邪。有以一為難見，不可下工夫。如何一者，無他，只是整齊嚴肅，則心便一，一則自是無非僻之奸。此意但涵養久之，則天理自然明。（卷第十五）

此條言敬則一，此「一」應不是只是精神專一而已，而應是指由敬而使心回到無所向的地步。心無所向，沒有預先潛藏的偏邪性，就不會受到感性性好所影響。這種心靈狀態就是所謂「一」。人如果能長期地用這種工夫，則心無雜念，自然天理明。即是說，人的存心自然會免於偏邪，而依理所當然而決定自己的行動。綜上所說，如果伊川是有見於心之偏邪、有所向之隱微毛病，而要以「持敬」對治之，則其工夫甚深矣。順此路數看，伊川之言「窮理」、「致知」也是同一路向之工夫，即伊川是有見於人心此種隱微的毛病，如康德所言之「自然之辯證」，而需要用「持敬」與「窮理」的工夫以對治之。

8. 人苟有「朝聞道夕死可矣」之志，則不肯一日安其所不安也。何止一日？須臾不能。如曾子易簀，須要如此乃安。人不能若此者，只為不見實理。實理者，實見得是，實見得非。凡實理，得之於心自別。若耳聞口道者，心實不見。若見得，必不肯安於所不安。人之一身，儘有所不肯為，及至他事又不然。若士者，雖殺之使為穿窬，必不為，其他事未必然。至如執卷者，莫不知說禮義。又如王公大人皆能言軒冕外物，及其臨利害，則不知就義理，卻就富貴。如此者，只是說得，不實見。及其蹈水火，則人皆避之，是實見得。須是有「見不善如探湯」之心，則自然別。昔若經傷於虎者，他人語虎，則雖三尺童子，皆知虎之可畏，然不似曾經傷者，神色懾懼，至誠畏之，是實見得也。得之於心，是謂有德，不待勉強，然學者則須勉強。古人有捐軀隕命者，若不實見得，則烏能如此？須是實見得生不重於義，生不安於死也。故有殺身成仁者，只是成就一箇是而已。（卷第十五）

9. 真知與常知異。常見一田夫，曾被虎傷，有人說虎傷人，眾莫不驚，獨田夫色動異於眾。若虎能傷人，雖三尺童子莫不知之，然未嘗真知。真知須如田夫乃是。故人知不善而猶為不善，是亦未嘗真知。若真知，決不為矣。（卷二上）

以上兩條十分透徹，確可合於康德所說「要由對道德的通常了解進至實踐哲學」之義，而且也表示了哲學的思辨在實踐之學上為必須。如果不運用嚴格的思辨，那麼人對於道德法則（伊川所謂的「實理」）的了解，是很淺的。人對道德法則固然都有他的理解，但大多是一般的理解，如伊川所說的「常知」；必須要由「常知」進到「真知」的地步，如伊川所說的「實見得是，實見得非」，如此道德實踐才能持久。伊川在上段中舉了許多因知的深淺之不同，而有不同的道德實踐之情況，人在於理較有了解之情況下，是比較容易實踐的。從「常知」進到「真知」、從淺見進到實見，必須要運用嚴格的思辨才是可能的。如果我們生命中的確有如康德所說的「自然的辯證」的現象，在道德實踐時，一定會遭遇到一隱微的、讓人心念滑轉的敵人，則實踐之學、成德之教必須要加入嚴格的思辨成分，才可以有克服此敵人，而

有持久實踐的可能。故從此一角度看，伊川的重視「持敬窮理」不能說不切於道德實踐。

10. 不深思則不能造於道，不深思而得者，其得易失。然而學者有無思無慮而得者，何也？曰：以無思無慮而得者，乃所以深思而得之也。以無思無慮為不思而自以為得者，未之有也。（卷第二十五）

伊川認為「無思無慮」是通過「深思」才能達到的，即是說他認為道德實踐必須要通過「深思」然後可能。當然道德義務本來是一般人都能知道的，而伊川卻強調「深思」，這應該是如上文所說的，「常知」與「真知」的不同。人如果安於「常知」的地步，便是以自然的、天真的生命狀態來實踐道德，是一定不能持久的。

五、結語

由以上所述，可知伊川之強調持敬，是從「閑邪存誠」上說，他對人心之容易滑轉而有所偏向之體會，應是他強調「敬」之重要原因。此大略同於康德所說的「自然的辯證」。又伊川所以重視致知的工夫，是要人對道德之理的了解，從常知進至真知，此亦相似於康德所說的從對道德之通常的理性知識須進至哲學的知識之意。由這些與康德學之比較，吾人對伊川，乃至朱子之學，應可有進一步思考之空間，如果道德實踐必須從對道德的通常理解，進至哲學的理解，即要進入實踐哲學的領域，才可真正解決實踐上之難題，則伊川、朱子持敬窮理之說，應該是內聖學一不可少之工夫理論。當然此義須詳細展開及廣引文獻來說明，方可證成[26]。

---

[26] 在本文之後，筆者對伊川朱子之義理型態究竟如何衡定之問題，繼續有思考，在〈程伊川、朱子「真知」說新詮──從康德道德哲學的觀點看〉（《臺灣東亞文明研究學刊》第 8 卷第 2 期，2011 年，頁 177-203。〔臺北：國立臺灣大學人文社會高等研究院〕）及〈程伊川、朱子思想型態的當代詮釋之反省〉（鄭宗義、林月惠合編：《全球與本土之間的哲學探索──劉述先先生八秩壽慶論文集》〔臺北：臺灣學生書局，2014 年 6 月〕，頁 237-271。）二文中有進一步及較完整之論述。

又本文旨在引用康德「自然的辯證」之見解，說明儒學雖然是以實踐為重的學問，但也必須加入哲學的思辨，以成為「實踐的哲學」。哲學的思辨用於闡明人人本來便知道的道德之理的意義，而此一闡明對於消除因道德意識而引發的感性反彈是很有幫助的。而如果此感性的反彈是實踐道德的人普遍會遭遇到的問題，則成德之教加入哲學性的思辨以成為實踐哲學，便是必要的。藉此除了可以對程朱的理論作新的省察，並證成其為合理外，也可以說明當代新儒家將傳統的儒學，轉型為具有思辨性的哲學理論，也是合理的。牟宗三先生的「道德的形上學」及「圓善論」等理論並不只是思辨性的哲學理論，而是以通過實踐而成聖為目的成德之教、儒家學問應有的發展，此一發展雖加上了具有強烈的思辨性之理論，但乃是從實踐的要求而來的。

香港新亞書院的成立對臺港二地新儒學發展的影響

一、我所理解的新亞精神

香港新亞書院成立於 1949 年，最初的成員只有幾位因中共政權成立而南遷香港的學者，與一批流亡學生。校舍只有兩層樓房，幾間簡陋的教室。有一段時間老師們只能睡在教室，由於經費有限，老師們的薪水都非常微薄。學生們不但交不起學費，他們的基本生活也由學校負責。當時擔任總務長的張丕介先生曾經為了師生們生活的支出，把他夫人的僅存首飾，全拿去典當了。當初創校時的景況，確如新亞校歌所說的「手空空，無一物」，而一般對「新亞精神」的了解，就是從雖然物資匱乏，但仍然為了傳承中國文化而努力辦學，而且師生間、同學間的關係特別密切、融洽上說。而我覺得此處可以作更深入的闡釋。

(一) 從無而有的堅信

物資的匱乏只是外緣，此外緣並非必然可以引發理想、鼓舞精神的，能夠引發理想是由於在這個時候人本有的真生命或本體破空而出。新亞的師生當時在現實上一無所有，毫無憑藉，於是現實上的種種掛慮也因此一掃而空，而就在這種毫無現實上的憑藉的情況下，人的精神才可以發揮最真切的力量。而這種力量可以說是純粹從本體中湧現出來的，無所依恃，而自發地湧現，這是所謂創造之源、價值之源。此種精神是人本有的，並非因現實上一無所有而產生；人本有此精神，亦須通過修養工夫維持此精神於不墮，而

在面對此一無所有、退無可退的境況，人容易返本，能返本則此精神本體的作用便會全幅呈現。此義可以引唐君毅先生一段話來說明：

> 記得去年除夕，在鄰家爆竹聲中，中宵獨坐。念上列種種，竟不勝悱惻之情。我素來不在波譎雲詭之國際局勢上，寄託幻想與希望。我再環顧社會風習，人心趨向，與一般知識分子，表現於行動言語文章中之氣度，我總覺不見真正的去暴戾而致太平之幾，頓覺前路茫茫，天昏地暗。然在悲觀之極，靈光不昧，忽然念及猶太教基督教中，上帝在無中創造世界一語，覺其中實有無盡智慧。此語之宗教與哲學的解釋，今固不能說。但是從歷史觀點去看，此種思想之起原，我想當是孕育於猶太人，被逐出埃及以後。當他們結隊而行，流難轉徙於沙漠風塵之中時，在天蒼蒼，野茫茫之下，當然不勝黍離故國之思。他們想著現實世界不屬於他們，想著他們在現實世界，無可依恃，無可攀緣，無可假借。於是從一片飄零悽恨之感，不忍宗社之亡之心，便顯出一內在的深情。由此深情中，即見一內在的無上主宰或上帝，而相信他將自無中創造世界。世界之開始，亦是他自絕對虛無中創造出的。猶太人亦終於本此信念，而自無中，創造出了基督教之世界。我再一自反當時之一念悱惻，我亦即相信人人之內心深處，皆有一純潔真實之不忍之心。此不忍之心，「有家而不忍家之毀，有國而不欲國之亡，有天下而不欲天下之失黎民，有黎民而恐或亂之，有子孫而恐莫保之。」（船山先生語）此便是人生之真實不容已之內在的無上主宰，我們內心的上帝。他便有從此生天生地，生人生物，自無中創造世界之大力。這個不忍之心，恆是不到悲觀之極，不至山窮水盡之境，不能真正顯出。於是我反而想到正因中國知識分子，所處者乃五千年來的所未遇之慘境，經歷了無數的理想希望之幻滅；然後他才真配挽救中國五千年來所未經之災難，而重新創造中國民族，中國文化

之更遠大的前途。[1]

唐先生此文發表於 1952 年。這一段深切感觸之言，是在他對個人乃至於家、國、天下都陷在危疑境地，沒有明朗的前途，即好像一切都陷於絕境，沒有辦法作樂觀期待，甚至沒有任何希望的情況下而發出的。而在這種陷於絕境，沒有足以令人樂觀的理由情況下，反而讓人體會到人自身本來便有不依靠任何憑藉也可以給出創造的能力。這是所謂「見體」或「證體」。我個人認為所謂新亞精神，應從此處契入。這種由證體而來的，認為從無可以生有，從最內在的深情、一念之仁可以生發出扭轉乾坤的力量之信念與決心，是所謂新亞精神中最重要的成份。這是所謂海底湧紅輪，復其見天地之心。此本體從一空依傍而顯，可以用「無」來形容，此也可以說是「體無」，即體現或實現此無之本體。從此處當然也可以通於佛教的「空」，或道家的「無」，但此從無而有，是有創生性的，是體證到純粹的道德義的本心，然後生發出來的創造性的活動，從此意義看，則又與佛老所言之空無並不相同。唐先生上文藉船山所云「有家而不忍家之毀，有國而不欲國之亡」，便表示了此不忍之情，是人最內在的、真誠惻怛的本心，此便是人的心靈本體。此心體固然是至為純粹、無所為而為的，可以用空或無來說，但又是至為真實的、健動的。此體是虛而生生、不容自已的，不能用「如幻如化」來形容。此不忍之情本身就具有絕對的價值，不依靠任何現實上的作用、勢力，來使它有價值。而此不忍之情生於性情之不容已，本來也不是因為要達成什麼現實上的利益或價值而生發的，故人可以在現實上一無所有的時候，體證到此心體本來就不依於現實上任何的事功、勢力，單靠其自己就可以具有的絕對價值。由於有此體證，人就可以頂天立地的站得住。此亦可說明雖然仁心是人人本有的，並非因為遭遇到特殊的環境或刺激而產生；但此現實上的一無所有，使人陷於絕境的情況，也確是仁心呈現的重要機緣。如上引

---

[1] 唐君毅：〈論接受西方文化思想之態度〉，《人文精神之重建》（臺北：臺灣學生書局，1977 年 8 月），頁 281-282。

文唐先生所說「這個不忍之心,恆是不到悲觀之極,不至山窮水盡之境,不能真正顯出」。

以上是從手空空、無一物,所表現的無的涵義,來說明新亞精神的本質在於面對現實上毫無憑藉時,而證本心仁體,於是產生能從無而有的自信,亦由此而生從無而有的創造性的力量。所謂創造,即是從無生有。故「無」可以從兩方面來了解:一是現實上所面臨的毫無憑藉的情況,另一是純粹空無的本體。唐先生的講法,表示了使人感到無路可走的現實上的一無所有,可以引發人最內在、最真實而純粹的惻怛的仁心。當代新儒學的哲學理論有一個重要的主張,認為人的道德本心與生天生地的天道是相通的,天道的生化一切與人的道德創造是同一種的生化活動,這當然是一種理想主義的看法,一般人對此是未必能相信的。但從唐先生他們在毫無憑藉的情況下創立新亞書院,而新亞後來在教育學術上產生了重大的影響的事實來看,也可以說是為「道德心與天道的創造是相通的」此一理論作了見證。上引文唐先生所說的「由此深情中,即見一內在的無上主宰或上帝,而相信他將自無中創造世界。世界之開始,亦是他自絕對虛無中創造出的。」又說此深情便是「真實不容已之內在的無上主宰,我們內心的上帝。」便是對「道德的形上學」或「道德的神學」作了清楚的闡釋。此說也表示了依儒家哲學,天道或上帝固然是超越的,但其實也是內在的;人如果體悟自己生命中的內在的深情,便可以見到天道或上帝。[2]

(二) 武訓精神

當然,當年的新亞師生除了這種在現實上一無所有,但仍要為中國前途、為歷史文化盡心的悲願外,在教學上也有其一股真精神。新亞的教育精

---

[2] 「天道性命相貫通」、「道德的形上學」,及「超越而內在」之說是唐君毅、牟宗三二位先生的共同見解,也是當代新儒學的重要主張。

神，張丕介先生嘗稱之為「武訓精神」，他引用唐先生所說的，武訓[3]的人格精神是「偏至型的聖人」之意來說明：

> 對於武訓先生的人格與精神，自來論者已多，但我以為最能徹底認識，而予以恰當之評價者，莫如唐君毅先生所著「孔子與人格世界」一書中之所言。他稱：武訓為「偏至之聖」，而最後則歸之於中國傳統的教化精神。我節錄數言，以見今天新亞所嚮往的那一精神：
> 「聖賢中之兩格，首為偏至的聖賢。[4]此所謂為偏至的聖賢，即宗教性的人格。其所偏至者，指天而言。⋯⋯宗教性之人格大皆崇拜上帝⋯⋯或肯定一絕對之超越人間之境界⋯⋯或則只有一絕對犧牲自我忘掉自我之宗教精神，如武訓⋯⋯至於武訓，則雖不必有上帝之信仰，然而他以一乞丐，而念自己之未能求學，即終身行乞，以其所積蓄而設學校，以使他人受教，則正表現一宗教性的至誠⋯⋯。乞丐乃一絕對之空無所有者。然而武訓，即從其自身原是空無所有之自覺，而絕對忘我，再不求為其自身而有所有，他即直接體現了無限的精神。⋯⋯他為辦學校，完成他人之教育，而向教師與學生跪拜，望他們專心教，專心學。⋯⋯這些學生和先生之人格，無一能趕上他，但是他向他們跪拜。⋯⋯這個偉大，在原則上，高過了對與我為敵的人之原諒，這是一種同一於上帝之精神之向人下跪，可說是上帝向人們下跪，而不只上帝之化身為人之子，以為人贖罪；亦不只是如甘地之使上帝之精神見於政治經濟之事業。這是上帝之精神之匍匐至地，以

---

[3] 武訓（1838-1896），山東堂邑人，行乞終身。自恨不識字，以行乞與當僱傭所得設義學，在義學開學時，遍拜校中師生，遇有老師教學不力與學生怠惰，武訓都下跪勸告。

[4] 「偏至的聖賢」句，在唐先生原論文收入《人文精神之重建》時，唐先生改為「超越的聖賢」，後文凡用「偏至的」亦同改。其實「偏至」一詞頗能表意，清楚區別了耶穌、釋迦、武訓等聖賢，與孔子之為「圓滿的聖賢型」之不同。故此處依原版本，不作校改。

懇求人之上升至於天之象徵。上帝化身為空無所有之乞丐。莫有父母，莫有妻子，莫有門徒，莫有群眾，更重要的是莫有知識，莫有受教育，莫有靈感，莫有才情，不自知為英雄，不自知為豪傑，最重要的是不自知為聖賢，且亦莫有使命感，而只自知為一乞丐，在一切人之下之乞丐，以懇求人受教育，而完成他自己。這是上帝之最偉大的一表現，人類宗教精神之一種最高的表現。他是為了完成世間人之所要求而崇拜文化教育之本身。而武訓之這種精神，則是從孔子之聖賢教化，對人類教育文化之絕對尊重之教而來的。」

新亞書院的創辦人和若干熱心的贊助人，以及在這裡任教的諸位先生，論其自身的條件，自然有些地方不同於武訓，因為我們還不是那樣「空無所有」的乞丐。但就我們所處的時代環境而言，我們今天在比武訓稍有所有之下，而缺少了一個武訓所有的條件，即是我們辦教育的地方不是自己的故鄉，不是自己的國土，而且沒有百多年前那樣安定的社會環境。這一缺少，也許是新亞事業上最大的困難之所在。這一缺少，也正是新亞書院特別要表現其武訓精神的原因，我回顧兩年半以來的艱苦困頓，印證一下新亞奮鬥的情形，使我相信，新亞的前途完全寄託於這一精神的實踐。[5]

據張丕介先生上文所說「新亞書院特別要表現武訓精神」、「新亞的前途完全寄託於這一精神的實踐」，可知新亞師生當年辦學，[6]是以武訓的精神作為效法的對象者，即願意如同武訓般，雖是一無所有的乞丐，但仍然以成

---

[5] 張丕介：〈武訓精神〉，收入劉國強編：《新亞教育》（香港：新亞研究所，1981年8月），頁61-62。張先生所引唐先生論文的原文，我作了一些校正。唐先生的原論文〈孔子與人格世界〉，收入唐君毅：《人文精神之重建》（臺北：臺灣學生書局，1977年8月），頁204-235。

[6] 新亞書院早期的畢業生有感於他們師長的無私的奉獻，也辦了一所新亞夜校，專門為不能在白天正常上學的學生，作補救教育。在經費困乏的情況下，也延續了數年之久。

全、造就年輕人的生命為奮鬥的目標。唐先生所闡發的「武訓精神」是自感為一無所有，而且對一般人所必需的家庭、知識才能、社會地位都不感需要；他雖然自感不需要這些，但覺得別人對這些仍有需要，於是便要去成全別人，希望別人能夠得到他們所需要的；如果別人不求上進，以至於不能得到所需要的，武訓可以跪下來懇求別人奮發上進，完成他們自己。唐先生認為，武訓所表現的是一對一切都不感需要，「再不求為其自身而有所有」的絕對忘我的精神，而此亦是一「同一於上帝之無限精神」，因為上帝本身圓滿自足，不會有任何欠缺之感，唐先生此處以武訓自感無所需要，而認為武訓便表現了如同上帝般的無限精神，是非常特別而善巧的類比，也可以使我們對於上帝的精神有一貼切的了解。武訓為己無所求，但可以為了成全別人而向其下跪，這好比是上帝之精神匍匐至地，懇求人上升於天。唐先生此說，真正闡明了武訓精神的偉大。此說明白表示了武訓的偉大是因為其表現了無限的精神。武訓自己雖然是一無所有的乞丐，但他完全為己無所求，而又以成全別人為自己的職志，這是無限而忘我的上帝的精神，以最為卑微的乞丐來表現。此說亦涵真正的偉大，是偉大者完全不自知其偉大，不單是不自知其偉大，而且把自己看作是最卑微者，故可以下跪來求老師用心教、學生用心學，這是至為偉大者匍匐於地，把自己當作是最卑微者，而以成全別人為心。偉大者而完全忘了其偉大，才是真正的偉大；而偉大者自視為最卑微者，才是真正的忘了其偉大，此武訓之所以是聖人也。唐先生此說，可謂層層深入、峰迴路轉，他對聖賢的生命人格的體驗之深，可謂當世無人能及。上文所說的對於武訓生命的分析，也可以說是對「無」的精神的闡釋，我想這也就是唐先生他們辦新亞的精神，即唐先生他們的辦學是完全忘我，而以成全青年人的生命為心者。以上兩小節所說的新亞精神，其實皆可以歸約到「無」之一字，從現實上的一無所有，可以引發不忍之深情，此是至虛至無的本體，也是人的內在的無上主宰，而由此可以引發從無而有的創造性的活動。而人如果能自視為至為卑微的如一無所有的乞丐，而且為己無所求，便可以達到完全的忘我，而亦體現此「無」的本體。

　　徐復觀先生曾回憶說，當年創辦新亞書院的錢穆、唐君毅、張丕介三位

先生「有一個共同的志願，即是要延續中國文化的命脈於海外，……他們三個人真可謂相依為命，缺一不可」[7]，牟先生亦曾說徐先生認為新亞的成立，靠的是錢穆的大名，唐君毅的理想，張丕介的苦幹。[8]牟先生此一引述更為傳神。故所謂新亞的精神，主要是由唐先生的理想、悲願所代表的。而所謂唐先生的理想，便是上述的「從絕對的虛無可以創造一切」的堅信。而從新亞書院開始時以一個毫不顯眼的、朝不保夕的小規模書院，發展成為中文大學的柱石，而在教育史上與在學術文化上產生的重大意義與影響來看，也可證此「無能生有」之義。

二、新亞書院與當代新儒學之成立

要說新亞的成立對港臺新儒學的影響，這話其實不太對，應該說沒有唐君毅先生他們成立新亞書院，港臺新儒家此一學派就不可能成立。從 1949 到 1959 牟宗三先生獨力在臺灣弘揚儒學與中國哲學，當然有很大的作用。但牟先生的重要的中國哲學的專著，都是在 1959 年到了香港之後才陸續完成的。而唐君毅先生從 1949 到 1978 正是他的學術的豐收時期，前十年，唐先生極力弘揚人文精神的意義，以抵抗唯物論，並疏導中國文化的精神價值，提出未來中國文化的創造之途徑，後二十年專注於傳統中國哲學的闡釋，與個人哲學理論及系統的建構，而他們兩位的著作，便是當代新儒學所以能夠成為當代中國哲學的重要流派的根據所在。兩位先生的重要論著都在新亞寫成的，新亞書院除了提供了一個讓他們研究、教學的場所外，也成為他們兩位互相砥礪、較勁，而都得到成全的地方。如果仔細觀察一下二位先生的論著出版的年代，可以看到他們兩位好像是在互相比賽，他們許多重要

---

[7] 徐復觀：〈悼唐君毅先生〉，收入《唐君毅全集・紀念集》（臺北：臺灣學生書局，1991 年 9 月），頁 19。

[8] 在徐復觀先生的〈悼念新亞書院〉一文中，有相類似的說法。此文收入李明輝、黎漢基編《徐復觀雜文補編》第二冊（臺北：中央研究院中國文哲所究所，2001 年 12 月）。

著作的發表，都有你寫一部，我也回寫一部的情況。他們兩位前期的代表作，《文化意識與道德理性》與《認識心之批判》份量是相當的，都是前期見解的結晶；1949 年之後兩位先生面對時代的劇變，做出了相類似的反應，在唐先生有《中國文化之精神價值》、《人文精神之重建》、《中國人文精神之發展》，牟先生則有《歷史哲學》、《道德的理想主義》、《政道與治道》等書。由 1949 年到 1959 年，他們兩位可說是異地同心，意見一致，在徐復觀先生所主編的《民主評論》中，二位先生發表了許多足以傳世的鴻文，如《中國文化與世界宣言》（1958 年）便是由唐先生主稿，徐、唐、牟與張君勱先生聯名發表的，此文成為當代新儒學成立的宣告；後來二位先生都沉潛其精神，對中國傳統哲學做客觀而深入的研究，牟先生的《才性與玄理》、《心體與性體》及《佛性與般若》是要了解魏晉玄學、宋明理學及南北朝隋唐的中國佛教哲學必需要仔細研讀的皇皇巨著，而唐先生也寫成了《中國哲學原論》六大冊，其中《原道篇》三冊與《原教篇》一冊可說是既有深度又有系統的中國哲學史，也有人說唐先生這六卷書，是中國哲學的寶藏，裡面的精義是十分深刻的；[9]唐先生晚年把他一生思考所得表達在《生命存在與心靈境界》（兩冊）中，這可以說是對中西印的哲學理論做一個大判教，而牟先生的《智的直覺與中國哲學》與《現象與物自身》則是消化康德哲學，以康德學的精義及其思辨架構，以撐起中國哲學的智慧，又以中國哲學的睿見使康德學百尺竿頭更進一步，牟先生此兩部書加上後來的《圓善論》也是當代的判教性的著作，為中西哲學的會通及中西文化的綜和給出了他深刻的思考。由以上的粗略比較，可以看出他們同在新亞的二十年的重要性。如果沒有這二十年，固然當代新儒家這一學派不能有，而當代中國哲學也會失色許多。

唐、牟二先生對中國文化的態度，對哲學的理解與關於傳統儒道佛三教的義理詮釋，固然可以說大方向是相同的，但不同之處也不少。二先生很少

---

[9] 友人吳汝鈞教授曾一再表示此意，見吳汝鈞：《當代新儒學的深層反思與對話詮釋》（臺北：臺灣學生書局，2009 年），第一章，頁 6。

在文字上明白表示不贊成對方的見解，但其實在重要的關節處，都有較為含蓄而委婉的論述。如對於老子的思想型態的衡定，道生萬物是否只是主觀境界？對天台宗與華嚴宗何者為真圓教的分判，及朱陸異同應如何了解，二位先生都有不同的看法。我認為這些論學見解的不同，也是他們不斷的勤於著述的動力。牟先生曾經私下和我們開玩笑的說：「唐先生白天與李卓敏（時任中文大學校長）鬥爭，晚上則與我鬥爭。」當年唐先生為了力爭新亞書院辦學的獨立性，與中文大學校長的確常在會議上爭論，而據唐師母與唐先生的傭人金媽所說，唐先生常常晚上寫作到凌晨一、兩點[10]。這是上文所說的二先生「較勁」的根據所在。我認為這種情形是非常難得的，二先生論學意見有出入，一方面維持了深厚的情誼，另一方面對對方的異見又不肯緘默，於是有論著不斷的出現，這是當代中國哲學史上非常特別而且可貴的情況。以上是說明新亞書院的成立，對於當代新儒學的核心人物之哲學理論的發展、著述之產生有著非常重大的作用。不只唐、牟二先生，錢穆先生的《朱子新學案》是其晚年最大的著作，錢先生也應該是看到唐、牟二先生對朱子學的深刻闡釋，而又感到不滿，於是引發或加強其撰寫的動機[11]。徐復觀先生在新亞書院講學的期間則完成了《兩漢思想史》三大冊，與後來收在《中國思想史論集·續篇》的許多重要論文，徐先生這些著作都很能表達了他不同於唐、牟二先生的對中國哲學思想的理解。他們論學見解不同，但都維持了君子之交，又促成了他們生平最重要的著作的完成。

---

[10] 金媽慨嘆：「先生已經是講座教授了，生活已經不成問題了，還拼命寫，為的是什麼呢？」

[11] 錢先生此書出版於民國六十年。據他書前〈例言〉所說，此書在民國五十三年七月發意撰述，民國五十五年起草。牟先生在民國五十四年發表〈胡子知言疑義〉及〈象山與朱子之爭辯〉二文，對朱子思想型態有明白的判斷。唐先生讀後，在民國五十四年十二月發表〈朱陸異同探源〉一長文。

三、對臺港新儒學發展的影響

（一）牟宗三先生在受聘香港大學之前，先後在臺師大與東海大學任教，在師大的六年，除了擔任國文系哲學課程的教授外，又於課餘開辦人文友會，每兩週一次，由牟先生主講中西哲學的重要課題，聽講者除師大國文系同學外，也有文學院其他系的學生，這一講會培養了很多中國哲學界的人才，如蔡仁厚、戴璉璋、唐亦男、王淮、陳問梅、陳癸淼、周群振等先生。唐君毅先生也在訪問臺灣的時候在人文友會中做演講，當時候牟先生的學生都把唐、牟看作是共同的老師，上述的牟先生的在臺早期的學生多有在香港《人生雜誌》投稿，除了《人生雜誌》外，徐復觀先生主編的《民主評論》也刊登了唐、牟、徐三先生，以及他們學生們的重要論文，《人生雜誌》與《民主評論》由於他們的努力述作，在十餘年間成為當代新儒學重要的發表園地，而其中《民主評論》的地位尤為重要，《民主評論》與以殷海光先生為首的《自由中國》的學者們意見不同，曾起激烈的論辯，這也是那個時候港臺思想界的重要的學術事件。

牟先生在東海任教四年，與徐復觀先生一道在中文系也培養了好多弟子，其中杜維明教授是最有名的，而據劉述先先生的說法，他在東海當講師的時候也參加牟先生的課餘的哲學講會，深受牟先生的啟發，他對於中國哲學乃至宋明理學的了解也是接近牟先生的詮釋方向的。徐先生的弟子不只是研究思想史的，文學家楊牧先生曾表示，他受徐復觀先生的影響是非常深的。[12]牟先生到香港之後先在香港大學任教，也於新亞書院兼課，開始了上文所說的唐、牟二先生豐碩的著述時期。唐先生早期在新亞書院當然也教出了很多人才，如唐端正、霍韜晦、鄭力為、梁瑞明等先生。史學家余英時教授就是新亞最早的學生，余教授是錢穆先生的傳道弟子，他對中國思想史的

---

[12] 見《他們在島嶼寫作》（臺北：目宿媒體，2012 年 3 月），中的楊牧部分。唐、牟二先生對香港的文學家也有很大的影響，如名作家小思曾說：唐先生對她的人生與文學創作影響甚大。另一名作家西西曾長期在新亞研究所聽牟先生的課，寫有〈上課記〉一文，記述當年聽課的感受。

講法自成一套，不同於新儒家的方向與途徑，但對當年唐先生的影響也十分肯定。[13]

（二）牟先生在港大學生指導的學生不多，可能只有方穎嫻教授可以接得上牟先生的學問，方教授後來發表有關孔子論仁的論文，徵引《左傳》、《國語》等文獻，說明孔子言仁之涵義，有前後期的不同，很有發明，牟先生認為是討論這個課題講得最好的一篇論文。牟先生後來轉到新亞書院專任，於是他與唐先生有六、七年共同教學，一起培養後進的經驗。這幾年的新亞書院哲學系的同學有幸得到他們二位先生給出的完整哲學訓練與強烈的對中國文化的信心，在二位先生強大的感染力之下，使得本來比較現實感強的、重功利的香港年輕學生，也興起了可以承繼二先生志業的一群學者，如李瑞全、謝仲明、劉國強、陳榮灼等教授，他們好幾位後來都到東海大學哲學系任教，讓東海哲學系數年之間有非常蓬勃的研究中西哲學的風氣，他們也調教出了後一輩的年輕的哲學人才。李瑞全、陳榮灼兩位與當時的臺北《鵝湖月刊》的許多成員是好朋友，於是鵝湖月刊社與李、陳二位共同努力，產生了鵝湖月刊每年一次的鵝湖學術研討會，後來更擴大會議的規模，成為「當代新儒學國際學術會議」。

（三）臺北《鵝湖月刊》剛成立的時候成員幾乎都是在學的學生，而且有些只是大學部的在學學生。這個刊物是由輔仁大學與臺灣師範大學兩校的同學共同創辦的。《鵝湖月刊》存在到今天已經超過三十六年（今按：已屆五十年），除了每月出版一期月刊外，又有半年一期的《鵝湖學誌》，辦過對社會講學的多次鵝湖文化講座，在 1980 年代辦了多次的鵝湖學術研討會，後來在 1990 年開始舉辦兩三年一屆的當代新儒學國際學術會議，已經

---

[13] 在 2009 年香港中文大學「唐君毅先生銅像揭幕典禮」的書面及錄影的致詞中，余教授對唐先生當年在香港弘揚中國哲學的努力，是非常肯定的，他說：唐先生的作法等於是為哲學打天下，唐先生的成就可謂立德、立功、立言兼而有之。余先生又自稱為門人。可見唐先生對當年流亡到港的新亞學生確有重大的影響。今按：余先生在其《回憶錄》中，有〈唐君毅先生與新儒家的興起〉一節，對上述之意言之更詳，見余英時：《余英時回憶錄》（臺北：允晨文化實業公司，2018 年），頁 111-116。

辦了十多屆,又出版了幾十本鵝湖學術叢書。鵝湖學社的成員現在也大多在臺灣各大學擔任有關中國哲學的課程。客觀地說,臺灣的鵝湖學社是當代新儒學的一個重鎮,而當年鵝湖的創辦與唐、牟二先生的來臺講學是分不開的。牟先生在 1974 年從中文大學新亞書院退休,應當時中國文化學院創辦人張其昀先生的邀約,到文化學院擔任客座教授,而借臺灣師大的教室上課,使得當時在師大攻讀的同學們有機會聆聽牟先生的康德哲學課。在課餘,牟先生常到我們在師大附近所租賃的學生宿舍聊天,當時我與潘柏世先生夫婦、林鎮國、吳潛誠、王文進住一起,廖鍾慶、岑溢成、黃漢光等學長也常來。牟先生當時談興很高,我們聆聽了很多牟先生的治學心得。這一段時間,牟先生住在劉國瑞先生家,我們常去請益。潘柏世先生是輔仁大學哲研所的碩士,而他的同學沈清松、袁保新等先生也常來。潘先生之前幫先知出版社擺設書展的攤位,與逛書展的廖鍾慶談起熊、唐、牟等先生的著作,一談之下,馬上訂交,也由此機緣認識了沈、袁二位。後來潘先生在師大附近租房子,約我與鎮國兄等同住,而這個房子後來便成為鵝湖雜誌誕生的地方。當時我們也認識了在輔仁大學兼課的王邦雄教授。而深受唐君毅先生著作所影響的曾昭旭教授與王邦雄教授是同學,二位性格不同但互相推重,而這一群朋友們常往來問學,共同研讀唐、牟二先生的重要著作,也討論海德格與現象學的重要觀念,由此醞釀了一段時間,就有了創辦一份以弘揚儒學與探究中西文化哲學會通之道為主旨的學刊的想法。當時由潘先生提出,上述輔大與師大的朋友都贊成,於是有《鵝湖月刊》的創辦,我們所以採用「鵝湖」作為刊物的名稱,是因為朱子與陸象山有鵝湖之會,雖然此會不能夠解決二賢的思想異同,但成為真誠的學術討論的象徵,從刊物的取名就可以知道它是以弘揚儒學為職志的學術刊物,後來曾昭旭先生查出了鵝湖創刊的那一年,正是鵝湖之會的八百周年[14]。月刊快要出版的時候,牟先生已經回香港,而唐君毅先生則到了臺灣講學,我與袁保新教授拿了鵝湖發刊詞與一些稿件去拜見唐先生,得到唐先生的大力肯定,認為我們這個刊物表現了

---

[14] 朱、陸鵝湖之會是在 1175 年,鵝湖月刊創刊是在 1975 年,剛好相距八百年。

年輕人對學問的真誠，相信可以一直辦下去。[15]我們也可以稍為誇大的講，鵝湖雜誌能夠存在幾十年，也多少表現了如同當年唐先生他們辦新亞的時候所持守的從無可以生有的信念。當時我們的確也毫無憑藉，只有一股弘揚儒學、踵武前賢的熱忱。[16]大概也跟新亞當年創辦的情況差不多。現在回想起來，沒有現實上的憑藉反而是引發真正創造性的力量的機緣。

（四）唐先生在臺講學大概不到一年，但也留下了許多的講學記錄，大體都是朱建民教授整理的，朱教授除了上唐先生課之外，後來也陪著牟宗三先生生活一段時間，他的碩士論文，應該是很受到牟先生在宋明理學方面的啟發與指點的。[17]唐先生在 1978 年去世，唐師母遵照唐先生的遺願，從香港歸葬臺灣，此舉有其深意。後來牟先生於最晚年的時候常常回臺講學，病重時表示要葬在臺灣，這應該與唐先生是同一種心情。唐、牟二先生的墓地成為臺灣新儒家後學常去瞻仰，藉以凝聚精神、鼓舞士氣的地方，而外地學者也常常慕名前往拜祭。唐、徐二先生去世後（徐先生於 1982 年去世），從這個時候直到 1995 年，近二十年的期間，牟先生可說是獨力維持新儒學的陣營，他除了在香港新亞研究所繼續講學及指導學生之外，也常常來臺灣擔任客座教授，在臺大、師大擔任了好幾年的講座，又曾經到中央大學作一系列的演講，講了幾個月，由中央大學的學術基金支付講座的費用。[18]當時又得到名建築師李祖原先生的支持，成立了東方人文學術研究基金會，鼓勵中國哲學的研究，研究的成果多刊在《鵝湖學誌》上，而學誌的出版費用也由基金會撥款支持。唐、牟二先生的學術專著全都有臺灣版，在臺灣學生書

---

[15] 袁保新：〈唐君毅先生與鵝湖精神〉，《唐君毅全集・紀念集》（臺北：臺灣學生書局，2000 年 9 月），頁 448-453。

[16] 當年《鵝湖月刊》的經費是由參與的成員七、八人每人捐一千五百臺幣，加上當年師大國文系六四級丙班由呂世露兄發起，全班同學的訂閱費，及師大戴璉璋、余培林兩位老師以訂費為名的捐助。

[17] 除了朱建民教授外，如王財貴、李明輝、何淑靜、李淳玲、胡以嫻、尤惠貞、林月惠等，都曾照料牟先生與師母的生活，也在日常生活中得到很多牟先生的指點。這對他們後來都成為獨當一面的學者，應是很有關係的。

[18] 朱建民教授對於促成牟先生在中央大學講學給出了很大的貢獻。

局出版者尤多，這些著作成為近數十年來臺灣學者研究中西哲學必須研讀的經典性作品。學生書局後來出版了唐君毅先生全集，學者稱便。牟先生逝世後，聯合報報系創辦人王惕吾先生要旗下的聯經出版社負責出版《牟宗三先生全集》，牟先生弟子幾乎全部投入《全集》的編撰工作，使《全集》得以順利出版。又由於東方人文學術基金會的支持，香港新亞研究所盧雪崑教授整理了牟先生在港臺講課的錄音，共整理出十本講課錄，內容涵蓋中國的儒、道、佛三教的義理，與西方康德哲學。在臺北《鵝湖月刊》連載了十多年，內容固然精深，但親切易懂，是了解牟先生哲學的最佳指引。這一批的演講錄，是牟先生全集的重要補充，對於臺港及大陸新儒學的研究，已經產生了很大的影響。

四、結論

上文是從我個人的觀點及所知來說明新亞書院、新亞研究所[19]的成立對港臺新儒學發展的影響。文章雖然掛一漏萬，但也可以多少表達了唐先生他們的努力，的確是功不唐捐之意。他們在極端艱困的情況下努力奮鬥，又潛心研究，建構了當代新儒學的哲學理論，又以無比的教學熱忱造就了大量的學術人才，可謂已經盡了他們的時代使命。牟先生曾提出「生命的學問」一詞，以規定儒家學問的本質，而凡接觸過唐、牟二先生的人，都會感受到他們與一般學人迥然不同的生命精神，讓人感受到另外一個層次的生命境界，真可謂目擊而道存。這是我認為二先生能有如此大的影響力的緣故。當然他們當年創辦新亞、努力著書講學的目的雖說是要延續中華文化於海外，但最終還是盼望中華大地能夠恢復傳統的文化精神。如果說這是他們奮鬥的最終目的，則此目的的實現，應該為期不遠。

---

[19] 新亞研究所在 1952 年成立，得到一個基金會的支持。而此研究所的行政與教學一直維持其獨立性，後來退出中文大學，在新亞書院的舊址繼續培養研究中國文史哲的專才，迄今仍在努力奮鬥。歷年從此研究所畢業的同學也有相當的數量，有多位在港臺及大陸的大學任教。可以說新亞研究所仍然承續了新亞的精神。

中國大陸在八零年代開始了改革開放政策,對於儒學的研究也慢慢正常化,漸漸注意到港臺新儒家的重要性,於是由方克立教授主持包括唐、牟、徐三位思想的「現代儒學」的研究課題,這個課題的研究的目的,原初可能是要批判當代新儒學的,但參加此課題組的大陸學者,許多位後來成為研究當代新儒學的專家,而且他們對於新儒學的研究並不只看做是客觀地知識之學,也對此一學問產生了生命性情上的共鳴,其中上海的羅義俊教授對新儒家之學尤為傾倒,他後來到香港有機會看到牟先生,得到牟先生的肯定,把他看作是門人弟子,這是羅教授深引以為榮的;而比較年輕的顏炳罡教授當年寫了一本論述牟先生哲學思想發展的書,牟先生看到此書的原稿,一面看一面幫他修改,後來在臺灣學生書局出版,是研究牟先生思想發展的有系統之專著。從以上的說明可見大陸上的學者一旦接觸到新儒家的著作,便馬上受到影響;最近大陸學界儒學的研究愈發興盛,我們應可以有「必歸於儒」[20]的期待。

---

[20] 孟子曰:「逃墨必歸於楊,逃楊必歸於儒。歸,斯受之而已矣。」(《孟子·盡心下》)

從「否定知識，為信仰留地步」看中國哲學

一、引言

「否定（揚棄）知識，為信仰留地步」，是康德有名的說法，本文藉此說表達宋明理學及當代新儒學的道德形上學理論，是由實踐理性所肯定的見解。此見解雖然也可說是哲學理論，但並不會因為哲學思辨的質疑而不能成立。思辨理性對於由實踐理性所肯定的見解（如超越的自由）可以思議，但對此不能有知識；故思辨理性對此既不能肯定，也不能否定。本文通過康德此說，對於勞思光先生有關道德形上學的質疑給出了回應，認為勞先生並未能區分其中的分際，而用理性的思辨對由實踐理性所肯定者作出不相應的質疑。本文最後表達了傳統的儒道釋的許多哲學見解與理境，是要超脫出認知的思考方式，才能有相應的了解之意。

牟宗三先生《心體與性體》出版迄今已逾四十年，[1]此書雖是有關宋明理學的專著，但書中的論述是涵蓋儒學的整體之發展，並對儒學之本質，作出明確規定者，故此書是表達牟先生對儒學全幅內容的理解的系統之作。他以「天道性命相貫通」為儒學的本質，即認為儒學對作為一切存在之根據之天道，是有肯定的；儒學不是只著眼於人倫事物，只為建造和諧社會、維持倫常關係而立論之道德學說，亦不只是點出主體之自覺以說明道德實踐之根

---

[1] 本文初稿曾在「《心體與性體》出版四十週年紀念國際學術研討會」（國立中央大學文學院儒學研究中心主辦，2009 年 12 月 25、26 日）宣讀。

據,而是認為於人倫踐履中體現之道德意義、德性生命,是可以契接天道者。天道創生萬物之創造性之活動,與人「為仁由己」、「反身而誠」之自作主宰之道德實踐,是相通的。二者之本體甚至是同一的。天道即一切人、物之性,故性即是體,人之不斷自覺奮發之實踐,即是天道、性體在人之生命中之逐步呈現。心體、性體即是道體。牟先生此一「道德形上學」之理論,可說是用現代的哲學理論,為宋明及先秦儒學的義理主旨給出了定調。

牟先生此說,認為宋明儒學雖然有其發展,但與先秦儒學(以《論》、《孟》、《易傳》及《中庸》為主)之義理是一致的,宋明儒在天道論、形上學方面,作出了更進一步的論述,但這是同一智慧生命的持續發展,此兩階段的儒者有「存在上的相呼應」。牟先生此說,理論精闢,又有對相關之文獻作出仔細的研究與詮釋為據,故應已對一般有關宋明儒之流俗之見,如謂宋明理學不合於孔孟,為「陽儒陰釋」、「陽儒陰道」等濫調,作了有力的廓清。

但牟先生此以道德的形上學規定宋明儒之義理,在當代哲學界,仍受到不少的批評及挑戰,牟先生對這些批評,亦有作出回應,如云:

> 所謂「千載不傳之祕固在是矣」,並非真有若何不傳之祕密,至今始傳,實乃運會所至,心態相應,睽隔不通者至今始通,茫然不解者至今始解耳。……此則吾亦名曰天道性命相貫通,故道德主體頓時即須普而為絕對之大主,非只主宰吾人之生命,實亦主宰宇宙之生命,……遂亦必有對於天道天命之澈悟,此若以今語言之,即由道德的主體而透至其形而上的與宇宙論的意義。若是表面觀之,此儼若為空頭的外在的宇宙論之興趣,而特為某種現實感特強者所不喜,亦為囿于道德域,人文界,而未能通透澈至其極者所深厭。實此種不喜與深厭中之割截既非先秦儒家一脈相承開朗無礙之智慧之全貌,亦非北宋諸儒體悟天道天命之實義。是以若以西方哲學康德前之外在的非批判的形上學視之誤也,名之曰宇宙論中心者亦誤也,囿于人文、切感於現實、而不准涉足乎此者亦非儒家道德意識中道德主體之涵量之本

義，此為道德之局限，而非儒家開朗無礙之道德智慧也。[2]

牟先生此處是不指名地回應以勞思光先生為主之批評。勞先生此時其《中國哲學史》大概只完成了第一冊，未論至宋明儒學，但他對宋明儒的看法，應為牟先生所知悉。勞先生在其《中國哲學史》第二卷中，對於《易傳》及《中庸》中所涵的宇宙論及形上學的說法，判斷為與漢儒（以董仲舒為主）的宇宙論中心哲學同一型態，即以形上學或宇宙論為理論根據，以建立道德理論，或說明道德價值。對《易》、《庸》之判斷是如此，則對宋儒義理之了解亦可知。在《中國哲學史》（卷二）[3]之後記中，勞先生亦表示他對儒學之見解，並不同於當代為他所敬重的名家。他所說的名家，當然是指唐、牟二先生。可知勞先生很早便形成了他對宋明儒學的個人見解。

勞先生在後出的《中國哲學史》（卷三）中，便有對用道德形上學來詮釋儒學是否合適一問題，作了詳細的討論。他明確表示宋儒的宇宙論、形上學的說法，是用此來說明道德的，即同於漢儒之說；但宋明儒有其理論之發展，逐步由宇宙論、本性論至心性論；即到了陸王心學，便不再藉宇宙論、形上學以建立道德價值，而回到孔孟以心性主體為道德價值之源的說法。此是以發展的觀點，視宋明儒學有一步步回歸論孟的過程，所謂「一系說」或「一系型」說，以與牟先生所提出的「三系說」相較量。[4]

關於勞先生對道德形上學理論之批評，我曾撰文討論，[5]該文已引用康

---

[2] 《心體與性體》（第一冊）（臺北：正中書局，1973 年 10 月臺二版），頁 322-323。

[3] 勞思光：《中國哲學史》（卷二）（香港：中文大學崇基學院，1980 年 11 月三版）。

[4] 勞思光：《中國哲學史》（卷三上）（香港：友聯出版社，1980 年 12 月初版），第二章〈宋明儒學總說〉，頁 43-101。

[5] 楊祖漢：〈再論儒家形上學與意志自由〉，收入《天人之際與人禽之辨——比較與多元的觀點》（《新亞學術集刊第十七期》，2001 年 7 月，香港中文大學新亞書院），頁 116-121。此文亦收入拙著《當代儒學思辨錄》（臺北：鵝湖出版社，1998 年 11 月）。

德在《單在理性範圍內之宗教》第一章中所說的「決定論」（determinism）與「前定論」（pre-determinism）的區分，[6]以回應勞先生所謂「若有天道或本性之存在，人便不可能有違離道的可能」此一難題。依康德，肯定「決定論」並不必與自由相衝突，因自由並非表示無法則，而是法則是由意志自己所決定；在意志之自我立法處，可以說意志之活動為法則所決定，此亦可說是「決定論」。此為法則所決定，與自我決定不相衝突。即由道德法則是自己決定，言自由，而由法則之決定意志，可言決定論，此二者不相衝突。而只有「前定論」才會否定自由，因為前定論表示有一時間上在先之原因決定人之行動。康德此一區分，很能幫助說明肯定意志為法則決定，並不必涵對自由之否定。近來重讀康德的《第一批判》，對此問題有更進一步的思考，我覺得他在第二版序上所說的「否定（揚棄）知識，為信仰留地步」的講法，可以提供一個使道德形上學免受思辨攻擊的講法，順著康德這個意思，可以為中國儒、道、佛的實踐的形上學提供一個理解的進路。這可以說是對如何理解中國哲學，作一個批判的提醒。

二、康德論《第一批判》的消極與積極的作用

康德《第一批判》第二版序提到，自由、靈魂不滅、上帝存在等三個理念，只能由實踐理性加以肯定，而既為實踐理性所肯定，便不能因為思辨概念的運用而加以干擾。這三個理念其實是以「自由」最為關鍵。在實踐的要求下，自由非要肯定不可，但自由並非經驗知識的對象。此義不只是說在經驗中不能有自由，而且也表示不能用思辨的概念如範疇等，來理解自由。對此吾人可做如此的理解：如用因果範疇來思議對象，就把對象納入「如果－則」、「因為－所以」的方式下理解，如果用這種方式來理解自由，則自由的行為也有其前因，自由為前因所決定，那就等於是否定了自由。要說明此義，須引原文來討論。康德在此〈第二版序言〉中，對於他此一批判書之作

---

[6] 牟宗三：《圓善論》（臺北：臺灣學生書局，1985 年 7 月），頁 126-127。

用，作了如下的說明：

> 但是，人們可問：我們提議去遺留給後人者是一種什麼寶藏呢？那被斷定為因著批評而這樣純淨化了的，而且是一建永建地而被建立起來的形而上學其價值是什麼呢？……即：它的成果只是消極的，它警告我們說：我們必不可以思辨理性冒險越過經驗底範圍。事實上，此義實是它的根本用處。但是此義亦可即刻獲得一積極的價值，當我們知道以下之義時，即：思辨理性所用以冒險越出其恰當範圍的那些原則在結果上實並沒有擴大理性底使用，而卻是如我們依仔細的檢查所見者，不可免地縮小了它的使用。那些原則恰當地說來實〔並不屬於理性，但只〕屬於感性，而當它們這樣被使用時（即用之以越過經驗底範圍時），它們勢必要去使感性之範圍與「真實者」同其廣延，因而勢必要去排擠掉理性之純粹的（實踐的）使用。因此，當我們的這部「批判」書限制了思辨理性時，此「批判」書實在是消極的；但是，因為它因此限制作用而移除了一種障礙（此障礙阻礙了實踐理性之使用，不，乃是勢必要去毀壞實踐理性之使用），是故他實際上實有一積極的而且是十分重要的用處。[7]

康德此段文表示了他此批判書的論旨是限制了思辨理性的越位之冒險，此作用固然是消極的，但由於此一作法，亦保存了實踐理性的使用，而此後一作用，則是積極的。即若放任思辨理性，使其以為其應用之範圍無有限制，此似是思辨理性的擴張，但其實會阻礙了實踐理性的作用。所以會如此，因思辨理性冒險越出感性經驗的範圍時，會使「感性的範圍與真實者同其廣延。」康德此語即表示如此一來，會將人類理性所及之範圍，全部範疇化，亦即現象化。而若如此，便會「排擠掉理性的純粹的（實踐的）使用」，因

---

[7] 牟宗三先生譯註：《康德純粹理性之批判》（上冊）（臺北：臺灣學生書局，民72年3月初版），頁39-40。

為如此一來,會否定了自由的存在。故限制了思辨理性,不讓其以構成知識的方式用於理性的實踐之領域,才可保全實踐理性之使用。思辨理性運用知性之純粹概念(範疇)以構成知識,並要將知識帶至完整統一之境,由是而產生了諸形上學之理念,如上帝、靈魂不滅及自由等。對於這些理念,因為沒有感性經驗的提供,故是吾人不能認知的。如果放任思辨理性對這些理念上用思,以為可以產生有關的對象的知識,則既不能成立這方面的知識,而且阻礙了、甚至否定了實踐理性之運用。何以故會如此?因在理性之實踐(即道德實踐)之要求下,自由是非要肯定不可的,而在思辨理性運用範疇以思考時,一切都在因果條件底下,是不可能有自由的,由是自由便被否定了。無自由,道德實踐是不可能的。康德續云:

> 至少一旦我們確信:茲實有純粹理性底一種絕對必然的實踐使用即道德的使用時(在此實踐的使用中,純粹理性不可避免地要越出感性之範圍),本「批判」實有一積極的而且是十分重要的用處。雖然〔實踐的〕理性,在其越出感性的範圍中,並不需要有來自思辨理性方面之幫助,但它亦必須被確保足以對抗其反對面,即:理性決不可被致使陷於自身衝突之境。[8]

按此即表示若不限制思辨理性,阻止其運用知性概念於實踐領域,則理性自身決不能避免衝突。即若依思辨理性,將知性範疇用於實踐之領域上,則一切便從屬於自然的必然性,如是便一定會取消自由,而若不能肯定自由,便無道德實踐可說。實踐理性必肯定自由,而思辨理性若不約制其使用,便會否定自由,這便造成理性自身的衝突。吾人認為,若依此意來看勞思光先生對道德形上學的批評,便馬上可以領悟,勞先生正是運用思辨理性的概念來思考其中之問題,而且是以運用於經驗的知性概念(如因果)來思考實踐的、道德的形而上學之問題,而不能承認由道德實踐所肯定者,是一超感觸

---

[8] 同上註,頁40。

的，思辨不能及的領域。由於不能明白或不能肯定此中之分際，以致對於道德形上學之義理做出種種的質疑。

三、勞先生對道德形上學的批評

勞先生對「道德形上學」理論的批評，集中在既有客觀存在的天道，則人的自由如何可能一問題上，如云：

> 但「天道」既實際運行於萬有中，則萬有似即應承受「天道」之決定，何以有不順「天道」之方向之可能？[9]

> 實際世界中「生」與「生之破壞」常相依而立。某一存有之「生」，常同時依另一存有之「生」之「破壞」為條件。……如此，則此處顯有一「背反」問題。蓋若「生」與「生之破壞」相依而呈現，則吾人說世界「生生不息」，同時亦可說世界不斷有「生之破壞」也。[10]

> 其次，若就立價值標準說，世界之「生」或「生生不息」被視為一有價值意義之方向，則由上述之背反問題，可推出如此之價值標準下，每一「善」皆與「惡」不離；每一「價值」實現時，其否定亦實現。

勞先生此處是說明以天道論或形上學說明道德價值是有困難的，這一批評及其中之論證，似有道理。但《易傳》之言生生之德，很明顯是由道德實踐之生活中，體證到道德之活動與天地之生化相通，是由實踐以論天道。即此一型態之天道論或形而上學，是實踐的形上學，並非以天道論建立道德價值之「形而上學的道德學」，亦非思辨的形上學。依康德前引文所論，此「是一

---

[9] 勞思光：《中國哲學史》（第三卷上）（香港：友聯出版社，1980 年），頁 59。
[10] 同上，頁 60。

建永建地而被建立起來的形而上學」，此所謂之形上學，即依其批判，限制了思辨，而保存了由實踐而肯定自由、上帝等，此一意義之形上學，是實踐的形上學。此一領域，是思辨理性不能肯定，甚至涉及的；若涉及之，便會否定自由而引發理性自身之衝突。勞先生此處所說的若有天道存在，則違道為不可能，及一物之生必以另一物之被破壞為條件，以質疑「生生不已」之為一價值標準，此一質疑即運用了因果、先後之概念，又用感性經驗之現象來比擬或說明由道德之自發而無條件之「生生」之義，所產生之問題。如果劃分開此兩個領域，於言實踐處，不容思辨之涉及，不能通過知性範疇來理解，則這些質疑，便不成其為質疑了。

勞先生對於由道德實踐之要求以建立形上學或天道論的說法，即牟先生所說的實踐的道德的形上學之義，也有考慮到，但他仍認為這樣的說法，是不必要或甚至是不合理的：

> 學者有明知孔孟之說與易傳中庸不同，而欲以「發展」觀點，解消其差異，以維持「道統承傳」之意象者。其說大意謂，易傳中庸之「天道觀」，直至宋儒之說，乃孔孟之學之「發展」，換言之，孔孟之學至「天道觀」中方能完成。此說如成立，似可一面承認孔孟之說與後世之說之不同，另一面又仍可維持「道統」意象。[11]

按此段明是對牟先生之說作批評，牟先生正是以《易》、《庸》及宋儒之學為孔孟智慧之發展，是一根而發，二者本質並無不同，此亦可以說是儒家的「道統」。對此，勞先生批評說：

> 「心性論」中畢竟有何困難，必須訴諸「天道觀」以求解決，……其大意謂：「心性論」必須能建立「存有意義」之「理」，而就「心性論」內部言，則不足達成此一目的，故必須進至「天道論」，方能完

---

[11] 同註8，頁72。

> 成此一理論要求。……
> 首先,所謂「存有」取何意義,即涉及前文所指出之「存有地位」(ontic status)之問題。「存有」可指「獨立意義之存有」,或「依於主體性之存有」。所謂「存有」之「理」,倘取前一意義,則非「心性論」所要求或所須建立者;因「心性論」原以自覺自主之主體性為中心,不須認定獨立於主體性之存有。倘取後一意義,則此種「存有」既依主體性而安立,則其安立過程自只能由主體性一面闡釋之。進而言之,縱使某一型之「心性論」對於「存有」之「理」之闡釋有所不足,仍只能回向主體性以求充實,而不須另訴於一「天道觀」。[12]

牟先生言《易傳》、《中庸》之形上學說法,是先秦儒學發展至圓滿的地步,這當然有一義理上之衡量標準。他認為只言心性論,而不涉及存在,這並非圓滿之論,因若是則存在界要交給誰呢?誰負責一切之存在呢?故由心性論證立之道德之理,必須亦是一切存在之根據,亦可說是存有論意義之「存有」。故對存在界作說明,是必須面對的問題。更何況對天的意識,是一老傳統,在孔孟思想中,天是不能去掉的,不能因個人之不喜歡,便罔顧歷史事實。從另一角度看,由道德實踐,亦很自然進至對存在界作說明之存有論。如康德因德福一致為實踐理性必然要求實現之對象,便要肯定上帝之存在。由上帝照察有德者之內心之德,而使存在界配合之,使有德者有福,此雖是「道德的神學」,但上帝正是負責存在界之存在者,這亦即是由實踐而建立說明存在界之理論。而若天道論、形上學或神學是由道德實踐之要求而建立者,則對此便不能用思辨理性之概念,使如同知識的對象般來理解之。勞先生認為此天道之存有若為主體之要求而立,此存有之地位,不能獨立於主體,此固然也,但如此說亦不能證明依主體之要求而立之天道沒有其實在性。在踐仁之感受下,天道是一客觀之實在,此是如康德所說的實踐理

---

[12] 同註8,頁74。

性的要求或肯定,如果是實踐理性的要求或肯定,則並不能因為非思辨理性之所能及,而否定之;亦不能以思辨理性運用知性之概念於經驗界之情況來理解之。由於實踐理性的肯定,便使自由、上帝或靈魂不滅有其實在性,如此義可通,則宋儒如果也是從踐仁而做出對天道的肯定,則此肯定也不能夠因為思辨理性不能及,或不能說明,而否定之。故天道之是否為客觀之實在,須依仁心實踐之是否真有此要求來研判,在此思辨理性是不能夠置喙的。

勞先生後文,又認為若將價值意識投射於存有界而視為「存有之規律」,此是將價值之論述與有關存有之論述合而為一,是實然與應然相混,而且亦會面對決定論的問題。即若存有原則與價值原則合一,是否即認定一切善終將自己實現?而一切努力是否已為此原則所決定?若如是便否定了主體之自由。[13]勞先生一再以決定論來質疑,此亦見勞先生確是沒有區分思辨與實踐領域之不同。吾人以為,必須如康德所說,由實踐而肯定的信念,是可以不受思辨所干擾的,如此方能根本解決這些疑難。

四、「否定知識,為信仰留地步」之涵義

以上藉康德之議論來消解勞先生的批評。依康德,道德實踐所必須肯定的自由意志,並非是可感觸的領域,如果把自由看作是可感觸的或可經驗的對象,那自由便是現象中的存在,而成為有前因的,如此就成為自由之否定。故如果要保住道德實踐是可能,則自由便不能不是超感觸的存在。而如果自由是超感觸的存在,便不能是思辨理性可以運用知性概念以產生知識的感性的範圍內之事。故如果要肯定此超越義的自由,便要否定或揚棄知識。康德對此否定知識,保全信仰之義,續有以下之論述:

> 空間與時間只是感觸直覺之形式,因而亦只是當作現象看的事物之存

---

[13] 同註8,頁75。

在之條件。……理性之一切可能的思辨知識皆只限於經驗之對象,這實是隨以上所說諸義而來者。但是,我們的進一步的爭論點亦必須正當地(適時地)被記於心中,即:雖然我們不能知道這些作為物自身的對象,可是至少我們必須猶能去思考這些作為物自身的對象;非然者,我們必陷於這悖謬的結論中,即能有現象而卻無任何「在顯現著」的東西。[14]

康德說明思辨理性只有在由感觸直覺接受對象時,才可產生知識,而此種知識必以時空及範疇為條件,而為現象界之知識。但由於實踐理性所肯定之自由等,在經驗中,及以時空、範疇為認知之條件下,是得不到的;由是,人固可思議這些屬於物自身者之存在,即思議其為有,但不能有進一步之知識。此即吾人可以思議自由為超越的、超感觸的存有,為經驗所不及。所謂思議其為有,只能思議到此為止,能思議自由即表示吾人不能因為對此沒有經驗知識就否定它,但也不能因為能思議,就可以肯定它,認為自由是可經驗的對象。依此,康德此處的分析涵意甚為豐富,一方面肯定超越的自由必須存在,不然道德為不可能。另一方面,雖然吾人可以肯定此自由,但仍要承認其為思辨或知識所不能及。於是,對此由實踐理性所肯定的自由,其真實性既然已經為實踐理性所肯定,則思辨理性便不能再加以懷疑或否定。思辨理性本來就能思議此意志之自由,而現在因為實踐理性的肯定,於是使「思議」進一步成為「肯定」。依康德上引文,此是肯定自由為「物自身」的對象,當然此義也不能理解為把超越的自由視做為思辨理性可以用上去的感性範圍中的事情。

　　從以上的討論,則對於作為一切存在根據之道體,從思辨立場看,只能思議其為有,不能進一步對天道之內容加以論述。而此思議其為有,可以由道德實踐的肯定而進一步的視其為真實的存在;雖然可視其真實的存在,但對此不能用思辨理性來希望得到有關天道的知識。用思辨理性於知識的範

---

[14] 牟宗三先生譯註:《康德純粹理性之批判》(上冊),頁 40-41。

疇，而希望在經驗中能夠得到有關自由的知識，此一想法是應該被否定的。而勞先生對於天道生生之質疑，不正是將思辨理性用於物自身界，而求了解天道之內容，所引致之想法嗎？他所設問的既有天道的存在，則人之違道如何可能？這便是以用於經驗界的因果概念之思維，用於天道存在。他不能於此處見出因果範疇若用於超感觸的存有，並不能如同於用於經驗界中的情況，即不能順著因果範疇而追問前因，或有既是超越的天道決定，則人的道德行為便為超越者決定，而沒有自由之疑問。這些想法都是把應用於經驗界的因果概念用來思考或理解超感觸界的存有，這便產生了不相應的質疑。固然康德在分析因果範疇不能離開感性的範圍或經驗的對象而得到知識之後，認為在論述道德法則決定意志，或可自立法則的自由意志時，也可以用因果的概念來思考它。[15]但此時因果概念的應用並不能同於在感性界，或經驗界中的使用，此時用因果或超感觸的原因（原因本體）來說明的，是不受感性的動機或其他經驗性的原因所影響的自由意志，是道德行為的決定原因，此決定行為的自由意志之為原因，並不同於在經驗界中的因果法則的原因。應用於經驗界中的因果法則之原因，是因上又有因，因本身也是結果，故不能夠有一自發的、不受其他影響的自由意志之存在。但現在以自由意志為一超感觸界的原因，是藉因果概念的作為事物的決定因之義，來表示法則對意志的直接決定，及自立法則的自由意志是在現實上表現出的道德的行為之超越的原因，而此原因不能更有前因決定之。此一作法雖運用了因果概念來理解自由意志，但對此超越的因或「因在本體界，而果在現象界」之因果關係是不能夠在經驗中證實的，即此「特種的因果性」並不能在經驗上找到其對象，因為沒有直覺可以提供之故。因此，雖然因果性的範疇依康德可以用來理解自由意志的作用，但此種因果性的應用，並不同於因果在經驗中的應用。故吾人還是不能因為於超感觸界仍然可以用因果來表示，就說對於天

---

[15] 見康德《實踐理性批判》第一部，第一章：「關於這權利，即『純粹理性在其實踐使用中所有之以至於一擴張』之權利，此種擴張之權利對於純粹理性之在其思辨使用中乃不是可能者。」整節，牟宗三譯註：《康德的道德哲學》（臺北：臺灣學生書局，1982年），頁195-205，特別是201-203頁。

道、本心的存在可以追問其既有天道存在，則人心之活動是否便為先在的天道所決定，於是就不可能有自由之問題。此問題是把超越的因果性視同於經驗的因果性，而順著經驗一直問下去。如果了解「因在本體界、果在現象界」之義，則便不能夠將屬於超感觸界的自由意志與天道的關係，視作為在經驗中的凡結果必有其前因的先後關係。在超感觸的領域可以通過因果性的借用，來推想在經驗中找不到對象，吾人對之不能有知識，但由於實踐理性的要求而肯定的自由意志對於行動的決定性；但這樣借用了之後，應該馬上了解雖然如此，但對於此超越的因，吾人仍是不能了解的，不能按照因果在經驗中的使用，而提出此因上之因是什麼，受誰決定等提問。

據上文的分析，勞先生這一作法是把經驗的因果性用於思考自由、天道這一屬於超感觸領域的存有，並希望由此而給出思辨性的質疑與解答。他此一作法其實有一錯置的情況含藏其中。也可以說，他如此提問是未能深切思考其中的分際之故。他質疑如果有天道存在，則人何以會違道？何以會有自由？及天道既然是由人的實踐主體所肯定，則天道只是主體中的事情，何以能夠有其客觀存在性？這都是用思辨於由實踐理性所肯定超感觸的領域，又以只能於經驗界、感性界有知識對象的因果概念，用於思考超感觸的存有，而不知道若於此處言原因只能是特種的因果性，所引發的疑問。如果理解此中義理的分際，應該就不會有這些疑問了。

康德上述的思辨理性與實踐理性之區分，及對思辨給出限制，消極地限制思辨理性的擴張，而積極地保住自由，也就是保住道德實踐的真實可能性，由是而成立對事物有現象與物自身兩個觀點之說，是由道德實踐必須肯定自由作為根據而發的議論。故康德云：

> 如果我們假定：道德必然地預設自由（……）以為我們的意志之一特性，那就是說，如果我們假定：道德給出實踐的原則（……）以為理性底先驗與料（……），並假定：除依據自由之假設，道德之給出實踐的原則必應是絕對不可能的；而如果同時我們又假定：思辨理性已證明這樣的自由不允許被思想（……）：如是，則前一假設（……）

必要讓位或屈服於這另一爭辯（……），這另一爭辯之反面（……）含有一顯明的矛盾（……），如是，則自由，以及與此自由相連的道德，必要投降於「自然之機械性」，〔而成為「道德之否定」〕，蓋因為只有依據自由之假設，道德底否定始含有矛盾（……）。

實在說來，道德並不需要：「自由」一定可被理解（……），它只需要：「自由」一定不要自相矛盾，因而「自由」一定至少可允許被思想，而且它亦需要：當「自由」這樣被思想時，「自由」對於這樣一種自由的活動，即「若以另一種關係（……）視之，同樣亦符合於自然之機械性」這樣的一種自由的活動，亦決不置有任何障礙。因此，道德論與自然論可各得其所而不相悖。但是，此一義其為可能是只當一種「批判」已把我們的對於物自身之不可免的無知早已事先建立好，並且已把一切我們所能理論地（……）知之者皆限於純然的現象時，才是可能的。[16]

此兩段明白表示由實踐的要求，自由是非肯定不可的。而雖肯定自由，一切存在都在因果決定底下，亦必須成立，故對事物的兩種觀點的肯定，也是必然的。因若不肯定這兩種觀點的並存，則意志自由便會投降於自然的機械性，即必會否定自由。同樣，若只肯定超越的自由，而否認因果的必然決定，則經驗知識便不能成立。由於對事物可以有現象與物自身兩種並行不悖的觀點，則屬於物自身界的自由，即實踐的領域的保存，不必受思辨的干擾，也是必然的。若不限制思辨理性，則在用思辨理性去理解自由時，便將自由變成現象，如是便成為自由的否定。由是，康德下結論說：

因此，我已見到：要想為信仰留餘地，「去否決知識」這乃是必要的。〔依康德原文直譯：「因此，要想為信仰留餘地，我必須揚棄知識。」〕形上學底獨斷主義，即「沒有一種先行的純粹理性之批判而

---

[16] 同註13，頁43-44。

即在形上學中去前進」這一種專擅（……），是一切那些敵視道德的無信仰的思想（……）之源泉。[17]

此處所說的否決，牟先生按語認為依德文原文，應譯作「揚棄」，「揚棄」亦有保全之義，不只是否定義。但順康德原文的脈絡來看，他此處重在限制知識，不讓思辨概念用於由實踐所肯定的領域，則直接解為否決或否定知識可能更為明白。此處應重在表示實踐的領域，必須以經驗所不能及的超感觸界的自由為根據，而此一領域既為思辨理性或經驗的知識所不能及，便有其不依於思辨理性的客觀真實性。既然實踐的領域有其客觀的真實性，便可以免於遭受由思辨而來的質疑。在此實踐的領域中，思辨理性無權質疑，甚至只有拋開思辨理性能運用以成就經驗知識的思維模式，才可以了解或體悟。此亦可說如果堅持思辨的思考模式，如用因果在經驗界之運用方式來思考實踐領域的問題，便是把超感觸的存有，如自由，思考為經驗中的存在，如是就等於是否定了自由，而道德實踐便成為不可能。當然，如上文所說，也可以用因果性來思考超感觸界的自由，但這是超越的因果性，此因是在超感觸界，吾人對之不能有知識。不能用經驗界的因果關係，因也是果，也是被決定的來思考之。若如此思考，便是對自由的否定。由於道德實踐必須是可能的，故自由之為超感觸的存有也是必然的，於是如果對此超越的自由之義有了解，就不會再以思辨理性運用知性概念於經驗中的思維模式來思考之，此所謂「否定知識」。

吾人亦可藉此否決知識之義，以消解將儒家的形上學看作是思辨的理論，而作出種種論難的做法。在此不能忘記道德的形而上學是實踐中的肯定，或體悟，吾人固然可以思議之，但也只能做到思議其為有而止，固然可以藉因果概念來理解自由意志為一決定因，但對此因並無經驗的、感性的知識，只能止於此，不能再進一步。又康德此處所謂的信仰，包含由實踐而肯定的自由，不是只就上帝存在的信仰而言，故此處所謂的信仰，譯作「信

---

[17] 同註13，頁45。

念」較佳。[18]故如果儒家的道德形上學是由道德實踐而肯定、證立的，則這種形上學理論也就可以不受思辨理論的質疑。以下我想略引中國哲學的一些講法以證成此義。

五、舉例說明中國哲學的理境不能用思辨概念來理解

（一）孟子所說的「盡心知性以知天」[19]正表示由道德實踐體證本性之存在，又由「盡心知性」體證天道之存在，此中「盡心」在先，由於有「盡心」的實踐活動才會肯定性與天道的存在。性天的意義與盡心的活動是相通的，或說不只是相通，而為一體呈現。如果我們用思辨的方式，以知性概念用於經驗般來理解孟子這句話，便會理解為：由於有天道的存在，一切人與物才有本性；及由於人有本性，所以才會表現道德心及道德行動。如果採取這種進路來了解，就會有如勞思光先生所說的「如果肯定了天道與本性的存在，那麼人與物便不可能有違背天道或本性的可能」之問題，即是說，人的為惡是不可能的。而且，假如我們的道德實踐是因為有本性作為根據的話，則人的道德活動便是由先在的本性所決定的，因為人有善性，所以才有踐德的活動。這樣人的實踐道德並非出於人之自由，如此即使行善，也沒有功績可言。很明顯地，採取這種思辨的理解方式來理解孟子心、性、天的關係，是會使道德實踐成為不可能，取消了道德行為的意義與價值。而孟子的原文，正好表示需要從心來體會性與天道；固然他不會表示說「因為」心「才會」有性與天道，因為這樣說也是不通的。孟子之義，正如康德所說的「以實踐為優先」的意思，在盡心的活動中，人會體會到道德實踐是完全由自己決定的，所謂「操則存，舍則亡」[20]、「求則得之，舍則失之，是求在我者

---

[18] 韋卓民便譯為「信念」。韋譯《純粹理性批判》（武漢：華中師範大學出版社，2000年7月），頁25。
[19] 孟子曰：「盡其心者，知其性也。知其性，則知天矣。」（《孟子集注·盡心章句上》）
[20] 《孟子集注·告子章句上》。

也」[21]，又如見孺子入井[22]，怵惕惻隱之發，完全沒有三念之雜，也表示道德活動完全是自己自發的，不受其他因素所決定。這種在踐德時的完全自我作主，絕對自發的感受，便是自由。如果沒有這種感受，便不是道德實踐。但如果採取認知或思辨理性以知性概念用於經驗的觀點，對見孺子入井發出怵惕惻隱之心此一事件，可以理解為：因為看到孺子入井，所以就發出惻隱之心，作出往救孺子的行動；如果這樣理解，而忽略了此時本心良知之自發自決的作用，即若忽略了此時本心給出了不依其他而自發的創造性，則此一往救孺子之道德行動，就沒有道德意義了。因此，在真正作出道德行動的時候，自由或意志的絕對自發性是非要肯定不可的。但人的確也可以採取運用知性概念於經驗中的認知的方式來理解道德的行動，而取消了自由。這樣一對照，便可以表明通過認知思辨的理解方式，是不可能了解真正的道德行動的。

（二）羅近溪（羅汝芳，1515-1588）從赤子之心的「不學不慮」[23]而自然愛親敬長，來證明真正的道德實踐是沒有思慮而自然迸發的。這也表示了本心的活動不能用因果範疇來思考之意。近溪又用「莫之為而為、莫之致而至」[24]來說明天道的神用，也表示因果性在此處用不上之意。

（三）莊子在《齊物論》中，提出了對於「無」，不能採取從「有」往後追溯的理解方式，他認為此一往後追溯的方式，並不能得到真正的對「無」的了解，因為可以一直追溯下去，不能停止：「有始也者，有未始有

---

[21] 《孟子集注·盡心章句上》。
[22] 《孟子集注·公孫丑章句上》。
[23] 羅近溪：「噫！天下之理，豈有妙於不思而得者乎？孝弟之不慮而知，即所謂不思而得也。天下之行，豈有神於不勉而中者乎？孝弟之不學而能，即所謂不勉而中也。故捨卻孝弟之不慮而知，則堯舜之不思而得，必不可至。舍卻孝弟之不學而能，則堯舜之不勉而中，必不可及。」（《盱壇直詮》上卷）
[24] 孟子：「莫之為而為者，天也；莫之致而至者，命也。」《孟子集注·萬章章句上》。近溪對此有以下的體會：「反思原日天初生我，只是個赤子，而赤子之心，卻說渾然天理。細看其知不必慮，能不必學，果然與莫之為而為、莫之致而至的體段渾然打得對同過也。」（《羅近溪先生明道錄》卷四）

始也者,有未始有夫未始有始也者。有有也者,有無也者,有未始有無也者,有未始有夫未始有無也者。俄而有無矣,而未知有無之果孰有孰無也。」[25] 從有追溯無的方式,既然不能真正得知無的意義,人便需改弦易轍而於當下的存在,渾忘有無的對待。化掉此有無的對待,便可以體會真正的無。此要人超脫有生於無的方式來了解無,也就是要超脫思辨概念之意。

（四）郭象所言的「獨化」也是此意:「無既無矣,則不能生有;有之未生,又不能為生。然則生生者誰哉?塊然而自生耳。自生耳,非我生也。我既不能生物,物亦不能生我,則我自然矣。自己而然,則謂之天然。」[26] 郭象此處表示物自生之義,但所謂物自生並非經驗知識,如果把物自生當做經驗之事,就會被理解為物自己生自己,這也是說不通的。故此「物自生」與「道生物」或「無生有」,意義是相通的,而此層意思是超感觸的,非經驗的。郭象通過「道生物」,或「無生有」之不可理解,來逼顯道對於萬物的作用,並不可以用通常的思辨的方式來理解之義。道生物或無生有之不可理解,並不表示不可說道或無之生物,只是說道或無之生物,非思辨中之事。

六、結語

對中國哲學的了解與詮釋,不能不用思辨的概念,但也必須要超出思辨。儒道佛都是以實踐為主的哲學,都以由實踐而體會到的生命之自由為中心意旨,而自由必須超脫思辨的概念,如因果、然所以然及前後等思維方式來理解。故若無批判地使用思辨概念去論述中國哲學,便會有不相應的理解。這種現象在時下的中國哲學的論著中,是很常見的。牟先生曾認為儒道釋三家都肯定智的直覺,如果不肯定人有智的直覺,則中國哲學便會垮台。當然我們不能因此便說,人要呈現其智的直覺,才能了解三教的哲學,但對

---

[25] 《莊子・齊物論》。
[26] 郭象《莊子注・齊物論》「夫吹萬不同,而使其自已也」句下注。

於思辨的概念運用，必須有所限制，對於「否定知識以為信仰留地步」的提醒，是必須正視的。若是呈現智的直覺，當然感性的形式、知性的概念都會渾化掉、用不上，故如果中國哲學預設智的直覺，當然更應強調「否定知識」之義，這比康德的原意是進一步的。上節引文中近溪與郭象的文獻都表示了必須衝破因果概念，才能對真實生命或玄境有了解之意，這也確比康德之說進一步。康德雖認為因果範疇若用於超感觸界，不能得到有關的知識，又認為思辨理性需縮小其應用範圍，但仍主張可以用因果概念來思議自由意志，仍可說自由是超感觸界的因，此因決定了經驗現實的行動。康德此說並非完全否定因果概念在超感觸界的作用，對於此中的不同處，是值得我們再進一步研究的。

比較康德的德福一致論與孔子的天命觀

一、引言

　　對於孔子所說的「五十而知天命」的詮釋，兩千年來沒有確解。朱子對孔子「四十」與「五十」生命境界的所以不同的註解，說明了朱子之說是要從道德的當然之理進至所以當然的存有論之理。此即要從道德實踐所理解的道德原則來說明存在界，這便關涉到個人的道德實踐是否得到合理的回應之問題。藉著康德所說的「德福一致」是實踐理性的必然對象或目的，而此雖然也可以作為行動的意志的根據，但與道德法則作為實踐行動的意志的決定根據，意義有所不同之論，可以比較出孔子與康德對於行義是否必然有合理的結果，此一問題上見解的同異。從孔子的自信「天生德於予」之說，可證踐德者會有自己的實踐行動必能帶出合理的結果的肯定，但此一必然的肯定是屬於宗教性的信仰上的必然，不同於以道德法則決定意志之為必然。道德的行動之意志或存心，如果不為道德法則所決定，便不是真正的道德行為；但踐德者對其所相信的一定能實現的合理的結果（「德福一致」）是實現抑不實現，則都可以接受。由此可證這兩個層次的必然性，是可以區分的，從孔子對於道之將行將廢都視之命，而在明知道不能行，仍要以出仕為義，而不可違反，可說明此意。此義應可對孔子知天命中所含的深微義理，作出一些新的闡釋。

　　孔子對天命有甚深的體會與敬畏，故言「畏天命」，而孔子「五十而知天命」之自述語，一般都認為是孔子德性生命或智慧的生命的發展的重要關鍵。對於何謂「知天命」，是歷代儒者都苦心研究的問題，也未有一個大家

皆同意的定論。[1]我在〈當代儒學對孔子天論的詮釋〉[2]文中，對當代錢穆、徐復觀、勞思光及唐君毅、牟宗三等先生的講法有一些討論，最近為學生導讀康德《實踐理性批判》，覺得康德在討論德福一致是實踐理性的必然對象，但又不能作為行動的格準之義，可藉以解釋孔子知天命的一些涵義。即康德認為有德者必有福，是合理的想法，但人的實踐道德，並不能以追求德福一致作為目的，因為實踐道德是行所當行的事情，不能有所為而為。雖然吾人不能為了實現德福一致而實踐道德，但在從事德性實踐，即在按無條件的律令而行時，又必以德福一致為必須實現的理想，此中的分析十分細微，康德此一區分似可以表達孔子在行道時，相信天命在我，上天一定藉著孔子而行道，即是說孔子對於他的行道是有信心的。但雖如此，他對於道的終究能行或不能行於天下，都能夠接受，而認為不論成敗，都是天命所在。孔子在這裡也表達了相信道一定能大行，個人的德福也一定相應，但人不能以道一定能行或德福一致作為道德行為的根據或目的，故行道的結果如何人都可以接受。本文希望藉康德之說對孔子的天命觀做一探索，並比較二者的異同。

二、朱子論孔子四十與五十生命境界之不同及其涵義

朱子在註解「吾十有五志於學」章中的「四十而不惑」句處，曰：

---

[1] 徐復觀先生認為對此問題，是「二千年無確解」，見徐復觀：〈有關中國思想史中一個基題的考察〉，《新版學術與政治之間》（臺北：臺灣學生書局，1980 年），頁439。最近余英時教授在《論天人之際：中國古代思想起源試探》（臺北：聯經出版事業公司，2014 年 4 月初版三刷）對孔子的知天命從「軸心突破」的觀念來做詮釋，引史證義，認為孔子對於「天」和「天命」抱著深摯的信仰，但卻不把「天」當作人格神來看待。（頁 54）。其論與當代新儒家所強調的孔子的仁教的特殊意義（如牟宗三先生所說的「踐仁以知天」）大略相似。

[2] 收入拙著：《當代儒學思辨錄》（臺北：鵝湖出版社，1998 年 11 月）。

於事物之所當然,皆無所疑,則知之明而無所事守矣。[3]

朱子之意認為孔子四十歲時,對於事物的當然之理,即道德之理,都能無所疑惑,故道德實踐已達仁精義熟的地步,不需勉強持守。在「五十而知天命」處,朱子注曰:

天命,即天道之流行而賦於物者,乃是物所以當然之故也。知此則知極其精,而不惑又不足言矣。[4]

這是說孔子在五十歲時,對於當然之理的「所以然」,能夠深切了解。朱子此注語意涵知天命,是知達到「極其精」的地步,由此極精之知,而起真實行。依朱子所謂「所以當然之故」,是「天道流行而賦於萬物者」,即是說人間倫常事物所表現的道德當然之理,是天道流行,使萬物如此的,即萬事萬物所以都表現出道德之理,是因為天道、天命使之如此,這是對道德之理給出了存有論的說明,認為人生倫常所依據或人生所以能成為合理的存在,是由於道德之理。而這道德之理不只是人倫或人事之理,而又是天理,即此道德之理是天地間的恆常之理,是「存在之理」。朱子所謂的「所以然」是道德當然之理之所從出,他認為道德之理出於天道、天命,當然這樣說,便涵道德之理即是存在之理之意,故吾人可以做上述的詮釋。當然此說也涵因為道德之理是上天賦予於一切人物的,所以人需要實踐道德之理,但此意不能簡單地被理解為以存有之理,來說明道德之理,所謂「形而上學的道德學」或「宇宙論中心哲學」,若如此便是他律的倫理學。從朱子注孔子「四十」與「五十」的不同,是明白當然之理與所以當然之理的不同,可知依朱子,對於天道、天命這「所以然」的了解,是從道德的當然之理推上去來說的。這是從道德的實踐來推形而上的天道,而不是由上而下,從天道來規定

---

[3] 朱熹:《論語集註》卷一,《四書章句集註》,頁54。
[4] 同上註。

道德的當然之理。此當然之理，是人本知的，而且在倫常日用中常表現出來。而所以要從「當然」推到「所以當然」，是為了說明何以人間要表現或依循道德之理。人都感受到道德之理是人都應該遵守的，沒有人可以例外，而為什麼人會對道德之理有這種人人都必須如此遵守的感受呢？朱子從「當然」推至「所以當然」，便是要說明此一問題。他從人人都有必須遵循道德之理的感受或理解，而推至「這理便是天道之所在」。因此「當然而不容已」之道德之理，是有「所以然而不可易」[5]的天理作為根據的，道德之理也就是天理之所在，而由於有這一步的肯定，人就更能堅決的依循此理、按照此理而實踐，而毫不搖動。

　　本來四十而不惑時已經可以按照道德之理來實踐而不疑惑，而進至了解到此道德之理不只是人世間之理，又是天理之所在，是一切存在之所以能存在的根據，了解至此，則循此理而實踐，便更不會有疑惑了。而此所謂「更不會有疑惑」之疑惑，不同於在人倫關係中，是否應實踐道德之疑惑。此後一疑惑，在「四十而不惑」時就解決了。如果還有問題需要進一步解決，則「五十而知天命」時，通過知天命而解決的疑難或問題，便不是四十時所面對的問題。我認為孔子四十而不惑已經完全了解人間倫常所要表現的道德實踐，即對於人生倫常之理已經透徹了解，但作為一個聖哲的生命，他的智慧並不能只考慮人間倫常的事情，而必涉及天地萬物、往古來今的存在。即孔子的生命智慧一定要從人間的道德領域進至涵蓋一切存在的存有論的思考，而知天命就是從現實人生的倫常的存在或有限的存在，進至包含一切存在的存有論的思考，亦可說是站在包含往古來今一切存在的角度下來思考人間的道德實踐，站在此角度來思考道德實踐，便會有人間的道德實踐是否也符合使一切存在成其為存在的存在之理的問題。即站在天地的立場來看，人間的自覺實現道德、表現德性的價值是否有其絕對普遍性？是否具有無限的價值？如果可以這樣理解知天命的意義，則孔子的五十知天命是表徵他從有限的人生界跨出去，而體會超越的、無限的領域與意義的一大步。故如果說四

---

[5]　朱子《大學或問》：「莫不有以見其所當然而不容已、與其所以然而不可易者。」

十而不惑還不是究竟的人生境界，必須繼續往前發展，則五十所要克服或消解的疑惑，應是應然的道德之理是否符合一切存在所以能存在的存在之理。這即是問一切存在、一切人、一切事，是否真的依循道德法則而存在？按朱子之意，通過格物窮理的工夫，是可以從人世間的道德之理推到太極之理的，太極含種種人倫道德之理，所謂太極含萬理。又既然說是太極之理，則太極之理當然就是使天地萬物能夠存在，或使一切存在維持生生不已地存在的根據，如果能夠從當然之理推至太極之理，明白到當然之理就是所以然的天理，則人的按照自己理性給出的道德法則而實踐的事情，就會有充分的、不會動搖的信心；因為假如吾人所據以實踐的道德之理，雖然是人所知的倫常之理，但又不只是人之理，而為天地之理，則人在倫常生活中是實踐使一切存在能成其為存在，又維持天地生化，使一切存在能生生不已地繼續存在之理，則人在實踐道德時，不管發生怎樣的情況、後果，都不足以動搖人踐德的決心。我認為這就是程伊川與朱子提倡格物窮理，以此為內聖學的關鍵工夫的理由所在。此中「所以然」是以「所當然而不容已」為根據而推上去的，故此從「然」推「所以然」，並非從泛說的事物之然處來推，而是從倫常日用中、人所共知的孝悌慈處推其所以然。[6]故此從然推所以然是有對道德之理的一般理解來作根據的，是從常知推至真知。如程伊川談虎色變的例子所表達之意，亦即朱子注語「知此是知極其精」之意。而此從常知到真知，從所當然到所以當然的發展，對於人的道德實踐是必要的工夫。[7]

以上藉朱子對孔子四十與五十人生境界的不同之詮釋，來說明孔子五十

---

[6] 此意見朱子《中庸或問》。

[7] 唐君毅先生認為朱子從當然之理來了契入天命，是很恰當的。但朱子對天命只理解為當然之理的本源，以此講孔子之知天命，則只知得此所以然而已，外此則別無工夫可用。（《中國哲學原論・原道篇》卷一，香港：新亞研究所，1973年5月，頁115）唐先生認為在知天命後更有盡性的工夫可講，故知天命並不只是知道當然之理出於天命而已。唐先生此義當然有深刻的哲學涵義，但我認為朱子此一對孔子知天命的詮釋，是有從常知進至真知的發展者，此知當然之理乃是出於天，而且此理是使一切存在成其為存在之理之「真知」，使人能更無懷疑地從事道德實踐，是非常重要的工夫。

知天命時,所解決的問題,是人生必須依據的倫常道德之理,是否就是使一切存在得以存在的天理。而如果了解了道德之理就是天理的話,則人就更能遵循道德之理而不會有疑惑。此一說法函蘊了人的按照應然的道德之理而實踐,是否在現實的世界能有相應合理的結果產生的問題。而此一問題應該是每一個要求自己依理而行,從事無條件地實踐的人一定會產生的問題。此一問題是如此:人當然是要按照道德而實踐的,如為父當慈、為子當孝,而且人的實踐這些道德行為並不因為這些行為可以使吾人能得到現實上的好處,所以要去行,而是只因為這樣去行,是吾人認為我應該行之故而行,而且吾人認為這些行為是人人都當行的行為,人只能因為道德行為是人所當行、誰也不能例外的緣故而行,除此緣故外,不能為了其他。這是康德所謂的道德行為是按照無條件地律令而行的行為,而且道德行為不只是行為的外表符合義務,而是為了義務而行的行為之意,此一對道德行為的規定或了解,人只要稍一反省自己行為的存心,就可以知道,此所謂常知。對道德的常知人人都有,誰都不能說自己對道德行為是什麼一無所知,人也不能夠說只有他真正懂得什麼是道德行為,如康德所說,在道德此一事情上,人不能提出什麼新的東西來[8],但此一為人人所共知的道德行為的意義,並不保證人可以真正實踐出道德行為,這種行動其實沒有道德價值。由於人有感性的欲求,往往會在要做出道德行為時,遷就感性慾望的要求,而希望藉著善行來得點好處,此希望得點好處便是順從感性慾望的要求,而使得無條件地實踐成為有條件的行為,即成為為了達到另一目的而做出道德行為,這種行動其實沒有道德價值。這種存心的滑轉,好比是朱子所說的人心與道心「二者雜於方寸

---

[8] 康德說:「有誰想去引出一新的道德原則,使其自己好像是此道德原則底第一發現者。」見康德《實踐理性底批判‧序言》,譯文引用牟宗三先生譯注《康德的道德哲學》(臺北:臺灣學生書局,1982 年)。基督教的思想家魯益士(C. S. Lewis)在其《返璞歸真》(Mere Christianity),(余也魯譯,香港:海天書樓,1998 年)書中也表示了對於道德律的存在,是任何人都不能否認的。他對道德律的理解也同於康德,即視之為無條件的律令,而且認為對於何謂真正的道德行為的了解,古今東西各大文明系統是大體相似的。(見該書前三章及頁 65)

之間,而不知所以治之,則危者愈危,微者愈微,而天理之公卒無以勝夫人欲之私矣。」[9]由於這種天人交戰,是人在要求自己做真正的道德實踐時都會產生的,故人要貫徹落實道德行為,便必須要克服這種普遍的生命問題。上述朱子與伊川要從「常知」進到「真知」,從「當然而不容已」之理,進至此理為「所以然而不可易」,應可以從克服此生命問題而給出的工夫來了解。這是將理從道德之理了解為天地之理,以克服人對依此理而實踐時,所產生的何以一方面實踐道德,另一方面又藉此實踐而要得到感性上的滿足的要求之問題。人如果知道這種無條件的實踐正是天理之所在,便不會有藉此理而得滿足感性的要求之想法,因為此理就是天理,本身就具有無可比擬的絕對的價值。若想藉此實踐行為而獲得其他的好處,就會使此行為本有的絕對價值降而為相對的價值,這是得不償失的。故越明此義,便越不會受到感性欲望(人心)的要求而造成行為的動機(存心)的滑轉。

另一方面,如果堅信道德之理就是存在之理,則人雖然不是按照現實存在的實然情況去從事行動,但由於實踐道德是按照理所當然而實踐,而此理所當然是人人都認為是理所當然的,於是此一存心所遵守的,如同康德所說的,是普遍的、形式的法則,是不能有任何個別、特殊的內容在其中的。比如說:人的言而有信,只因為守信是人人都應該行的,不能因為任何個別的理由而守信,故人的實踐道德,必須一空依傍,把一切個別的、有內容的想法都抽掉,不能為任何別的理由,只能為如此做是人人都該做的,即只能依照依形式的普遍性,來決定自己的行為。故按理而行之理必須是普遍之理之形式,不能有任何材質在其中。若有任何材質在其中,便不能具有普遍性。人的行動之存心,假如只因為此形式的普遍性而行,才可以說是道德的行為,則道德的行為必須是在行為的存心只受形式的普遍性所決定時,才算是道德的行為,而人的行動的存心竟然可以只受形式的、可普遍的法則所決定,這是相當難以理解的。在此形式的普遍性,或形式的普遍的法則的決定下,可以使人給出行動,這是難以解釋的。人一般的行動都是有所為而為

---

[9] 見朱子:〈中庸章句序〉,《中庸章句》,頁14。

的,而此無條件的律令以形式的普遍性來對人的存心做出決定,要人只能因為要作出的行動是人人都該行的,只因此之故而行動,道德法則只以理的緣故而給出決定,它不需要對人的感性欲求給出任何承諾,也不須答應人以求幸福為目的之任何想法,而若一旦有其他的承諾,則此行動的動力就不是因為理的緣故,即並不是出於義務,不是為了義務而行,那就不算是道德行為。此抽掉一切各別的想法或內容,只剩下空洞的、形式的普遍性之理,似乎是不能引發人去行動的,但如果道德行為的動力不是只因為此理是當然的、人人都該行的、形式的、普遍的理所引發,就不算是真正的道德行為的動力,故如果世間真有道德行為,則純理或純形式的道德之理本身就足以給出道德行動的動力。如果純理不能給出動力,則世間就不可能有真正的道德行為產生。如果一旦了解道德之理之為無條件的律令,且是形式的、無內容之理,只因理本身,不需其他作用支持,便足以決定人之意志,而給出行動,而此時吾人的意志就表現為純粹的善的意志、自由意志。愈了解此義,便愈有實踐的力量產生,若果是如此,則知理或「真知理」便可引發行動實踐之動力,而此理的是否能活動並不是問題所在。此一義一定要成立,這是從道德行為的本質定義就可以推出的義理,當然何以純理或抽掉一切其他動機的理所當然,會引發如此純粹的道德實踐的動力呢?這也是難以說明的,雖難以說明,但乃是理當如此的。

　　上說之意或可如此解說:當人在深知道德行動所根據的道德之理是當然的、普遍地為人所遵守的,即乃是一「理所當然」時,便會願意朝著此當然之理而遵行之。當人發現此是一當然之理時,不能不有願意循之而行的要求,如果沒有這個要求,便是反對或忽略此當然之理,反對當然之理就等於是反對自己的理性,因為理所當然就是理性所肯定必須如此的,反對之就等於反對理性自己,如是人便會陷入自相矛盾之中。這應該是上文所說的,越了解道德之理,越會引發實踐的動力的緣故。依康德,這是法則與自由之互相涵蘊(見康德《實踐理性底批判》第一章定理三、問題二之注說)。即從對於道德之行動必須是無條件的實踐之事,由此了解,便會肯定人必須有完全為道德法則所決定之意志之存在,方可有真正之道德實踐,於是純善的意

志，即只依理性給出的無條件地該行而行之法則而行的自由意志，便一定要為吾人所有，故對道德的理解便涵對人有自由意志之肯定；而此肯定亦必涵人自己必須依理而行，必須呈現其自由意志之要求，如是便往使自己之意志成為純善的自由意志處努力，如是便會給出依道德法則而行的動力。可以說，這是由對法則之了解而產生實踐的動力。

　　上文是說真正的道德實踐不會考慮到任何現實上的利害，踐德之人的存心只因為理所當然之故而實踐，不會有其他想法，如此才能說他的存心是被形式的、普遍的法則所決定。如果他的行動的存心有一絲為了其他的目的而行的想法，他的行為就不能夠有道德價值，這個道理人稍加反省也都可以知道，並不難解。但也由此而會產生極大的困惑。道德實踐不是為了行為的結果的有利而決定去行。但在給出真正的道德實踐時，也必會預期有合理的結果，即相應於道德實踐而來的結果產生。雖然踐德者不會考慮行動的結果是否有利，但由於道德實踐是按照一形式的普遍的法則而行，據上文的分析，此按照普遍的形式的法則而行，是行人人都當行的事情，而此一行動實踐，是理性認為最合理的，而此種最為合理的行動，當該產生合理的結果，如果人從事理性認為最為合理的行動，而結果卻產生不合理的情況，那就很不可理解了，對於此人是不能接受的。故在人按照無條件律令而行，為義務而實踐義務時，雖完全不考慮行為的結果，但也一定預期或相信在這種行動實踐下，一定會有合理的後果產生，這便產生了道德實踐的一大困惑。因為按照當然之理而實踐的人，雖不會以行動的結果之預估來決定行動的存心，即不會考慮現實上的情況是否會因著行所當然的行為而產生合理的改變，才去行動，但他又預期現實的世界會因為自己的實踐行動而有合理的結果，而且道德行動所依據的是人的理性所給出的道德法則，此法則是以自由為特性的，並不按照經驗自然的情況而給出決定。此以自由為特性的按法則而來的行動，應該與現實的經驗的自然的存在情況不能一致，因為現實的經驗的自然之存在情況，所依據的是自然的法則，或機械性的法則，並不是由人的理性所自發的、自由的原則，如果人的道德實踐與現實的經驗自然的情況有自由與自然的不同，則如何可說，人從事道德實踐時，現實的經驗情況會相應產

生合理的後果呢？但據上文所說，人在從事道德實踐而完全給形式的法則所決定，只問行為是否為行所當行，不會有其他想法時，卻預期現實的世界會產生相應合理的後果，這便是人的理性從事實踐時，會產生的不可解的困惑。當然從事道德實踐時也需要經驗知識，但經驗知識是為了如何把道德行為具體實現出來，而並非由經驗知識來決定人的行動實踐的存心或意志，人的道德行動的存心必須由自發而無條件的行所當行的理性判斷所決定。故道德行動雖然需要經驗知識的輔助，但並不以此就可說道德行動會使現實的經驗界產生符合道德實踐要求的後果。又人的踐德只受理性所給出的、人當該做人人都需做的行動之命令來決定，不能藉此行動來滿足他的感官的需要，如果是如此，則現實世界的存在，便不會按照我們的道德行動而產生適合我們感官的情況。因為如上文所說，現實世界的存在所以依循的是自然的、經驗的法則，用宋儒的話此是氣化之事，而道德行為所依據的並非氣化的原理。如果是這樣，則由應然之理給出的道德行動，是不能與根據實然的氣化的原則而活動變化者相應的，若是如此，如何能說明當然之理就是所以然之理呢？故程朱提倡格物窮理，希望從事物的存在之然處，了解到都是當然之理的呈現，或證明吾人內心不容已要實踐的孝悌慈的道理，也就是天地萬物所以能存在的道理，這種說明或證悟是非常不容易的，這是應然者是否為實然者的問題。

　　如何衝破這應然與實然的鴻溝，是一重大問題。此問題除了是應然與實然的區別外，還有一更深微的心理疑問需要解決，此一疑問可借用錢穆先生的話來說：「何以當然者而竟不可通？何以不可通而仍屬當然？其義難知。」[10]錢先生這一詰問十分深刻。一般認為當然者，一定有此當然者必能實現的想法，如果不能實現的，就不能叫做當然。道德上的當然的行為如上文所說是按照人人都當如此行，即按照一普遍的形式之理而行動，而不能有別的動機，當人如此的行動時，很自然會認為自己所做的是理當如此的行動，而理當如此的行動當然一定是現實上人人都會如此做的行動，我只是做

---

[10] 見錢穆：《論語新解》（臺北：東大圖書公司，1991年），〈為政篇第二〉。

人人都會如此做的行動而已,既然所做的是人人都該如此做的行動,則此行動又怎麼會不能產生符合道德實踐的要求之現實情況呢?或可說此一行動怎麼會不為多數人所接受呢?此一感受或要求,是從道德行動所具有的普遍性而逼出來的要求,而此普遍性不靠從現實上要求每一個人同意而給出,乃是人從反省自己、慎獨,要求自己存天理而去人欲,遵從無條件的律令而行動,而產生出來的普遍性要求。這也是儒學以「為己之學」,或「反己之學」為特性之緣故,越能反求諸己,越能體會到人本有的本性、本心是可以給出普遍的決定的,而此本性本心既然能如此的給出普遍的決定,那一定也就是天理所在。故人若如孔子般誠心誠意的修己以安人,求行道於天下,怎麼可能會有道不能行的現實情況呢?但事實上確常有道不能行的情況。這便造成了踐德者心中的大困惑。此困惑便是人在行所當行時,一定會肯定此時所行的,就是普天下最合理的事情,故行道者一定會有道藉著我的努力而大行的信心,如果沒有這種信心,可以說就不算是行道。在按照普遍的法則去行道時,等於是按照普遍的意志去行動,既然行動是按照普遍的意志而行,則必定有此行動是一切人都會接受的信念,但現實上往往事與願違,何以故會如此呢?在現實上,行道居然會事與願違時,這是踐德之人一定會產生的困惑的。進一步說,雖然了解行道而不一定能通,但自己仍然要去行道,這也是踐德者會有的感受與決心,用孔子的言論來說,這是「知其不可而為之」,或云:「君子之仕也,行其義也;道之不行,已知之矣。」[11]這種明知道不能行而仍然要盡當行之義,正是真正的行道者所該有的態度,但這種行道的人該有的態度或想法,又如何可能,如何才能清楚解釋呢?據上文所說,從事道德實踐是做自己認為所有人都該做的事情,於是此時一定會有我的道德行為必有合理的結果產生的預期或信念,但當面臨現實的情況,居然與上述的預期不符甚至相反的時候,何以自己不會產生沮喪、絕望的心理,反而仍然無條件的堅持實踐下去?這需要做進一步的探索。

對於道的能大行,或不能大行的現實,人是可以接受的。雖然人可以接

---

[11] 此兩條分見《論語・憲問》、《論語・微子》。

受道之有不能行的可能，但仍然無條件的去行道，而且是帶著道一定能行的信心去行道，這是孔子所說的知天命，或「道之將行也與，命也；道之將廢也與，命也。」之意，這種錯綜複雜的感受，我想用康德所說的德福一致論中德與福的關係給出一些說明。康德認為德福一致是理性的實踐的使用時所要求實現的理想，即是說當人從事無條件的，按義務而行的行為時，會有有德者必有福的想法，人的道德實踐雖然是無條件的，但也因為能按照無條件的律令而行動的人，就是最值得有幸福的人，故有德者必須有福，如果有德者無福，這個世界的存在就很不合理了，上帝為何要造這個不合理的世界呢？又為何要讓這個世界繼續存在呢？是故德福一致必須實現。依康德，為了達成有德者必有福的實踐理性的必然要求，必須肯定上帝的存在。雖然人的踐德不考慮現實世間是如何，不會按照何種行動會產生於己有利來給出行動，但正因為人能有無條件的實踐的純粹存心，他就值得有福，上帝會按照他的存心，而給出他應得的幸福。這種說法雖然弔詭，但也是合理的。於是越不為了現實的幸福去行，越值得有福。當然，雖然值得有福，但完全不能為了最終是會有福，而去踐德，如果有此存心就不值得有福了。雖然不能有此存心，即不能為了有福而去踐德，踐德之時必須只因為人人該如此行而行，即只能為普遍的形式的法則所決定。但此時人又可以有能無條件的實踐者值得有福的期望，此德福一致的理想不能是道德行動的存心，但可以是人在踐德時的期盼。此中甚有玄義可說。

三、康德的德福一致說之涵義

　　康德認為德福一致是實踐理性的必然要求實踐的對象（康德《實踐理性底批判》卷二，〈純粹實踐理性底辯證〉），一個公正的人必希望有德者得到幸福，即幸福是有德者該得的，雖然有德者並不以幸福的得到作為行德的條件，有德者主觀上不求幸福，但在客觀上有德者值得有幸福，如果值得有幸福者卻得不到幸福，這樣子的存在的世界，乃是不合理的，是故，德福一致是實踐理性必然要求的理想。由於德福一致是實踐理性一定要求實現的理

想或必然的對象,要達致這一定要實現的理想之要求,便非要有上帝的存在不可,因為現實世界或經驗世界被自然的原則決定,而有德者按照無條件律性而行,所服從的是自由的原則,有德者的道德行動不能受任何現實的情況影響,不能為了他的實然的生命的欲求而去服膺義務,如果是這種情況,他所做的義務性的行為,並非道德行為,他必須是為了義務而行,而不受任何其他現實、感性欲望的影響而行動,才是道德行為。是故有德者的生命活動,如上文所述是服從自由的原則,而自由的原則與自然的原則是截然不同的,那麼由服從自由的原則,自由自決的行動的人,他給出來的行為,應該與被自然原則決定的現實世界的變化不同,他不會為了達成他的個人幸福而去行動,他只能為了應該行而行,若是這樣,這兩套以不同的原則作為根據的情況,怎麼能合在一起呢?如果沒有第三者把服從自由自決的有德者的心意與服從自然原則的現實氣化的世界的情況關聯在一起,而使彼此相應,使越有德的人他的現實遭遇越能順遂,那麼德福一致就不可能產生了,故由此康德便論證上帝存在非肯定不可。

　　本文不討論上帝存在是否有必要,而是要說明,從康德上面的論證中可以體會到德福一致是人在實踐道德實踐時,一定會產生的理想。本文所注重的是此一義理。我認為孔子在努力行道時,他也一定會有道必定能行,而他這個行道者一定會有合理的遭遇產生的認定,故孔子說:「天生德於予,桓魋其如予何?」又說:「天之未喪斯文也,匡人其如予何?」在這些情況下,孔子肯定了自己作為一個有德者,一定會有合理的情況從內心的純德帶出來,是故,他個人的遭遇一定不會太不合理;人可質疑孔子在這種危險、隨時都可能死於非命的情況下,他的信心是沒有根據的;但我認為這是至德或純德者一定會從內心流露出來的一種肯定,在此感受下,孔子也未嘗沒有與超越者相感通之意,而此超越者亦未嘗不可以人格神以表示之,如牟先生所云之超越的遙契。[12]孔子這種肯定是很有根據的,這是純德者對於有德必

---

[12] 牟宗三:《中國哲學的特質》,〈第六講〉,收入《牟宗三先生全集》(臺北:聯經出版事業公司,2003 年)。

有福的當下肯定,也就是對於存在的世界是一個合理的世界的肯定。這種肯定如同康德所說的德福一致是理性的實踐的必然的對象。進一步,雖然人在純德的境界下,對於德福一致的實現有直接的肯定與相信,但並不以此一理想的實現作為行動的條件,即是說,這一理想雖然是踐德的人必然會產生的相信或信念,但人的實踐道德或義務,並不以為了實現此理想為行動的條件,道德的行動應該還是無條件的,雖然是那麼正大的德福一致的理想,也不能作為道德行動的決定根據。關於此義,可引康德一段話來說明:

> 道德法則是一純粹意志底唯一決定原則。但是因為道德法則只是形式的(即由於只規定格言之形式為普遍地立法的而為形式的),所以它作為一決定原則須抽掉一切材料,即是說,抽掉作意底每一對象。因此,雖然最高善可以是一純粹實踐理性底全部對象,即是說,是一純粹意志底全部對象,但是它卻並不因此之故而即可被看成是意志底決定原則;單只是道德法則才必須被看成是原則,基於此原則,最高善以及最高善之實現或促進才是所屬望或所意在者。〔……〕這一解說(或提醒)是重要的,即在如「道德原則底規定」這樣一種精緻微妙之情形中而為重要的,在道德原則底規定處,些微的誤解即足以顛倒了人的心靈。因為從分析部所說,我們已知:如果我們在善之名下,認定任何對象為意志底決定原則以先於道德法則,並因此,從這對象中而推演出最高的實踐原則,則這必總是引出他律,而毀滅了道德原則。[13]

康德此段說明最高善(德福一致)雖然是實踐理性的必然對象,但並不是決定意志的原則,因為如果行動是道德的行動,則決定此行動的意志的原則只能是純粹的道德法則,而道德法則是沒有材質內容的,只有要求行動的格準能同時是一普遍的法則,即只要求行動的主觀原則,可以普遍化。此外別無

---

[13] 牟宗三:《康德的道德哲學》(臺北:臺灣學生書局,1982年),頁348。

其他。於是人要做的是把個人的特殊的想法抽掉，只因為人人都該如此行而行動。這一作法如果依宋儒的觀念來說，就是「存天理，去人欲」。故決定道德行動的意志只能是天理，而在天理中，只有普遍性的形式，而沒有任何內容。德福一致雖然涵有道德法則在其中，但由於有幸福作為其內容，故並非純粹的普遍的形式之理，於是德福一致雖然是人在從事無條件實踐時，會產生的理想，但並不能以實現此理想為目的，去從事道德實踐。康德在此處的區分十分精微，他說如果在此處有稍微的誤解，便會產生他律的行為，即是說，如果我們為了實現德福一致而去從事道德行為，就是他律的行為。雖然德福一致是我們的理性所肯定合理的、應該實現的對象，但我們也不能把德福一致作為行動的目的，為了實現此目的，而去從事道德行為。康德此一區分，正好說明了孔子不許可子貢以「博施濟眾」為仁之故，「博施濟眾」是仁者所一定要求實現的理想，但你不能說我為了實現「博施濟眾」而去行仁，行仁義是出於無條件為善的存心，並非先有一個既定的目標（如至善），而照著這個目標如何能實現來去作為，依此義，道德行為是行所當行，可說是當下即是的，行為本身就是目的，而不是以此行為來達到某一偉大的成效或目的，道德的行為不需要因為達到何種的有價值的成效才能是道德行為。

當然，德福一致雖然不能是決定我們道德行為的原則，但乃是我們按照無條件律令而給出道德行為時，一定會產生的合理的期待，甚至是必然的期待。固然道德行為不因為有任何實質上的目的可被達到而為，但踐德之時就必然會產生這種德福一致的期待，幸福與道德法則的連繫是有必然性的[14]，這種必然性應該是實踐的必然性，此二概念並非是分析的，而是綜合的，但康德認為有德者必有福，是實踐理性的必然對象，由此而言二者有必然的關聯性。我們可以這樣理解，當人真正從事無條件的實踐時，內心自然會產生踐德一定有合理的結果的想法，所以會如此想，因為在踐德時會認為存在界是以道德原則來作根據的，此如上文朱子所認為的，從當然之不容已推上

---

[14] 牟宗三：《康德的道德哲學》，頁363。

去，便會了解所以當然，而此便是天命的意義。即是說，若是真正有踐德的體驗，便自然會肯定道德的原理就是存在的原理，存在界是由道德之理所決定的。既然存在之理即是道德之理，則吾人按照純粹的道德法則而行動時，一定會有合理的遭遇產生，故就個人來說，就會有德福一致的期待。這也是上文所說，孔子所以會有「天生德於予」、「天之未喪斯文也」的感受之故。孔子這些話，既肯定了道德的法則就是存在的法則，也有我既踐德則上天一定不會給我不合理的遭遇的信念與期盼，這裡踐德與合理的遭遇，在實踐道德的要求下或感受下，是有必然的關聯性的，此所謂實踐的必然性[15]，此中雖然要清楚辨明道德行動不能以帶有實質目的的理想為決定意志的原則，但人一旦為無條件的道德法則所決定而去行動時，也一定會產生最高善（德福一致）這種理想一定要實現的想法，康德續云：

> 但是，如果最高善之概念包含道德法則之概念以為其最高的條件，則最高善必不只是一個對象，而它底概念以及它的存在底觀念，由於因著我們自己的實踐理性而為可能者，必同樣亦是意志底決定原則，這一義亦是顯明的。因為在那種情形中，意志，如自律原則所要求者，事實上實為那「早已含於這概念（最高善之概念）中」的道德法則所決定，而並不是為任何其他對象所決定。「意志底決定」底概念底這種次序決不可忽略，因為若非然者，則我們將誤解我們自己，而且以為我們已陷於一種矛盾中，當每一東西實處於圓滿諧和中時。[16]

康德此段說雖然德福一致不等於道德法則，因為其中含有幸福，但由於德福

---

[15] 牟宗三先生在《中國哲學十九講》提到邏輯的必然、歷史的辯證的必然與道德的必然等各種不同的必然性的涵義（第一講）；又說到在抗日戰爭時大家都相信「抗戰必勝」，這種「必」就是實踐的必然，而非邏輯的必然。日本人的軍力雖然強大，但他們的侵略戰爭是不公義的，由於是不公義，所以國人的奮力抗戰一定成功，這也可以說是從按照道德法則而被決定的意志的一種必然肯定或預期。
[16] 牟宗三：《康德的道德哲學》，頁349。

一致中有道德法則，而且幸福是由決定意志的道德法則所帶出的，於是德福一致也有其必然性，他認為如果事物是存在圓滿諧和中時，則實踐道德一定會有德福一致的後果，由於是如此，德福一致這最高善，亦同樣是決定意志的原則，按康德此說與上文不一致[17]。雖然康德在此段中仍強調決定意志者是道德法則，但既說最高善是決定意志的原則，便不同於只以道德法則為決定意志的原則。康德在後文便說：「如果最高善不是因著實踐規律而為可能的，則『命令著我們去促進最高善』的那道德法則必亦被引致徒然無益的空想的目的，因而結果亦必須是假的。」[18]按康德這個說法，亦似乎太強，好像跟前面所說的決定道德行動的原則，只能是普遍的、形式的道德原則之義不同，此處好像說德福一致一定要從道德行動中帶出來，如果德福一致不能實現，則吾人依理性而給出來決定意志的道德法則，便是虛假的。於是道德法則之真實性，需要德福一致的實現來證實，而如果德福一致不能實現，人對於道德法則就可以有它不是真實的，可能只是我們的想像的懷疑。

康德此處所說，應比不上孔子的說法來得合理。按照孔子知天命之說，固然孔子有個人的遭遇一定不會不合理的自信，但孔子並沒有道一定大行才是合理的或才是天命的想法。孔子當然希望道能大行，也相信自己的道德實踐的行為，不會有不合理的結果，但不會因為他的行動是合理的行動，便認為道一定大行。故孔子說：「道之將行也與？命也；道之將廢也與？命也。」（《論語・憲問》）對於道的將行將廢，孔子都可以接受，這就不像康德所說的德福一致既為實踐理性的必然對象，也就可以作為意志的決定原理。孔子不會以道之必行來決定他的行動的意志。孔子在行道、踐仁時，確有受命於天，天命我行道的自信，如同上文康德所說的，最高善是實踐理性的必然對象，但在現實世界中，是否可以因著孔子的努力，而一定實現此理想呢？在孔子則不管理想的是否能實現，都可以接受，這種態度比康德的想法鬆動一些，我認為這可能是更為合理的想法。在康德由於認為德福一致如

---

[17] 參考劉易斯・貝克著，黃濤譯：《《實踐理性批判》通釋》（上海：華東師範大學出版社，2011年），頁300-301。
[18] 牟宗三：《康德的道德哲學》，頁355。

果不能實現,則由於德福一致之福是與道德法則有必然的關聯性的,則德福一致若不能實現,便會產生道德法則為假的後果,而在孔子雖有行道踐仁而來的天命必在我的信心,但並不認為,他的行道一定會產生道必大行或他一定當王的後果(雖然後來《中庸》有「大德者必受命」之說,但孔子本人不一定有這種想法),孔子之所以既肯定天命在他,但又不必期盼道之大行,而以道之行與廢皆是命,我們可以用最高善雖然是實踐理性所必然要求、必然要實踐的對象,但並非是決定我們從事道德行為時意志的原則之義來說明,即德福一致雖然是踐德者必然的期盼,但踐德者並不是為了此一目的才去從事道德實踐。故對於康德從德福一致之為實踐理性的必然對象,而說最高善也是決定意志的原則,最高善如果不能實現,則道德法則為假,則是吾人所不能同意的。

此中,相信天命在我或天生德於予,由此而肯定個人的遭遇一定平順(德福一致)或相信道一定能大行,這是由實踐而來的肯定,此肯定雖然有必然性,但並非對於實踐的意志有必然的決定性,有踐德的要求的人當然會認為道德實踐有其必然性,人當該只以道德法則來決定行動的存心。道德法則決定人的意志是無例外地必然的,而德福一致雖然也因為有道德法則所帶出來的必然要求,而有其必然性,但德福一致並非人在實踐道德實的決定根據。如上文所述,如果人是為了實現德福一致之故而去實踐道德,那這種為善便是他律的行為,而沒有道德價值。故期望大行其道或德福一致,雖然是具有必然性的,但只是必然的期待,此期望的能否實現,並不影響按照無條件的律令而來的道德實踐。於是這一種一定有福隨同實踐道德而來的必然的信念與期待,只是宗教性的事實,並非道德實踐層次之事。從康德所說的德福一致並非道德實踐的根據,可以劃分道德實踐上的必然與宗教信仰上的必然。由此可以理解孔子何以一方面肯定天命在我,一方面又可以接受道的行與廢,認為這兩種不同情況都可以視同天命而接受,甚至雖明知「道之不行」仍要盡君臣之義。孔子這一態度表示了無論如何,人都有其當行之義,此義務的服膺,並不受道之能行不能行之事實所影響。由此可證,將道德與宗教兩個領域劃分開來,而將知天命在我、道必通過孔子而大行的必然肯定

視為信仰上的必然,而與道德義務的服膺之為被道德法則所必然決定的情況,做出區分,應該是合理的。在道德實踐上,人的意志必須受無條件的律令所決定,在此層次上,不容許有例外,若有例外就不是道德行為的。而在踐仁而達到知天的地步時,也必有天命在我、道由於我而大行的必然肯定,但這種由實踐而來的宗教性的必然肯定,是可以容許有例外的。即使道不因此而大行也不會對天命產生懷疑,這應該便是孟子所說的「夭壽不貳,修身以俟之,所以立命也」(《孟子‧盡心上》)之義。即既知天命在我,但又不以為天命所決定的合理的現實一定在我的行為遭遇上實現,或不因為行道而得不到合理的結果而怨天尤人。通過道德的實踐,而有合理的現實會產生的期待,這期待的是否實現並不能影響道德的實踐,而對於這種宗教層次上的期待,也只能在不斷地道德實踐的努力下來維持。

四、結語

以上所說,我認為就是孔子所謂「知天命」的涵意,其中的義理條列如下:

(一)從道德實踐而體會到人所依從的道德法則是無條件的,而此無條件的道德法則是沒有任何個人特殊的想法在其內的。即人是依循普遍的形式之理而去行動,在此時人會感受到他決定去實踐的意志是普遍的、人人都會決定如此去行的意志。由於在此時表現了行所當行的無條件的普遍意志,則人會認為此決定吾人去行動的道德之理就是使一切存在能成其為存在的存在之理。即是說人在真正實踐道德或服膺義務時,會有當然之理就是所以然之理的肯定。

(二)由對道德之理就是存在之理的肯定,從事德性實踐的人會產生自己的遭遇會與道德的行動相應的信心。如同康德所說的德福一致(最高善),幸福一定會隨著踐德而產生,能實踐道德,則相應於道德而該有的幸福必然隨德性而來。此中德福有必然的關聯性,而這種德福一致的信念,也是踐德者必然有的信念。這種德與福的必然聯繫與德福一致必然能實現的必

然性,是從實踐道德就可以分析出來的。當然這種必然是屬於實踐上的必然。

（三）踐德者雖然對德福有必然的聯繫,德福一致必然實現是有信心的,這可以說是必然有的自信,對德福一致必然能實現的肯定,但這終究是一種實踐而來的自信,這是屬於宗教信仰的層次上的必然自信,與在道德實踐上所肯定的無條件的律令一定要是意志的決定原則,這種必然性,是不同的。在道德實踐上不能容許有不依道德法則的決定,如果有不依道德法則的決定而產生的行為,最多只有合法性,而絕沒有道德性。故踐德不能違反法則對意志的必然決定,但在德福一致的必求實現來說,這種實現的必然性由於是屬於宗教信仰的層次,雖也有其必然性,但不同於道德實踐上的必然性般不容許有違反,故雖然有德福一致必求實現的肯定或信念,而仍然可以接受德福不一致,或道不能大行的現實情況,不會因為德福一致不能實現,而懷疑道德義務是人所必須服膺的。孟子所說的「殀壽不貳」就是不因為個人遭遇的不合理,而對天命起懷疑之意。

（四）於是德福一致雖然是實踐理性所必然要求實現的對象,但由於德福一致一時不能實現並不影響道德實踐之事之為必然,故此二者雖然都有其必然性,但分屬兩個層次,不會產生衝突,即不會因為德福不一致而造成對道德法則起懷疑的結果。如果此說可通,則是否對德福一致如何可能,非要說明不可呢？是否可以讓德福一致維持其作為一宗教信仰上的肯定,而不因為德福一致之不能有充分的說明,而影響到道德實踐。於是不必因為德福一致的難以說明,便非要去給出一圓滿的說明不可。幸福本來是有關於感性的事情,對於感性而言,那些遭遇或感受是幸福的,那些是不幸福的,是有一定的分別的。幸福固然不只是感性的事,而與人的知性、想像有關,但並不能完全脫離感性,而感性的苦樂感受,是有其定性的,不能有太大的、截然的不同。故幸福不能不包含由感性而來的愉悅、滿足。如果為了說明德福一致之可能,而泯除了福與非福的分界,恐怕是有問題的。牟宗三先生思考圓善問題的解決之道,用天台圓教來說明圓善,即由於三千法都可以是佛法,於是不論聖、佛遭遇到的存在情況是那一種情況,都可以成為表現無限的意

義之聖人境界或佛法身,這可以說任何法都是佛法,保住了人間一切差別法都可以成為聖、佛境界的說法。但一切遭遇可以是德的呈現,並不等於是福,因為福是有關存在的事,對此牟先生用王龍溪「四無說」所涵的心意知物渾然是一之義,來說明一切存在,在聖、佛的境界中,是隨心而轉的。既然一切法可以隨心而轉,則在聖、佛的境界中,他們所處的存在界,與他們內心無限之德,是渾然是一者,於是德之所在就是福之所在,故牟先生說:「德福一致渾圓事,何勞上帝作主張?」[19]牟先生的說法當然是十分精深玄奧的,但如上述幸福雖然不只是感性之事,但總有關於感性,既有關於感性,便不能以聖、佛的無限意義的境界來涵蓋,感性上對於幸福與不幸福的情況,是有一定區別的,這種分別,恐怕不能由於達到聖、佛的境界而泯除。如果說由於達到了聖、佛的境界,於是聖、佛的感性都被轉化了,在此時他所感受到的任何情況都是賞心樂事,都感到滿足,這樣說恐怕太神祕。故吾人主張,雖然德福一致(最高善或圓善)是實踐理性的必然對象,即一定要實現的理想,但此必然要實現是在宗教信仰的層次上說的,既然是在信仰的層次上說,則不必在哲學思辨上一定要要求一個理性的說明或圓滿的解答。

---

[19] 牟宗三:《圓善論》第六章(牟宗三先生全集第22冊),頁325。

從牟宗三先生康德第二批判的詮釋看康德與朱子的思想型態

一、牟先生在《心體與性體》中對康德道德哲學的評論

在《心體與性體》綜論部分,牟先生對康德在《道德形上學的基本原理》上的重要內容,都作了疏釋,認為康德之說對是道德或道德法則的恰當了解。牟先生討論了康德所謂的道德底形上學(metaphysics of morals)是對道德作形而上的分解,即是把道德的先驗原理分析出來,而不是以道德為存在的根據,即用道德原理來說明存在界的存在之道德的形上學(moral metaphysics)。此後者是儒家的天道論,或形而上學。康德只有道德的神學,即用道德來證明上帝之存在,並不能直接以道德法則來負責存在界的存在。對於康德在該書中對道德法則之為無條件的律令,人的實踐道德是要使自己的行為的格準可普遍化依律令而行,而由道德法則就可以分析出意志的自律,即道德法則是人的理性自己給出來的。而能夠按照無條件的律令而行的意志,一定是法則之所從出,進一步,此意志必須是純粹的自由的意志。在此,牟先生批評了康德以自由為設準,而不能呈現之意。認為依儒家義理,「這樣的意志自始就必須被肯定是真實的,是呈現。」[1]牟先生又認為康德能夠從對道德法則的分析中,肯定自由為必要的設準,但這只是對道德本身做分析,而給出來的肯定,只是一按道德之理而推出來的涵義,而究竟人是否能夠真正按道德法則而行,是否真有撇開種種現實的考慮、空掉一

---

[1] 《心體與性體》第1冊(臺北:正中書局,1968年),頁137。

切其他的想法，而只因為理所當然而行動，即是否有這種嚴格的、超越意義的自由，還是有疑問的。因為依康德，此種自由並不能在經驗中被認識。於是牟先生認為，康德由分析道德法則而給出意志的自律之義，是可以成立的，因為這是道德法則所含的；但人是否真有自律的、自己給出道德法則而自行遵守，這種自由意志，則由於是意志之實處之問題，那就不能保證了。即按理如果人能有道德的行動，人必須有自由的意志，無自由意志道德成為不可能，但人現實上是否能夠表現真正的、無條件而實踐的意志呢？這是不能證明的。牟先生在後來發表的〈康德道德哲學述評〉，對此意說得更為明白：

> 因此，就道德而言，說到自律，這只是理之當然，是理上必須如此的。這亦可如康德在《實踐理性批判》中所說「道德底基本法則是理性之事實」。
> 既只是理之當然，便可問其實際上之所以然。這實際之所以然，康德說是意志之自由：「自由之概念是說明意志自律之密鑰」。我們可以說，當我們分析道德一概念分析到必須是「意志之自律」時，即已邏輯地蘊含著「意志之自由」。但是意志之自律既是理之當然，而意志之自由卻不必是理之當然。因為自由是意志之實處問題：意志實際處究竟是否是自由的，這是我們所不能知的。若從現實上看，我們的意志之活動卻總是有條件的，這即是說，是不自由的。因此，現實的意志之實處是不自由的，而自由是一個超絕的概念。(……) 也就等於說，是個超絕的實際，我們只能假定之，假定吾人的意志有這麼一個純淨的狀態（康德名曰純粹意志），吾人對之不能有絲毫直覺（不管是什麼直覺），因此，吾人完全不能知之。此亦即等於說它不能是一呈現。[2]

---

[2] 收入《牟宗三先生全集》第 27 冊（臺北：聯經出版事業公司，2003 年），頁 310-311。

牟先生這裡區別了康德言自律與自由的不同,從道德法則說到自律是分析地必然的,而自由則不是可以從道德法則分析出來,只能是由之而來的預設,而無自由意志,道德實踐便成為不可能。而由此便可以了解,康德所說的道德法則是「先驗綜合命題」的緣故。由此可知,意志自由是否可以呈現,是非常關鍵的。牟先生說:

> 康德以為只要我們能指定出這一假設,這「就理性底實踐運用而言,即是說,就對于這定然命令底妥當性之信服,因而亦就是對于道德律底信服而言,是很足夠的」,其實視自由為一假設,就定然命令、道德律(法則)、理性底實踐運用而言,並不足夠。因為道德律、定然命令不只是一個在理論上令人信服的東西,他必須在道德踐履上是一個呈現的現實;而理性底實踐運用亦不只是光理論地講出定然命令之普遍妥當性令人信服而已,它亦必須在道德踐履中是一個呈現的實踐運用。但如果自由只是一假設,不是一呈現(因非經驗知識之所及),則道德律、定然命令等必全部落了空,而吾人亦不知其何以會是一呈現。[3]

牟先生此段說明了康德的不足,即如果自由只是由道德法則而來的肯定,只是因分析道德法則,而給出來的肯定,則從理上的肯定,到現實上真實的存在,還是有距離的。很可以是理所當然地該有,但事實上並沒有。故只言道德律,而不肯定它在實踐上是一呈現的運用,是不足夠的。由此,牟先生認為,只有自由意志是一呈現的現實,才能證明人真正有此自由。即只有實際的意志可以是自由的,才能證明自由之實在性。當然依康德的理路,由於道德法則是理性的事實,是可以直接為人所意識,即不必通過經驗,人對道德法則便有所知。從對道德法則必有之知,就可以按法則的意義及其要求,而肯定自由的實在性。康德的說法似乎比牟先生的闡釋更為強調對法則之知,

---

[3] 《心體與性體》第 1 冊(臺北:正中書局,1968 年),頁 154-155。

於自由的肯定，是有效的。而且此對法則之知，可以給出實踐的動力，並不似牟先生所說的，從對法則的了解，而推出自由是按理的作出分析而已。康德認為在了解道德法則時，便會有依理而行的自我要求，對於自己常不能純粹地按理性給出的道德法則而行，自己也會覺得慚愧，於是引發尊敬此一道德情感，使人趨近道德法則。故依康德，好像也可以從對道德的了解是人人本知的理性的事實，而且對此越加了解，越能引發實踐的動力。而由此可以對牟先生的批評做出回應，上引文康德以為對道德律之信服便足夠之說十分重要，康德認為理性可以成為實踐的，其理據應便是在於人對道德律令之「信服」。藉康德的說法，或許可以給出從對道德法則的了解，可以引發道德實踐，而假如對道德法則乃至對道德法則推演出來的系統理論，如康德所謂的道德形上學有充分的了解，對於道德實踐，應該也是一個可行的教法。而由此也可以說明程伊川與朱子的成德理論，這是本文所想要表達之意。

二、牟先生在康德《實踐理性批判》譯本中的案語

在牟先生《實踐理性批判》譯本中的第三章，有多段案語。這些案語深入地闡釋康德文獻中的涵義，比較康德與孟子學的異同，及指出康德學的不足。其中牟先生最重要的論點也就是上文所述的「自由」必須要是「呈現」之義。認為康德雖然對道德法則有相應的了解，但一說到人的意志，便從現實的意志或受感性影響的意志來說，於是法則對於人的意志，只能顯示為超越的標準，即是人遵從的對象，並不能直下肯定人有自發的、按照自己的理性給出的法則而行的自由意志。而此後一義，正是儒家從孟子到陸、王所肯定的。牟先生在康德論人對道德法則的尊敬，是先驗可知的道德情感，此亦是道德實踐的動力，是對道德法則的興趣，亦由此建立遵從法則而行的格言（格準、準則）；而動力、興趣及格言三者，是只能被應用於「有限存有」處，加按語說：

動力、興趣、格言這三者皆就現實的有限存有說，因為他們的現實心

靈常不能契合於道德法則。實踐理性底道德法則凌空駕臨於有限存有以上而為標準。那三者是由這絕對標準運用於（虛地運用於）現實心靈上之結果而顯出。此近乎伊川、朱子之所說。但順孟子下來的陸、王一系，此三者皆可上提而移於本心上說。超越的本心與實踐理性底道德法則完全是一。因此，那三者皆直就「本心即理」說，而不是就「理作用於感性心靈上」說。因此，動力是從「本心即理」說的實動力，真正的動力，敬為動力亦從此說。興趣是本心悅理義之悅。格言是從「本心即理」說的總不違於法則的格言。因此，這三者在有限存有上是如此，在神性的意志上亦是如此。此本心即是神聖的意志。[4]

牟先生認為，依康德的理論，道德法則對於人的現實意志是凌空的標準，如果不能肯定人能自發的遵從自己理性給出的法則，即不能肯定人有「心即理」的本心，或不能肯定自由意志可以真實呈現，則道德法則的作用，只能是「虛用」，此作用對於人是不能有保證的，即是說人對於法則可以依循，也可以不依循。故牟先生認為必須進至孟子、陸、王的說法，肯定心即理，本心自發地依理而行，而理就在本心的活動中呈現，並非為凌空的標準。於是，動力、興趣、格言這三者都是本心呈現而生的作用。雖然人有其有限性，但並不妨礙其有心即理之本心。牟先生續云：

但是，人同時也是一個有感性限制的存有。因此，問題只在如何朗現此本心。無限存有無此問題。如果一旦頓悟而圓教地朗現之，則有限即成無限：時時有限即時時無限，無限即在有限中而有限不為礙。此亦如世出世間打成一片，眾生即是佛。康德因為講意志底自律，亦預設一自由的意志。但這只是一個預設。到講動力、興趣與格言時，所看到的意志卻完全是受感性影響的意志。那個自由的意志與理性及法

---

[4] 牟宗三：《康德的道德哲學》，收入《牟宗三先生全集》第 15 冊（臺北：聯經出版事業公司，2003 年），頁 278-279。

> 則皆在一凌空而虛懸的狀態中。那三者即由這虛懸的標準與現實的意志間的距離而顯露出，而卻不能把它們上提於本心，而亦不於自由意志說本心。因此，道德法則本身是動力，是客觀地虛說的動力——虛動力，尊敬是主觀地實說的動力——實動力，而此實動力卻是法則虛地作用於情感上的一個結果，故雖實而不穩。[5]

如上文所說，人有其有限性，此對本心或自由意志的呈現，會有限制。故須有如何呈現本心的工夫。但不能因為有此限制，便不肯定本心或自由意志的為人所本有。康德從對道德法則的了解，而肯定人有自由意志；但又不承認自由意志可以呈現，可以為人所直覺。言「承體起用」、「逆覺體證」，道德實踐有其真實之動力，成聖成佛，或成真人亦有真實之根據，由是亦可說頓悟及圓頓之境界，而有意志與法則的關係，則都從現實意志上說。依牟先生，這是康德理論滯礙不通處，如果肯定自由意志即是孟子所說的本心，而為可以呈現的，就可以對於理性成為實踐的，人感興趣於道德法則，即道德實踐的動力給出證成，而法則對於意志的動力是有保證的「實動力」。而如果打通了這一關，就可以言儒道佛三教的種種理論與玄義，而這是康德所不能及的。牟先生此一衡量與分判，當然是很有道理的。他從康德的步步分析，而肯定自由意志，但又只認為自由意志是一設準處，據中國哲學的義理，順康德之義推進一步，闡釋了孟子、陸、王所以肯定本心即理，良知明覺當下可以呈現，是理有必至之論。當然，對於康德從道德法則是一般人必能知道的事實，而肯定自由意志的論證，吾人認為還可以做進一步的討論，此義見後文。

康德認為，道德法則對於人會產生尊敬之情，而尊敬是人能從事實踐的動力。康德對於尊敬有其特別的理解，認為人意識到道德法則，而又同時理解到自己內心的不純粹，感到慚愧，於是便產生尊敬之情，即此尊敬一方面敬重道德法則，另一方面打擊了自己的自大，於是就使人往道德法則所要求

---

[5] 《康德的道德哲學》，頁 278-279。

處趨近。[6]對於康德所言的尊敬之意，牟先生有案語說：

> 尊敬之情由於強制而然；自此而言，它是痛苦的。但另一方面，它亦含有某種上升的東西，此即「自我許可」。在此「自我許可」中含有感興趣於義務之行動，此興趣是純粹地實踐的又是自由的——自由以擺脫一切感性的束縛而定。儒者即把此尊敬之情上提而自本心說，如此，方真能穩住「感興趣於義務之行動」之興趣之為實踐的與自由的。康德只從法則強制之結果上說。[7]

牟先生認為康德言尊敬，亦於義有不足，尊敬之情其實是發自於本心，而非如康德之義，是作為超越的標準之法則，對應於現實的意志，而引發的影響。雖然此道德情感有其先驗性，但仍是針對現實的意志而起用。即牟先生認為尊敬應從心體而發，由本心的呈現，便有心所自發的敬意。上述康德所說的慚愧、乃至痛苦，並不必為牟先生所規定的尊敬所涵。

　　牟先生以孟子學為準，認為孟子言本心從心善證性善等說，是比康德學進一步的。由孟子與康德的對照，可以看出康德道德學之不足處，而由此也可以看到孟子陸王之學的要義。牟先生說：

> 依孟子學，道德的必然性是性分之不容已，此不容已不是強制，是從「本心即性」之本身說，不是關聯著我們的習心說，「由仁義行」之義務亦是如此。自願、悅，是這本心之悅，不是感性的喜愛或性好之傾向。心悅理義，心即理義，此心與理義（道德法則）為必然地一致。一說法則不函恐懼或違犯法則之顧慮。如康德所說，那是關聯著習心說，因為感性的習心不必願服從此法則，但就本心即理說，則不

---

[6] 康德說：「它因著『服從於它的純粹法則』這條件而限制了一切性好，因而結果亦就是說，限制了『自我尊大』……，因為是如此云云，所以此法則作用於情感上之結果只是愧恥自貶。」（《康德的道德哲學》，頁 276）

[7] 《康德的道德哲學》，頁 282。

如此。本心即理亦非即不戒懼，但此時之戒懼上升而自本心說，轉為即戒懼即自然，即惺惺即寂寂，勿忘勿助長，亦自然亦戒懼，此即是從本心上（從本體上）說的敬，而明道即以此敬說於穆不已，「敬則無間斷」，在人之本心是如此，在道體亦是如此。此即是我們的性，因而也就是性體之神聖性，意志之神聖性。此時法則亦命令亦非命令。命令是性分之不容已之自命自令，「非命令」意即此本心之自願如此，自然流行，所謂「堯舜性之」。此即「心即理」之義。康德不承認此義。因為他一說法則即是關聯著我們的習心之意說，但是他亦說意志之自律。意志之自律即是全意是理。它既是自律，此意志本身不函有可從可不從此理之或然性。如果有此或然性，其自律亦不必然，那就根本不會有自律之意志。今既有自律之意志，則必即立此理，即從此理，不，即是此理，不但如此，而且必悅此理，不得有不悅之可能。但是康德既不在此自律之意志上說它是本心，而只把它看成是理性，又把這只是理性的自律意志（自由意志）看成是個必然的預設、設準，而無智的直覺以朗現之，如是，它不但不是我們的性，而且有不有亦不能定知，只是分解的必然上的一個預設；如是，一說自律所律的法則，便只關聯著我們的習心底作意說，好像我們的意志即是這感性層上習心的意志（所謂人心），而那個自律的意志擺在那裡忘記了，好像與我們完全無關似的，好像完全無用似的，而只是當作純粹的實踐理性以擺在一切有限存有之上而命令著我們，使我們對之生敬心。彼千言萬語只環繞此中心而說。[8]

　　牟先生之說當然極為諦當，這也是牟先生之學所以對儒學的義理能作深入詮釋，甚至復活儒學智慧的大貢獻所在，牟先生此一詮釋是必須肯定的，其涵義亦多為這方面之研究者所熟知，不必多說。現在只是希望順著牟先生之詮釋，看能否通過反省而轉出新意。

---

[8] 《康德的道德哲學》，頁284-285。

如牟先生所說，孟子的確是以「逆覺體證本心」為首要的工夫，所以他是從心善來證性善，從惻隱來證仁就是此心，仁義禮智就在四端之心中流露。啟發指點此心，讓人體會到本心之為真實的存在，確是孟子學的第一要義，但他並不是只說呈現本心之義。既呈現本心，便要說明此心的含義，故孟子在言人之有怵惕惻隱之心後，對於此心之為無條件的為所當為之心，給出了說明。說此心是「非所以內交於孺子之父母也」等等，此等於是康德所說的，道德行為是按照「無條件律令」所作出的行為之義。而所謂的「義利之辨」，也是此意。也由於有這些分解或分析，孟子學才能引人入勝。如果只講讓本心體現的工夫，而對此道德本心的含義，不做分解的說明，便不會使人明白，而《孟子》書也不會如此重要，成為儒學的基本經典。又如，孟子在與告子論辯「人性善惡」與「仁義是否內在」的問題上，固然是有啟發、指點的工夫，如云：「然則犬之性，猶牛之性；牛之性，猶人之性與？」這是指點人有不同於禽獸的道德之性。而此道德之性，與動物性並不同類，雖然人亦有動物性。從「且謂長者義乎？長之者義乎？」指點人的行所當行，是發之於自己的決斷，並非由對象決定。這都是通過啟發、指點來要人顯發本心，本心一旦呈現，人便會在其中體會到道德的意義，但這些道德的意義，必須要闡明出來。故孟子對於人性之善，有種種的論證，對於此性的含義，也有所闡明。如上文與告子論辯中，表示了生之謂性之性，與動物性為不同層次，在「性命對揚」章中，言「性也有命焉，命也有性焉」，便是分解的說明。實踐仁義禮智之性，雖會有實踐上的限制，但乃是由自己自由、自主的意志所決定，表示了道德的實踐，是自發而不容已的，不會因為有限制的存在便放棄實踐。從義內、義外的辯論，表達了如同康德所說的「意志的自律」之義。又譬如孟子在講「仁義禮智根於心」時，固然有逆覺體證的指點工夫，但也有表明此道德之性是具有「雖大行不加焉，雖窮居不損焉」的絕對之價值。在體證人有貴於己者時，也分解的說，天爵與人爵、良貴與人之所貴之不同。在讓人體會到，雖死也不願意接受別人對自己尊嚴的侮辱時，也必須進一步說明，這就是義，義的價值重於生的價值，此為義捨生，也是吾心自發的要求。按以上的說法，可以知道，孟子固然是以逆覺

顯發人的本心,為首要的工夫,但也繼而順則此本心、本性的活動,而分解出其中所含的義理或原則。可以說,孟子正如康德所說的,從自由意志為先,來理解何謂「無條件的實踐」。雖然康德不能承認可以從自由開始,但順康德之意,由於自由與道德法則是相涵的,所以於自由呈現之後,也必須繼而說明此自由意志所預設的道德法則。

三、從康德所說的道德法則與自由相涵之義,討論牟先生之說

康德論法則與自由相蘊含之義十分重要,茲引原文以助說明:

> 這樣,「自由」與「一無條件的實踐法則」是互相函蘊的。現在,在這裡,我不問:是否它們兩者事實上是不同的,抑或是否一個無條件的法則不寧只是一純粹實踐理性之意識,而此純粹實踐理性之意識又是與積極的自由概念為同一的;我只問:我們的關於「無條件地實踐的東西」之知識從何處開始,是否它是從自由開始,抑或是從實踐的法則開始。[9]

康德所以為會說二者相涵,是從此前的問題一:「設想單只格言之純然的立法形式是意志底充足決定原則,試找出那『單因著此純然的立法形式而可被決定』的意志之本性。」及問題二:「設想意志是自由的,試找出那『唯一有資格去必然地決定意志』的那法則。」[10],由此二者推出來的。故從道德法則可以知道由此法則所決定的意志是自由意志,而從自由可以理解決定自由意志的法則是道德法則。既然二者是相涵的,則不管從那一處契入都可以知德。但康德認為對於何謂無條件的實踐的知識,必須先從法則開始。因為

---

[9] 《康德的道德哲學》,頁178。
[10] 《康德的道德哲學》,頁177。

自由不是經驗的、可知的對象。此亦如上引牟先生案語中對康德的批評，康德不能承認自由意志是呈現，康德此說是由於他不承認人有智的直覺。在此我想依康德義強調一點，既然道德法則與自由意志是相涵的，則從法則開始便可以肯定自由，而若從自由開始則也必預設道德法則，也可以明白道德法則。而孟子之說，依上文的分析，可以說是以呈現本心為先，即是以自由開始。由於自由與法則相涵，故孟子很自然的依本心之呈現，敘說他對道德法則的理解與體會，於是有種種義理內容的展現，如上文所說的義利之辨、人禽之辨、性善論與仁義內在等。此「從自由入必須肯定道德法則」之說對於理解孟子學，應該是給出一個很好的線索。又既然道德法則與自由是相涵的，則從道德法則開始，繼而必須肯定由此法則所規定的意志，一定是自由意志。孟子學之肯定本心，或如牟先生所說的，以逆覺體證呈現本心，此一作法據孔孟的傳統當然是可以說的，而且也合於人的日常道德經驗，故可以據孟子學來說對於何謂無條件的實踐的事情，可以用呈現本心，即是呈現自由意志為先來理解，但以逆覺體證呈現自由意志後，也要進而說明此自由意志（本心）本具的道德法則，道德法則是自由意志之法則，是此意志自己所給出的，也就是所謂心即理；由此本心的呈現，理便呈現。而依康德意，此理也必須被展開。從自由為先，雖非康德所贊成，若從自由開始，也要回溯到道德法則。孟子的分解，似可以說是從對本心為自發自主，自由之主體做了體證後，便說明本心自足之法之法則是什麼，其中有那些義理內容。這可說由自由而言自律，再說明意志自律而生之法則（仁義禮智）是什麼。

話又說回來，若是如此，則康德（包括伊川、朱子）雖是從道德法則開始，以一般人本知的道德法則來分析，而由對此理之為無條件律令之理解，進而肯定自由。即由依此理而行者，一定是一空依傍之自由意志。這種回溯亦是必要的、合法的。這是由法則而言自律，再進至對自由之肯定。上引牟先生的案語續云：

若知意志自律即是本心，則其為朗現而非只為一預設，乃是必然的。如是，不但它必然地與理一致，而且它本身即是理，這神聖性也是必

然的。如是，進而視之為我們的性，這也是必然的，此即孟子學之所至。康德未能至此。但關鍵只在智的直覺之有無。康德所以不認人可有智的直覺，乃是只因其對於「意志自律」一概念，即使只就分析說，亦未能極成其全蘊。他只從形式的實踐原則（空掉一切材料者）說純粹的意志、自由的意志，此時的意志固無所意欲的對象（材料），然其本身亦只是純粹的，因而亦即是實踐的理性，因此，其本身只是靜態的，其為自由只是空無了材料底束縛之形式意義的自由，即：從材料底桎梏中解脫出來的形式意義的自由，其為純粹實踐理性而能自我立法亦只是正面說此形式意義的自由，這純然形式意義的自由只表示純然理性意義的意志。然而他卻未正視此空卻一切材料的意志本身不但是理性（理），且亦即是心。意志是心底本質的作用，明覺靈知亦是它的本質的作用，它無其自身外的任何感性的對象為其所意欲，因此，它只意欲它本身所自立的法則，所自定的當然方向——此即是理，理不在它本身以外，它本身即是理。它本身能發能立這理，即意欲這理；意欲這理即悅這理：此方真正是它底自律：意志不但是被決定，被這理所決定，它亦是自決地決定這理。此皆是只就自律一概念而分析出者。[11]

牟先生點出意志自由是呈現，而此超越的自由即是孟子所說的本心，便可以消解康德所說自由意志是設準所涵的種種難題，即理性如何能是實踐的，人何以故會感興趣於道德法則等，康德認為不能解明的問題都可以解明。其實這種種難題都因為康德不能言自由意志是呈現之故。牟先生此說可以用上述康德所謂的法則與自由相涵之義來說明，即一旦肯定自由是呈現，從對自由意志的分析當然可以推出法則是意志所自立，法則即意志，意志即法則，則這便是理性成為實踐的，也自然引發尊敬，此尊敬是本心呈現的自我敬重，而非對外於意志者的尊敬。而自由的呈現必須預設人有智的直覺，由此牟先

---

[11] 《康德的道德哲學》，頁 285-286。

生認為儒道佛三教都肯定人有康德所言的智的直覺，若本心即是自由意志，則牟先生的說法當然是理有必至之論。牟先生續云：

> 正視心之意義，然後方能說悅理，感興趣於法則，此是本心底悅、本心底興趣、本心所發的動力、本心底道德之情、尊敬之情，不是一說悅便是感性的。康德只說法則影響於情感而起尊敬之情這特殊的情感——道德之情，這是先驗地可知者，這是情感上的一個結果，這不是感性的，而是實踐的。但他不知即這非感性的道德之情亦可反上來而為原因，此即是本心之情。因為可以是原因而為本心之情，故亦可為法則之基礎。康德說即使最普通的人亦知於受威脅時所應當為者。殊不知此知即是他的本心。由此亦可進而說此即是他的自由的意志。自由的意志與本心之悅是一。此而明白，則不但可以先驗地知法則之影響於情感以成謙卑，亦可「因此而知純粹實踐法則作為一動力底力量」。因為謙敬之情、謙卑之情，即是那本心之情之透映，因而亦可返回去而為本心。既返回去而為本心之情即可知「純粹實踐法則本身作為一動力之力量」。因為純粹法則與本心是一故。本心自立此法則即悅此法則，同時亦即是尊敬此法則——合起來即是一個於穆不已之敬心、常惺惺常寂寂之敬心。[12]

牟先生此段從孟子學以對照康德之說，既闡釋了孟子也照見康德的不足。當然若依康德意，由於法則與自由相涵，則從道德法則為先，去了解何謂無條件的實踐之事，是可以的，而且也會預設自由意志，此一說法應該也可以引發道德實踐。即由於對道德法則作分析便必會了解到依從此法則而行，或被這法則所決定的意志，一定是純粹的、自由的意志，則在了解道德法則之後，人便會要求他自己的意志成為純粹的、自由的意志。如果沒有這種自我要求，便不能說法則與自由是相涵的。如果此說不誤，則康德道德學的進路

---

[12] 《康德的道德哲學》，頁 286-287。

是通過對於道德法則的深入分析，以引發人必須淨化自己的意志之要求，由此而產生尊敬，此尊敬一方面是對於所知的道德法則的尊敬，另一方面此尊敬也產生於對於自己現實意志為不純粹之慚愧。如此的以知理作為引發道德實踐的動力之說，似乎也是可說的、合法的，牟先生對於康德從一般人的理解都知道何謂道德法則處作分解，步步展開道德法則的意義，又給出道德實踐動力之根據等義，似乎看輕了。他認為那是康德按照道德法則之概念而給出的分析，忽略了康德對於此法則是人所共知的事實之肯定。依康德由於此法則是人所共知的，而且是有一定的理解的，即是說人人有對道德有所知，而且對所知者有共識。有此義作支持，則對道德法則的分析，或加強了解應該會引發實踐的動力，此即上文牟先生所引康德所謂的「對於道德律的信服是很足夠的」之意。牟先生認為康德此只是對法則作理上的分析，故為不足夠，但如果由法則的分析，會引發要求自己意志必須成為純粹的自由意志的後果，則說「足夠」也是可以的。

　　若敬心謙情只落在結果上說，則意志自律只成純粹法則，純粹法則只成凌空虛懸的形式，自無法知其本身為一動力之力量。因此遂有康德所說「一個法則如何能直接地即以其本身而為意志之決定原則，就人類理性言，這是一不可解決的問題，而且亦同一於一個自由的意志如何是可能的一問題」。康德這說法好像甚無謂，然而其實只在明意志自由為一設準，而不能被知，被直覺。實則是可以知的。此「知」是那本心之明覺之返照與自照。若於意志自律不點出「心」義，此義不能說，因而亦自然無法知之。本心明覺之返照或自照即是智的直覺，非感性的直覺。有此返照之直覺，則自由即有一客觀的必然的確定性，而不只是一主觀的必然預設，此或可類比地可說為是一被構造（被建立）起的對象（意志實體自己），即直覺地建立起的對象（參看康德〈序文〉關於設準一註）。「本心即理」之本心，稱體直說，其本身即是覺。此覺本身就是動力（亦如佛家真常心系言真如心之內熏力，若真如只是理，則不能在其身上言熏力）。此覺返照其自己即

直覺地知其本身為動力之力量為如何。此直覺的知即是如實地印證其自身為一實體。此直覺不須要概念來綜和，而印證其自身為一實體，此實體亦非一範疇。如是，人類為何不可有純智的直覺？如果直覺是呈現原則，則自由意志不是一設準，而是一呈現。「自由意志如何可能」即有解答。（此問題不是就分解地由道德法則以意識到自由而說。非然者，已分解地可能矣，如何還要問如何可能？故知此問題是批判地說，亦即能否被直覺之問題，亦即是真實的可能性問題，非形式的可能性問題。）[13]

牟先生這一長段（上引文分成三段，其實是一整段）的案語，依孟子學而肯定智的直覺為人所必有，由於本心即是自由意志而為呈現，依康德對自由意志之認識，非預設智的直覺不可，而牟先生由本心之為真實呈現而論證人必有智的直覺，由此而闡發儒道佛三教的玄義，在上引文之後的有關案語中，牟先生說，儒道佛三教都有現象與物自身的兩層區分，三教的終極嚮往都往物自身界而趨近，這是牟先生對中國哲學的創發性的詮釋。牟先生此意當然對詮釋中國哲學有極大的貢獻，對於哲學作為追求終極真理的學問也給出一明確的方向，對此本文暫不擬論述。我想順著上面所說的自由與法則相涵之意再作討論，即孟子之肯定本心是以自由為先，來說明道德之為無條件的實踐。既然是以自由為先，肯定自由意志為心即理之本心，則由此路前進當然可以給出實踐的真實動力。由於心即理、理即心，理是即存有即活動，本心呈現便會給出真正的道德行動，於是道德之理本身就有實踐的動力，而道德情感或尊敬，也是本心所給出來的情感，並非是法則對於現實的意志所產生的作用，於是理或道德情感都是由顯發本心、承體起用給出來的作用，這些作用因為有本體作為根據，都可以說是「實作用」。但這是從自由來開始而產生的對道德實踐的說明，固然是比較方便的說明，但如同上文所說，即使肯定自由意志是呈現，但也必須說明自由意志本身所含的道德之理，這

---

[13] 《康德的道德哲學》，頁 287-288。

也是孟子能根據本心而對於道德的種種涵意，都能展開，而孟子也自然就展開其中的義理（如義利之辨、仁義內在、四端之心即是仁義禮智、人的本心對於理義有所同然等）之緣故。而康德雖然只能承認從法則來開始以說明何謂無條件實踐，但據康德之意，從法則開始也一定會進而肯定自由意志，以自由意志為真實的存在。雖然自由意志不是我們的認識對象，但由對法則的了解與進一步的分析，就一定要肯定自由。則如此一來，從法則入與從自由入，由於二者是相涵的，應該這兩種不同的進路，可以達到共同的後果，所謂共同的後果就是給出真正的道德實踐。

四、討論

在對康德第二批判動力章較後的案語中，牟先生點出康德的義理型態是朱子與陽明居間型態，牟先生以心即理，即存有即活動為標準，由於康德之說不能肯定意志自由是呈現，雖能言意志之自我立法，即意志對其自己是一法則，而有心即理之義，但此心（意志自由）只是不得不有的預設，動力是由法則給出，此並非實動力。牟先生此說是以他所主張的逆覺體證，及性體、心體可以呈現，即存有即活動等為標準的說法而給出的批評。此對孟子陸王學固然是相應的理解，如孟子言「義內」，便表示了義是由人的本心決斷而給出的。孟子在〈性命對揚〉章表示，仁義禮智聖等道德實踐，雖然有其限制，但人不會因實現上有限制，而放棄實踐。道德實踐是取決於自我的決定，雖客觀上有限制，但吾人的本性、本心仍可以不容已地要求實踐。這裡可以看到道德行動是由人自發自由的決定著，此可證「自由」是道德行為的要件，沒有此意志自由的呈現，便不能有真正道德行為的給出。此亦可見牟先生所言的是相應於孟子學的。

但是否只能有這型態，即體證自由意志的呈現，才能夠給出真正的道德實踐呢？是否康德以自由意志為設準，便不能產生真正的道德行為呢？我認為康德從道德法則來肯定自由意志，此一作法或進路還是可以證成真正的道德行為是可能的，是人人可以給出的。康德以一般人（普通的理解）對於道

德法則本來就有了解來出發，仍然可以給出道德實踐的可能。對於道德法則的了解，康德認為是理性的事實，而所謂理性的事實，是可以直接呈現於人的心上的，不必通過經驗的認識才有。也可以說理性的事實是人人都具有的先天（先驗）知識，如果康德此說可通，則康德是根據人人本有的對道德、義務的正確理解，而做進一步的分析。從人人本有的所知道的，道德是按無條件的律令而行的行為，據此而做進一步的分析，則根據此一了解，就可以肯定遵從或接受道德法則決定的意志，一定為自由的意志。從人須按照無條件的律令而行處，就可以理解能按無條件律令而行的意志，一定是拋開一切其他的想法只因為該行而行，這才可以說是按照無條件律令而行。而拋開其他一切想法，只是為了該行而行者，這就是所謂自由，此自由是由人意識到道德法則，而自然產生的，或可說是一定會逼顯出來的。你一旦了解何謂道德，就會知道道德的行為一定是由自由意志給出的。如果人不能夠拋開一切其他想法，即只因為該行而行，那就不能給出真正的道德行為。而不能給出真正道德行為的意志就不能是自由意志。故康德說，道德法則與自由是互相涵蘊的，所謂「互相涵蘊」，就是從此概念一定可以肯定另一概念，反之亦然。既然可以說道德法則與自由是互相涵蘊，則從對道德法則的正確的理解或說明，便一定可以給出對自由的肯定。一旦有這種了解，則人就會產生自己應該使自己的意志成為自由意志的要求。於是，從知德就可以肯定自由，從肯定自由是必要的，就會要求自己的意志成為自由意志。於是從對法則的了解，就會給出人要往使自己的現實意志轉化成為純粹的道德的意志處努力，這也可以說是給出了實踐的動力。

這一講法相似於唐君毅先生所說的，了解道德法則（當然之理）與肯定道德法則為真實，及希望自己的現實意志往該有的、理想的道德意志趨近，三事是「相待而成，相持而長」的。[14]即是說當人越了解道德法則的意義時，會越希望自己擁有這善的意志；而人若越去努力要求自己成為善的意志

---

[14] 見唐君毅：〈由朱子之言理先氣後論當然之理與存在之理〉，收入唐君毅：《中國哲學原論‧原道篇》卷三（香港：新亞研究所，1974 年）之附錄中。亦請參本書所收之拙文：〈唐君毅先生對朱子哲學的詮釋〉。

時，也會越發了解道德法則，而越了解道德法則，要求自己擁有善的意志時，會越發肯定道德法則是真實的。這裡了解、實踐及肯定其為真實，確如唐先生所說的「相持而共長」。如果上說不誤，則對道德法則的理解，並不同於一般知識上的了解。認知的活動並不必含實踐的要求，而此種對道德法則的認知，卻一定涵往法則的方向實踐的要求。如果了解道德法則而不能給出道德實踐，則此了解就並非真正的了解。這是朱子從格物致知以窮理，又由窮理而誠意的理論根據所在。格物致知是明理，而由於所明的理是道德之理，明此理就會有誠其意的要求。如果真可以這樣說，則從真知而生起真正的道德實踐，是可以成立的說法。而如此就可以避免牟先生所說的，對於理之知不必含實踐的動力之說。牟先生認為即使是康德的理論型態也不能給出真正的實踐的動力，由於意志自由只是假設，不是呈現，則從道德法則肯定意志之自律、自由，即道德法則是由意志自己所給出來的，這只是按照道德一概念，而分析出來的意義，從道德或義務此概念的意義，就可以分析出意志的自律，及自由之意。這是根據道德此一概念作分析，而分析出來的，此不表示自由意志是真實的存在。因為這只是假設有道德，就一定會含有的意義，不表示現實上真的有自由意志。但按前面所說，康德是從人所本有的對道德的了解，即道德作為理性的事實，而給出分析的，並不是單就道德這個概念，而分析其中含有的意義。從人普遍肯定有道德這一回事來開始，人知道道德是真實的，對於道德之意義，如為義務而義務方是真正的道德行為，對此義，一般人都有了解。而根據這普遍的、人所肯定的道德的知識作為事實來開始。而且，由此分析而給出來的對於自由的肯定，是肯定自由有其實在性之肯定，並不是一般所謂的假設。於是在這裡就有上述唐先生所說的理解道德就會肯定道德之為實在，而肯定道德之為實在，便會要求自己朝向道德的理想而趨近的情況出現。唐先生此說，可以以康德「法則與自由互涵」之論來作根據；即由於道德法則與自由意志是互相涵蘊的，則人對道德法則的了解如能深入，便會知道遵從此法則的意志一定是純粹的、自由的意志。有此了解，人在知道道德法則或真知道德法則時，便一定有自己的意志要成為純粹的意志的要求。而唐先生的說法也可以說是康德此義之展開，即可以

說明或補充康德從對道德法則（理）的分析何以能證成純粹理性成為實踐的之義。也就是說，唐先生之說，說明了康德的道德學，或對道德法則的分析何以能引發實踐的動力。而此一論證如果可以成立，也可以幫助說明伊川、朱子的理論型態，也可以是能引發人的實踐動力之成德理論。

　　於是吾人固然須肯定牟先生所說的自由意志若是呈現，便能有真正的道德實踐之說；但也可以肯定，從對道德法則的正確了解與分析處，由於法則與自由相涵，便逼出人要善化或純淨化他的心靈、意志之要求。即是說，從對於理的分析處，也可以慢慢引發善的意志，逐漸純淨化自己的心靈，通過這種努力，則在現實上，人能達到純粹的自由意志的可能性也是存在的。這當然是漸教，不同於牟先生所肯定的孟子陸王之為頓教，但此「漸」是有自由意志是吾人可以呈現的堅信存在的。因為從對道德法則的分析就會產生這種堅信。則越能了解道德法則，便越要求自己非要給出無條件為善的自由意志不可。既有如此的要求，便一定已經產生了實踐的動力，既已有實踐的動力產生，則道德實踐在此一路數下，當然是可能的。如此論說，才可以合於康德所說的道德法則與自由是互相涵蘊（互相回溯）的之意。如果只有肯定自由意志的呈現，才可以講自由意志的活動處就是道德法則的呈存在處，此即「心即理」，或曰「有此心才有此理」；而不能夠由對於理的了解，而生發出自由，則便不能說此二者是互相涵蘊的。故如果此二者相涵之論是真正可以成立的，便可以肯定自由的客觀實在性。當然此自由的客觀實在性的肯定，按牟先生的分析，只是從理上的肯定，並不表示人之意志之實處真有此自由。要真有自由，必須肯定人有智的直覺。此問題也必須討論，但其中之義理深微，非短文所可深論。但如果參考唐先生所說，對於當然之理的了解會肯定此理之為真實存在，而肯定實理為真實存在，會引發人的轉化其意志往當然之理處趨近之說，則從法則而肯定自由意志之為真實，也應該可以引發人從事道德實踐，也就是說會給出實踐的動力，此已可回應牟先生所說康德從理作分析只有「虛動力」之質疑。本文暫止於此。

如何理解中國哲學的思辨性
——從伊川、朱子之學說起

一、以「思辨」來定義哲學性的思考

關於傳統中國的儒、道、佛的思想，是否為哲學的理論，或中國是否有哲學，所謂中國哲學是否有哲學性？這些問題常常被提起。本來中國傳統三教的思想源遠流長，對生命實踐的問題的探討，對宇宙人生有關問題的領會，及從種種實踐體會中引發的生命智慧，是非常精深而獨到的。雖然由於比較重視實踐，對純智的思辨、邏輯推理，沒有很好的發展；但由此而認為中國沒有哲學，當然是很偏頗的，不值一駁的誤解。雖然此誤解不值一駁，但所謂中國哲學的合法性問題，仍然是現在華文學界討論的一個熱點。[1]對此我也想表達一些個人的淺見。

我近年借用康德所說的，對道德的理解需要「從通常的理性的理解，進到哲學的理解」[2]，來詮釋程伊川與朱子的「格物致知」的理論內容，及其用心所在。康德之意，是表示對於道德義務之意義，是一般人都能知道的，

---

[1] 在彭永捷教授主編的《重寫哲學史與中國哲學學科範式創新》（保定：河北大學出版社，2011 年），書中收入多篇有關「中國哲學合法性」問題的討論。

[2] 康德的《道德底形上學之基本原則》第一節名為〈從道德之通常的理性知識轉至哲學的知識〉，第二節名為〈從通俗的道德哲學轉至道德底形上學〉，（譯名據牟宗三譯注《康德的道德哲學》，《牟宗三先生全集》第十五冊，臺北：聯經出版事業公司，2003 年。）康德這兩節的標題，表示了有關道德的理性的知識，是需要層層升進的。

只是一般人之了解道德是從具體的事情上來了解，未能把在具體事情中的道德之理抽象出來，而正視之。而如果對道德之理只是藉具體的事情來了解，即停留在對道德的通常的理性知識的話，則很容易因為感性欲望對道德律的反彈，而使原有的了解，弄成曖昧不明，於是產生了自欺的結果，最終會為了滿足慾望，來從事道德行為。康德認為要破除此一自欺（康德名為「自然的辯證」[3]），必需從一般人都能理解的對道德之知識，進至實踐哲學之知。此所謂對道德的「實踐哲學之知」，即是要把從具體中了解到的道德之知抽象出來，對道德之理，作一充分的了解。此中關於「一般的理性的了解」與「哲學的了解」的分別，見於康德所著的《邏輯學講義》一書。康德在該書說：

> 要確定普通的知性使用何處終止和思辨的知性使用何處開始的界限，或者說，要確定普通的理性知識在何處成為哲學的界限，是有些困難的。
> 然而這裏還是有一種相當可靠的區別特徵，即：抽象普遍的知識是思辨的知識；具體普遍的知識是普通的知識。哲學知識是理性的思辨知識，它開始于普通的理性使用著手探索抽象普遍的知識的時候。[4]

據此，康德所謂的「普通的理性知識」是「具體普遍的知識」，而「哲學的知識」是「理性的思辨的知識」；而所謂「思辨的知識」是「抽象普遍的知識」。即是說一般的理性（普通的知性使用）對普遍者的理解，是具體的了解，即並不能把普遍的理，從具體的事情中抽象出來；而理性的思辨的知識（思辨的知性使用）則是把普遍的理，從具體的事情上抽象出來，而做理解。康德認為，一般的理性的理解，與理性的思辨的理解，是有明顯區分的，他認為很多民族只停留在一般的理性的理解（普通的知性使用），而沒

---

[3] 康德《道德底形上學之基本原則》第一節，牟宗三譯註：《康德的道德哲學》，頁 32-34。
[4] 康德：《邏輯學講義》（北京：商務印書館，1991 年），頁 17-18。

有進至哲學的層次，康德認為中國人也是如此。照此說，康德也認為中國是沒有「哲學」的。[5]下文的論述可說是對康德此意作一回應，回應分兩點，一是中國哲學理論中也有將普遍者從具體的事情中抽象出來的作法，此可見中國也有合於康德所謂以思辨來規定的哲學；二是中國哲學家有表面沒有把普遍者從具體的事情中抽象出來，而其實是即於具體的事情中對普遍者有非常清楚明白的體認，而此種即於具體中體會普遍者的作法，更能表現普遍者其實與具體的事情或活動不相離之義。而理解此即具體即普遍，或具體是不離普遍的具體，而普遍是即於具體的普遍，如此才能真正了解普遍者的活潑潑的意義，或才能了解體不離用或體用不二、體用圓融的意義。而這種即於具體而體證普遍者，當下體會體用不二、體用圓融的方式，比起從具體中抽象出普遍，以理解普遍者，是更高一層的理解。前者是分解的方式，後者是既圓融而又分解的方式，而這後一方面的義理或玄義，正是中國哲學的特色。此種即具體而證普遍，因為能對普遍者有清晰的理解，故並不是如康德所說的未將普遍者從具體中抽象出來之理解。即並非是普通的、具體普遍的知識。

二、伊川、朱子之分解

我認為程伊川與朱子對於「理」的探討，便是要將對理的理解，從「具體的普遍的知識」，轉而進一步成為「抽象普遍的知識」，即表示了康德所謂的「思辨」的意義。伊川的許多言論，可以從這一角度來理解，如云：

---

[5] 康德認為許多民族都只是「試圖通過具體的形象，使概念成為可理解的。至今還有一些民族，如中國人和印地安人，這些民族雖然也討論神、靈魂不滅等單純來自理性的事物，但是卻沒有根據概念和規律來抽象地探究這些對象的本性。他們沒有將具體的理性使用同抽象的理性使用分離開來。」（同上註），按康德此一批評，等於認為中國沒有產生哲學，故對康德此意，當然不能不回應。黑格爾在其《哲學史講演錄》（第一卷）提到孔子，認為在孔子的言論中，沒有哲學的思辨性，《論語》只能作格言錄來看，不能視為哲學作品。見解也近於康德。

> 一陰一陽之謂道，道非陰陽也，所以一陰一陽道也。如一闔一闢之謂變。（《二程全書・遺書三》）

《易傳》的原意應該是說，在一陰一陽的變化中，就有生生不已的道在起作用，藉一陰一陽的律動，就可以顯示出道體的妙用。當然這種即陰陽而見道的體會，是很高明的，也是中國哲學的特色，此即上文所說的中國哲學的特性與玄義，此意下文再論。而在此處，可以用康德所說的「具體普遍的知識」與「抽象普遍的知識」的分別，來詮釋伊川之意。伊川的原文很明顯要把道從具體的陰陽變化中抽象出來，說明道不是陰陽，而是陰陽的「所以然」。伊川非常強調道與陰陽是有然與所以然的分別，也即是有形下與形上的分別。故如依康德的規定，則伊川此一分解的表示，正是「哲學的」、「理性的思辨的知識」。伊川此意在下一條表示得更為明白：

> 離了陰陽更無道。所以陰陽者是道也，陰陽，氣也。氣是形而下者，道是形而上者。形而上者則是密也。（《二程全書・遺書十五》）

伊川認為，必須要掌握陰陽與道有然、所以然，及氣與理的分別，才能真正掌握形而上的道的意義，故曰「形而上者則是密也」。通過了此分解的辨析，對於道之為奧秘的存在，便有進一步的了解。道當然是不容易了解的，而通過此分解的辨析，便可以對道的形上性格有較為清楚的認識。由此可見，伊川的分解的表示，是他認為對道能有真正了解的必須作法，而此一作法，便是對道的了解，如康德所說的從「普通的理性知識，成為哲學的理性知識」。故伊川這一種分解，是一般的知識與哲學的知識的界限所在。伊川在討論「仁」時，嚴分性與情，是很有名的：

> 問仁。曰：「此在諸公自思之，將聖賢所言仁處，類聚觀之，體認出來。孟子曰：『惻隱之心，仁也。』後人遂以愛為仁。惻隱固是愛也。愛自是情，仁自是性，豈可專以愛為仁？孟子言惻隱為仁，蓋為

前已言『惻隱之心，仁之端也。』既曰仁之端，則不可便謂之仁。退之言『博愛之謂仁』，非也。仁者固博愛，然便以博愛為仁，則不可。」（《二程全書・遺書十八》）

伊川辨別「仁」是性，「愛」是情；性情的不同也如同理氣的不同，「性」是形而上者，「情」則是形而下者。仁與愛，有形上、形下之別，故不可以以愛來規定仁。牟先生認為伊川這一分解，固然不算錯，但由此分解，伊川把仁的心義、活動義去掉了，如此理解仁則是不恰當的。[6]牟先生的批評當然有理據，但如果從上文康德所說的具體的普遍與抽象的普遍的不同，來看伊川之語，則伊川正是不希望停在對仁的「一般的理解」，而要進到「哲學的理解」。伊川對於仁理解為性，為愛之所以然，這也明顯是希望把在具體情感中表現仁的道理抽象出來，正視仁作為普遍的理、道德行為的根據或原則之義。若依此義來看伊川之分解的表示，正是從一般的知識進至哲學的知識之至為關鍵的一步。伊川又云：

> 仁義禮智信，於性上要有此五事，須要分別出。若仁則固一，一所以為仁。惻隱則屬愛，乃情也，非性也。恕者入仁之門，而恕非仁也。因其惻隱之心知其有仁。（《二程全書・遺書第十五》，〈伊川先生語一〉）

> 仁之道，要之，只消道一公字。公只是仁之理。不可將公便喚做仁。公而以人體之，故為仁。只為公，則物我兼照。故仁所以能恕，所以能愛。恕則仁之施，愛則仁之用也。（同上）

第一段文獻說仁義禮智信都是性，須知性中有此五事，此表示仁義禮智信都

---

[6] 牟先生對伊川之分解的批評，見《心體與性體（二）》（《牟宗三先生全集》第六冊），頁309-317。本文所引伊川的數段文獻，亦參考牟先生此書所引。

是性的內容，此是將渾然之性給出了分解；後面又區分了惻隱與仁為不同的層次，仁是性，惻隱是愛，愛是情。而伊川所說「若仁則固一，一所以為仁」，似表示作為惻隱之愛之根據的仁是「一」，如性之為一性。性是一但內容則是有五德，如上文的分解。此處伊川認為仁是一，應有仁如性之為一之意，如果是這樣理解，則所謂「固一」之仁便與仁義禮智信並列之仁不同。即此固一之仁是五德之根源，如性是具眾理的。如果這樣理解，則便是把仁區分為專言與偏言。伊川在另外的著述中便有專言之仁是包四者（仁義禮智），偏言之仁是指一種德的說法。[7]這同於程明道所說的「義禮智信皆仁也」（〈識仁篇〉）之義。如此解則伊川在此處表示了作為本體的仁與仁義禮智信等五德中的仁，是需要區分的。此可見伊川要把仁之為普遍之理的意義，抽出來理解之用心。當然此段所說的固一之仁，是否便是專言之仁，文意不太明朗。但即使此段沒有此一對仁的分解，也可以據伊川的「專言」、「偏言」的說法來作「仁」之為普遍的德性的根源，與在德性行為上仁是某種德行的不同之區分。此段後半也是如同上半段，用仁性、愛情之為層次不同，區別仁與愛，又以恕是行仁之方，來區別仁與恕之不同，由此可證伊川對於仁之為理有很清楚的了解。此段有三步分解，第一步區分渾然的性理與仁義禮智作為性理的內容的不同，第二步區分作為本體的仁與仁義禮智信等五德中的仁有層次上的不同；第三步區分仁與「惻隱之愛」、「恕」的不同。由此確可見伊川之精察。他要把在具體中的普遍之仁抽出來，而了解仁理本身之意義，此用意是非常明顯的。第二段文獻表示需以「公」來了解仁，此是以公的普遍性來契入仁的大公無私、物我兼照的特性。又從仁與恕、愛的分別，表示仁是所以能愛、能恕的根據。即恕與愛都是因為有仁理為根據，然後可能的事情。仁與恕、愛有體用之別。由此可見伊川這些重分解的言論，的確很符合康德上文所說的，哲學是「理性的思辨的知識」，而所謂思辨是「根據概念和規律來抽象地探究這些對象的本性」之義。從上面

---

[7] 伊川曰：「四德之元，猶五常之仁。偏言則一事，專言則包四者。」見《周易程氏傳》（卷一），二程集，頁697。〈乾卦·象傳〉註語。又見《近思錄》卷一。

所說，伊川對性理與愛恕的區分，便是從具體活動中抽象出活動的根據。伊川分析性理的內容，又區分仁作為本體與作為德目之一的不同，這也可說是「根據概念和規律來抽象地探究這些對象的本性」。

　　如果上說不誤，則據康德對於哲學之為思辨的規定，伊川的分解說法，確符合康德此一規定，於是吾人可說伊川的思辨就是哲學性的思考。朱子則大抵循伊川此分解之路而發展，故有心、性、情三分，理氣二分，未發是性、已發是情，心統性情，及於四端之發、知其必有仁義為根據等說。依康德，將普遍的理從具體的事上抽象出來，是思辨性的活動，這就是哲學的本質。而從實踐上說，由於當人意識到道德的法則或義務是無條件的實踐的事情時，就會引起感性欲望的反彈，而有所謂自然的辯證的現象產生，於是會造成道德行為的存心從純粹轉為不純粹，即從按無條件的律令而行轉為從有條件的律令而行，即為善同時希望得到利益，對於這種存心的滑轉，必須從對道德的一般的理性的理解，轉到哲學的理解，才可消解。即必須把在道德行為中所含的道德之理、義務的原則抽象出來了解，要明白道德之理是以無條件的律令給出來的，而這種無條件律令必須是人的意志之自我立法，此意志因為不能為了別的緣故而實踐道德，而能給出道德律令又自願去遵行，故必須是不受任何欲求、利害的計較所影響的自由意志；故道德之理或按照道德之理給出來的道德行為，其價值不依賴行為所產生的任何效果而成立。法則或道德行為本身就有絕對的價值，於是能自我立法給出普遍的道德法則而又能踐行之的人的意志，本身就有絕對的價值。這些由道德意識而逐步分析出來的義理，就是道德法則本身具有的內容。對於這些內容人當然是知道的，但不通過仔細的分析，就不能清楚明白，故對道德法則、道德行動的主體或意志的意義，必須作哲學的思辨的工夫，才能把其中的內容充分展示出來。而康德認為，對於含在人的道德意識之中的道德之理作這種思辨的工夫，才可以消解或堵住因感性的反彈而來的自然的辯證。如果自然的辯證是普遍的生命現象，是人要求自己從事道德實踐不能避免的，而消解此毛病必須用哲學的分析於實踐上，即必須成立實踐的哲學，則程伊川與朱子的分解，及由此分解而建構的種種理論，便有其必要。這並非思辨上，而為實踐

上的必要。這也可以說，以思辨為本質的哲學，對於道德實踐而言，是必須要用的工夫。於是思辨與實踐的關係可以從兩個角度來說，人順著思辨理性的要求而產生了種種理念，如上帝、自由、不朽或宇宙的整體等，這些都不是經驗的對象，並非思辨理性所能知道的，故思辨理性在此所得的是虛幻的知識；但通過道德實踐的要求，便必須肯定自由意志及靈魂不滅，而由德福一致之為實踐的必然對象，故上帝也必須存在，這是理性的實踐要求對思辨理性的推進。另一方面，道德的實踐由於一定會遭遇到感性的反彈而產生自然的辯證，而克服此辯證，必須要把在實踐中所肯定的道德之理的種種意義，充分展示出來，以堅定所信，消解人的存心的滑轉，這是哲學的思辨對道德實踐的幫助。故理性的思辨與實踐之兩種使用，是互相補充，缺一不可的。順著此意來看，則伊川與朱子便是由實踐上的要求而引入哲學的思辨；於是，吾人可說，伊川、朱子的分解的表示，是一套「實踐哲學」。也可以說，伊川、朱子由於面對了實踐上的難題，而表現了哲學之為思辨的特性，即為了實踐上的需要，而對道德之理，作了抽象的解明。

三、孔孟對「仁」的體會及指點「仁體」的方式

上文對伊川、朱子的思想型態作了一些強調，所以要作此強調，因為從牟宗三先生開始對於伊川、朱子的思想定調為儒家的「別子」，即認為伊川、朱子的思想不合於孔孟以來的儒學的正宗。我並非反對牟先生此一衡定，只是希望能作一些調整。從上面所說也可以看到伊川、朱子的重分解與從孔孟以來的儒學的義理的大傳統，的確是很不一樣的。這也可以說，伊川、朱子確是儒學的別派，只是我認為此「別」正表現了實踐必須要加上哲學的思辨，才能使實踐「以竟全功」之意。亦由於伊川、朱子此一別義，而給出了中國儒學從實踐而往哲學的思辨發展的例子。此一發展，按康德的說法是理有必至的。故對於伊川、朱子之為「別」，我希望給出多一些的肯定。當然，若能證成此意，則伊川、朱子這一思想型態，雖非傳統儒學的大宗，但亦很重要，為不可少的成德之教之一型態。

當然，吾人不是說，在儒學的傳統中只有伊川、朱子才可以表現哲學的思辨，甚至認為只有伊川、朱子才稱得上是哲學家。如果因為只有伊川、朱子的見解及其思考的方式才符合康德所謂的哲學的定義，於是只有他們是哲學家，則儒家式的哲學家數量就太少了。其實自孔孟以降，許多大儒都是有意識的要把普遍者或本體，從具體的存在中或活動中抽出來正視之；不止是儒家，道、釋的思想家也有此用心，只是他們所用的方式及對普遍者的理解各有不同。即是說，儒道釋的重要思想家都是要把「超越的本體」努力的顯發出來，而把超越的本體顯發出來就是所謂「見體」。當然在佛教不宜說本體，但所謂真如、法性、佛性或佛之本懷、佛法身、佛意等，亦可以說是普遍者，甚至是體。此種見體的工夫，應該也合於康德所說的「把具體中的普遍抽出來而成為抽象的普遍」之義，只是他們的分解方式十分特別。大略是上文所說的即具體而見普遍、既圓融又分解或即用見體、體用不二的方式。此方式雖然特別，但確是可以見體的工夫。本體是普遍的，而且不同於具體的經驗現象，則既然可以見體，我們也可以說，這種作法也是把含在具體活動中的普遍者，抽出來的工夫，若此說可通，則這也是一種哲學性的思辨。這是從實踐上來體悟本體，這種體悟也是把普遍者從具體事情中抽象出來的哲學的工夫。如果這種即具體而見普遍，即用見體的工夫也可以是哲學性的思辨，則這種工夫當然也可以消解或堵住康德所說的因為實踐而來的自然的辯證。依儒家，這是通過證悟本體讓本體當下呈現於人的生命中，使人的生命活動的主體是相應於無條件律令而行的道德主體，即此時之心是「心即理」之心，這是透過體悟而當下承體起用，當下暢通真正的道德實踐的源頭。這種承體起用當下使生命成為純粹的道德之理的流行，當然可以衝破感性欲望的限制。種種私心、習氣、成見在本心（道德的本體，此本體成為主體）的呈現下，馬上被衝破、消融，這是牟先生所說的逆覺體證的工夫。而他認為自孔孟以來，到周濂溪、張橫渠、程明道、胡五峰、象山、陽明、劉蕺山，都是以逆覺體證為工夫，肯定心即理而且理是即存有即活動的義理型態，而為儒學的正宗。此一源遠流長而為儒學特別表現的成德之教的型態，如果說其中沒有哲學的思辨成分，那是不可思議的。故吾人可說此一即用見

體，由逆覺體證以使本體真實呈現，承體起用以開真正實踐行動之源的作法，或義理型態是一種特別的哲學的思辨，同樣具有康德所說的必須由對道德的一般了解，進到哲學的了解的涵義。即逆覺體證也可以說是從一般理性的了解，進到哲學的了解。

　　此一即用見體以顯本體的作法，在孔孟的言論中已有表現。孔孟之言往往表現了他們對於本體的體會，也可以看到他們要把在具體中的普遍抽出來體證的用心。只是孔孟常用即事明理的方式講，其中的深意有時候被日用倫常的事情所掩蓋，不容易看到。故對於論語的即事言理，及以啟發指點的方式來講學，來顯發人的真生命（仁）的說法方式，需要有明白的分析。《論語》上所說的「弟子入則孝，出則悌」、「居處恭、執事敬、與人忠」，宋儒程明道便認為此是徹上徹下語。即是說聖人是即事言理，在具體的事上可以證形而上的天理，而形而上的天理不能離開倫常實踐而另做尋覓。故孔子的教訓，固然不能離開倫常日用來理解，但又不能被理解為只是說倫常日用。孔子對於仁，明顯的將仁看作為道德行為的根本、價值的根源，及人的真正自我之義。故他說：「人而不仁如禮何？人而不仁如樂何？」、「禮云禮云，玉帛云乎哉？」、「林放問禮之本。子曰：『大哉問。』」、「仁遠乎哉？我欲仁，斯仁至矣！」、「為仁由己，而由人乎哉？」孔子這些話明白表示了「仁」是真正的道德行為的根據，可以說是「本體」，而且此本體不只是德性行為或價值的本體，也是天地生化之本體。故孔子可以說：「下學而上達，知我者其天乎！」「下學」是就「踐仁」說，而踐仁的結果，是天可以知我，則踐仁與天道在孔子的體會中，一定是可以相通的。故要真正了解孔子的論仁之義，必須對仁作為道德價值的本源與仁即是天道之義，有充分的了解。如果不了解此，要解明《論語》上關鍵性的說法，就很不容易了。

　　又孔子要學生理解仁的說法方式，也很特別。他所說的「於汝安乎」、「有能一日用其力於仁也乎，我未見力不足者」、「父為子隱，子為父隱，直在其中矣」都是啟發、指點的話，講解的人要具體說明孔子如何從當下的指點，以顯發人的不安不忍的仁心，這是所謂當機指點。通過這一啟發指

點，人的仁心便會顯發出來，而若仁心一旦顯發出來，人對仁心、仁體便可以有一明白了解。這是以指點仁心，使其呈現來讓人了解仁，這亦可說是「即用見體」的作法。即在仁心仁體呈現時，當下明白何謂仁。父子相隱這一段頗為後人所批評，以為儒學重親情過於法治，這誠然是可以檢討的影響，但孔子的原意，或他所著重的意思，需要先講清楚。孔子本意是要人先反求諸心，看自己是否有真正愛父，或愛子之情。人如果反求諸己而體會到對父母或對兒女，有一股無論如何也不忍離棄的心情，那就是「仁」了。而有此仁心，就會表現出該如何就會如何做的道德行為，此即「直在其中矣」之意。人要做出正直的行為，先要有這價值的根源，即仁心的顯發。故孔子此處所要表達的是通過父子相隱的不忍之情來指點人本有的仁心。這一指點確可以使人證悟到有一恆常不變的真情、真生命存在，這是生命的本體，也是一切德性行為的真正根源所在。從「直在其中矣」，可以看出孔子的意思是要人先顯發出能夠做出正直行為的根據，這是從如何有正直的行為的問題，做出深層的思考，不停留於行為外表的是否正直，而要問表現出正直的行為，其動機或存心應該是什麼？有此不安不忍的仁心作為「體」，正直的行為當然就可以表現出來。如果沒有此體，而只就外在行為來要求，則表面正直的行為，很可以是最不道德的行為。孔子之言是要啟發指點生命的本體，從此處看，孔子之思考，很有哲學性，並非只著眼於現實的倫常。

孟子道性善，言必稱堯舜，他不滿意告子「生之謂性」之說，而以人人皆有的不忍人之心為真正的人性，這是從人的具體的自然生命活動中洞見道德實踐的根源，此一即心言性的見解，確表示了孟子從具體的人的生命活動中見到所以能實現道德行為的本源，而以之為人性，這種洞見非常深刻，也可以說是從具體的道德活動中，顯發不可見的道德的本源或本體。故孟子言仁義內在，以道德性為人性，便是一「見體」的作法。能把本體顯發出來，也應該就是從具體生活中把本體抽出來的哲學性的思辨。由於孟子所說的人性是道德實踐的根據，是普遍的道德心或道德之理，故他所說的人性，也可以說是普遍的人性，此普遍的人性，其為普遍，並不限於人類，而具有絕對普遍性，故孟子可以說盡心就可以知性知天。由於天是代表絕對普遍的本

體,而盡心可以知性知天,則此心性本體當然是絕對普遍的。故孟子從人皆有不忍人之心而洞見到的,是絕對普遍的本體,這當然表示了孟子作為一大哲學家的靈感與見識,而這亦可見孟子哲學性的思辨。

孟子論舜為天子,其父瞽瞍殺人之事例可以與上述孔子父子相隱之言相參。孔子之言表現了似乎不直,而其實是真正的直,或直的本源、根據正在於此之意,其中有弔詭性的玄理。此意也可以用桃應問孟子的事情來做說明:假設舜的父親瞽瞍殺人,舜怎麼辦呢?孟子認為舜會揹著他的父親逃到人找不到的地方,在這個時候,他把放棄天子的位置一事,看做如同拋棄一雙破鞋子一樣,毫不在意。但你不要以為孟子主張舜只要顧著父子親情,不需要理會國法。如果孟子是認為在親情與國法相衝突時,一定要以親情為優先,親情壓倒一切,就不會認為舜會放棄他天子的位置,而且也不會主張皋陶要依法處理。所以通過孔子以父子相隱所顯發出的,固然是親情,但也就是普遍的道理,可以說是普遍的道理在具體的倫常中,表現為親情。而這種親情並非是受感性影響,要求為了親人而非徇私不可的血氣之情;而是可以讓擔負各種道德義務的人,各盡其所當盡的,普遍性的要求。故此情是普遍的,說是普遍的理也可以,情與理在此處應該是一體的。故孟子所解釋的瞽瞍殺人的例子上可以表現了,舜盡子道,而不以子道害君道;而皋陶盡國法之當盡,不以舜為天子而徇私效忠,此表現了客觀的臣道。臣子並不只從屬於天子,而在國法中,有其客觀的地位。如果從孟子的話可以闡明這些意思,則在孟子的對此一例子的討論中,可以顯示出他對普遍性的理是非常有了解的,由此也可以說孟子很富於思辨的精神,只是他的思辨性融入了具體實踐之情境中,而沒有獨立充分表現。故我覺得孔孟在這些例子上呈現了「普遍者」、本體的意義,如果對於這些言說有真實的感受,也可以恰當的了解理,而把其中的普遍意義,逐步展示出來;不是如西方哲人所說,孔子的學說缺乏思辨性。

在不離具體生活而經過啟發指點,使人有真實的對普遍者的感受時,也可以具體的領略了其中含有的普遍的意義,此也可以說是即具體即普遍。而且這一種體會普遍者的方式,似乎比在思辨、抽象推理中所了解的普遍之理

更為真實。孔孟之後,儒學的發展好像也可以從這個角度來理解。用牟宗三先生的說法,儒家表現了生命的學問,真理是以內容的真理的方式表現,而不是以外延的真理的方式表現,即是說真理是在真生命的呈現中而給出來。此真理不能離開真生命,有此強度的真生命,便有真理;如果生命的強度弱了,不能真誠,或真切,則此真理也就不能表現。此一說法,我認為是相應於孔孟即事言理,在具體生活中啟發、指點,而讓聽的人當下逆覺其普遍的仁心,此一教法者。而在此中,並非只表現倫理親情一方面的道理,而是給出了可以使人生種種價值都能彰顯而不致互相衝突的基礎或根據。有此根據或本體,天理、國法、人情;子道、君道、臣道,各種義務都可以調停妥當,而不會互相衝突,這可以說是實現了正義。

另外,在孟子書中,不只表現了孔子以啟發指點的方式來顯發仁體之義,對於本心、良知所含的道德之理的種種意義,或以道德性為人性中的內容,即能無條件的按道德法則而行的人格所具有的絕對價值,或從人能踐德而看到人的尊嚴,這種種的由道德心而本具的意義,孟子都能明白的表達出來,故孟子有義利、人禽、王霸之三辨,這可以說孟子既能通過證體或見體的工夫而洞見人生命中的本體,又能將此本來含具於生命中之本體中之種種義理與原則,充分的辨示出來,孟子書中這種表現,可以用康德所說的自由與道德法則相涵之意來說明。所謂自由與法則相涵,即從道德法則的開始,會要求人必須要有按照無條件律令而行的自由,如果從自由意志開始,則必須預設此自由意志具有的道德法則。或者可如此表示,要說自由必須要以道德法則為根據,而說道德法則就必須肯定自由。而這也可以說明了何以孟子既能洞見人的自由、自發以實踐道德的本心善性,而又能分析出道德法則所涵的種種義理,法則與自由二義在孟子的學說中是互相涵蘊的。

四、程明道的既圓融又分解

對於孔子即事明理,即用見體及用啟發指點之言說,讓人當下顯現仁心,而以此作為對仁心的了解方式,宋儒是很能掌握的,此義可以用程明道

的言說來證:

> 「一陰一陽之謂道」,陰陽亦形而下者也,而曰道者,惟此語截得上下最分明,元來只此是道,要在人默而識之也。(《程氏遺書》卷十一)

此即表示道不離器,只此存在界,人生活動便即是道;但又表示道不就是這存在界、這人生,道有其超越性,故曰要人默識之。而明道藉一陰一陽之活動,指點道之活潑潑的意義。明道又說:

> 「只心便是天,盡之便知性,知性便知天。當處便認取,更不可外求。」(《程氏遺書》卷二上)「言體天地之化,已剩一體字,只此便是天地之化,不可對此箇別有天地。」(《程氏遺書》卷二上)

此段牟先生認為明道表達了「圓頓化境之一本」義,言只此便是道。人如果當下有所覺悟,則不管處於何種境地,即在此當下之生命活動中,便是天地所以生化不已之道,不是以我的道德實踐來符合天道。此處必有一對超越的本體之體認,並非是只就存在之現象說即是道,即不是「自然主義」的以現實存在、生活之欲求為道。此中形上、形下之區分仍是很清楚的,故曰「截得上下最分明」,此一「既圓融又分解」(牟宗三先生語)[8]的方法,當下即是地將形上之道指點出來,使人對當前之生活有一對形上者的超越的體悟,這是非常特別的。雖是特別,其既圓融又分解之義,確是很明顯的。此種證體、突顯超越者或普遍者之方式,很能顯示中國傳統哲學的精神與特色。當然,此當下從具體生活中看到道不離當下的活動,又與當下的具體可見活動不同,是有一對道體的體悟在其中的,如果沒有對道的體悟,則也不能把不同於現實具體、氣化活動的道分別出來。可以說,由於即用見體才

---

[8] 牟宗三:《心體與性體》(二),頁43-44。

能真正體會不離於日用的道的妙用,能體會此就可以對不同於日用的道體本身有一清楚的把握。這便是既圓融又分解的意思,若不知道與器是圓融在一起不可分的,便不能夠體會道之妙,而能夠如此體會道之妙,即對道有真實的了解,於是就可以清楚區分道與器之不同。由以上的說明,可知明道此言之特別,他的說法確能把中國哲學的特性清楚表達出來。如果哲學思辨是將普遍者從具體的存在中分解出來,則孔子乃至程明道的這些言說,當然是「哲學性的思辨」,因為他們的講法都能夠把人的真實生命或道體恰當的表達出來。而且不特此也,此種說法表達了道不離開生活才能真實被了解,但道又不同於現實生活之意;從此一意義來看,便顯得十分高深玄遠了,雖然高深玄遠,但乃是從日用實踐中說上去的,故也不失其親切。

五、老莊、王弼與郭象對道的體會

老子書主要是論道,對於道的不可說又不能不說之難題,老子有充分的體會。道是一切存在的根據,但又不同於一切有形的存在,故道不能用論說一切有形的存在之言說來說,但若不對道加以言說,便不能表達人對道的體會,從老子要努力言道,但又表示道不可說之意,可見老子對於道既不離一切存在(所謂和光同塵),但又不同於萬物之意義,很有了解。這也表示了,老子有見於普遍性之道,又要把道從具體的存在中抽出來理解的哲學性思考。從這個角度來看,老子書具有哲學性或思辨性是無疑的。當然站在西方哲學的角度看,老子這種把道抽出來理解的言說,可能並不十分充分,或不十分清楚[9]。但吾人要了解,老子要表達的是透過生命體驗中而給出的智慧。即道不能夠離開無為、自然或對生命的有為造作的感受來理解。通過對有為造作的生命毛病的感受,而要以無為自然來超越之,則此道並非首先從作為天地萬物所以能存在的根據上說,而要從生活體驗上說。由無為而體會

---

[9] 分析哲學家 A. Flew 在其哲學導論書(*Philosophy, An Introduction*, 1979, Hodder and Stoughton, pp.18-20)中,對儒、道思想思辨性不豐富作了評論。

道,此無為之道正是實現一切人生作為的根據,故此從無來了解的道,既是無為,又是妙有,有體也有用,道的作用也不能離開種種作為來表現,此如上文所說的即用見體或於具體見普遍之義,故老子書雖有通過分解來表達普遍性的道,但比較重視明體以成就生活之用,並不太重視純智的思辨分析。

莊子將老子所言之道與無,集中在無心的「境界」或「心境」來表達,是很恰當的。而一般對莊子所謂「逍遙無待」義,即「自由自在」,亦有所知,但對莊子將道收於主體之無心的,與物一體而化之心境上之言說,便不易了解了。如云「有始也者,有未始有始也者,有未始有夫未始有始也者。有有也者,有無也者,有未始有無也者。有未始有夫未始有無也者。俄而有無矣,而未知有無之果孰有孰無也。」(〈齊物論〉)據此段,可知莊子認為,道即在這有、無之分別渾化了而吾人不知孰為有、孰為無之「與物一體而化」之心境中表現。亦可說,道即無心,即在吾人當下可顯之無心之主體上表現。莊子如此言道,雖然是用指點、描畫的言說,而不是用分解以立義的方式說,但他要將自己所體會到的道的意義顯發出來的用心是很明顯的。雖然此一對道的顯發,是要通過生活實踐上的體會才能明白,但也可以說,莊子是要把普遍的道從生活體驗中,抽出來了解。此如上文所說程明道既圓融又截得上下最分明的表達方式,只要人通過被啟發指點而對道有所體悟的話,他對於此普遍的、形而上的道之不同於日常具體的生活,或一切有形的存在,便會有清楚的了解。依此意,莊子原文中所表達的哲學性、思辨性,當然是很強的。即如果能夠從莊子言說中,當下體會到道就在無為自然、逍遙無待的心境下體現,則便已達到把普遍者從具體的事情中抽出來理解的目的,而這也就是哲學思辨的目的。

在莊子〈齊物論〉中,通過對成心的分析,說明人的以我為是、以別人為非的想法,是根深蒂固難以化解的。所謂成心是以二分法為根據的,以同我者為是、不同我者為非,而且是非之外沒有第三個可能(二者排斥而窮盡)。由於有此成心,故世人的是非爭論永遠不絕,而且這種我是彼非的爭論,是不能調和的,因為沒有我是彼非之外的第三種可能,故人非要把「異己者」打倒不可,這種爭論根源,即成心,其實是一種偏執的想法。按莊子

及後來的郭象的見解,其實每一個人都是以己為是、以彼為非,了解此意,就可以相視以笑、莫逆於心。即體會到人人都是此亦一是非、彼亦一是非,而都以我為是、都以彼為非,則此是非之對偶性,就可以化解,這是由承認各自的偏執,而超越了偏執。於是就可以在彼我是非中看到平齊萬物的齊物境界。此是在容許人各一是非的情況下,體會到一普遍的齊物境界,所謂不齊而齊。能有這種體會也可以讓成心存在,但對成心可以一笑置之。故這種破成心的作法,也可以說是不破而破。這種心境,應該可以說是普遍的心境,人人都可以表現出來的,莊子以此為道而將其顯發出來,也可以說是從具體的生活事物中,把普遍者顯出來。

故莊子所說的道,如牟宗三先生所說,是一種超越的、凌虛觀照的心境或境界[10],此種心境並不要內在於人間的是非而追問究竟何者為是、何者為非,而是超越是非而見人人都是以己為是、以彼為非,於是對於是非便不需看重或執著,而能如是道就可以呈現,這也可以說是境界型態的形而上學,即道就在這主體所顯之境界中。既可以說是形而上學,則其中的哲學性便必須被承認。

老莊的玄談,在王弼、郭象的注釋中,有重大的發明,對於道之形上性格及如何體會道,有特別的說法。

如王弼解《易》「大衍之數五十,其用四十有九。」曰:

> 演天地之數,所賴者五十也。其用四十有九,則其一不用也。不用而用以之通,非數而數以之成,斯易之太極也。四十有九,數之極也。夫無不可以無明,必因於有,故常於有物之極,而必明其所由之宗也。(此段是韓康伯注解《易・繫辭傳》所引。)

此言道,即無,不能用無來表示,因用無來說道等於同語重複,而且無是不

---

[10] 見牟宗三先生:〈莊子〈齊物論〉講演錄(一)〉,鵝湖月刊 319 期(2002 年 1 月)。

能表示的。故要說明無,不能不藉有來顯示,但有並不是道,故從有來顯道,便需要從有之作用之極限處,見到有不是有形者所能提供的妙用在。從「有」的作用有其極限而必會窮盡,看到道不能是有形、有限者。譬如說,太陽雖然非常偉大,但也總有燃燒完的一天,故能維持天地不斷生化的道,不能止於有形的太陽的力量。故道可以通過有的極限處而被體會,道從人體會到有之極限處,便可以有一清楚的了解。即「有」固然不是道,但道必須要藉著「有」之極限而顯出。這種作法不正是把普遍者突顯出來的哲學的思辨嗎?對於此普遍者,王弼以「不用」、「非數」來表示,「不用而用以之通,非數而數以之成」這表示了非用與用、非數與數是體用的關係。王弼對於體用論,有非常清楚的表達。他也表示了「有」與「用」不能被忽略。要明道,必須要通過形下之有,或有形的作用來體會,但可見的「有形」與「有用」並不是道,於有處或有形有用處須作一超越,方可見無形之道。而此意用於人生上,也很有道理。即表示人生倫常,日用事物,當然不可被忽略,但如果只著眼於倫常日用,並不能見道,也不能維持倫常日用的長久存在。如要見道,須於有形處或現實的日用倫常處,見其極限。此對有形者用心或用力,當然是重要的,但如果只著眼於現實人生,便體會不到此現實人生能夠得以成就、得以維持的道,如果見不到此無形的道,現實人生也很難不出問題。故道雖不離現實人生,但只著眼於現實人生並不能證道,即雖必通過有,但有並非目的,此即得象忘言、得意忘象之旨。而此啟發了人固然要重視人生,但必須由人生超越上去,而見道之義。而能體認此超越之道,便可成全一切之有。而道依王弼,是由道家義規定,故若能無心、無為,便可成就一切有價值者,而若有心、有為,則不能成全一切不同之有,所謂「愈為之,則愈失之」,若只以「有」為心,「異類便不復具存矣」。故要去成就種種的有,必須具備不受「有」侷限的無為之妙用。此即「守母存子」、「崇本舉末」之義,此中有玄理性、弔詭性。王弼的得意忘象論是其工夫論,也含體用論及本體論,王弼通過其工夫論顯發不能言說的道的意義,他對於本體或普遍者的理解,當然是很深的,也可以說,在這些說法上,很可以見到王弼哲學性的思辨。

郭象注《莊》，則更有玄義；他用「寄言」之義，對《莊子》書中「堯讓天下於許由」及「藐姑射之山有神人居焉」相關各段作出解釋，而其解釋往往與文章的表面意義相反。如云：

> 夫能令天下治，不治天下者也。故堯以不治治之，非治之而治者也。今許由方明既治，則無所代之。而治實由堯，故有「子治」之言，宜忘言以尋其所況。（莊子《逍遙遊》「子治天下，天下既已治也。」下注）

這是說明了堯是以無為或無心於天下來治天下的，而且越能無心於治天下，便越能治天下，故在堯的生活中，只看到種種治天下的行為，不能看到這種種治天下的行為所以能夠達成的無不為的心境。這可以說是越能無就越能有，在有的充分成就處，就可以證明有「無為之本」在其中，而此無為之本由於就是成就種種的有或事物的根據，便不宜離開事事物物來了解此本，於是便只能於「為」中體會「無為」，也可以說是只有在「用」中，才可以體會本體。由於體用不離而難以見本體，故要藉許由的無為來權示堯的無為之心境，暫時把無為與無不為、本與迹分開一下，但分解了之後，又要融回去，才能說明此無為之本就是成就種種事的根據，故又要把許由只是暫時的顯本的方便的形象之意表達出來。故又云：

> 夫自任者對物，而順物者與物無對，故堯無對於天下，而許由與稷契為匹矣。何以言其然邪？夫與物冥者，故群物之所不能離也。是以無心玄應，唯感之從，汎乎若不繫之舟，東西之非己也。故無行而不與百姓共者，亦無往不為天下之君矣。以此為君，若天之自高，實君之德也。若獨亢然立乎高山之頂，非夫人之有情於自守，守一家之偏尚，何得專此！此故俗中之一物，而為堯之外臣耳。（莊子《逍遙遊》「名者實之賓也。吾將為賓乎？」下注）

由於堯是真正的無心者，故他能以百姓之心為心，所作所為都不是出於自己的主張，而是順應萬物隨物而化，所以雖然忙得團團轉，但完全不是出於自己的主張，這也是上文所說的，越能無為無心，便越能成事之意，此義當可說明何以無為卻可以無不為之故。真正做到內心無為之人，會與物無間，即由於完全不會為自己營求，完全無心者，便會「與物冥」，與物冥即與物合一。如是便會順外物之要求而回應之，物與我處在有感便應的狀態下，所謂「無心玄應，唯感之從。」故真正無心無為的聖人，一定引發了非常豐富的行為事物，而只顯示一個一無作為的以清高自持的高人形象的許由，其實只是偏執於一己的想法的人。由於其與物有對，便不會因自然感應而生起種種因應外在的人事物而生的事情。故其生命境界只能達到作為堯的臣子的層次，或只是一個專家而不是順物而化的聖人。一般都認為莊子原意是讚美徹底無為的許由，而貶抑堯，又嚮往吸風飲露的神人，而認為在世間當王的堯境界很低；但郭象則認為莊子是藉許由的拱立山林，不以天下為念，來點明堯治天下，是以無為的心境出之。即莊子是藉許由的無為，來闡發堯生命之「本」。把有無為之本，便一定引發種種成就事物的作為的無心而順化的境界，暫時分離其迹與本，然後把這藉以顯本的抽象的聖人形象打掉。而神人的吸風飲露，非人可想像，亦是藉以說明聖人之心境。闡明聖人雖處廟堂之中，其心無異於在山林之中，其生命行為雖同於流俗，但其內心境界卻是飄然物外，如神人之無所牽掛，這種境界不是凡俗人所能了解的。此處郭注云：

> 此皆寄言耳。夫神人，即今所謂聖人也。夫聖人雖在廟堂之上，然其心無異於山林之中，世豈識之哉！徒見其戴黃屋，佩玉璽，便謂足以纓紱其心矣；見其歷山川，同民事，便謂足以憔悴其神矣；豈知至至者之不虧哉？今言王德之人，而寄之此山，將明世所無由識，故乃託之於絕垠之外，而推之於視聽之表耳。

郭象此處正式表達了寄言是把聖人的本從他的本迹不離中抽象出來的言說方

式,但此寄言不只是作譬喻或寓言而已,而是其中有把聖人的心境、聖德與其日用的生活區分出來之意。把聖德寄託在遠處的神人身上,便是一種把普遍的聖德與具體現實的存在區分開來的哲學的思辨,也可以說是哲學性的分解,只是這種分解是藉著譬喻或故事來表現,如果理解了此譬喻是把聖德從現實生活中抽離出來的分解,就可以真正了解此譬喻或寄言的意義。郭象所說的「今言王德之人,而寄之此山」便是把聖德寄託在遠處的神人之意,這樣便把聖人之德與聖人的具體生活分開來,分開了聖德與聖人的具體生活,才可以讓人清楚了聖人其實是以無為的心境來治天下的。這種分解也可以說是既分解又圓融的理解方式。聖人的生活與他的聖德是一體而化,不能區分,藉迹冥之論,將聖人之迹(冥化了的迹)加以分解,將其中之冥(本)抽出來,以免因迹冥圓融而使冥或本不能彰顯。迹冥圓融是聖人的化境,此時冥就是迹,迹就是冥,聖人自然無為,但會順物而表現其應物之用,雖有種種作為,但內心完全不當一回事。郭象此一解釋,將聖人的境界(本)與其順物的表現(迹)區分出來,使人正視聖人之本,不要以為聖人只是世俗認為的忙於治天下,甚至是放不下事情的好權者。其實表面清高無為的人,才是「俗中之一物」。此一作法,確有玄義,亦即是將普遍者從具體中抽象出來。故郭象所謂的「寄言出意」,很明顯是要把聖人的化境與聖人的具體生活區分出來。所謂「寄言」是把聖人生命已達到的理想人格通過遠在天邊的神人作為譬喻,說藐姑射之山的神人不食五穀、吸風飲露,藉這個神話表達了聖人的生命境界不同於凡俗,這是一種把融合在現實生命活動中的聖人之高妙境界抽出來;然後說此邈遠的神人其實就是百姓眼中、在忙碌生活中的堯。這種借不在世俗生活中的神人來譬喻聖人的無心於萬物的境界,就是一種把與現實生活中不隔的聖人境界抽離出來,讓人正確的認識之。郭象此一作法,很明顯是意識到對於與現實生活不隔,或者只有能夠就在現實生活中圓融的表現無心無為的人,才是真正的聖人,而要表達這種聖人的境界,必須要通過寄言的方式把聖人所以為聖人的境界,清楚的表示出來;但表示聖人境界之後,必須要把此境界與現實生活再融在一起,因為如果與現實生活隔開的,或不能融合於現實生活中的聖人境界,便不是真正與物冥,不能

迹本圓融，故分解以顯聖人境界只是暫時讓人清楚明白聖人的真正內心的作法，但此一作法會造成冥與物、本與迹的分離，故又須把這種分離相打掉，郭象的莊子注便曲折的表達了這些意思，說明了不在人間生活的神人，其實只是堯的內心境界的寄託，藉遙遠而在彼處的神人來譬喻就在眼前的聖人之內心，如是，對聖人之所以為聖人的境界就有一真切的了解。這一方面要把與生活圓融在一起的聖境抽象出來，另外一方面又要想辦法表示此聖境並非可以抽象出來了解的，一旦抽象出來就不能真正理解到聖人的圓融化境。可以說這是一種很特別的哲學的思辨。既通過思辨而把不離開具體現實的普遍的理或生命境界抽象出來，但又維持此理或生命境界與現實生活不離不隔的圓融的化境。郭象的莊子注所以一直被認為最能表達莊子的玄義，其故便在於此。郭象用寄言的方式以神人來譬喻聖人，譬喻完了之後，又把神人的形象打掉，認為如什麼事都不做的許由其實境界與堯差很遠，打掉了這個藉以顯示聖人境界的無為者的形象，才可以真正了解就在眼前與生活不隔的聖人。此中有把普遍者抽離的思辨，又要有把通過思辨而達現的普遍的理打掉，通過這一曲折的過程，才可以真實而具體的了解無為而無不為，治天下而無心的聖人境界。這種曲折的過程不能說不是哲學的思辨，也不能說不是清晰的把在具體生活中的聖人境界抽出來而讓人明白了解，但又不只是分解的、抽象的思辨而已。這如同前文所說的，程明道所理解的「一陰一陽之謂道」所表現的既圓融又分解的作法或體悟，這可能可以說是中國式的哲學思辨。郭象此一作法，表現了深刻的玄義，也可以說表現了中國哲學的重大特色。

六、略說天台宗圓教的義理

郭象用「寄言出意」的表達方式，把道家式的聖人的化境突顯出來，這突顯聖人境界的作法也等於是把普遍者從具體中抽象出來。當然，抽象出來後，又要融回具體的生活，這樣才算是真正無為的聖人。即無為的妙用必須在作為中表現，離開了作為，這無為的妙用就顯不出來了。故要了解聖人的

化境的妙義，需在聖人的作為中體會到這些作為是為而不為、作而不作。這也可以說，離開了「迹」、「作為」便不能體會聖人之妙。此義也可以說明何以中國哲學喜歡用即具體而證普遍，或體用不二的方式來講道體的緣故。即是說，要真正了解道體的意義，必須要體悟在用中才顯體，即在具體中才顯普遍者的妙用之義。於是，迹固然需要有本作為根據，但本也必須於迹中顯。如上文所表達的，聖人的無為就在治天下之作為中表現。如何表現呢？堯治天下是不為而為、不治而治，這種治與為，與一般的有所為而為之「為」，雖然不同，但也很難分辨。於是，吾人可說同是「為」，但可以是從無為發出來的「為」，也可以是從有為發出來的「為」。此中之心境固然可以分辨，但並不因為有此分辨就把迹或為去掉了。沒有了此為或迹，道是不能表現的，也可以說為與迹是客觀的、中性的，而如何去表現為與迹，則有迷、悟之心境的不同，這就是「除病不除法」之義。從此處，我們可以簡單的說一下天台宗的圓教義。

　　由於本不離迹，故代表最高境界的佛的智慧，雖然是最高的，不容易達到的，但也必須表現在迹，亦即作為上，此所謂離迹就不能見本，但表現佛的智慧的迹，是怎麼樣的迹、作為呢？答曰：人生任何一種可能的作為，都可以是佛的智慧所表現的地方。何以故如此？因為按佛的悲願，一定希望所有眾生都能成佛，那麼人生的一切作為都應該可以是悟道的機緣，如果不是如此，佛的悲願就不能達成。因為如果離開了眾生，及世間種種可能的生活，另有所謂佛道，則不能保證眾生可以成佛，若佛與眾生相隔，佛所表現的生活，或迹是另外一套，則此套作法不會為眾生所有，如是成佛便是遠離人生的事情，這便不能保證世間的眾生都可以成佛。於是，佛必須即於眾生種種生命活動而表現佛道，或佛的智慧。佛法界必即於九法界。佛必即於九法界眾生而成佛，一切眾生都是佛境界的呈現，這樣才是佛的本懷的完全實現，於是在這種佛教的圓滿理想的要求下，一切眾生與佛是不相隔的，佛即眾生，眾生即佛。對於這種圓教義理，天台宗智者大師作了各方面的論述。如他的五時八教的判教說，便認為藏、通、別三教都可以表達佛道，只要明白佛說藏、通、別之意。譬如說當佛在最初成佛時，以頓的方式說《華嚴

經》,這固是一個表達佛道的教法,但你必須要明白佛意,如果你不明白,你就會以為只有通過華嚴時的頓的方式才能表達佛的真意。其實並非如此。華嚴還是圓而「兼」別相;因為兼別相故一般眾生難以企及,故為了使程度較差的眾生明白,佛以「漸」的方式來說三法印、四聖諦、十二因緣、八正道等藏教的教義,這是為了使一般眾生了解而給出的比較粗淺的教法。但也不能說這是粗淺的教法,所以就不能明道。如果知道佛的心意,也可以即於這種粗淺教法而明佛法。故如果以為藏教比較粗淺,並不足以代表全部的佛法或正宗的佛法,那又是不明白佛意了。但如果停留在藏教的說法中而不往前進,便不能接引比較高明的有智慧的眾生,於是佛在方等時說大乘經典,以大小相對的方式,呵責、貶斥小乘,要小乘人更進一步,明了了佛是要人更進一步的心意,便不會認為這種大小相對、呵責、貶斥是佛的真正用意。這是一種權法,所謂方等「對」,必須明白佛藉這種權法來表達真意的用心。然後是般若時,在此時佛的說法是「帶」著大小乘的種種說法而加以融通淘汰,通過這一階段,就可以會歸到真正的佛的真正本懷,佛的本懷是希望一切眾生都要成佛,於是通過這種發迹顯本、開權顯實的方式,就表達了佛所以在不同的時間,給出不同的教法是為了使處境不同的眾生都能成佛,說明了人生的不同處境,其實都是佛境界呈現的場所。這如同上文所說的郭象的迹本論;或者是迹本論中,本不離迹,迹用即是道本之義的進一步強調。此即是說,佛的道本表現在迹上,於迹才能實現本,而且此能表現本的迹,是人生一切可能情況都在內,故不管是大乘、小乘,也不管是藏、通、別各教的那一教,都可以是最高境界的佛道的表現。於是圓教是在藏、通、別三教中都可以呈現的;佛說法華、涅槃時,是將前面的四時(華嚴、鹿苑、方等、般若)暢通覺了而表現,並非是另有一圓教義在前述種種教義之外。由是,就可以推出,法性即無明、一念三千、佛性有惡等種種天台宗的教義。

　　天台宗以開權顯實、發迹顯本的方式,表達了佛意,所謂佛意是希望一切眾生都能成佛的心願,為了達成此心願而展示了天台宗的種種說法。如此說不誤,則天台宗的理論,正是把普遍者(此處所說普遍者即是「佛意」)

用種種理論鋪陳表達出來，此普遍者因為是要與眾生為一體的，故也可以說佛與眾生相融而分不出佛與眾生，分不出佛境界與三千世間法，而天台宗的發迹顯本，開權顯時的說法或五時八教的判教法，便是把融於具體生活中的普遍的佛道或佛意，抽出來而正視、了解之。當然這也是一種哲學思辨，而且這種哲學非常曲折、玄奧。

這種迹不離本，同一行為或迹，可以是佛道，也可以是非佛道的說法，也同於宋儒胡五峰「天理人欲，同體而異用，同行而異情」（《知言》）之說，故牟宗三先生認為胡五峰這一說法表達了「儒家式的圓教」。此義暫不詳述。

七、結語

上文從程伊川的重分解的言論，說明伊川之說合於康德所謂的「哲學」是把普遍的理從具體中抽象出來之義，而此即哲學的思辨。又從此一對哲學的定義說到傳統的儒道釋的重要說法，雖然不重概念的、邏輯的思辨，但也有非常強烈的要把普遍的道或本體顯發出來的意識，而且他們的表達的方式，雖然很特別，也很能明白的把本體的意義闡發出來，而且蘊含深刻的、曲折的玄理。依此也可說，傳統儒道釋的思想很有哲學性。即若顯體亦可說是將普遍者從具體的事情中抽象出來看，則此見本體的工夫，便是哲學的思辨，雖然此思辨有點特別，是既圓融而又分解，而非只是分解。如果此說不誤，則關於中國是否有哲學，中國哲學的合法性問題，就可以給出一個合理的答案。即既然儒道佛釋三教都能顯體或見體，則當然是哲學，而且是很有中國或東方特色的哲學。雖然中國哲學由於重實踐，重即用見體，而不明顯的將普遍之理與具體生活區別出來，但從以上所舉的例子，不管是儒家或是道家、佛教，都有對於普遍者與特殊者的明白區分的。只是中國哲人區分此二者，往往作出了既圓融，又截得上下分明；既分解，又要打掉通過分解而顯示出來的普遍之理或聖德，因為此抽象分解所表示的理或聖德，只是權相，必須打掉才可以真正了解至德必須與具體生活不隔，此種分解的方式是

很特別的，可說既分解又保住其非分解的性格，其中頗有弔詭性的玄義。此很可見到中國哲學的特色。可見哲學一方面可以有東西共通的普遍的意義，也可以有東西方不同的特色。把普遍者從具體中抽出來理解，或體證，可以說是哲學的普遍共同的意義，如果沒有此義，就不能算是哲學。而表達此普遍者或領會此普遍者之方式，則可以容許東西哲學家各有其不同。

康德的「外在自由說」與華人社會的發展
——對戴震「以理殺人」之說的解答

引　言

　　康德有「內在自由」與「外在自由」的區分，又由此而有「德性義務」與「法權義務」之不同。德性義務要求人行為的動機純粹，要為了義務而行，而法權義務則只考慮行為的外表的合法性。此一分別對於重德的中國文化或中國社會，如何從重德的要求轉出重法治的精神，似乎可以給出一個重要的提示。即雖重德而要求自己符合德性義務是必要的，但對於別人的行動則可以先從行為是否合法來看，不必太注重其念慮是否純正。念慮之是否純正是個人要求自己之事，只有在人從事深刻的內省時，才能明白。此一分疏，對於清儒戴震有名的對宋儒義理的抗議，即「以理殺人」之說，應可給出一合理的解答。

　　從人的行動的外表是否合法來看人，是尊重人有其抉擇的自由，這應該是社會能夠健康發展的一個基礎；而這種抉擇的自由也可以上通至道德意志的超越的自由，從此一角度，也可以探索內聖與外王、德治與法治的關係。

一、上齊與下齊

　　孔子所說的「道之以政，齊之以刑，民免而無恥，道之以德，齊之以禮，有恥且格」（《論語‧為政》）顯示了兩種齊同，齊同也就是平等。如唐君毅先生所說「道之以德，齊之以禮」是往上齊同，而「齊之以刑」便是

往下齊。[1]通過德與禮引發人自覺地求實踐道德，成為有德的君子的內在的自我的要求，通過這種努力，人就可以逐漸成為踐德是發自於內心，「由仁義行」之事，而並非只是「行仁義」（《孟子·離婁下》），即並非只是要求自己行為的外表符合仁義而已。而自覺自己的道德本性引發實踐道德的自我要求，所謂「為仁由己」是人人可能的，而在這個地方努力，人人都可以達到上述由仁義行，即為義務而義務，而不會為達別的目的，而做出合於義務的行為。這種內心意志的純粹境界，是人可以達到的最高的價值，天下間所有有價值的東西應該不會比自覺為義務而服膺義務的德行價值為更高。從這個角度上看，反求諸己，要求自己達到這種意志的純粹地步，成就最高的價值，是人的「最高平等性」。從這種最高的平等性來看人，便可以視每一個人都有他的尊嚴。如康德所說的每一個人本身都是一目的，而非達成其他目的之手段。這是由孔子暢發的成德之教的目的，即希望每一個人都能成為自覺地成德的君子。

　　但「道之以政，齊之以刑」所含的平等性，似乎也不能輕忽。通過明確的政治制度的立法，給出人民需要遵守的規則，這種遵守或法則的規範是就人的外表行為上來立法的，這些法不能夠規定人內心的德性。人的內心是否純粹，其決意是為私或為公，做出道德行為時，存心是否是為了義務而行，這是不能用立法來規定或衡量的，故用政治法律規範的只能是人的外在行為，只要人的外在行為沒有觸犯法律，別人或官吏並不能干涉。是以此由法政而來的「往下齊」，實在有其必要，此意人所周知，不須多論。但此中由德禮而引發的精神自覺而往上，與用政法規範人的外在行為，禁制人的違法，在中國重德的文化傳統影響下，產生了一些糾結。此則是很值得討論的，所謂「糾結」可以引戴東原（戴震，1724-1777）有名的「以理殺人」之論來說明，他說：

---

[1] 唐君毅先生曾在課堂上提及「上齊」與「下齊」之意，在其所著《中國哲學原論·原道篇卷一》（香港：新亞研究所，1973年）頁97，有「禮敬是一將人己併加升舉，上達之情」之說。

> 嗚呼，今之人其亦弗思矣！聖人之道，使天下無不達之情，求遂其欲而天下治。後儒不知情之至於纖微無憾，是謂理。而其所謂理者，同於酷吏之所謂法。酷吏以法殺人，後儒以理殺人，浸浸乎舍法而論理，死矣，更無可救矣！聖賢之道德，即其行事，釋老乃別有其心所獨得之道德；聖賢之理義，即事情之至是無憾，後儒乃別有一物焉與生俱生而制夫事。古人之學在行事，在通民之欲，體民之情，故學成而民賴以生；後儒冥心求理，其繩以理嚴於商韓之法，故學成而民情不知。天下自此多迂儒，及其責民也，民莫能辯，彼方自以為理得，而天下受其害者眾也。[2]

戴震認為後儒（宋儒以下）的以理來要求別人，如同酷吏之用法嚴苛地要求老百姓遵守。而宋儒的所謂理，戴震認為是自以為是之理，即並不在人情、物理上探究，以為反求諸己就可以得之於心的「與生俱生」之理。戴震認為宋儒如此了解理並不合於孔孟。聖賢之道，是要使天下人的情、欲都能暢達、滿足，而所謂理應該從如何達到這一理想來了解。戴震並不直接從要求人端正其念慮，來說以理殺人，而是認為後儒不從現實情況探究，而憑自己心中想法，以規定理，然後要求別人遵從，是以理殺人。但由於他所批評的宋儒之所謂理，一定是道德之理。故可以戴震此一說法來討論，以嚴格的道德律要求別人遵行所可能產生的流弊。

戴震這一番議論似乎認為，酷吏的荼毒人民，因為還是需要以法為依據，故是有一定的限制的。人如果嚴格遵守法律，還是可以避免酷吏的戕害；但如果以德與理來要求人，這種要求可以是無止境的，例如用內心不能純粹的為善來定罪人，則任何人都沒有辦法避免被咎責。這一種反省其實以前的人是常有的，如董仲舒在《春秋繁露》中對於仁義的解說就含這種分別。[3]他認為「仁」字是從「人」的，所以仁愛是用來對待人的態度，不是

---

[2] 戴震：〈與某書〉，安正輝選注：《戴震哲學著作選注》（北京：中華書局，1979年），頁255。

[3] 「春秋之所治，人與我也。所以治人與我者，仁與義也。以仁安人，以義正我。故仁

用來對待自己的；而「義」字從「我」，故義道是用來對待自己的，即要求自己的行為動機一定要純正，不能打折扣。假如人以仁道待己，而以義道對人，便會一味的找藉口寬恕自己的罪過，而對別人則作內心必須純正的嚴格要求，這是對仁義之道的錯置。俗諺也有論心與論跡的區分，[4]這都是很合情理的話。當代徐復觀先生曾提出儒家對於修己與治人是有不同要求的，他認為孔子所謂的「德治」，是要求人君以德來端正自己，並不是用高標準的道德來要求百姓。這從《論語》上所載的「為政以德，譬如北辰，居其所，而眾星拱之。」「恭己正南面」等說，確可為證。徐先生又舉孔子所說的「子為政，焉用殺。」「苟子之不欲，雖賞之不竊。」為證，可見孔子在與諸侯論政時，必先要求統治者反求諸己。在討論孔子在回答食與信二者要去其一時，說：「去食，自古皆有死，民無信不立。」此論並非表示孔子主張老百姓可以死，但不能沒有信；徐先生主張此「食」是「食政」，即政府的財政。此「去食」是對政府來說的，表示在最不得已時，政府寧願放棄賦稅，甚至解散政府，以免因為政府的存在，使老百姓在艱難的現實處境下，增加負擔，以致不能生活。[5]徐先生此後一論述在對文獻的詮釋上，或有可商榷處，但其所闡發的確卻是以仁存心的儒者該有的想法。故嚴格的道德標準是用來要求自己的，對百姓則需要以民食為急。由此修己治人的區別，應該可以避免戴震上述的批評。戴震所抗議的問題，是過分重視德性的修養而產生的流弊，這一流弊本來在上述傳統的能體貼人情的合情理的看法下，是可以避免的。但戴震不從這種角度上來思考，即不去思考如何一方面要求自己端正存心上契聖賢，而又能寬厚待人，不忍在人的好的行為上，進一步苛

之為言人也，義之為言我也，言名以別矣。仁之於人，義之於我，不可不察，乃反以仁自裕，而以義設人。詭其處而逆其理，鮮不亂矣。」蘇輿撰：《春秋繁露義證・仁義法》（北京：中華書局，1992 年），頁 249-250。

4 「百善孝為先，原心不原跡，原跡貧家無孝子；萬惡淫為首，論跡不論心，論心世上少完人。」（《菜根譚》）

5 徐復觀：〈儒家在修己與治人的區別及其意義〉及〈荀子政治思想的解析〉，《學術與政治之間》（臺北：臺灣學生書局，1971 年新版），頁 229-246 及頁 201。

求必須內心純正;戴震不往此義思考,而要對理做另外的規定。

二、戴震反宋儒所說的理,其反對並不能成立

戴震反對宋儒把理當作超然獨立,「別有一物」般的存在。認為理是生生的自然條理,如要了解理,必須在事事物物中仔細考察、研究,才能懂得。理不是與生俱生,即不是先驗的。故要明理不能冥心向內或往超越形而上處來追尋,而必須在具體現實的存在事物中來探究。必須運用人的血氣心知,在存在事物中明白其理,真知理為必然如此,就可以以理成就良好的現實生活。而人如果在自己的現實生命上了解到自己的情感慾望之所需,然後以己情衡量、體貼別人之情,於是就能希望所有人的感情欲望都能滿足,此所謂「絜情遂欲」,這也是所謂「善」。按照戴震此一思路,他所認為的理,其實是如唐君毅先生所說的「事理」[6],而並非道德之理。他以自己所了解的理來反對宋儒所謂的理,乃是以「事理」來反對道德之理,這一反對是不能成立的。人有感性欲望、自然性情,能滿足這些現實生命的欲求,當然是好的。而如何使大眾有這些滿足自然性情的幸福生活,當然是有理可說,但這如何造就現實生活之理,並非道德之理。造就現實生活如何得幸福之理,當然需要在經驗現實上仔細研究、考慮,不能以一個自己信以為真的先驗性的道理來規範現實的生命與經驗的事物。如果明白戴震所謂之理是「事理」,則可以承認戴震的所有說法,但並不能以事理來否定道德之理。

道德之理是當然之理,而所謂當然之理,是「吾人應無條件地為所當為」此一道理。即是說,人在服膺義務的事情時,不能藉服膺義務而達成另外的目的,只能因為義務是該服膺的而服膺之,能明白道德的行為或義務性的行為是當然的之義,是要人無條件的服膺之,便是懂得道德之理。這道德之理(道德律)是人人都承認的,不能反對的。人不可能認為在從事道德行

---

[6] 見唐君毅:〈原理下〉,《中國哲學原論・導論篇》(臺北:臺灣學生書局,1993年),頁 83-86。

為時,可以有條件的服膺之;如為了別的目的而從事道德行為,例如不是因為該守信而守信,這便不是因為守信是義務而服膺之,此別的目的,如因為是害怕不守信會造成自己的損失所以去守信,故人如果能誠實的反省自己行動的存心,都會承認道德行為是無條件的。這一對道德或道德律的認識,是如康德所說的「理性的事實」,並非通過經驗學習而得來的,可以說是不慮而知、不學而能的。而且,此道德之理並不依賴依此理而產生的現實效果而成立。此理是單靠它自己而成立的,即若問人何以要實踐道德,答案只能是因為實踐道德是應該的,或只因為它是道德行為,所以人就應該去實踐。此一同語重複般的答案,正表示了道德或道德法則的意義。此一道德法則之意義是人人反求諸心就必會肯定的,都會認為是理當如此的,是吾人本來便該肯定的,故此理也可以說是「性理」,即此道德之理是吾人自己所認為理當如此的,必須肯定的。在西方也有說這是人性之理(The law of human nature)[7]如果了解宋儒所說的理是性理,也就是道德之理,則從此理的先驗(人人本知)、不依待現實效果而成立等特性,則說此理是超然獨立的,不依於經驗現實的,並沒有錯。

戴震此一質疑雖然並不能推翻宋儒存天理去人欲的說法,但也說出了一個修己、治人需要區別來看的問題,如徐復觀先生所說,儒者對於修己治人的標準是不同的,作自修的功夫或自我省察,是不能打折扣的,對於自己的行為表面合理,但動機不純是不能放過的,此近乎上文所說的心、跡之辨。宋儒自周濂溪開始,即在發心動念的隱微處用切實的工夫,如云:「幾動於彼,誠動於此」(《通書》),所謂幾是「動而未形,有無之間」,即是人的意念,人必須要在意念動而未做出行動時,便要下懇切的省察工夫,要從生命的內部做澄清,把非理性的成分轉成為理性,這種內心省察的作法,是儒家內聖之學的關鍵工夫,所謂「慎獨」,也是此一工夫。必須要從生命的內部做轉化非理性成分的努力,才能使人真正超凡入聖,此一工夫是合理

---

[7] C. S. Lewis, *Mere Christianity, The complete C. S. Lewis Signature Classics*, Harper one (New York, 2002), p15-18. 參考此書中譯本,C. S. 魯益士:《反璞歸真》(余也魯譯,香港:海天書樓,1998年),第一部之1〈天理與人理〉,頁2-6。

的,除非你只要求自己的生命是凡夫俗子的層次的生命,對於自己生命的不誠懇,動機不純,不會不安,那不做這種工夫當然是可以的。但成德的要求似乎是人不能逃避的自我要求,或這是人的義務。人對自己的不真誠、存心不純粹,是不能自安的。如果成德是人的義務,則在發心動念上,要求意念的純粹,或要求自己不只是行為符合義務,而是要內心為了義務而行,也是當然的、必要的。由於人普遍的具有道德意識,這種成德的要求應該是普遍的為人所具備的,是故,戴震反對宋儒「存天理,去人欲」之說並不合理。他認為理是情的達到纖細無憾處,他如此規定理,則此理如上文所說是事理,即如何能達成人們幸福生活之理,此理當然是很可貴的,但並不是道德之理。道德之理依上文所述,有其先驗性,因具有先驗性,故亦具有普遍性與必然性,由於此理為人人一反省即可得之,亦必會認同,故曰性理,則此理何以不是與生俱生?對此理要有明白真切的把握,須作反己慎獨;若是則何以不能用「冥心求理」之工夫?由此行理之為先驗,普遍而必然、為一切道德行為之根據,則名之曰天理,亦很自然,不應反對。即以道德之理為線索以了解天地之理,亦有理據。對道德之理之了解,從孟子便有明確的分解的表示,孟子所說的「義利之辨」,此中的分判、辨別當然是非常嚴格的,完全不能打折扣,雖然如此嚴格,但不能說不對,這不能說不對並不是聖人或某些權威說的,而是我們只要反求諸己就會同意的。故戴震的反宋儒「存天理,去人欲」的省察的工夫,表示了他的對道德之理的不了解,他對於理的規定完全把道德之理的超越性去掉了,這可以說是「不知德」。戴震反對有超然獨立的道德律,認為理只能在經驗事務的調理中研究而獲致,但如果不肯定超越的理,他所追求的絜情遂欲之理想也沒有保證可以達成。因為如果不肯定超越的道德之理,人何以能夠在感受到自己的性情欲望的要求時,又同時想到別人的欲求,而希望別人能滿足其欲望呢?何以不會因感到自己自然情欲之強烈而真切,而只管滿足自己,不顧他人?人能「己欲立而立人,己欲達而達人」,是因為可以超越自己的感性欲望而與別人相感通,而能與別人相感通,必須肯定有普遍的超越的仁心或性理的存在。故戴震反對宋儒理在先之說,其反對是不能成立的。

三、「外在自由」說可補充重德的中華文化

　　但話又說回來,戴震的批判的確道出了人性,或人的社會生活的重大的問題,中國社會的確容易表現藉著道德省察的嚴格、不打折扣而對人世俗生活的不同情,或甚至嚴以待人,寬以待己,即用嚴格的道德標準來要求別人,處處於別人的行為動機處來給出懷疑、考核,對於人的善行本身往往不能信任,總懷疑其背後有不可告人的動機,以為天下做好事的人,都是偽君子;這種對別人的嚴苛要求,由於有道德行為是從純粹的意志發出才有真正的道德價值之義作為根據,於是容易表現以道德的純粹性為藉口而產生殘酷苛察,甚至殘忍。這種以道德的嚴格性來要求別人而產生的殘忍,往往不容易自覺,使人陷入一種以行天理自詡的對人殘忍的心理狀態,由此義來看,戴震的控訴也並非沒有道理。綜上所言,戴震的以理殺人之說,有對也有錯,不能因為他的控訴合理而承認他對宋儒所說的性理、道德之理之反對為合理;也不能因為他對道德之理了解不恰當,而否認他所說的以理殺人的現象之存在。於是這裡頭有一種糾結存在,此一糾結是必須要解開的,華人社會在重德的文化傳統的孕育下,的確表現了這一由重德而來的困境或錯覺。即使如上文所引董仲舒或俗諺所謂的心與跡的區分,以寬厚待人、忠恕之道避免對人的內心的是否純粹做過度嚴格的要求,但由於要求動機的純粹有其合理性,故只是忠恕待人,未必擋得住此流弊。另外這種由重德而強烈要求自己存心純粹的習性,也會造成內傷的結果。唐君毅先生在比較東西方的精神行程時,也表示了中華文化有「自傷」的情況。[8]而解開此糾結之道,我認為康德對於自由區分為「內在的自由」與「外在的自由」可以提供參考。

　　所謂內在的自由,即能擺脫感性欲望的糾纏,而自作主宰地遵從自己理

---

[8] 唐先生說:「上帝之左足(按:唐先生此處所指的是西方文化),如不穿履而指爪在外。上帝之右足(按:此指中國文化),則穿履,重履踐,而渾然全足。……左足之病,在指爪不剪,而血流未已。右足之病,在渾然全足,五指未能暢伸。左足之病在傷人,右足之病在自傷。」見唐君毅:〈人類精神之行程(下)〉,《人文精神之重建》(臺北:臺灣學生書局,1977年),頁554。

性所給出來的道德法則,這是德性的義務。人要成就其德性的人格,成德是人的義務。要達成這種德性的義務,必須要求內心純粹,意志為純粹意志或自由意志,這種自由是超越的自由,此自由意志完全是自發自覺,自己給出所遵守的法則,或意志本身就是法則,此意志也可以說是實踐理性,或曰理性成為實踐的。對於這種自由意志,康德認為人在現實生命中恐怕是不能有的,因為人很難省察到行為的動機的隱微處,常常表面是為義務而義務,而其實是有所為而為,為了某些私人利益而給出行為外表符合義務的行為。而且人的經驗知識必須要以因果法則為根據,無條件的不為前因所決定的純粹意志,並非經驗的對象。在以因果概念統一表象而形成的經驗知識中,是不可能有(或雖有但不能知)無前因而自發的意志的決定,因為事出必有因。由康德此一分析可知成德之難。此困難有兩方面,一是存心的純粹並不容易,人總會受感性意欲所影響,要給出真正的道德行為,行動的存心必須是自由意志的呈現,要呈現自由意志除了做深刻的自我省察的工夫外,還要衝破以因果律作為根據的行動與思考的習慣(順因果律的思維習慣,自然產生以功利主義為目的的行動),這後者恐怕是更難的事情;二是對於無條件而自發的自由意志,人不能有經驗上的認知。成德固然是困難的,但對於道德法則的了解,確是人人都可知的,即是說,道德的行為必須是因為該行為是理所當然的行為,而不是為了別的目的而要給出的行為。道德行為的無條件性,是每個人稍一反省就可以知道而且給出肯定。故對於道德的意義必須有這兩方面的了解,一是道德法則是一般都知道的事情,但按照法則而行事,純粹地為義務而義務,則千難萬難,吾人需正視此在道德上知行的易與難。[9]

---

[9] 以上所說的踐德的艱難是依康德的意思來說。如果依中國哲學傳統,純粹的道德意志、自由意志的呈現是當下可能的。如孔子說「我欲仁斯仁至矣」,牟宗三先生也強調人可以當下逆覺體證,讓本心作主,於是便有真正的道德行為的出現。故行為的動機是只為了義務之故而行,可說很難,也可以說當下可能。如果是當下可能,當然就不能說一定是困難的。但雖然如此,由於人常常受到感性慾望的挑戰,而使行為的動機不能純粹,故要時時保持純粹的本心,讓其作主而不已地實現道德行為,則仍可說是很艱難的。

如果中國文化確是以成德為最高的嚮往，雖然對於道德法則的了解並不困難，但由於成德的艱難與對純粹意志（善的意志）的認識不易，便容易產生上述的流弊，即以容易了解但難以做到的嚴格的成德的理想或純粹的存心來要求別人，由於對於道德律與依道德律而要求的嚴格、純正的存心是很容易了解的，故容易以此來要求別人，而此容易被了解的理想其實難以達到，故用來要求別人，便造成競相譴責或互相戕害的結果；當然有德的君子會以此嚴格的標準先要求自己，對別人則務在寬，但若以這種嚴格的道德標準來要求自己，也難免有內傷或自傷的後果。即把不容易企及的理想作為自己的義務，會因為理想的達不到而常懷愧疚。成德需要窮盡一生的努力，而且可能還達不到，在這種心理壓力下，也可能會壓抑了生命的其他才能力量的發展，這應是唐先生所謂的「自傷」之意。對於真誠的以道德責任要求自己的人來說，確會有從把一個永不可及的理想放在自己有限的生命而來的沉重之感。[10]

康德所說的「外在自由」是從法權的義務來說的，所謂法權義務是從人的行為的外表來要求必須守法的義務，此義務不同於要求內心純淨的德性義務，德性的義務當然也要求行為的合法，但要求不只行為合法，行為的動機也需要為義務而義務。法權的義務則不必考慮人的內心是否純粹，只需行為外表不違法即可，法權義務的原則，如德性義務，也是以自由為根據，只是此自由是決意（抉擇上或任意）的自由，而非純粹的意志之自由。康德之意應表示，人的經過自由抉擇而給出來的行動，如果與其他人的自由可以相諧和，就不能被禁止。此意也可以簡單的表示為自由抉擇的行動，以不侵犯別人的自由為度。康德有關外在自由的原則說明，見於以下的文字：

> 任何一個行動，如果它，或者按照其準則每一個人的任性的自由，都

---

[10] 存在主義哲學家齊克果有「人生三階段」之說，其中第二階段為道德階段，他認為道德階段中的人是把永遠達不到的道德理想背負在自己身上，故此一階段的生命特徵是憂鬱。

能夠與任何人根據一個普遍的法則的自由共存,就是正當的。[11]

任性(決意)的自由,即是抉擇的意志的自由,而如果人抉擇的意志給出的決定,與其他人按照自由而給出的決定,能夠共存,則此決意的自由給出的行動就是正當的,既是正當的,就不能為其他人所干涉。故康德後文說:

> 因此,如果我的行動,或者一般地說我的狀況能夠與任何人根據一個普遍法則的自由共存,那麼,阻礙我行動的人對我所做就不正當:因為這種障礙(這種阻抗)不能與根據普遍法則的自由共存。[12]

所謂「普遍法則的自由」是從抉擇的自由來說的,即人都要求他的行動是自己決定的、不受他人干涉,把這個格準普遍化,就是上文所說的「普遍法則的自由」。當然假如我的自由決意的行動是會損害到或侵犯到別人的自由者,則我此由自由給出的行動就不能與普遍的法則的自由相諧和或共存,於是,我此一自由的行動就可以被干涉或被禁止。

康德此處所說的自由,完全從外部的行動,而非內在的存心來說。對此,康德有以下的解說:

> 由此也得出:不能要求這個一切準則的原則本身又是我的準則,也就是說,我使它成為我的行動的準則;因為每個人都可以是自由的,即便我對他的自由全然不關心,或者即便我內心裡很想破壞他的自由,只要我通過自己的外在行為並沒有損害他的自由。使依法行動成為我的準則,這是倫理學向我提出的一個要求。[13]

---

[11] 康德著,張榮、李秋零譯:《道德形而上學》,《康德著作全集》卷六(北京:中國人民出版社,2007年第一版),頁238。
[12] 同上注,頁238-239。
[13] 《道德形而上學》,頁239。

康德此段意思有點特別,表示了此法權的義務所含的外在的自由之原則,即「決意的自由給出的行動,須可普遍化而不妨礙其他人的自由」,不必作為我的行動的格準,即我不須以此原則來要求我自己,要我的存心依此原則而行,在我只要依法行動即可。我只須以依法行動作為我之格準,而不必以要使我以自由行動之普遍化而可與其他人之自由相諧和,為我的存心或格準。故法權義務、外在之自由,不涉及人之內在存心修養。只要我的外在的行為不違反或損害他人的自由就可以了。故此外在的自由完全可以不考慮人行動的存心或動機,只從行為本身是否不侵害他人,即與他人的自由行動相容來考慮。康德甚至說即使我內心想破壞他人的自由,但只要沒有給出實際上的損害他人的行動,便不違反此法權的義務。康德這一論述明白地把德性義務與法權義務區分開來,德性義務要求人內心的格準能夠普遍化,抽掉一切個人的私見,而道德行為的道德價值完全在於行為的格准上,即純粹的存心上;而法權的義務則只從外在的行為來考慮,只要行為不違法,不侵犯到他人的自由,則做出此行為的人,便不能被干涉,即使給出合法行動的人,你明知其內心、動機是不善的,也不能干涉。我認為通過此一區分,由於法權義務是通過立法來保障的,似乎就可以暫時擋住由德性義務而來的,對自己的動機存心做無盡的反省,也可以擋住了以自己對道德標準的嚴格性的了解,來對別人作過分的要求,而產生戴震所說的「以理殺人」的流弊。康德下文續云:

> 所以,普遍的法權法則:「如此外在地行動,使你的任性的自由應用能夠與任何人根據一個普遍法則的自由共存」,雖然是一條賦予我一種責任的法則,但卻根本就沒有指望、更沒有要求我完全為了這種責任而應當把我的自由限制在那些條件本身上,而是理性僅僅說,我的自由在其理念上被限制在這上面,而且事實上它也可能受到他人的限制;而且理性把這說成是一個根本無法進一步證明的公設。只要意圖不是教人德性,而是僅僅闡明什麼是正當的,那麼,人們甚至不可以

也不應當把那法權法則表現為行動的動機。[14]

此段康德明白地表示了雖然人的行動的自由有法權的普遍原則作為根據，人的自由行動也受此一原則所限制，但人完全可以不把此一原則作為他的行動的存心，如上文所說明白地把強調要求自己的行動的格準可以普遍化的德性義務，與保障人的行動的外在自由的法權義務，二者的不同性質表達了出來。經此分析就可以了解外在自由作為法權的義務，可以獨立於德性的要求之外。當然，外在的自由並非順著人的本性隨便行動的自由，人的自由行動需要受法律所約制，故也並非是隨意的、順感性本能而行的無法則的自由，康德對此也有分析[15]。但法律對於人的自由行動的規範，也只能要求自由的行動以不侵犯他人的自由為度，如果行動沒有侵犯到他人，便不得受法律的強制禁止。這一種限制是消極的，對於人的自由決意，沒有實質的規定。如此，外在自由之說一方面暫時停住了德性方面的無限省察，如上文所說，這應該可以避免從重德而來的傷人或自傷的流弊。而由於這由外在的自由而成立的法權義務的獨立性，可以做為人的現實生活的一保障，此保障固然是就不受別人或法律干涉來說，另一方面也可以從人本來都非常關心的德性價值的自我要求中，得到暫時的止息來說。即是說只要人的自由決意之行動不侵犯到他人，則他要過什麼樣子的生活，從事何種工作，及怎樣追求他自己所認為的幸福，乃是他個人的自由，此自由是有法律保障的，其他人不能干涉。在此心情下，可暫不作念慮之是否純粹的省察，而用心力於通過自己的自由決定所從事的活動，及所要達成之功效，目的上。此時，人似乎可以感到有無限的可能可以給他去選擇，有無窮的機會可以給他發揮。即在此自由的心境下，他有理由或有權利去用不侵犯他人自由的作法，來追求他自己選擇的目的。雖然，他所過的不一定是以德性價值為追求的生活，但也可以有相當程度的心安理得。

---

[14] 同上注，頁239。
[15] 同上注，頁326。

四、討論

上文所說的大意，條列如下，並做一些引申性的討論：

（一）戴震對於宋儒言理的批評，雖不能成立，但的確說出了以嚴格的德性要求一般人會產生的流弊。此一問題必須做合理的回應，以解決其中的糾結。吾人不能因為有戴震所說的「以理殺人」的流弊存在，便反對無條件為善的道德要求，但也必須了解德性的要求在對己對人兩方面須有分別，亦須有限制，如此才方能免於有流弊。

（二）對於重視成德，習慣以反己慎獨嚴格省察自己念慮之微的君子，也需要體會德性的自我要求是無限的歷程，此會用盡人的精神力量。在此一任重道遠的自我要求下，人的其他才性、能力也可能會被壓抑而不能充分的暢達表現，而有如唐君毅先生所說的自傷的情況存在，故如何既重德，而又可暢發人之才情，是須要考慮的。

（三）康德德性義務與法權義務的區分，對外在自由與內在的自由的不同，做了二者為截然不同的分析，表達了外在的自由完全以人的行動來考慮，只要行動不侵犯他人的自由，就有不被干涉的權利。此一法權義務固然不能直接使人成德，因為不需考慮人的存心或動機，但可以做為人在現實生活中的一重要的保障。此一保障有暫時止住德性的無盡要求，而有讓人的自由決意可以充分發揮的空間。對於人的才性能力也可以有鼓舞，讓其充分發揮的效果。

（四）如上文所說，外在的自由並不要求人對其存心的反省，好像是針對凡夫俗子的生活而給出來的義務，只要人不違法，則可不受干涉，如孔子所說的齊之以刑；但康德之說其實隱含了由於外在的自由必須尊重，於是人的生命力、才性，可以充分發揮的效用。故不能因為外在自由說不考慮人的存心與動機，便說此義務與人的德性的改善無關。由於此說擋住了人用嚴格的道德標準來判斷別人，及用此標準來無盡的要求自己，應該已表現了很大的德性的價值，雖然此外在自由所保障的是凡夫俗子的生活，但由於可以敞開一個人可以自由決定，自由選擇的生活方式的空間，能保住這生活空間，

對人的成德是有很大的幫助者。

（五）這種外在自由雖然不同於道德行動所預設的純粹意志的自由，即不是超越的自由，但由於人可以按照他的想法來行動，而不是受生理本能、心理欲望或外在的條件所主宰決定，則人的意志雖會受影響，但不會完全被決定，在這個意義上，可以說人的選擇上的自由意志，也是人所以為人之特性。對於這決意的選擇上之自由，也必須被尊重。一般人的生活或我們人的一般生活，其實都是活在選擇性的自由意志的作為我們的主體，而產生的生命活動中，這種生活是自由的，但也是受各種因素影響的。固然人有義務使作出行動時的意志能夠成為普遍的純粹意志，即道德意志，但這種一般性的生活所表現出來的人的自由的身分，也必須受到尊重。這種生活雖然不是超凡入聖的聖賢生活，但也不一定是自私自利的、一點價值都沒有的低俗的活動，這是凡夫俗子天天所過的，家常便飯般的生活。譬如說，人人都為了照顧他的家人而努力工作，都為他將來的前途，或他所憧憬的未來的幸福而籌謀計算，都為達到他能取得的最大的利益而做規劃、作設計。這種有目的、有安排設計的生活，或許不合嚴格的道德標準，但此等凡夫俗子的一般生活，也常表現了人性的光輝，如為了保護親人而寧願自己受委屈，為了實現自我而努力打拼，為了取得眾人的讚美或高尚的社會地位而努力求表現，諸如此類的為生活而付出的努力；也可以實現了人的才能、稟賦，也構成了現實世界中種種的姿采，可說是盡才、盡情、盡氣的生活，這也不能否認其中有合理性。亦可說，人的無條件為善的道德精神，亦常在這種日常生活中透顯出來，雖然往往是不自覺的。而這一方面的人間的生活，如何可以保住呢？當然道德的原則或依循道德原則而產生的道德實踐，可以做為這種盡才、盡情、盡氣的生活的超越原理，但這須作詳細的說明，例如須說明真正聖賢的實踐，是順每一各別的人之現實情況而成就之，如孔子所說的「老者安之，朋友信之，少者懷之。」（《論語・公冶長》）而並非以我的想法為準來要求別人，強加在別人身上。又如同上文所說的，道德所含的嚴格的自省，會流於對別人的不同情，則這種凡夫俗子的追求實現美好生活的要求，似乎不能單以道德原則作為根據。當然沒有道德原則是不可以的，沒有道德

原理所要求的超越性、普遍性，人的希望一切人都能過美好生活的願望，根本不可能有，從上文評論戴震處可知，但只講道德原則也是不夠的。

（六）對於如何從內聖通外王的問題，也可以由此給出一個線索。由上文之分析可知，外在自由之說，對於人的德性的養成，是有很大幫助的。法權義務雖然不考慮給出行動者內心的格準，但也含希望一切人都能過通過自己選擇的而生活，希望一切人在不違法的情況下，都得到別人的尊重，這其實也是人心的真正要求。亦可以說德性義務所要求的人人必須成為有德的君子的理想，需要有法權的義務作為限制，以明白顯示德性義務是個人的自我要求，此方面的努力交給各人自己，別人不能加以強迫或作嚴格的批評，如此讓人有一廣闊的自由的生存的空間，此空間的對於德性的養成也是必要的。外在自由說可以讓人把用心在行動的存心、動機上省察的工夫暫時放一放，而又能以立法保住人的抉擇的自由，在此義上看，外在自由說可以是在人還沒有全部成為有德的君子之前，能維持合理的社會生活的根據。

（七）當代新儒家學者對於如何從以往的重德的文化生命轉出知性，或如何從內聖開出外王，有很精闢的講法。其中牟宗三先生認為必須通過良知的自我坎陷，以轉出知性，運用知性的思辨構造現代化的以制衡為原則的政治制度；他的坎陷說，引發很多批評，在此問題上，吾人或可作一些補充。從康德內在自由與外在自由的區分，即上文所說的以外在的自由為原則，所給出的法權義務，可以作為以成德為目的的德性義務的理據或條件，則此說也接近牟先生所謂的自我坎陷。由於法權義務不需要考慮人的動機是否純粹，只從行為的外表來判人是否合法，而行為不合法者才會被強制禁止，在此情況下，德性義務是退而居於次位的，如此便有牟先生所說的坎陷的意思。當然康德之說，也不全同於牟先生之意。

如果上說不誤，由德性所要求的擺脫一切感性欲求、私利想法，而自作主宰的超越的自由，必須輔以承認、尊重其他人的抉擇的自由的法權義務，才可以達成其目的；則此二者雖然有內在與外在自由之不同，即德性義務與法權義務之不同，但因都以自由作為原則，應該可以相通。從此義上說，這兩種自由的不同，便不必如牟先生之以自我坎陷來表示。坎陷有自我否定之

意，而從內在的自由轉為外在的自由，並非自我坎陷。而從抉擇的自由上通於超越的自由，應該是很順當的，故康德此外在自由說，可以作為如何使內聖通外王的線索或中介。

（八）在康德〈論俗語所謂：這在理論上可能是正確的，但不適於實踐〉文中，對於法權義務中的自由與個人幸福的追求，二者的關係作了一些討論，他說：

> 一般而言的外在法權底概念完全出自人在相互的外在關係中之自由底概念，而且與所有人自然懷有的目的（對於幸福的希冀）及達到幸福的手段之準則完全無關。[16]

康德認為外在自由的概念不能加入幸福，因為建基在外在自由的法權義務不考慮人的目的與格準，故雖然現實上人都以追求幸福為生活的目的，但也不能把此目的關聯到法權義務。另一方面，人也不能接受別人以強迫方式來使我有幸福，此即表示追求幸福是人自己決定的事情，在法權義務的立法中不能加入個人的要求，若加入幸福到法權義務中，便破壞了原則的普遍性。上文說通過內在自由與外在自由的區分，則人從事何種方式以追求幸福，只要其不違法，便不能受到別人的干涉，故外在自由說對於人的追求及幸福，可以有一從理上而來的保障。此意與康德這一段的說法並不衝突。由於追求幸福是人都會有的要求，雖然不能普遍化成為法則，但在依法而不受干涉的情況下，的確可以保障人以其自己的方式來追求幸福，這樣便會保留了一個讓人自由發揮的空間。而康德所謂幸福不能納進法權與外在的自由，所涵的不能接受別人的強迫來使我有幸福之意，是非常可貴的。如果以一種父母照顧兒女的心情來照顧老百姓，強迫百姓接受政府所設定的如何使百姓有幸福的規定，則便是對人的自由的不尊重，是很不可取的。

---

[16] 康德著，李明輝譯：《康德歷史哲學論文集》（臺北：聯經出版事業公司，2002年），頁114。

思辨於成德是否必要
——敬答黃兆強教授並論讀經問題

（一）黃兆強教授在「經典如何活化」會議（中央大學人文研究中心，2016.12.09-10）發表之論文末段[1]，對我近年的一個想法提出質疑。我近年藉康德之理論，對朱子思想重新作出詮釋；認為依康德的說法，人必須對本知的道德法則作進一步充分了解，才能真正成德。而對道德法則的充分了解，在康德就是要對道德作哲學的思辨，即要從一般的對道德之理解進至實踐哲學[2]，此可說是道問學之事。故道問學或哲學的思辨，對於成德是必須的。此一思路如伊川、朱子所說的知理為先，致知才能誠意（《大學》：「知至而後意誠」）。於是朱子所重格物窮理及道問學之工夫，是成德之教須作的，甚至是不可少的。黃教授認為如此一來就不能說雖不識一個字，也可以堂堂地作個人。知識、思辨對於道德實踐是如此必要的嗎？

（二）黃教授的質疑很有道理，似乎我說道問學、思辨或實踐的哲學為必須或必要，是太強了點。如果人能真正充分實現其本心，當然可以當下堂堂地做個人，對於此本心所涵的道德法則的意義，在本心的充分實現下可以很有體會，但不必能用學問的、理論的方式講出來，也未必能在此作深入的思辨。如果此義可說，則思辨之於成德，不能說「必要」。若思辨於成德並非必要，則無思辨而成德，當然是可能的。而且這可能不只為邏輯上的可能

---

[1] 後改訂為〈讀經（道問學）與道德實踐之關係〉一文，刊於《鵝湖月刊》第500期。
[2] 見康德《道德底形上學之基本原則》第一章末。較詳細之探討，見楊祖漢：〈程伊川、朱子「真知」說新銓——從康德道德哲學的觀點看〉，《臺灣東亞文明研究學刊》第八卷第二期，2011年12月。

（不矛盾便是可能的），而是真實的可能，因若肯定心即理，本心（良知）即活動即存有，可當下給出真正之道德行為。若本心能時時呈現，人便可成為有德者，故人不須思辨亦可踐德成聖，此可能為真實之可能。對於上述的講法，我以往亦以為然，但近來想法有了改變。因人生之實情是否如此？是否直下順本心踐行，不必思辨，便可成德？若是，何以人成聖如此艱難？人當下可有本心的流露，但貫徹為善行，已並不容易，而要長期保持本心作主，以純粹的存心行動，更十分困難。可以說現實上並無聖人。誰可在真誠反省自己時認為自己符合理想的道德人格？人人都有其本心，都能不容已地為善，但何以人間、人類歷史中之惡如此其甚？往往善之所在，惡亦如影隨形，令人難以對付，這裡有些什麼問題？惡之根源究竟何在？固然如孟子所說「堯舜性之也」，天生便是聖人的，當然不必思辨。但這只是理想，現實上不會有生下來便是聖人的。通過「湯武反之也」的「反」（反省、自覺，或由自覺而回復。）才能成聖，這對一般人（亦可說是一切人）都是必要的。現在之問題是，這所謂的反之，是否必涵道問學、或思辨？或只自覺其本心而盡心實踐，便可以了？如上述若果本心可當下呈現，而人此時便可純粹地為善，則道問學或思辨於成德並非必要，只要反省、自覺其道德本心，而努力充盡之即可。但對於道德法則的意義如果不能有充分的了解，是否人可以一直順著本心的要求貫徹而為行動，是否可以時時如此？即不藉道問學，亦可以長期作道德實踐、成聖成賢，這是否可能？我認為還是有疑問的。這是因為人的生命活動，人的踐德路途上，必有康德所說的「自然的辯證」的問題。即在人意識到道德法則，要求自己要無條件的為所當為，即要做出道德實踐時，感性慾望會起來挑戰，要人從無條件的實踐轉而為有條件的實踐，即要藉義務的行為，多少滿足感性的欲求。對此若不加省察，便逐漸變成為了滿足欲求而行義，這種存心的滑轉，就是惡的產生的原因。於是人如果要成德，即如果要能長期不斷的從事道德實踐，就必須了解生命中有這一種自然的辯證的事實，而加以對治。即如果要擋住自然的辨證，擋住這「在意識到無條件的實踐是必須的時候，又想去藉這個實踐取得一些好處，於是會使無條件的實踐轉成為有條件的，這一存心上的滑轉」，依康德便要

對道德法則作進一步更充分的了解。我所謂思辨對成德為「必要」，是就這一問題上說。即如果在踐德之路上，必會遇到這生命問題，而對治此問題，必須對人本知的道德法則作充分的了解，而要對道德法則作充分的了解，非思辨不可，則思辨對於成德便是必要的。

（三）除了對道德法則要進一步了解外，也要對人性有更仔細的了解。即要了解何以人在意識到道德法則，在要採納此法則作為自己行動的原則，而自覺到自己有意志之自由時，卻會有一種順著感性慾望而來的傾向起作用，使我們這採納格準的作為受到影響。這是在人表現其自由意志，以採納格準作為自己行動的根據時，一種深微的、很難自覺到的生命現象。康德說這是人性之根本惡。[3]即這是藉人之自由而起用的惡之根源[4]，對此一事實要做仔細而充分的了解，如果不了解這種人性的深微的內容，我認為真正要成德恐怕是不容易的。這種意識到無條件的實踐而採用之，作為自己行動的格準是自由意志的作用，而在此時不肯去接受無條件的法則，而採用有條件的行動格準，也是自由的抉擇。此時的自由是在感性欲望影響下所表現的自由，此自由並不是純粹的、嚴格的意志自由的表現。故在意識到道德法則，而是否肯遵循法則而行處，就會產生了超越的自由與選擇的自由這兩種作用之可能。依康德超越的意志自由，只是假設，並非真實的呈現，故人現實的意志，只是抉擇的自由，他可選擇道德法是作行動之格準，亦可選擇有條件之行動格準。選擇的自由依牟先生的詮釋，是超越的自由的「投映」[5]，也有超越的自由的作用在其中，但此自由的作用已經受到感性的影響。故超越的自由與選擇的自由是「不一不異」的關係。即是超越的自由，又不是超越的自由（因已受到感性影響）。這好比《大乘起信論》所說的阿梨（賴）耶識，阿賴耶識「依如來藏故有生滅心，所謂不生不滅與生滅和合，非一非異。」選擇上的自由的意志康德用的是 Willkür，而超越的自由意志是

---

[3] 見康德《單在理性限度內之宗教》第一章。

[4] 這是一「傾向」，牟先生譯作「性癖於惡的性癖」，見牟宗三：《圓善論》（臺北：臺灣學生書局，1985 年），頁 87。

[5] 見牟先生《圓善論》，頁 67。

Wille，吾人可說選擇上的意志其中有超越的自由的作用在其中，故選擇上的意志感到他自己是自由的。而此意志在意識到道德法則（此法則為理性自己給出）時，要自己現實的意志符合普遍的法則，即作出了要轉化自己的意志的要求。如果沒有轉化自己的意志的可能，修德就成為不可能的事情，故選擇上的意志的自由也可以往上提，即可以排拒感性的影響而令自己的存心依可普遍化之格準而行動。亦即嚴義利之辨，依義所當為而為。只是要作這一種扭轉提升，必須要下工夫，而所下的工夫，依康德，就是要先講明道德法則的意義。

（四）對於道德義務是無條件的實踐此一意義，如果可以充分的講明，就可以使選擇上的自由意志在作出抉擇時往無條件的法則的方向接近。如果沒有辨明何謂無條件的實踐，沒有把涵於道德行動中或義務的意識中之道德法則抽出來，作慎思明辨的工夫，則人在運用其自由以採取行動的格準時，雖然對道德法則有所知，但存心容易滑轉，此時善惡雜陳，就不能保證可以選取無條件的道德法則作為行動的原則。故如果人的自然的辯證，即在意識到要從事無條件實踐時、會順著感性的欲求而採取有條件的實踐的格準去從事善行，這種現象是普遍的，是人人都會遇到的，則上述的思辨工夫是必要的。朱子說「人心、道心二者雜於方寸之間。」（《中庸章句・序》）《起信論》說：「以不達一法界故，心不相應，忽然念起，名為無明。」說的都是同一種生命情況。而若要對道德法則慎思明辨才可以擋住此一辯證，則這種思辨的工夫是不能沒有的。問題是，能夠作出如康德所要求的對道德法則有清楚的了解，對於實踐中所涵的純粹的法則內容意義，能夠有了解，即是對於純粹的道德哲學或道德的形上學有了解，並不是容易的事情。那是否就可以說一般人根本不能夠有真正的道德行為？或可說一般人自以為給出真正的道德行為的時候，其實都不自覺其中有因自然辯證而來的存心上的滑轉？我們當然不能這樣認定，因為按照孔孟的傳統給出來的成德之教、實踐的工夫並不走康德思辨的路子。孔子強調為仁由己、克己復禮，孟子強調求放心、擴充，盡心知性，象山強調發明本心，先立其大，陽明說致良知，而致知存乎心悟，用的都不是探究道德或道德法則是什麼而作的思辨的工夫，而

是用如牟先生所說的「逆覺體證」的工夫。[6]如果人可隨時逆覺、此覺又可長久維持,而不會有自然之辯證的發生,我們當然不會認為只有康德所說的實踐哲學的工夫才可以成聖。的確人都可由於本心之呈現而有真正之道德行為,但人之為有德者,並不只就當下能純粹為善,而更要能保持本心的長期呈現。人長期的,甚至無例外地純粹為善,是如何可能呢?在這一問題上,我們或可以採取一個比較廣義的說法。即不管是從事於對人所本知的道德法則作充分展示,如康德所作的實踐哲學的理論闡釋,或陸王的致良知、發明本心的工夫,都是不以人所本有的對道德法則的理解,或眼前當下呈現的良知為已足,而一定要進一步求取真知。伊川所說的必須從三尺小童對老虎的可怕之常知,進到田夫的談虎色變之真知;或陽明的要致「知是知非」的良知,又要由「為善去惡」進至「無善無惡」,如不至此境,如周海門〈九解〉中所說,流弊是很大的。應該都是同樣的想法。雖然用的工夫不同,但都不能停留在本有的對道德之知上。

　　孟子、象山、陽明都肯定本心呈現,在此系統下,似不必如康德般強調思辨及明理之工夫;但在陽明,包括其後的王龍溪、周海門,都認為致良知要悟到良知本無知之地步(「無善無惡心之體」),如此良知才能自然而然的呈現。良知虛寂自然,才能神感神應。為善去惡必須進至無善無惡而始真,無善無惡是為善去惡而無迹。這些說法都表示良知雖然時時可以呈現,但必需要以虛寂自然、無善無惡作根據而表現其良知,才能長期為善而沒有流弊。為善之人若有其善,即自以為善,便非真為善。而致良知達到王龍溪所說「四無句」的神感神應的地步,即心是無心之心、意是無意之意、知是無知之知、物是無物之物,才是究竟的地步,如此才是真正的有德者、聖者。上述程朱(包括康德)與陸王用的工夫不同,但如果取較廣義,則都可以說是用對道德或道德法則作透澈了解,以使之全幅呈現的工夫。如果上述

6　比較而言,象山對學問思辨在成德上之重要性,較為強調,他認為「為學有講明,有踐履。」若未嘗學問思辨而篤行,乃是「冥行」。(〈與趙詠道〉,《陸九淵集》卷12)象山又強調「辨端緒」,意即對於本心之可當下顯這一事實,亦須有辨明之工夫。

可通,則要超凡入聖,不管走的是哪一個工夫途徑,都必須經過一番慎思、明辨的工夫。不只程朱一系是如此,王門後學如周海門就認為《中庸》所說的「明善誠身」,所明的善,必須是無善之善,而不是在善惡對立中的善。無善之善,方是至善。[7]這一對善的了解,是很高層次的。這裡所謂的成德並不以做一個世俗間的好人為滿足,而是要使行動的存心,直接以普遍的法則為根據。此即是說由道德法則(即形式的、普遍的立法性)直接決定意志,不為其他。這是很不容易做到的。且不止此也,從純粹為善而至自然而然,即並不覺有善可為,方是真正之聖境。吾人可說,無深刻之思辨,根本不能了解此境。若對此而無了解,又如何能有正確的入聖工夫?

(五)唐君毅先生在《生命存在與心靈境界》的「自序」上說,他此書所論諸哲學問題,由於橫貫西方不同學派,故內容曲折繁密繳繞,而諸問題之究極答案,為中國(東方)哲學之所存,原自簡易直截。故有福慧之士,不必遍歷西哲這些曲折。於是唐先生說他的這本內容曲折,令人感到艱難的書,是一可讀,亦可不讀之書。其實唐先生的此一說法未免過謙,人如果沒有通過哲學的思辨以理解人生全幅生命的各個境界,是否可以破除人生各種可能的煩惱,而有正見以起真實行動,而成為聖賢,是非常可疑的。中國哲學的智慧在今日也不能用以往的方式來表達,必須通過曲折思辨,闡發其中涵義,才能增加自信,及取信於人;如唐先生所說,「圓而神」須用「方以智」來剖解。[8]當然這並不是說要成聖賢,非讀唐先生此書不可,但學問思辨,應是不可免的。

以上說明對於道德實踐的事情雖然人人可知、人人可行,但若要使實踐的行動能夠長久維持,以真正成德,必須對道德的內容意義,即無條件的實踐有真切的了解,及對生命在踐德上會遭遇之難題,加以克治,然後可能。雖然說雖不識一個字,也可以堂堂地作個人,但據以上所述,要長期堂堂地作個人,超凡入聖,必須要作慎思明辨的工夫,此工夫可以是程朱(或康

---

[7] 見周海門與許敬菴「九諦九解」之論辯,《明儒學案》卷三十六,〈九解〉中的〈解一〉。

[8] 見唐君毅《中國文化之精神價值》,〈自序〉。

德）的工夫，或是孟子、陸王的工夫。即依上述，象山亦以「講明」為先，陽明之致良知之教，亦須加上深刻思辨，方能體悟聖人境界，而真正成德。故這兩路的工夫都是從一般理性的，即人人本有的對於道德的知識來開始。[9]人不能停留在此一對道德的本有所知之起始處，而必須要持續展開。而這種開展本有的關於道德的理性的知識之工夫，不必是增加了人的經驗知識，而可以是根據本有的（所謂德性之知）而加以明白的剖析以展示之。如果這一慎思明辨並不是對經驗知識有所增加，則作堂堂正正的人，雖然如上文所說，必須要用工夫，但不是非要讀書不可。即此慎思明辨而真知理，可以不從讀書，而從對自己生活體驗作反省而來。如果此說可通，則雖不識一個字，還是可以堂堂正正的作個人，此一說法還是可以講的。即人要成為有德者，雖然一定要把他本知的道德之理的涵義作充分的展示，以求深切明白，但此不必靠經驗性的知識與學問；雖可如此說，但對道德法則作進一步的了解、對人的自然的辯證之現象，及對在自由抉擇採納原則作為行動的根據時，早已潛伏其中之惡之傾向之起作用之理解（此如《大學》所說的「自欺」，朱子對此意亦有特別的論述。見《朱子語類》卷十六，論「誠意」、「自欺」處。），並由此而給出省察，是否也有其必要呢？這種省察、對治，沒有學問作基礎，或不讀書，是否可能呢？是否不需經驗知識便可以運思呢？這也是需要考慮的。司馬遷在《史記‧禮書》上說：「人道經緯萬

---

[9] 當然，二系有其不同，依朱子，可說是肯定心對性理本有所知，明德為人本具，但心與理為二。依陸王，心的惻隱即是仁，或知惻隱是非之知即理，此如康德言之自由意志，且肯定此意志之可呈現。依康德，對於無條件地實踐之事（即道德實踐）的了解，可從自由意志或道德法則來契入（但康德主張必須以法則來開始），而二者是互相涵蘊（或互相回溯）的。據此，則陸王可謂是從自由意志（本心），來契入道德實踐，所謂「先立其大體」，而明本心後，一定會將此本心、良知中所含的道德法則之意義展示出來，如孟子書中對道德（義）之意義，有仔細的闡釋、發明，如義利之辨，見孺子入井而往救是無三念之雜，仁義內在等。而從道德法則之闡明契入，亦必會要求自己當前的行動的存心，是為了義務之故而行，即要求自己的意志是純粹、自由的意志。此見從本心之呈現或以道德法則之分析來契入道德，是會殊途同歸的。此可見朱王二系之是可相會通的。此義在我其他論文已有論及。

端,規矩無所不貫,誘進以仁義,束縛以刑罰。」可見培育人的德性,是十分繁重的工程。此「人道經緯萬端」之言,值得人深思、警惕。

（六）從這個問題的思考,便會涉及到閱讀經典的態度與方法的問題,經典中所含的道理大多是人生的常理、常道,並不難以理解。因為經典上所說的道理,大多是道德之理,而道德之理是我們理性的本知之理,閱讀經典可以引發我們本來知道的道理,其作用是引發而不是外加,故重背誦而不多講解,也未嘗不可。對經典多加諷誦,就可以理解其中涵義。但如果只停留在這一階段,不做進一步的思辨,是否妥當呢?如果康德所說的自然的辯證,即人性中的「根本惡」（受感性的影響而在自由採納格準時給出作用的傾向）是普遍的事實,則通過背誦經典而引發的好善或為善之心,能否貫徹下來而成為行動,就很有疑問了。而且據上文所述,人性中的為惡之傾向是藉著意識到無條件的道德法則,而作出自由的採納行動的格準時表現,則可能引發善心時,便隱含了存心滑轉之機,這是康德所說的惡的原理是「與善俱存」之意（此義唐先生屢言之,他說惡往往與善同流。[10]上述兆強兄之大文亦言及）,這是有心從事真正的道德實踐,以成德為人生的終極目的者,必須了解並面對的生命問題。

如果從這個角度來思考,則戴璉璋老師根據馬一浮先生之意而說的「始於《詩》,終於《易》」,此一讀經的程序,是有道理的。[11]詩可以興,讓人自然生發出善心。在這個情境下為善,可能沒有截然的無條件、有條件的

---

[10] 見唐先生《人生之體驗續編》之〈人生之顛倒與復位〉,如云「此心靈或生命存在之自體,乃原具無限性,……然而此自身為一超越之無限者之心靈或生命存在之自體,同時亦即是能發生一切顛倒,而具一深不可測之顛倒性,而表現為人生之一切顛倒相者。」（臺北:臺灣學生書局,1988 年 7 月版,頁 139。）另外,牟先生闡釋的宋儒胡五峰「天理人欲,同體而異用,同行而異情」之說,及天台宗之圓教理論,其中所涵的即惡法是善法,斷無明是「不斷斷」而非「斷斷」之義,表示了法性與無明相即,法性與無明兩皆無住,法性一轉即為無明,反之亦然。不能離無明煩惱法,另有法性法,此中玄義更是弘深。（見《圓善論》第六章）

[11] 戴璉璋:〈經典活化與靈根自植〉,《當代儒學研究》第 15 期,桃園:國立中央大學儒學研究中心,2013 年 12 月,頁 1、3-27。

對比,即此時的天理人欲的對立比較不嚴重,接近於為善而自然的境界。如果是這樣,所謂自然的辯證的問題,就可以不必產生,或雖會產生而容易淡化。故「溫柔敦厚,《詩》教也」,詩可以使人在自然而然的情況下涵養性情,這對一般大眾應該是很有效的,而且不容易有流弊的教化的方式。但「《詩》之失愚」,也不能只停留在讀《詩》的階段,人總有承體起用的要求,親親仁民而愛物,這便要明事理、辨是非。即若要起生命的大用,則必須暢通自己,又明白客觀的事理。故《周易》以卦象的方式來象徵種種人事道理,表達了人要具備敬以直內,義以方外的精神,即藉著對《周易》的學習,培養人內在的德性精神,並以明敏的判斷力通達事理,才能有內聖外王的事業,如是則慎思明辨篤行的功夫也是必要的。

(七)黃教授的質疑之根據應該是知識與道德不同,二者雖有相關,但乃是兩個領域,這固然是對的。但我所認為的用思辨於道德法則,或所謂道問學並不是泛說的認知的事情,而是要對人所本知的道德法則或道德義務的意義,做出深入的辨析,希望能對道德有深入而相應的了解。這是哲學性的思辨,如果是能用哲學思辨於道德或義務之意義,亦可以通過嚴格深入的分析而引發人的道德意識。人越能了解所謂道德行為一定是無條件地實踐,人的服膺義務,是為了義務本來是要人無條件的遵行,這些意義或理解雖然是人所本知的,並不由經驗認知而獲得,但對此作分析則可以深化了解,引發人對道德法則或道德義務的敬意,如康德所說對道德法則的尊敬是使人的意志接近道德法則,而讓法則直接決定意志的動力(由此義而可了解何以伊川、朱子會強調「持敬」),這一步的思辨是不可少的。從人在意識到道德義務是無條件地實踐時,會引發感性的反彈,而有自然的辯證,如上文所說,而此一生命現象如果是普遍的人人都有的,則由於只有對道德法則或道德義務的意義作深入的辨析,才可以克服,那麼用思辨於道德法則,讓自己清楚了解道德是無條件的實踐,是人必須服膺的,此一思辨的功夫便是必要的。從此一角度來思考,則只尊德性或只講本心良知的呈現是人人可能這一成德的功夫,便是不足夠的。而對道德法則及生命中惡的傾向之思辨與省察,由於可引發敬意,要求自己按無條件之法則而行,便可以由思辨而起實

踐，這思辨便不只是橫攝的（水平的）認識，可謂是「由橫攝而起縱貫」。

（八）我這一講法，是融康德之說於朱子、伊川之理論，確不同於牟先生的朱子詮釋。但牟先生亦說宋明儒之學，是道德意識與思辨精神兩方面都很強的。此意便強調了思辨於成德之重要性（見後文），而我對朱子的詮釋，可能近於唐先生。唐先生有一段話，亦正表示上文成德須用功於對治私欲，而其工夫有深切的思辨之意：「宋明儒之學，雖重明天道人道之大本大原所在，然尤重學者之如何本其身心，以自體道，自修道之工夫，以見諸行事，非但於此道之本原作思辨觀解也。……則人愈能認識此種種非道之物之存在，亦愈須修道。依吾之意，則對此種種非道之物，如邪暗之塞、氣質之偏，意見、私欲等之所在，其認識之深切，其對治工夫之鞭辟入裏，正為宋明儒者之進于先秦儒學之最大之一端，而亦正有類于佛家之求化除人之生命中之雜染無明，以歸純淨之旨者。」（唐君毅《中國哲學原論》原教篇，〈自序〉頁二）如果上述討論不誤，即康德所說之自然之辨證或根本惡是人必有的，是與人之道德意識不相離，而只有思辨或道問學方能對治之，則道問學於成德便是必要的。牟宗三先生強調逆覺體證，讓本心良知當下呈現的功夫，是成德之教的本質的功夫，而認為朱子的格物窮理，強調道問學，只是重要的助緣的工夫，這是大家熟知的；但這並不表示牟先生認為成德只需作逆覺體證、讓本心朗現的工夫便可，思辨於成德為不必要。對於思辨的重要性，牟先生是非常強調的，他在《圓善論・自序》中有以下一段話：

> 言至此，尚有不能已于言者，熊先生每常勸人為學進德勿輕忽知識，勿低視思辨。知識不足，則無資以運轉；思辨不足，則浮泛而籠統。空談修養，空說立志，虛餒迂陋，終立不起，亦無所修，亦無所養。縱有穎悟，亦是浮明；縱有性情，亦浸灌不深，枯萎以死。

按牟先生此處對言修德而輕忽思辨的作法，引熊十力先生之言表達了強烈的不滿。認為不講求知識與思辨，人便不能有真修養，性情、智慧亦必枯萎。牟先生又云：

知識與思辨而外,又謂必有感觸而後可以為人。感觸大者為大人,感觸小者為小人。曠觀千古,稱感觸最大者為孔子與釋迦。知識、思辨、感觸三者備而實智開,此正合希臘人視哲學為愛智慧愛學問之古義,亦合一切聖教之實義。熊先生非無空靈造極之大智者,而猶諄諄于下學!惟能空靈而造極者始能切感于知識、思辨之重要;惟能切感于知識、思辨之重要者始能運轉知識、思辨而不滯于知識、思辨而通化之以至于空靈。人多不能解其意之切而當下心領神會,以為何以如熊先生之高明而猶賓賓于瑣碎之糟粕!不自知其空疏而無似,遂轉而枵腹自大,襲取古人話頭以自文,動輒言吾雖不識一字亦堂堂正正做一個人。此誠然也,然象山說之有衷氣,汝說之只成一遁辭。不識一字固可堂堂正正做一個人,非謂堂堂正正做一個人,便可不須識字也,亦非謂盡不識字者皆可堂堂正正做一個人也。又或以為思辨只是空理論,不必有實證,遂妄託證會以自高。殊不知思理混亂,基本訓練且不足,而可妄言證會乎?汝焉知思辨明徹者必無證會乎?又或以為知識只是粗迹,未可語于性德之冥契,如是,遂日夜閉目合睛,妄託冥契以蹈空。殊不知學知不夠,雖即于性德亦不知其為何物,而可妄言冥契乎?汝焉知學知周至者定無性德之冥契乎?[12]

按如牟先生所說的,人若用「雖不識一個字,也可以堂堂作個人」來排斥學問思辨,正是遁辭。象山真切體認此心即理,不假外求,只此心呈現便可作一個人,故他說此二句,是言之有中氣;但能堂堂作一個人者必不會排斥知識;若明知知識有必要而不好學,明知生命有不純粹、有深微之病,非慎思明辨不能對治,而排斥思辨,或言可冥契默會,不必下學,亦是遁辭。牟先生於此處明白表示思辨對於實證、證會是基礎的工夫。無學知,雖即於性德亦不知其為何物。牟先生此處言之痛切。他所謂的思辨,是指哲學性之思辨活動,從「合於哲學為愛智慧愛學問之古義」之語可證。故依牟先生意,哲

---

[12] 牟宗三:《圓善論・序言》(臺北:臺灣學生書局,1985 年),頁 xiv-xv。

學的思辨對於成德，正是不可缺少者，不可藉口人可當下便可作一堂堂正正之人，便認為成德之教不必思辨工夫也。又牟先生說知識、思辨、感觸三者俱備，方能開實智，此真是指出了人成聖之途徑。但要具備此三者，真是談何容易。故不要說成聖人，能夠作一個表裡一致的君子，亦不容易。今日之提倡讀經者，亦以使人成大人、聖人為號召，在此便應思考一下，如何讀經，方能使讀經的青年有廣博的知識、深刻的思辨，與大人般的感觸（亦可說是「宇宙性的情感」cosmic feelings）？

兆強兄著述宏富，當然不會輕忽知識，他文章中對有關問題論辨深入，也顯示他的思辨功力，對生命的省察亦深；望能於成德是否必須思辨一問題，再作思考，並給出指正。

比較馮、牟、勞三位先生對宋明理學的詮釋——兼論圓教的涵義

一、前言

馮友蘭先生完整寫成的中國哲學史先後有兩部，後來的《中國哲學史新編》（完成於 1990 年）雖然不免用唯物史觀來論述，但在重要問題的論述與分析上，仍多保留了他早期（1930 年代）《中國哲學史》中的見解。在有關宋明理學（宋明道學）部分的見解尤其如此。他早年的中國哲學史表現了他通過邏輯的分析之方法，又受新實在論哲學影響的哲學觀點，如以「共相」來詮釋理學家（馮氏用「道學」來概括宋明儒的學問）所說的理，而共相是以潛存的方式存在。中國哲學當然可以用邏輯分析或概念分析以明確規定、分析先哲的理論，及所運用的概念之意義，這是哲學的方法，並不必對義理內容有所決定。但馮氏運用邏輯分析的方法，所產生的對宋明儒學的理解，即認為宋儒所言之理是「共相」或「一般」，則是有問題的。以此義來理解儒學，並不相應。儒家所說的「理」，是從道德實踐上，從對義務的意識體會到的，亦即通過義利之辨來體會的道德之理。並非只從通過哲學的分析或邏輯的分析而得的所以然之理，或邏輯上在先之理而已。除了對於儒家的了解不切當外，對於道家的「玄理」、佛教的「空理」，馮書的了解也欠深入。如云：「何晏王弼，以道為無，但所謂無之意義，二人未詳細言及，莊子注則直謂無即是數學上之零。萬物之所以如此如此，正因其自然即是這般這般。」（頁 634）此對無與自然的理解都不恰當。馮先生對中國佛學的了解，尤為不足。如他根據《大乘止觀法門》來論述天台宗的思想，是很不

恰當的,該書很可能是偽作,作者並非天台宗祖師慧思,思想近於《大乘起信論》。天台宗義理,與起信論為不同型態,如馮書中所引「如來之藏,從本已來,俱時具有染淨二性。」此與天台宗智者大師的「無明即法性」、「佛性有惡」等思想並不相同,並不能以此書為主來討論天台宗的思想。在《新編》中,馮氏只稍為提及《大乘止觀法門》,沒有再討論天台宗思想,可能他覺得太難論述,乾脆從略。但天台宗是中國佛學的大派,其判教理論,最能代表中國人對佛學的消化融通及進一步的發展之成果,一本完整的中國哲學史是不能略去天台宗而不談的。

　　馮書雖有這些問題,但其書(尤其是 1930 年版),是以引用重要的原典然後加以闡述的方式來書寫的。他引用的原典也確是所論述的哲學家重要的文獻,故讀其書也可以看到很多歷代中國哲學家藉以表達思想要旨的文獻,他選取原典的態度是相當客觀的。即使我們不太同意他對於原典的解釋,但並不能否認他所選取的,確是比較重要或有代表性的文字,人們可以根據此書所引用的原典而作自己認為合理的解釋。故馮氏早期版本的哲學史,雖文獻引用很多而詮釋則比較少,反而是此書的優勝之處。故一直以來馮氏早年出版的《中國哲學史》成為講述中國哲學史課歷久不衰的教本。

　　對於儒家的思想,尤其是宋明理學的義理,如上文所述,一般認為馮友蘭理解並不很深,或甚至不很相應。他確是比不上後來唐君毅、牟宗三兩位先生在各有關著作中對儒學奧義的闡發。據唐、牟二先生的理解,宋明儒學諸學者固然有深刻的哲學思考,但他們的哲學思考是為了成聖成德此一目的而給出來的,不能把宋明儒的哲學視作為了滿足思辨的要求,而建構成的理論的或思辨的哲學。此意十分關鍵,而勞思光先生的《中國哲學史》(或《新編中國哲學史》)中對先秦儒與宋明儒義理的詮釋,雖不同於唐、牟二先生,即他認為以道德形上學來說明儒學的義理並不恰當,而他對儒家作為成德之教的基本義理的掌握也有其親切而恰當處,這是馮友蘭書所不及的。但雖然如此,馮書對於儒學的思想特徵也有些很好的陳述,此亦須加以肯定。[1]

---

[1] 如他在討論周濂溪「無欲則靜虛動直」,用孟子見孺子入井而無三念之雜來說明「動

二、馮友蘭及牟先生對程明道思想的詮釋

馮書對於宋明理學中二程的思想作了區分，他在後出的《中國哲學史新編》中仍然維持此一見解，並認為這是自己得意之論。他說程明道思想為陸象山所承繼，程伊川則下啟朱子。其實此一想法在《宋元學案》中已有表示，不算是馮先生的發明。對於二程思想的不同，馮先生有其特別的詮釋，他認為明道思想是形上、形下不作區分，伊川則作了嚴格的區分。馮書在引用了明道「陰陽亦形而下者也，而曰道者，惟此語截得上下最分明」及「形而上者為道，形而下者為器，須著如此說，器亦道，道亦器，但得道在，不繫今與後，己與人」兩段話後說：

> 陰陽為有盛衰消長之氣，故亦為形而下者。而云：「元來只此是道。」「形而上為道，形而下為器，須著如此說。」「須著如此說」者，言只可如此說耳；實在「器亦道；道亦器」也。後來心學一派，即不為形上形下之分，與理學一派大異。[2]

此一見解是需要商榷的。馮氏從明道的文字表面的意義來理解，得出明道不區分形上與形下的結論，而且認為心學一派即象山與陽明也是不作形上、形下之分者。如果真是如此，則象山所說的本心，陽明所說的良知，便是氣化的活動，與具體的感性之生命活動是同質的，如此則心學家所說的心即理，此理的當然性、超越性就不能說了，心也只能是形而下的氣心，這是不合理的。後來牟先生用即存有即活動與只存有而不活動的區分來說明，認為陸王

直」，及此等行動，無個人利害之見參於其間，故是公的，故曰「動直則公」。此解十分恰當。（馮友蘭：《中國哲學史》，頁 827-828。）論程明道所言的「天理」，說是「一種自然的趨勢」，而所謂「自然」，引謝上蔡之語「所謂天理者，自然底道理，無毫髮杜撰」來說明。（馮友蘭：《中國哲學史》，頁 874。）理解得也很親切。

[2] 馮友蘭：《中國哲學史》，頁878。

所說的理既是理也是活動,而朱子所說的理是只存有而不活動,朱、陸對於理的理解的不同不是形上與形下的分或者不分,而是理是否活動的不同。言心即理是說明此理是活動的,而作為是理的活動呈現之心,因為就是理,所以不能以氣論,不能因為理即心而為活動的,便把理的活動歸於氣,這等於掉入了朱子凡活動都歸於氣的看法中。此可見馮氏書對於二程乃至於朱子原典的了解是不夠深入的。但雖如此,馮氏確是提出了對明道的重要文獻的一種解釋,此一解釋於明道的原文似乎是有根據的,如果認為此一解釋不對,便需要給出回應。牟先生因此對於明道這兩段話便有很曲折而深入的分析:

> 依明道之體悟,形而上之道決不只是理,且亦是神,乃是即神即理,神理是一者。惟明道特喜圓頓表示(道要真實而具體,必須圓頓),故云:「道亦器,器亦道,但得道在,不繫今與後,己與人」。此皆是圓頓語句。若真明透了,則當下即是,當體即是永恆,當體即是一體。此亦即睟面盎背,全體是神,全體亦是形色也。此種圓頓表示乃是盡性踐形之化境,並不妨礙道器之分也。後來明儒中如羅整菴、劉蕺山、黃梨洲等人不知圓頓表示與分解表示之可並立,誤據圓頓化境而反對朱子理氣為二之分,先後之分,因而亦即反對形上形下之分,而以氣為首出,將理向下拖。[3]

牟先生將明道所說的「道亦器,器亦道」理解為圓頓的語句,即形而上的道當下表現為具體的生命活動,這裡所含的「道即器」之意,並非指道就是器,而是道不離器,而當體呈現出來。這種道當下呈現,不離氣而當下即是的說法,並不抹殺了形上、形下的區分,而是預設了此區分而進一步表示道可以當下呈現,在人的具體生活中可以就是道體的流行。牟先生此一闡釋非常深入,也符合明道說話的意味。明道此段話有「大小疑(「疑」應作「大」)事而只曰『誠之不可揜如此夫』。徹上徹下不過如此。」等語,很

---

[3] 牟宗三:《心體與性體》(二)(臺北:正中書局,1968年),頁25。

明顯表達了人假如暢通或洞開自己的真生命，便可以看到種種存在，不管是大事小事都只是誠體的流行表現。此決非客觀上主張形上、形下不分，經驗現象便是道體流行之意。明道的見解是既圓融又分解，即於形而下而指點形而上。如上引文牟先生所說「若真透明了，則當下即是，當體即是永恆，當體即是一體」，而如此便可以真正理解形而上的道的意義。即於具體生活中如果能暢通自己的真生命，當下「立誠」，就可以於具體的生活中到處看到形而上的誠體的流行發用，也可以說在具體的活動中體證形而上的誠體的作用，這是對誠體的最恰當的了解。能有此了解，就可以明白誠體是一「形而上的道」。這一種說法方式可以說是「既圓融又分解」的說法。此表示離開了道即器而理解道，只是對道作抽象的了解，未能知其真實而具體的意義。明道此意在另一段表達得更為清楚，他說：

> 「形而上者謂之道，形而下者謂之器。」……又曰：「一陰一陽之謂道。」陰陽亦形而下者也。而曰道者，惟此語截得上下最分明。元來只此是道，要在人默而識之也。[4]

牟先生釋之曰：

> 依明道之體悟，陰陽亦不即是道。他亦預定一分解的表示。依分解的表示，他亦認陰陽是形而下者，當該是器，而不是道。但依《易傳》原語，好像陰陽即是道。此將如何解？在此，明道又特顯圓頓智慧以通之：融分解表示于圓頓表示中。「元來只此是道，要在人默而識之也」。元來道雖不即陰陽，亦不離陰陽。即在一陰一陽之變化中當下體悟「於穆不已」之道體。故「只此是道」是圓頓表示，亦如上第 3 條「器亦道，道亦器」之為圓頓表示。「要在人默而識之」即顯此為圓頓表示。不容分解籌度，默識心通，當下即是。惟圓頓者始須默

---

[4] 〈二程遺書〉卷11，《二程集》，頁118。

識,惟默識始顯圓頓。……如此,「惟此語截得上下最分明」一語便十分詭譎,不甚好講。[5]

牟先生在此處提出明道的語意須用既圓融又分解或惟有了解此道器圓融之義,才能對形上、形下的區分有清楚的了解,而此一理解的方式,才能把明道所說的「惟此語截得上下最分明」之意表達出來。牟先生認為明道此語十分詭譎,但也的確只有如此表達才能把形而上的道體的意義呈現出來。此一理解除了預設形上、形下的分解外,我認為也必須預設「實踐的體證」。在具體的生活中吾人當下立誠便可以體會到道即於眼前的生活而表現,如果有此一體會,道的意義就為人所真實了解,既然道為人所真實了解,則道的形而上性格便很明白的表現出來了。這是從道的在具體之生化流行上之表現而當下對道之形上性格,有清楚的把握。這一表達,是用非分解來表示分解,確十分詭譎。如果只是思辨的推證,雖然可以說道是形而上的,但這種了解並不具體而親切,而為抽象的了解。對道作抽象的理解,未必能真正體會到道的形而上性格。牟先生又說:

> 此不是分解地「截得上下最分明」,而是圓融地「截得上下最分明」。既「截得」而又圓融,既圓融而又「截得」,上即在下中,下即在上中,此所以為詭譎也。惟詭譎始能融「截得分明」于圓融中,雖圓融而不失上下之分者也。故下即繼之云:「元來只此是道,要在人默而識之也。」此顯為道器上下之圓頓表示,而非上下不分,誤以氣之實然而自然者為理道,誤以「情識而肆」者為本心也。[6]

如果把牟先生此一分析與前述馮友蘭的說法相比較,可以清楚的看出牟先生的解釋是貼切、合理,而且符合明道說話的語氣的。從此一比較中可以看出

---

[5] 牟宗三:《心體與性體》(二),頁43。
[6] 牟宗三:《心體與性體》(二),頁43-44。

從馮書到牟先生書,對宋明理學的了解的確是截然不同的,此中的進步非常大。雖然如此,如果不先通過馮友蘭的說法,則也不容易體會牟先生之說之為貼切而合理、為真正掌握到明道之思想特色。從此一觀點上說,馮書的確有先導之功。或許我們應說牟先生是因為看到馮友蘭的說法不對,然後作更深入的思考與詮釋。牟先生的理解當然是讀二程的著作而自己形成的,但應也不能否認馮書的有關說法對牟先生的見解之形成有刺激的作用。

如果說牟先生對明道表面上不分形上、形下的說法給出的既圓融又分解,與圓融地截得之解說,是合理的闡釋,則馮氏所說的不分形上、形下是心學的特色之判斷,便很明顯亦是誤判。雖然後來象山與朱子爭辯〈太極圖說〉時,說陰陽已是形而上者,並引「一陰一陽之謂道」來佐證,但象山此一對〈太極圖說〉與《易傳》的理解是不恰當的。[7]後來陽明講良知,也有良知即是氣之說,如果不用牟先生此處圓頓的意義來說明,也是很難說得通的。儒家對理的理解一定是從道德之理或對義務的意識來規定,依道德及義務之為理所當然、為無條件之意,不能不區分形上與形下,不能不用形上或不依於氣來表達理的當然性、超越性。這也是牟先生雖不贊成朱子對理規定為靜態的、只存有而不活動的說法,但對於朱子的理氣二分,並不反對,而且認為凡反對理氣二分者,都是理解有問題的。從上引文所說「而非上下不分,誤以氣之實然而自然者為理道,誤以『情識而肆』者為本心也」可知。牟先生此一批評不只是針對蕺山、梨洲的言論而發。

牟先生對明道思想的特點,以「圓頓化境的一本」做出規定與說明。牟先生此論可說是對明道思想的一大發明。對比一下馮、牟二位的有關見解,可以看到牟先生論述的突出。雖然到牟先生才闡發了明道的深意,但馮書對明道思想的論述,也可以說是有其先導的作用。馮氏認為明道的思想是形上與形下不分,雖然不對,但在字面上的解釋也有其根據,對此便要有進一步的思考。可以說,因為要面對及克服馮氏所提出的此一見解,便導引出牟先

---

[7] 馮友蘭在其《中國哲學史新編》(第五冊)中仍然認為形上形下不分是心學的主張,在討論朱子與象山爭論太極圖說的問題時,便以象山「陰陽是形而上者」之語為據(第五十五章〈陸、王心學的興起〉。北京:人民出版社,1988年,頁201)。

生的詮釋。而且如果不先了解馮書對明道思想的解釋，便不容易了解牟先生對明道思想詮釋的特別意義。此即是說，馮書對於宋儒的思想的詮釋，雖然未必切中，但不能略過不理的。另外，牟先生對程明道所說的天理，區分為第一義的天理與第二義的天理，這裡也有馮氏詮釋的痕跡。所謂第一義的天理是天理本身，而第二義的天理，是自然流行的趨勢。在這個問題上也可以與馮書之說作一對照。馮氏便認為明道所言的「天理」是一種自然的趨勢，此理不能離物而獨存。牟先生很明顯吸收了馮友蘭的說法，只是馮氏用自然的趨勢，或物的趨勢來說明道言天理的全部意義，此對於明道言天理的絕對性、超然獨立的許多言論，並不能有善解。牟先生認為明道之言「天下善惡皆天理」，「無獨必有對」等，是從氣化之自然來說，是言氣化的自然物勢參差不齊，有善有惡，有高有低，這並不是就天理本身說，只能說是第二義的天理，牟先生此一解釋對明道的有關文獻給出了清楚的分疏，也是很有貢獻的。牟先生對明道言天理的絕對、當然、定然之義，也是闡釋得非常精彩的，第一義之天理必涵此等義，在此處也可以看到牟先生的論述善於利用前人的研究成果，而又推進一大步，正如荀子所說「君子生（性）非異也，善假於物也」（〈勸學〉）。

　　對於朱子思想的詮釋，馮友蘭認為朱子是宋儒思想理論的高峰，他運用哲學分析或邏輯的分析的方式來論朱子學，對朱子的理氣論，如理氣不離、理在先，及即使「萬一山河大地都陷了，畢竟理卻只在這裡」等說作出解釋，認為朱子言理之先於氣，是邏輯義之先，如言物之存在必先預設物之理的存在，所預設者即為邏輯上在先者。如此理解固有其義，但朱子言理之在先應重形上學之先在義，理是存在物的所以然之理，故此先應是形上學之先。當然形上學義之先亦涵邏輯上之先；馮氏之說亦表示了理在先並非時間上的在先，也有其明白處，但並不切朱子意。此形上學之先在之理依朱子是天理，也並非如馮先生理解的物之形式之理。馮先生也有說此形式之理是物之所以然之理，但從形式之理來說所以然，是物的所以為此物而不為彼物的「形構之理」，即物之「本質」，而非物之「存在之理」（實現之理）。馮先生從實在論的觀點認為朱子所說的理，是物的形式之理，而太極就是眾多

形式之理之總和。這樣來論說朱子的理,忽略了此理是以道德的理為首出,或以道德之理來規定之義。朱子所言之理是性理,而性理即道德之理,故唐君毅先生認為應該從當然之理,即道德之理來理解朱子所說的理。此義唐君毅先生說得十分鄭重。固然朱子的哲學思辨性很強,也往往從然、所以然的存有論的推證的方式來說理,但唐先生認為朱子之言理是從當然之義來契入的,故朱子所言的理在先,也應先從道德上的當然與現實上的實然有其距離來理解。[8]由於有此距離,故人應該朝向應然處而實踐,此應當之理便顯在先而做引導之相。唐先生此說對朱子思想給出了一個很有啟發性的了解。馮友蘭對此朱子所言之理的道德性沒有強調,應是其缺點。牟先生亦從然、所以然的區分,來理解伊川、朱子所說的理,也認為朱子所說的理是存有論意義之存有,於道德意義是有所減損的。但雖如此牟先生還是認為朱子通過格物致知所明的理是天理,此天理在朱子之理解,當然也就是道德之理。只是牟先生認為朱子以然、所以然的方式來推證此理,又以理為對象而以格物窮理的方式來探求,或認識,是否可以明白道德之理呢?這是以存有論的存有來規定道德之理的難題,牟先生認為這是朱子言理的不切中處。牟先生此說似乎有近於馮友蘭對朱子所言理的理解,但也有相當的不同。牟先生早在唸北大預科時曾仔細閱讀《朱子語類》,已經很能掌握朱子言論的理路,他說可以讀上一句,就知道朱子下一句的意思。在他最早的著作《周易的自然哲學與道德函義》中論朱子的部分,對朱子的「理」為所以然之理,已有論述。故牟先生對朱子的理解應是自己獨立思考而形成的。但對於馮氏書,牟先生不會不看,對於馮氏的見解,也十分注意[9],並給出評論。故馮氏對朱子的理解,對牟先生之朱子詮釋,亦有相當的影響。牟先生在《心體與性

---

[8] 唐君毅:〈由朱子之言理先氣後論當然之理與存在之理〉,收入唐君毅:《中國哲學原論・原道篇(卷三)》附錄(香港:新亞研究所,1974年)。

[9] 上文已表達了此意,另外,牟先生在討論名家惠施、公孫龍的思想時,頗徵引馮氏《中國哲學史》的說法。又牟先生曾說,馮氏的《中國哲學史》比勞思光的《中國哲學史》寫作態度更為客觀。

體》討論宋儒所說的理時,認為並非是形構之理,而為存在之理。[10]所謂形構之理如同亞里士多德所說的事物之「本質」,各存在物都有是此物而不是彼物之理,此是事物之本質,而有事物之本質,並不含事物之存在,要有事物之存在,必須要有使事物存在之理,此使事物存在之理,只能是一,不能如事物之本質之為多;而宋儒所說的天理,是使事物成為存在之理,也是一而非多,故朱子所說的「物物一太極,統體一太極」中,物物一太極之多,乃是虛多,太極只能是一。牟先生在該處認為若把朱子所說的理,理解為「本質」,便是以虛多為實多,以形構之理為存在之理,這樣理解朱子是不恰當的。牟先生此一批評十分重要,應是針對馮友蘭所理解的朱子之理而發。[11]馮氏所理解的朱子之理,正是事物之本質。雖說此理是邏輯上在先之理,但乃是「形構之理」,即一個存在物所以是此而不是彼之理。牟先生認為朱子所說的理,應如同唐君毅先生所說的是「存在之理」,或曰實現之理。從以上的論述可知唐、牟二先生對中國哲學史的重要問題的看法固然不同於馮友蘭,也遠比馮氏所說的為相應而深入。但馮氏書對唐、牟二先生的中國哲學史的詮釋,確有其影響[12],馮書可謂有篳路藍縷之功。

---

[10] 《心體與性體》(一),〈綜論・第二章・別異與簡濫〉,頁87-93。

[11] 牟先生在《四因演講錄》(臺北:鵝湖出版社,1997年,頁216)有一段討論朱子思想的話,認為朱子所說的理,同於亞里士多德所說的本質(essence)。按如果是這樣,則朱子之言理也是多的,而為形構之理。此大概是牟先生上課時隨便一說,並不能作準。

[12] 唐先生對馮友蘭《新理學》中對朱子哲學的詮釋有很鄭重的批評,見〈由朱子之言理先氣後論當然之理與存在之理〉。唐牟二先生雖沒有名為中國哲學史的專著,但唐先生的《中國哲學原論》,尤其是原道篇三卷與原教篇合來,就是一部完整的中國哲學史。牟先生的《才性與玄理》、《佛性與般若》、《心體與性體》三部可以理解為斷代的中國哲學史,再加上《中國哲學十九講》也可以算是完整的表達了牟先生對全程的中國哲學史的看法。

三、勞思光先生對宋明儒學的詮釋

　　勞思光先生從 1968 年起陸續出版的《中國哲學史》十分完整，思辨性強，不愧是哲學名家之作。勞書之第三卷論宋明清哲學，對宋明儒思想的詮釋，自成一家，不同於牟先生對宋明理學的分系說法。牟先生的宋明儒三系說已經成為當代的經典的說法，此說除了以往所公認的程朱、陸王二系的區分外，又認為胡五峰與劉蕺山雖然毫無思想上傳承的關係（蕺山幾乎沒有提到五峰），但都可以用「以心著性」來表示其思想特色，故胡、劉是同一系，這對於傳統的宋明理學的了解作出了一大補充。牟先生認為「以心著性」此一義理型態才真正是北宋周、張、明道思想的嫡傳。認為五峰、蕺山既肯定心即理，但又以心的自覺活動為步步彰顯天道的形著過程，而顯示了二者之距離。此說一方面維持了道德實踐的自發、自覺的特色，也保留了性與天道的超越性與莊嚴性。人可以當下顯心即性、即天的無限意義，但又可以保留不斷努力從事實踐，以求上繼天道之為無窮無盡的歷程，而突顯了性與天道的超越性，為人所不可及，此是一對超越者維持無限的敬仰的宗教精神。牟先生也用此一型態來說明先秦儒學中孔孟的教訓，認為孔子踐仁以知天，孟子的盡心知性知天，雖都強調實踐道德是盡其在我的事，必須先有「仁」或「本心」的自覺，且仁與本心便即是理，但對天道天命仍存有超越的遙契之感，性天與人的德行實踐可以仍保持其距離，此所謂主客雙彰。牟先生又明確規定伊川與朱子一系的義理並非儒門的正宗，因為心性情三分，心理為二的架構造成了其為他律的倫理學，格物窮理是以存有論的存有來規定道德之理，也不切於理的道德義，牟先生又認為陸、王雖然是以心為首出，但並非不言天道天理，而是以本心良知的充分朗現就是天理的呈現，所謂「一心之朗現，一心之申展，一心之遍潤」。[13]

　　對於牟先生的三系說，勞先生並不同意，而提出另一種分系的說法，他

---

[13] 牟宗三：《心體與性體》（一），頁 49。

的說法是所謂「一系說」，也可以用「一系三階段」來表示。[14]他認為整個宋明六百年的儒學發展可以視為一個面對佛老的學說，尤其是佛教的否定世界而步步回歸論、孟的過程。即所謂一系說，是從宋明儒的整體發展來說，不分系，但可以分成三個階段，即天道觀、本性觀及心性論時期。他認為宋明理學發展到陸王心學才真正回到論孟的本義，即以自作主宰、心的自覺作為道德價值的根源。真正的道德實踐是自發、自覺的，道德法則也由自覺心來給出，不能用天道或本性來說明道德價值。即不能用存有之理來說明道德。他認為周、張是天道觀（宇宙論）時期，即用天道論作為道德價值的基礎，以天道的生化使一切存在能生生不已來說明道德價值，勞先生認為周濂溪、張橫渠屬於這一時期，這一型態的理論效力較差，因為氣化的生必含死，如果以生為價值，而死是生的結果，或每一生皆會以別的存在物之死為代價，如是則只用「生」來說明道德價值便說不通了。二程是本性觀時期，不以氣化的生生來說明道德，因為氣化或現實上的生命表現常有不如理處。於是肯定「本性」為價值的所在，現實上的表現雖有不合理，但不能由此推本性的不合理，故二程強調「性即理」，以性作為價值的根源比以天道來說明為進一步。但言性即理還是用存有的原則來說明道德，勞先生認為如果道德原則也就是存有的原則，則人的為善為惡，便不是由人的自由給出來的，而是為普遍的存有的法則所決定，如是人的為善便不值得讚賞，為惡則又會變成不可能，這是用存有的原則來說明道德價值的理論困難。

勞先生也認為二程思想有不同，但他不認為二程的不同可以產生兩種義理型態的不同。他認為二程都可以用「性即理」作為思想特色，只是明道重在普遍之理，而伊川則重各物的殊別之理。二程所重雖有不同，但不影響同是以性即理為其思想的特色，故勞先生不主張把二程分成二系。勞先生此一對二程思想的區分相當特別。程伊川對「理一分殊」有很明白的討論，理一是普遍之理，而分殊就是殊別之理，似不能說伊川較重殊別之理。對於朱子的思想型態，勞先生則認為是屬於天道觀與本性觀的混合。

---

[14] 勞思光：《中國哲學史（第三卷上）》（香港：友聯出版社，1980年），頁43-98。

勞先生的一系三階段說反對用道德形上學來詮釋宋明儒,他認為天道觀與本性觀兩型態,對於道德價值的說明,都是不恰當的。這一論斷不同於牟先生對於宋明儒學的詮釋,這可說是當代中國哲學一個重要的論爭。在這一問題上,唐先生與牟先生是同一陣線,徐復觀先生則大略同於勞思光。勞先生反對以形上學來作為道德價值的理論基礎,他認為道德實踐是人自覺自發之事,不能以形上學或宇宙論之理來做為根據。徐復觀先生也有相似的見解,他認為形上學或宇宙論在西方哲學史中人各一套,並無定說,以並不能定論的形上學或宇宙論來說明道德理論,是用不確定的理論來說明確定的,此並不可取。徐先生此論特別針對熊十力、牟宗三二位先生。[15]牟先生對勞說的反駁是,宋明儒的天道論或形上學並不是以形上學或宇宙論來說明道德價值,即並非如勞先生所說的宇宙論中心哲學。漢代董仲舒的天人相應論,以合天為有德,才是宇宙論中心哲學,而此一型態的哲學當然不能合理地解釋道德價值,因會把道德的實踐說成為他律的行為,即依天道而行為善,如不服從天道,則便是惡。於是道德行為基於意志的自律、及自由之義便被去掉,成為他律的倫理學。以意志的他律來說明道德,是不通的。按照人對道德法則的通常理解,道德行為、義務是人須無條件地實踐或服膺的,這是人反省何謂道德義務時,必會生出的理解。故他律是假的道德之源。但宋明儒之言天道論、形上學並不必是如勞先生所言為宇宙論中心哲學。宋儒的形上學是通過道德實踐的充其極,體會到天地的生化就是道德的創造,而認為整個宇宙的存在,乃至於個別的人事物的存在,都是以道德價值為根據的。這是以道德價值對存在作出解釋,而不是以天道論、存有論來說明道德價值。這是將存有價值化,而不是將價值存有化。故宋明儒的天道論並不違反道德實踐所必含的意志的自由與自律之義。對於牟先生此一說明或反駁,勞先生也注意到,但他認為即使是如此說,即道德形上學理論對於道德實踐、道德價值而言仍是不必要的。道德的活動以人的主體自覺為根源,不依於任何外

---

[15] 徐復觀:〈向孔子的思想性格回歸〉,收入《中國思想史論集續編》(臺北:時報文化出版企業公司,1982 年),頁 431-442。

在的存有,這樣的說明就充足了,不必再說形上學;而且如果肯定道德之理也是存在之理,便難以說明上文所說的人的為善所以值得讚美,人的為惡必須自己負責之義。即如果有普遍的存有之理存在,而此存有之理也就是道德之理,則人為善便是由先在的理所決定,而沒有自由,如是人為善並非出於自己的抉擇,而且人的為惡也很難解釋。即如果沒有意志的自由,道德義的善惡就不能成立。故勞氏認為道德形上學不是先秦儒學的合理發展。因此他認為道德行動的發生是由自己的本心、良知的自發自覺而給出來的,此所謂心性論中心,故陸、王之學最能表現孔、孟的真精神。

對於道德實踐是根源於本心、良知的自覺表現,是無待於外的,此一意義是唐、牟二先生都強調的,他們不會在這一點上有異議。但通過道德實踐而感受到人道即是天道,仁心即是天心,一體之仁的呈現並不能限於人生界,而有天人合一或上下與天地同流的感受,此在先秦儒學中的《論》、《孟》、《易傳》、《中庸》都有同樣的表達。勞先生忽視這一方面的義理,他認為孔孟是心性論中心哲學,以心的自覺或主體性,為道德價值之根源,而《易》《庸》則是肯定形而上的本體為價值的根源,是宇宙論中心哲學。其詮釋未免流於主觀。他書中對孔子言五十而知天命及孟子盡心知性知天之旨,解釋都不很暢達,義有所偏。[16]對於《中庸》與《易傳》的成書及思想,他歸到漢代,認為同於董仲舒的宇宙論中心哲學。而現在新出土的文獻有與《中庸》相類似的思想,而《禮記》中的內容,在帛書及楚簡中已有,故《禮記》中所收的篇章思想應屬於先秦,並非漢代才產生的思想文獻。此可以說已經有充分的證據證明。故勞先生書以《中庸》、《易傳》的

---

[16] 對於孔孟所說的命或天命,勞先生認為都沒有形而上的實體義,只是實然上的限制。即知天命是「知客觀限制之領域」(頁 138)。對於孟子盡心知性知天,勞先生也認為此天並非形而上的實體,天是作為「本然理序」看,即「泛指萬事萬物之理」(頁 196)。對於孟子所說的善性,勞先生也避免了性作為一本體,性為一其本身即是善的之意,而認為此只表示價值內在於自覺心,即認為「孟子以人之自覺心中之價值意識作為人之性」(頁 194)這些解釋可能都是因為勞先生要避免往宋儒的義理來詮釋,故作如此說。客觀來看,其實並不順暢。以上引述,見勞思光:《新編中國哲學史(一)‧第三章》(臺北:三民書局,1990 年增訂五版),第三章,頁 101-203。

成書及其思想是屬於漢代,是站不住腳的。當然勞先生可以反對以道德實踐為核心以言天道、強調主體之自覺的哲學思想往道德形上學來發展,他可以認為如前文所說的,此一發展所成之義理型態對於儒家學問理論之闡明並無幫助。但這是他個人的哲學見解與判斷,不能因為個人見解上的好惡,而把歷史上的中國儒學的發展史實作出自己認為合理的解釋。這未免不合於敘述哲學史之態度,似是削足適履。討論中國哲學史應該先尊重客觀的史實。而牟先生(包括唐先生)所說的宋明儒的道德形上學的理論是儒家學問的充其極的發展,其實是理據堅強的說法。以道德的形上學,即以道德之創造性來說明宇宙的生化力量,或用道德價值來說明萬物之存在,來理解宋明儒的文獻是相當適順而自然的。不能一說到形上學或天道論,便以為是用形上學作為理論基礎來說明道德。如康德固然認為神學的道德學(倫理學)是不合理的,即道德不能建基於神學,道德單靠道德之理就可以成立,而道德之理是以無條件的律令來表示的,即不必依其他的條件、外在的存有來建立道德。道德的律令預設了人的自由意志,即人的實踐道德服膺義務,只因為是理所當然之故,並不因為其他原因;但雖如此,從道德實踐的要求或實踐理性的要求,必肯定德福一致一定能實現。而為了德福一致(最高善、圓善)之必能實現,便肯定上帝之存在。故反對神學的道德學,不必含反對道德的神學。在此一問題上,牟先生有頗為嚴正的、不指名的批評:

> 是以若以西方哲學康德前之外在的非批判的形上學視之誤也,名之曰宇宙論中心者亦誤也,囿於人文、切感於事實、而不准涉足乎此者亦非儒家道德意識中道德主體之涵量之本義,此為道德之局限,而非儒家開朗無碍之道德智慧也。開朗無碍之道德智慧必透至此而始充其極,必充其極始能得圓滿。圓滿者聖人踐仁知天圓教之境也。此圓教之境,《中庸》《易傳》盛發之,北宋諸儒即契接此境而立言。故其激悟天道天命而有形上學的意義與宇宙論的意義,是圓教義,非是空頭的外在的形上學,亦非泛宇宙論中心也。道德主體既如此,則就德性動源之開發言,此道德主體作為絕對之大主者,即是道德的創造

（亦即真實創造）之真幾。內聖之學，心性之學，惟是開闢此道德創造之真幾以為吾人之大主，亦且為宇宙之大主。[17]

牟先生認為孔子之踐仁以知天，孟子的盡心知性以知天，便已涵道德的實踐可上達天道天命，即「由道德的主體而透至其形而上的與宇宙論的意義」。而宋明之天道論，及以心、性即天道，天道性命相貫通，是孔孟之說之所涵，而為道德實踐、成德之教所涵之圓教義，故是由自覺、自發的實踐而向上澈悟天道之圓境，並非空頭的，滿足思辨興趣的獨斷的形上學。當然，勞先生會對宋儒的天道論不以為然，固然可能是對於宋儒的文獻之理解不夠客觀，但他所提出的問題，亦須回答。他認為宋儒是以宇宙論、形上學來說明道德理論，此可以用宋儒是認為人道的實踐本與天道不隔，故是以道德說明天道，並非以天道作為道德的基礎來回答；但對勞先生所說儒家心性之學不宜發展為形上學，因若肯定一客觀、普遍之存有原則，會使人為善不值得讚賞，為惡則不可能，即人不能有其主體自由，這是須另作回答的。我以前試圖用康德所說的前定論與決定論的區分[18]來解釋，即若認為人的所作所為是有一時間上在先的原因所決定，是為前定論（豫定論），肯定豫定論就不能容許有自由，但認為人的行為有本已存在的普遍法則所決定，不必將此法則的存在視為時間上在先者，即為法則或為本性自己所決定，此決定可以沒有時間的先後可說。人依道德法則而行，雖然可以說道德法則本已存在，但並不能說有一在時間上在先之法則決定我當下依法則而行的行為。在人依道德法則而行時，是自覺地只依理而行，不考慮其他任何條件，故人此時是自由的。此自由意志的自我決定與依法則而行是同一個事情的兩面，理固然是客觀而普遍的，但也是我此刻的不受任何前因影響的自由意志所自決的，認識

---

[17] 牟宗三：《心體與性體》（一），頁 322-323。
[18] 康德對決定論與前定論的區分，見康德《純然理性限度內之宗教》第一章，參考牟先生的譯注，見牟宗三：《圓善論》（臺北：臺灣學生書局，民國 74 年），〈第一章附錄〉，頁 126-127。又請參看楊祖漢：〈再論儒家形上學與意志自由〉（收入《當代儒學思辨錄》，臺北：鵝湖出版社，1998 年）文中對此義有比較詳細的討論。

了道德法則為無條件的律令，人依理而行，便當下擺脫種種的內心其他的想法，不考慮利害，此時人便是自由的。而此時之自由意志本身是合法則之活動，若自由意志之活動是沒有法則的，則自由意志將是荒謬而不可理解的。故依理而行與自由意志的自我立法是同一回事。故為法則所決定或甚至為普遍的存有之理所決定，並不必與意志之絕對自發性矛盾，因為意志之絕對自由或自發可以是一合於法則的行為，而此法則是本有的。勞先生認為肯定一存有原則便會使主體自由成為不可能，是把為法則所決定的決定論等同於前定論。故如果能如此分疏，就不會發生勞先生所說的疑問。《易傳》所說的「先天而天弗違，後天而奉天時」也表示了此義。人按道德法則而行時，便表現了自我作主的「先天性」，既然人有此先天性，當然是自由的；而人在天地中生存，不能不按照天的四時的氣化規則而生活，這是人的「後天性」，除了依氣化的規則而生存之義外，也可以將人的「後天性」理解為人是在天地之道中的存在，此天地之道是本有的，不是人所造作出來的，就此義而言，雖然人可以自覺自由或自發地實踐道德而認為此道德法則也就是天地之道，但也不能認為此天地之道是我們給出來的，如果以為道德法則只源於人的自覺心，人有價值的自覺就有此原則，反之則不會有此原則，則道德原則只存在於人的主體自由的活動中，這是不合於人的一般感受的。對於「人同此心，心同此理」的道德法則，人很容易會視之為天理。故從主觀面說的自發地無條件的道德法則，與從客觀面說的使一切存在能成其為存在的天道天理，這兩方面的法則或原理雖然是相通的，但必須具備此兩方面的意義，人才不會妄自尊大。

至於惡的產生所需要的肯定人的自由，與上說的自由意志或人在依道德法則而行所體會到的自發自決，並不相同。與道德法則一致的自由並不會產生惡，此自由意志是一定依理而行的，此中有其一定如此的因果性（此所謂「特種的因果」，也可以說是由意志的絕對自發性而生果，此果不是在意志之外的原因所決定），自由並非無法則，而其自身的活動就是法則的呈現，此即陸、王的「心即理」義。但人會受感性慾望的影響，不一定能按照此無條件的法則而行，會使按照無條件而行的純粹存心轉而成為為了感性欲望的

滿足而行動，這種存心的滑轉的主觀根據，便是產生惡的根源。康德在《純然理性限度內的宗教》稱之為根本惡（radical evil），孟子所說的「耳目之官不思而蔽於物，物交物則引之而已矣」（《孟子‧告子上》）也是此義。這裡雖然要肯定人有不依法則而行的「自由」，但此自由是受感性的影響而做出合理或不合理的抉擇，這種「自由」並非同於與道德法則相涵蘊的意志自由。勞先生書中常提到的「未定項」，應是就此抉擇的自由來說。此抉擇的自由雖然是自由的，但往往會受感性的影響而接受以滿足感性的欲求為先，使行動的存心變成不純粹的。對於此暗藏惡的根源的抉擇性的自由意志，當然是修養對治的對象，但並非心即理之心；就心即理之心說，此心即是天理。依陽明此理除了是道德之理外，也是一切存在的根據。故云：「無聲無臭獨知時，此是乾坤萬有基」（〈詠良知四首示諸生〉）。可見陽明雖然重視心，可以說是重主體性的哲學，但此良知主體同時就是天地萬物所以存在的根據，也就是天道。故陽明所說的良知心體，也就是形而上的實體，與勞先生所講的價值內在於自覺心之「心」，其實是不同的。故嚴格來講，勞先生以程朱陸王的不同，是本性論階段與心性論階段的不同，也是不妥當的。陽明的心性論與北宋者的天道論，伊川、朱子所說「性即理也」之本性論，都肯定了超越的性與天道，即道體與性體的存在。只是陽明以本心良知即是性體、道體，而伊川、朱子則認為心與理為二，心不能與道體、性體為同一。

　　以上對牟先生之以道德形上學來詮釋宋儒之學，給出一些說明，以回答勞先生有關的質疑。道德的形上學與理論的思辨的形上學不同，所肯定的天道或存在之理是在意識到道德實踐之為無條件而當然之事而給出；既是由實踐而給出，則可說對理之為存有之理，為客觀存在之肯定，與實踐上之自由是一起呈現的。此可用明道所說「窮理、盡性、至於命，三事一時並了」之意來表示，即對法則之理解、自由意志的呈現及對天道之肯定，亦是三事一時並了的，不可有時間上先後可說。又明道所說的「只此心便是天」，「只此便是天地之化」，亦可表示此意。即在實踐上說，意識到自由與道德法則是一事之兩面，無時間上先後，而對天道的了解與肯定，是以對自發而不容

已的自由意志為據,此天道之為存在之理與無條件而自發之自由是同一內容,可以說這是在實踐上體會到道德的創造性之意志,於是給出對天道之存在之肯定,亦體悟到天道之生化與道德之創造為同一回事,只此便是天地之化,道德的創造與天道的生化之間,可以沒有時間上的先後距離可說,如此便可回答勞先生的質疑。牟先生強調儒釋道三教都承認人有智的直覺,亦函此意。在智的直覺中,是沒有時、空性的。

四、儒、釋、道三教圓教思想與中國哲學史的撰作

由以上所述,可見馮友蘭《中國哲學史》雖然對許多重大的問題說明未必切中,但也有引起後來對於中國哲學詮釋更進一步發展的作用,故要理解當代的中國哲學史著作的發展,對馮氏書是不能不注意的。而由於唐牟二先生對中國哲學作出了前所未有的深入詮釋,也成為其後的勞思光先生的哲學史所必須面對的問題,可見重要的哲學史書,必須要面對前人所提出的真正的哲學問題、或難題而加以進一步討論或解決。上文論到的哲學史書的內容,可以討論的實在非常多,本文不再論述,後文擬專就牟先生所闡發的儒、道、佛三教的圓教理論,稍作討論,說明此圓教的理論是中國哲學史的義理發展的歸結處或結穴處,撰作中國哲學史不能不強調此一義理。

牟先生晚年對儒、道、釋三教的圓教,弘揚不遺餘力。他所謂的圓教,不只是上文所說之道德的形上學,即道德的創造即是宇宙的生化之義,他在《中國哲學十九講》中對於佛教天台宗的圓教理論講得相當透徹。道家的圓教義在《才性與玄理》論王弼的「聖人有情」義,及向、郭注莊的「迹冥」、「天刑」義,已有很好的說明。於《圓善論》中對儒家的圓教義理,也有比較完備的說明,在此書中對儒、道、佛三教的圓教義給出了深入的闡發與比較,又運用三教的圓教義理,以解決康德所說的最高善(圓善、德福一致)如何可能的問題。從牟先生這些對三教的詮釋與發明,可以看到三教的理論是有步步發展至圓教的進程,也可以說三教的義理有其一定如此發展完成,即一定往此義而趨的邏輯。如果此說可通,則撰作中國哲學史者,如

果沒有闡明這一發展的進程與三教圓教義理的內容，則不能算是一本客觀陳述以往中國哲學的發展實況的書，即不能算是一本成功的中國哲學史。依此義而言，馮友蘭先生的兩本哲學史，勞思光先生三卷四冊的哲學史，都不能算是成功的中國哲學史。唐君毅先生的《中國哲學原論》六冊，對於儒、道、佛的哲學義理有非常豐富的闡釋，於天台宗智者的判教理論、華嚴宗的圓教及天台山家、山外的論爭，也有詳細的說明，但並未把三教的圓教理論集中起來陳述。當然唐先生在《生命存在與心靈境界》中，所敘述的「天德流行境」與「心通九境」之義，也是唐先生所理解的儒學圓教理論，所論也非常深刻。將牟先生與唐先生所敘述的中國哲學圓教理論，作為敘述中國哲學以往兩千多年的理論發展的完成或最高成就，應該是比較可以闡明中國哲學史的成果與特性的。將來的中國哲學史或吾人理想中的中國哲學史，應朝這個方向來建構。牟先生的《佛性與般若》論述天台宗的部分放在論華嚴宗之後，這一安排有點特別，本來華嚴宗的開宗與成熟的發展是在天台宗之後的，但若以佛教教義的發展完成，來定先後次序，則天台宗的教義是佛教的完成，應放在最後。牟先生這一寫法也可以做為未來撰作中國哲學史者來做參考，即除了依年代先後敘述哲學義理的發展外，也可以就每一個型態的義理的發展，以圓滿的圓教理論作為各個型態的完成。後一寫法尤可以讓人見到客觀的義理世界本身的發展邏輯。或者可以先依年代先後來作敘述，再總起來對每一義理型態作衡量，說明不同型態之圓教義理。

　　牟先生所闡發的儒道佛三教的圓教義理，不只是可作為中國哲學史中三教義理的發展的最後完成，其實也是傳統的中國人在生活上多少都表現出來的生命智慧與處事的態度。即是說三教的圓教義理雖然十分深刻、玄奧，但也普遍的表現在中國人的日常生活中，如果不從這三教的圓教義來理解中國人的生活，或中國文化的本質，則不能說是了解中國文化，也不能明白何以中國文化能支持中華民族存了幾千年而不斷滅。點明了此義，也等於是說明了哲學在以往中國的發展之成果與所起之作用。以下嘗試就我個人之理解，對三教圓教之義理及其中所含的中國人的人生態度稍作說明。

　　儒家的義理從孔子起，即強調了人有當下可以呈現的不安不忍的仁心。

此仁心是道德價值之源,而具有真正道德價值行為,必須有仁作為行動的根據,及行動的動力來源。而此不安不忍的仁心不只是個人或家國等倫常關係能得以維持的根據,其極致的表現一定要與天地萬物為一體。在此要求下,仁心與仁之理或仁體可以是一切存在的根據,為生化之源。如是便有至誠盡性,即要使天地萬物、一切存在都能完成其自己,才是至誠者本性的實現之說,在此一要求下,便有儒家式的圓教義理。依牟先生,由陽明言良知與萬物一體呈現,及龍溪所發展成的四無說,心意知物是一,便使個人具體的現實生命當下與天地萬物相感應為一體。這便表示了於個人的當下呈現的由純德之心所表現的道德行為,是具有與天地萬物為一體的無限意義者;再加上胡五峰所說的「天理人欲同體而異用,同行而異情」(〈知言〉),說明了不論在何種的行事、遭遇中,都可以是表現天理的事情,而可以與萬物為一體,而表現無限的價值。由於有五峰此一說法,就給出了如牟先生所說的「存有論的圓」或「圓具一切法」之理論。而此圓具一切法的理論,就保證了聖哲可以就當下任何可能的情況遭遇而表現無限的意義,儒學的發展的確須以這種圓義作為立教的目的。成德之教必須以如何能讓每一個人都可以成聖為目的,如果一切人都可以成聖,則聖人的生活必須包含人世間任何一種可能的生活,即聖人的生活或表現聖德的生活必需涵蓋人間一切可能的生活,如果不能說明此點,就不能夠滿足一切人都可以成聖的心願。本來按照儒家的看法,一切存在都是以天命性體做為根據的,是故一切存在原則上都是善的。人間有千萬種錯綜複雜的可能情況,那是由氣的運轉產生的參差而造成的,而氣的活動是有理作為主宰的,故人間的錯綜複雜的情況,原則上都可以表現理,如果不是如此,就不能說理(或性)是一切存在的根據。故如果人能盡其性,就必能於各種任何可能的情況中表現該情況或該存在原來具有的天道之性的意義。這應該是胡五峰之說所涵。五峰所說的性,除了作為天地萬物的根據外,也有「萬物為性所有」之義,萬物為性所有即一切的存在皆為性體所涵,於是每一存在皆可以實現性體的意義。既然如此,則人生任何一種活動都有其存在的客觀性,都不可以少掉,也可以實現性體的無限義,如此就有牟先生根據天台圓教而說的「存有論的圓」之義。即人間種

種事物存在雖有不同，但都可以不離該事而表現性體的全幅意義，於是人固然要時時呈現其仁心，而要求自己不斷努力，以上體天心，對於自己不能做盡一切該做的事而慚愧，而奮進不已；而亦可以於當下所面對的任何一個事情而發現其中含有自足而無待於外的圓滿價值，這可謂即一義而通全蘊，於是人也可以隨時得到最大的滿足與安息。這種無限的追求與當下完足不假外求，二義是可以同時存在的。除五峰所說之外，陽明的「四民異業而同道」（〈節菴方公墓表〉），「與愚夫、愚婦同的，是謂同德；與愚夫、愚婦異的，是謂異端。」（《傳習錄下》）及在他所謂的「拔本塞源論」（《傳習錄》中）中所暢發的人如有與物為一體的仁心良知的表現，便會各安於自己才能所適任的事物上，而視不同於我的其他人、其他事是與我為同一身體，彼此痛癢相關、同情共感，完全沒有人我、高下等不同的想法。這種儒家的圓教義理如果不點明，則儒家義理的性格便不能有完整的呈現。

　　同樣的，道家思想發展到王弼與郭象也表現了相似的圓義。王弼所說的「聖人有情」，已表示了「無為」可以是一切行為之體或根據，雖然「以無為體」之體未必是一客觀存在的實有（本體、實體），但一定可以用無為的心境來理解之。而如果有此無為的心境作為體，則無論是那一種情緒活動，即使是大發雷霆，只要是出於無心，也可以是道的呈現。這一種以無為體，而體可以成全一切生活作用，不是「體無」便一定要與現實生活相隔，生活中任何的生命表現，都可以是道體的流行。而郭象的「迹冥」、「天刑」等說，是更進一步表達了王弼之意。無為而治的境界，並不表現在處在深山任何事都不做的許由身上，許由不肯做事，是「有意的無為」或「有相的無為」。有無為之相便與現實生活隔離，不能達到迹即冥、冥即迹的圓境；堯治天下而不認為自己已經治好了天下，而且他覺得許由拱立於山林，才真正表現了「無為」，於是要把天子之位讓給許由。堯這種治好了天下，而又不覺得自己在治天下，又認為別人比自己更有資格去當天子，這種表現才是徹底的無為，可以說是完全的無心。以無為來治天下，又不認為自己是能表現無為，才是真正的無為。堯這種作為正是無心於治天下，只是順物而表現其自然的心境，於是也可以有治理好天下的結果。故真正的無為，是不落在有

為、無為的對待中,也沒有治與不治的分別。沒有了對待與分別,順外物之來而自然感應,才是真正的無為,而越能如此,便越能成就或治理事物。於是真正逍遙無為的人,一定是帶著種種成就人與物的事情而表現他無為的心境者,於是這種無為的心境一定離不開他所自然面對、成全的事情。故無為之冥,一定在處事、應物的作為中表現;於是為就是無為,無為一定不離開作為,此所謂「迹冥圓」,迹就是冥,冥就是迹,不能有外於日常生活表現的抽象的冥。或抽象的冥只是為了思辨的需要而暫時顯出來的狀態,必須要融入日常生活之迹中,才是真實而具體的冥(無為)。故不能因為堯日理萬機,歷山川、同民事,而有時候甚至表現了憔悴勞苦的樣態,便說他一定憔悴、困苦於有為中。

因此如果要了解真正無為的聖人的心境,必須要從不離開事情的迹即是冥的狀態中,把他的本或冥,即無為之心境抽出來了解,這樣才能知道無為的真人是以無為的心境來處事的;而把聖人或真人不離開事情的無為心境抽出來的做法,郭象把莊子所說者視為「寄言出意」,即把聖人的無為的心境寄託在遠在天邊(絕垠之外、視聽之表)的神人,其實遠在天邊的神人,就是近在眼前的,有時也表現了勞頓、憔悴的樣子的聖人。郭象再進一步認為即使孔聖人表現為天所刑罰(天之戮民),即離不開日常生活的帶累,或遭遇非常艱難、痛苦的情況,也可以是自然無為的理境呈現的境地,所謂即天刑而解脫,或就在桎梏中得解脫。而如果天刑、桎梏都可以是解脫之所在,便可以很貼切的表現了存有論之圓之義,即任何一個存在,即使是令人痛苦難堪的情況,也可以是聖人、真人之聖德得以實現的場所,沒有了這一些場所,聖德或人生的無限的價值、意義就不能表現了,這也是無論任何人生的情況,都可以當下即是圓滿的境界之義。這也如同牟先生所說程明道「圓頓化境之一本」的義理,當下即是,是為「頓」,而沒有任何一種情況或遭遇不可以表現最高的價值,是為「圓」。而明道與王弼都強調了聖人應物而不累於物之義,此可見儒、道玄義之同。

以上所說的儒道的圓義在以往的學者多少都會想到,但從未做完整的深入的敘述。牟先生通過對天台圓教的闡釋,用佛教的存有論或存有論的圓具

一切法之義來說明之,使得這種圓教的涵義得到非常明白的顯示,也表達了儒道二教也有與佛教天台宗相似的圓教的智慧。牟先生從天台宗的學說而提出佛教雖然以緣起性空來理解一切存在,但一切存在(法)並不能因而可以缺少或成為可有可無的,從天台宗所說的一念三千(一念心即具三千法,而一念心是一念無明法性心)、性具及無明即法性,法性即無明等說,便很詳細地展示了圓教的義理。佛教要對治人的無明、煩惱,然後才可以解脫而成佛,順著解脫的過程,便有十法界的高下分別,故無明煩惱通過工夫的對治而越少,眾生所處的位階便越高,這一種從下而上、由低而高的奮鬥,是必須肯定的。也可以說無明與法性的分別是必須嚴格遵守的,但去除無明而表現法性,是否因為要從某一法界轉到另一法界,於是有原則上可以被超越,由超越而消泯的法界呢?如果是這樣,是否在人生可能遭遇的種種活動中,某些活動是人所必須去追求的,某些活動是必須要避免的?如人要成佛便一定要出家,一定要修成佛的三十二相、八十種好,而一些表面卑汙、齷齪的人間事情,便一定不能有。是否如此呢?如果是如此,則成佛便要過一種特別的生活,要以莊嚴、高貴的形象,才能表現出佛的境界。人生的遭遇是緣起而無自性的,如果成佛一定要以特別的莊嚴法相來表現,則便不能保證一切人都可以成佛。故成佛固然是要通過修行而斷盡無明煩惱才可能,但斷無明並不含要斷絕在有無明時所表現的種種法。人可以在沒有無明煩惱的情況下也表現了一般人具有無明煩惱時所表現的法,如聖人也可以表現如一般人因為非理性而表現的忿怒,但他之怒是如明道所說的,「以物之當怒」(〈定性書〉),於是聖人之喜怒不繫於心而繫於物。聖人或佛當然是無心無為,毫無無明煩惱,但必會物來順應,而他的物來順應,也是可以表現為一般人生活中所表現的任何可能的情態者。於是,就任何一種存在,任何一法來說,都可以有是無明法或是法性法的兩種可能,如果迷,事情便是無明法;如果悟,同一事情便是法性法。於是無明可斷,但法不能斷,即使是具有無明的樣子的法,也不能斷。聖佛的心因為沒有無明煩惱而自由自在,任何可能的情況,都可以成為其表現佛的境界的機緣。因為一切法是緣起無自性的,不能限定說人只能表現為某種型態或法相。故無明即法性之義與胡五

峰的「同體而異用」說是十分相似的。即任何法都可以或表現為天理或表現為人欲的意義,而天台宗一念三千之說,以一切法皆為心之本有,為性之所具,便使一切法成為佛境界所必須具有的內容,於是便能保住一切法。一切法雖然緣生無自性、如幻如化,但沒有一法不可以是佛法,故無一法可以捨去。於是人生的一切生活,所有人可能遭遇的情況,只要人能覺悟,便都可以是佛境界的當下呈現。於是人間一切教法,只要是能令人覺悟的,便都可以是佛法,可以是妙道,如佛可以用華嚴的莊嚴法身、頓教來教人,也可以用比較粗劣的鹿苑時的行為與教義來教人,只要人能悟道,就可以看到任何時或任何一種教法都是佛的義理的真實呈現。照此義而推,即使不用佛教的教義來說的道理,也可以是妙道,也可以救人。一般的世間生活也可以就是佛法,故曰「低頭舉手,莫非佛道」,「一切世間治生產業,皆與實相不相違背」(《法華玄義》卷一上)。如上述,佛教雖然說緣起性空,或以泛心理主義來解釋一切法,認為萬法唯識,一切都是識心所變現,唯識無境,對於存在法的客觀性好像不容易保住,但在要說明一切眾生皆可成佛或要使一切眾生得渡才是佛的本懷之要求下,自然產生了這種圓教保住一切法的義理。此一義理可以把無明與法區分開來,即固然可以說因為有煩惱、無明,所以有種種世間法,但也可以說去掉煩惱、無明,還是有種種世間法,而且世間法的差別(因為有差別,才可以說有三千法的不同)也要被保住,如此才可以保證一切人皆可以成佛。成佛固然是非常遙遠的,是要人長途跋涉才能達到的理想,但佛法其實可以不離開我們最平常、普通的生活而呈現,必須要有這種無明與法性雖可分,但又相即(所謂「依而復即」)除無明而有差別、除病不除法等說,才可以建構佛教的真正圓教。雖然天台宗此說相當複雜而深奧,但其實與上文所說的儒家與道家的圓義是相通的。由此也可說作為中國哲學的主流的儒道佛三教的哲學理論都往圓教的義理而發展,都表現了人生當該不斷的追求理想,改變不合理的現實生命,但又可以當下表現最高的理想境界之義。人雖然要嚮往至善、至美的理想,但又需承認或肯定一切人間的生活都可以有其自足而無待於外的價值。人可以不離開當下面對的情境、遭遇而實現無限的價值意義。這一理境可以用極高明而道中庸、道

無不在等人人都常掛在嘴邊的話來說明。我認為理想的中國哲學史必須把這種儒道佛三教經過了兩千多年的發展，而共同表現的圓教義理加以清楚表達，如果說不到這一層義理，可能就不能說是能如實表達中國哲學的精神及特色的中國哲學史了。從這一觀點來看，馮、勞二位先生的哲學史，尚未達理想之境。

如果說此圓教義理是儒釋道三教發展的最高峰，則會讓人以為在三教發展出圓教義理後，便不能有更進一步的哲學理論的發展了，對於此一疑慮，須作一些回應。[19]我認為此一疑慮恐怕是表達了相當程度的事實。牟先生便認為向、郭的注莊及佛教的天台宗之後，道佛二教的哲學在中國並沒有更進一步的義理開展。當然，現在的研究者會認為道教在隋唐時候所發展出來的「重玄學」的理論，是道家哲學的新開展。按所謂重玄學是把王弼對老子的「玄之又玄」之說的解釋，加上佛教三論宗對「空」的辯破，融合而成。這固然是老子及魏晉玄學之後，對「玄之又玄」的新解釋，但此新解並未能越出老子與王弼的義理。華嚴宗在稍後於天台宗而強調四法界、十玄門及別教一乘圓教等玄義，但只是順《起信論》的思想而作更圓融的表達，及將「緣起性空」之義進一步以較為奇詭的方式展開；而由於華嚴是分解式的圓教，無明與法性不能相即，而為「斷斷」，而非「不斷斷」，並不能對一切法作存有論的肯定，故並非真正的佛教式的圓教。慧能的禪宗固有其特色，後來的發展也多姿多采，表現了中國文化的重要特色，但慧能的思想義理其實是天台圓教的簡單化，並未超出天台宗所說，故其為教外別傳，只是教內的教外別傳，即在義理上並沒有跨越天台宗的發展。宋明理學發展到王龍溪，順著陽明四句教而表達了良知學的圓教涵義，心意知物渾然是一，良知與萬物一體呈現，觸處皆圓，但其為圓卻如同華嚴宗的唯一真心迴轉，是分解的圓教，要加上胡五峰的同體異用、同行異情的表達方式，才是儒家的真實圓教。此後儒家的義理確難以更進一步。晚明顧、黃、王三大家有感於明末民族生命力與知識的不足，強調氣（或器）的重要，要從內聖開外王，這是有

---

[19] 這是匿名審查人的意見，非常感謝他。

新的發展的,但這沒有表示內聖方面有新的義理的發明。而此從內聖開外王,重才情氣的要求,也因為滿清入關,而被截斷,不能正常而順遂的往前進。故綜合上面所說,三教的圓教義理的確是傳統中國哲學史所歸趨處或結穴處。當然,當代西方哲學輸入中國,使本土的哲學思維產生極大的變化。新的問題、新的思考一定陸續產生,而且運用中西哲學會通的方法,對於儒釋道三教的義理,也會產生新的考察與衡量,故就此義而言,也不能說中國哲學史發展到三教的圓教義理便不能再往前進了。如牟宗三先生運用康德學重新詮釋中國哲學,便有清楚的分析與義理上進一步的發展,他運用傳統三教圓教義理來解決康德所說的德福一致如何可能的問題,便是給出了對中西哲學都共同關心的問題,一個有理據的解決。唐君毅先生的《生命存在與心靈境界》,綜攝中西哲學各大系統,對於知識論、形上學種種問題都給出衡量,以證中國哲學在各種問題上也有其深入的思考,與突出的智慧。他以歸向一神境、我法二空境,及天德流行境來說明哲學上的絕對境的重要型態,說明了儒家的天德流行境何以最為圓滿而中正的說法,這是站在傳統中國哲學的智慧立場,面對西方哲學的種種思辨,而給出中國式的回應,既破且立,有非常豐富的創獲。我個人認為今後的中國哲學史當然有其更進一步的發展,但應該站在中國傳統哲學智慧上,以此為基礎,加上當代前輩先生的詮釋與開展,再圖進一步發展。此中發展的空間,當然仍是很大的。

論唐君毅先生的返本開新說

一、引言

　　牟宗三先生認為儒學在中國歷史的發展當分為三期：先秦、孔、孟、荀為第一期；宋明諸儒是第二期；而現在的儒學則當為第三期[1]。此說杜維明教授也贊成，嘗為文闡釋[2]。所謂儒學第三期當然有異於前兩期之學理內容，此即是儒者面對當代的世界，如何能一方面吸收西方文化之長，一方面亦能維持傳統儒學的真義。而所謂吸收西方文化之長處，是以五四運動以來所說的「民主與科學如何能開出」之問題為主，即是說當代新儒學是以儒學或傳統的儒釋道三教的中國文化思想，如何能產生相應於科學與民主的精神，為主要的討論重心。對於此問題，牟宗三先生所提出的良知的自我坎陷說是最有代表性的，一般對牟先生的說法討論也多，而對此問題的思考，唐君毅先生也十分深入。大體上，唐先生的思考與牟先生是相通的，但唐先生的想法也有其特別處，並非牟先生之說所能涵蓋。其中有些問題的思考是很切於當代中國社會的。唐先生有關的說法，在《中國文化之精神價值》最後三章〈中國文化之創造〉有很具系統的表達。本文主要根據此一部分的文獻來論述。

---

[1] 見〈儒家學術之發展及其使命〉，原載《民主評論》第 1 卷第 6 期（1949 年 9 月 1 日），收入牟宗三《牟宗三先生全集》第 9 冊（臺北：聯經出版事業公司，2003 年），頁 1-15。

[2] 〈創造的轉化——批判繼承儒家傳統的難題〉，《儒學第三期發展的前景問題——大陸講學、答疑和討論》，收入郭齊勇，鄭文龍編：《杜維明文集》（武漢：武漢出版社，2002 年），第 1 卷。

二、從勞思光先生的看法說起

勞思光先生在 2012 年逝世，我在《鵝湖月刊》發表了一篇悼念文，其中一段談及勞先生在中國文化如何開出民主與科學之問題，與唐、牟二先生看法不同，茲引之以代說明：

> 勞思光先生對唐君毅、牟宗三二先生所認為的中國文化的精神應該轉型才能開出民主與科學一問題，提出了不同的思考。唐先生認為以往中國文化的精神是「圓而神」的型態，要從「圓而神」轉為「方以智」才能開出民主與科學的精神。這是唐先生在《中國文化之精神價值》最後的〈中國文化之創造〉三章中，所表達的意思。而牟先生對此則有「良知之自我坎陷」之說，此意也可以表示為從「隸屬之局」（sub-ordination）轉而為「對列之局」（co-ordination），如此才能從重德的萬物一體的境界，轉而為主客對列的格局，而後者才可以表現出智性的作用，或才可以表現純智的思辨，而純智的思辨則是民主政治的架構與運作，及科學研究的活動之基本精神。對唐、牟二先生此說，勞先生說他本來是同意的，但後來有不同的思考。據他在〈《中國文化要義新編》序言〉（一九九八）中所說，他不認為民主與科學的產生必須要從內而外做精神上的轉型，從內而發才可能，他認為這一種想法是黑格爾式的思考方式，這一種思考方式他本來也採用，但後來便放棄了。他認為對於民主與科學，可以通過學習、模仿而得，此即是說民主與科學現在已經是大家所共許，認為是有必要的，現代社會必須要此二者才能長期維持下去。那麼為了現實上的需要，我們必須要學習此二者。通過學習與模仿，這種「從外入」的方式，應該也可以使民主與科學在中國社會產生出來。這是如同社會學家所說的「內化」的作用，勞先生認為此一作法應該是有效的，而比要求做內部的文化精神或民族精神的轉型，使民主與科學從內而出，來得容易。據勞先生說他此一見解，是參考了社會學家霸生斯

（Parsons）的講法。我認為勞先生此說對於中華民族或中國文化如何能產生民主與科學之問題，是很值得參考的。當然此說也不會否定了要從文化精神本身轉出符合於民主與科學精神之說，而且如果沒有這種內在的精神上的轉化，從外而入通過模仿而產生的民主與科學，是否可以在民族精神上生根，以長期維持下去，也是可疑的。現在臺灣的現實情況固然可以說是已經有了民主政治，但這種民主或兩黨輪替的政治現實是從統獨問題，或國家認同的分裂而逼成的，這也可以說是一種從外而入的進程，而不是先產生與民主制度相應的內在精神，作為此兩黨政治的基礎。從臺灣兩黨互鬥引致不斷虛耗的現實情況，可見如果在文化精神上不能內發的給出轉型，現實上似乎已經落實表現的民主政治是否可以實現民主的本質，及持續進步與發展，是很可疑的。故我認為勞先生此一講法固然可以與唐、牟二先生的說法同樣是很有價值的見解，但二者最好能夠整合起來。[3]

從勞先生所謂的從外入模仿以成就民主與科學之說，可以對照出唐先生言反本開新的意義，仔細研讀唐先生的著述，勞先生所說的唐先生主張從只有從內在精神的轉化才能產生民主與科學之評論，未能盡唐先生立說之內容，唐先生之意是能反本而挺立人的道德精神才可以學習新的學術思想，並非民主與科學所需要的新的精神可以直接從內在精神的轉化而給出。

三、唐先生所謂的返本開新的意義

唐、牟二先生皆認為必須返本，才能開新。此是二先生共同見解，即是他們認為傳統的中國哲學，儒、道、佛三教是人類理性的高級表現，智慧的優良成果，是不能隨意抹殺的。當然現在必須開出或成就民主與科學。而科

---

[3] 楊祖漢：〈勞思光先生與當代中國哲學〉，《鵝湖》第 451 期，2013 年 1 月，臺北：鵝湖月刊社。

學的研究與民主政制的建構與運作,需要有不同於傳統三教的精神活動。但是此一開新並不與傳統儒、道、佛三教的智慧相衝突,不只不相衝突,由於傳統三教的智慧可以維持人的正常的生命,使人的理性能作主,使生命持續的上達,而人的生命能維持正常,持續表現其理性,才可以持續吸收新的學問,才能與時俱進,面對環境的新挑戰,而給出恰當的回應。如果丟棄了傳統三教的智慧,中國人就失去了調護生命,使生命不順著感應欲望而下墮之道,如同一個體質虛弱之人,再也不能夠吸收新的養分,不能面對新的挑戰而做出回應。這應該是唐、牟二先生,乃至於錢穆先生的共同見解。除此之外,唐先生所謂的返本開新,也有其特別的見解,他認為近百年中國人對西方文化的學習,對於民主與科學的價值,並非不熱切肯定,不單只肯定,甚至於到崇拜的地步,故有主張全盤西化,打倒孔家店之說;但何以經過近百年的「以崇拜的心理學習西方文化」而民主與科學在中國還不能真正生根?尤其是民主政治,是有具體的制度可以模仿學習的,但是何以總學習不來。此何以故?唐先生說:

> 吾所見者是:中國文化精神確有其永久不磨之價值。然其發展至今,與西方文化對照而論,亦確顯出其有種種缺點。中國近百年對西方文化中科學民主自由精神之接受與攝收,亦為一不自覺的擇善而從之理性所支配。唯中國近百年來,人接受西方文化之意識態度,恆出於一欲望之動機,而顯一卑屈羨慕之態度。同時西方文化之長,又常不能真正皆為中國人所傾心接受。人恆一方以為要接受西方文化之科學與民主自由等精神,必須打倒否定傳統文化;然又終為傳統文化之精神所牽掛。於是今之中國文化思潮,乃陷於種種矛盾,而無出路。[4]

唐先生此段文指出了兩點,一是中國近百年知識份子之提倡學習西方文化,

---

[4] 唐君毅:《中國文化之精神價值》(臺北:正中書局,1984 年 11 月初版 5 刷),頁 475。唐先生此書初版於民國 41 年,在民國 67(1978)年初出修訂版。下文引此書只標頁碼。

是出於欲望的動機、卑屈羨慕的態度,而以這種動機與態度,來學習吸收西方文化學術,是一定不能深入全盡的。第二,國人雖有認為吸收西方文化要打倒、否定中國文化,但其實又為中國傳統文化精神所牽掛,此意是說依傳統中國文化精神,對現今要學的西方文化,其實真心並非看得起,由此而造成了心理上的矛盾。

以下唐先生即展開對此二義之說明:

> 然吾人今日目睹中國國運之顛連,身經數十年之變亂,吾人亦不能不深自反省,中國文化缺點,畢竟在何處。當鴉片戰爭之起,吾人以為中國文化缺點,只在無堅甲利兵,少富強之術者;俄而以為在政治法制矣,俄而以為在教育學術文化缺乏科學精神,民主自由精神矣。俄而欲打倒孔家店非孝矣。至今,而以俄為師之馬列主義者,以為整個中國社會、中國歷史文化與其所形成之民族性,若皆為罪惡,而欲徹底翻天覆地,加以改造矣。……吾於是發現中國文化無錮蔽之宗教信仰與狹隘之國家民族觀念,中國傳統仁者無敵對之精神,求充心靈之所涵蓋之量,而虛懷以致廣大之精神等,藏於中國人心者,正為西方文化輸入中國,更無阻攔之真因。吾人誠虛懷以觀西方文化中,致富強之物質文明、科學及民主政治,與西方之宗教,吾人亦不能不肯定其有一種價值,而又為百年前中國之所缺。(頁481-483)

此處說明了近代主張吸收西方文化者雖多否定固有之傳統文化,而其實中國人所以能對西方文化致其傾慕,而對西方文化輸入無多大阻攔,是由於中國文化中優良之文化精神(無錮蔽之宗教信仰等等)為其支持。此處唐先生表現了「辯證性」的思考,及一般以為要否定固有之傳統文化,才可以吸收西方文化,其實若無傳統文化精神作根據,吸收西方文化之長是不能成功的。唐先生續言:

> 顧中國近百年來之人,對於西方文化價值之肯定,實太偏於專從功利

觀點著眼。太平天國之崇上帝，乃洪、楊藉著宗教以排滿與為王。曾、左、李、胡，講富強之術，則由感西方之堅甲利兵，將威脅吾民族之生存。故此時人之虛心學聲光化電等格致之學，實與一畏怖、並求利用夷人之術以制夷之心相夾雜。而清末倡法制政治之改革，以建立民主國家之運動，又起於推翻滿清之民族意識。民國之成立，乃藉民主之要求，以達民族之獨立。故民國以前，人倡科學與民主，尚非真正正面承擔、肯定西方之科學與民主之精神。民國以後新文化運動時，陳獨秀提倡科學與民主，初仍是以為捨此不能致富強，此可於其《新青年》早期文章見之。而中國儒家之理想，又不以富強為最高義。故清末梁任公、康有為之提倡富強，即只得援墨家功利之教以入儒。陳獨秀倡富強之道，而尊科學與民主時，即同時非孔。至新文化運動時，陳獨秀、胡適之等，倡科學與民主，已不復純視為富強之手段，而漸肯定科學精神，民主自由精神本身之文化價值。由科學、民主、自由精神，而從事批判、懷疑傳統文化，並尊重個性，而求解放婦女與兒童，尊勞工，革文學，亦未嘗不顯露一社會活氣。然胡適之所倡實驗主義之哲學，亦不免使人看一切學術文化價值，偏自效用上看。中國一般人民最急切問題，亦仍為軍閥之壓迫，與帝國主義、資本主義之侵略與威脅。國民黨以代表此人民之要求而建立國民政府，然三民主義對於科學看法，仍偏重其實用價值。訓政廿年，人民民主精神，亦未真伸展。至共黨起，其辯證法、唯物論、唯物史觀，又以一切科學，為解決人之實踐生活需要而有。而其政治實驗，亦固非如西方民主自由主義之尊重個人，而純為尊重集體之組織，與組織之領袖者。（頁 483-484）

由唐先生以上之縷述，可見近百年來之倡吸收西方文化之長者，都是出於一種功利性的想法，將西方文化，視為解救一時困難之工具、手段，不能正視民主與科學本身之意義與價值。而以這種態度來學習、吸收西方文化，是不能深入而全盡的。失掉自己文化的根本，超越的精神，對西方文化的吸收就

不能深入而全盡。此從佛教之輸入中國，由於中國人對佛學有真正的宗教性的嚮往與熱情，所以能使佛教成為中國文化重要的組成部分，也開創出中國的大乘佛學，就可以知道對外來文化的吸收不能離開本有的精神基礎，及對傳入者本身之價值之正視。

> 由此以觀，則中國近百年之接受西方文化，固可謂極其虛心。然因始終不免主要由功利之動機出發，而未能真正直接肯定西方科學、民主、自由、宗教之本身之價值，正面承擔西方科學、民主、自由，或宗教之精神。人恆只自功利之動機出發，而只想利用科學與民主，以為達實際民族國家之富強、政治之穩定、政權之維持等目標之工具，故科學與自由民主，在此只成為一欲望之對象。而凡吾人對於一欲望之對象，吾人皆是在動欲望時，自處於一卑下而向外攀取之態度。……凡以卑屈羨慕之態度學習他人之文化精神，皆不能真曲盡其誠。因而內心對之，恆缺真正親切感。（頁484-485）

唐先生對近百年提倡學習西方文化之知識份子之心理，分析十分深入；依唐先生，中國近世知識份子之學習、吸收西方文化，由於心理動機之不純粹，故效果未如理想。除了引文中所表述的知識份子以西方文化為欲望之對象，為了功利性之一時之需要而學，以致不能全盡西方文化之底蘊之義外，也表現了上文所認的「辯證性」之思考。即希望以西方文化、民主、科學以救亡圖存者，卻不能真正吸收西方文化，即若利用西方文化，而西方文化並不為你所用。何以不能以功利之動機來學習西方文化、學術？唐先生說：

> 又以中國文化傳統精神之異於西方，吾人尚可發見，中國數十年知識份子之深心，對科學與民主自由，亦實未能以不容已之真心愛好之、尊敬之，以至吾人常可說其在內心深處，常潛存一加以輕鄙之心理。吾人試觀彼西方十七、八世紀科學家、民主自由運動之思想家，對於科學與民主自由之政治社會，蓋皆有極端之愛好尊崇，而以一極度熱

忱提倡之。然而中國人則不能。何以不能，此實因中西文化學術思想之傳統不同。蓋西方自希臘即尚智，尚客觀概念式的思維，如辟薩各拉斯、柏拉圖，皆肯定一超越的數理世界，中世紀基督教重上帝之全知，亦因尚智而來。故近代科學家初起時，如牛頓、蓋律雷、凱蒲勒，皆自覺為一了解「上帝之所知」之自然秘密而生之偉大要求所鼓舞。近代作民主自由運動之思想家，亦依於天賦人權、個人權利之獨立性，與個人人格之絕對的尊嚴，及由基督教所傳下，人類始祖亞當之異於他物，即在有「自由意志」觀念，以鼓吹民主自由之神聖。故民主自由之精神，乃與其一套社會文化相配合。此即西洋近代科學文化，與民主自由之政治社會運動，皆有一段真生命、真精神加以推進之故。（頁 485-486）

固然西方文化傳統是「尚智」的，而與中國文化傳統之為「重德」不同，但從唐先生此處所論，西方文化尚智之精神，其所表現的亦是一種向上的、求超越的精神，而這種向上的、求超越的精神，亦是「道德精神」。唐先生在此處並無明言此意。在《文化意識與道德理性》中，則明白表示此意。[5]如果研究科學、實現民主政治之精神，與道德精神是一根而發的，則要學習、吸收科學與民主，而卻否認傳統的中國文化，便是注定要失敗的。即中國傳統文化固然是尚德，而與西方文化之尚智不同，但二者其實是同根而發者，而亦表現了向上、求超越的精神，今欲吸收西方文化，而卻否定中國之尚德之精神，則中國人賴以維持其精神之超越、向上的憑藉，便沒有了。故以現實的功利動機，以學習西方文化、民主科學，與西方文化所以能產生科學與民主之精神並不相應，由是吾人便可了解，何以如此強調學習西方文化，尤其是民主與科學之近百年中國知識份子之努力，卻不能成功之故；於是唐先

---

[5] 在《文化意識與道德理性》（臺北：臺灣學生書局，1986 年 4 月），〈自序〉（二），唐先生說：「人類一切文化活動，均統屬於一道德自我或精神自我、超越自我。而為其分殊之表現。……一切文化活動所以能在此，皆依一道德自我，為之支持。」

生所言「返本開新」之意，便很明白了。

唐先生下面的文字可以作為他所謂的返本開新之意之總括：

> 吾人所謂反自中國文化精神之本原上立根基，以接受西方文化，即吾人必須先肯定中國文化之一切價值，如本書前所指陳。中國文化之高明、敦厚、廣大、寬平之精神之表現於中國之文化歷史者，吾人尤必須先肯定其價值。在評判中西文化之長短時，吾人之標準，亦不能離中國思想之根本信念。此根本信念，即人確有異於禽獸之心性，人之一切文化道德之活動，皆所以盡心盡性，而完成人之人格。此即謂一切文化，皆由於人之人格精神而有，最後亦為人之人格精神之成就而有。一切文化道德之價值，最後必然為內在於人之精神之體驗者。吾人之肯定一種文化活動之價值，最重要者，唯在其對人精神直接顯示之本身價值，而不在其工具價值、功利價值。吾人從事一文化活動，最初唯當問應當與否？於吾人精神人格之完成，有價值與否？而不應問利不利？吾人必須以義為利，而不能以利為利。吾人此處必須嚴守中國傳統文化精神重人禽之辨、義利之辨之立場，以應用之於文化之抉擇。由此，而數十年來，凡自功利主義、唯物主義，及泯人禽之辨之一切自然主義之思想，吾人皆須從根加以簡別。而凡只說文化之接受改革、創造，是單純為人之欲望之滿足，為人類生物之進化，為上帝之光榮，以至為社會幸福之增加，或國家之富強，或建立未來世界之人類天堂，民族生命之延續；而最後不歸宗於人之盡心盡性，以完成其自己或他人之人格精神，使此一切對人格精神直接表現價值者，皆如佛家所謂不了義。如視為真理，而以人格精神本身，為達此諸目的之手段，則成大錯誤之曲說。唯謂吾人之人格精神中，當包含此諸目的，以宏吾人心量與德性，則此諸說，乃可方便說。（頁491-492）

首先必需肯定中國文化本身有其價值，如是就不會以一種羨慕，自以為卑

劣、低等的心情來學習西方文化，人能肯定其自己有其俯仰而無愧的精神氣概，才能正常的學習外來的思想文化，如果以自卑自賤、畏怖顫慄的心情來學，學習效果當然不好。另外，唐先生認為中國文化的根本義是「義利之辨」與「人禽之辨」，而由此成就自己及他人之人格。而此人格之完成，是中國文化精神之落實、歸結處。從義利之辨人才能培養無條件而為善的心情，而具有這種無條件為善的心情才會對本身有價值的學術文化承認其有真值得我們學習之處，而不是以一種功利的心情來對待，即並不以一種視西方的學術文化為工具、手段而學習之。如果視西方文化為工具或手段，則只為了解決一時的需要與困難來學習與吸收，必不能夠全盡西方文化的底蘊。唐先生此意表達了無條件為善的德行精神，不只是讓人能挺立其自己，擺脫自然生命的牽拖與限制，而表現真正的自由之人的尊嚴；而且也能真正視有價值的學術文化本身便有其獨立的價值，不能視為工具或手段，而此一精神也是虛心學習、全盡此學術文化的內容的必要條件。即此德性的人格精神雖然不能直接產生科學與民主，但可以是虛心的學習科學與民主的活動，所依據之理的根據，這也可以說是只有挺立自己才能學習他人。當然，順唐先生此意，佛道的思想也可以培養此種虛心的學習精神，只是作用不同。儒家義利之辨的精神，可以挺立人的精神氣慨，自足而無待於外。道家主張的無為而無不為的玄理，讓人在無心於為的情況下，自然成就有價值的東西。佛教的般若學讓人在無所得的心情下成就一切法，都可以讓人超越現實的功利計較的心情。此一心情的培養應該如唐先生所說的，能正視西方學術文化之價值，如此方能有開新的可能。

　　總上所說，唐先生認為由於從清末到現在的知識分子之學習西方文化、政治與科學，總是以一種功利性的要求來做學習研究。即是說把西方學術文化，當作為解決中國的困境的工具或手段來學習。故有所謂「師夷之長以制夷」，重視船堅炮利的效用，而未能深切了解科學的研究內容與其精神。對於西方政治制度，三權分立的架構與原理，並不能仔細用心。往往學到徒有皮毛，而難得其實質精神。雖然表面尊重三權分立的形式，但實際的運作不能擺脫人情的拖沓。唐先生認為只有正視西方文化學問本身的價值，不把這

些學問研究當作工具,才可以深入了解,這些學問本身的內容;有「為學問而學問」的精神,才能深切了解,並承之往前進,才會讓學問的研究持續不斷。中國文化固然有其悠久的歷史與成就,但在學習西方文化學術的近百年的表現來看,未免太重實用、功利。此處必須要返本,唐先生所謂的返本是要回到儒家學問的根本宗旨上,此根本的宗旨,可以以孟子所謂的「義利之辨」與「人禽之辨」來規定。通過「義利之辨」,人可以培養出無條件而為善的精神;通過「人禽之辨」,可以使人提振他的生命不受自然慾望、感性本能所控制。而此兩點,不只是挺立人格,實現人的道德精神的方法,也是能夠真正吸收西方優良學術文化的基本條件。由無條件的為善,才能正視西方學術文化有其本身的價值,而不會把學術文化當作工具與手段來學習。如是這種學習,才能深切而悠久。通過「人禽之辨」培養人的不斷追求理想的精神,隨時注意自然的現實生命往下墮的力量,提撕而振拔自己的生命,這種理想生命的維持,對於民主法治的開出,是十分重要的。法治是一種尊重法理、重形式的要求,而不是順著人的自然慾望,而往下流動的生命可以達到的。

　　唐先生此說,並不是認為儒家的重德精神可以直接產生民主與法治的制度,及研究科學的活動,而是說道德精神所給出的無條件為善,不斷超越現實的自我的要求,是深入研究學問必須具備的人格精神。我覺得此一說法是很有道理的。故儒家的重德精神,其作用不只是道德人格的挺立而已,人能挺立其生命精神,擺脫現實功利的考慮,才能發現或正視西方學術文化本身的價值,才可以為此而付出長久的努力。此是說要以挺立自己道德人格的精神,來做為學習科學與民主的基本,只有人能無條件的為善,挺立其自己才能支持,做無條件的、非功利性的學習與吸收。這種通過無私的心情,才能真正吸收外來文化的長處的情況,在漢魏時,中國人吸收佛教處,表達的很清楚。當時對佛學的消化吸收,是出於一種真誠的求道的心情,要解決根本性的人生問題而學佛,不只是為了一時之需要而做功利性的追求。求實用的功利的精神,往往令人淺嘗輒止。唐先生此一返本的想法,甚為特別,此說可以使立人道的德行精神,與虛心客觀的研究,吸收外來的文化思想相連

結。此一說法與牟先生的良知自我坎陷說法,有點不同。依牟先生,民主的架構與科學的研究,都是純智的思辨的活動成果,對於傳統的重德的精神,是從「與物無對」的境界,轉而為「與物有對」,從「隸屬之局」轉為「對列之局」。

四、唐先生對於中國文化之短處的省察

唐先生雖然肯定中國文化有其永恆的價值,而且在理境上比西方文化精神為高,但也認為中國文化有其短處,而西方文化的確也有值得借鏡之處,但他不認為中西文化精神有其衝突,只是中國文化要有其進一步的發展,將西方文化的長處容納其中,唐先生說:

> 吾人如先肯定中國文化精神之價值,並依人禽義利之辨以立根。吾人將不諱言中國文化之短,以至強調吾人之短,以便改過。吾人今將先以一譬喻之詞開端:吾之寫此書,心中恆有一直覺的意像,常昭臨於吾之心目。即中國文化之高明面,吾嘗覺其如天之覆,而其敦厚篤實面,覺其如地之厚,而其廣大一面,則覺其如地面之寬。整個中國文化精神,遂宛然覆天蓋地,人之精神可直上直下於其間,又可並行不悖,如川之流。然當吾將此中國文化之直覺意像,與吾之理想的人類社會文化之一直覺的意像相較時,則覺中國文化覆天蓋地之景像下,如少一由地達天之金字塔。諸個人精神並行如川流,若不見橫貫諸川流之鐵路,以經緯人與人之精神,成無數之十字架。更不見個人之能負此十字架,以攀彼金字塔而上升,使每個人之精神,皆通過此十字架之四端,以四面放射其光輝,與他人之光輝,連成無數並行交光之組織,而聚於金字塔之頂。因此天地間,若缺此金字塔與十字架。故中國文化精神,雖如天之高明,如地之篤厚,如地面之廣大悠遠,然數千年文化之發展,遠望而天如日與地連,如向一平面沉墜;人之精神,如百川並流,泉源混混,而無火車馳走於諸川之上,乃日見天地

之岑寂;人無十字架可負,使精神四達並流,精神誠不免收斂而入睡,則人之頂天立地,漸如一傘之矗立,而未撐開。此文化之缺點,在古有封建門第制度之時,及漢唐文化之盛世,尚不著,愈至近世而愈顯。吾於是知中國文化當有一發展,以撐開此傘,此當賴於接受西方文化之長也。(頁492-493)

唐先生認為中國文化的精神,如覆天蓋地,誠然是很偉大的,但似乎欠缺了讓這種精神充分架開的結構,如果沒有這種架構,中華文化的圓神境界會萎縮而成為一個點。而這一種撐開的架構好比是如傘之撐張,又如在覆天蓋地中,有金字塔與十字架作為支撐,金字塔的譬喻是讓庸眾有一從下而上的階梯,十字架的譬喻是讓各種的文化活動能組織為一整體,這兩個譬喻十分傳神,金字塔的底部比較寬廣,越往上越尖狹,好比是讓多數人努力做精神上的提升,而十字架有縱有橫,好比是連結各種文化活動的網絡,這不同於基督教所用的十字架的譬喻。

說完了此直覺的意像,唐先生後文提出「圓而神」與「方以智」兩名詞,來說明中國文化的創造:

吾之此譬喻,乃意謂中國文化之精神,在度量上、德量上,乃已足夠,無足以過之者,因其為天地之量故也。然文理上,確有所不足。亦可謂高明之智,與博大之仁及篤實之信,皆足,而禮義不足。因而必須在內容中充實。度量上、德量上之足夠,多只見精神之圓而神。圓而神者,宜充實之以方以智,此方以智非智慧之智,乃理智之智。如圓中無方形加以支撐,則圓必有縮小而趨於一點之勢。吾意謂:毀中國文化之圓為方,再為線,而孤線單持,乃中國數十年中,功利主義者、科學至上論者、單純的民主自由歌頌者、共產主義者之所為。此固不可。然徒圓而無方、神而無智,以支撐之,則神之卷而無迹,其有與無,未可定也。故吾人今日必納方於圓,以撐開此圓。或由中國文化精神之圓中,化出方來,如河圖之轉為洛書。古中國人格形態

中，有方正一型。此方正型人格，即由圓滿之性情，四面平施以開出。吾人今日所須者，則不特是過去之方正型之人格。過去方正型之人格，恆為個人道德的，吾今所謂方正型之人格精神，則是兼通於方正型之社會文化精神的。一切社會文化精神，雖最後亦是為個人之人格完成而有，然亦有自為超個人以上之實在之意義。又吾所謂納方於圓之人格精神、文化精神，必須為依一十字架以開出之方。所謂依十字架以開出之方，即人之精神，依分殊理想，向上向外四面照射，而客觀化以成就之科學知識、工業機械文明、生產技術，及各種客觀社會文化領域分途發展，與社團組織、國家法律，以真實建立一多方面表現客觀精神之人文世界。至於民主自由之精神，則所以為此中「個人之精神，與客觀精神之交通孔道」之一客觀精神。而其他純粹文化，如文學、藝術、哲學、宗教等，則為此客觀精神之文理結構之頂，又為人之主觀精神之自由表現之所，以通接於宇宙之絕對精神者。而此一切，又皆當仍覆載於中國傳統人格精神之高明敦厚之德量度量中，而為此人格精神之表現，亦為此人格精神之內容，用以充實陶養此人格精神生命者。此即吾所想望之中國文化之前途。（頁494-495）

唐先生用《易傳》圓而神、方以智之二名，說明圓而神的中國傳統文化之精神，必須納入方以智的架構，而此所謂方以智是藉人類文化的種種活動，分殊地撐開天人合一或天人相通的理境。個人固然可以反求諸己、盡心盡性地將天地的精神通過自己的主體自覺努力實現出來，但其實人類種種分殊的文化活動，如倫理道德、藝術文學、政治法律、科學研究、工商貿易、宗教信仰等，都是有道德理性作為根據，而表現在人生活動上的特殊事業，都需要肯定，而各種活動所根據的理性，雖然是一，但在各種活動上所根據與所表現的理是有不同的，這裡可以用「理一分殊」來說明。分殊如果不以理一為根據，則分殊的活動未必有其恆久的價值，只有理一而無分殊，則理的意義就不能充分展開。中國文化表現了圓而神的智慧，當然也發展出種種人文教

化的活動，所謂「禮儀三百，威儀三千」，但比較而言，分解而撐開道德理性的意義與內容，卻是不夠的。唐先生進一步有如下的討論：

> 吾意孔孟之功，在於見天命於人性，繼天體仁而立天道於人道，亦可謂之立太極於人極。而宋明儒學之復興，在由人性人道以立天道，可謂之由人極，以立太極。然中國文化中，尚有皇極之觀念。太極為絕對精神，人極為人格之主觀精神，皇極為客觀精神（此三精神之意，與黑格爾所言不必同）。中國過去所謂立皇極，表面上似限於政治。然皇者大義，故吾今將立皇極之義，擴而大之，而以多方面表現客觀精神之人文世界之真實建立，或社會人文世界之充量發展，為立皇極。皇極之立，依於人格之主觀精神，亦歸宿於人格之主觀精神。皇極、人極、太極三者皆立，然後中國文化精神之發展，乃百備至盛而無憾。此則中國民族將憑其以往之盛德，所當從事之大業，而將可與世界文化前途，相配合者。吾人將於下文，再次第論中國文化精神之缺點，及其理當發展出立皇極之精神之故。（頁495-496）

此是用「太極」、「人極」、「皇極」三詞以表意，皇極不只用於政治活動上，而為所有根於人性，由人類的理性精神所表現出來的種種具有客觀性、普遍性，甚至超越性的人文活動的總體之真實建立，故唐先生所謂的中國文化的創造，可以說是立「皇極」以撐起人極與太極之意。後文唐先生又用「自覺的求實現」與「自覺的求表現」來區分中西文化的精神，認為中國的自覺的求實現的精神，必須加上西方的自覺的求表現的精神：

> 吾人回顧中國文化數千年之發展，吾人在此章將先姑用二名詞，論中西文化精神重點之不同。即中國文化根本精神，為自覺地求實現的，而非自覺地求表現的。西方文化根本精神，則為能自覺地求表現的，而未能真成為自覺地求實現的。此處所謂自覺地求實現（此二名在此三章有特殊義，不必可移用本書他處），即精神理想，先全自覺為內

在，而自覺的依精神之主宰自然生命力，以實現之於現實生活各方面，以成文化，並轉而直接以文化滋養吾人之精神生命、自然生命。而此所謂自覺地〔求〕表現的，即精神先冒出一超越的理想，以為精神之表現，再另表現一企慕追求理想，求有所貢獻於理想之精神活動，以將自己之自然生命力，耗竭於此精神理想前，以成就一精神之光榮，與客觀人文世界之展開，而不直接以文化滋養吾人之精神生命、自然生命。中國文化精神為前者，西洋文化精神為後者，而此亦即中國文化能悠久，西方文化無論希臘、羅馬，皆一時極顯精彩，復一逝不回，唯存於「上帝之永恆的觀照」（藉黑格爾《歷史哲學》意）下之故。吾以為西方文化欲求悠久，必學中國文化此精神。而中國文化欲求充實，則必須由其原來重「自覺地重實現」精神中，開出一「自覺地求重表現」之精神。（頁 496-497）

唐先生此一區分相當有名，說中國文化是自覺的求實現，固然比求表現的西方文化之境界為高，但自覺的求表現的精神也非常可貴。而且從對中國文化的省察的角度看來，自覺的求表現的精神，是中國文化必須要發展出來的，如果不能發展此一精神，中國文化的毛病就不能被克服。所謂中國文化的毛病，除了上文所說的之外，唐先生又有很深微的省察：

自覺地重實現之精神，乃先有一具足文化理想全體之心性在上，並視人文世界一切，唯是此心性之實現或流露，同時為此心性所包覆涵蓋。故恆不偏執任何文化理想，以推類至盡。凡偏執一理想，至妨礙心性中其他真情或理想，而心有所不安不忍處，即須折回，而變通其理想。此中恆有一樞極在心，以運轉理想之形態而不窮，使吾人生命精神之自身，得悠久而無疆。此即吾人上之所謂中國文化之圓而神之精神，與高明智慧之所依。此乃中國文化精神之好的方面。然吾人復須了解，中國人精神之不偏執理想，亦可常由吾人自然生命之墮性，與自然生存欲望之牽掛，而不能真盡忠於當下本當為之一理想。則此

時所謂不偏執理想,而善於變通之神,即成為通脫圓滑。而人之精神,此時便非繞心性之樞極而開闢,以進於高明,乃是緣一心之靈活之虛用,而螺旋下降,以沉陷於自然生命之墮性。於是一切所謂高明之智慧,博雅之學識,儀態萬方之禮節,皆成為虛偽,成助人墮落之裝飾。人之精神到此,亦即極善於作偽。此即成為中國傳統知識分子之大病痛。此種病痛,恆在心髓入微處,人常苦於不自知。中國道家思想之重通達,佛家思想之重不執,皆可增益此病痛。中國社會,較西方尤多偽君子,與言偽而辯之小人,及苟生苟存之庸眾,吾人皆不能不深察其故。(頁497-498)

此段唐先生之言,真是痛切言之,可以說這是在中國文化涵養中容易表現出來的生命毛病。一般犯此毛病者常不能自覺,不只不能自覺其病,反而以自己能圓滑通脫而自詡,其實這是深入骨髓之病。除了唐先生所說的中國社會多偽君子的情況外,法治的精神在中國社會不能樹立,也可以從其中看出問題所在。現在臺灣的政局所以擾攘,不正是法治與人情不能分開處理嗎?法治的精神其實與克己復禮,求超越自己的自然感性的欲望是相似的,如無超越的向上的精神作根據,法治的精神不能建立,而只講人情事理,不能把理想與感性欲望拉開距離,法治的社會終究只是可望而不可即的理想而已。唐先生續言:

吾人承認中國儒家之教化,乃處處要提起人之精神以上達者。吾人尤佩敬宋明理學家教人在心髓入微處,去偽存誠,去巧存拙之工夫。然宋明理學家之工夫,只能各人自己用,他人如不用,則無奈之何者。而所謂禮樂教化,又可成為虛偽之文飾。此種精神之墮落,又可不表現於社會法紀之違反,遂非刑政之所得而施。故中國之文化,對人之人格之成就上,恆使聖賢自聖賢,而小人自小人。庸眾如不讀書,未受聖賢之教,則除為安分守己之良民,或和宗族、睦鄉黨外,則缺乏逐步提升其人格、逐步充實其文化生活之客觀道路可遵循。聖賢與小

人庸眾，乃恆成兩概。小人只為聖賢所惡之對象，而庸眾則為聖君賢相所安撫涵育懷柔之人民。聖賢不出，則小人用聖賢之禮樂文化以自飾，而恣其依自然生命生起之貨財權力之慾，而庸眾亦順其自然生命欲望，以相呼嘯，而天下即大亂。再由諸英雄之權力欲、才能，與群眾自然生命力之相較量、相否定，而漸歸於統一。此即成中國一治一亂之常軌。當天下大亂時，有道有德之人，恆站在一旁，俟天下定，而再以禮樂教化安天下。由是可知中國文化，在中間一段，終少了一截。此所少之一截，即可謂由於中國聖賢之道，只有一自上而下自覺地重實現的精神，而缺乏一如何使凡人之精神，以次第上升之客觀路道。此客觀路道，吾意即指「內心理想之分別客觀化而超越化，以成一超越而客觀之理想；及自覺地使此理想，表現為客觀存在的社會文化諸領域、各種社團之組織、科學知識、生產技術、工業機械文明、國家法律，及民主自由與宗教精神等」。（頁 498-499）

按：唐先生此段，即明白表示要克服傳統中國文化精神的短處，必須在圓而神外，補充以方以智；在自覺地求實現外，須轉出自覺地求表現的精神。

五、小結

先給出簡單的結語：
（一）唐先生對從清末迄今國人對民主科學的學習與吸收之不如理想，給出了深刻的說明，很有說服力，為開新何以要反本給出了有力的論證，其分析也十分深微。而「反本開新」之意，是肯定中國文化天人合一、義利之辨、人禽之辨等學說，有其不可磨滅之價值，由於失此本原，近世中國知識份子吸收西學，恆出於現實功利之動機，以西方文化、民主科學為欲望之對象，以致吸收未能深入與全盡。而西方的科學研究、自由民主的政治制度是有求超越，求實現真理的精神作支持的；而如果中國人仍能重新肯定固有的中國文化精神，由人禽之辨、義利之辨以挺立人之道德主體，表現無條件為

善的道德精神，就可以與西方科學與民主的精神相應，由此就可以使重德的中國文化傳統精神轉出尚智的西方式的文化精神。

（二）中西文化精神的不同，是「圓而神」與「方以智」的不同，又是「自覺的求實現」與「自覺的求表現」的不同，唐先生用此兩對的詞語對中西文化的不同給出了清楚的說明，而從圓而神納入方以智，由自覺的求實現開出自覺的求表現，可以成就中國文化精神的發展，也同時表現了比西方文化更為全備的型態。

（三）唐先生此說對於「尚德」與「尚智」兩種精神並不做兩重層次的不同劃分，雖然是有發展或有轉型，但並非由一種理性精神轉為另外一種理性精神，「圓而神」與「方以智」或「自覺的求實現」與「自覺的求表現」是同一理性的發展，此與牟先生所說的自我坎陷說並不相同，牟先生之說比較能區分德性精神與認知活動的不同，但唐先生之說也有其長處，二先生之說亦可相通。此點可以繼續討論。

六、進一步討論：新內聖開出新外王

順著上文所引唐先生文獻表達的意思，我想給出一些個人的體會與看法，這是有關於近來對於內聖成德之教必須運用思辨精神的看法，即我認為必須用思辨於實踐，才可以真正成德。

唐先生所認為的中國文化的創造，與牟先生所說的重德的中國文化必須轉出純智的思辨精神，如此才能真正產生相應於民主與科學的精神，是相類似的見解，當然，牟先生主張從良知的自我坎陷，才可以轉出純智的思辨，而唐先生則認為道德心的盡心盡性的要求，必須從圓而神表現為方以智，與牟先生的說法相似而又不同，充量展開道德精神於政治、宗教、藝術、文學、科技、商業等活動中，或表現在社會個群體的組織與人的社會生活中，雖然表現出與道德上的最終嚮往的圓而神境界不同，但可以是最高境界與一般人生活的距離間的連接，這連接好比是天地之間的金字塔與十字架，這種連接上下的架構，可以讓圓而神的精神立體撐開，這不必表現為與道德精神

截然不同的另一種精神，而是對道德精神或道德義務意識中本有的原則作概念式的思考。而讓這種精神表現在人生活動的各方面，成為各種人文的活動。故唐先生在《文化意識與道德理性》中，認為各種文化活動都以道德意識或道德精神為根基。依道德意識，將其中的道德原則充量展開，而表現為人文化成的種種活動，不能只是個人修德而成聖的活動而已，必須有依原則而思考，或概念式的思考，才可達成。但這種思考方式，可以是順著道德意識或義務意識中本有的道德之理，而作進一步地抽象思考，並非放棄了其中的成己成物的道德要求，而只作智性的思辨。或可這樣表示，把本有的對道德的了解中的道德法則抽出，固然是純智的思辨，但道德的原則之意義，是沒有改變的，這是用思辨於道德之理。這樣做可以把道德法則的涵義，清楚地展示出來。我近年對朱子學的了解，是認為朱子的格物窮理工夫，是就對道德法則的本知，進一步作充分地了解。如程伊川所說「常知」需要進至「真知」，常知與真知都就對道德法則的瞭解來說，即伊川（朱子亦然）認為，人對何謂道德或義務是本有了解的，只是如果不達到真知般的了解，則人就不必能真正給出按道德法則而行的行動。此對道德的本有了解，與進至真知，可以與康德所說的，人對道德的一般理性的理解，須進至哲學的理性的理解之義相應。[6]一般人對何謂道德或義務的理解，本來就是正確的。即一般理解的所謂道德，也就是如同孟子所說的義利之辨意義下的道德。即道德行為一定是不為其他，只是為義務而義務給出的行動。這一對道德的理解是出於理性的，並非由經驗所提供。而對於此一理性的理解中的道德，必須抽象出來，正視道德的原則中的涵義，明白其先驗性與由先驗而來的普遍性與必然性。這就是對道德作哲學的理性的了解。我認為康德這一哲學的理解的說法，便是用哲學式的思辨來釐清在實踐中為一般人所掌握的道德法則的意義，而這一作法是很必要的。如果欠缺這一步的工夫，則人的實踐所根據的標準與原則，便會因為感性欲望的干擾而被弄得不清楚，在這種情況下，道德便難免於墮落與敗壞。故就道德實踐而言，哲學的思辨的運用，也是不

---

[6] 見康德《道德底形上學的基本原則》第一章。

可少的。如果此說可通，則在道德實踐的領域，或在人要求自己修己成聖的要求下，即在內聖的要求下，概念式的或依原則來思考的純智的思辨，也是不可少的。於是，在內聖學的領域中，或成德的工夫理論中，哲學的思辨為不可少。如果正視此義，則人如果真正要成德，純智的思辨或哲學的思辨，便不可缺。於是，在實踐領域中的理性的運用，也需要理性的理論作用或思辨的作用來支持。是故依康德，理性的理論應用與實踐的應用雖然不同，但其實是同一種理性的不同應用，二者雖然表現出不同的作用，但其實是可以相通或相應的。由是，吾人可以推出一義，固然民主政治的基本原則是制衡的原則，相應於此制衡原則而構造出來的分權（三權分立）的制度，才可以制衡當權者，使其不濫權，又不會使國家元首不能實施其權力，此中，概念式的思考或按原則來思考、行事，是遵守此政治制度的必須，假如沒有這種訓練，人不可能按原則與制度來行事，或讓法來統治，而个是使法成為我的統治工具。這種思考其實在道德實踐上也可以培養，如上文所說，從一般的對道德的理性的瞭解，需要進到哲學的、理性的了解。如果在實踐上必須要進此一步，則成德之教，就可以含有民主政治所需的按制衡原則、民主政治制度而運作的純智思辨的精神。

雖然一般人也有對道德的了解，而且是正確的，但因為不能把道德原則與他現實的生命生活分離出來，而加以正視，則一般的了解是不能讓人貫徹原則的要求，而無例外地給出道德的行動。人或偶爾給出道德的行動，而不能持久。在中國重德的文化傳統底下，一般人或百姓都大體表現出合乎道德的生活，但並不能真正下工夫，以嚴格地遵守道德法則來行動。於是，精神不能真正上達而成聖賢。如船山所說，「愚夫愚婦，是至愚而至神。」即都知何謂德，但都精神上不能上達。船山又說，「庶民者，流俗也；流俗者，禽獸也」，船山之言雖然太嚴，但也很有道理。人雖然知德，但沒有真切的反省，沒有嚴格地遵守道德法則來行動，則生活一定只追求形氣之私的滿足。而真正知德的聖賢君子，當然通過了真切的道德實踐與嚴格的自我省察，於是建立了自己的自作主宰的精神與道德人格，也通過講學而希望把此學普及大眾；但以往對成德之教的講論，純智的思辨恐怕是不夠的。於是，

成德之教也缺乏了一個可讓尋常百姓下學而上達的架構或階梯，也不能通過講論成德之教，而培養概念式的或按原則來思考的方式。此意似乎可以說明唐先生前文所說的，在中國的社會中，具有高尚道德人格的聖賢與一般的庸眾是不能有中間的連接的，在傳統文化所重視的德性人格精神的價值固然為一般所嚮往，一般人的生活也可以表現寬平博厚悠久的精神態度，但庸眾一般是知其然而不知其所以然，即不能成德。於是百姓就不能興發精神，自作主宰，而有自覺的道德承擔精神的知識份子乃至及聖賢，負擔便過重。他們以聖賢人格要求國君，而又為減緩民間疾苦而奮鬥，有權者因為是在權力上的無限者（沒有敵體），容易濫權，而百姓各個都是義皇上人，不負責任，故中國歷史循環於一治一亂，而不能有制度上的突破以解決這一循環，這固然是純智的思辨不能開出的緣故，也是不能用思辨於道德實踐，使道德實踐雖有極高明者，但無關於庸眾。如果可以在人人都能了解的道德義務意識中，把其中的道德法則抽象出來作哲學的思辨，對何謂道德原則作出概念式的思考與掌握，即將在義利之辨中所透露出來的，人人多少有了解的道德法則的意義，道德價值的莊嚴與道德人格的自足而無求於外等，充分用學理、概念展示出來，則既可以擋住自己因隨順感性欲望的要求而產生的自然的辨證，以避免道德的墮落，也可以在這個領域上不斷鍛鍊純智的思辨，則從這個實踐領域上進一步了解各種人生文化活動的理據以及價值所在，而撐開各種人生文化的活動，於是在天地精神中表現了天與地間的連接與充實，應該是可以實現的。即我們可以在人人都有所了解的何謂道德、何謂義務的意識中，培養純智的思辨，這種培養或抽象的思考，如果是成德之教所必要的，則此一意義的成德理論與實踐的工夫可說是新內聖，而新內聖就可以作為開新外王的根據或基礎。牟先生認為當代所需要的外王，即新外王必須要從舊外王轉出新的精神，即自我坎陷，才可以真正開出科學與民主，這當然是非常貼切的講法，但這種講法使道德的實踐（成德之教）與科學與民主分成兩截，於是又需要有如何連結內聖與外王的問題，而一般人的生活與民主科學所需要的精神可以說是相隔的；如果從成德之教就可以培養出民主與科學需要的精神與生活的態度，則此兩個領域雖然有其不同，但也是可以直接相關

聯的。我認為新內聖作為新外王的精神基礎，這一提法應該是有意義的。這表示了用思辨於實踐既可以成就德性，也可以通於外王。對於德性的實踐是人人可能的，從人人可能的對德性的了解處引發可以相應於民主制度的生活態度，於是在成德之教中，就可以逼出純智的思辨，而這就可以找到從新內聖到新外王的橋梁。

當然，上文所說的有關內聖之學的調整，只是對於成德之教中必須要用「智」的思辨的強調。這一強調，比較適用於對朱子學的詮釋。如果從此義來看，則當代儒家的實踐工夫，需要多取材程朱學派的理論。或可以這樣說，以從一般所了解的對道德的常知，必須要進到真知，來規範程朱所說的「格物窮理」，這樣比較可以堵住或避免程朱理論中，容易流於泛格物論，而不切於道德實踐之弊病。即程朱以事事都有理，理是事物的所以然，以此來規定道德之理，於是造成道德意義的減殺，也有他律的倫理學之嫌。在此必須強調對於道德法則的了解，是人本有的了解，為人所本知。將道德之理抽出作進一步了解，也就是加強自己對道德法則的理性的知識。如唐先生所說，朱子的格物論是要通於外以明於內，並非在外界尋找道德之理，作出這些規範，就可以明白，朱子強調的道問學、格物窮理，與成德的理想有非常密切的關係。而這種道問學所培養的精神，就可以通於民主政治的運作。雖然陸王心學可能比較不容易開出智的思辨的精神，「致良知」教即知即行，知是直貫創生之知，此知是包涵真切的道德行動的動力在其中的，故良知的呈現處就是道德實踐的活動處，這裡似乎容不下純智思辨的作用。但陽明對於此良知的意義，如良知即是天理，理是無私欲遮蔽之心，此良知本體，人人當下可明白，也可以馬上下手作入聖的工夫。這種種意義，陽明可說是費盡唇舌來表明。這也就是哲學的思辨。可知，這是不可少的。既是如此，則對於陸王哲學中這一對本心良知的說明或證成（justify）之為不可少的工夫，我們也有責任加以強調。即良知雖然不需等待，即知即行，所謂「默不待坐，心不待澄」，當下即是。但對於此意，也必須講明，不然良知與識知，為天理所呈現的良知，抑或是受欲望所影響的活動，便會混雜不明。若是如此，真正致良知的工夫，也不容易表現。

綜上所說，在現代要講儒家的成德之教，可能要對其中本來涵有的思辨精神作出強調。雖然此精神是成德之教本有的，在以往也常常提到。如象山即說，「今謂之學問思辨，而於此不能深切著明，依憑空言，傳著意見，增疣益贅，助勝崇私，重其狷忿，長其負恃，蒙蔽至理，扞格至言，自以為是，沒世不復，此其為罪，浮於自暴自棄之人矣。」（《象山全集》卷一）他反對不合理的學問思辨，也就表示他會肯定相應的學問思辨。此種學問思辨是不可少的。

唐先生對中西文化思想的不同，又用自覺的求實現與求表現來區分，盡心盡性的要求，是盡其在我；而自覺的求表現，則需要把理抽象出來，作為自己要力求表現的依據，於是顯理想與現實的距離，也比較顯示理想的超越性。這一自覺的求實現與求表現的不同，也同於圓而神與方以智的不同，前述所謂的新內聖，也可以表示為從盡心盡性的自我力求實現的精神中，補充以超越的求表現的精神，即把本具於自己的生命活動或主體的實踐要求中的性理抽象出來，充分講明其中的涵義，這裡需要概念式與按原則的思考，即哲學的思辨精神必須用於盡心盡性的實踐中，這是以超越的求表現撐開自覺的求實現的道德生命的全幅意義。德性之理如果由此而得以充分展開，當可以對照出人現實生命的種種不足，而在這理想與現實生命的對照或對比之下，人就可以更能給出力求超越的要求，而從對理想與現實的對照，也可以建立種種精神上達的方法與途徑。已故劉述先教授曾提出超越與內在二者必須保持其獨立性，也應該是表示此意。

牟宗三先生哲學之貢獻與朱子思想新詮

一、牟先生的哲學成就

　　本文主要表達我對牟先生的朱子學詮釋的反省，但在論朱子學之前，我想先概括一下牟宗三先生對中國哲學研究的貢獻。[1]這可以從下列不同方面或層次來說：

　　（一）他對傳統的儒道佛的重要文獻，都能給出相應的、深入的理解與詮釋。儒道佛的重要文獻，理解都相當困難的，比較而言，儒家的文獻比較容易懂，但真能夠闡發其中的深意，還是不容易的。牟先生對論孟、易庸等先秦儒學重要的文獻，都有很深入的詮解，如他對孟子原文作了很有系統的疏解，確定了孟子的意旨。他說，對於孟子的仁義內在，反對告子生之謂性的說法，有關的文獻，兩千年來沒有多少人能讀通，這應該也是事實。宋明理學文獻雖然不多，但眾說紛紜，很少有明確的對不同派系的義理型態作判斷的講法。牟先生《心體與性體》三冊（再加上《從陸象山到劉蕺山》），可說是對宋明儒的基本文獻，都作出詳細的義理述解。雖然他從文獻的述解，完成了自己的一家之言，但他對文獻的詮釋，態度是很客觀的、仔細的，不是為了成功自己的詮釋，而作不符合文獻語脈的理解。所以，牟先生提出研究中國哲學必須用「文獻的途徑」。所謂「文獻的途徑」[2]，就是要對重要的中國哲學的文獻作客觀的理解，如此才能懂得中國哲學家所表達的

---

[1] 我以前寫過一篇〈牟宗三先生的哲學〉，《鵝湖月刊》2009年第411期，頁11-24。對牟先生哲學做了概括的說明，現擬做更扼要的概述。

[2] 〈研究中國哲學之文獻途徑〉，收入《牟宗三先生晚期文集》，《牟宗三先生全集》（第27冊）（臺北：聯經出版事業公司，2003年），頁329。

哲學見解與智慧。他對魏晉玄學的文獻，乃至南北朝、隋唐的佛教論述，也作了仔細深入而客觀的詮釋，其中對天台宗文獻之詮釋，更是古今獨步。基於這詮釋，再提出他對玄學、佛教的哲學性的看法。所以我們即使不贊成牟先生的對儒道佛的見解，但也必須肯定他對這些文獻有客觀而深入的理解。藉著他對文獻的理解，可以使我們深入中國傳統哲學著作，明白其中義理，如果當代研究者不借助牟先生這些詮釋，應該是不容易深入理解古代中國哲學文獻的。

　　（二）通過對於儒道佛基本文獻述解分析，於是牟先生提出了他對三教哲學的衡定。他認為儒學從孔孟到宋明，都是以天道性命相貫通，作為思想主旨的。儒學固然是成德之教，要人顯發為義務而義務的道德意識，但此引發道德行為的本心或性體，也就是天地之道或天地之心。天地生萬物的創造性，與人的為義務而義務的純粹道德本心的表現，是一致的。故天道的生化、宇宙的氣化活動，都是由無條件的為了義而行的創造性的心靈所生發。於是牟先生提出了「道德的形而上學」之說。道家是要從去除人為造作，而體現的自然而然的、無為的道心，此道心、或玄智是虛靜自然，無為而無不為的，由此可體會天道以無為自然而讓萬物自生之境界，牟先生認為這也是生命的真理所在。他通過了對王弼注老，與郭象注莊的詮釋，而表達了道家是「境界型態的形上學」。這一說法對道家的文獻與義理，給出一個很特別的規定。也表達了老莊的同異，與魏晉玄學對於道家玄理的發展，及道家式的圓教（迹本論及「即天刑而解脫」）義理。對於佛教的判教理論，牟先生通過對天台宗的文獻的分析，而深入闡釋了天台圓教的義理，給出了華嚴與天台雖然同說是圓教，但其實天台宗才是真正圓教的判斷。對這一部分文獻的述釋與哲學義理的闡發，成就是非常大的。也得到華文學界佛教研究者的肯定。上文說過，如果不借助牟先生對中國哲學傳統對文獻的詮解，而要深入那些文獻的義理內容，是很困難的。而牟先生通過對文獻的詮釋，而闡發出來的三教的哲學思想，更是十分精深的。他可說是把傳統三教的哲學，通過對其中重要的文獻的詮釋而明白、闡發出來。可以說是向當代學者證明，以往中國的三教思想是含有非常深刻的哲學思想義理的，可說是用現代哲學

的思辨，或哲學的概念分析，對傳統的三教思想，作了一當代的詮釋。復活了中國哲學的智慧。

　　牟先生根據他對儒道佛義理的理解、分析，給出了這三教各別內部義理的型態不同的分判，如：對於宋明理學，他提出三系說，除了對傳統的程朱、陸王二系的區分作出更明確的衡定外，認為以「以心著性」作為義理特徵的五峰、蕺山系，是真正可以承繼北宋周、張、大程的思想，而為宋明理學的大宗。而陸王系是一心之遍潤、一心之伸展，雖然與五峰蕺山系是「一圓圈的兩個來往」，但其義理型態不及主客兩方面的原則都能挺立的五峰蕺山系，而朱子則由於析心與理為二，理只存有而不活動，不能充分表現天道性命相貫通之旨，故雖然朱子學是中國宋明以來的儒學思想中的大宗，但其實是儒門的別子，並非正宗。天台宗的圓教義理，牟先生也用「佛教式的存有論」一觀念做出詮釋，認為天台宗的「一念三千」、「佛即九法界眾生而成佛」，「無明與法性同體相即」及「佛性有惡」等說，真正能在佛教以一切法皆為緣起性空之義，又能保住一切世間法之說，此所謂一切世間法，是含九法界的差別之世間法，不同於華嚴宗之「緣理斷九」，而不能保住世間法之差別相。故天台宗為佛教理論中，真正的圓教，說明了人人皆可以成佛，而且可以不離開任何人間的作為情況，而表現具有無限意義的佛境界。

　　（三）以上已說明了牟先生根據他對儒道佛的重要思想文獻，給出了對三教內部不同的義理型態之分判，這可以說是內在於三教各義理系統做出判教。這種對三教內部義理的判教做法，可以使人對於中國哲學的各派理論有清楚的掌握。由於是根據文獻詮釋而得的三教之理論、原則推至其極而做出判教，故把其中的哲學涵義，也做了清晰的展示，不只是只客觀的詮釋文獻而已。牟先生除了這些三教內部義理的判教法的提出外，也對於儒道佛耶，及西方哲學給出判教的說法，這是更高層次的判教。他在比較早期的《五十自述》中，已對儒耶佛道之為不同的義理型態，及儒學所以可稱為圓盈之教的理論根據給出了說明。他在該書中對基督教或耶穌的精神作出了很精彩的論述，也相當感人。可見他也肯定耶教是人類文明中的大教。他當時對於儒佛道與耶教的不同，為了強調儒學之為大中至正之教，對其他教的批判性比

較強,後來在《心體與性體》的附錄〈佛教體用義的衡定〉,對佛教的圓教義理已經頗為肯定,到了撰寫《現象與物自身》、《中國哲學十九講》及《佛性與般若》,對佛教義理的深奧與豐富的哲學性做了非常高度的肯定,在《現象與物自身》的最後結論即第七章中,雖也判別各教的不同,但已表示了需要不受各大教之「教相」所限,而平觀各大教,認為圓教或哲學的典型,是各不同教派的會通,而不是某一派,亦即乃是各派義理之圓義之通達。[3]除了以上各派外,他對於康德的哲學也給出了規定,認為康德的哲學義理或智慧,是往中國哲學智慧的方向來發展的,可以做為中西哲學會通的橋樑,中國哲學的義理可以借用康德的哲學理論加以展示,而且也可看到康德哲學的智慧是要往中國哲學方面來發展(如自由意志是呈現而不是假設;而智的直覺是可能的。),而儒道佛的義理可以是康德要達到但未能及的境界,於是牟先生認為可以看出康德哲學應該如何百尺竿頭更進一步。這一個層次的工作,可以是籠罩各大宗教、哲學而給出的大判教(由此而作出「大綜和」),而不同於前文所說的內在於各派的理論作內部的義理型態的分判。

（四）通過上述兩層義理的分判(或判教),牟先生根據他對三教哲學與西方康德哲學的理解,形成了他個人獨特的哲學見解或哲學體系。如他認為傳統三教的哲學智慧,都屬於康德所說的「物自身」界的境界。於是,如果不肯定康德所說的現象與物自身的區分,與不肯定人有「智的直覺」,以呈現物自身界,則中國哲學的智慧,就會全部垮台。對此他構作了「兩層存有論」之說,寫成《現象與物自身》這一代表性的著作。他在《中國哲學十九講》中,又用《大乘起性論》的「一心開二門」來說明此義,認為同一個世界,但由於主體的不同(或為智的主體,或為識的主體)而有不同的意義

---

[3] 「然須知此大通不是一個教,乃是各圓盈教者之通達。至此,教無教相,乃得意而忘教也。只是一真實生命之作其所應作,一無限心之如如流行。此如如流行,此作所應作,吾不知其是屬于儒教者,屬于佛教者,屬于道教者,抑或是屬于耶教者。」（《現象與物自身》〈第七章　執相與無執相底對照〉(臺北:臺灣學生書局,1975年),頁455。）

世界的存在（心真如門與心生滅門各攝一切法）。牟先生認為這一理論可以收攝及證成康德現象與物自身的區分。不只此也，他又借用康德的第三批判的有關說法，提出了真美善的分別說與合一說的講法（見牟先生所譯康德《判斷力批判》，牟先生所寫的〈商榷〉文），認為真美善分別屬於人的知情意之機能，第三批判所說的美的判斷以「目的論判斷」之「合目的性原則」來說明審美，是不切中的，牟先生認為審美所根據的原則通於道家無的智慧或「無相原則」。而康德所說的按照無條件律令，尊敬法則而行的道德實踐，也只是屬於分別說的善的層次，與知性為自然立法所給出的現象界同一層次，在分別說之上有合一說，此時是以無善之善（為善而忘其善）作為擔綱，無善之善即真即美，而為天德之流行。天德流行垂象而為分別說的真（知識的真，屬現象界）善（由於此境的為善是按法則而勉強而行，故仍然屬於分別說之境，並非天德如如流行），及美的欣趣；而為善而自然，或善而無善，如王龍溪所說的「四無」的境界，才是合一說的善，也同時是真與美（所謂「即真即美即善」）。這可見牟先生消化康德哲學，又運用了儒道佛的哲學構造他個人的系統哲學理論。另外，通過對康德所說的「德福一致」（圓善）如何可能的問題，牟先生根據儒道佛三教的圓教，而給出了德福是「詭譎的相即」的關係之說。於是，至德者的自由無限心呈現，存在界就會隨心而轉，對於有德者為順心如意；於是德之所在，就是福之所在。牟先生認為他此說可以證康德所說的德福一致成為可能，即可以說明這一理想是可以實現的。雖然要達到圓佛圓聖的境界，才能即九法界而成佛，或一切法，人生一切遭遇都可以是佛境界或聖人的化境的表現處，這是非常困難的，而雖然困難，依中國哲學的理論或智慧是可以達到的，牟先生依此見解，寫成了《圓善論》一書。以上可見牟先生對哲學真理探究的理論成果。

以上側重在牟先生對傳統中國哲學智慧的顯揚，及有關中西哲學會通給出的見解。他與唐君毅先生都強調返本才能開新，認為對於傳統的文化精神、哲學智慧能夠重加體認，就可以暢通中國的學術文化生命；而如果文化生命能夠順適，則民族生命也可以恢復健旺，如是便可克服難題，而使民族走上坦途。唐、牟二先生一生努力弘揚中國哲學，就是要達成以上的心願。

牟先生的外王方面的見解也是非常重要的，這方面的見解更為一般學界所熟知。如他認為，如果要開出民主與科學必須從過去重德的文化精神轉出重智的思辨，要從與萬物為一體的精神境界即「隸屬之局」，而轉出區分主客的「對列之局」。簡言之，即要提煉知性主體，作為研究知識與建構以制衡原則為基礎的政治制度。在此問題上，他有知性主體是由良知自我坎陷而成之說，此與上述牟先生提出的兩層存有論相關，表達了他對傳統中華文化如何現代化及往前發展的深刻思考。

二、朱子思想新詮

牟先生對儒學的詮釋，應該以《心體與性體》中的表述最為詳細，也最有系統。他此書可謂重建了宋明理學的義理系統，使宋明儒的哲學復明於世（當然此書也涉及先秦儒學，而且有很深刻的發明，並不止敘述宋明六百年的儒學而已[4]），我對這一部分的牟先生的見解，研習講述了多年，慢慢有了一些雖然以牟先生的詮釋為基礎，但與牟先生見解不同的看法。而所謂的不同，主要是對朱子思想的理解。以下條列我的有關想法。

（一）牟宗三先生對朱子的衡定是宋明理學研究者所周知的，他認為朱子的理氣二分、心性情三分、理只存有而不活動等規定，造成了朱子的義理型態是他律的倫理學，不合於儒家的正宗講法；孔孟及周、張、大程等是心理為一，理是即存有即活動，人於當下可逆覺其本心，洞開道德實踐行動之源，這是所謂「直貫創生系統」。而朱子由於主張心、理為二，理為心之對象，要以推致心知之明、格物窮理的方式使心知理，然後依理而實踐，是「橫攝的系統」。以心知理，理是心認識的對象，故是橫攝的關係，不同於心即理之心在本心之活動處，理即呈現之為縱貫或直貫之關係。在形上學的

---

[4] 在《心體與性體》第一冊，牟先生有三百多頁的綜論，對於先秦孔孟、《易》《庸》的思想主旨作了非常明白的講述，可謂已經對先秦儒學有明白的詮釋。尤其在批評葉適〈總論講學大旨〉處對先秦儒學義理有系統的論述。又對康德的道德哲學理論何以能幫助說明儒學義理，作了非常詳細的討論與分析。

理論上說，朱子雖肯定性即天理，天道之生化，由道德義之性體來規定，但由於朱子所理解之性體並不活動（因並非是心之故），而凡活動者只是氣，故對於天道性命相貫通之旨，未能明白表示。對於朱子所說的持敬、以敬涵養，牟先生認為只是涵養一現實的心理學之心，並非道德心，因此時之心是心、理為二，且尚未通過格物以明理；而即使已格物窮理，亦未必為道德心。因所知的理是存有論義的「所以然」之理，不必是道德之理。於是朱子的以敬涵養，是涵養氣心，或曰「空頭的涵養」，是不必能使道德的主體（即本心、不受其他因素影響，為了義務之故而行的自由意志）呈現者，故朱子這一理論或義理型態，只能是成德之教的重要的「助緣工夫」，並非「本質的工夫」。牟先生認為只有肯定心即理，以逆覺體證的工夫呈現本心，才能給出實踐的真正動力，這才可保證人人能作出道德實踐之行動，這才可說是成德之教的本質之工夫（以上有關牟先生對朱子思想之衡定，見《心體與性體》三冊）。牟先生此論，當然是立論謹嚴、透闢深入。但我近年經過了對康德的道德哲學與朝鮮儒學的反覆研究，對朱子學的詮釋產生了與牟先生不同的理解。

　　康德在《道德形上學之基本原理（基礎）》主張，人雖然對道德義務或道德法則有先驗的理性的知識，但由於道德法則的無條件性，會對人的感性慾望的要求加以否定，而引起自然生命的反彈，使人不能按照道德法則的純粹要求而實踐，在此時人會產生一種傾向，希望能藉道德實踐來滿足感性欲望的追求，這便使道德行動成為存心不純粹的有所為而為的行為。於是行為便只有合法性，而沒有道德性。久而久之，人會為了滿足欲望而去從事善行，或甚至但求欲望的滿足，不考慮行為是否合理，於是人便會墮落成為惡人，這是所謂「自然的辯證」。而此中有一接受感性欲望，以其滿足為先之人性之傾向，康德名之曰「根本惡」。（或「根惡」radical evil）康德認為必須把人的本來已知的道德法則的涵義充分展示出來，人才能克服此生命上的自然的辯證。故人必須從對道德法則的一般的理性的理解，進至哲學的理性的理解，而此即實踐哲學，即須要把人所本來知道的法則抽出來做充分的了解（這是所謂「思辨」，即從具體中將普遍者抽象出來，此思辨是哲學活

動的特徵,見康德《邏輯學》)。康德此說正好說明了程伊川與朱子所以重視格物致知的緣故。伊川之重分解(如「惻隱固是愛也,愛自是情,仁自是性。」、「性中只有仁義禮智四者,幾曾有孝弟來?」,及「一陰一陽之謂道,道非陰陽也,所以陰陽者道也。」等),也就是要將性理從情或事中抽象出來了解。人對道德之理,都知其意義,亦知其為普遍而且必然的,即有一般的「理性的了解」,但未必能將此對理之理性之了解抽出來作抽象之了解。程伊川有一個很有名的說法,他認為對於老虎的可怕,三尺小童都會知道,但只有曾經被老虎傷害過的農夫,會談虎色變,而這位農夫才是「真知」老虎的可怕。[5] 這可以說是對道德法則要從「常知」進到「真知」之意。在伊川與朱子的文獻中常有對於理或性理是本有所知,但我們必須對性理充分了解,才可以按性理而行之說,如朱子對《大學》所說的「知至而後意誠」非常肯定,而對於格物致知,朱子的〈補傳〉認為「莫不因其已知之理而益窮之,以求至乎其極」,也就是從本有的對性理之知出發,以求對性理做完全的了解之意。而對理的充分了解也就是心知的至乎其極,這知與理是關聯在一起的。程伊川也有「德性之知不假見聞」之說,又說「知者吾所固有,然不致則不能得之」。這所謂知,應是知理之知,即知與理分不開,不只是認知;而「得」是孟子所謂「求則得之」、「思則得之」之得,即是得以充分了解理。

我從 1990 年起,對韓國朝鮮朝儒學作了一些研究。韓國朝鮮儒學對於朱子所說的心的理解,不管是主理派或主氣派,都主張心與理的關係非常密切,都可以說明心本知理之義。主理的退溪一系大體認為心是理氣之合,心是活動,活動雖然是氣,但其中有理的作用在。退溪之後的奇蘆沙、李寒洲及李華西大體都有此意。主氣的李栗谷雖然明確規定心是氣,不是理,但心之為氣並不同於形氣,即氣有精粗的分別,心是氣之精者。栗谷甚至認為有所謂本然之氣,而此氣是清明的,人只要檢束他的心氣,就可以使清氣給出作用,於是人就可以為善。栗谷之後的吳老洲、洪梅山都主張心的虛靈可以

---

[5] 見《二程集》河南程氏遺書卷二上。

通澈於理,與理無間。到了朝鮮朝末期的田艮齋進而有「氣質體清」之說,肯定了人與生俱來就有不變的清明的氣的本體。

(二)從以上所說,康德道德哲學與韓國朝鮮儒學的有關說法,就可以給出了對牟先生的朱子學詮釋的回應,即程伊川與朱子的格物致知,是從人本有的對性理之知出發,並非是在對道德之理毫無了解的情況下,希望通過對存在界做窮理格物的功夫,才能知道何謂道德之理。即朱子之言格物窮理,可以是從本知的道德之理開始的,即伊川、朱子都認為人對理有先驗的理性之知,並不必是牟先生所說是通過從存在事物處,於「然」而推證其「所以然」,然後以此所以然(此是「存有論義之存有」)來規定道德之理,於是便有牟先生所謂的「道德意義之減殺」。若伊川朱子之言致知窮理是從已知的道德之理(性理)出發,便並非由所以然來規定道德之理,而是以道德之理以規定所以然之理,在朱子注孔子從四十而不惑至五十而知天命句時,便說四十是「於事物之所當然,皆無所疑」(朱子《四書集注・為政第二》),而五十是對「天道之流行而賦於物者,乃事物所以當然之故」有了解。而這便是從「所當然」進至「所以當然之故」,即用所當然來規定所以然。朱子有一段話明白說出此意:「凡事固有當然而不容已者,然又當求其所以然者何故?其所以然,理也。理如此,故不可易。又如人見赤子入井,皆有怵惕惻隱之心,此其事所當然而不容已者也,然其所以者是何故?必有個道理之不可易者。今之學者,但止見其一邊。……但只據眼前理會得個皮膚便休,都不曾理會得那徹心徹髓處。」[6]此可證朱子是從當然的道德之理出發、而求所以然之理,至此便知此當然之理為不可易,於是人便可遵行此理而無所疑。這是從對道德之理求進一步之真知。由此真知不疑,便可克服人在要踐德時發生之「自然的辯證」。從知所當然進至所以當然,是從知此理為道德實踐之當然,進至知此理為形而上的必然。

由以上所說,可知肯定人對道德法則本有「先驗的理性的知識」是很重要的,而此一人心對於理本有所知的說法,是康德與朝鮮儒學都共同肯定

---

[6] 朱子語類卷第十八。《朱子語類》,頁414。

的，也都很符合人之常情。而順此理路來理解伊川朱子的文獻，也非常順當，故我認為運用上述的說法，來對朱子學做新的詮釋，應該是相當有理據的。

（三）另外，根據康德所主張的對於無條件地實踐，可以從道德之理的了解或從自由意志的呈現兩方面契入之說，從而瞭解到伊川朱子的格物窮理的說法，由於有對於理本有所知來作根據，而進至真知，應該合於康德所說的從道德法則了解何謂無條件實踐的途徑，而陸、王心學由於是要人先立乎其大，或「致知存乎心悟」，即以悟良知為先，這是從自由意志的呈現來理解無條件的實踐。而由於二者是相涵的，則伊川朱子之說與陸、王之說可以是相涵蘊的。此說非常重要，康德之說如下：

> 這樣，「自由」與「一無條件的實踐法則」是互相函蘊的。[7]現在，在這裡，我不問：是否他們兩者事實上是不同的，抑或是否一個無條件的法則不寧只是一純粹實踐理性之意識，而此純粹實踐理性之意識又是與積極的自由之概念為同一的；我只問：我們的關於「無條件的實踐的東西」之知識從何處開始，是否它是從自由開始，抑或是從實踐的法則開始。
>
> 現在，它不能從自由開始，因為關於自由我們不能直接地意識及之，蓋因關於自由之首次概念是消極的故；我們也不能從經驗而推斷之，因為經驗只給我們以現象底法則之知識，因而亦即只給我們以「自然之機械性，自由之直接的反面」之知識。因此，就是這道德法則，即：對之我們能直接意識及之（正當我們為我們自己追溯意志之格言時我們能直接意識及之）的這道德法則，它首先把「它自己」呈現給

---

[7] 此句牟先生的翻譯根據 Abbott 的英譯而翻，李秋零的中譯，則譯為「因此自由和無條件的法則是彼此相互回溯的。」Abbott 的英譯為「Thus freedom and an unconditional practical law reciprocally imply each other.」Mary Gregor 的英譯與 Abbott 大體相同。Pluhar 英譯的《康德實踐理性批判》譯作 reciprocally refer to each other。為 Pluhar 此書寫導言的 Stephen Engstrom 則寫作 mutual entailment。

我們,而且它直接地引至自由之概念,因為理性呈現道德法則為一決定底原則,此原則乃是「不為任何感觸條件所勝過」的決定原則,不,乃是「完全獨立不依於感觸條件」的決定原則。[8]

如上引文,康德認為對於「無條件的實踐的東西」之知識,必須從道德法則開始。但按理,應該可以從道德法則或從自由意志開始,因二者是互相函蘊(回溯)的。即是說從法則契入,需要肯定受道德法則決定的意志是自由意志;而如果從自由意志契入,也需要說明決定此意志的法則,必須是道德法則。我認為康德此一區分可以用來說明宋明理學中心學與理學的區分,程伊川與朱子重格物窮理,是要從對道德法則的「真知」而產生真正的道德行為,而假如格物窮理所窮的「理」確定是道德法則的話,那在對於道德法則有充分了解(「知至」)時,是會要求自己行動的存心必須是按無條件的律令而行的意志。如是則明理便可以給出要求自己的意志必須純淨化的動力,這是由格物窮理而產生的實踐的動力。如果此說可通,則可以回答牟先生所批評的,伊川、朱子的格物窮理的工夫不必能產生實踐的動力,不能洞開道德行動的真正源頭的問題。

象山、陽明所主張的「先立其大」(讓本心呈現而作生命活動的主宰)與「致良知」(對良知一有覺悟,便努力實現之)的工夫,則如同康德所說的從自由意志來開始。本心、良知或自由意志一旦呈現,則便暢通了道德實踐的源頭,如是便有真正的道德行為的產生。這是牟先生所說的逆覺體證的工夫,這的確是易簡、當下即是,又是頓悟之教,所謂「承體起用」。而實踐的動力,就在此對本體的逆覺中源源不絕的產生出來。牟先生以此一義理的型態為宋明儒的正宗,而以上述程、朱的系統為別子。這當然是有理據的衡定,但若參考康德的說法,則可以有不同的衡量。康德雖認為道德法則與自由意志是互涵的,但他主張對於無條件的實踐之事的知識,須從道德法則

---

[8] 康德,牟宗三譯註:《實踐理性底批判》,《牟宗三先生全集》卷 15(臺北:聯經出版事業公司,2003 年 5 月初版),頁 178。

來開始,而不能從自由意志來開始,因為在現實經驗上自由意志並不是我們可經驗的對象。康德此說固然不如陸、王之學般,對於本心良知的呈現有真切的了解。康德對於自由意志雖然肯定,但並不以自由意志的體證為契入道德實踐之根源,意志自由只是一使道德實踐成為可能的必要設準,在經驗上並不能證明有自由意志的呈現,人對於自由意志並不能有經驗上的認知。此一說法雖然有分析未盡之處,但也非無道理。康德此說比較保守,對人性有疑慮(如他反對道德的狂熱,不認為人可以自發地好善,而只能由尊敬法則來引發道德之情感)。但從康德此一疑慮,也可以說明何以陽明之後,會有王學末流的情形產生。這裡的確有生命上的問題是需要面對的,即人固然可以當下呈現本心,但維持其本心而不受本能欲望的干擾是很不容易的(如康德所說的「自然的辯證」的問題)。或心即理之自信隱含人自大的危機,這亦必須對治(此意在後文論田艮齋處會有討論)。

　　從康德所說的自由意志與道德法則是互相涵蘊之義,則可以給出一個擋住心學流弊的工夫論,此即在體證本心或良知之時,對於此良知、本心是以道德法則為其內容之義,須作展示。如孟子在言本心呈現時,對於此心為按照無條件律令而行的心(「非所以內交於孺子之父母也」等無三念之雜)是有說明的,對於此心此性具有不依靠任何效果、功業的建立就有自足的,內在的價值(所謂「君子所性,雖大行不加,窮居不損」)之義;及人當依義所當然而行,行動的存心不能不純粹(所謂義利之辨、及「由仁義行,非行仁義」之區分)。孟子這些說法等於是對道德法則、義務的意義作了明白的展示,而從孟子這些言論便可以看出康德所謂自由與法則互涵或互相回溯之意,確是非常正確的。即孟子固然以指點、發明本心為立論要旨,即以呈現人的自由意志為先,但對於義務性之行動及其中所涵之法則、即仁義禮智,亦作了很明白之展示。於是從本心來開始以契入無條件的實踐,便要回溯展示道德法則的意義。此意在象山、陽明的論述中也是有的,如象山的弟子說象山教人以「辨志」為先,而辨志就是「義利之辨」。而陽明對心即理,良知即天理之義,亦言之再三,他通過種種論辯,說明了「心即理」之義。即陽明之學,並不只是要人悟良知、致良知而已。如果本心良知的活動是以道

德法則為其本質或內容的,或良知的活動本身即是道德之理的呈現,則當本心、良知呈現時,自然會對於本心、良知的活動所以就是道德法則本身的活動,有說明上的需要。因此孟子、陽明才會對此義言之不已,這也是孟子學及陽明學精彩的地方。即是說孟子、陽明並非只講逆覺本心一義而已,他們對道德之理之涵義及義內(心即理)之義,有多方之論述。由此吾人可說,從本心契入道德實踐,或以呈現本心來產生真正的道德實踐,固然是很正確的實踐工夫,但也需要以對道德法則的講明來作輔助,以避免本心之滑轉。故心學的先立其大,或當下致良知的工夫,也必須補上對於道德法則的意義、內容作充分展示的學問思辨的工夫。陽明之後的王龍溪、羅近溪對良知之體會是往無善無惡、無知而無不知及適順自然之良知化境處發展,對於良知本身所涵的道德法則義,恐怕是分解不夠的。此應是王學流弊所以發生的重要原因。如果上說不誤,則心學與理學便是互相蘊涵,或相互回溯的兩個義理型態。可以說是兩個互補的工夫論,雖可區分,但並不能互相否定。

　　(四)如果說陸王心學雖然可以通過本心良知的呈現,而洞開道德實踐行動之源,但必須回溯到道德法則,即把本心良知中所涵有的道德法則充分展現出來,讓人對道德之理有透徹的了解,這樣才可以定住本心良知的活動,使其不會滑轉而有流弊;則如果以對道德法則的認識為先,也必須回溯到自由意志的呈現。即如果對道德之理有正確的乃至深切的了解(所謂真知),必然會有一要自己依理而行的自我要求,即要求自己之意志是只因理之故而行,如康德所說為法則(或純粹理性)直接決定之意志。即這一為理(道德法則)決定之意志,是接受法則直接決定,而不受其他因素影響者,則此意志必須是純粹意志。而且此意志不受任何其他因素影響,只因是理、或理所當然而行,則此理便只能是意志自己所給出的。故此時之意志是自由、而且其本身之活動即是法則者。故通過明理之工夫而對道德法則有真知時,必會要求吾人當前之意志是「自由而且亦是自律之意志」。唐君毅先生也有一類似的講法,他認為在人了解到道德之理(當然之理)後,便會肯定此理為真實之存有,而在肯定此理為真實時,便會要求自己轉移心氣,趨向此理、相應此理而實踐,此三事是「相待而成、相持而共長」的(見《中國

哲學原論‧原道篇》（卷三）之附錄，〈論朱子之理先氣後〉之文）。即明理與實踐是相互支持並增長的，故在吾人深切明理後，便會產生要按照道德法則的要求而給出行動的意願，於是人就會朝著此道德法則的方向來實踐。此同於康德道德法則與自由意志互涵之說。故如果康德此說是對的，則對道德法則的了解，就會產生吾人的意志必須完全給道德法則決定的願望。而如果真能如此，則對於道德法則的了解，就會產生「實踐的動力」。（唐先生此說與康德從對法則之尊敬而產生實踐之動力之說相似，而言之更明白。）這動力是因為對純粹的道德法則的要求是合理的，是吾人所必須肯定的了解而產生。如果對於道德法則有真切的了解而產生了肯定，吾人卻不願意遵循、不願意只讓道德法則作為我們行為的唯一動力，即不願意讓道德法則直接決定意志，則我們就不算是真正了解道德法則及其中所涵之無條件地實踐的意義。因為理解法則而卻不願意自己之意志完全由法則決定，不願自己的意志成為為義務而義務的純粹意志（善的意志，也就是自由意志），則我們就會違反自己的理性判斷，即明知是理當如此的，而我們卻不願意如此行動，那麼我們就與自己的理性的判斷相對立，這是不合理的。此不合理應為自己的理性所否定。於是牟先生對伊川、朱子的義理型態所作的批評，即由於心、理為二，故為意志的他律，而理是只有存有而不活動，則心之明理並不能產生真正的道德行動的動力，此一批評或衡定就會被突破。因若明理便會希望自己依理而行，則實踐的動力便可產生出來，此理是否為活動，並不是關鍵之問題。此由於明理而產生要求自己改變現在的心氣，朝理的方向而實踐，亦可說是「以理生氣」。心之格物窮理，以求對理有充分的了解，顯出了心、理為二，心以理為對象以求知之的情況，這固然是認識的、「橫攝」的關係，但當明理而要求自己相應於理而起實踐時，便是給出實踐之動力，產生道德行動，而此時理與心便是直貫創生的、「縱貫」的關係。這亦可說是「從橫起縱」。如果伊川、朱子的致知窮理是窮格道德之理（當然之理），而其結果是對道德之理有真切之了解，則從心、理為二必進而要求心理為一，從認知之橫必進至實踐之縱。如是則心理為二或心理是一（心即理）、橫涵與縱貫之區別，雖然有其需要，但又可以相通，而見此二系確是

可以互相涵蘊或必須相互回溯的。若是這二系亦不能自律、他律來區別其不同。陸、王系所強調之心即理，是伊川、朱子系義理之歸結，是必須肯定的。是以朱子亦言「心與理為一」，（只是此境必須在格致誠正的工夫之後才能達到。）若依朱子系義理而一定拒絕心即理、意志之自我立法之義，則便是朱子系義理有其分析未盡處。在明理而要求自己相應此理而實踐時，必會反省到此心是只被道德法則決定之意志，即乃是自由意志，而法則是此意志所給出的，即此時心之活動，便是理的存有，此時即存有即活動之義，是必須說的。此是從對道德法則作分析而必至之義，從此處看，朱子一系之學者，乃至於韓國朝鮮儒學栗谷、艮齋系必說心、理是二，確是有對道德法則分析未盡處。當然此中有對人不容易有純粹自由之意志呈現之體會，這在康德亦是如此，故言意志之自由只是必要的設準，並非人可認識的對象，即不能呈現。

由上述可知人對於道德之理的了解，並不同於對一般經驗事物的了解；對道德法則的了解是從我們原有的對法則的先驗的知識開始的，而越去了解道德法則的涵義，就越會引發人的道德意識，即如同康德的分析，道德義務的行為必須發自於為義務而義務的動機（或存心），這是人所共知的。而這種法則對人的要求（或說人在了解了道德法則之後的對自我的要求）是具有普遍性與必然性的，人不可能認為有些人要為義務而義務，另外一些人可以為了別的目的而服膺義務，由此可見這種關於道德義務的知識，是具有普遍性與必然性的，因此必須是先驗的知識或理性的知識。我們對經驗的行動的反省可以導引到我們對道德法則的理解，讓我們對道德法則有更明白更清楚的知識；但這種知識並不從經驗而來，由於有這種了解，則越去了解道德法則就越會認為這種關於道德法則的知識，是我們本有的知識，並不是從外而來。故朱子有明白此理後，會知道此理是吾人本具之理之說：「人心皆自有許多道理，不待逐旋安排入來。聖人立許多節目，只要剔刮得自家心裏許多道理出來而已」[9]。即是說，越了解道德之理越會認為此理是人的本性之

---

[9] 《朱子語類》，卷 23（北京：中華書局，1986 年），頁 558。

理,人所本知之理。越肯定其為自己本性之理,是我們的理而非從外來,則越知之就會越要求自己循之而行,這應該是很自然的。伊川也有「君子之學,將以反躬而已矣」(《河南程氏遺書卷第二十五》《二程集》,頁316)之說,如果知理而不要求反躬實踐,而滿足於對理的了解、講習,這便成閒議論,如象山所批評的。這即是重道問學而不知尊德性,此亦可說是朱學末流的流弊。

康德除了以上的說法外,又認為當人清楚了解到真正的道德行為,是行動的意志為道德法則直接決定後,人會反省到他的現實意志,不可能如此純粹。人的意志如果只受道德法則決定,即他只會是為義務而義務,完全不考慮到行為的結果對自己有何好處,這種純粹意志是人極難得有之的,即使人自以為當前的行動是出於純粹的意志,但很可能內心深處還是有別的動機暗藏其中,而作為此表面是道德的行動的動力,是故康德始終不能肯定自由意志是人當下可能呈現的。假如了解到人的現實意志的不純粹,則在面對從道德義務所要求的,意志必須直接為道德法則決定之義時,人會認為自己距離這種情況非常遙遠。於是人就會產生謙虛或甚至謙卑的心情。人面對自己本來知道而且越分析會越清楚的道德義務的意義,知道這種道德義務或道德行為是理所當然的,人應該服膺的,而且也只能在純粹意志的呈現下,才可以有真正的道德行為出現,但人卻做不到。這時當然會產生很深的慚愧之感。即當人面對一個自己不能不承認,完全要如此遵行的理性的事實時,卻了解到自己根本不能如此實踐,當然是會有很強烈的謙退的心情出現。而就在這種謙退或謙卑的心情出現時,康德認為就可以使人趨近道德法則。他甚至認為人越覺得自己與道德法則的要求距離遙遠,便越會產生力量去趨近道德法則,因為此時產生了對法則之尊敬之故。(見康德《實踐理性批判》「純粹實踐理性的動力(動機)」章)這裡有一點弔詭性,即越感受到自己無能為力便越會產生尊敬法則的心情,而此尊敬就能使人接近道德法則,於是便產生了按照道德法則而行的動力。康德這一說法是站在基督教的傳統的思想來說的,於承認自己無能為力時,反而會有突破之力量產生出來。此一思想義理對人性的理解,當然是與儒家不一樣的,但也可以用來幫助說明何以朱子

重視持敬及不能肯定心即理的緣故。朱子與陸象山相爭,對於象山所說的人可以當下即是以呈現本心,人心是好的等議論,都十分反對,認為象山不知氣稟的複雜。朱子說「陸子靜之學,看他千般萬般病,只在不知有氣稟之雜,把許多粗惡底氣都把做心之妙理,合當恁地自然做將去。」[10]朱子對於本心當下呈現,人可以「先立其大」此一義理型態固然是不了解或雖了解但不以為然的,但他對象山的質疑,其中所涵的對人性的疑慮,也不是沒有道理的。如果參考康德的說法,則朱子強調持敬窮理或先涵養後察識,就是表達不要人從當下的本心呈現,作為了解何謂無條件的實踐(即道德實踐)的進路,即反對以自由意志的呈現為先。而依上文所述,從對人本知的道德法則,或本有的義務感出發,展現了道德法則的內容義理後,假如真的會引發人要求自己純然的按理而行,又會因為感到自己生命的不純粹,而對法則產生敬意的話,則此「主理」的實踐的進路應該也是可以引發人純粹的道德意識,而往心合理,依理而行的方向努力。朱子也的確有明理後心就會合理的說法,如朱子說「吾以心與理為一,彼以心與理為二」(〈答鄭子上十五〉),又有「蓋理雖在我,而或蔽於氣稟物欲之私,則不能以自見;學雖在外,然皆所以講乎此理之實,及其浹洽貫通而自得之,則又初無內外精粗之間也。」(〈鄂州州學稽古閣記〉)。此如同伊川所說的「纔明彼即曉此,合內外之道也」之意。由以上的分析可以證明伊川朱子的致知格物、持敬窮理的說法,是可以引發真正的道德行為的動力的。如此說可通,則道德之理或性理本身不活動,如牟先生所說的只存有而不活動,並不一定會造成實踐動力的不足。

(五)上文是要表明,從對於道德之理的認識,是可以產生道德實踐的動力的,而道德法則或性理本身之為即存有即活動,並不是給出實踐動力的唯一可能之根據。即如果明理可以引發實踐的動力,則即使理不活動也可以給出力量。此義固然可以從康德對道德的分析及唐先生的說法看出,也可以通過朝鮮儒學的論爭,而給出說明。李退溪提出四端是理發,認為四端之心

---

10 《朱子語類》,卷124(北京:中華書局,1986年),頁2977。

假如不是理在起作用，則四端不可能是純善的行為；由於四端是純善的，故引發四端的動力一定是理。此說雖然在朱子理氣二分、活動者是氣、理不活動的架構下是難以說明的，但理之發不一定如同氣之發一樣，需要以有形的作用來表現，此意在退溪之後的奇正鎮（蘆沙）的主理的論辯說得十分明白。蘆沙認為理一定是氣的主宰，因天地間不可能有兩個主宰，而主宰者必不能是氣。這是自古聖賢從來都如是主張的；如果只有氣有活動性，而理則只能在氣的活動處表現其意義，如李栗谷所說的「氣發理乘一途」，則真正主宰者只能是氣，變成氣奪理位，而這是不合理的，主宰者應該還是理。如果理是主宰，但凡有形的活動都是屬於氣，則理的作用，即其主宰性如何表現呢？蘆沙認為理一定有其主宰性，但並不是以氣的活動方式、樣態來表現，故吾人應肯定理的作用或理對氣的主宰，是在一切氣化、有形的活動之外的另一種作用。而這種理的主宰性的作用，完全不需要藉氣來幫助。如果理須藉氣來幫助，則就不能說理對氣有主宰性。故吾人需要肯定理有完全不依氣而卻能使不管如何強大的氣的活動，都要遵從的力量。從蘆沙這些論證，正好說明了道德法則的無條件性，與一旦了解此法則的意義，就會無論如何都會同意法則是合理的、人必須遵守的此一情況。人的服膺義務只能為義務而義務，實踐「義」只能因為是理所當然而行，不能有其他想法或動機，這就表示了道德行為，或退溪所說的四端只能由理而發之義。這種對道德行為只能由理而發的認知，就涵理單靠其自己就可以直接給出主宰，使人生發出實踐道德行動的力量之義。道德之理不給人任何的利益上的承諾，理不要人在為了義務或只因為理之故之外另找動力，人越摒除感性的利害計較，越截斷功利的想法，越會是真正的道德行為，這便越見道德之理的力量。即理的力最在越摒除功利計較、感性欲求而越能見出。這等於蘆沙所說的理完全不需要從有形的氣的作用中提供其力量，理的力量完全不同於氣，而此力量是理單以其自己給出來的之意。照此一思路，人在越去掉感性的欲求對意志的影響時，越能發現理本身的主宰性的力量。即越能了解「義務的行為是只為了義務之故而行」、道德之理完全不需要其他的作用來支持，理單憑其自己便足以成立之義，就越見道德法則的力量。因為越能摒除義務之

外或法則之外的動機,便越是純粹的、有道德價值的行為,故有道德價值的行為是正由純理直接決定的,這便顯示了道德法則的力量。而若行為的動機摻進了其他,如為了利而行,則這行動之道德性,便會喪失。故以道德之行為必須由純粹理性或法則直接決定之義,便可證理本身便有主宰性之力量。故可說法則單以其自身,就可以給出令人完全服從,甚至五體投地的力量。朱子在與陳同甫辯漢唐問題時,也有一段話說明此義,他認為在念慮上做義利之辨的工夫,越能嚴格的做分辨,便越會產生力量:「但反之於吾心義利邪正之間,察之愈密,則其見之愈明;持之愈嚴,則其發之愈勇。」朱子認為這種力量「是豈才能血氣所能為哉!」(〈答陳同甫〉第六書)這應該是他真實的體會。即對理愈有正確的理解,愈會有非血氣所能及之力量給出來。故可以借用朝鮮儒學主理、主氣之區分,說朱子是從道德法則以契入無條件地實踐,並由此而引發實踐動力的「主理」的型態。

(六)朝鮮儒學主氣派的李栗谷一系,固然不能給出上文所說的理作為實踐動力的說明,但也有其他的貢獻,對於理解朱子學的義理型態也有幫助。栗谷系的學者大都認為心雖然是氣,但心之為氣,是氣之精者,如上文第一節所提到的。栗谷肯定有氣之本然,或本然之氣,即肯定了人生命中有本來清明的氣之本體。如果人能檢束其氣(心氣),就可以恢復氣之本然,即恢復清明的氣之本體。而善是從清氣發生出來的,故如果人有本然的清氣的本體,則只要通過養氣的工夫,就可以恢復清氣而為善。此一對人本有清氣之本體的肯定,也可以作為人人可以為善的超越根據。栗谷此說為後來的李柬(巍巖)所強調,吳熙常(老洲)認為心氣是清明而與理無間的,也應是承此義而發展。到朝鮮朝最後期的田愚(艮齋)則正式提出「氣質體清」之說,認為人在其生命開始時所稟受到的氣,是有清明的氣之本體在其中的,此氣之體並不會因著後天的活動變化而失去。此一肯定可能也可以說明朱子學所以重視涵養之故,即人如果能做涵養的工夫,本有的清明的氣之體就可以呈現,此所謂「纔歇即清」,而人就可以為善。當然對於此氣之本體的肯定與證成恐怕有困難,而且善的行為如果是由清氣而有,如栗谷所說的,「善者,清氣之發」,則性理的作用恐怕太弱化,也不能說明何以在見

孺子入井的情形下，人人都會有要求自己無條件的往救孺子之想法，這是無分於氣性清濁之人都會有之自我要求，此一問題在艮齋的弟子繼續有所討論。

　　田艮齋的思想以「性師心弟」為主旨，他認為性理是標準。標準是不能變化的，故性理不會活動。艮齋此說給出了性理是不活動的理由。心是活動，故心是氣。但心之為氣是虛靈的，故「心可以學性」，從心之虛靈與心可以明理，也可以說心是善的，但心雖然善，會流於惡，因為心是會活動變化的。這是艮齋承繼吳老洲所說的「心本善而不可恃」之義。既然心之虛靈可以學性而為善，但不可恃，則心對性的態度應該是如同學生以恭敬的態度來從師問學一樣。心自居為弟子，事事以性理為遵從的標準，不敢自以為是，即弟子永遠以老師為學習對象，如顏子對孔子的態度。艮齋認為心這種對性理的態度是最恰當合理的，如果心以為自己就是理，那就是僭越。他認為人間的種種毛病都是由於心的妄自尊大，僭越了性理的位置而產生。艮齋此說大略同於上文所說康德論尊敬的意思，也表達了心性為二的必要，即如果太強調心性是一，會引發人的驕傲自大。另外，從「心學性」之義，也給出了朱子一系學者所以強調讀書明理的說明。即由於心雖然可以通徹於理，但心之虛靈並不等於是理，心會活動變化，故對於本來知道的道德之理不一定能持守，在這種情形下，多識前言往行以蓄其德，是必要的。朱子強調讀書以明理，雖然也涉及到一草一木之理，但還是以求知道德之理為主的，而對於道德之理的了解，從「心學性」之言，也可以說明讀書的必要。即心要若以性為學習的對象的話，則讀書就可以作為明理學習的好方法。故艮齋的說法既說明了心性為二的必要，也說明了讀書、學習在心性為二的系統下是必要的。

三、小結

　　由以上的綜述，可見通過康德對道德法則的分析，及朝鮮儒學對朱子學的反覆研究，所開出不同的思考及義理型態，是可以幫助我們對伊川朱子的

思想型態，給出不同於牟先生之詮釋的參考。至於是否可以真正突破牟先生對朱子的衡定，而把朱子學歸於自律的型態的倫理學；而認為也是成德之教的可行的型態，而伊川朱子與象山陽明兩個義理型態，是互相含蘊，需要互相回溯的，並非為兩個有上下的不同或有偏正的分別的系統，即不必如牟先生所說朱子學是儒門的別子為宗，是重要的輔助工夫，而不是本質的工夫，此則需更詳細的論證，故以上所說只是個人的探索或甚至臆測，不敢自以為是定說。

孟子告子之辯的再探討

一、引言

　　本文擬從康德「以自由意志為先以了解無條件的實踐」之義來理解孟子。孟子以心說性，而心是本心，即道德心，孟子對此人可隨時流露的本心很有體會，從他有關本心之體悟、論述，以此作為人之所以為人的本性及在價值上不同於禽獸之所在，展開了本心的種種涵義。而此種種由對本心之證悟而來之義理，與康德根據作為理性之事實的道德法則分析出來的有關道德之種種涵義，大體相似，可謂如出一轍。由此可證，以自由意志為先來了解何謂無條件之實踐是可行的，而這正是孟子對何謂人性之理解途徑，此一以自由為先之理解道德之途徑，康德並不贊成。而孟子正由此途彰明義理，此是孟子與康德道德學的異同所在。而由此義就可以契入牟先生逆覺體證之說。即由於本心可以呈現，由此就可以使人知道道德的種種內容，故於本心真切體認就可以知德。

　　對於孟子書所載孟子與告子關於人性論的論辯，學界研究成果已經很多，我個人認為在這些成果中還是以唐君毅、牟宗三兩位先生的有關詮釋最為深入而清楚，而且於孟子原文最為相應。唐先生認為孟子言性是即心言性，而此心是性情心、德性心。唐先生認為孟子從心之直接感應，表現出道德的善言性，而不同於告子所言生之謂性是從人的生理自然來說。然後唐先生認為孟子即心言性可以統攝告子生之謂性之意，因為即心言性之心居於生之謂性之上一層次，大體可統率小體。唐先生又說孟子的即心言性是以「心

之生」言性,即此心是有力求繼續呈現、生起之心。[1]此表示了道德心的力求擴充、生長之特性。此處唐先生認為雖然即心言性不同於告子言生之謂性,但從心之生言性仍合於性為心生之字義。即認為告子以生言性之意雖然不切,但以生說性之意,並非不可以說。本心之力求充盡,如火之始燃,泉之始達,亦是生也。牟先生認為孟子的大意可用「性由心顯、仁義內在」[2]八個字來說明。性由心顯是從心之善來證性之善,而仁義內在,表示了仁義內在於人的心,此心即是善心,道德心。此即以本心之自發地為善、自由、自我立法為人之性。在《心體與性體》第二冊討論程明道論生之謂性處,牟先生對孟、告論生之謂性之義做了詳細的分疏,認為告子是從經驗的角度看人,以人之自然的生理本能、心理慾望等論性;孟子反對之,即表示孟子對人有自覺的實踐仁義之能,是有洞見的,此一層的人性,並不能從人的實然的活動可以看到。故孟子是以道德性來了解人性,人自覺到道德的價值而力求實踐,才是人之所以在價值上不同於禽獸之所在,故孟子的論性與告子的論性有上下層的不同,告子只看到人的實然的經驗的人性,而看不到人自覺行義之性。對於明道所說的生之謂性,牟先生認為並不同於告子所說。生是表示存在之意,告子從人之存在理解到的人性是實然的生理慾望等的人性,而明道則從人、物的存在體會到天道生生的創造性活動,牟先生之意分析十分清楚,也補充說明了唐先生認為孟子之言性可以涵告子所說之意。即「生之謂性」是說性的原則,表示了如果要討論人性必須要從人的存在來說之意。生代表「存在」,而從人或物的存在來看或理解人性,可以如告子所言「食色性也」,此即漢儒董仲舒所說的「如其生之自然之資之謂性」(《春秋繁露・深察名號篇》)。亦可如程明道所理解的,從人、物之生(即存在)而體會到天道的生生,那是超越的觀點。故同樣以生之謂性作為理解性的根據,而所得到的理解並不相同。牟先生在《圓善論》用了三章的篇幅對

---

[1] 見唐君毅先生:《中國哲學原論・原性篇》(香港:新亞研究所,1968 年 2 月),頁 20。

[2] 這是劉述先先生對牟先生說法的概括,見劉述先:《論儒家哲學的三個大時代》(香港:中文大學出版社,2008 年),頁 1。

孟子〈告子篇〉與〈盡心篇〉的重要篇章都做了疏解，所涉及的孟子思想內容比較多，又從孟子的思想引出德福一致如何證成的問題。其中對於孟、告辯論的部分，牟先生的詮釋與《心體與性體》的有關部分大體相同，很明白地表示了孟子言性與告子的不同。[3] 兩位先生的孟子詮釋，略有不同的風貌，如唐先生比較剋就孟子的原文來作解釋，不引入西方哲學的理論幫助說明，而牟先生往往藉康德對道德的分析來詮釋孟子義。但在對孟子學的基本義理型態之理解上，大體是相同的。對於二先生的有關說法，我沒有不同的意見，而所以仍要討論此題目，是想順唐、牟二先生論孟子言性之義，又通過康德的道德哲學的理論，來表達孟子的即心言性，或性由心顯，是如同康德所說的從意志自由為先來了解無條件的實踐之意。唐牟二先生都認為孟子說性是從心來說，也就是從心之善來證人性之善。如此所理解的人性，是人能自發而無條件去實踐仁義的能力，如此理解人性就是以道德性為人性。故從心說性或從心善說性善，就等於康德所說的從意志自由為先，來理解何謂無條件地實踐，即從心的活動來體會道德的意義，又根據此一體會來肯定或論證人性之為善。即我認為孟子從道德心來說人性，此等於是從心來體證道德的種種意義，而以這些對本心的種種體會來說人性。這除了是相對於生之謂性之傳統說法，對人性給出新的規定，以表達人在價值上不同於禽獸之所在外，也從道德心的自發、自覺而體會出在人的生命中，道德心靈的特殊性。而孟子對於此心所涵的種種意義的體會，正好表達了康德對道德法則所作的分析。康德通過從人所本知的道德法則（所謂理性的事實）而作出仔細的分解，表達了道德法則所涵的種種內容，最後逼出了意志之自我立法，即人的意志是可以給出普遍立法的之義。康德認為必須從這個地方看人，才可以看出人的尊嚴。如是便可以看到康德是通過對道德法則的分解，而逼近、甚至肯定人之所以為人的尊嚴與價值所在之道德心。這是從道德法則而肯定人可以有無條件為善的純粹意志。而孟子從對人的本心的種種體會，也展示了仁義或道德法則所涵的種種義理內容。於是通過孟子學與康德的道德哲學

---

[3] 牟宗三：《圓善論・第一章》（臺北：臺灣學生書局，1985年），頁1-27。

的比較，好像二者是從本心而展示道德法則，與從道德法則而肯定本心的不同，而二者其實確沒有不同，只是從哪一個地方為先，以論述或體證何謂道德的不同。案康德的見解，認為只能從法則為先來了解何謂無條件地實踐，不能從意志自由為先來了解；但如果通過與孟子學的比較，可見從意志自由為先，來理解無條件地實踐，亦是可行的。孟子對道德或義務的理解幾乎與康德如出一轍，而孟子所言本心的特性也與康德從法則而肯定的自由意志的特性一致。由此既可以證成康德所謂的自由與道德法則互涵之說，又可以說明康德之反對從意志自由為先以了解無條件的實踐，其反對雖有理由，但並非定論。然後再說明孟子從心來體會道德之性，涵對於道德法則之種種意義作出展示，而孟子此由心說性顯發了道德之性的種種涵義之教法，實可以補充陸王心學偏重在本心良知契入道德實踐，而未充分展示道德之理的流弊。本文擬從這個角度對孟子人性論作一些申論。

二、道德法則與自由意志的關係

上文已提及康德的有關說法，此必須引文來說明，康德在《實踐理性批判》中說：

> 這樣，「自由」與「一無條件的實踐法則」是互相函蘊的。現在，在這裡，我不問：是否他們兩者事實上是不同的，抑或是否一個無條件的法則不寧只是一純粹實踐理性之意識，而此純粹實踐理性之意識又是與積極的自由之概念為同一的；我只問：我們的關於「無條件的實踐的東西」之知識從何處開始，是否它是從自由開始，抑或是從實踐的法則開始。
>
> 現在，它不能從自由開始，因為關於自由我們不能直接地意識及之，蓋因關於自由之首次概念是消極的故；我們也不能從經驗而推斷之，因為經驗只給我們以現象底法則之知識，因而亦即只給我們以「自然之機械性，自由之直接的反面」之知識。因此，就是這道德法則，

即：對之我們能直接意識及之（正當我們為我們自己追溯[4]意志之格言時我們能直接意識及之）的這道德法則，它首先把「它自己」呈現給我們，而且它直接地引至自由之概念，因為理性呈現道德法則為一決定底原則，此原則乃是「不為任何感觸條件所勝過」的決定原則，不，乃是「完全獨立不依於感觸條件」的決定原則。[5]

康德在《道德底形上學之基本原則》及《實踐理性底批判》二書中，都同樣以對道德法則的分析為開始，然後一步一步分析出道德法則或義務所含的種種義理，這就是他所謂的以法則為先，來獲得何謂無條件地實踐的知識的做法。他所以要如此做，因為他認為人對於道德法則是本來有了解的。關於何謂義務、何謂道德行動，人只要一反省就會理解。如上文所說，人如果去考慮決定他的行動的格言（準則）時，就會意識到道德法則。即我們在考慮應該抱著什麼存心去行動時，就會理解到道德行為是按照無條件的律令（令式）而行的行動。道德法則是無條件的，而在經驗中我們得不到關於無條件者的知識（在經驗中只能得到與自由相反的，自然的必然性、機械性之知識）。故這對道德法則的了解是由理性給出的，人對道德法則的了解是所謂先驗的理性的知識。這種對於道德法則的先驗的知識，人是可以反省行動所根據的原則就可得知，於是就可以此為根據，從道德法則逐步分析探究，以理解道德的全幅涵義，故以道德法則為先以了解何謂無條件地實踐，便是可行的。在經驗中即使沒有無條件地實踐之事例，但從對道德法則的探究，就可以理解之。再進一步，既由對法則之分析了解了道德行動，則此無條件之實踐若是可能的，則人必須有自由的意志。故從對道德法則之分析，便有「意志必須是自由的」之肯定。道德法則以無條件的律令來決定意志，而此

---

[4] 「為我們自己追溯」（trace for ourselves），李秋零譯作「為自己擬定」。見〔德〕康德著，李秋零譯注：《實踐理性批判（注釋本）》（北京：人民大學出版社，2011年），頁28。

[5] 康德，牟宗三譯註：《實踐理性底批判》，《牟宗三先生全集》卷 15（臺北：聯經出版事業公司，2003 年 5 月初版），頁 178。

能接受無條件的律令而行的意志,當然就是自由意志。即自由意志是不受其他因素影響,而只因為理所當然之故而決定去行動。故由按照無條件的法則而行就可以給出對自由意志的肯定;而如果不從道德法則開始,是不可能認識到有積極義的,自由立法的自由意志。這種做法是以本來有所知的理為根據以求進一步的理解,或依康德之意,把涵在義務意識或道德行為中的道德法則抽出來理解(這也就是哲學的思辨)[6],康德認為此一對無條件實踐的知識的了解的途徑,是唯一可行的作法。雖然由於法則與自由二者是互涵的,故按理也可以從意志自由為先來理解,但由於意志自由並不是經驗的可知的對象,經驗的知識必須服從自然的法則,都在必然性的因果法則的統一底下,故在經驗中只能有自然的機械性,而沒有自由,故不能由自由來開始。人對道德法則有先驗的理性知識,故可不受限於經驗界,如上文所說;但對於意志自由,我們不能經驗到,情況不同於對道德法則。我認為康德此說大略同於程伊川所謂的從「常知」進到「真知」之論。人對於何謂德性,即關於道德的知識,伊川認為是人人本有的。只是需要根據此本有之知,通過格物致知的方式,以達到真知,才能使道德實踐成為經常性之行動。伊川論心並不能肯定心即理之本心義,而朱子更明白表示心不是理,不能只從對心的理解而了解道德的性理。這從朱子反對以心觀心,而只肯定以心明理之說可知。康德與伊川、朱子這一型態也可以「主理」之型態來說明。即只能容許從對道德之理(性理)的理解,來給出真正的道德實踐,不能相信此當前的心可以是理的呈現。當然此主理的型態必須如康德所說,肯定人對於道德法則本有所知,才能是一對於無條件地實踐能夠了解的途徑,如果不承認人對道德法則(性理)本有所知,而以之為格物窮理的起點,則格物致知就

---

[6] 這是康德在《道德形上學之基本原則》第一節之標題「從道德之通常的理性知識轉至哲學的知識」之意,(牟宗三譯註《康德的道德哲學》《牟宗三先生全集》卷 15,頁 15。)即關於道德的知識是理性的知識,不從經驗來,但必須通過從一般的對道德的理性的知識進至哲學的知識,才有持續不斷的道德實踐。這所謂哲學的知識,是對一般的道德的理性的知識作哲學的思辨。康德對哲學之為思辨的規定,見其《邏輯學講義》(許景行譯,北京:商務印書館,2010 年 10 月),頁 25-26。

有牟先生所說的以泛存有論的存有之理,來規定道德之理的問題,即對於窮理致知所明的理是否為道德之理,是沒有保證的。而且理在心外,必須通過後天的認知,從意志的對象中,才可知理,而為意志之他律。伊川與朱子是認為人對性理是本有所知的,格物致知,是從常知至真知的工夫,故並非他律之型態。

　　從康德上引文所說的「是否一個無條件的法則不寧只是一純粹實踐理性之意識,而此純粹實踐理性之意識又是與積極的自由之概念為同一的」,可見他是傾向於主張道德法則與意志自由(意志的自我立法)二者是同一的,即當人意識到純粹實踐理性(純粹理性決定意志,是謂理性成為實踐的)時,就產生了意志之自我立法的想法,而意志的自我立法就是自由的積極概念。故無論從道德法則開始或從意志自由開始以了解何謂無條件地實踐,都會通於或關聯於另一方,這也是所謂二者互相涵蘊或回溯之意[7]。雖然說二者是一事,但康德認為一定不能從意志自由開始,理由如上文所述。但孟子言性或對人性的理解的確如唐、牟二先生所說,是從心說性或從心之善以證性之善,亦可說是以心為先來理解道德或義務是無條件地實踐之意,何以在康德否認或反對此一進路,而孟子卻由此給出了對道德或道德性明白的展示?這是吾人需要回答的問題。

三、孟子從心善證性善

　　孟子書中對於道德(或仁義,尤其是義)的意義,作了不少的展示與闡釋,如開首即言義利之辨,表明了仁義的行為是無條件的實踐;又說如果為利而行,一定會引起爭奪,這也表達了康德所說的按照有條件的律令而行,一定不能普遍地適用所有人,而會引起衝突之意。在見孺子入井的譬喻中,孟子明顯表達了此惻隱之心是無所為而為的純粹意志,也即康德所說道德的

---

[7] 李秋零譯本作「自由和無條件的法則是彼此互相回溯的」。〔德〕康德著,李秋零譯注:《實踐理性批判(注釋本)》(北京:中國人民大學出版社,2011 年),頁 28。

行為是出於意志的自律及自由之意。在論舜的道德行為時，孟子說是「由仁義行，非行仁義」，表示了道德行為是為了義務之故而行，而不只是只求行為符合義務而已。對於道德的價值，孟子有「大行不加，窮居不損」的說明，表示了如果人能夠為了義務之故而行，則他的存心便有道德價值，不會因為行為的結果是否有利，而使其價值有所增損；也表達了具有道德人格的人，其人格的價值有其絕對性，不是其他事功的價值所可比擬。從這些篇章，可以看到孟子對於道德的特性、價值所在有非常清晰的了解，他的了解與康德通過對道德法則的分析得出來的結果幾乎是一樣的，雖然孟子的哲學性的辨析並不十分充分。孟子可以不必通過仔細的思辨，就可以得出與康德通過嚴格的哲學分析相同的結果，這可以說是因為孟子從本心的活動來深切體證道德之理之故。這也可以用後來陸王心學的說法來說明，即由本心的呈現就有理的彰顯，甚至有心才有理，故此時對理亦有清晰的了解。當本心良知呈現時，此理彰明，如在目前。這應即是康德所謂的以意志自由為先來了解何謂無條件的實踐之意。孟子陸王確是以心為先來了解何謂道德義務。孟子陸王對於道德之理的了解不能說不正確，於是就可以證明康德反對以意志自由為先以了解何謂無條件的實踐的說法，是不對的，從自由意志為先，照樣可以得出對無條件的實踐之正確了解。

　　從孟子與告子的論辯可以看到孟子對於人性的能無條件為善，或人的道德性是人內在的自發的要求很有了解，他直接根據這種肯定而與告子辯，雖然在論辯過程中有推理的跳躍處，但他在論辯中所表達出的對人性的實感，是很清楚的。（對此義的討論見後文。）對於孟子這種實感，我們需要有真切的感受。從他的言論中，表達了一種人自覺要求自己為善、自覺不甘受感性慾望利害計較所束縛而超越之的人性或道德之要求。讀孟子而能如此了解，就是有所「見」，即對人本有的心性、道德心靈、自由意志有所了解。孟子表達出的是人性中的道德理性，這即是宋儒所謂的「性理」。這種性理，必須要透過自覺的道德實踐表現出來，如同牟先生所說的「生命的學問」，此種無條件自發的實踐所表現出來的生命，就是真理。孟子認為告子言生之謂性，是未能見到人為了義而行的人性，故一再詰問。孟子不容已地

要表達其所見,即人有由內而發的、同時也是合理的,人人當為的,只為了是理所當然之故而如此行的本心,故主張義內。孟子所謂義內,即康德所說意志的自律、意志之對其自己即是法則,也就是純粹理性成為實踐的等義。而朝鮮儒學主理派如李退溪所說的「理發」[8],也很能表示此義。所謂「理發」即是道德之理本身是道德行為的唯一動力,即是說真正的道德行為是由道德法則直接決定意志,而給出來的行為。在康德,此為理性或道德法則直接決定的意志,即是自由意志,此意志是否為活動或呈現,是不能證明的。而在孟子,本心的活動,即是道德的理或理義的活動,故此心自由而且自律,自己給出普遍的法則而遵守之,這是所謂義內之心(孟子說「仁義禮智根於心」),是隨時可以呈現的。

孟子曰:「心所同然者何也?謂理也義也,理義之悅我心,猶芻豢之悅我口。」(〈告子上〉)從這章亦可看出孟子是從心之活動處證道德之理。孟子從心的活動看到此心對於理義有共同的肯定,所謂理義當然就是道德法則。從孟子所說的「義利之辨」,可見他所謂的理義,同於康德所說的依無條件律令而給出來的使主觀的行動原則可以成為普遍的立法之意,即此理義並不能有個人主觀的想法,或特別的材質性的內容,而只是一個可以普遍的對所有人有效,給出立法的要求的理,此理由於是對所有人有效,故不能有個別特殊的內容,而只能是一普遍的形式的法則。此是一對所有人都可以給出立法而本身卻空無內容的形式。現在要思考能夠為此普遍的立法的形式之理所規範的心,是什麼意義的心呢?如上文所述,康德認為能接受此一形式的可普遍立法的法則的意志,即能被此一形式的法則決定,而且是直接的決

---

[8] 理發可區分為依理而發及理本身活動二型。依朱子,理不活動,而人對理本有所知,理在心為明德,可「因其所發而遂明之」(「明明德」之注語)此便可說「理發」。朱子亦常有「性發」之言,此固是心依性理而發,但亦涵性理在心而為光明之事物,心對此有本知而要依之而行;而越依之而行,越見性理之必須遵從,而為吾人之真性所在,這些言論並不只是依一心外之理而行之意。理雖不是心,但為心所本知。性理在心而為明德,人很容便能理解,好像理本身生發出來。而依孟子,本心便是理之直接發用、活動。

定的意志,只能是自由意志。此意志不能受任何其他因素影響,只依照其自己給出的可以做出普遍的立法的形式之理而活動。即他給出的活動是按照人人都要根據此一存心而給出的行動。在孟子認為心可以對此普遍之理有所肯定,所謂「同然」(共同、普遍的肯定,亦函康德所說的「格準之普遍化」之義。)。即在自己對此理義作出肯定時,同時認為,人人都會作出此肯定。即我所肯定的是人人都會肯定的理。能如此地反省便可知此心是一個可以給出普遍立法的心或意志,如果心可以給出一個普遍的立法,而且是形式的理(一定是這種理才能說是同然的,不然只能然於我,或與我相同想法的人,不能夠普遍的為一切人所同然。)如是理解心,則此心就是普遍的沒有內容形式的理,即此心是能夠以普遍的形式之理作為自己的決定者,此時的心一定是能夠把所有個人主觀的想法都抽掉了,而只依可以普遍的立法,即為所有人在理性上都能夠肯定、同意的作為自己的想法。如果此說可通,則雖然孟子是從心說性,從心之善證性之善,但此所謂心與性,都是普遍的理。故雖曰心,但並非主觀的主體,而是具有客觀性、普遍性的主體。而若說此心即性,則此性也是以普遍的道德之理為性,而並不是人這一類生物所有的與其他生物不同的形體結構,或自然的生理本能、心理欲望等。必須要如此了解心與性,才能明白孟子乃至陸王所說的本心,或是心即理的心及性理,是什麼意義的心、性。此即雖然說的是人的心性,但乃是一空依傍,完全沒有受到個人主觀的或任何其他因素影響,而自發的按照普遍的立法的形式而行的心,而性亦就此心之能說。此心只是理,完全表現普遍的理的意義,除此之外,沒有其他內容。雖然依孟子,此心以四端來表現,而四端就是理,但並非心具有種種不同的內容,而是普遍的道德之理在心的活動上所表現出來的四相,雖有四種相,但都是普遍之理的表現。

　　當然人是否能表現出本心,及能否使心呈現普遍的理,是需要工夫的。在康德,人要使行動成為道德的行動,便要依使行為的格準成為普遍的法則,如此的去行動,這就是要求當下行動所依據的原則能夠普遍化。這種的工夫或許可以借用孟子所說的「權衡」來說明,他說「權,然後知輕重;度,然後知長短」(《孟子·梁惠王上》)。即要以普遍的理來作為思考的

標準,衡量一下如果人人都面對此一情境,當該如何做。如果此時自己行動的存心可以普遍化,為人人心所同然,則己所行的便是義,否則便是利。即以普遍性的立法來要求自己,則人就可以知道自己給出的行為所根據的原則是否為普遍的理,所做的是非的判斷是否可以普遍化。依此權衡之說,則如何使本心呈現,或使心成為具有普遍性之理心,孟子也有如同康德所用的方法。在孟子的原文中,這種意思的文句應不少。即根據本有的對於理義的了解,而進一步地擴充,以求對理義做進一步的了解。如云「求則得之」,「思則得之,不思則不得也。」當然,對求則得之或擴充、盡心,可以理解為當人在求或盡此心的時候,本心馬上呈現,此所謂逆覺體證;但也可以理解為據自己對於理本有的了解而求進一步。上文唐先生所說孟子所言之本心是不斷地持續活動、生長之心,也可以從這個意義來了解。

孟子與齊宣王討論仁政時,齊王說「是誠何心哉」,或「於我心有戚戚焉」,本心之意便躍然而出。在孟子論生與義不可兼得時,說「由是則生而有不用也,由是則可以辟患而有不為也。」(〈告子上〉)此「由是」,即由「本心」。孟子是指點這當下之心,是可以使人產生「所欲有甚於生,所惡有甚於死」的感受的,而此心是人人都有的,都可以當下呈現的。故曰「非獨賢者有是心也,人皆有之,賢者能勿喪耳」,這一再說的心,都完全是理的呈現。孟子對於此一意義的心非常有體會。即他看到了人可以按照無條件的律令,而只為了理所當為而為的決定。他直下看到並肯定這種以人所同然而也是我之同然的心的活動,而以此為本心,又以此為人性。一下子從告子所說的生之謂性的層次超越出來,故牟先生認為孟子真是有大才[9]。所謂孟子有大才,就是他能看出人之所以為人並不能從自然的生理本能、知覺運動等,即生之謂性的內容來說人性。孟子是以道德性來說人性,以能自我立法的道德主體為人的本心,這的確表示了孟子對人性的洞見。但如上文所說,必須要理解此心是同然於理義的心,而此所謂的理義是抽掉所有特殊

---

9 「孟子之縈縈大才確定了內聖之學之弘規,然自孟子後,除陸象山與王陽明外,很少有能接得上者。」《從陸象山到劉蕺山》,頁216。

的、主觀的想法而為一可普遍立法的形式之理。故孟子在強調此本心隨時躍然而出,而可以作為我們生命活動的主體之義外,對於此心之為理,或此心所涵的理的意義,也做了很多的論述。

以上稍分析了孟子書中一些對道德本心之體會,及其中所涵之道德意義、以證明唐牟二先生所認為的孟子是即心言性或以心善來證性善,確是孟子本意。他們看出孟子雖然是討論人性問題,但其實是有見於人具有對道德價值能自覺的心,而此心是自發地為善,不受感性的生理本能、心理情緒或利害的計較所影響者。由於人有這種自由而不受感性影響,又是自發的為善的本心的活動,故人並不能與禽獸為同類,這是以道德心所發的道德性、道德意義為人之性。這種對人心或人性的了解,正如牟先生所說是一種洞見,能有此洞見的孟子確是有大才的。孟子這些由體證本心善性而給出的說法等於康德對道德法則的內涵之充分說明。

康德對道德的說明,是研究道德哲學所熟知的,為了與孟子學對照及方便後文討論,仍據康德《道德底形上學之基本原則》略述如下:康德先肯定人對道德法則或何謂道德義務有理性的知識,即這種對道德的知識人人都有,是先驗的,不從經驗來,而只要人通過理性的反省就可以看到自己對道德義務的本有的了解。康德從此處開始而展開了他對道德義務的說明,如所謂義務性的行為是出於義務(或為了義務),而不只是符合義務,道德義務的行為其道德價值在於行動者的存心,而不在於行動所產生的後果,然後說義務是尊敬法則而來的行動之必然性,再說所謂道德的行為必須是由道德法則直接決定意志而產生。而如果行動的動力不只是由法則而來,則此行動並不是真正的道德行動。然後康德提出其道德形上學的說法,即把道德法則之為無條件的律令的意義作一展示,他用要使個人行動的格準成為普遍的法則作為定然律令的基本程式,而人也可以通過這一規定,以檢查自己的行動。康德然後列出定然律令的三個程式,除了要使行動的格準成為普遍的法則之外,又有對人要看作目的,不能只視為手段,及人是具有可以給出普遍立法的意志等。從這些對道德法則的分析可以看到人有其尊嚴,並不能以一定的價格來表示其價值。從這些對道德的分析,最後可以推出道德法則是人的意

志自己給出來的,由於道德法則是要人為義務而義務的無條件律令,故人之服膺義務不能受其它因素影響,只能因為此義務是我理所當然去服膺的這個道理所推動。而這便是意志的自律。故意志的自律是真正道德行為的根源,而如果推動人去從事道德行為的力量,並非從意志自己給出的法則所產生,不是由法則直接決定意志,而是由意志的對象給出影響,實踐的動力所欲求的對象所提供,即為了其他理由而服膺義務,這便是意志的他律。而他律就是一切假的道德的根源。而如果意志自律是道德的根源,則此意志所遵從的法則一定是空無內容的,只給出普遍的立法的形式,能夠服膺此普遍立法的形式之理的意志,也應該是沒有任何主觀的特殊的想法,而只以行為的格準能夠同時作為普遍的法則,即可以適用於一切人。只以此普遍的形式之理作為自己行動的所遵守的法則,則此意志當然是不受任何其他因素影響的,自己決定該如何行的自由意志。故道德法則對於意志給出直接的決定才會產生道德行為,而此時能接受法則所直接決定的意志,也一定是自由而且自我立法、即自律的意志,法則與自由意志是互相涵蘊的。

四、對孟、告的論辯之分析

　　康德對道德法則給出上面的分析,內容是非常豐富的,他從法則開始就可以步步深入而展示其中的內容。而孟子的從心說性,我認為也可以同樣展示上述康德所說的有關道德法則或義務所涵的種種內容。而且也足以表示此道德本心是自由,而且是自我立法的。當然,孟子這些闡釋與康德從預設人對道德法則本有的了解,來開始分析的作法是不同的。孟子是從心開始,通過對此心的體會而引申種種有關的內容。《孟子‧告子篇》前面部分所載的孟子與告子的爭論,孟子就是如上文所述根據他對本心的意義的體會,而引發種種議論。告子說:「性,猶杞柳也;義,猶桮棬也。以人性為仁義,猶以杞柳為桮棬。」即告子認為仁義對於人性是外來的東西,他大概認為人當然要作出符合仁義的行為,但這仁義並不是人性本有的東西,即孟子所謂的「非由外鑠我也」的「外鑠」,把理想的仁義道德的行為看作是外在的規

範，認為人雖不願意服從，但為了人的群居的需要或社會生活的需要，必須服從，這是一般從社會學的觀點來看道德的理解。但孟子一下子就看到仁義是出於人性自發的要求，故他反問：「子能順杞柳之性而以為桮棬乎？將戕賊杞柳而後以為桮棬也？如將戕賊杞柳而以為桮棬，則亦將戕賊人〔性〕以為仁義與？率天下之人而禍仁義者必子之言夫！」[10]孟子在此處沒有辨析何以仁義不能外於人性，他只抒發如果順著告子這一看法，會產生人將仁義理解為戕害人的本性的東西的感受。即如果仁義外於人性，便是一套要人勉強去服從，即使自己很不願意，也硬要遵從的規定。如果是在這種情形下，實踐仁義則便是痛苦的事情。從孟子之言就可以知道他認為人服膺仁義不會真的使人產生痛苦，這可以看到孟子對於人的實踐仁義有一種深刻的體驗，即感受到仁義的行為對於人其實是很順暢的。可能對於血氣生理之性，仁義並不是順其自然的事情，但如果人真肯去誠心實踐仁義，也會有合乎人性、順遂通暢的感受。在「天下之言性，則故而已矣」（〈離婁下〉）章中所討論的性，要從「故」來說，文意不很清楚，但後文說「故者，以利為本」，「利」就是「順」，此可以往上文所說的意思來理解。即實踐道德是順乎人性的事情，故人能夠從這裡找到人性流行的軌跡。不要以為從「生之謂性」，即從人的生理欲望看人性，才可以找到人性不變的活動軌跡，從實踐道德這一方面也可以看到人性是順著這一軌跡而活動的。當然此一「故」是提起來的「當然之義」，此當然之義是從人心靈的自覺自由才能表現的，不同於「飢而欲食，寒而欲衣」等自然的本性，為不自覺地、無例外地所表現的活動軌跡。提振生命以順本心之要求，與往下委的順自然感性的欲求，兩種「順」的意義並不相同。

第二章以「湍水」之流動來論人性，告子認為人性如湍水，流動中的水之出口，水自己不能決定，要看在何方有讓水流出的缺口。用這一譬喻來論人性，也合乎常識。即說人的為善或為惡，是由後天環境、經驗所決定。這好像也不能反對，後天的教育所以重要也在於此。即人性是可以受影響的，

---

[10] 「性」字，依牟先生《圓善論》補。

有其可塑性。而孟子的回應，則認為不能只從外在的或善或惡的行為來看人性，其實人的真正的內心都是希望為善的，故他說「水信無分於東西，無分於上下乎？人性之善也，猶水之就下也。人無有不善，水無有不下。」孟子對人性的好善有真切而直接的感受，他體會到人有希望向善的要求，這種內在的向善的要求與會受後天環境影響，而造成的或善或惡的習性，是不同層次的人性。不管人後天的習染如何深重，都不會抹煞或掩蓋這種內在的自發的向善的心願。為惡之人也會因為後天習染的深重而哀嘆，感到自己沒有能力掙脫這種由惡劣的習氣所造成的束縛，但他並非甘心地屈服於此，如果在此時有人可以幫助他掙脫此種後天造成的習氣、壞習慣，一定是他內心真誠願意的事情。孟子在此章中也沒有給出客觀的理論的證明。水的必往下流也並非水自身要如此，即其實是重力的作用，這也就是他然的、被決定的。但孟子運用這個譬喻很能表現人有更深層的內發的要求，並不能只從外在的環境影響、後天養成的習慣來看人，這的確可以看到孟子對人性有其深一層的洞見。

　　第三章告子提出「生之謂性」的說法，牟先生認為這一說法是古義，生之謂性是「說性或理解性」的原則，即要討論人性，須從生以後所有的來討論，生就是存在，人出生而成為存在。論人性須從人的出生或存在所具有的種種能力，或表現出的種種活動來討論，這應該是恰當的論人性的方式。這種討論人性的方式或態度比較容易就人的實然面來看人，即從人的自然生理本能、心理情緒、知覺運動等來論人性。在這個層面下，人是受自然的本性所制約的，看不到人有自發自由的可能，即人所做的種種都可以用生理本能、心理欲望，或對利害的籌算來作解釋，這就是孟子詰問告子此一說法的原因。孟子認為從這個角度或層面來看人，會造成「犬之性猶牛之性，牛之性猶人之性」的結果，即人與其他動物不能有嚴格的區別。這是孟子把「生之謂性」等同於「白之謂白」，而又從「白羽之白猶白雪之白，白雪之白猶白玉之白」，推論犬、牛人之性同。當然如同牟先生所說，這裡有兩步的跳躍。「生之謂性」不等於「白之謂白」，而從「白之謂白」、「白羽之白猶白雪之白」，也推不出犬之性猶牛之性，牛之性猶人之性。「生之謂性」是

理解性的原則，並不是說生就是性。而且即使從生來說性，人的生性與犬馬的生性也是不同的。即雖然從生之謂性理解人與其他動物之性，但人與其他各類的動物生而有的自然本性，還是有不同的。不能因為都是生而有之性，就說是一樣的。這也是人與其他禽獸不同類的理由所在。故牟先生認為孟子此章的論辯在邏輯推理上是有問題的。但雖如此，孟子要表達的意思則很明顯，即他認為如果只從生之謂性這一層面來看人，是看不到人與禽獸在價值上之不同處；即是說，從自然的生而有的本性上看，人與其他動物所作出的活動、樣態雖有不同，但不能有價值上高低的不同。即生命活動都是受制於滿足生理本能、心理慾望的要求。雖然可以說人在這一方面的生命活動，比其他動物聰明，人可以籌謀他未來的幸福，以未來的幸福如何獲得來決定現在的行為，動物則不能有這種遠慮。但這只表現了人的聰明，而其聰明也只是用在如何滿足生理本能、心理慾望上，沒有表現人在價值上高於禽獸的地方。在這個層面來看人，人也如禽獸一樣受他的本能欲求所決定。即如果人沒有拋開他的生理本能，擺脫他因為利害的計較而產生的想法的可能或自由，則人並不能說在價值上是高過禽獸的。從這個層面看人，只能說人是最聰明的動物，或首席動物。而由於人有道德心，可以給出自由自決的行為，而此等道德行為並不受感性欲求的限制，是可以無所為而為，或如康德所說，按照無條件的律令而行動，這才是人在價值上高於禽獸之處。孟子所說的「幾希」，也必須從這個地方來了解。由於這種人心的自由並不是可以觀察的經驗，故從生之謂性的角度來看人是看不到的。從孟子的詰問就可以理解孟子對於這種從道德實踐而表現出不受生理欲望所限制的自由，是很有體會的，故可以理直氣壯地來詰問告子。可能告子此時反求諸心，也覺得生之謂性之說並不周全，不足以說明人禽之別，所以便無言以對、辯不下去了。

　　第四章告子以「食色性也」來規定人性，而如果以此層面來看，義或義務性的行為，當然是從外規定的，人的感性欲望的層次當然不會有應然的、自覺地行義的表現。在此章中告子之說與前章的以人性為仁義，猶以杞柳桮棬的說法略有不同。大概告子認為仁這種愛心的表現固然是道德，但與人的天生情感也有密切的關係。故仁可以是被理解為發之於內的。而義由於是要

服從普遍的、客觀的規定,所以一定是外在的。孟子在這一章中辨明「義內」之意,是非常重要的立論。告子認為「彼長而我長之」,與「彼白而我白之」情況是一樣的,即人的行義如同對外物的認識一樣,外物是什麼,我們便要說它是什麼,不能說外物是什麼由我們內心所決定。而如何做才是符合於義的行為,要服從客觀的道理或禮制的規定,也不是我們主觀上要如何便如何的。孟子的回答首先分別了「白之」與「長之」的不同,即認識的活動與道德的活動有本質上的不同。認識的活動所知的內容,由所認識的外物所決定,如彼是白的我們就只能說彼白,不能以白為黑。但在長之之時,固然是因為有長者在,故吾人要去長之,但這長之的活動,其實是由於我們自己所認可才能給出來的。如果不通過我們的認可,即如果我們不認為是合理的,則雖然是至親在前,我們也不會給出尊敬的行為。故曰「且謂長者義乎,長之者義乎?」很明顯孟子看出了在道德行動上一定有主體的自覺、自肯或如上文所說的「同然」給出來的決定,才成為道德的活動,如果人只是依樣畫葫蘆般的給出合乎道德的行為,而內心沒有因為此行為是該做的所以我要去做的想法,則此行為不能是道德行為。故道德行為中的自由、自覺或自我的決定是不可缺少的要件。此種由自己認為是理所當然的肯定,對於道德行為的發生,是比看到長者存在的客觀事實更為重要。即,有長者存在固然是我要給出長之的行為的條件,但作為道德的行為,道德性是存在於存心上,故自覺對長者應該長之這一想法,才是長之成為道德行為的要件。而這一自覺該對長者尊敬的想法並不是長者的存在這一經驗事實可以提供的,而是由自由自發的心靈所給出來。於是道德行為必是由內發,由要求自己行義的心所給出來的。從孟子這一義內、義外的分辨,可以看到孟子並不只從經驗事實的外表來看道德行為,他看出這一類的行為並不能只從表面經驗來看,而要洞見所以能夠給出這種具有道德意義的行動,其中的自發自覺的心靈的要求。用康德的理論來說,只從經驗現實上看,只看到服從機械性的自然、因果的必然性的事件;而在這種觀點下,不會有意志自由的可能,而沒有自由就不會有真正的道德行為。即假如我們只從因為有長者存在,而長者在社會團體觀念上是需要被尊重的、禮讓的,於是我們就照這種社會風尚來

給出長之的態度；如果作這種解釋，則人的「長之」便是受前因決定的，並不是因為長者是自己認為該長之而去長之，於是這種行為的道德性就會消失了。而能夠給出道德性的意志自由，依康德並不能由以經驗的因果來說明的現象事件而讓人看到，於此只能把自由作為設準而加以肯定。在孟子則似乎當下便看出長之的行為並不同於白之般是由對象決定，而必須由人自發的給出要求。故孟子義內之說是一重大的發明，也完全符合一般人對所謂道德義務的了解。人人都對此義有了解，但要對之作恰當的說明就十分不容易，很可能會把自律的行為理解為他律，如說由於人與馬是不同的，故「長人之長」與「長馬之長」不同。若如此解則長之便是義外、他律的行為，一般人很容易作這樣的解釋，由此可以見孟子確有透闢性的智慧。

　　告子隨後論證他所主張的「仁內義外」之意，即認為他會愛自己的弟弟而不愛秦人的弟弟，這可以看出親愛之仁是以自己作為標準來做規定的，故仁由內發。但就敬長之義看，人必須敬自己的長者，也必須敬秦國的長者，這是依照一普遍的規定來表示敬意的。即只要是長者，便須敬之，可見敬長之義是由外決定。告子這一論證是以出於自己者，會因著對象與自己的關係的不同而有不同之對待，這是不能普遍地一視同仁的。而若不因自己的因素而決定，而要遵從一普遍的規定，則這規定就是從外而給出來的。對此孟子用「嗜秦人之炙無以異於嗜吾炙」來說明只要符合我的口味，可以不考慮此炙是從那裡出產的，來證從內發的，亦可以有普遍性。孟子之意是表示，雖然敬長是從我決定，但也是按照一普遍的法則來做的決定，即出於我的決定可以不是主觀的以我作標準來做衡量的，而是以普遍的人人都當該如此，即理所當然，作為對自己的要求。孟子此義正是康德所要表示的。即道德的行動是按照普遍的法則而行動，而這普遍的法則是人的意志自己訂立的。即人可自我立法，給出一個具有普遍性的法則，來要求自己遵從。故依孟子對此例之說明，可見孟子正是表示道德的行為是由自我立法，以自己給出的而亦是普遍的法則來決定意志，而作出行動。即從「義內」之說，可知孟子的確認為義務性的行動必須是出於我。不由我決定，便非我自覺自發的，當然也就不是道德行動，而這由我自發自決之行動，是按照從我給出來但我同時認

為是一切人都當該遵守的普遍的法則而行,如果這行動的原則不是普遍之法則,則亦不能是道德的行動。此一論辯表達了孟子看到了一既是由我決定,但亦是客觀普遍的理之所在的道德的主體。這一洞見,是非常關鍵的。告子主張仁內義外,以義由外而定,固然是對道德義務沒了解,而且他對於仁亦了解不恰當。他雖以仁為內,但依照他對內外之分辨,則他所謂之仁是出於內在的主觀的情感、並無普遍性。而其實仁亦是具有普遍性的,依孟子,仁是四德之首,當然具普遍性,只是此仁愛須在倫常關係中依本末先後之次序來表現,在表現上會有分別;但仁以感通為性,其感通不能先劃下一定範圍,故宋明儒常以與天地萬物為一體理解仁,此表達了仁具絕對的普遍性,而這才是對仁的恰當理解。程伊川強調須從「公」來理解仁,亦表達了仁的普遍性。

可見孟子對本心之為道德之主體,既是出於我而為自由意志,且亦是會作出普遍的立法之義,有真切的了解。孟子看到仁義為人所自發,從這裡體會到本心所給出的是普遍的法則,可以說他是把康德從道德法則的分析而得出的道德行動是按照自己給出普遍的法則而行之義,透過本心的自發的活動即是義的客觀規定來表示。即他是從心的活動而體會到道德之理的意義,從心的自發行義而體會到此心純粹為了仁義而發用,而且此心本身給出的活動就是客觀普遍的法則。故此心當然就是既是主體,又是客觀的普遍的理之心。而康德是通過對理的分析而逼出人當該有這種按照普遍的法則而行的道德心或自由意志,孟子則從道德心的自發自由而體會到此心的活動一定是理的呈現,本心並非「人心之不同各如其面」之心,而是「人同此心,心同此理」之心。

本心的活動即是普遍的法則之呈現,此義孟子在前面提到的「心所同然」章說明得很清楚,此章先從人在口目耳五官的感性欲求上之「同」作類比推理,認為人的心的判斷也有其普遍性,於是孟子認為心對於理義的肯定是有共同性,即普遍性的。此一為心所普遍同意的理義是什麼呢,如前述應該是如康德所說的普遍的道德法則,而且此普遍的立法只有形式的意義,而沒有內容的規定,因為假如有內容或有質料在此普遍的立法內,則此普遍的

立法性就不能成立了。故所謂理義或普遍的立法性是在我們作出行動的決意時，要求行動的主觀根據成為普遍的法則，即是說此普遍的立法性是在格準處給出，要求能普遍化的作用。我們在每一次決定行動時，都可以對我們行動的存心作出是否可以把行動所根據的原則普遍化的省察，即理義是在我們的存心上要求行動的原則可以成為普遍之法則的作用，除了這個要求普遍化我們的存心（行動的主觀根據）的作用外，便沒有所謂理義的存在了。是以所謂心悅理義並不是心喜歡一外於主體的客觀的法則，而是在每一次要求自己的存心普遍化或要求自己的存心從有條件轉成無條件，從為了利轉成為為了義，在這一自我要求轉化格準的活動時，心產生對自己活動的喜悅。即在人客觀化其存心、勉力去掉其他因素的影響或利害的計較時，內心對於這種客觀化其自己的活動產生了愉悅，這也可以說是本心呈現時，悅樂其自己。此心悅理義並不是悅一外在的對象，而是悅心本身的客觀化、普遍化的作用，心悅樂其自己之作為一具普遍性之意志，而這普遍性之意志，同時亦給出了道德法則即理義。雖然此理是形式的，但由於是在格準中作客觀化、普遍化的要求，所以也不是一靜態的、不活動的存有。又孟子心悅理義之說雖同於康德所說的意志自我立法，但比康德進了一步；心悅理義中所涵的本心呈現而悅樂其自己，在康德由於意志自由只是設準而不能呈現，是不能說的。

除了從普遍性或普遍的立法來理解道德法則的意義外，由於道德義務也含必然性的要求，故亦可從是否具「必然性」來理解或判別道德行動，或循必然性來推想自己的行為是否是道德的行為。在孟子文獻中也有此意，即從必然性來契入道德之理。如在見孺子入井之例中，孟子說「無惻隱之心，非人也」，這便表示了此行動是不能有例外的，即為必然的。孟子在另一章更明白表示可循必然不必然的分別，來判別何者為道德的行為。孟子曰：「可以取，可以無取，取傷廉；可以與，可以無與，與傷惠；可以死，可以無死，死傷勇。」（〈離婁下〉）這就是以行動是否具必然性作為是否為道德行動的判準。即如果不必然要取，取就不對；不必要與，就不該與；不必要死，則死就是不應該的。當然孟子的語氣也表示了死與不死、與與不與，取

與不取,兩種作法或許也可以,但從傷廉傷勇等語,可見孟子是要嚴格按照「必然」來做決定。如果在這些行動的格準上作嚴格的省察,就可以看到不會有模稜兩可的道德的決定,雖然人的職份、所處的環境狀況常有不同,應如何作才是該作的,有時並不很清楚;但在每一當下的情境中,如果能嚴格按照道德法則來決定意志,則應該只有一種作法,或可說只有一種作法是必然的或必要的。如果上述是合理的,則依孟子之意,人在每一人生處境的當下,可以通過嚴格的對自己行動的格準的省察而體會到道德法則的普遍性與必然性。如果是如此,則對於每一個行動的省察都可以是人真切體會普遍必然的道德法則的機緣,而從對道德法則的普遍性與必然性的體認,就會很容易體會到道德法則具有其絕對普遍的意義,而與天道是相通的。此即是說在人的行事上作省察,會達到知天理,所謂「下學而上達」的後果。

　　由此我們就可以對顧炎武一段有名的言論給出檢討。顧炎武說孟子雖言心性,但教人常在出處、去就、辭受、取與之間來用心,而不要空言天道性命。[11]其實如上文所說,人如果肯在出處、辭受、取與之間作嚴格的考察,是可以理解到道德之理的必然性與普遍性,由此便可體悟此理之絕對意義與價值。在此處如果一定不准人說性命天道的道理,恐怕對儒學的理解是有偏差的。固然儒家的道理不離倫常日用,但在成德的要求下,在日用中作省察,所體會到的是要按普遍必然的道德律來決定自己行為的存心,此種省察是非常嚴格的,而所體會到的道德律,也是絲毫不能打折扣的。下學而上達則是這種道德省察的必然後果。如果以為於行事之存心上作省察,只能達到「行己有恥」的效果,便是堵住了從道德實踐可上達天道性命之機。故這種言論,貌似平實、切於人生,其實是對儒學的了解不夠透徹。

　　從必然、不必然來區別是否為道德的行為,孟子的表示非常清楚,也可以證孟子對於道德法則的了解也如康德所說,普遍性與必然性就是道德法則的兩個特性。在上述與告子論辯之下一章,孟季子問公都子「何以謂義內也?」公都子回答說,「行吾敬,故謂之內也」。公都子表示了敬是由內發

11　見顧炎武〈與友人論學書〉,《亭林文集》卷三。

的，即道德的要求是人自發的要求，並非由外在的對象所規定，此一回答不錯。但當孟季子以同在一起喝酒時，先酌（斟酒）長於伯兄一歲的鄉人，抑或先酌伯兄來問時，公都子回答以「先酌鄉人」。而先前在比較伯兄與長於伯兄一歲之鄉人，要敬那一位時，公都子說要「敬兄」。於是孟季子質疑說，何以在喝酒時，不先為自己內心尊敬的兄長斟酒，而要先為鄉人斟酒？可見敬長之義並非由自己決定。公都子對此質疑不能回答。據後來孟子所代答「在位故也」的意思，敬固然是由我們內心所給出來的，而且這敬意的行動所根據的是自訂的而又是普遍的法則，但人在當前的處境下所給出的敬的行為，也必須因應情況的不同，而給出不同的作法。即雖然所根據的法則是普遍的，但作法可以不同，作法雖然不同，但不影響所根據的原則是可作普遍之法則的。即此作出因應情況而給出不同的作法時，仍是由自己依據可普遍化之原則來決定的。故孟子說，在叔父與弟弟同在時，對叔叔要用敬，但當弟為尸之時，則需要敬弟弟。即在與鄉人一同喝酒時，就要先為鄉人酌酒，但這不表示不敬兄長。故曰，「庸敬在兄，斯須之敬在鄉人。」這種因時因地制宜，給出不同的行動的現象，是可以根據普遍的法則而來的具體作法。即固然行動所根據的原則是普遍的法則，而且此法則是沒有具體內容，或沒有質料的。（因為假如有某些內容或質料，此法則就不能作為普遍的法則而為所有人都需遵守。）但此普遍的法則，並非只給出一個空洞的普遍性而不能對每一當下的情境，作出決定。依康德，所謂純粹實踐理性的基本原則，只有一條，就是我們要如此行動，即要依照我們的行動的格準可成為普遍的法則來行動。這樣就表示了，普遍的形式的法則是要表現在每一行動的意志的所根據的主觀原則上，即要求主觀原則（格準）普遍化，是故道德法則的普遍形式是不離開每一當前的行動的格準而作普遍化的要求者。如果可以這樣理解，則要求行動的原則的普遍化，或按照是否合於必然來要求自己的給出的行動，這些道德的要求是不離開每一當前的行動者。那麼道德法則雖然是客觀普遍的形式，但由於不離開每一當前的行動格準而作省察，於是這法則是隨時可以對行動的存心給出作用的。如果是這樣，因應不同的情況，而給出具體的不同的行動，而又符合法則的普遍性與必然性，當然是可

能的。以上所說是表示了意志固然要給具有普遍性、必然性而且是空無內容的，只是一個普遍的立法性之道德法則所決定，但此一法則的決定由於不離開行動的格準而起作用，故一定得就每一當前的具體的情況，而給出了何種作為才是符合普遍必然的當然之理的決定。而此一決定一定給出具體的恰當的行為。故在平常時候是敬長兄，在與鄉人一起喝酒的時候先酌鄉人，在平常時致敬叔父，但在弟居尸位時，便要敬弟。這些行動的決意所根據的原則，都是可普遍化的，亦是由自己根據由內發的義的要求而給出。而雖可以普遍化，但並不會取消了或影響到當前因時制宜的具體作法。在孟子討論「禹、稷、顏回同道」，「易地則皆然」（〈離婁下〉）之意時，就做了很好的闡釋。即聖賢的處事作法可以不同，但其所根據的原則（格準）是相同的。如果他們互換位置，作為都是一樣的。他們之所以會「易地皆然」，由於是「同道」。即是說他們給出行動時所根據的原則，都是可以普遍化的，所以他們作法的不同，只是因為所處職份的不同，而不是所根據的原則有不同，他們所根據的原則都有普遍化的形式的法則，作為背後的根據。此亦可證上文所說的道德法則雖然只是一沒有內容的普遍立法的形式，但對於每一道德行為的實現是有其作用的，而且是可以就每一當下具體的狀況而給出合宜的裁決。由於普遍的形式的法則是用於每一當下行動的存心上作對照，則此法則當然是隨時起作用而且是不離開具體情況的。由上文的討論可見孟子即心言性，是就當前呈現的道德心，而契入道德法則的內容意義，而作出非常恰當的、相應於道德意義之論述。其論述幾乎與康德所說的義理一致，而且內容十分生動、豐富。可見從本心契入，也的確可以了解何謂無條件的實踐。

　　孟子與告子對人性作了從理論上客觀的辨析，雖然孟子論辯上有其疏略處，但也看到其中的思辨理性的表現。而孟子的理性的思辨，據上文的分析，是以他對仁義內在於心，人的本心可以自然自發地表現客觀應有的道德行為的體會來論說，並不只是客觀的論理。故孟子的論辯常用指點語或啟發性的語言，似是要用自己的真實感受逼出對方對本有的道德心的體會。故若離開了即心言性之義，對孟子這些論辯，也不會有善解。

除了在上述的篇章外，孟子在正式表達其性善論之主張時所說的「乃若其情，則可以為善矣，乃所謂善也。若夫為不善，非才之罪也。」又曰：「雖存乎人者，豈無仁義之心哉！」（〈告子上〉）都是憑著自己的真情實感來給出論說。他從人的真實情況，或真正的內心的想法，都是可以為善，而且願意為善的，來規定所謂性善。即性善之性並不是一天生的定性，或一客觀的、可經驗的事實，而是一種自發的要努力實現心中的善意的自我要求。這如同上文唐君毅先生所說的，孟子的即心言性是即心之生言性，即本心或道德心是要求自己不斷的持續發展生長的活動。所以雖然說人性是善，但此善性並非天生已成的定性，而是在本心的不斷自我要求努力實現道德的善中表現，即此性是在心的自覺努力，不斷生長中的活動中表現其能力的，故性也可以說是心之「生」，這也是所謂性由心顯。孟子如此言性，完全扣緊道德心來說，故說性就等於是由本心呈現道德的全幅涵義。

五、結論

由上文的討論，可見孟子言性，確是即心而言，而且是性由心顯。此正是康德所說的從自由意志為先來理解無條件之實踐，在康德這一作法並不可能，而由孟子之論辯、指點，便見此為可能，而且從心見理，便明白道德仁義，為實事實理。由此亦可證康德之道德法則與自由意志是互相涵蘊（或回溯）這一說法，是有道理的。從康德對道德法則的分析，一定逼出對自由意志的肯定；而孟子從心說性，以他所洞見的道德心靈是一切道德行動之所出，也可以逐步展示出此心所涵的道德意義，可見二者確是互涵的。孟子通過對道德的本心的體認而做出的論述，大體同於康德對何謂道德義務、何謂道德法則的分析；故可見孟子從本心（即自由意志）出發，自然便回溯到對道德法則的涵義的展示上。故正如康德所說，法則與自由是互涵的。如是，就可以對孟子的人性論或孟子的以心說性的講法給出一個康德式的理解。這是可以藉康德對道德法則的分析來證明孟子所理解的本心，是完全以道德為內容的。如此對孟子的義理也可以有一展示的作用。如果可以作這樣的比

較，可以說明牟先生用康德的道德哲學理論來闡釋孟子，是很恰當的。

以康德學詮釋孟子雖然很恰當，但孟子與康德對道德的了解的進路，確有不同。而此進路的不同，也造成了成德的工夫在孟子與康德二者的不同，康德是通過對道德法則的步步深入的了解，給出一個要求自己的意志必須直接由無條件的道德法則所決定，摒除意志的主觀的種種想法，甚至要拋開意志所涵的種種內容，即要使現實的意志提煉成為一可以給出普遍立法的純粹意志。他通過對於這些道理的了解，而產生對法則的尊敬，藉尊敬之情使人（現實的意志）接近道德法則，然後依之而行。孟子或陸王的工夫則是要把時刻可以在生命中呈現的道德主體暢發出來，此道德主體本來是自由、自立法則（義內），而且也是與一切人、一切物感通不隔的。只要能當下體證此本心，就可以洞開實踐行動的源頭，而有真正道德價值的行為出現。當然此逆覺體證、當下洞開本體，必須以盡心、擴充、致良知來持續。比較起來，康德從法則開始步步分析，以逼出自由意志的作法，似乎比較有理路可循。而當下明本心、悟良知的作法，則容易有真心與現實的混雜的心靈分不清楚的疑慮，這是心學產生流弊的原因。但這種從心說性，當下悟良知而體會人的道德心靈，是依普遍的法則而定是非的，明白此義便不容易有流弊。而孟子這一教法，也可以讓人對自己的真生命、真主體當下有一肯定。當下就可以從現實利害的牽連計較中超拔而出，這是非常警策動人的。

程朱、陸王二系的會通

一、引言：朱陸異同與學風轉向

　　我想藉此文略述我近年對伊川朱子系的個人的詮釋，又希望藉康德的自由意志與道德法則是互相涵蘊、回溯之說，探討程朱與陸王兩系的會通之道。近年來我用心於對朱子學思想作新詮，希望提出一回應牟宗三先生判朱子為「別子為宗」之說，以證成朱子學在今日仍可以為儒家內聖成德之教提供一人人可行之實踐理論及工夫，又希望說明傳統程朱陸王二系，是可以相會通之二系，且或不只是可相會通，而是互相支持，缺一不可的。

　　學界周知，牟宗三先生把宋明儒區分為三系，給出了對宋明六百年儒學發展的一個比較完整的分系說法，而三系中的胡、劉系與陸、王系可以合成一個大系（二系是一圓圈兩來往）。北宋的周、張、明道三子的思想，則為胡五峰、劉蕺山一系所承繼，故牟先生這個分系說法，雖與傳統的程朱與陸王二系對立，而朱子集北宋理學（周張二程）之大成的說法不同，但也是二系對立。宋明清儒學由於程朱、陸王二系對壘，引發不斷的爭議，兩造各有支持者；雖然也有不少人感到二系都有其理據，也都是內聖之學有效的工夫，一直想調和二系，給出會通的可能說法，但都未有令人滿意的成果。由於此二系的不同處也相當明顯，如牟先生所說，有「心即理」與「心理為二」的分別，而此一分別造成了工夫論上的截然不同。陸王以本心良知的開顯，當下立其大或發明本心為工夫；而程朱一系則以格物窮理工夫，以對性理充分明白，為能給出真正的道德行為的關鍵，所謂知至才能意誠。這樣明白顯出了是兩種義理型態的不同。牟先生由此而有直貫創生系統與橫攝系統，及逆覺工夫與順取工夫的不同之判，牟先生的區分是非常清楚的，既合

於以往傳統上對宋明儒區分為理學與心學二系,又有對文獻的嚴謹述釋為證,讓人感到很難有別的對此兩系的衡量。既然程朱陸王是兩個不同的義理形態,則何者為儒學成德之教合理的講法,必須作出抉擇。說二者皆是或二者皆非,可能性較小。很可能是一是一非的情況,如果是如此,何者為是呢?於是就造成了二系的各自的擁護者爭論不已。而此一爭論當然是儒學史上十分重要的事情,這一爭論如果不能取得合理的解決,或公正的衡定,就不會停止。而這一直都在爭論中之事實,也造成了要依儒學的義理、工夫作法來成就個人的德性者的難題。因為不能對兩個相互爭持的不同型態的理論及工夫作法等量齊觀,兼採並用來成德,而只能二者擇一。雖或可以一為主、一為從來合此二系,兼採其長,但由於二系義理型態不同,易以對方為不合理者,如朱子本認為陸子重尊德性,而自己較重道問學,欲合二者之長,但陸象山並不領情,說「不知尊德性,焉有所謂道問學。」[1]朱子晚年亦以陸學為禪,攻擊不遺餘力。故朱陸都以對方在儒學根本大義了解有偏差,二系不能並存。若是則在二者互相否定對方之情況下,即使是以一為主一為從之想法,亦不易成立。而對於自己不認同的另一義理系統,真誠的人只能作出否定。假如這兩個義理型態都有其立論根據,都有其合理性,則二者雖有異論或相爭,但此二系應該都對人的成德有其幫助。如果是這樣,則若只能二系取其一,不能兼收二系之長,是很可惜的。即假如這兩個型態雖彼此相非,而在理論上亦不相合,不能相通,因為都有其道理,都對人的道德實踐有其幫助,則不能二者並收,應該也是對於成德之教非常不利的。或可說二系之為成德之教,既各有其理據,則人依其一而行,便可成德,於是人欲成德,依其氣質興趣所近,擇一而從即可,但此二系相爭而不能融通之現象,仍會使人有疑。即疑二系並不能自足,若是亦不能有專依其中一系之教法,貫徹始終、終身由之便可成德的信心。

對此一儒學內部的爭論,在章學誠的《文史通義》,就表示程朱陸王是

---

[1] 〔南宋〕陸九淵:《陸九淵集》卷 34,〈語錄上〉(北京:中華書局,2010 年),頁 400。

千古不能沒有的爭論[2]，都有理而卻彼此相非，其反對理由亦有理，則或為大困惑。既然是不能沒有的爭論，便表示此爭論是不能解決的。這是承認了此一學術史的爭論為不可免，認為各有道理，而不再去分辨二型態孰為儒學的正宗。這是放棄了要從爭論之內容作衡量，以定其是非。當然章氏提出了「六經皆史」之說，以為六經為先王政道之所存。六經皆先王之政典，此是以政攝教，不足以言內聖之學，亦不足以明朱陸之是非。似乎因為他不能分判二者的對錯是非，只好都承認，但這種態度也不能平息爭論。讓人各是其是、各非其非，並不是一種解決問題的真正辦法。如果這一難題不能解決，則如上述，會造成人在成德路上，對於自己所認可的義理型態是否真的可以成德，不能有十足的把握與信心。對於自己所肯定的義理型態或其工夫論，沒有真誠地相信，這如何能成德？由於與這型態不同的另一型態，也有其道理，則如何能依自己所肯定的義理型態與工夫，真誠地實踐、終身由之呢？這樣一來，也會妨礙本來能夠成德的人，使他不能成德。故對朱陸異同問題如何解決，是不可迴避的。

余英時教授在他的大陸版論著中的序言，重提他早年的一個重要見解，即他認為由宋明儒義理之學轉到清代的考證學，是有其「內在理路」（inner logic）的，即對清儒的學術轉向，走出理學，不能只從改朝換代，滿清入關扭曲了漢民族的民族精神與文化生命，即由於清初的文字獄禁錮人的思想等外緣的原因來解釋。而何謂此轉變的內在理路？他認為是朱陸異同的爭辯，在形上學層面上，到了明代中葉，已經是「山窮水盡」，即是再也沒有辦法對於二系的是非對錯給出新的合理的答案。於是學風一轉，以二系所據的原始典籍本身的考訂，作為判斷學術是非的標準。因為在義理討論上

---

[2] 章氏曰：「宋儒有朱陸，千古不可合之同異，亦千古不可無之同異也；末流無識，爭相詬詈，與夫勉為解紛，調停兩可，皆多事也」，〔清〕章學誠：〈朱陸〉，《文史通義》，內篇 2（臺北：華世出版社，1980 年），頁 54。又曰：「朱陸異同，干戈門戶，千古桎梏之府，亦千古荊棘之林也」〈浙東學術〉，《文史通義》，內篇 2，頁 53。

已經走到盡頭,就只好通過對原典的考訂,希望找出原意,來解決爭論[3]。按余先生的此一說法,雖或仍可商榷,但很有參考價值,亦很有啟發性,說明了對於重要的學術爭論的不能解決,對當世學風的影響是鉅大的。余先生此說當然也不是當時學風轉向的唯一的原因,明清之際在政治上與文化思想上的轉變,是翻天覆地的,這些轉變不能被視為只是一般所謂的外緣性作用而已。雖然如此,余先生此一說法很值得參考。若朱陸之異同問題不能有合理之解決,是造成了整個學術界學風之轉變之重要原因,則可見此儒學內部重要學理之爭論,是不能不給出令人心服的解決者。亦可說,這是一不能迴避的問題。

二、朱陸之異是儒學第一義抑第二義的不同?

上文已說牟宗三先生對此兩系之爭給出了一個清楚的、有理據的哲學性的解決,他以是否「符合道德之本性而作實踐」為儒學之正宗義,而所謂道德之本性,即意志之自律(涵心即理),亦即道德行動必是依意志自己給出之法則而行之行為。法則是可普遍化的自己行動的格準(主觀的行動原則),人人都按應如此行的、理所當然的、可普遍化之原則以行動。此一依可普遍化之原則以決定自己之行為時之意志,是自立普遍法則而要自己遵守之意志,故如康德說,此意志對其自己即是此一法則,此時之意志即為純粹意志、自由意志。而象山之言心即理,完全符合意志之自律義。即象山是以發明本心、立大本,洞開道德行動、實踐了之源。顯本心、致良知,行動所依之法則即為本心良知自己提供,心之活動即是理,而理即存有即活動。這是所謂直貫創生系統。牟先生認為伊川朱子一系雖然在近八百年的中國社會有其正宗的地位,但其實不是儒門義理的正宗講法。朱子只繼承了伊川之說,伊川是儒門別子,而朱子是「繼別為宗」。當然牟先生亦說伊川朱子的

---

[3] 余英時:《余英時作品系列・總序》,收入《文史傳統與文化重建》(北京:三聯書店,2012年),頁1-2;又見余英時:〈清代學術思想史重要觀念通釋〉,收入《文史傳統與文化重建》,頁196-280。

義理型態雖然不是正宗,但也是重要的、可以作為成德之教的重要輔助。牟先生以直貫與橫攝,本質工夫與非本質的重要輔助工夫的區分,似乎兩系的好處都可以保住,又能明白主從、正宗與不正宗的區別,即可以保住這兩個不同的儒家義理,不會說因為有一是一非的不同,而取一捨一。牟先生又有這二系之不同,即直貫與橫列不是同層次上之對立,而實是第一義與第二義兩層次上不同之問題。故朱陸並非兩系統之對立,而是一系統的兩層。朱子屬於第二義,雖有助於道德實踐,但並不能自足。對於朱子這作為第二義的型態之作用,牟先生說:

> 朱子之著力處,只有當吾人不能相應道德本性而為道德實踐時,始有真實意義,而吾人亦確常不能相應道德本性而為道德實踐,即或能之,亦常不能不思而得,不勉而中,而常須要勉強,擇善而固執之。蓋人常不免於私欲之陷溺,利害之顧慮,而不能純依乎天理以行。即勉強不違道德,不犯法律,可稱為無大過之善人,而其行為亦不必真能相應道德本性而純為無條件之依理而行者。試問有誰真能無一毫之夾雜者乎?如是,吾人不得不落於第二義上而從事於磨練、勉強、熏習、夾持、擇善而固執之之預備工夫、助緣工夫、以及種種後天之積習工夫,以求吾人生命(心)之漸順適而如理。[4]

如此說雖然朱子之學是重要的輔助工夫,但這工夫只能作道德的本質工夫前之準備。本質的工夫即肯定心即理,而於本心呈現時,作逆覺體證、承體起用之工夫。牟先生此一衡定,是否就可以完全釋疑,而可以讓人用得上兩系的長處呢?這種一縱一橫、一正一別及第一義第二義的區分,不免使朱子學被理解為只具有旁系、輔助的地位。既是旁系,而且是輔助,則是否成德之教必須要有朱子這一形態呢?好像就會讓人產生朱子系是不必要的想法。因為既然陸王系及胡劉系是正宗,可以讓人給出真正的道德實踐,則從事陸王

---

[4] 牟宗三:《從陸象山到劉蕺山》(臺北:臺灣學生書局,1979 年),頁 91-92。

學或五峰蕺山學就可以了，何以朱子系還有保留的必要呢？固然人常有存心不純，受私欲習氣影響的情況，但當下立大本、致良知而讓真心呈現，豈不更是可以衝破私欲的限制？良知豈不正是私欲的剋星？這樣一來，伊川朱子所強調的教法與實踐的工夫，似乎並非必要。以之作為第二義的輔助工夫，好像仍不能使人明白其有存在的必要性。而如果朱子系的實踐理論與工夫被認為是可有可無的，會不會使內聖之學損失了一種很可以令人成德的有效工夫呢？而如果朱子的確是別子為宗，對於朱子學近八百年在中國乃至於東亞（包括朝鮮朝、日本德川時代、越南等）的思想界中的儒學主流地位此一事實，便不能讓人理解。即如果朱子學真的是別子，甚至是歧出，對於人的成德只有輔助作用，應該不會形成如此受重視的地位。因其於成德之教無保證，不能暢通人之道德本心，當下給出真正的道德行動。朱子學既是第二義，即不相應於道德的本性，就不能只據朱子持敬窮理之工夫而起真正的道德實踐（即無條件的實踐）。若是則以朱子為正宗之上述之社會大眾、學人應都不能依朱子學而起相應於道德之本性的實踐，都對由義利之辨之省察而給出的，道德實踐是依自己給出的無條件的實踐法則而行之義，沒有相應之了解。這恐怕並非事實。

唐君毅先生對牟先生的朱子學的衡量，並不十分贊同。唐先生在《中國哲學原論》各冊都表達了在朱子學上與牟先生不同的理解[5]。在《原性篇》的附錄〈原德性工夫：朱陸異同探源〉中對上引牟先生以第一義、第二義來區分朱陸，給出了較系統的商榷。唐先生認為，朱陸的異同不能從尊德性與道問學的不同來理解，他認為在尊德性這一層面，朱陸是相同的，故朱陸的不同的「第一義」須從工夫論上來說。若朱陸異同的第一義應從工夫論上的不同來說，則唐先生之意，是認為朱陸對於儒學所說之「本體」的理解沒有不同，他們的不同，只是工夫論上的不同。他認為象山是從人力求從事道德實踐處，體會到心之自發、自作主宰，此即是心與理一，而以顯發此心之自

---

[5] 唐先生在《中國哲學原論》的《導論篇》、《原性篇》、《原道篇》及《原教篇》有關朱子的篇章，都不曾出現朱子學不是儒門正宗之語。

作主宰為工夫，此工夫使人從現實的感性欲望的限制中，當下振作挺拔而出。而朱子則自覺到現實的心靈與德性所要求的理想有距離，故言心、理不一，而希望通過對治感性欲望，去除私欲的限制，而使心能合理。即從現實的心理不一而要成為一。二賢的工夫都以成就德性人格為目的，只是成德的工夫與方法上有不同的主張。據此意吾人可說唐先生對朱陸異同的理解，是二子在儒門的第一義（儒學的本質、義理）上理解沒有不同，只是在第二義的成德工夫上有不同。[6]在此處我們可以先作如下的討論或質疑。朱陸的工夫論的不同，應也是因為他們對本體的理解的不同而造成，所謂對本體的理解，就是對道德實踐的根據（即心性）的理解，在此處二子有不同。由於伊川朱子區分理氣、心性，認為心是氣，而性理是形而上者，於是心理為二；而象山陽明則肯定心即理，故本心並非現實的心理學之心，是實體性的道德心。由於心與理為二，活動者是氣，故心不是理，而理只是存有而不是活動，於是心的依循理而行，不能有自發的動力。按牟先生的理解，主張心與理為二的伊川朱子，是屬於意志的他律的型態；而主張心即理的陸王，則是意志的自律的型態。按康德自律與他律的區分，如果道德法則是由意志自己給出來的，即肯定人有自發而又自律的自由意志，才是自律的倫理學。此時本心的活動就是理的存有，理不在心之外。而在程朱的義理系統中，心與理明確為二，心須通過從客體（對象）處認識道德之理，而依此作為對象的道德之理來作為自己行為的原則，這便是意志的他律。依康德，他律的型態是假的道德之原，因不能是按照無條件的律令而行之故。按照從對象處得到的理而行，會是順從經驗上所理解的行為的結果有利而行，或是因為情感的喜好而行，這兩者是在經驗層次上的他律。如果從理性的層面上看，可能是按照圓滿（存有論的圓滿）的理念來規定的善而行，而此善是空洞的，不能由此給真正的道德行動；或按照上帝的意志、命令而行，但由於人對上帝沒有知識，則按照上帝之意旨而行，很可能由於考慮到冒犯威嚴、懼怕報復之

---

[6] 唐君毅：〈朱陸異同探源〉，《中國哲學原論・原性篇》（香港：新亞研究所，1968年），頁534-536。

故。故以上四種他律的倫理的型態，按照康德的區分與分析，都是按有條件的律令給出行動，即「有所為而為」。而有所為而為，怎能是真正的道德行為呢？如果唐先生所認為的朱陸的不同，除了是工夫論的不同外，也包涵對本體的理解的不同，也就是有自律道德與他律道德的不同，那麼朱陸的異同就是對於第一義的、儒學的本質應如何理解的不同。如果是如此，則唐先生所說，朱陸異同之第一義要從工夫論上的不同來決定，其論證就不能成功。因為心與理為一或為二是本體之問題，非工夫問題。對此一疑問，唐先生當然也有思及，並作出回應。他認為心與理是一或是二，並不是朱子與象山對於本體的理解的不同。象山固然肯定心理是一，但朱子論心也有心的本體原是「光明瑩淨、廣大高明」[7]，只是因為氣質所拘、私欲所蔽，然後體有不明，用有不盡。亦由於此顯出心與性為二的情況。只要去掉氣質欲望的影響，心理便恢復為一。於是按唐先生的說法，朱陸二子對於心性的看法，是大略相同的，即朱子亦肯定有本明之心體，只是如何維持或表現心理是一的境界，工夫上有不同的主張。唐先生此說也有朱子的文獻作根據，但如此說便與朱子的理氣論對心性的規定有扞格。因為心是活動，不能是理，故依理氣的區分，心只能是氣。如果心是氣，如何又能說是本自高明廣大而且與理為一的心體呢？對此唐先生亦有辯說，他認為對朱子的理氣論與心性論之言心，可以分開看[8]，但作這樣的區分，會造成朱子在心性論與理氣論的不一致，恐怕比較勉強。朱子言心體本明，應仍是就心具理，理藉心知虛靈而呈現來說，即此時所謂本明之體，是心、性綜合而言的，並非指表一心即理之心體。朱子於〈大學章句〉明德注所說「然其本體之明，有未嘗息者，故學者當因其所發而遂明之，以復其初也。」[9]朱子所理解之明德，固有心之義在其中，但亦涵性理，且亦涵情之活動。（朱子語錄論此意云：「明德未嘗息，時時發見於日用之間，如見非義而羞惡，見孺子入井而惻隱，見尊賢而

---

[7] 唐君毅：〈朱陸異同探源〉，《中國哲學原論・原性篇》，頁 620-621。
[8] 唐君毅：〈朱陸異同探源〉，《中國哲學原論・原性篇》，頁 620-621。
[9] 〔宋〕朱熹：《四書章句集注》（北京：中華書局，1983 年），頁 3。

恭敬，見善事而歎慕，皆明德之發見也，如此推之極多。」[10]）唐先生言朱子言心也有心體義，心與理為一，此一說法應該不合朱子的原義。

三、儒學的第一義應如何規定？

　　唐先生主張朱子言心有心體義，藉此消解朱陸對主張心即理及只能言性即理之差異，此論雖較難說通，但唐先生所言朱陸之異之第一義是工夫的不同，則很有啟發性。即如果朱陸之異是工夫論之異，則他們在對儒家所言之本體之理解，是相同的，而此同處，據上文不能從心理是一之心體上說。則是否可能朱陸在其他的，也可說是儒學之大義處，有共同的理解？這應該是可能的。如上述唐先生認為朱陸二賢，在「尊德性」上，是沒有不同的。的確，儒者都以德性為尊，即都以人能成德，是人生可取得的最高價值。但若在此義上說儒學第一義，雖恰當而似太泛，對儒學成德之教的內容義理規定得不明確。成德之教固然是儒學之本質，但對何謂成德須作更明確之規定。若循此思考，吾人可說，所謂成德，是人能依義利之辨而生出的，為義而行義（孟子曰：「由仁義行，非行仁義也。」[11]）的想法來自我要求。此即康德所謂道德行動是無條件的實踐，或是由法則直接決定意志之行動。這便是對道德行動，或所謂德，作較嚴格的規定。這應不違背唐先生言「尊德性」之義。但當然依牟先生，以義利之辨言儒學第一義並不夠或不充分，依上述牟先生對朱陸之異是第一義與第二義的不同，可知牟先生之意是以「意志之自律」或「心即理」為儒學第一義。若是則與「尊德性」及其中所涵的，依義利之辨而給出為義務而義務之行動不同。人可依無條件的實踐之理而行，但心不必即是此理之活動。但雖不同，二者能否相通？如果依義利之辨給出的道德法則而行，會肯定此理（法則）是由吾人自己給出來的，理是吾人之理，非由外得；而此能只為義而不為利之心，是心理為一之心。若是如此，

10　〔宋〕黎靖德編：《朱子語類》卷十四（北京：中華書局，1986年），頁262。
11　〔宋〕朱熹：《四書章句集注》之《孟子‧離婁下》，頁294。

則上述兩種儒學的第一義,是可以相通的。此可引康德之論來說明:

> 這樣,「自由」與「一無條件的實踐法則」是互相函蘊的。現在,在這裡,我不問:是否它們兩者事實上是不同的,抑或是否一個無條件的法則不寧只是一純粹實踐理性之意識,而此純粹實踐理性之意識又是與積極的自由之概念為同一的;我只問:我們的關於「無條件地實踐的東西」之知識從何處開始,是否它是從自由開始,抑或是從實踐的法則開始?[12]

依康德的分析,自由與無條件的實踐法則是互相函蘊(李秋零譯「互相回溯」)的,即無條件的實踐法則涵不受其他因素影響,自我立法之自由意志;而由於自由並不是無法則,自由意志所依的法則是其自己給出的,且只涵可普遍立法之形式,不能有任何質料,故只能是一無條件的實踐法則。由此可證法則與自由是相涵的,此義十分重要,因若此說可通,則人通過對道德法則的了解(當然必須是正確而深切的了解),便會要求自己純依理(只因理或義之故)而行,此時之心應便是心理為一的,或可說此即是自由意志。康德又說,一無條件的實踐法則無寧是純粹實踐理性的自我意識,此意是說由於純粹實踐理性即是法則直接決定意志,而此亦即自我立法義之自由。康德此段文反覆表示法則與自由之相涵。若此義成立,即不管是從自由意志或從無條件的實踐法則(即道德法則)來開始作分析或思考,都會預設對方。依是則以心即理或以義利之辨言儒學的第一義,意義雖有不同,但其實相涵相通。若可相通,則二者雖說法有不同,都可以是儒學的第一義。既是如此,程朱、陸王二系便可以相通或甚至是相涵的兩個儒學理論。以下試說明此義。

若要證二系是相涵的,則須證程朱與陸王,分屬由法則始或由自由始以

---

[12] 康德著,牟宗三譯註:《康德的道德哲學》(臺北:臺灣學生書局,1982 年),頁165。

了解無條件的實踐之型態。康德引文所說要了解何謂無條件之實踐要從法則始,或從自由始之區分,雖是從法則與自由互涵之義說下來,但明顯給出了對於法則與自由之瞭解可以作為對何謂道德實踐之不同入路之義,即對於何謂道德義務,何謂無條件地實踐,可由法則契入或由自由(意志)契入。陸王主張心即理,其為從自由始,即由自由意志契入無條件的實踐,應是沒有疑問的。陽明在〈大學古本序〉中說,「乃若致知,則存乎心悟。致知焉,盡矣。」[13]。此明白表示「心悟」是陽明強調的工夫。所謂「心悟」當然是「悟良知」,此與上文康德所說的從自由意志開始,來理解何謂無條件實踐之意,非常相合。象山倡發明本心,又曰「真偽先須辨只今」[14](鵝湖之會詩)。故可知陸王心學走的確是康德所講的從自由意志契入之路。王龍溪承繼陽明之說,對此心悟之義頗有發揮,如云:「從心悟入,從身發明。」[15]。從心悟入之語在龍溪集是常見的,也可證陽明一系的心學確是以「心悟」或「悟心之本體」為關鍵的工夫。發明本心或致良知,是讓心即理之心呈現,承體起用,這便可產生真正的道德行動。在道德行動產生時,當然會知此是一無條件的實踐,如孟子言在見孺子入井而怵惕惻隱,此心是純粹而無三念之雜的。即在本心呈現時,便清楚知道此是一無條件的實踐之事件。當然此知是覺悟或證知其自己,並非知一外於己之對象。孟子此義,依牟先生之說,是比康德學進了一步的。在康德,自由意志並非為可認知的對象,只在對道德法則之理解下,理性的實踐要求下,為不能沒有之設準。故於上述引文之後,康德說不能由自由意志開始以了解何謂無條件地實踐之事。至於程朱系要致知格物所窮的理,是否即道德之理,應亦無問題,但他們對理之規定,是否即為由義利之辨而來的,無條件的實踐原則?如果是,則程朱對此理作分析,是否分析至此理是我心所給出?又是否我之心、行動的主體

---

[13] 〔明〕王守仁:《王陽明全集》(上海:上海古籍出版社,1997 年),卷 7,頁 243。

[14] 〔宋〕陸九淵:《陸九淵集》卷 34(北京:中華書局,1980 年),頁 428。

[15] 〔明〕王畿著,吳震編校:〈聞講書院會語〉,《王畿集》(南京:鳳凰出版社,2007 年),頁 6。

必須由此理直接決定？若是如此，何以仍說心、理為二，及於物處明理？此須對伊川、朱子的哲學型態作一些分析，以證程朱與陸王的工夫教法是互相函蘊的兩個系統。

四、從常知到真知

我近年對伊川、朱子的義理系統有一些新想法，認為可以用「從常知至真知」來理解「致知、格物以窮理」，即程朱是肯定人對道德之理有所知的，他們主張格物窮理，是根據已知之理而益窮之，以求至乎其極。對於道德之理，人只要反省一下自己行動的原則或存心，就可以知道。人在服膺義務時，應只因為義務是理所當然的，人人都應該服膺的，而去踐履義務。如人當該守信，只要人反省一下，自己對別人作出的承諾是否需要遵守，就可以知道人應該因為承諾是必須遵守的而遵守，不能因為遵守承諾有其好處，而才去遵守。這種由義利之辨而給出的義務感、道德意識，是人人本知的、本有的，故此理不能說是從外來的。既然如此，何以程朱有把理視作對象而窮格的主張呢？這是由於人雖對理都有所知，但知理不一定能貫徹而為道德行動，必須知至而後意誠。即是說要達到對於理的真知，才能使我們的意志真實的按理而行；那就需要把本來知道的理，或本來已經在日用倫常的活動中表現的理抽出，作進一步的了解。這是所謂「益窮之」[16]。而這種致知、格物窮理的做法，其理因為是從自己所本知或日常行為中抽象出來，成為對象而求真知之，那麼雖然是心知的對象，但不必涵理是從外在的對象給予的。在此一理路下，理也是我們的理性在實踐上的要求而給出的，不從經驗

---

[16] 當然，或可認為已知之理是從小學的階段獲得，但依朱子，在小學之所以能夠涵養人的德性，也是需要預設人對理的本知或常知之明。在〈大學或問〉就有以下的表示：「所以使之即其所養之中，而因其所發，以啟其明之之端也」。〔宋〕趙順孫纂疏，黃坤整理：《大學纂疏　中庸纂疏》（上海：華東師範大學出版社，1992 年），頁 24。可見即使在小學之學習中，亦以「因其所發」作為基礎，可知這「因其所發」之「所發」，是先驗的。

而來。伊川、朱子對於此本知之義是非常肯定的。如伊川「談虎色變」的說法，認為三尺小孩也知道老虎的可怕，但必須如談虎色變的農夫，才是對理具有真知。朱子很肯定伊川此說，又一再強調格物致知所了解的理本來是我的理，不從外來，只是在我之理，必須通過知才能顯發出來。[17]又朱子區分人心道心時，說「雖下愚不能無道心」[18]，這也表達了對於道德法則之知是人人本有，朱子《大學章句》的〈明德注〉，也明白表示了人人都有虛靈不昧的心，而在心中的作用，是有未嘗息的明德表現出來的。人可以因其所發而遂明之，以復其初。[19]據以上可證，伊川、朱子都是肯定人對理本有所知，要把此本知之理抽出來作進一步了解，而且在窮理的過程中，逐步肯定此理是人本有之理，然後要求自己必須按理而行。如果伊川、朱子之言理是道德之理，此理是人人本知的，而所以要格物窮理，是為了要對理作真切的了解，以使人能真實的依理而行，這便可以證成唐先生所說，在尊德性的問題上，朱陸二賢有共同的了解。即所謂德性是按照意志自己所給出的理所當然的、即無條件的實踐法則而行。如果為利而行義，就不合儒學的義理了。對於成德或德性的價值，必須在依無條件律令而行的行動上，才能達致。即道德價值在於人是否有純粹的動機，也可以說價值內在於自覺的道德主體，而並非存於行為之結果、事功，對此義朱陸二子是有共識的。（朱子在與陳亮辯論漢唐之價值時，對此義作了非常明白的表示。）於是吾人可說主張以致知窮理為工夫的程朱理學，並不能被視為他律的倫理學。若此理是道德之理，則依此理而行，即按照無條件的律令而行，此時便會要求自己的行動的存心按照可普遍化的格準而行，在此情形下，就會給出了不受其他因素影

---

[17] 朱子說：「大凡道理皆是我自有之物，非自外得。所謂知者，便只是知得我底道理，非是以我之知去知彼道理也。道理固本有，用知，方發得出來。」《朱子語類》卷17，頁382。又朱子對伊川談虎色變之說十分重視，如云：「程子論知之深淺，從前未有人說到此。且虎能傷人，人所共知，而懼之有見於色者，以其知之深於眾人也。學者之於道，能如此人之於虎，真有以知之，則自有不容已者矣。」《大學纂疏》引朱子語錄，《大學纂疏　中庸纂疏》，頁57。

[18] 〔宋〕朱熹：《四書章句集注》之〈中庸章句序〉，頁14。

[19] 同註9。

響，而只因為理所當然的緣故而行的意志，此意志就是自由意志，也就是自我立法、自我主宰的意志。於是，通過說明或分析道德之理，就會逼出意志的自我立法之義。故從明理而要求自己按理而行，也可以產生要求自己的行動的主體是自我立法的意志（亦即自由意志）。如果是這樣，則由明理而依理而行時，已經產生了主體的「轉化」，即從經驗的、按有條件的律令而行的意志，轉而為按照無條件的、可普遍化的原則而行的純粹意志。此時的主體才是道德主體，而此主體是自我立法的。如果可以從現實的主體轉而為道德主體，則在道德主體作出決定時，當然不能理解為意志的他律的型態。如果朱子是這個型態，就不能用他律的倫理學來規定。

如果朱陸的工夫論的不同所預設的對本體理解的不同，即心與理為一或為二，並不必涵自律與他律的不同，那就不能因為伊川朱子主張心與理為二，就被判為他律，於是就違反了儒學的大義。伊川朱子仍是可以被視為自律的倫理學，雖然不能肯定人有一即存有即活動的心體。在了解道德之理而又求真知之的過程中，如果真有吾心必須要按無條件的法則而行之要求產生，而且會認為此無條件的實踐法則（道德法則）是我們自己所給出的，是我的道理，則可以不違反自律的規定。於是儒學的第一義可能就不必以心與理為一或為二來規定，因為這裡不必有自律與他律型態的不同。言心、理為二的程朱，是將心本具之理抽出來進一步理解，以求心全合理。那麼儒學的根本大義或第一義，應該如何規定呢？我想應該還是以「人通過對自己的存心作義利之辨的反省，然後依此反省給出的道德法則而行，以成就人的德性人格」，這一義理來充當。因為人如果要成德，必須按照無條件的道德法則而行，而程朱是把本知的無條件的道德法則抽出作窮格的對象，雖顯心與理為二之相，但在真知理之後，會要求心合理或心與理為一。在陸王之學，雖然肯定心理是一，把本心呈現就可以是理的呈現，不須把理當作對象而作研究，但此一發明本心、致良知，或牟先生所說的逆覺體證的工夫，是否就不需要把本心良知所涵的道德法則的意義作充分的展示呢？

如果不充分展示「心即理」中理的涵意，是否可以阻擋因為感性的影響而導致的，如康德所謂的自然的辨證，是有問題的。陽明本人對心即理的涵

義，能通過論辯的方式加以說明，又有真切的由良知之獨知以省察念慮之微，應可有對良知所涵之道德法則之深切了解；但王龍溪強調良知本無知，及「四無說」之神感神應，是否便可省察出因為順感性的欲求而質疑道德法則的嚴格、無條件性，由此而產生的行動格準的顛倒與自欺？不無可疑。這也許可以說明陽明學所以會有王學流弊的產生的緣故。

五、結論：伊川朱子致知窮理之說的合理性及二系之會通

　　本文從余英時先生所說，明儒義理不能由清儒所繼續發展，其內在理路是由於朱陸異同的問題不能解決，可見朱陸異同問題對於儒學的發展有重大關鍵性的影響。當代牟宗三先生以儒學的第一義與第二義來解決朱陸異同型態的不同之問題，唐君毅先生則認為朱陸異同的第一義是工夫論的不同。唐先生之說即表示朱陸異同不能在作為儒學義理的第一義來衡量。即朱陸二型態都可以符合於在本體上說的儒學的一義。本文藉康德之說，希望證成唐先生此義，即朱陸雖是兩個不同的義理型態，但二型態是互相涵蘊的、彼此支持的，故二系都可說是合於儒門的第一義之成德之教的理論。如果此說可通，則對於意志的自律，不宜只限於心當體是理的呈現此一型態，心明理而依理而行也可以是意志的自律，因為此時雖顯心理為二之相，但理也是意志的自我立法給出來的，只是理對於意志有責成勉強的要求。如果此兩型態都可以是意志的自律，則程朱、陸王二系皆屬意志之自律的倫理學，而不能說伊川、朱子是意志的他律。按康德，他律只能給出假的道德，即不是為義務而義務，而以此一他律的定義用來說伊川、朱子的型態，應該是不恰當的。

　　由於牟先生認為朱子是心理為二的型態，心對理的認知是誠意的根據，故是他律的倫理學，他又用橫攝系統來表達此意，但如果如上文所說，伊川與朱子都肯定了心對於理的本知，或甚至本具，則心與理的關係可以藉康德所謂的一般理性對道德法則本有所知來說明，在此一意義下，不能因為心不即理就說理是外加的，而且與心成為主客橫攝的情況，理可以仍然是由內發

的，如康德所說的道德法則根源於理性，伊川朱子就很強調性即理，雖然不能直接說心即理，但此理並非外鑠，即是說現實的心固然不是理，但理也在現實的心中隨時可以表現，故朱子詮釋明德時，強調明德是未嘗息的，不論智愚，明德都會在日用中表現出來，根據此一說法，又加上大學格致補傳所說的「因其已知之理而益窮之，以求至乎其極」，則依朱子，理也可以是根於人性，並非通過對外在對象的認知而得，只是對於此本知本具的理，需要進一步求了解，這就不能不把理從心的本知處抽出來而作進一步的了解。能夠了解充分，則心也必會要求自己完全的合理而行，心合理是格物致知的工夫最後的目標。於是吾人可說伊川朱子在以格物致知為窮理的工夫時，的確是主張心與理為二，但在以心的本知理或本具理作為格致的出發點時，則並不能說心理為二，在格致的工夫充分達成，而使心之全體大用無不明，而理之表裏精粗無不到時，則心理也是一，於是程朱的型態應該是以心理是一為開始（雖然不能說心即理，但心中本有理的作用，或心對於理本來有正確的了解），繼而以心理為二的情況使心充分明白本知的理，最後達到心成為道德實踐的主體，以理作為心的活動的真實根據，心的活動沒有不合理的情況出現，如果是這樣，則是「縱而橫，橫而縱」的型態，由於心本知理或於心完全合理，都不能說是心與理為二的橫攝型態，雖然也不能等同心即理的型態，但也可以借用縱或縱貫來說明，能給出真正的道德實踐，應該就是縱貫的作用，而不只是認知理而已，由於是縱而橫，橫而縱，故程朱這一實踐工夫論是可以給出真正的道德實踐的行動者，所謂真正的道德實踐活動，就是自發自律的按照無條件的實踐的律令或命令而行。

在程伊川的文獻中，明白表示對道德法則的理解是可從常知進到真知的，如上文所說的「談虎色變」[20]，在朱子語類中也常提到真知的觀念，在《大學》「明德注」中及《大學或問》的有關討論，亦明白表示對於性理人

---

[20]「常知與真知異。常見一田夫，曾被虎傷，有人說虎傷人，眾莫不驚，獨田夫色動異於眾。若虎能傷人，雖三尺童子莫不知之，然未嘗真知。真知須如田夫乃是。故人知不善而猶為不善，是亦未嘗真知。若真知，決不為矣。」〔宋〕程顥、程頤：《二程集》（北京：中華書局，2008 年），頁 16。

本有所知，而此知或明，是「本體之明」，即使人是昏蔽之極也是有的，可見對於理之知為人本有，可以作為明理成德的超越根據[21]。而伊川朱子強調的致知格物便可以理解為把本有的對於理的了解，加強成為真切的了解，而這種從常知到真知的過程或作法，可以用康德所說的把在具體的中的普遍者抽出來了解的哲學的思辨，即把一般人都能有的對道德的理性的了解，進一步達成對道德的哲學的了解。這種作法也就是一種成德的工夫，即伊川與朱子是希望通過對道德法則作深刻的了解，而達到要求自己的意志一定依法則而行的地步。[22]由於是對道德之理本有所知，故不是在不知何謂道德之理的狀況下，通過對外物的存在，從然而追問其所以然去明理。而所以要作此一步，是要進至對理之真知。由於是如此，應該不同於康德所謂的意志的他律。[23]所謂意志的他律是在意志的對象處尋找決定行動的原則。而由於程朱是從對理的本知中，把理抽出來作進一步的理解，是從自己的意志的活動或理解中，把理抽象出來，這不必表示理在心之外。故朱子也一再強調理是我的理，仁義禮智我固有之。吾人似乎不能因為他將理作為理解的對象，便說他一定將理與心看作平行為二，及將朱子所說理在吾心或理為人所固有，理解為心通過後天的認知而攝具理，或說具眾理是性具，而不能說心本具。心、理雖為二，但心之虛靈，可對理有先驗之知，或可說心本通徹於理。故明白這是把本知之理抽出作進一步了解，就可以避免因為理成為心所知的對

---

[21] 此心知之明，並不等同於理，但按朱子意，理就在此心知之明中呈現，而且是人人可能的。故可以把此一義的「明德」或「心知之明」作為實踐的超越根據。

[22] 朱子曰：「知得到時，必盡我這心去做，如事君必要極於忠，為子必要極於孝，不是備禮如此，既知得到這裏，若於心有些子未盡處，便打不過，便不足。」《大學纂疏　中庸纂疏》之〈大學纂疏〉，頁38。

[23] 劉述先教授對於牟先生所規定的自律之意有以下的批評：「牟先生又限定只有如明道那樣直接由本體論的方式去體證他所謂即活動即存有的本體，才是『自律道德』，這也不符合西方哲學一般對於此詞之理解。在西方哲學傳統，由蘇格拉底以來，倡導『唯智主義的倫理學』（intellectualistic ethics），人依照真理（truth）行所當為（virtue for virtue's sake），就是自律道德。行德的目的是為了德性以外的快樂、功利，才是『他律道德』。」劉述先：《論儒家哲學的三個大時代》（香港：中文大學出版社，2008年），頁115。劉先生此說可供參考。

象，而產生心與理為二，心一定需要通過後天的認知，才可以明理，於是便是他律的衡定。而程朱這種把本知之理作進一步的求真知之，把理抽象出來做深切的了解的工夫，應該是對人的了解道德之理有重大貢獻的。人對於性理或道德之理應該是多少都有所了解，但進一步的了解實有必要。此所謂必要，除了藉真了解理而加強人對於理的堅信外，辨明了道德之理的意義，與道德行為的價值在於行動的存心等義，對於對抗人隨著感性慾望的影響而使實踐道德的動機容易滑轉的傾向，即康德所謂的「自然的辨證」或「根本惡」，是很有幫助的。甚至吾人可說，這從常知至真知的工夫，是必要的。如果不通過這種把道德之理從具體生活行動中抽象出來了解的工夫，對於道德的真實的內涵，是不能有充分了解的。如果對道德的內涵沒有充分的了解，則人對治與生俱來的根本惡，可能是很不容易的。即這是對治私慾的有效工夫。這就不必如牟先生所說，程朱的持敬窮理，只是第二義的、重要的輔助工夫。當然，當下發明本心致良知，就不會順著感性慾望而滑轉，但通過思辨的工夫展開道德行動的如何可能，及道德價值的意義所在，也是對治人慾的重要法門。說這兩個工夫型態是互相函蘊的，便可避免爭論。另外，通過格物窮理，其目的並非要了解事物的形構之理，或經驗之理，而是要明道德之理或太極天理，這是伊川朱子一再明白表示的。他們這種工夫除了要對道德之理的內容作明白展示之外，也要說明道德之理就是一切存在的超越的所以然之理，也就是存在之理（即天理）。這是對於道德之理的必然性給出形上學的說明。這樣對於堅定人的實踐道德的決心，也應該有其作用。由於這是從本知的、應然的道德之理作開始，[24] 故是從道德之理來說存在之理或天理，應該仍然是道德的形上學，而並非用形而上學來說明道德價值，即非形而上學的道德學。

---

[24] 《大學或問》：「是其所以得之於天而見於用之間者，固已莫不各有本然一定之則。程子所謂以其義理精微之極，有不可得而名者，故姑以至善目之。而傳所謂君之仁、臣之敬、子之孝、父之慈、與人交之信，乃其目之大者也。眾人之心，固莫不有是，而或不能知。」〔宋〕朱熹：《四書或問》，文淵閣四庫全書，第 297 冊（臺北：臺灣商務印書館，1983 年），頁 220。

伊川朱子這一進路，誠如唐先生所說，是通過工夫來去氣稟人欲的限制，使現實的心靈與理的距離縮短，甚至泯除，即最後達到心是理的境界。這雖然不是肯定「心即理」的本心，而讓本心當體呈現，給出相應於道德本性的活動；但通過對本知之理的充分了解，逐步明白此理是無條件的，而且是自我立法的，即自立可普遍的格準來自己遵守，明白此才是道德行為。那最後這種要求心給出的行動的格準是無條件，而且是自發的行動的原則，那麼，通過工夫之後的行動，應該也是真正的道德行動。根據康德，自由與道德法則是互相涵蘊之說，則伊川朱子這一義理型態及其工夫論，應該也是意志的自律的倫理學。雖然不同於牟先生以陸王心學來規定的自律的倫理學，但也應符合意志的自律的定義，可以說是另一型態的自律。而要求意志（或自己的行動之存心）依義利之辨所給出的無條件地、依理所當然之故而行，是儒學第一義。此可說是尊德性。而此理此性，是人本有的，亦常發而為日用行為，人可於此直下承當，操存而擴充之，或透過對本知之理的加深理解，致知以誠意，由於二者是互相涵蘊或相回溯的，故皆可以是相應於道德本性的義理型態，皆為儒學的第一義。按照牟先生對自律的倫理學的規定，只有心即理才是真正的自律，即心的活動同時就是道德之理的呈現，此時所給出來的行動才是道德的自律的行為，按牟先生此一規定，則康德亦不合於此型態。康德所主張的意志自由是設準，並不能呈現，故人的道德的行為只能是被法則責成，勉強服膺。康德此一道德實踐的型態也只能是他律的行動，因為此時雖然是依無條件的律令而行，但作為行動的主體的意志並不是其活動就是法則的呈現，而是勉強的按法則的要求努力實踐，即此時人是心與理為二的情況，只有達到心的活動自然就是理的呈現，才是心與理為一，但如果以這種境界作為意志的自律的標準說法，恐怕大多數人都不能有份於此。而如果人在明白道德法則的真正意義後，努力的要求自己現實意志按法則而行，努力去澄清自己的意念，如此的勉力踐德的情況如果也可以是自律的道德，則對於大多數人就可以黽勉以從。我相信這一在責成的情況下努力踐德，是康德所認為的自律的實踐，因為如果不是自律就是他律，而依法則努力實踐如果是他律，則由於他律是假的道德之源，難道這種實踐也算是假

的道德麼?是與有所為而為的做法相同嗎?恐怕很難說得通,而朱子如果是通過對於理的本來了解而進一步求了解,在真知之後能嚴格存天理去人欲,純然的按天理而行,雖然此時心與理並非是一(當然可以心合理,但心與理並非是同一的存有),但也不能說他是他律的倫理學。前注所引劉述先教授對「自律」的討論,亦可說明此義。

朱子的「明德注」新詮

前　言

　　朱子對《大學》「明德」的注解引發了當時及後代儒者許多的討論，不論明德是指心或是指性，在朱子的有關文獻中都可以找出根據。當代牟宗三先生認為依朱子，明德是指性而言，對此他做了非常嚴謹明白的分疏，又對朱子的注文給出修訂。筆者細探「明德注」與《大學或問》、《朱子語類》、《文集》的有關的文獻，認為明德是以心為主，而性理在心中呈現之意。明德不能只就心或理（性）來理解，而是兩者關聯在一起，此說應該是朱子詮釋明德的原意。本論文準備證成此一對明德的理解，並由此說明朱子在「明德注」中所說的「因其所發而遂明之」是表示理在心中隨時有其流露，故人對於道德之理是本有所知的。本著此對性理的本知或已知，就可以進一步而求真知，故朱子可以說「因其已知之理而益窮之」，而所謂「一旦豁然貫通」，便有理論上的根據。如此解釋，應可以對朱子的成德理論給出一個較為順當的說明。

　　以上是本文之大意。依朱子，固然不能說心即是理，但心為虛靈明覺之知，在此「知」中，本來便有對道德之理的理解或知識存在。可以說，人對於何謂道德，何謂義務，是具有「理性之知識」者。人只要對自己的行為稍加反省，就可以理解到行為所依據的道德法則，或是非之律應該是什麼。這種對道德法則或是非之律之知，朱子認為是人所不能否認的，不管人的氣稟如何不理想，或欲望習氣如何深重，也是不能自昧的。朱子雖然主張心與理為二，但並不否定心對理本有所知，對此朱子是有明確表示的。此種對道德之理的「本知」或「常知」與朱子所理解的明德之義，關係是十分密切的，

甚至可以說，人所以有明德，其理由便在於這對道德或仁義禮智的本有所知。因此「明德」是常常表現在日用生活中的，而這就是人能格物窮理，充分實現對於理的理解，由此而誠意，使人能有真正的道德行為的出現的根據。故「明明德」是在肯定本有的「明德」（即對於道德之理的本有之知）的情況下做工夫，於是此一明明德的工夫是有先驗的根據的。此應該是朱子詮釋明德的原意。於是由致知而「豁然貫通」，並非「異質的跳躍」[1]。如此解釋，應可以對朱子的成德理論給出一個較為順當的說明。

一、伊川、朱子可能是從橫起縱的實踐理論型態

朱子對《大學》十分看重，認為在他一生中，看得最明白的文章就是《大學》[2]。他藉《大學》的三綱八目的內容，給出了儒學成德之教的工夫程序，固然這一設計與鋪陳是根據《大學》文本，及承繼了程伊川的講法，但朱子的發明很多。他對《大學》的詮釋及有關討論，綱舉目張，很清楚的表達實踐成德的工夫與程序，及其根據。朱子此解對後來的影響非常大，可說是南宋以後普遍成為士人作修養工夫的標準教法。雖然對於朱子學的詮釋，近世由於牟宗三先生「別子為宗」的衡定，使朱子的思想理論比較不像過去，雖有朱陸異同，及王學盛行，仍無異議地被視為儒學的正宗。但牟先生的朱子詮釋也很明顯與過去八百年中國乃至於東亞社會尊崇朱子的事實有距離，於是，對於牟先生的詮釋，當代是不斷有商榷的意見提出的，只是大多數的反對意見不能有嚴格的哲學論證與對朱子文獻的明白詮釋作根據，對

---

[1] 牟宗三先生認為：「一切積習工夫、助緣工夫並不能直線地引至此覺悟。由積習到覺悟是一步異質的跳躍，是突變。光是積習，並不能即引至此跳躍。」見《從陸象山到劉蕺山》（臺北：臺灣學生書局，1979 年 8 月），頁 165。劉述先教授也用此語，見《朱子哲學思想的發展與完成》（臺北：臺灣學生書局，1982 年），頁 204。

[2] 《語錄》載：一日教看《大學》，曰：「我平生精力，盡在此書，先須通此，方可讀他書。」又曰：「某一生只看得這文字透，見得前賢所未到處。」〔宋〕趙順孫撰，黃坤整理：《大學纂疏》〈讀大學章句綱領〉（上海：華東師範大學出版社，1992 年），頁 7。

牟先生的說法於是便不能有所撼動。我近年對此作了一些思考，藉著與康德之道德哲學比較，對伊川、朱子的理論型態作了一些新詮。康德肯定通常的理性（一般人）對道德法則有正確的了解，但必須從對法則的一般了解進到哲學的了解，才可以擋住人隨順感性之欲求，對要求人無條件地踐德之道德意識給出挑戰，而生起的「自然的辯證」[3]；此意正好可以說明伊川、朱子致知以求真知之義，即說明此主張的用心及其必要性。康德認為對付這自然的辯證，避免人道德的墮落，必須將對道德法則從一般經驗中抽出來，而明其為先驗普遍之理。這一分析，即說明道德法則是根於純粹理性的。此一康德所謂的道德形而上學或對道德之根本原理的說明，亦如同伊川、朱子對性理之分解，即嚴格區分心性、理氣有形上形下之異之作法。由此可見程朱的格物窮理，是從人本來便有的對道德之理之了解（本知、常知），進至對道德之理有真知、切感的地步，故由格致可以達致誠意的結果。由是我認為程朱之義理型態並非如牟先生所說為儒門別子，而是可以與陸王並立，同為儒學應有，或甚至必須有的一個成德理論。二系雖有主理及主心的不同，但亦可以會通[4]。

如果上說可通，則對於牟先生的朱子詮釋，我提出兩點的修改意見：

（一）朱子雖然清楚區分心、理為二，但並非表示心對於理本無所知，而要通過格物，從客觀存在的事物的然而追問其所以然的方式，才能了解性理。依朱子可以是認為人對於理本有所知，只是必需從一般的了解進到真知，於是將本知之理抽出來做進一步的理解；格物致知，便是以此本知之理為根據而作進一步求知之工夫。常知與真知之不同，如同康德所說的「對道德的一般理性的理解與哲學的理性的理解」之不同，伊川云：

---

[3] 康德：《道德底形上學之基本原則》第一章，牟宗三譯註《康德的道德哲學》（臺北：臺灣學生書局，1982 年），頁 31-32。

[4] 見拙文〈程伊川、朱子「真知」說新詮——從康德道德哲學的觀點看〉，《臺灣東亞文明研究學刊》第 8 卷第 2 期，總第 16 期（2011 年 12 月），頁 177-203。〈程朱、陸王二系的會通〉〔《當代儒學研究》第 24 期，2018 年 6 月），頁 47-68〕等論文。

> 真知與常知異。常見一田夫,曾被虎傷,有人說虎傷人,眾莫不驚,獨田夫色動異於眾。若虎能傷人,雖三尺童子莫不知之,然未嘗真知。真知須如田夫乃是。故人知不善而猶為不善,是亦未嘗真知。若真知,決不為矣。[5]

這一段所說的常知與真知,當然是就對道德之了解,而不是泛就一般知識上說。這從「人知不善而猶為不善,是亦未嘗真知」之語可知。故常知與真知,即普通的理解與深切的理解的不同,是專就對道德的理解的不同層次給出之區別。文中所謂的三尺童子莫不知虎能傷人,是譬喻對於何謂道德的善惡是非,是人所共知的;而以談虎色變來形容的真知,是指對於本有了解的道德之理,達至真切了解的地步。能真知就自然能「見善如不及,見不善如探湯」。[6]

---

[5] 《二程集》(北京:中華書局,2009 年),頁 16。

[6] 孔子語,見《論語・季氏》第十六。此處朱子注曰:「真知善惡而誠好惡之,顏、曾、閔、冉之徒,蓋能之矣。」《四書章句集注》(北京:中華書局,1983 年,頁 173。) 表達了真知便能實踐之意。程伊川在別處論真知,也可參考:「性本善,循理而行是順(按:原作「須」,誤,《二程全書》(臺北:臺灣中華書局,1969 年) 作「順」。見〈遺書十八〉頁五) 理事,本亦不難,但為人不知,旋安排著,便道難也。知有多少般數,煞有深淺。向親見一人,曾為虎所傷,……蓋真知虎者也。學者深知亦如此。……學者須是真知,纔知得是,便泰然行將去也。某年二十時,解釋經義,與今無異,然思今日,覺得意味與少時自別。」(《二程集・伊川先生語四》,卷 18,頁 188) 按此段便明白的用真知義理來解說談虎色變的意義,可知談虎色變之喻,確是就對道理的理解的深切來說的,於是也可以證明伊川是認為人對於道德之理是本有了解的,如同三尺小孩對虎之能傷人是本來便知道的。文中「知有多少般數,煞有深淺」是說對於理的「知」,有不同層次之深淺。此句《二程全書》作「然有深淺」,據此則須讀作:「知有多少般數?然有深淺。」這是說「知,那有許多不同?但有深淺。」即伊川認為人對理的了解,是沒有不同的,但有深淺之異。即對於何謂道德之理或對是非善惡的區別,人的了解都是一樣的,有共識的,但知之的程度則有深淺。按此解較佳。從此段最後伊川說他早年對經義的解釋和現在沒有不同,但現在「意味深長」,可見是知解沒有不同,但有深淺之異之意。

（二）如果程朱通過格物窮理所了解的理是道德之理，而且對此理有正確的了解，則在了解理的過程中，便會回過頭來要求自己行動的意志要按理而行；或嚴格的講，要求自己行動的意志只因為理、義務的緣故而給出。此是說對於道德之理的理解並不同於認知對象般，只給出了對對象的客觀的了解，而不必影響行動的主體之態度；在理解道德之理的過程中，由於是就本知之道德之理、應然之理進一步求了解，在不斷深化了解中，也就深化了此理對自己行動的主體的要求，即必須要只因為理、義之故而行動。若是則程朱的致知窮理並不如牟先生所說，心與理的關係只是主客的橫攝的、認知的關係，即理只能是客而不是主，是所而不是能（「以成其能所之二，認知關係之靜攝」[7]），而應該是在不斷深化對於理之知的時候，體證到理是我本有的，是我認可而必須要依之而實踐的，這可以說是格物致知之後要反求諸己。理在致知之過程中逐漸成為心要依循的原則，終至心、理為一。程伊川便對格物窮理之後必須「反躬」（《禮記‧樂記》：「不能反躬，天理滅矣」，即反身以求，回到自己，以實踐此理。）給出了說明：

> 隨事觀理，而天下之理得矣。天下之理得，然後可以至於聖人。君子之學，將以反躬而已矣。反躬在致知，致知在格物。
> 學莫貴於自得，得非外也，故曰自得。[8]

由此段可證，伊川是認為明理的過程也就是證明「理是我的理」之過程，愈明理，人就愈能反躬而自得。明於外，有證實此理本來是我之理的效果。故伊川亦說：「物我一理，纔明彼即曉此」（〈程氏遺書〉卷 18）。言理為我本有，既表示了此理是我本知，又表示了此理是我肯定的。對於道德之理，人一旦理解，便會有以上的感受，因為道德之理是理所當然的，越了解其為當然，使越發會肯定，亦越會產生要依此理以實踐的要求。如果可以這

---

[7] 牟宗三：《心體與性體》第一冊（臺北：正中書局，1968 年），頁 20。
[8] 《二程集》，卷 25，頁 316。「學莫貴於自得」，《二程全書》無「莫」字。

樣說,則致知以格物窮理,是以自己本有的,對道德之理的常知作根據,作進一步的探究,而達到真知的地步。到了真知理,便可以對此理為我所有,是我所必須肯定,而且必須實踐,有真切的要求;於是這種把理當作對象,以心知來深化、了解的活動,雖然是以橫攝的認知性的活動來開始,但最後會以反求諸己,給出按性理而行的,也可以說是為義務而義務的道德實踐。道德實踐是讓無條件的為義務而義務的實踐具體給出來,那不是為了別的目的而行的,是我自己自發的要求自己按理而行的,這可以說是縱貫的活動。按理而行,似是橫攝的活動,但若此理是我本知,越知而越加肯定,且視為我之理,而且要按理而實踐,則亦是自發的,由我決定之行為,而這便是縱貫的。即此時之道德行為,雖然是按理而行,但理是我自己肯定的、自發的去依循的理,不是外在的理,故可說亦是意志之自我立法給出的。亦可說是「性發」,而且是「不容已」的。這是上文伊川所說「反躬」及「物我一理」之說可涵之義。故致知明理而誠意反躬,可以說是從橫攝而起縱貫的活動。這種從橫起縱的活動,在橫攝處說,有主客二分、心理為二的情況,但不同於一般的認知活動。一般的認識活動成就的是有關對象的知識,不會因為認知而給出實踐的活動,亦不會愈認識而愈證此理為我本有。故可以說這對理之本知、常知,是和依此理而實踐相關聯的,此對理之知對意志是有要求的,即要求其作去妄存誠之工夫,要主體依理而行,並不能只看作單純的認知。由於對理有所知,便會有依此理而行動的要求,而若不依此理而行,自己內心一定會感受到不安。如果對於道德法則的認知會有這種效果,則增加明理的程度,就自然會有實踐要求的加強。牟先生認定了程朱的心與理為二、以心明理,只能是橫攝的認知活動,實踐的動力是不能給出來的。如果按上文所說,則牟先生這一論定是可以商榷的。而人是否可能從對道德法則的清楚了解,而產生真正的道德實踐呢?吾人認為是可以的,這除了上面的論述外,又可以用康德「道德法則與自由互相函蘊」之論來幫助說明:

> 這樣,「自由」與「一無條件的實踐法則」是互相函蘊的。現在,在這裡,我不問:是否它們兩者事實上是不同的,抑或是否一個無條件

的法則不寧只是一純粹實踐理性之意識，而此純粹實踐理性之意識又是與積極的自由之概念為同一的；我只問：我們的關於「無條件地實踐的東西」之知識從何處開始，是否它是從自由開始，抑或是從實踐的法則開始？[9]

這是所謂康德的「交互論」[10]，由對道德法則的了解與分析，必須肯定人有意志之自由。由對自由的分析，可知自由意志所遵守的法則是無條件的道德法則。或說自由是道德法則之存在根據，道德法則是自由的認識根據，故曰二者相涵蘊。既然道德法則與自由是「互相涵蘊（互相回溯）」的，則通過對道德法則的深切了解，就會意識到只因為法則的緣故，或被法則直接決定的意志，是人在從事道德的實踐時必須要有的。若是則對於道德法則的了解，就會產生純淨化自己意志（力求存心之純粹）而給出道德行動的要求，這就是上文所說的「從橫起縱」的理論根據；這表示的對道德法則的認識，是從本來有的常知而進至真知，而且在這個過程中，會產生要給出真正的道德實踐的要求。這在人的日常心理，也是常見的事實。固然人不一定能給出存心純粹的道德行為，但這種要求純粹依理而行，要求行動的意志純粹，是人驅之不去的道德的關切。既然有此關切，則對道德行為的加深了解，自然會相應而生起按道德法則而行的自我要求。那麼伊川與朱子所主張的，必須以心明理、格物致知的作法為先，固然是橫攝，但並非止於對道德之理有認知上的清楚，而必須反躬實踐。這種由對於理的真切了解而要求純粹實踐，應該是人常有的感受。如果此說可通，則牟先生對於程朱為橫攝系統，陸王為縱貫系統的區分，固然精審，但這兩個系統，是可以會通的。從程朱之橫

---

[9] 康德：《實踐理性底批判》，卷一，頁 165。

[10] 互相涵蘊（reciprocally imply each other）之義，在 H. E. Allison 的 "Kant's theory of freedom" (Cambridge University Press, 1990) 書中有專章討論，說是康德的「reciprocity thesis」（p.201-213，陳虎平譯為「交互論」，見亨利・E・阿利森著，陳虎平譯：《康德的自由理論》，瀋陽：遼寧教育出版社，2001 年，頁 301-321）。

攝，可以給出縱貫的道德實踐，而陸王肯定心即理，先給出從本心自發的、直貫的道德創造，也必須回過頭來，對於此本心或良知中所含的道德之理，作充分的分解以求明白，如此才可對治道德之存心因感性欲望之反彈而造成之自欺。不然行動的存心如果受感性影響而滑轉的話，就容易以情識為良知，而有蕩越放肆的流弊。若此說可通，則由程、朱的橫攝，固然可以起縱貫；而由陸、王的縱貫，亦須回頭作橫攝的工夫。這兩個系統也可以用《中庸》中的「誠則明矣，明則誠矣」來類比，即明理可以誠身，而誠身也可以有明理的後果，兩者是不能偏廢的。誠明兩進，才可以保證真正的道德實踐，這也可以說是《中庸》的「交互論」。

二、朱子的「明德說」的主旨

　　上文是據伊川、朱子的從常知到真知之說作了詮解，而這種根據常知進一步達到真知，在真知的情況下會引發真正道德實踐的看法，在朱子對《大學》「明德」的說明處可以清楚看到。朱子所理解的明德雖然以理為主，但一定要關聯到心知來說，性理在心而為明德。由於心對於理是本有了解的，故此德之「明」也是本有的，故明德之明，不只是說心知之明，而是說心對於理本來就有了解。也可以說心知與理是分不開的，性理在心知中而呈現其明，心知之知本來就有對理的了解在。明德在朱子固然不能了解為本心，不能說明德如同本心良知般，心的活動就是理的呈現；心不同於理或心與理為二，此一區分在朱子是很清楚的。但心雖不同於理，在心知的活動處就有理的彰顯，而說性理（性即理也）時，則一定在人的心知中表現其彰明的內容意義。朱子此一對明德之規定本已有相當多的討論，但其意表達得並不截然清楚。雖不截然，但朱子之語意應該就是如此，以下試引原文來證明此意。朱子的《大學章句》，於「在明明德」句下注曰：

　　　　明，明之也。明德者，人之所得乎天，而虛靈不昧，以具眾理而應萬事者也。但為氣稟所拘，人欲所蔽，則有時而昏；然其本體之明，則

有未嘗息者。故學者當因其所發而遂明之，以復其初也。[11]

「明明德」的第一個「明」字是動詞，是「要去明瞭或彰明之」之意，這沒有問題。但「明德」究竟是指什麼呢？是指心還是性呢？如果指的是性，性是理，性理本身何以可用「明」來形容呢？故如果說性理（道德之理）是光明的，則必須關聯到「心知」來說。當然如上文所說，人對道德有特別的關切，所以一旦意識到道德法則就感受到這關於道德法則或道德之理的理解，是很特別的。此時會感受到道德之理是光明昭著而與一般所知的對象是迥然不同的。固然就此義就可以說德性之理是光明的，對於人是彰彰明甚的，但也必須關聯到心對於理的了解或認知來說。由於心知的理解、認知才明白到性理的特別意義，體會到道德之理是光明正大的德性。而後文「人之所得乎天，而虛靈不昧，以具眾理而應萬事」，則明顯是說心，或以心為主來說。因心才能說虛靈，而且才可以具備眾理來應對萬事。如果是指性理，則用虛靈不昧來形容性理，並不太順，而且作為明德的性理「具眾理而應萬物」，更不容易說通。故虛靈不昧以下，應該是說心。但朱子能夠直接以心作為明德嗎？朱子重視以心知明理的工夫，而並不主張直下相信此心、推擴此心。心要明理才能誠意，才能給出合理的活動。故若直接說心是明德，似是肯定心即理，而心便是本體，這應該不合朱子的思想。於是據明德注，對於明德所指究竟是心還是性，就不甚明確。朱子本人是有討論這個問題的，如云：

或問：「明德便是仁義禮智之性否？」曰：「便是。」[12]

按：這一條明確說明德是就仁義禮智等性理來說的，但如上述，性理而曰明德，必須關聯到心來說，故另一條《語錄》云：

11　朱熹：《四書章句集注》大學章句，頁3。
12　朱熹：《朱子語類》卷十四，經上，頁260。

> 或問:「所謂仁義禮智是性,明德是主於心而言?」曰:「這個道理在心裏光明照澈,無一毫不明。」[13]

按:此條對明德之規定最為清楚,亦涵「理在心才能說德」之意,此對德之規定甚為重要。說這個道理在心裡光明照澈,就表示性理所以能名曰明德,是因為理在心中光明照澈。性理所以會以光明的狀態存在於心中,當然與心知的作用是分不開的;雖然如此,亦涵此性理是十分特別的,人一知道它,便見其為光明之德性,而認識到其權威性,由於心知之明,性理之特性就光明地表現出來。這樣的表示,心與理雖然不一,但心中有性理照澈,二者密切地關聯在一起。依此意,心知對於性理本有了解之義,就必須肯定。即是說,性理能夠說為明德,固然離不開心知的作用,但由於明德是本有的,故心知對於性理的了解,或心知與性理的關聯,是有保證的。此可以說性理在心中的光明昭著,與心知對於性理的了解,二者可以說是一事。由於人人都有明德,而且明德未嘗息,則據朱子對明德的理解與詮釋,心知與性理二者,就必須有關聯性,而這種關聯不能是經驗的、後天的。牟先生由於判定朱子是心與理為二,心性二者平行,心之知理必須是心通過認知的作用而知理,故心的知理是後天的、認知作用的攝取。心與理是後天的、關聯的合一。[14]如果是這樣,心的知理與心的合理,就沒有保證。而現在如果可以說明心本知理,或性理在心中本來照澈而以明德的情況存在,則心知與德性是有必然的關聯性的。如果二者沒有必然的關聯性,朱子就不能夠說人人都有明德,此是本體之明,而且更不能說雖然昏昧之極,氣稟極差或私欲深重的人,都可以有明德的流露(此意見下文)。若這些說法要成立,則心知的知性理,就必須是先驗的,即只有心知對於理有先驗之知(或說「理性的知識」),才能說人人都有明德。這從朱子區分心理為二,但又肯定性理在心就是明德,而且明德未嘗息,就可以推論出心對於理一定本有所知之意。於

---

[13] 同上。
[14] 牟宗三:《心體與性體》第二冊(臺北:正中書局,1968年),頁285。

是在朱子，心與理雖然是二，但在心對於理本有所知而為明德的意義下，此二者又不能截然區分，不能說只能以後天的認識，把二者關聯在一起，固然心不即是理，但明德是二者相關聯，此二者有先驗的關聯性。此意見下面一條：

> 問：「天之付與人物者為命，人物之受於天者為性，主於身者為心，有得於天而光明正大者為明德否？」曰：「心與性如何分別？明如何安頓？受與得又何以異？人與物與身又何間別？明德合是心？合是性？」曰：「性卻實。以感應虛明言之，則心之意亦多。」曰：「此兩個，說著一個，則一個隨到。元不可相離，亦自難與分別。捨心則無以見性，捨性又無以見心。故孟子言心性，每每相隨說。仁義禮智是性，又言惻隱之心、羞惡之心、辭遜、是非之心。更細思量。」[15]

朱子討論明德的語錄不少，上引幾段比較有代表性。從這幾段看來，明德在朱子是以理為主來說的，但既然是「明」德，需要與心連上關係，故朱子認為明德是理在心中光明照澈，又說此處心性是分不開的，說一個，另外一個就跟著到。可以說心性二者有二而一、一而二的情況。照朱子這些說明，則明德既是性理，而又關聯到心來說，雖然明德不是本心，心與理還是有區別的，但心中本來就有性理彰明的存在，心可以根據本具之明德來應萬事。如此解說明德，雖然不能像陸王心學的心即理的說法，但可以說心中本有性理的存在，而且對於性理的意義，本來便有了解，不然明德就不好說了。此即

---

[15] 朱熹：《朱子語類》性理二，頁 88。此條及前文所引語錄，牟先生在《心體與性體》第三冊第五章第二節論明德處（頁 371-375），有明白的討論。說明了明德是以性理為主，但亦關聯到心來說，而且由於人有心知之明，故多少總有明德的彰顯，牟先生的分析十分細緻，但我認為牟先生之說未必能表達出朱子論明德的原意，即未能表示朱子注語中所涵明德是人本有的本體之明之義。如果明德之明是人人本有的，而且要關聯到心知來說，則心知與性理需有先驗的關聯性，而不能只是通過後天的經驗認知的關聯二者。

表示朱子雖然主張心與理為二，而有心不是理，通過心知可以攝具理之意；但也有雖然心不是理，但心本知理之意。心本知理就有此心之知理是有先驗性之義，心本來就知理，則就可以說人對於道德之理本來就有了解，於是成德的工夫，在朱子雖然是要通過心知之明對於理作充分的認識，但這一致知的工夫，是有心對於性理的本知作為根據的。由於是心對於理有本知而為明德，明德是人人都有的，如上文所說，則致知、明理就有先驗的、人人本有的對於道德之理的本知作為根據。於是就可以說，朱子這一成德理論是有先驗、或超越根據的。當然，既然心與理是二，何以二者可以有先驗的關聯性，何以心對於理會有本知（或常知）？這是不容易說明的。但其實這是人的「共識」，人心對於如何判別是非，何謂道德法則，何謂義務，本來就有了解，而且這種對道德的理解是很普遍的，一般人對於何謂道德的行為本有了解，其理解亦正確無誤。人都會根據道德之理來要求或判別行動是否有道德性。道德行為的存心是為義而行的，是無條件的行所當行，一般人都據此義作道德判斷，即無所為而為的行為才是道德行為，而有條件的、有所為而為，就不算是道德行為，一般人對此道理都很了解，是故康德說可以從一般人的對道德的理性的理解開始，來分析道德法則的涵意。[16]他認為一般人的這些了解都是可靠的。對於何謂道德行為，何謂道德法則的了解既如此通常，如此普遍，於是吾人可說，朱子雖然不能肯定心與理為一，但肯定心知對於理本有所知，而此對理之知是正確無誤，且人皆有之，亦是很有可能，甚至認為是理所當然的。即一般人都有明德作為實踐的根據。對於何謂道德，道德價值存在於何處，是在行動的結果，還是行動的存心？人並非沒有了解，這應該是朱子所說的「明德」之意的根據。以上是我對朱子所說的「明德」之總的理解，下文擬從牟先生的有關討論，再引朱子的有關文獻展開論證。

---

[16] 康德：《道德底形上學之基本原則》第一章，牟宗三譯註《康德的道德哲學》（臺北：臺灣學生書局，1982年），頁30-31。

三、論牟先生對朱子「明德說」的詮釋與朱子的原意

牟宗三先生認為朱子對明德的規定雖然是性關聯著心來說，但應該以性理為主，而且心性二者在朱子有截然的區分，性是心的認知對象，心知的活動是認識的作用，由認識性理而為善。心不是自發自律的給出道德行為的本心的作用，性理為心所知的對象，只是存有之理而沒有活動性，於是這種心依理而行的實踐，並非由性體不容已而自發給出來的實踐活動，而為心通過認知的作用，關聯到超越的性理，於是依理而行，性理為心所依的對象，故這種道德的實踐，是意志的他律的型態。這是牟先生所理解的朱子的實踐理論之型態，於是他認為朱子的「明德注」並未能明白表示此意，應該按照上說的朱子確定之意作修改，需要把心性二者作明白的區分，牟先生的說法如下：

> 是故依朱子之說統，其在《大學》中關于明德所作之注語實當修改如下：「明德」者，人之所得乎天「而可以由虛靈不昧之心知之明以認知地管攝之」之光明正大之性理之謂也。如此修改，不以「虛靈不昧」為首出之主詞，省得搖轉不定，而亦與朱子之思想一貫。若如原注語，則很易令人誤會為承孟子而來之陸王之講法。[17]

牟先生這樣修改，就確定地把明德規定為「人所得于天的光明正大的性理」，即「明德」只就性理來說。而虛靈不昧專是就心而言，人的心知以其本有的，虛靈不昧的認知能力管攝性理。如此理解明德，則固然清楚區分心性為二，但亦突顯心的知理是通過後天的認識而知之義，於是心的知理是沒有保證的，人的心知可以知理也可以不知理。經過牟先生這樣明確的規定，朱子論明德時，有些意思就似乎被淘汰掉了。如上文所說的，朱子在論明德時心與性是分不開的，「說一個，另一個隨到」，依照朱子這些話，心與性

---

[17] 牟宗三：《心體與性體》（第三冊），頁374。

在明德處是分不開的。如果二者是分不開的，則可以說是有先驗的關聯性。另外，明德的作用是具眾理而應萬事，此就表示了心統性情之義。心具眾理是應萬事的根據，故心管攝性理就能夠應萬事，能應萬事是心統性的作用，而應萬事的活動就表現了情，故朱子論明德包含了心統性情之義。以此為明德，則心統性情亦是心本有的性能，即心之虛靈本來便可具眾理而表現四端來應萬事，此心性情三者，在明德中本來是關聯在一起的。或可說，由於這三者本來就相關聯，於是總起來說明德。如果此說可通，則就不能說心要通過後天的經驗認知，才可以關聯性理，而表現為四端之情。若依牟先生對「明德注」之修改，心統性情是心之功能，並不能歸諸明德。[18]即不能從明德說心統性情，心的統性情的作用，是通過心知的後天的作用。如此一來，便削弱了以此明德為人人本具的本體之明之義。即心之虛靈的作用是明德本具的，故曰：「心之體用本來如是」，此明是人人原則上有的、本具的妙用，如果這種作用充分發揮，就是心的「全體大用」，所謂心的全體大用，應該是就實現心本來的知理之明，表現心統性情的作用。如果是心通過後天的認知作用而關聯到性理，則此妙用及明理之「本來如是」，即本然義，便被去掉了。

　　故牟先生對「明德注」的修改固然很清楚地表達心性二分，心性情三分的朱子見解，但以此來解釋明德注，則心須通過後天經驗的認知作用，才能知理，依理而行，此是後天之漸教，心知理及依理而行，是沒有保證的；而且心之知理是須通過格物窮理以知之，從存在之然之曲折處明善，即從善之事物處明其所以然，這是從「然」以知其「所以然」，這亦不能保證能知道德之理。但牟先生此釋於朱子文意，似不甚順適。因為明德注的原文相當清楚地表示明德是人所得於天，是人人本來便有，而又能虛靈不昧地具眾理而應萬事，心性二者很密切地關聯在一起。牟先生的修改以得於天者是理，虛靈不昧是心，是以心性截然二分的方式來理解明德注。以此一心性二分的格

---

[18] 《大學纂疏》在「虛靈不昧以具眾理而應萬事」處，引《語類》云：「虛靈不昧，便是心；此理具足於中，無少欠闕，便是性；隨感而動，便是情。」（頁 14）這就用「心統性情」之義來說明具眾理而應萬事。

局來說明明德注,雖然很清楚,但不太能表達朱子上文所論明德是「心性相關聯,不一不二」之意,亦不能表示明德之「明」未嘗息之義。牟先生之修改是見到明德注中似乎以虛靈不昧為主詞,但又以性理為實踐的客觀根據,會產生明德是說心或者是說性的問題,而且如果以明德為心,則心可能就可以往心即理來理解,這不合朱子原意。於是根據他所理解的朱子是心性二分、心性情三分的理論架構,確定的以「性理」為明德,而「虛靈不昧」是心所以能夠統攝理的能力,於是明德注就符合心性為二,以心的認知統攝性理而應萬事之義,於是就去掉了明德注中原文所含有的心性或心性情本來就先驗的相關聯之義。牟先生的修改雖然明白,但可能已經把明德注本來含有的一些意思去掉了。

明德以理為主,或甚至直接說是理,如牟先生所說,於朱子文獻也有根據,是可以說的。但這明德何以是光明昭著?則必須說此性理是在心中的理,由於在心中,故表現了光明昭著的意義。如上文所說,這裡便須有心與理密切的關聯在一起而分不開之意。不必如牟先生對朱子注語所作的修正,而明確的規定心性為二,即明德為性理,而由心之認知來關聯之。這可以多引一些朱子的原文來說明:

> 但為氣稟所拘,人欲所蔽,則有時而昏;然其本體之明,則有未嘗息者。故學者當因其所發而遂明之,以復其初也。[19]

此段上文已引過,文中明確表示明德之明,是「本體之明」,即其明是人人本具、不會喪失的。於是人人都可以根據這明德的流露,而充分實現其明,這即是恢復了明德的本體。如果明德只就性理來說,就不容易表示其是「未嘗息」的本體之明之意。因為如果是心理為二,心要通過後天的認知才知道性理,則心對於性理的明白是後天產生的,不能說是本體之明,也不能說是此明未嘗息。因此如果要滿足此注文之文意,必須肯定性理必可以光明地表

---

[19] 《大學章句》,頁3。

現出來,而性理的光明與虛靈不昧的心的作用是分不開的。如此則必須說明德是心與性的連接才可以表現其明,故心的知性,或通過心知而把性理光明的表現出來,就有先驗性。此即是說人人都本有這種對於性理的了解,性理在人心中都能光明的表現出來。這應該是朱子的明德注所表達的本意,即心性固然為二,但「心性關連而成」的明德,是有本體的性格的。此本體之明是人人都有的,不會喪失的。《朱子語類》對此有下的討論:

> 此是本領,不可不如此說破。[20]

此條《大學纂疏》置於「然其本體之明則有未嘗息者」下。

> 又曰:本是至明物事,終是遮不得。[21]

按所謂「本領」即是內聖成德的根據,問題是這根據是經驗的,還是超越的(先驗的)?根據第二條所說「終是遮不得」,可見此明德在日常生活中是隨時可以表現出來的。也是人人都可能理解的。故這成德的根據應該是超越的,這才能與「本體之明」之意相應,而若如是,則所謂本領便是成德的超越根據。《語錄》又載:

> 明德未嘗息,時時發見於日用之間,如見非義而羞惡,見孺子入井而惻隱,見尊賢而恭敬,見善事而歎慕,皆明德之發見也。如此推之極多。[22]

朱子如此解「明德未嘗息」,是表示人在日常生活中隨時可以感受到、或認知到性理與道德的意義,這一種對理的知與感受,是人隨時都有的。這可以

---

[20] 《大學纂疏》,頁14。
[21] 同上。
[22] 同上。

證上文「明德」不能只從性理來說之意。退一步說，若只以理說明德，也可以推出此理發見於日用，而為人心所易知之義。這亦可以證明朱子所說的明德是從人對於道德之理的本知或常知來說，此人對道德之理的知是有普遍性與必然性的，是可以在生活經驗上給出證明的。朱子又說：

> 人之明德，未嘗不明，雖其昏蔽之極，而其善端之發，終不可絕，但當於其所發之端，而接續光明之，則其全體可以常明。且如人知己德之不明而欲明之，只這「知其不明而欲明之」者，便是明德，就這裏便明將去。[23]

從「昏蔽之極」的人也有明德之發，可證上文所說的此明是本體之明，有普遍性與必然性，任何人都可以發這種道德的明覺之意。雖然這明德不是心即理的本心，而為心與性理相關聯地說，但由於是人人都有的本體之明，則心知與理的關聯就必須是有普遍性與必然性的關聯。故心之知性理，可說是先驗的知識或「理性的知識」，此知識並非由經驗而來。朱子的明德注，有「人之所得於天」一句，說這是人所得於天的，就表示了這明德是先驗的。而如果明德可以從心對於理本有之知來說，則這種知當然也可以說是先驗的、理性的知識。而由於是先驗的、理性的知識，則就可以理解何以對於道德法則的理解，是很容易的，一般人都能有的。如上文所說，人一旦對自己的行動作出反省，要求自己的行動是道德的行動，那就會很容易看到怎麼樣的存心給出的行為才是道德的行為。此意是說，人一旦反省自己的行為，而要求自己給出的行為是道德的行為時，他就會以我這行為是不是人人都應該做；我這行為的動機或存心是否為人人都該有的動機或存心來反問自己。只要人做出這種道德性的反省，就會按照行為的存心（行動的主觀原則）是否為可普遍的，來判斷自己的行為是否為道德行為。雖然此意如果要充分展開，或要說明道德法則的全幅內容，並不容易，如康德之分析。但上述的關

---

[23] 同上，頁 14-15。

於何謂道德的理解,人人都有,而且都很恰當,一般人都能夠以道德的行為是普遍而必然的,並不出於個人私利之動機來衡量或判斷行為是否為道德、是否有道德的意義,這種對道德的本知與常知,是人人都有的經驗。是以朱子對明德的了解,如上文所引的文獻所說,應該是合理的。人對道德的理解有本知與常知,順此知而展開之,便可對道德之義作進一步之理解。如「普遍性」與「必然性」是道德法則之特性,不能認為人主觀的、偶然的、可容許有例外的作為是道德的行為;又如孟子所說的「義利之辨」,即道德是無條件地為義而行的行為,且是由仁義行,非行仁義。從道德行為只能是為了義所給出的行為,便須肯定義內,即道德法則是人的意志自己給出的。以上對道德的說明,雖然不算詳細,但意義已很深切,而都是一般人都有的道德意識所涵的,是很明白的。一般人都用這對道德的認識或其中所涵的原理,來鑑別什麼是道德行為,什麼是善什麼是惡,或道德上的對錯是非。這種道德的道理是很清楚的。固然我們對於這個道理雖清楚,但不表示我們能無例外的或自然的就按照這個道理去做,道德行為所要求的無條件性,我們現實上的意志、行動的主體往往不能企及。我們在服膺義務的時候固然知道應該為義務而義務,但是同時我們又會想藉著義務的行為得一些對自己有利的結果。這是康德所說「自然的辯證」之意,這一生命的問題,是從事實踐必會遇到、必須加以解決的。因此對於這個道德之理的了解雖然容易,但實踐起來並不容易。但雖然實踐並不容易,不妨礙這個道理是很容易被理解的事實。我想這應該就是「明德」之所以是「明」之意。就是說德性的道理,人只要稍加反省,要求自己能夠遵循「應該」而行動,就可以明白。從這個道理很容易明白、很清楚,便可契入明德之意義。又此明德之明亦可從道德之理十分特別或奇特上說,道德之理是以定然令式來表示的,要人無條件行所當行,它不會用現實上的好處、感性上之滿足來吸引人,單以其自己就足以令人不得不信服,而且努力去遵守,所以說這個道理非常特別。我們一般的行動都是有所為而為,為了達到某些目的而考慮、算計再給出行動,但一旦我們意識到何謂道德行動時,就要把所有考慮、計算拋掉,而無條件的只因為是義的緣故而行,這樣的要求行動的存心必須純粹的道理或原則,竟然是

我們自己認為當該遵守的,如果不遵守,就不得不慚愧、內疚。這一種如此特別的道理非常清楚明白地展現在我們心中。因此,雖然明德是要通過我們的心知的理解力,才能清楚地為我們所認識,但當我們一旦理解或認識到道德之理時,就會肯定這個道理實在十分清楚、明白,是不容置疑的,於是「明」也必須是道德之理本具的特徵,即光明昭著是道德之理本身的特性。德性之理本來就是清楚明白,所以很容易被了解,不同於人通過後天經驗而認識到的,有關世界的種種知識道理。我想朱子在界定明德時,一定是考慮到道德之理具備上述的特徵,而以此特徵來理解明德的「明」之意義。明德是指道德之理,即性理,而由於道德之理有上述清楚、明白,又容易被知的性格,所以可以說明德,又可以說虛靈不昧。虛靈雖然是從心知的作用講,但不昧是重在性理上說的,即是說對於這種非常清楚明白,人不能不承認的道理,是不能夠硬說不明白的,即此理是不容自昧的。對於這個道理你若說不明白,那就是自昧甚至是自欺了。但這一種對於性理的清楚明白,只能是上文所說的常知,而不是真知。必須根據此常知進一步對性理做徹底的了解,才可以說是真知。能真知理就能夠誠意。所謂誠意,如同朱子在《大學》言「誠意」處的注解:「實其心之所發,欲其一於善而無自欺也。」[24]所謂「一於善」是把道德上的善作為自己一心一意的行為目標,也可以說是為了善而為善,沒有想到為了其他,而這樣子才可以說是無自欺,就可以無例外地給出道德行為。此即要自己的心完全合於理。

如果此說可通,則明德是性理在於心,也就是仁義禮智在心知中,於是這性理本身清楚明白,人可以在日常生活中很容易就看到這理的彰顯。人只要反省一下自己對行動存心的要求,就很容易清楚地看到這理的存在。這樣講明德,就表達了人有一種無論是智或愚都能有的對德性的清楚了解,而這就是人成德的根據。固然這個根據不是本心,不能如同陸王之學因為覺悟本心就暢通人的德性根源,而給出道德的行為,但亦有道德實踐的超越根據。伊川朱子不能如陸王般直接的承體起用,而必須根據這種本有的、對道德的

---

[24] 朱熹:《四書章句集注・大學章句》,頁 3-4。

了解做進一步的了解。要進一步的了解當然是需要推致心知的作用，但不能夠因為朱子重視後天的以心知知理的作用，就說心與理之二是截然為二，理不是心所本知、本具，而且即使心知理，理也只能是所知的對象，不能反身而成為實踐道德的動力。推致心知，亦是推致知中之理，亦可說知與理在致知中同時彰顯。故可以說，朱子致知格物的道學問工夫是有先天或先驗之根據者。

如此的理解明德，我認為可以說明朱子在明德注中所說「本體之明，則有未嘗息者」之意，如果像牟先生所說明德只是理，則明德何以不論是智愚都未嘗息呢？而且明德是本體之明，即是說人人都有此「明」，是不會喪失的。這種本體之明當然必須關聯到心知來說，雖然關聯到心知，但也必須表示這種心知之明是本有的，此明並不是只就心的認識作用來說，而是就對道德之理本來就有了解來說，即上文所說的常知。人人都有這種對於道德之理一般的了解，一反省就顯明出來，誰也不能自昧，於是朱子所說的明德之明，是就本來就了解理來說的，即「知」不只是理解力或認識能力，而是對理有本來的認識了解。故當朱子注說：「知，猶識也。推極吾之知識，欲其所知無不盡也。」[25]時，這個知所識的是理，知與理是密切關聯在一起的，所以致知是就心知對於理的本來了解推而致之。雖然「致知在格物」是表示心知要通過對事事物物的窮格，才可以對理有充分的了解，但這是在以心本知理為基礎下，通過格物而要求對理有充分的了解。如果可以這樣說，則格物致知的確如朱子《大學章句‧格致補傳》所說：「因其已知之理而益窮之，以求至乎其極。」此所謂已知之理，是就上文所說的對於道德之理本來就有了解來說。如果可以這樣解說，則格物致知是從對於道性理一般的了解進至極致的了解。並不是在不知理的情況下，通過窮格事物之理而取得關於道德之理的知識。

---

[25] 見朱熹：《四書章句集注‧大學章句》，頁4。

四、據《大學或問》說明朱子對「明德」的理解

我認為上文對朱子之「明德說」的解釋，應可以成立。在朱子的《大學或問》有些文字明白表示此意：

「然則此篇所謂在明明德，在新民，在止於至善者，亦可得而聞其說之詳乎？」曰：「天道流行，發育萬物，其所以為造化者，陰陽五行而已，而所謂陰陽五行者，又必有是理，而後有是氣，及其生物，則又必因是氣之聚，而後有是形。故人物之生，必得是理，然後有以為健順、仁義禮智之性；必得是氣，然後有以為魂魄、五藏、百骸之身。周子所謂無極之真，二五之精，妙合而凝者，正謂是也。然以其理而言之，則萬物一原，固無人物貴賤之殊；以其氣而言之，則得其正且通者為人，得其偏且塞者為物，是以或貴或賤而不能齊也。彼賤而為物者，既梏於形氣之偏塞，而無以充其本體之全矣。唯人之生，乃得其氣之正且通者，而其性為最貴，故其方寸之間，虛靈洞徹，萬理咸備，蓋其所以異於禽獸者，正在於此，而其所以可為堯、舜，而能參天地以贊化育者，亦不外焉，是則所謂明德者也。」[26]

據此段朱子所理解的明德，固然重理，但乃是兼理與氣，即必須關聯到心來說。此處心是主體，由於有心的主宰性的作用，理的意義才得以彰顯。他從人得五行之秀，故人有虛靈的心，而在心中萬理咸備。固然之所以會以心為貴，是由於心能具理而彰顯理，故明德之德，當然重在理；但由於人有靈明的心，故理在心中本來就可以得到彰顯，於是這就是如上文所說的成德的超越根據，故致知之知是有對理的本知作為根據，致知就是從已知進至真知。人本來就有對道德之理的本知，這就是人比其他動物可貴的地方。而根據這一對性理的本知，人就可以做到如同聖人般參天地、贊化育。固然參贊是最

---

[26] 《大學纂疏　中庸纂疏》，頁 20-23。

後才能達到的境界，但成聖的根據，人人本有。據此可知朱子是從人人都有由五行之秀、正通之氣構成的可以具眾理的心來說人之可貴。如上引文所說「故其方寸之間，虛靈洞徹，萬理咸備」。故朱子所理解的人之所貴，在於人具有本知理的心。有此心，就有此理。他是關聯到心知與理兩者，即有此心就有性理來說人之可貴。並不是單說心或單說理為人所有來說人之可貴。經過以上的分析，可以確定朱子所說的明德是心、理二者關聯在一起，雖然是二者相關聯，但必須是先驗的及必然的關聯在一起的。當然，由於心、理為二，故此本知理而與理關聯在一起的心，並不是即是理的實體性的本心，而且心知理的程度參差不齊，須用工夫來加強，必需要對性理（道德之理）作進一步的分析，才能真知，故後文續云：

> 然其通也，或不能無清濁之異；其正也，或不能無美惡之殊。故其所賦之質清者智，而濁者愚，美者賢，而惡者不肖，又有不能同者。必其上智大賢之資，乃成全其本體，而無少不明；其有不及乎此，則其所謂明德者，已不能無蔽，而失其全矣。況乎又以氣質有蔽之心，接乎事物無窮之變，則其目之欲色，耳之欲聲，口之欲味，鼻之欲臭，四肢之欲安佚，所以害乎其德者，又豈可勝言也哉！二者相因，反覆深固，是以此德之明，日益昏昧，而此心之靈，其所知者，不過情欲利害之私而已。是則雖曰有人之形，而實何以遠於禽獸，雖曰可以為堯、舜而參天地，而亦不能有以自充矣。然而本明之體，得之於天，終有不可得而昧者，是以雖其昏蔽之極，而介然之頃，一有覺焉，則即此空隙之中，而其本體已洞然矣。[27]

朱子此段反覆說明德於人是本有的，一般人或下愚者因為氣質的限制、私欲的蒙蔽，使本有的明德不容易彰顯；但雖如此，明德還是有表現出來的可能，故曰「明德未嘗息」，這就可以證朱子認為即使是下愚者，明德還是可

---

[27] 《大學纂疏　中庸纂疏》，頁 20-24。

以在其生命中表現出來。朱子所說的明德，雖然不等於陸王所說的心即理的本心，而是在心知中有性理的明白彰顯；心與理雖然為二，但這種明德的彰顯，雖在下愚也是可能的。此即表達了上文所說的明德作為成德的超越根據之意，也可以證朱子的成德理論或工夫論，是如同程伊川所說的人本有常知，可以根據此常知進到真知的地步。雖然程朱都強調後天的格物致知工夫，但此工夫是有先天本有的對於德性的本知作為根據的。上引文朱子認為不管是何人，即使是昏昧之極者，即下愚之人，在其情緒未發之時，都可以有明德洞然，即明德彰顯之時，雖然其彰顯可能是非常短的時間。這就很清楚的說明，凡是人都可以有明德彰顯之時，而這就是人成德的根據所在。當然這個成德的可能或超越根據，並不能如陸王或孟子所說的本心良知，只要把此心體擴充，充分實現出來就可以，而必須要通過後天的工夫格物窮理；雖然如此，格物窮理的工夫是有「本體之明」作為根本，並非是全靠後天的認識才能明理。朱子續云：

> 是以聖人施教，既已養之於小學之中，而後開之以大學之道。其必先以格物致知之說者，所以使之即其所養之中，而因其所發，以啟其明之之端也；繼之以誠意、正心、修身之目者，則又所以使之因其已明之端，而反之於身，以致其明之之實也。夫既有以啟其明之之端，而又有以致其明之之實，則吾之所得於天而未嘗不明者，豈不超然無有氣質物欲之累，而復得其本體之全哉！是則所謂明明德者，而非有所作為於性分之外也。然其謂明德者，又人人之所同得，而非有我之得私也。

此段說明了不論是在大學或是在小學，都是根據本有的明德之明而作教學的工夫。可以說在小學是通過灑掃應對的生活教育來培養明德（「養之於小學之中」的「之」是指明德），在大學則是通過格物致知來使明德進一步彰顯，乃至於使心知充分明理，而恢復理的全體的意義。物是理之所在，對於物的表裡精粗都能了解，也就是心知知理的全體大用充分明朗。這雖然是從

心知與理兩方面說,但二者也是關聯在一起,分不開的。因此可以說朱子的小學與大學的教學工夫,都是由本有的明德作為根據,通過大學的格物致知的工夫,就可以恢復心的全體,這所謂全體,就是心知對於本知的性理得到完全的了解,這也就同於伊川從常知到真知的程序。而且即使到此地步,也是人人本有的明德之發揮,並非在性分之外,另作增加的而為沒有本源之事。朱子續云:

> 向也俱為物欲之所蔽,則其賢愚之分,固無以大相遠者。今吾既幸有以自明矣,則視彼眾人之同得乎此而不能自明者,方且甘心迷惑沒溺於卑污苟賤之中而不自知也,豈不為之惻然而思有以救之哉!故必推吾之所自明者以及之,始於齊家,中於治國,而終及於平天下,使彼有是明德而不能自明者,亦皆有以自明,而去其舊染之污焉,是則所謂新民者,而亦非有所付畀增益之也。[28]

這是通過自明其明德而新民,使所有的人都能夠本於原有的明德而自己用工夫,加以進一步彰顯,雖然做到充分明明德的地步,也不是對於人人本有的明德有所增加。由此也可見,朱子主張通過格物致知而使心知理達到充分明白的地步,只是恢復明德的本體之明,並不是有所增加。這表示心知對於理的充分明白,只是對本來有的做加強的工夫,而不是從外面加進來的、本來沒有的認識。這一方面肯定對於理本來有所了解的明德人人都有,而且會自然流露;另一方面主張必須進一步求知,到對於理有真知,才能持久的維持道德的實踐,這是朱子強調道問學之意,但不能因為強調道問學,就說朱子不肯定人對道德之理本有所知,以致其格物致知是求理於外的「義外」之論。從以上〈大學或問〉的說法,可證朱子並非如牟先生所說的,是「後天漸教」的義理型態,由於對明德本有,而且未嘗息作出肯定,則朱子這一漸教的系統有先天的根據。故朱子的格物致知的說法,可以理解為通過心知對

---

[28] 《大學纂疏 中庸纂疏》,頁 24-25。

理的真切了解而恢復本有的明德之全體大用，所謂「復其初」。在人人本有的明德此一意義上說，人的心知本來具理，而性理本來也有其光明的作用。由於心性二而不二，可以這樣相互補充地來說。

在〈大學或問〉論知的一段，很能表達「知」的特殊性：

> 若夫知則心之神明，妙眾理而宰萬物者也，人莫不有，而或不能使其表裏洞然，無所不盡，則隱微之間，真妄錯雜，雖欲勉強以誠之，亦不可得而誠矣，故欲誠意者、必先有以致其知。[29]

此段說「知」是心之神明，此一說法，比「心者人之神明」[30]更進了一步。心是人之神明，而知則是心之神明，表示了「知」是心的最本質的作用。此一表示可以了解明德注所說的「虛靈不昧，以具眾理而應萬事」，固然是說心的作用，但可以更確定的說，這是知的妙用。知的作用是所謂「妙眾理」，說「妙眾理」是比「具眾理」更進一步的，這是表達了「知」把理的意義、作用具體表現出來之意。在《大學纂疏》引的《語錄》曰：「虛靈自是心之本體，非我所能虛也。」（頁 13）以虛靈來規定心之本體，就表示了此虛靈是知，而知是心之神明之意。據此，此知並不能理解為心、理為二的心之認知作用，而是此知之虛靈，與性理是相關聯的，也可以說知中有理，能充分發揮此知的作用（也可以說是虛靈不昧的作用），則知中的理，就可以彰顯出來。由此可證，朱子所說致知，不止是致心之認知作用，而是知與理都在其中。又在「若夫知則心之神明」處，引語錄曰：「大凡道理皆是我自有之物，非從外得。所謂知者，便只是知得我底道理，非是以我之知，去知彼道理也。道理固本有，用知方發得出來，若無知，道理何從而見？」（頁 32）此段很能說明上述之意。理是自己本有的，故知理並非知一外在對象，而是將在我之理發出來。如果不是知中涵理，或如上文所說，

---

[29] 《大學纂疏 中庸纂疏》，頁 32。
[30] 《孟子》「盡其心者知其性也」朱子注曰：「心者，人之神明，所以具眾理而應萬事者也。」（頁 349）

知與理有先驗的關聯性,是不能如此說的。

　　以上論明德,認為當以心關聯性理而言,而此關聯有先驗性;實踐的客觀根據是理,然而心知對於理本有所知,吾人以為這是朱子言明德之本意;但朱子的有關言論,確有使人從心說明德或從性說明德兩種解讀的可能,由此也可以理解何以朱子之後會有明德如何理解、如何規定的論爭,朱子對明德的規定,確有模稜兩可處。朝鮮朝的學者李恆老(號華西,1792-1868)認為朱子對於心的看法可以分為「以理言」與「以氣言」,而以理言之心就是明德,明德注中所說的虛靈固然是心,但這是以理言之心,故明德須以理來規定,這是所謂「明德是理」之說。雖然他說明德是理,但其實是關聯到心來說的理,也表示了理在心中有其作用,故可以說明德。他將朱子明德注中所涉及的心性情三者都說是理。他這一說法在他的弟子中,引發了爭論。柳重教(號省齋,1821-1893)對師說作了修正,認為心的「正說」應該還是從氣來規定。他的同門金平默(號重菴,1819-1891),與他發生了強烈的論辯,後來他們倆的門人繼續爭論,持續了相當時間,是朝鮮朝儒學史上後期的一個重要論爭。[31]當時另一名儒田愚(艮齋,1841-1922)對華西「明德是理」之說大加反對,主張「明德是心」。艮齋對明德之規定,大體同於牟宗三先生之說。這朝鮮朝之論爭與本文所論,可以有對照之作用,但其中論辯頗多曲折,須另作專文來討論。

五、結論

　　朱子對明德的理解,由於關聯到性理與心知來說,其意義的確是不很清楚的,故牟宗三先生嚴格區分心、理為二,明德只能從性理說,而心知對於理的了解,是通過後天的經驗,以認知的作用,使心涵攝理,而這種解釋雖然清楚,也符合朱子心、理為二的規定;但心認知地攝取理,是後天的作用,如是,則心的知理是後天的認知,便沒有普遍性與必然性,人心的知理

---

[31] 參考李丙燾:《韓國儒學史略》(首爾:亞細亞文化社,1986年),頁300。

就不能夠有保證。於是牟先生把朱子的義理形態判為橫攝系統,而且是後天的漸教。這種以後天的認識來使心攝具理的形態,雖然強調了心知的經驗認知作用,與後天的學習之重要,但沒有能夠給出心知知理的保證,也不能給出心之明理之後,能夠依理而行的實踐的動力。如果對朱子成德的理論作這樣的衡定,則朱子之學當然是有理論上不足的地方。但據上文吾人所作的有關朱子的明德注的分析,似乎可以證明,朱子言明德雖然有心、理二者相關聯來理解之意,但心知與性理二者的關聯是先驗性的關聯,即性理本來在心中就可以明白的昭顯出來,而且心知對於性理之知是本有的。由於性理在心中的昭顯,即明德,是人人都有的,雖氣質昏昧或私欲深重的人,其明德都未嘗息,則人可以根據這本有的明德,來進一步格物致知,即所謂「因其已知之理而益窮之,以求至乎其極」,則此格物致知的工夫,是有本有的明德,即對於理之本知作根據的。故不能是後天的漸教,而是具有先天根據的漸教。如是,則朱子所說的「一旦豁然貫通」,並非是不可理解的、神秘的說法,也不必說是「異質的跳躍」。由於致知是從本有的、對仁義禮智的常知開始,則充分了解而真知性理,當然是可能的,而在格致的過程中,朱子強調此理是我的理,並非從外入,而且在知理時,也會要求自己非要遵照此理而行不可,這種說法及肯定,也是說得通的。於是格物致知以求對理有真知,在真知理時就可以誠意,即要求自己完全按理而行,這也是可能的情況,說明之並不困難。

　　當然如此說明德與理解朱子的理論形態,並不能與陸王肯定心即理的形態相混,陸王學從本心良知之呈現,體證到此便是天理所在,而要把此良知本體充分實現出來,就可以產生真正的道德實踐。這一工夫進路,當然是簡易直截而有力,可以當下給出道德行動或實踐的根源及其動力。而伊川朱子根據人對道德的本知、常知,而進一步致知以求對理有真知,這雖然不是當下把不容已的、自發為善的本心體現、擴充出來,但由於所知的是道德的性理,在有本知作根據下,不會造成因為格物窮理而對道德之理作了歧出的了解。而且所以要從本知的道德之理說到太極之理、天理,是要追問道德之理的根源來處,從然追問其所以然。如果「然」是道德之理,而且是在日用中

到處表現的明德,如孝悌慈與忠信等,則根據這些理來作所以然的推證,不應該會歧出。不單只不歧出,而且可以因為這種形而上的推證,明白到道德之理的根源來處,說明其為存在之理,而使得人對必須依理而行,增強了說服力。故伊川朱子學雖然不是承本心的不容已而起用的工夫,而是通過對於理的了解的加強,來使行動的意志逐漸純淨化,但此一作法或工夫,應該也是可以與陸王學並立,而為成德之教另一有效的工夫理論。而且程朱這一進路,對於人的成德而遭遇到的生命上的問題,有不可取代的克治的作用。因為人在要求自己以道德義務作為行動的唯一依據或原則時,人的感性欲求會起來相爭,力圖人在要求自己純粹的踐德時,也要照顧感性欲求的需要,於是很容易的,會將無條件實踐的存心轉成為有條件的,這是上文一再提到之康德所謂的「自然的辯證」,此即人之「根本惡」[32],由於有這自然辯證的現象存在,所以康德認為必須從人一般都能對道德法則有了解的情況,進一步對道德之理作哲學的分析,即所謂從一般的對道德的理性的理解,進至哲學的理解。康德這一說法表達了對於道德之理的從一般的理解到哲學的理解,是成德必須具有的工夫,這是表示道德實踐必須求助於學問或哲學。康德此一說法正好幫助我們理解伊川朱子何以不直接從人對道德法則本有了解處,作充分的力圖實踐的工夫,而要先從事對本知的道德之理作充分的了解。如果此說可通,則伊川與朱子所以走這種格物致知的道路,認為先致知才能誠意,也有在實踐上不得不如此的緣故。

---

[32] 康德此說所涉及的人生命之毛病,是十分深微的,亦可與他在《純然理性限度內之宗教》第一章所言之「根本惡」之義相通。此一人性中之惡之與善俱起之現象,依康德,須對道德作哲學之思辨方能克服之,此義可幫助說明朱子所以重視致知格物及道問學之故。

從《生命存在與心靈境界》論述
唐先生的一些哲學見解

　　唐君毅先生晚年的鉅著《生命存在與心靈境界》體大思精，結構緊密；幾乎每一章節都有深刻的思想及創闢性的見解，精義絡繹不絕，我雖曾勉力細讀，看完全書，但實有望洋興嘆之感。本文只就其中我認為比較特別的哲學見解提出探討，當然不能盡書中的精義。本文擬分成下列四節：1.唐先生心靈境界的涵義，如何契入其義，及與牟宗三先生的「兩層存有論」略作比較。2.唐先生對「因果律」的理解，即因的作用在於消極地去礙，而非積極地生成。此對「生因」之看法，可融通儒道兩家。3.文學藝術的基本原理——「類與非類，相與為類」撐出一個文藝的境界。4.回應吳汝鈞教授對超主客觀的三境的評論。

一、心靈九境論的大意

　　唐先生的《生命存在與心靈境界》[1]是在他重病中校對，而且出版後不久就去世的著作，應該是他最晚年的時候心力所聚的重要著作。他在序中說明此書的見解，早在《人生之體驗》、《心物與人生》、《文化意識與道德理性》及〈孔子與人格世界〉等著述中已有所表達，謂「千迴百轉，仍在原來之道上」（〈後序〉，頁 479）意即在前述各書中所強調的心、境（對

---

[1] 唐君毅：《生命存在與心靈境界》，《唐君毅全集》卷 23，臺北：臺灣學生書局，2006 年。

象）不離、惻怛的仁心及與萬物為一體的感通之情是宇宙的本體等看法，是唐先生數十年未變的。只是此前未用具系統性的方式，把此一見解在知識論與形上學上的交涉與根據做詳細的說明。按唐先生這一說明，此書是他一生見解的哲學的論證，也可以說是一部有關知識論與形上學的著作。當然，書中雖然詳論中西哲學有關知識論與形上學的問題，但目的是要證成唐先生所主張之人的生命存在之心靈之作用，本具無限性之見解；即形上學、宇宙論或知識論之理論，是為了說明人生哲學的見解。故唐先生認為哲學的目的在於成教。當然此人生哲學的見解，並不能只視為限於人生界，而是通天地人而一以貫之的見解，並非只求知人而不求知天。雖然書中理論繁賾，思辨性很強，而且對西方哲學理論有非常多的涉及與論辯。但其中有關形上學的見解是從唐先生對人的生命存在、本心本性的體悟為根據而鋪陳的，這用牟宗三先生的話來說，就並非西方式的、思辨的形上學，而是「道德的形上學（宇宙論）」，也即是實踐的形上學，其中的哲學理論的辨析是為了證成價值論而發，「皆為護持其價值觀念而立」[2]。

　　唐先生此書又名「生命存在之三向與心靈九境」，心靈九境顧名思義是討論心與心所對的境的關係，唐先生認為有九種境界可說，他從生命三向（縱觀、橫觀、順觀）觀主體及對象的體、相、用，於是從客觀、主觀、超主客三方面來展開，而成為九境，這九境涵蓋九種生命存在之心靈面對境而構成的境界，亦可說攝世間與出世間種種境界。這等於是對於存在界給出其中何以會含有不同的層次與境界，及有各種價值意義的內容之說明，人的心靈所對的境，原則上就是這由三向而成九種可能的境界。如果對於這九種境界能有恰當的掌握與理解，那人生的活動就會成為沒有偏執，都表現人的正確理解與性情，如此，人的生命存在就成為真實的存在。而唐先生所謂的真實存在，就是其存在不會成為不存在，這就是說人的生命存在會成為一個悠久無限的存在（此意見後文），人的存在固然是有限的，而其中心靈作用、感通是無限的。唐先生這裡所說的真實存在是無限的存在，這無限或許可如

---

[2]　唐君毅：《中國哲學原論・原道篇》（卷三），〈附錄〉，頁417。

同牟先生所說的「即有限而無限」，即在人的有限的一生中，人可以表現無限的意義。但唐先生固然亦強調了人作為無限存在，有其個體性與極限性（為一一之「吾」，亦有其「極」，頁 26-27）但似更進一步，認為人成為真實存在時，是可與宇宙同為無限的。由於心與境不二，若說作為心所對的境或宇宙是無限的，則心靈亦應是無限的。無限者不能有二，故亦可直接說人是無限的。宇宙作為與心不離之境，其無限性亦不能外於心來理解。故不必說宇宙為無限，而人是即有限而無限。人能對人生九境都能通徹了解、而有如實知與真實行時，無論在哪一種情境下，都可以表現出生命的最高的價值，於是就可以不離開任何一種境界而表現生命的無限意義。此時心與境，人心與宇宙同為無限；如果不能通達各種境界，則人生在自己處於某些境，因為有偏執而不能通達的情況，他在這些境界中就不能表現無限的意義了。心有侷限，境亦成有限，而即在這個時候，人的存在就不能成為真實的存在。

以上重在人生境界這一意義上來理解心靈九境論，從這個角度來說，可以與馮友蘭先生所說的人生境界論做一比較。馮氏認為人生境界可區分為自然境界、功利境界、道德境界與天地境界四層（見〈新原人〉第三章）。唐先生的心靈九境論當然是有從人生境界上來區分不同層次之意，但雖有高低，較下之層位亦有其價值，有其成立之理由，可成為真實的境界。從人生境界論來理解心靈九境的意義，應該是很清楚明白的，此意並不難解，但唐先生之意應該不止於此。上文所說此書是有關認識論與形上學的理論性的系統著作，則心靈九境的意義，應該可以從認識論的意義與存有論的意義兩方面來理解。

從認識論上說，生命三向與心靈九境是人心活動及理解自己與世界的基本模式。心靈通過此而次第有各種可能的認識。如客觀境是觀對外於主體的世界的了解，前三境的萬物散殊境是觀個體界，在此境中，「我」是一個體，與客觀的存在物散殊並存，此境重觀體；依類成化境是觀類界，主要是看到存在界可依類而分成各種類別的存在。在此境中，各類以延續其種類的存在為主要的要求，如人類有延續其種類的本能，由此而成就生長變化，此

境重觀相；功能序運境是觀因果、目的手段界，此境是看到存在界種種存在，都可以用功能或功利的角度，通過因果或手段與目的的關係而達到預期的效果，此境重觀用。縱觀觀體、橫觀觀相、順觀觀用。主觀境是作為主體的心靈反觀自身，又攝物歸心的境界。其中的感覺互攝境，是觀人類生命為各別的具心、身之存在，心身感覺互攝，互相適應，而結成人群，成就社會生活。此亦如第一境之觀體。觀照凌虛境是觀意義界，心靈能觀事物的意義或純相，純相或純意義從事物之體游離開來，這種對意義或純相的把握，是心靈的觀照作用；此作用可以從前四境中超越出來，成就人類的種種學術文化的活動，如科學、文學藝術、哲學等都是由凌虛觀照境而開出的。此是觀相。道德實踐境則按照心靈自覺的理想而要求在現實生活中體現出來，而不停駐於觀照的境界，要求依理想而求實現之。此境觀用。後三境是超主客境，分屬於三種宗教的形態，應可以理解為從道德實踐境作充分的開闢、發展而成[3]。歸向一神境是基督教境，從現實存在的不完全，而肯定一絕對自足的圓滿的實在或無限的心靈，作為一切存在的主宰。我法二空境是佛教境，從破人、我兩方面的執著而見空性，又由此而肯定眾生都可以解脫成佛。天德流行境是儒家境，從人當下的人倫生活而看到人生本具的價值，而見種種的存在對我都有一道德上的要求，而要我實踐以回應之，由是而見天德的流行。這三境是超主客之絕對境，統主客兩面而為其根源，顯示了心靈境界的無限性。肯定人人都可得救，眾生皆可解脫而成佛，即一切人都可以與萬物為一體而成聖，此三境型態雖有不同，都可以達到絕對無限的地步，亦依次序而有觀體、相、用之不同側重。從上述的客觀、主觀到超主客觀的絕對境，由下而上，循序前進，就可以表現出心靈與境的各種層面的認識與實踐之可能，展開了人生在世可以表現的種種意義。以上所說的九境，雖然不只是認知心的作用，但可以用認知的觀點來理解這九境的不同，可以說是對人生可能的九種層次的境界的認識或理解。

---

[3] 參考梁瑞明編著：《心靈九境與宗教的人生哲學》（香港：志蓮淨苑，2007 年 6 月），頁 11-15。

唐先生所說的心與境的關係，是有心必有境，或有何種心，便有何種境，心境是不離而且相應的。通過心靈的感通，成為三向九境。此一對心境關係的了解或說明，也可以是存有論的意義的說明。因為心對境有所決定，而境對心而成的境界，也有其一定的貢獻與作用，這種心境的相互作用而成的九種存在的方式，給出每一層面、境界的特殊意義，這是對存在的事物有所決定的，其決定可以說是超越的決定。即不管是誰，所遇到的事情不管內容如何，都因著心境的結合而有這九種層次，故這九種層次對事物的存在是有所決定的，這一種存在方式應該可以用存有論的意義來說明，即心靈境界論不只是對存在界的由三向而生九種可能的認識，而是對存在界給出三向九境的超越的決定。在此一意義上說，可謂認識了對象時也就是決定了對象。[4]

二、唐先生所說的宇宙本體（實體）之意

再進一步，可以說心靈境界是一切存在的本體。如果我們總持一切存在而問，這一切存在的根源性的本體或終極的原理是什麼呢？如果這樣問，則這心靈境界，就是一切存在的根源，也可以說是一切存在的本體。唐先生的心靈九境論就是對宇宙的根源、本體，做出了說明。即這是唐先生的本體論。此意可引唐先生一段話來說明：

> 以上分別述生命存在與心靈之九種境界，總而論之，要在言此整個之世界，不外此生命存在與心靈之境界。此生命存在與心靈自身，如視為一實體；則其中所見之境界，即有其相狀或相；而此生命存在心靈與其境界之感通，則為其自身之活動，或作用，此用亦可說為此境界

---

[4] 如牟宗三先生所說，範疇對於存在界是有存有論的決定性（存有論的涉指格），認識了對象也決定了對象，使對象成為現象。

對此生命存在或心靈所顯之用。[5]

上引文所說的「整個之世界，不外此生命存在與心靈之境界」，即對存在界給出一其終極原理或本體是什麼的說明。而此本體可以從心靈是「體」、境界是「相」，而其中的感通活動是「用」等三方面來加以了解。這是唐先生對本體的規定，可以說此本體是心靈、境界（或世界）與感通三位一體的。如此說本體，雖然是以心為主，但並不能簡單的規定為唯心論，即不能說心靈為本體，此本體產生了世界；而需說心與境不離，有何種心即有何種境。此心靈含九種境，概括所有的世界存在的方式。此本體雖然以道德或道德理性為根本，但含意甚廣，知識的活動，文藝的境界，宗教的嚮往都含在其中，或都由此心靈境界所生出。故此本體雖然可說是道德的本體，但意義比較廣。唐先生續云：

> 於此吾人不能懸空孤提世界，而問世界之真相，或真實之為如何；亦不能懸空孤提此生命存在，或心靈之自己，而問其自身之真相或真實之如何；復不能懸空孤提此一活動或作用，而問世界中或自我中，畢竟有多少真實存在之活動或作用。吾人只能問：對何種生命存在與心靈，即有何種世界之真實展現、及由此中之心靈與生命存在，對之之感通，而表現何種之活動作用於此世界、及此生命存在心靈之自己或自我之中。則此中之生命存在心靈，與其所對之世界或境界，恒相應而俱生俱起，俱存俱在。此世界或境界，亦無論人之自覺與否，皆對此生命存在或心靈，有所命，而使此生命存在與心靈，有對之之感通；其感通也，恒靈活而能通，以與之俱生俱起、俱存俱在；並順此境界或世界之變化無窮，而與之變化無窮。故此中生命存在之生，或存在，即此中之境界或世界之生與存在。其生，即感此境界、或世界對之有所命；其靈，即其感通能靈活的變化，亦所感通之世界或境界

---

[5] 唐君毅：《生命存在與心靈境界》下冊，頁253。

之靈活的變化。自此生命存在與心靈之感通,與世界或境界之恒相應之一面言,則一一世界或境界,不在此生命存在心靈以外;而此生命存在與心靈,亦依其有此境界或世界,而稱為真實的生命存在與心靈,故其存在,亦存在此境界或世界之中;此感通,亦只存在於此生命存在與心靈及此境界或世界之中。而此「生命存在心靈」、「境界或世界」、與「感通」之三者,即互為內在,而皆為真實。[6]

唐先生此段將心靈、世界與感通三者視為一體而不能分,是互為內在者。當然也可以說此三者雖可以分從三方面來看,而實不能分。這就是本體或實體。如此來理解宇宙的本體,則如同唐先生所說,不能單就心靈本身說,也不能離開心靈而獨立地看世界,認為世界是可以外於心而獨立存在的,也不能單就心靈境界中的感通的活動或作用來說,感通的作用就在心靈與世界或境界中表現。感通的作用,是知、情、意(志)三者都涵在內的,此三者亦表現了前後、內外、上下之三向,及有邏輯理性、知識理性及實踐理性三用,三者合為具體之理性,若只說其一或二,為抽象的或半具體之理性。如果說此本體是一心本體,則此心是與世界、萬事萬物為一體存在而且是心與境交互感通中的存在。沒有單純只有心而沒有世界的本體,也沒有單純只有世界而沒有心靈的客觀存在。也沒有單純的可以離開心與境而獨立存在的感通。故心靈境界與感通是互為內在,皆為真實。如果是這樣,則人的心靈本體或精神實在是與天地萬物為一體的,有心的存在處,就有萬物的存在,也有無限的感通作用在其中。人的生命存在是與萬物為一體的,心與境是時刻在靈動變化的存在。當然人的現實生命是有限的,在有限的存在歷程中,其感通、認識或成就的活動變化的外延,是有限的,不能包含往古來今的一切存在,故在人的有限的生命中,當然不能說頓時與天地萬物為一體;但吾人可以如此了解,此有限的生命是無限的精神實體表現出來的一個通孔,精神實體在此受限制的通孔中可以逐步表現其與萬物為一體的意義。此逐步表現

---

[6] 唐君毅:《生命存在與心靈境界》下冊,頁253-254。

的過程,也可以說是心靈逐步恢復其本來與天地萬物為一體的內容。在感通的外延的量上雖然不能達到無限,但在內容的感通不隔的意義上看,可以說是表現了其中的無限性。人的仁心在充量表現其感通的作用時,的確是可以感受到萬物與心一體呈現,人在真切地親親仁民而愛物時,可以感受到物我不隔而為一體,而且此一感通是可以做無限制的推擴的。這便證實了人的心靈本來就是與萬物一體不分的。而在這個角度來理解心與境的關係,則不能簡單地說是唯心論,也不能說是實在論,這兩種主張都不適合於用來說明唐先生的心靈境界論。或許牟宗三先生所說的「真正的唯心論涵蘊絕對的實在論」[7]可以用來幫助說明。心靈境界是實體或本體,這是真實的本體,並非觀念或覺象(idea,牟先生譯為「覺象」),故如果以心靈境界為本體,則此是一真實的心靈。此心靈本體不離一切境界或世界,故一切存在也是真實的,此可以說是絕對的實在論。實在論與唯心論二者在此一型態的形上學中,是可並存的兩個說法。唐先生所提出的本體論或對存在界的根源說明,就是心靈、世界與感通三者不分的心靈境界論。由於此心靈境界可以展現為九,故又可以說是心靈九境論。能理解此心靈本身的意義,人就可以對宇宙人生做一根本性的掌握,了解宇宙人生的本體是什麼,又可以對於人生的種種境界通達明白,無有偏執,則如此人的有限生命的存在就可以恢復其為與天地萬物為一體的存在的心靈境界,而此心靈境界因為是與一切存在為一體的,則當然可以說此時的生命是悠久、無限的真實存在。也就是上文所說的人可以即有限而無限、甚至是人與宇宙同在一無限中之義,唐先生將此意義的生命存在說為「真實的存在[8]」,也就是「人而神」的存在。

對於這作為真實存在的生命存在,或如同神一般的無限生命的證成,唐

---

[7] 牟宗三講:〈儒家的道德的形上學〉,《牟宗三先生全集》第 27 冊(臺北:聯經出版事業公司,2003 年),頁 221。

[8] 唐先生說:「何謂吾人之生命之真實存在?答曰:存在之無不存在之可能者,方得為真實之存在;而無不存在之可能之生命,即所謂永恆悠久而普遍無所不在之無限生命。此在世間,一般說為天或神之生命。世人或視為此乃人所不可能有者,然吾將說其為人人之所可能。」(《生命存在與心靈境界》上冊,頁 26)

先生並不只用體證本體的方式來說，而是要把這與萬物為一體的心靈境界之內容涵義作充分的展開，展開了心靈境界本身可能含有的無限的豐富內容，就可以證明此心靈境界就是一原來本具無限意義而且與萬物為一體的存在，而心靈九境論並非只籠統地說萬物與心一體存在，而有對世界或境界作九種的區分，這樣便比較詳細的說明人與萬物為一體而成就的心靈境界是有種種層次及不同內容的，而這種種的層次與內容就是心靈與世界合而成就的功能與作用。這可以說生命存在與心靈境界的內容是非常豐富的，各種層次或內容都有其在心靈境界中的原理、原則，即對各層面的境界都可以有理性的理解。這樣的說明就比「仁者與萬物為一體」或「良知與萬物一體呈現」的說法來得仔細而豐富，也可以對人生的活動的種種情況、人所產生的種種學問、事業，給出了仔細而合理的說明。而這九境也可以視為生命存在與心靈本身自我發展的歷程，九境顯示了心靈不斷的給出作用於境，而境亦不斷呈現其用而產生的心靈境界。吾人所處的世界就是這種種的心靈境界。當然境界的內容可以有種種複雜繁多的事事物物，但都在這九種可能的方式作為範圍，不能外於這九境。這樣說，心靈固然是有無限的感通而為真實的，但不能撇開心所對的境而只講心靈本身的意義，境也有其成就境界的真實作用；當然也不能以境為客觀實在，而要求自己往外境不斷的用力，甚至追逐，而不反省回思、領會心靈本身的種種作用與意義。此說對心與境兩者都要肯定，而從心境中不斷呈用的感通，來體會心境的相通相感、生生不已，即可說是一「執兩用中」的精神與觀點。而這種九境的次第發展或展現，也等於是人的生命存在的可能的不斷感通、發展的歷程，於是天地萬物的存在與人的生命的成長與發展，是通而為一的，對種種境界如果有如實觀，也等於是生命通過心靈的正確感通的種種方式，而作次第的生長與發展，於是就可以理解生命何以可成為真實的存在的緣故。人的心靈本有如是種種內容，人的生命存在，通過心靈的三向而成為九境，就等於把生命存在本有的作用與成就境界的種種價值與意義，展現出來。種種可以分門別類的學問的內容，種種文化的活動、精神的表現、各種宗教所顯示的超越的嚮往，都是生命與心靈所逐步表現與完成的，這樣來了解人的生命存在，不正是一廣大悉備的生命

嗎？所以心靈九境論也是一套將人作為一生命存在的可能內容徹底翻出來，使人能「明白其自己」的學問理論，說明人生實有此種種境界，實有如是豐富的意義與價值。這樣子的將人生可以表現出之內容、意義詳予說明，便可使人明白何以人生有其價值，需加以肯定之故。而人生既可有此九境，各境固有其高下層位，亦各有本身之價值，故人不能局限於某一或某些境界，而認為人生只如此。人的確容易沉溺某一或某些境界中，執一、二境以廢其餘，這樣的人生是偏枯的。人通觀九境，便會有一對整體人生之如實觀，有如實觀，便能起真實行。如不能對人生、生命心靈之境界作如實了解，便不能有真實行。這樣的對人生作全幅的了解，當然是不容易的，即要明白人生各境界的內容與關係，又明白處這種種境的正確的人生態度，一定要有多方面的學習，廣大的觀照與同情，其中需要的學問工夫，是非常繁多的，但如果不通過這一繁複的工夫，便不能夠全面的了解人生。不能全面了解人生，不能通達一切境，即不能與天地萬物為一體，當然就不能是聖人。唐先生此書所表現的內容，可說是用系統的學問思辨的工夫來踐德成聖，這種學問思辨，也就是古人所說的「道問學」的工夫。此道問學或學問思辨，主要是哲學性的思辨，故可說是哲學思辨用於人之成德。如果人的現實生命是無限的心靈境界藉以表現的一個通孔，則必須通過了解生命的全幅人生境界，及何以一切存在是與個體生命存在不相離的，才可以恢復生命存在此一心通九境的原有的意義。對於原來是無限的而受生命現實所限的心靈境界本體而言，此一通過學問思辨來使心體朗現的工夫是必須的。當然除了通觀九境而有的人生態度外，於每一境界中，亦有一種相應的人生觀或人生哲學，亦可於辨明其層次位序而給予肯定。

三、以羅念菴之說來契入心靈九境論及唐、牟二先生存有論之比較

唐先生這一本體論的說法，可說是將傳統儒學的仁心感通一切，及仁是生道、宇宙生化之原；即仁是道德實踐行動之源，亦是本體宇宙論的實有之

義，作一詳細的哲學理論的闡釋與開展。程明道說「仁者渾然與物同體」，陽明說：「大人者與天地萬物為一體……非意之也，其心之仁本若是其與天地萬物為一體也。」陽明又說：「心無體，以天地萬物感應之是非為體。」及在討論深山中的花何以不在心外時的議論都表示此義[9]，即都表示了心與境原來是不相離的，有何種心，便有何種境。近讀明儒羅念菴的〈與蔣道林〉，覺得其中的論述很能夠表達唐先生心靈九境論的一些要點，在唐先生的《原教篇》，討論羅念菴處，對念菴的體證仁體就十分看重，茲引念菴的原文來幫助說明：

> 當極靜時，恍然覺吾此心中虛無物（《念菴集》作虛寂無物），旁通無窮，有如長空雲氣流行，無有止極；有如大海魚龍變化，無有間隔。無內外可指，無動靜可分，上下四方，往古來今，渾成一片，所謂無在而無不在。吾之一身，乃其發竅，固非形質（《念菴集》作形骸）所能限也。是故縱吾之目，而天地不滿於吾視；傾吾之耳，而天地不出於吾聽；冥吾之心，而天地不逃於吾思。

按：念菴在靜坐中體會到此心是無限心，一切存在都可以涵攝在內，而人的有限的形軀，是此無限心的發竅，即通孔。此發竅雖然是有限的，但通過此發竅所表現的作用，可作無限量的推擴，如人的耳目與心思的作用，是可以涵攝天地萬物的，無限量的天地萬物都可為人的耳目與心思所籠罩而為視聽與思的內容；耳目與心思的作用，總是可以超出現實的事相，不受其限制，此可證人的心靈實體是一無限體，這是從耳目心思等的無限感通來證心的虛靈不昧。於是可知通過人的有限生命所表現出來的，是逐步朗現的無限心。這等於是以有限的生命使無限的本體逐步具體化，而此無限心的作用，就是仁心的感通。念菴這些意思都可以用來說明唐先生所理解的心靈境界的涵義。

9　王陽明：「爾未看此花時，此花與爾心同歸於寂。爾來看此花時，則此花顏色，一時明白起來。便知此花，不在爾的心外。」《傳習錄》卷下。

古人往矣,其精神所極,即吾之精神,未嘗往也。否則,聞其行事,而能懍然憤然矣乎?四海遠矣,其疾痛相關,即吾之疾痛,未嘗遠也。否則,聞其患難,而能惻然盡然矣乎?是故感於親而為親焉,吾無分於親也。有分於吾與親,斯不親矣。感於民而為仁焉,吾無分於民也,有分於吾與民,斯不仁矣。感於物而為愛焉,吾無分於物也,有分於吾與物,斯不愛矣。是乃得之於天者固然如是,而後可以配天也。故曰「仁者渾然與物同體」。同體也者,謂在我者亦即在物,合吾與物而同為一體,則前所謂虛寂而能貫通,渾上下四方,往古來今,內外動靜而一之者也。[10]

此段透過仁心的感通來證心體與萬物原是一體不分的。透過人的有限生命,可逐步具體化無限心的作用,如上文所說。而此具體化的作用,等於是逐步證實仁心或人的心體,本來是與萬物為一體的。他說雖然古人已經過去,但古人的精神其實就是我的精神,這如同唐先生所說的,一切存在都可以收攝在吾人之心靈境界中。

　　從人可以感通於親、人與物,而證一切人與物與我們仁心的感通是分不開而為一體的,而一體就是同體,就是同一個身體,如果從這一些地方體會人的生命存在,念菴說人是可以「配天」的。念菴此文所表達的就是人通過仁心的感通,可以證實人本來是與萬物為一體的,由於人與萬物同是一體,所以在仁心的感通過程中,所以才可以逐步證成此一體感,如果人本來不是與天地萬物為一體的,何以在仁心的感通下,會逐步表現這種與物一體的感受呢?所以人在現實上與古今人物或事物相隔,好像各不相干,其實不是生命存在的本來面目,在仁心感通而證實與萬物為一體處,才表現了人的生命存在的本來面目,而此時就可以印證人的生命存在,本來就是一悠久無限的真實存在。念菴此段最後引《中庸》所說的配天來說明人在天地間的存在地位,頗可表達唐先生所說以生命三向與心靈九境來說明宇宙本體之意。由念

---

[10] 黃宗羲:《明儒學案》(北京:中華書局,1985 年),卷十八,頁 402。

菴所表達的義理，來契接唐先生所說的心靈境界論，或心與境不離，都在感通下而互為內在之義，或可有其親切方便處。

　　如果比較牟宗三先生的相關的說法，唐、牟二先生的存有論就是「三向九境論」與「兩層存有論」的不同。牟先生之說，存在界對於我們的心靈，有兩種可能的情況。世界是一個世界，但人的主體即心靈可以有執著與不執著的不同，對於不同主體，有不同的存在情況；如果心是執著的，則所對的世界就是執的世界；如果心是無執的，則世界就是無執的世界。良知明覺所對的世界是無執的世界，而從知體明覺坎陷為知性主體所對的世界是執的世界，而無執的世界由智的直覺所對。牟先生的兩重存有論好像比唐先生的心靈九境論簡單多了，[11]但唐先生的說法似乎比較顯示存在界與心靈的豐富與多方面的意義。在唐先生書的後半，點出神聖心體為九境的根源，如果神聖心體充分實現，則可以即於九境而顯示無限的意義或絕對的價值，一理平鋪，而當下此種種境，成為人的真實實踐的境界，所謂當下性情化，這裡也可以說是表現了兩重存有論的意思。即分別說九境的全部內容，是一層的存有論；而神聖心體的全幅朗現，即九境通而為一，可以說是無執的存有論。比較而言，唐先生的說法是重視心靈感通所成就的種種心靈境界，對每一種境界的內容、原理，都作出辨析，而說明都是由心靈的感通所成就，比較是一種由下而上、攀緣而上的論述，比較會把心靈的種種可能的涵義及人生種種的活動，給出其內容上所以是如此的說明，比較能展現心靈或人生命存在本身所原有的種種豐富的內容。當然，牟先生執與無執的存有論的區分，也可以涵種種人生境界的差別與殊異的內容，執的存有論本來便含種種分別。他在判別天台宗與華嚴宗的不同時，認為天台圓教能夠保住三千法的差別性；而華嚴宗為「緣理斷九」，保不住九法界的存在。依此意而言，圓教是必須保住一切差別法的，人生所可能產生的種種不同的情況、境界，一個都不能少，故兩層存有論須以「圓教保住一切法」之意來補充，不然世間的差

---

[11] 牟先生在一次閒談中說唐先生的九境論其實在他的《哲學概論》中已有所鋪陳，但九境太多，說兩層存有論就可以了。分別說的各境界的不同，都可以涵蘊在執的存有論底下。

別法、人生的不同情況,在無執的存有論中,就不能有其存在之必然性。另外,牟先生晚年提出的真美善的合一說與差別說,認為分別說的真、美、善是合一說的真美善之象徵,而合一說之真美善是無聲無臭之天道,分別說的真美善,是天之垂象;而人生的種種價值,就表現為此天之垂象之分別說的真美善處。上天之載無聲無臭,無相可見、不可說,而垂象可以分解的被了解。由此亦使無聲無臭之天命得以彰顯。(見牟先生譯第三批判之「商榷」文,頁 89-90)如是則此分解說的真美善,就不能簡單的用執的存有論來理解,即不能以為這三者只是執的,因而是可以被超越的存在。即既是天之垂象而為人生的意義所在,則有其存在的真實性及必要性,雖然不是化境的渾然一體,但也不能被視為執著。綜上所述,牟先生的兩層存有論有兩個型態,執的存有論與無執的存有論,是根據康德的現象與物自身的區分而成的,由智的直覺呈現而為無執的存有論,由無執而執,而成執的存有論;另外,從分別說的真美善而至合一說的真美善,則是另一義的兩層存有論,此型態亦依康德之說但有所改造。此後一說法從分別到合一,又肯定分別說的真理性,可說是從下而上,較肯定分別。如果以上的了解可以成立,則牟先生的存有論方面的思考,與唐先生的心靈九境論可以相通,牟先生第二型的兩層存有論,肯定了知、情、意(志)各有其基本原理,亦可證唐先生以生命三向為人生各境界之所自出,是很有道理的。唐先生亦言由三向會生三妄,即亦可言真妄之二層。

另外,唐先生的心靈境界論因為不是唯心論,也不是實在論,固可以保留心靈與對象的分別,雖然二者是一體的,但不能說對象或境是心所直接產生,此如同宋儒的理氣論,雖然說有理便有氣,但不能把氣理解為直接從理產生出來,而只能說氣是本有的,唐先生的心境論說有如何之心就有如何之境,也保留了境並非直接從心產生之意,這就避免了由理直接生氣,而氣的存在並無必然性的難題;而由此也比較容易說明,何以人須面對對象作不斷的努力,雖然心境不離,心靈有無限的感通,但必須即於境,面對對象,通過心與境的感通而逐步展開生命存在的意義,表現了人生有無限的可能,此意也含在上述的「唯心論涵絕對的實在論」的說法內。唯心論或觀念論是外

境的如此存在由心所決定,甚至外境為心所變現,唐先生所說的心靈固然有其感通無限的能力,而且境的存在情況,與心的虛靈、感通是很有關係的,但並非主張外境的存在情況由心所變現。實在論是肯定人所理解的對象本身有其存在的客觀實在性,並非依心而有;唐先生固然認為外境對於境界的形成有其作用與貢獻,但也不認為離開心的感通,外境仍然有其獨立的性相或作用的存在。故唐先生此一見解表明了他對於觀念論與實在論的主張都有所不滿,認為不能夠說明生命存在與心靈境界的真實意義。

唐先生此心靈境界論雖然說心靈、世界與感通的活動是一體不分的,但應該還是以心靈為主,心靈有其無限的感通活動,固然有心即有境與之相應,而境也對境界的構成給出真實的作用,但還是需要以心為主,來理解此一心境感通為一的本體。心有其自覺靈動、感通無限的作用,必須心表現其自覺的感通,才有種種境的真實意義的呈現,如果沒有心靈的自覺,固然這種種境界也可以說是存在的,但只能說是不自覺的、潛存的存在,必須心靈先作開朗的工夫,才能表現境的種種意義。此一意思唐先生用他所謂的「開門見山」[12]來說明,門象徵主體,作為我們主體的心靈要有所開朗或開悟,才可以面對境而有種種不同的展現,而境雖可說不是因為心的活動才產生或才得以存在,但境的意義不能離開心的作用(心的知、情、意之感通或開朗、開悟)而表現,故開門才能見山,不開門就見不了;而雖然開門才能見

---

[12] 唐先生在論萬物散殊境處,以「開門見山」說明心與境俱起俱現之意,很可以說明唐先生關於心、境關係的特別見解。他說:「於此亦不須說境由此生命存在之心所造,更不須說心變現境,只須說心開出此境,而自通之。心開出境,亦不須說是原有此境,心開而後見之。於此儘可說原無此境,然心開,則境與開俱起。西方人恆言上帝造天地萬物,此即謂上帝心能造出而變現天地萬物,為其自境。唯心論者之言客觀世界,由心之客觀化而成,亦此說之遺。唯物論者實在論者則謂境為先在,心後覺之。然中國思想,則不言上帝造天地,只言天地開闢以來。天開地闢而萬物生,此乃所謂天地開闢與萬物之生俱起。故今謂心開而境現,亦可是心開與境現俱起。與境現俱起而開後之心,亦存於境,而遍運於境,遍通其境。固不須說先有離心之境先在,心開而後至於其境,而更知之通之也。如人之開門見山,此山雖或先有,然如此如此之山之境,以我開門而見者,亦正可為前此所未有也。」(《生命存在與心靈境界》上冊,頁96-97)

山，但並不是通過開門而造出山來。故唐先生這一存有論的說法既非說山本來存在的實在論，也並非境是由心所創造或變現的唯心論或唯識論，而是由於心有種種的活動的可能，而所對的境也有種種的存在的情況與意義的展現。而九境有排列的順序與高下的不同，從客觀境而主觀境，乃至絕對境，分別安排人生各種層次的認識與對價值意義的不同體會。心境二者依唐先生的論述，有「一而二，二而一」的情況，或二者相須相隨而有的意思，如心通則顯境，境至而心意隨之顯用，心可以通與境而不斷開朗其自己，亦不斷從境處而有新意的湧現而出。心之虛靈固然不斷表現其妙用，境也不斷在心的感通中而意義紛呈，於是人的心靈不會只內在於自己，而不斷的通達於外境；外境接觸於心而不斷呈現其意義，但心也不會因為追逐外境而失其自己，這裡表現了心與境二者在心的感通中，須執兩而用中的情況。

　　唐先生這心靈九境論雖然與牟先生的道德形上學一樣，是證心體（或仁心、神聖心體）是宇宙的本體，心靈的活動就是宇宙的生化，但兩位先生論證此意的方式或方法不同。唐先生的九境論把心體的意義或內容層層展開，說明心體包含了九境，這樣也就是說明了人生或境界的種種存在都不離開心的作用，或都是心體的活動變化，這樣就可以論證心體是宇宙心，也就是一切存在的本體，這種論證可以說是從下而上，從人生本有的種種活動探索其根源，而指向一共同的本體；與牟先生從上而下，直接從仁心的感通無限來證仁心是宇宙的本體不同，唐先生的做法可以說是比較表現了道問學的精神。

　　此書體大思精，與西方的知識論、形上學與宗教的相對較，辨別義理的同與異，判其高下，也可以說是根據儒學的學理與精神境界來作判教的著作。後文再就九境論的一些內容及學者之評論作探索，並不足言對此書作整體的研究與評價。

四、唐先生論因果律

　　唐先生在討論功能序運境時，對於因果律本身的理論困難，給出了種種

的反省,然後給出了他自己的對因果論的解釋:

> 若吾人於因之所以為因,先自其消極意義的能阻止排斥其他事物之功能作用上理解,則吾人於一般所謂前有之因,能生後來之果之積極意義的理解,即更可根本改變一途徑。即於此,吾人可根本不說此前有之因之生後來之果,乃由此前有之因之義中,直接涵具此果之義。此因之生果,從因至果之關係,非直接為一理性的邏輯的關係,而亦有間接的理性的邏輯的關係。此中前有之因,所以能生後來之果,吾人當說此乃由於前有之因之有一消極的功能作用,以阻止排斥他事其功能作用之足妨礙此果之出現,遂為此果之出現之一開導因。一切吾人所謂先行之事,為後起之事之因者,吾人皆可說此先行之事,初只為一開導因。此所謂開導因之名,取諸法相唯識宗,而略變其義。在法相唯識宗以在心法中前一心法,為後一心法之開導因,亦為其等無間緣;然不說此為開導因者,自有一功能。今說前一事,為後一事之開導因,則要在言此後一事之前一事,自有其「阻止排斥他事其功能作用足以妨礙此後一事之功能之出現者」,而亦自有一為其他事之出現之「違緣」之義,以言其為一有功能之開導因。至于繼此前一事而有之後一事之果所以出現,則不直接由此開導因而生。此前事之因,只間接助成此後事之果之生,而只為後事之果得生之助緣。此後事之果之所以得生,若要說其因,則實當另設立一積極意義之生此果之功能、或種子、或形上實體,為其因,如法相唯識宗之種子,黑格耳之實體因,多瑪斯之第一因之上帝之類矣。[13]

唐先生如此論因果相當特別,他認為因是去掉障礙,而讓果表現出來的作用,這樣講就不是由因生果,果本來是具備的,只是因為受到妨礙而出不來,因的作用就是把妨礙果的因素或作用去掉,於是果就可以表現出來了。

---

[13] 唐君毅:《生命存在與心靈境界》上冊,頁276-277。

關於因果律何以是具有必然性，有種種的探討，休謨認為因與果沒有必然的關聯性，只是我們常看到某在前的事情產生的在後的事情，於是認為前者是因後者是果，而果由因生，這只是一種心理的聯想。康德為了解決休謨的質疑，就認為凡事情的發生一定有原因，此一因果律之必然性並不是基於自然界事物，而是吾人的思想的知性概念的作用，人用因果的概念來理解外在自然的事物，而把兩種前後相隨的事物理解為前因後果。這種說法可以說明因果何以有先驗的必然性，但如果客觀的自然界的前因後果的現象，是靠人的知性範疇給出必然的關聯，則似乎是以客觀常存的事物的必有的關係，寄託在只有短暫的存在的人的生命作用中，故康德此說也並不能讓人完全信服。唐先生此說則一方面說明了因果是有其必然性的，但其必然是由於事物本身就有產生果的能力，而有因必有果之因，只是把具有一定要生發出來的力量之果，以消極的去礙的作用，讓本來便要實現出來的果得以通達，此因果的必然性，在於果本來一定要呈用，而因的去礙暢通不是生果的生因，而是開導因。這就可以解釋何以前因後果的兩事不必有必然的關聯性。因的作用如果只在於去礙，則其去礙所需的作用可以事事不同，故經驗上不能有某事為因而必然以某事為果的情況，而這種對因果律的說明，是存有論的或宇宙論的說明，肯定了宇宙本體的生生的作用。由於生生的作用是必有的，故去礙就必然生果，於是事物的前後相隨，而有因果的必然性，不必寄託在人的知性範疇的作用上。這樣講因果律我認為似乎可以用「乾道變化，各正性命」來理解，即是說每一個存在物本身就具有生生不已的乾道的作用在其中，只是此本具的、乾道的生化的作用，因為每一個存在有其在形體上的限制，每一存在都是由氣所構成，氣的成分各有不同，對於乾道在存在物中的呈現，就造成了各種不同的限制，而因的作用，就是在這種乾道受限制的情況下，開關一個實現的通孔，於是具有生生不已力量的乾道，就可以透過此通孔而表現出來。所以雖然從表面看，是因生果，其實是生果的作用或力量早就存在，打通了限制，生生不已的力量就會實現出來。這樣子理解可以啟發出一種如何實現我們本有的善性的看法，即我們只需要養成好習慣，則我們本有的善性，就可以表現出來。你不需要在善性的存在與否處來思考，也不用去

培養善性的力量，只需要去掉妨礙善性表現的壞習慣就可以了。或者也可以再引申出一個意思：你只要澄清你自己的氣性，則善性就可以在清氣中表現出來，你不用擔心有沒有這個善性，只需要在氣上作澄清的工夫就可以了。此意也可以通到道家所說的「無為無不為」或「不生之生」，按牟先生對道家的詮釋，道家的形上學是境界型態的形上學，道生萬物，其實是道不生萬物，而讓萬物自生，只是在道讓開一步而不生萬物時，萬物就能生生不息了，於是就呈現了一個道生萬物的境界。按牟先生這樣講，道是不能生物的，而唐先生的說法則可以融通道不生物與生物的兩種意義。讓開一步而不去干擾萬物，就等於是去障礙的作用，既然去了障礙，萬物本來能生生的作用就可以表現出來了，於是說道不生物與道生物，二義都可以成立。因此我認為唐先生此一對因果律的說明，可以通於儒家與道家兩家的義理。

另外，按唐先生的心靈境界論，心與萬物是一體不分的，則如果因果論，即凡事情的發生必有原因，被理解為從因而生果，則心與萬物本來一體之意就比較難說，因為因果律所肯定的「生因」，對於果有產生的作用，那就不能說心體原來與萬物原是一體。即若有不同的力量為因，就會有新的結果產生，而現在說因只是去礙而讓本來有的要實現出來的力量得以暢通，這就不會有外因而產生新的，不是心體原來具備的作用的問題。心與萬物一體存在，本來就有無限的感通力量，不斷的往外實現，而這種往外實現的力量，是原來具有的，並非由外因而產生。

五、唐先生的文學境界論

唐先生自詡懂文學，他可以講文學理論，這應該是老實話，在《心靈九境》書裡頭，他對文學藝術的心靈與境界，給出了很精彩的見解[14]。唐先生在「觀照凌虛境」來說明學問理論的世界的構成，其中論到文學的境界，他

---

[14] 對於文學境界的說明，唐先生在〈論文學意識之本性〉（《中華人文與當今世界》卷上）的長文中有更詳細的表達，可見他對於自己這一見解是很認真看重的。

認為文學的境界可以用莊子〈齊物論〉中「類與不類，相與為類」來說明。

> 在文學的文字語言之中，吾人通常多用表示具體境相之形容詞、動詞、名詞，而罕用表示抽象概念之語言。此非以抽象概念之語言，決不能用。如一多同異之字，在文學語言中，亦能用。此唯是由於一表示抽象概念之語言，其意義自始由其他語言之種種限制規定而形成。於是其直接所指所表者，亦即可只是其他語言，而不能直接通達於種種實際事物之自身。一具體事物之形容詞、動詞、名詞，則可通達於種種實際事物之自身。既可通達，今又不用之以形成一一著實於某實際事物之判斷命題，則此類之語言之自相連結，即同時互相支持，以形成一觀景，合以提舉起，而包涵住此諸語言之可能的意義，而攝之於有此觀景之心意之中。

案：唐先生此處表達了文學的語言文字運用的特性，文學語言所以多用表示具體景象的形容詞、動詞、名詞，是要避免通過文字概念的抽象的表達，抽象性的概念表達不出具體的意境，而文學的美需要直接通達於具體的事物或情境來表現。這也表示了審美並非是由認知心形成知識的領域。唐先生續云：

> 故在一文學的語言中之山水花草之語言，一方不可以抽象的三角形、圓形之概念之語言代替；一方亦非用以判斷某一個體之山水花草之類概念的語言，而是一位於個體事物與抽象概念之間，以表某某類之物之性相等，而懸空提起，如上不在天，下不在田之語言。此諸語言之自相連結，則又上足阻止吾人用抽象概念之語言，以分解此諸具體性相，成一一抽象的意義之和；亦下阻止吾人之用以形成對特定事物之判斷。此諸語言之可互相連結，則由諸語言所表之物之性相等，雖不同於實物之類，亦原可彼自相為類，如游綠飛紅，雖不屬於物，而可自相為類；吾人之心意，即可沿自此自相類之諸性相，以往來於其

中,合以為其心意所運之境或一意境,亦一觀照境。而此一意境,觀照境,亦即此心靈所自成之一觀景或風景,而亦可說為由此文學語言所形成者也。[15]

案:唐先生此段說明了文學的語言自成一類,此類文字不能用概念的抽象意義來限定,而用一種特殊的「類與不類」的相互連接而自成一類,唐先生這一種見解相當奧妙,如果所說的確定是文學語言的特性與運用的原則,則可以說是把文學或文學之美的奧妙發現了出來。所謂「類與不類,相與為類」唐先生的意思是說:類表示類似,文學的境界是由相似與不相似兩個意義的交錯而撐開的,他以宋詞「水是眼波橫,山是眉峰聚」[16]來說明,「水與眼波相似、亦不似,山與眉峰相似,亦不似,即皆相類復不類。詩人之心即往來於此山與眉峰、水與眼波之類與不類間也」,依唐先生之意,眉峰聚像山又不是山,山像眉峰聚,但又不是眉峰聚;同理水像橫躺的眼波,但又不是眼波,眼波像橫躺表現的水波,但又不是橫躺的水波,這裡有像與不像兩個意義的交錯,於是就撐開了文學的美的境界。文學作品好像也真的可以用唐先生這個理論來說明,文學之所以為文學的本質,就是「類與不類,相與為類」,這個境界是好像真有這麼一回事,但其實不是真的。按照這個提示或線索,的確可以讓人接觸到或理解到什麼是文學境界,這個意思牟宗三先生也提到,但沒有作理論的說明,他在《才性與玄理》討論嵇康的思想時就說到此意:

各種聖人,固極可佩。然「比之於內視反聽」云云,「吾所不能同也」。此等句法,皆魏晉至美之文。向、郭注《莊》,沿用此種句

---

[15] 唐君毅:《生命存在與心靈境界》上冊(臺北:臺灣學生書局,2006 年),頁 473-474。

[16] 唐先生在原文(同上注,頁 475)說這首是蘇東坡的詞,其實是王觀的〈卜算子・送鮑浩然之浙東〉。在《白香詞譜》所收的此首〈卜算子〉也註明是蘇軾的作品,唐先生可能是受此書誤導。

法，屢見而不一見。如：「故有待吾待，吾所不能齊也。至於各安其性，天機自張，受而不知，則吾所不能殊也。」。（逍遙遊「彼且惡乎待哉」注）。又如：「故止若立枯木，動若連槁枝，坐若死灰，行若游塵，動止之容，吾所不能一也。其於無心而自得，吾所不能二也」。（齊物論「心固可使如死灰乎」注）。又如：「故儒墨之辨，吾所不能同也。至於各冥其分，吾所不能異也」。（齊物論「彼是方生之說也」注）。吾讀莊注至此等語句，輒感極大之快適。初不知其源於嵇康也。然則康之高致，其所影響於向秀者深矣。[17]

郭象注所說的「吾不知其同也……吾不知其殊也」等文字，牟先生認為是源於嵇康，這些文字他讀起來感到有很大的快適、美感，牟先生沒有說明何以會有如此的感受。我想應該就是唐先生所說的「類與不類」的運用，而這種文字上的運用，撐開了一種文學的美的境界。以上的文字是說逍遙的境界的，大鵬的逍遙與小鳥的逍遙是不同的，故說「吾不知其同也」，但在一切物都逍遙一也的情況來看，這些大小的分殊也就化掉了，故曰「吾不知其殊也」，說同也可以，說殊也可以，於是兩種意義就可以撐開出一種自由的想像空間，而這種可以引發人自由想像的說法，就是美的境界或文學的境界所產生的原則，故在此問題上，即對美的境界的根源說明，二先生有共同的見解。

順唐先生此說，我想舉例來引申發揮一下。在張愛玲的《傾城之戀》[18]中，藉女主角白流蘇因為香港的淪陷成就了她的婚姻，而有香港的陷落，是為了成全她的婚姻的想法。這固然是很荒謬的想法，但也撐出了一個文學的美的意境。應該也可以是「類與不類，相與為類」之為文學境界的原則的一個例證。又李後主「夢裡不知身是客」（〈浪淘沙〉）的詞句，表達了夢中雖然是假，但寧願它是真；真實世界是中的我雖然是真，但寧願是假的意

---

[17] 牟宗三：《才性與玄理》（香港：人生出版社，1970年），頁334-335。
[18] 張愛玲：《傾城之戀》（臺北：皇冠文化出版公司，1991年）。

味。即夢中的自己是現實的自己所要保持的身分（君王），但這自我的要求是虛幻的；而現在真實的身分（臣虜），則是自己不願意接受的。夢中之假，自己希望它為真；而現實之真，則自己希望它是假。如此就有真與假、虛與實的互相交映，而撐出一個美的境界，也可以說是「類與不類，相與為類」。當然這美的境界的原則，不能被視為一個客觀的公式，而依此公式就可以製作出美的境界來，如果是這樣就不美了。美是必須由創造而產生，而不能模仿，但是在人感受到美的境界時，似乎都符合這一原則，故此說可謂是對美的境界或何以會有此每的境界，給出一原則來說明。

六、回應吳汝鈞教授對超主客觀三境的評論

吳汝鈞教授在其著作中對唐先生九境論中後三境有正式的批評[19]。他的評論相當有意義，但根據唐先生書的原意，也可以做出回答。以下分三點論述：

（一）吳教授認為以「歸向一神境」來說基督教境，只說明了基督教的「往相」，而未能表達其「還相」，即除了人要歸向作為絕對圓滿的實有——上帝之外，上帝也會對人加以垂憐，由上而下給出拯救，這是神還向於人，從上而下，與歸向一神之從下而上不同。按基督教的教義當然有上帝拯救世人的從上而下的還相，但其從上而下也是因為人不能夠拯救其自己，有限的或有缺陷的人不能靠其自身的力量而得救，必須否定其自己，甚至粉碎其自己，承認自己有罪才能得到從上而來的救贖。固然由於神愛世人，一定有從上而來的垂憐，但上而下也根於下而上，必須人自認其為無知而且有罪才值得從上而來的拯救。如果從這個角度看起來，則上帝的還相應該可以涵在上帝的往相內。如果這樣說可通，則用歸向一神境來說基督教境應該並非有所不足。康德認為基督教是道德的宗教，他認為從人的理性的實踐的要求

---

[19] 吳教授比較完整的有關評論見：〈唐君毅先生對儒釋道之判教論〉（2018 唐君毅先生學術思想研討會，2018.4.12-13，國立中央大學儒學研究中心）。

可以肯定上帝的存在,所謂理性的實踐的要求,即肯定德福一致(牟先生所謂圓善)是必須實現的,要實現德福一致必須肯定靈魂不滅及上帝存在,而靈魂不滅與上帝存在已經是肯定基督教的講法。即人要使其意志成為純善的意志才配得到幸福,如是才有德福一致的最高理想的實現。人當然需要自我立法,自由的給出道德法則自己去遵守,但在面對法則的不打折扣的要求下感到自己不純粹,自己的意志不可能純然的只因為義務之故而行,人的意志總有其不純粹的存心,在具有不純粹的存心的現實意志的情況下,必須按理而行。這裡人必須承認自己的無能為力,即在意志的純粹化的此一理想的要求下,是需要承認自己達不到的。能承認此點並努力實踐、要求達到,康德認為此時就有從上而下,由超越者而來的幫助。按康德這一說法,便具體說明了在基督教的型態,上帝從上而來的幫助的情況,此一從上而下的幫助,必須以人承認自己於踐德上是不可能達到理想的狀態,但必須努力去達成之,在這種夾逼的狀況下,就會有從上而下的拯救。當代的神學家 C. S. 路易斯(C. S. Lewis,1898-1963)也認為人要放棄可以靠自己的力量而成德的希望,即必須放下自我而自認無能為力,此時,就可以得救而上達。而這種放下自我的作法,才能堵住人的驕傲,他認為人的驕傲是諸惡之源,也是最大的罪。人克服這一最大的罪是要靠從上而來的力量,但得到這一種幫助必須先承認自己毫無辦法。這也是先肯定絕對的實有。按上面所舉的兩種說法為例,則由上而下的幫助,或上帝對人的垂憐,必須在承認自己為有限、為無能為力之後才可以,則上帝從上而下的還相,是基於人從下而上的往相。

(二)對我法二空境,吳教授認為佛教除了言空之外,還要肯定如來藏自性清淨心或真心,以作為成佛的根據,唐先生只以我法二空來說佛教境,沒有包含真常心系所說的真心為成佛的根據,對佛教教義的涵蓋性是不夠的。按:從字面上看,我法二空當然沒有涵真心或如來藏心的意義在其中。在佛教的發展歷史上看,空宗般若學本身也沒有包含後來的唯識學乃至後來的真常唯心系的教義,但我法二空是佛學的普遍義理,每一宗都不能反對,而由於佛的本懷或釋迦立教的目的在於使一切眾生皆能成佛,在此一要求下便要肯定眾生皆有成佛的超越根據,於是由此而言佛性,又說自性清淨心。

雖然有此後來的發展，但這清淨真心並不能被視為不變的實有或本體，如果真的被視為真常不變的本體性的心靈，於佛教之基本義便有違背。在討論《大乘起信論》這一義理型態時，牟先生便認為《起信論》雖然肯定了超越的真心以作為一切法的根源，而有如印順法師所說本體論的生起論的嫌疑，但這只是為了說明眾生都有其成佛的可能而逼出來的一種義理型態，其實並未把超越的真心理解為一本體論式的超越的本體。牟先生在此處說超越的真心並非一先行的設定，而是在成佛時的如如智證如如境的境界；把這境界從果推因來說，於是就有真心作為一切法所依止或甚至一切法由真心所生之意。其實只是如如智證如如境，如如智並非對境有生起論的作用。如果這樣解說則超越的真心只是為了說明成佛的根據而設，只是一種權相。這一權相在最後必須被打散，將真心與一切法恢復為如如智證如如境的關係，而這並不與空義相違。在唐先生此書的其他部分論述到中國佛學如華嚴、天台二宗時，對於肯定佛性，真心的型態論述得相當多，並非無視於中國大乘佛學在這一方面的發展，但如果要對佛教作出明確的規定，則恐怕還是要以我法二空境（涵眾生普度、觀一真法界）來做出說明。如果認為須用我法二空而證真心來說明佛學，則佛學似為肯定本體之論，不合佛學原義，也不能與基督教、儒教做出區分。

（三）吳教授認為說儒教境，用「心德流行」比用「天德流行」來得恰當。按孔孟對天道、天命本來便有強烈的意識，言「知天」是非常鄭重的，但對天德的理解是在踐仁、盡心知性（或盡性）的自作主宰、盡其在我的情況下才能知道。故用心德流行可以強調心的自覺、力求努力實踐之意，又表達了知天必須要以盡心為基礎之意。吳教授這個說法相當有理據，也表達了儒學重人自主的實踐之意。但唐先生「天德流行境」本來有一個副標題「盡性立命境」，而盡性立命之意便含必須從人自己努力求盡心、盡性才可以上達天德，於當下遭遇處，人如果能知其義之所在，就可以把人生的種種遭遇，體會成上天藉著人所遇的情況而給出要人以德的實踐來回應的呼喚。盡性當然是以發揮人的自我立法、自我作主之意，而自主、正德而不求於人，就可以說天知我，則雖然是從心德的奮發努力開始，但必以知性、知天為至

極。既然踐德可以達到我知天、天知我之境，則通過人的自覺努力，只是成德的始教，而盡性知天，了解在我處的自覺的道德實踐就是天德成德的彰顯，這就是成德的終教，一定到此地步才可以說是完成。依此意來看，則以天德流行來規定儒家的宗教境，應該是比心德流行來得恰當。而且言天德流行比較有總持一切存在，包含天地人神來說之意。而心德流行則只明確表現人的自發自律的德性行為的特色，這一特色在第六境道德實踐境已經含有，言心德流行，未免有重複，也不能表現德性實踐的涵天蓋地的特色。

七、結語

以上所述是希望通過我個人一些粗略了解，來契入唐先生「心靈九境論」的大意。此書的確可以把唐先生（包括牟先生）的儒家式的本體論之詳細內容表達出來，讀之可以明白當代新儒學的形上學雖然以先秦及宋明儒學的形上學為根據，以感通無限的道德心（或仁心）為本體，以之說明天地萬物的存在，但能夠順著以往儒者所說，加上當代西方哲學的思辨方法與哲學的內容，把此古代儒學本來含有的意思作充分地展開，成為當代以儒學為本的判教理論，鋪陳的非常有系統，是非常可貴的。將宇宙人生之無限可能約為九，又明此九境根於人生命存在、心靈之三向[20]，既博而又能約，可謂「放之則彌六合，卷之則退藏於密」矣。

唐先生的心靈九境論應該也是心本體論，雖然心境不離，但應該是以心為體，故上文說從體相用來區分，則心靈是體，境界是相，感通是用，三者不能分開，但可以從三方面來理解。唐先生這一理論，如上文所說可以用牟先生「真正的唯心論就是絕對的實在論」來幫助說明。這是一個真正的唯心

---

[20] 有學者認為，唐先生所說的「三向」是「知、情、意（志）」三者（唐端正先生的《唐先生年譜》與錢怡君〈唐君毅之道家哲學及其境界論探微——兼論儒、道之通與別〉，《鵝湖月刊》489期），在唐先生《中國哲學原論・原道篇》卷一的自序中有一段扼要的敘述，明白表示三向是三觀（見〈原道篇自序〉，頁四），似不能用知情意來說。

論，因為心體是實在的，此心體與萬物為一體，是宇宙的本體，心體是真正的、實在的本體，但此心體是與萬物為一體的，不能離開萬物與心境中的感通來理解，故在心靈境界中的境也是實在的，並非由心所生的虛境。當然牟先生所說的絕對實在論，是指在本心呈現下，一切存在物都以物自身的身分而存在，而物自身是絕對的實在；唐先生所說的境界，則沒有現象與物自身的區分，而應該屬真實的存在。如果人對心靈境界，沒有如實的了解，則九境就成為有偏執、有虛妄的存在，這樣就不能說是實在；人必須有如實的知見，有真實行，才可以證九境的真實意義，而在此時，人為真實的生命存在，九境也可以說是絕對的真實。於是心與境都是實在的，從境說實在，可以說是實在論，而且是真正的實在，於是唯心論與實在論這兩種不同的對存在界的看法，在心靈九境論中可以並立。這就不是一般所了解的唯心論了。既肯定了心的本體性格，也對於作為對象的世界存在作了肯定，如果可以這樣說，此一形上學理論也與現實生活的經驗相符。如果把外境說為虛幻不真實，或直接由心靈本體產生出來，就不能符合人的現實經驗了。

對於唐先生以心靈九境來判攝一切境界，一般可想到的批評是道家的境界好像不能歸在九境中，於是九境論就似判攝有不盡了。唐先生在論觀照凌虛境中，觀照的人生態度處有論及莊子的哲學，則唐先生之意，道家的境界可歸於觀照凌虛境。但道家思想也有其圓義，可達於絕對的境界。真人的境界即迹而泯，即天刑而得解脫，也有超主客境的意味，但由於是以無為主，不同於儒家的盡性立命般的積極，那應該不能歸到天德流行境。[21]道家的圓義或圓境，如牟先生所說，可與儒佛的圓義並立，則或可依此而說，此義的道家境，是在九境中我法二空境與天德流行境之間，即界乎儒佛之間。

另外，民主政治制度所要求的依法或依制度而行事的精神，應該可以說為一種主體或心靈境界之一，此時的主體雖然要求實現政治上的公平、合理或正義，而有道德心的意義，但並不直接以道德要求為主，而是抽空自己的

---

[21] 在論天德流行境時，唐先生有儒道的天德流行境之句，可知他認為道家的最高境界，同於天德流行境。

想法，而勉力服從客觀的法制，如一般所說的「我反對你的意見，但我誓死維護你說話的權利」，就表現了尊重法制而掏空自己想法的精神，掏空自己也近於觀照凌虛境的境界，故牟先生把依照制衡原則而建構的三權分立的制度，認為是認識心的作用，如果按照此意，則民主政治所要求的主體，就屬於凌虛觀照境。但如上文所說，其中又不只是冷靜的觀照，而有追求實現正義的要求，這又屬道德實踐境。故此一法治主體如何歸屬，應該是需要進一步考慮的。如何開出民主、重法治的精神，是當代中國人特別關心的，是否這種民主法治的精神，也是一個特別的主體境界呢？如果是，需要如何培養和安立呢？[22]

---

[22] 唐先生在《文化意識與道德理性》中，認為政治意識根於道德理性；但二者似有不同，如牟先生就用「自我坎陷」來說明此中的不同。但政治主體的作為道德主體的自我坎陷，並不等同於認知心的作用，認知心是客觀的理解的主體，而政治主體有實踐的要求。

論董仲舒的思想
是否為「宇宙論中心」哲學

前　言

　　董仲舒的哲學思想一般都重視他的天人相應論、災異論等，即認為人如果不行仁義就是違反天道，上天會給出譴責，而他這些說法與孔孟的儒學理論或主要的精神是不一致的；但他對義利之辨又有非常清晰的表達，宋儒對於董子「正其誼而不謀其利」的說法則大加肯定，認為此一說法所涵的義利之辨的義理，合於孟子與宋明理學的基本大意，甚至比孟子的相關說法還要清楚。「義利之辨」是儒學之核心觀念、第一義，於是董子的思想究竟是否為純粹的儒家義理，或者他的思想理論本身有不一致處？當代新儒家對於董仲舒思想的定位比較一致，即可以以勞思光先生所說的「宇宙論中心哲學」來作規定，但如上文所述，董子對於道德或實踐道德是自作主宰之意也是很清楚明白的，於是對董子的思想，可能可以有不同於當代儒者的規定，這是本文希望討論的。

一、董子的道德理論與宇宙論中心哲學

　　勞思光《中國哲學史》論董仲舒，對董子的天人相應之說，作了以下的批評：

> 天人相應之說既興，價值根源遂歸於一「天」；德性標準不在於自覺

內部，而寄於天道；以人合天，乃為有德。於是，儒學被改塑為一「宇宙論中心之哲學」。心性之精義不傳；而宇宙論之觀念，悉屬幼稚無稽之猜想。儒學有此一變，沒落之勢不可救矣。[1]

董子確以宇宙論的陰陽五行的結構，來說明道德的價值與價值的根源，如云：

陽為德，陰為刑。刑主殺而德主生。是故，陽常居大夏，以生育養長為事；陰常居大冬，而積於空虛不用之處，以此見天之任德而不任刑也。[2]

又根據天人相應的理論，認為上天會對失道的君王給出警告，如果君王不知自省、遷善改過，傷敗乃至。這的確是宇宙論中心哲學，即道德價值以天道論或宇宙論作為根據，而人之所以要實踐道德，因為如此作才符合天道。照這樣的說明，人的為善去惡，是因為上天之好善惡惡，賞善懲惡，這樣的為善去惡，就不是因為善該為而惡不該為，而是因為善為惡的後果所決定，這對於孔孟的有關說法，當然是有違背的。孔子言為仁由己，孟子主張義利之辨，仁義的行為基於人的不忍人之心，自發而不容已，並不由於對後果的考慮；由此可見道德行動之源，在於人的本心善性，並非將價值根源歸於天。孔子之言畏天命、知天命，及孟子的盡心知性知天，雖然天在他們心中究竟是人格神抑是形上的實體，仍可討論；但很清楚表示，知天是從人的自發自覺的實踐仁義而上達的，不是要先求知道或先行推算天道天命的意義，循之而行，以避免違反天意。因此孔孟所主張的仁義，是由人的自覺心所給出的，並不是由於對宇宙論的條理、規則的了解而來。於是董仲舒對於道德仁義的理解，及對於國君所以要行仁政王道的說明，是屬於他律的倫理學，這

---

[1] 勞思光：《中國哲學史》（香港：香港中文大學崇基學院，1980 年三版），頁 8。
[2] 班固：《漢書・董仲舒傳》（北京：中華書局，1975 年），頁 2505。

似無可疑;而這種對道德的理解與由此理解而給出來的實踐理論、道德行為,是假的道德之源。即如果按此理論,由此存心來給出道德行動,並不能有道德的價值。

二、宋儒論董仲舒的「義利之辨」

董仲舒有一段很有名的話,對於道德的行動或道德義務的無條件性,講得非常明白,他說:

> 夫仁人者,正其誼不謀其利,明其道不計其功,是以仲尼之門,五尺之童羞稱五伯,為其先詐力而後仁誼也。苟為詐而已,故不足稱於大君子之門也。[3]

按照這一段的說法,董仲舒對於道德行為的價值不在於行為的結果,而在於行為者的存心之義,是很清楚的。他認為五霸的作為所以會遭受仲尼門人的鄙視[4],是先詐力而後仁義。即五霸的表面合於道德的行為,是為了取得稱霸的力量。五霸是為了要稱霸而作出仁義的行為,並不是真心為了仁義王道本身是該行而行,這是所謂「詐」,詐就是虛假、虛偽的意思。董子在此也明白區分為仁義而行與為了別的目的而行仁義的不同。為了別的目的而行仁義,也就是詐偽,即上文所謂假的道德。按這一段的意思,董子應該明白如果為了擔心上天的懲罰,而不敢不為善,這種為了別的目的而給出的道德行為,是假的道德。如果以此段話為準,好像就不能夠說董仲舒的道德理論是他律的倫理學。因為從道德行為是其本身便應當行的,不是藉此而達致別的目的,會很自然推理出作道德行動者之存心,必須是為了仁義而行。而只為

---

[3] 同前注。
[4] 董仲舒此說出於孟子「仲尼之徒無道桓文之事者,是以後世無傳焉」(《孟子・梁惠王上》),及荀子:「仲尼之門人,五尺之豎子,言羞稱乎五伯。」(《荀子・仲尼》)。

仁義該行而行，並不為了其他，這便是「為仁由己」，是意志之自律，而非他律。因此也有把董仲舒這合於道德本意的義利之辨的說法，與其天論的哲學，即天人相應、災異之說分開來看，認為二者沒有關聯，如徐復觀先生所說：

> 他的「仁人者，正其道，不謀其利。修其理，不急其功」（……漢書本傳作「正其誼，不謀其利，明其道，不計其功」按「不急其功」，於義為長。）這正是他的人格的表現。他對政治經濟的懇切要求，都在這種地方得到解答。但這卻和他的天的哲學系統，毫不相干。[5]

當然把二者分開來說，會省略了理論衝突的問題，但既然這兩方面的理論都是董子的重要說法，也應該可以有二者相一致而不衝突的理解方式，本文希望從這個方向作一些討論；另外徐先生於上引文，認為關於董子這一段說法的兩個版本中，「不急其功」比「不計其功」為好，這一論斷蘊涵了重要的思考，下文再討論。

朱子在與呂祖謙共同編纂的《近思錄》中，採入了董仲舒「正其義，不謀其利。明其道，不計其功」這段話，而且先後採入兩次[6]，可見朱子非常肯定董仲舒此一說法。這兩段的引用都採自二程的《程氏遺書》。在《近思錄》卷二（見《二程遺書》卷 9，此卷是「二先生語」，不確定是明道或伊川語，可能是明道語）所採入的是用孫思邈「膽欲大而心欲小，智欲圓而行欲方」之言來解釋董子之語，故曰「可以法矣」，意即董子這兩句，表達了道德行為必須方正，不能打折扣。在卷十四採用的一條（此條原來在《程氏遺書》卷 25，是伊川語），則以「此董子所以度越諸子」來作評論。伊川認為董仲舒所以超出其他諸子，是因為他此段話所表達的義理是非常純正的。伊川此語表達了對董子的肯定，當然也代表他對這段話的認同。程伊川

---

[5] 徐復觀：《兩漢思想史》卷二（臺北：臺灣學生書局，1979 年），頁 370。
[6] 分別是第二卷第 40 條與第十四卷第 7 條，參考張京華注釋：《新譯近思錄》（臺北：三民書局，2005 年），頁 88 與 595。

的道德意識非常強烈，對於道德行動是行所當行，完全不是為了其他目的，體認十分真切[7]，這應該是他對董仲舒這段話欣賞的原因。

關於董仲舒這一段言論，朱子有如下的討論：

> 建寧出「正誼明道如何論。」先生曰：「『正其誼不謀其利，明其道不計其功。』誼必正，非是有意要正；道必明，非是有意要明，功利自是所不論。仁人於此有不能自己者。」[8]

朱子也強調了正誼明道這種實踐，本身就是目的，不是為了別的目的而作這種行動，因此道德的行為不能夠混入求功利的念頭，而人如果能夠只因為道德行為是該行而行，排除了其他目的，甚至也不能「有意」去正誼明道。因為誼之要正，道之要明，是本來便是應該的。朱子此處體察甚深。如此體察就可以體會到道德實踐是出於內心的「不能自己」。這是朱子的真切體會。即如果能夠端正人行動的存心，只因為該行而行，就會產生純粹的實踐力量，這種力量是從人的道德本性直接給出來的，完全不需要感性欲求作為動力。

在《朱子文集》中，也有一些討論董子此段話的義理的文字，而且與孟子義利之辨的說法作比較，很值得討論。朱子說：

> 孟子說：「未有仁而遺其親，未有義而後其君」，便是仁義未嘗不利。然董生卻說：「正其義不謀其利，明其道不計其功。」又是仁義未必皆利，則自不免去彼而取此。蓋孟子之言，雖是理之自然，然到

---

7 「伊川先生病革，門人郭忠孝往視之，子瞑目而臥。忠孝曰：『夫子平生所學，正要此時用』子曰：『道著用便不是。』忠孝未出寢門而子卒。」（《二程遺書》卷 21 下，《二程集》276 頁）。程伊川這臨終之言，表達了他一生學道只是為了該行而行，不是為了「有用」，更並非為了臨終時用得上，完全表現了道德實踐的無條件性。

8 〔宋〕黎靖德編：《朱子語類》第 137 卷（北京：中華書局，1986 年），頁 3263。

直截剖判處,卻不若董生之有力也。向聞餘論似多以利隨義而言,今細思之,恐意脈中帶得偏僻病患。試更思之,如何?[9]

上引朱子的文字是回答劉季章之言,大概劉氏著重了孟子所說的「未有仁而遺其親,未有義而後其君」之義,即行仁義未嘗不利;孟子此說當然不表示為了有好的後果所以實踐仁義,仁義的行為的存心只能是為義而行,不能因為行為有有利於己的結果所以去行,如果是後者,則是虛偽的、假的道德行為。因此,在存心上,為利就不能為義,二者不能並存;而在行為結果上,仁義的存心與有利的結果可以相關聯,當然此關聯並不必然。朱子對孟子此章所涵之意,作了很明白的註釋:

> 此章言仁義根於人心之固有,天理之公也。利心生於物我之相形,人欲之私也。循天理,則不求利而自無不利;殉人欲,則求利未得而害已隨之。所謂毫釐之差,千里之繆。此《孟子》之書所以造端託始之深意,學者所宜精察而明辨也。[10]

朱子以天理之公來規定義,表示了義的客觀普遍性,人的存心如果為了義而行,就是按照人人該行之普遍的法則來要求自己,而這種要求是人人本有的,每個人都有這一本性,這是道德的本性。能按照這以普遍的道德法則為內容的本性來要求自己,則每個人給出來的行為,雖然因為份位的不同而有不同,但都可以相諧和、不會衝突,如君仁臣忠、父慈子孝,個人表現雖有不同,但相互之間的行為一定可以諧和而一致,於是在結果上來看,也很可能有諧和的、大家相助合而為一的整體的情況。這本來是合理的,亦是於己於人都有利的結果。於是朱子認為按天理之公而行,是「不求利而自無不利」;而如果是為了利而行,由於每個人對如何求得自己的私利,會有不同

---

[9] 見朱熹:《朱文公文集》(一)卷53〈答劉季章十六〉(臺北:臺灣商務印書館,1975年),頁940。
[10] 〔宋〕朱熹:《四書章句集注》(北京:中華書局,1983年),頁202。

的想法，就會產生互相衝突的結果，於是「求利未得而害已隨之」，朱子這段話區分了在行動之存心上義利不能並存，而在行動之結果上義與利則往往可以連在一起；不求利之公心可以有得利之結果，相反地，以求利為目的，會引致不利於己的結果。道理剖析得非常清楚，也應該就是孟子本文的意思。於是不能因為孟子說行仁義會產生「不遺其親，不後其君」的好的結果，就認為孟子是因為道德行為會產生有利的結果，於是主張行仁義，而為功利主義的思想理論。這種解釋不符合孟子的原義。理學家對於此義利之辨的意思，辨析得非常清楚，這確是儒家之所以為儒家的基本義理，從上述程伊川與朱子對此說之鄭重可知。

　　朱子雖然對孟子言義利之辨有那麼清楚的說明，但在上引〈答劉季章〉書中卻認為董仲舒的說法比孟子更為截然，這可能是因為劉季章本人理解不清楚，是有所為而發，但也可能朱子真的是認為，董仲舒所說的，在道理上表達更為清楚。即董子之語，表示了道德行為必須是存心純粹，必須只因為義，完全不考慮利，只為了明道，而不計算行為可以達到的事功。能有如此純粹存心的行動，才算是道德的行動。如果內心有一點點希望藉著道德行動達成某些好的後果的想法，就不是純粹的、道德的存心。這裡朱子表達了非常嚴格的對何謂道德，何謂不道德的行動的差別，即是否為道德的行為，該行為的存心是否純粹，是否能完全不涉及後果上的計較，是很重要的、很關鍵的。上文徐復觀先生認為《漢書》上所關於董仲舒的原話的兩種記載中，「明其道不計其功」比不上「修其理不急其功」，表示了徐先生認為在行善的存心上，有對事功上的期待，是可以的，只是不能夠急功近利。徐先生這種理解不同於宋儒，可能對於只能是為義務而義務才算是道德行為之意，理解得不夠真切。宋代事功學派有認為「功到成處便是有德，事到濟處便是有理」（陳傅良〈致陳同甫書〉，《陳亮集》卷二），清儒又有「正其誼，以謀其利；明其道，而計其功」[11]之說，所謂「義利雙行」、「王霸並用」，都是有問題的說法，不合儒學本義。朱子在另一篇〈答劉季章〉書中，對董

---

[11] 顏元：《顏元集》（北京：中華書局，1987年），頁163。

子此段話的論辯更為清晰:

> 細看來書,方論董子功利之語,而下句所說曾無疑事,即依舊是功利之見。蓋天下只有一理,此是即彼非,此非即彼是,不容並立。故古之聖賢心存目見,只有義理,都不見有利害可計較。日用之間應事接物,直是判斷得直截分明,而推以及人,吐心吐膽,亦只如此,更無回互。若信得及,即相與俱入聖賢之域;若信不及,即在我亦無為人謀而不盡底心,而此理是非昭著明白。今日此人雖信不及,向後他人須有信得及底,非但一時之計也。[12]

在存心上判斷,為義就不能為利,為利就不是為義,二者是冰炭般不能相容的;而在行為的結果上看,存心為善的行為可以產生有利的結果,但雖如此,存心不能先作傾斜,有任何一點為了利而行義的想法,如果有一點利心加入,則無條件為善就變成有條件為善,有條件為善或為了別的目的而為善,這就使行為的道德性或道德價值完全喪失了,這也就是朱子上引文講得那麼截然的緣故。他說「此是則彼非,此非則彼是」,即表示為義與為利是相矛盾、不能並存的,也因此「古之聖賢心存目見,只有義理,都不見有利害可計較」,存心於為了義而行義,即按道德法則而行,就不能夠有任何為利而行義的念頭,循此修養久了,內心就可以只見義理,不見利害。朱子在此處的分辨,完全與康德對何謂道德的分析相同。[13]朱子在此書中最後表示,與朋友論學必須嚴格遵守此一分際,不能為了遷就對方的想法而自打折扣(即不能為了遷就人而不嚴分義利)。必須按理當如此的說法來陳述,如果對方同意,就可以一同進入聖賢之域;如果因為按理實說而不被接受,也是盡了自己的責任,而且將來一定有人可以了解這一道理,這不只是一時之計。意即此中涵有超越的、永恆的價值。朱子認為與朋友論學,必須明白陳

---

[12] 見《朱文公文集》(一)卷53〈答劉季章十五〉,頁940。

[13] 見康德:《道德底形上學之基礎》書中的分析。參考康德著,李明輝譯:《道德底形上學之基礎》(臺北:聯經出版事業公司,1990年),頁9-24。

述此義利之辨的道理,這才算是「為人謀而盡心」。朱子的辨析雖嚴,但其實這道理也十分明白,人所共知。

三、董仲舒其他有關說法

上文強調了董仲舒對義利之辨的了解是十分清楚的,他明白到道德行為的關鍵是在於行動的存心,也可以說道德行為的道德價值在於行動者的動機,故義利之辨是要對行動的存心辨別清楚。此義在他在討論《春秋》「譏文公以喪取」時,有很清楚的表達:

> 難者曰:「喪之法,不過三年。三年之喪,二十五月。今按經,文公乃四十一月方取。取時無喪,出其法也久矣。何以謂之喪取?」曰:「《春秋》之論事,莫重於志。今取必納幣,納幣之月在喪分,故謂之喪取也。且文公以秋祫祭,以冬納幣,皆失於太蚤。《春秋》不譏其前,而顧譏其後。必以三年之喪,肌膚之情也。雖從俗而不能終,猶宜未平於心。今全無悼遠之志,反思念取事,是《春秋》之所甚疾也。故譏不出三年於首而已,譏以喪取也。不別先後,賤其無人心也。緣此以論禮,禮之所重者在其志。志敬而節具,則君子予之知禮。志和而音雅,則君子予之知樂。志哀而居約,則君子予之知喪。故曰:非虛加之,重志之謂也。志為質,物為文。文著於質,質不居文,文安施質?質文兩備,然後其禮成。文質偏行,不得有我爾之名。俱不能備而偏行之,寧有質而無文。[14]

雖然文公娶妻在三年之喪之後,但由於他在喪期中便訂婚送幣了,可見他在喪期中已經想到聘娶的事情,那就違反了三年之喪了,故董子說「春秋之論

---

[14] 董仲舒:《春秋繁露·玉杯第二》,蘇輿撰:《春秋繁露義證》(北京:中華書局,1992年),頁 24-27。

事莫重於志」。這等於是說存心如何,決定了行動是否有道德的價值。從行為的外表看,文公是父喪後四十一個月才迎娶,不能說違反三年之喪,但由於他已經先下聘禮,證明他沒有誠懇的處在守喪的心情中,此處的討論或分辨,表明了道德行為的價值必須要為了行動該行而行,而不從行為的外表來判是否合於道德,即必須辨其心志。文公表面的行動是合於禮法的,但由於存心不純粹,他的行為如康德所說,只有合法性,而沒有道德性,此意在董仲舒上引文已經清楚的表達出來。

若能了解道德之行動之存心必須是純粹的,必須是為義務而義務,行動才有真正的道德價值,則必會要求自己的行動要為了道德仁義而行,由此就可以推出意志之自律,這一步的推論是非常重要的,此意董子也有。在《春秋繁露・仁義法》有以下一段:

> 義者,謂宜在我者。宜在我者,而後可以稱義。故言義者,合我與宜,以為一言。以此操之,義之為言我也。故曰有為而得義者,謂之自得;有為而失義者,謂之自失。人好義者,謂之自好;人不好義者,謂之不自好。以此參之,義,我也,明矣。是義與仁殊。[15]

此篇的本意強調了義是對自我的要求,而仁是對待他人的態度,即是說對己要嚴格,對別人要先給出愛心,同於孔子說「躬自厚而薄責於人」之義;但上引的一段,可以表達「義」是自我的要求,而此所以要求於自我的,是普遍性的法則。所謂「宜」即代表普遍性,能夠普遍的把人與我都考慮在內,才是合宜的作法,而要把這種合宜的、可普遍化的做法,來要求自己。這就可以理解為人要作普遍的自我立法,即人可以自覺的給出可以普遍的,即對對己對人都一樣的做法來要求自己。從人能以普遍的法則來要求自己,而就是「義」,可見「義」是人對自己的要求,亦可說,在以普遍的義來要求自己時,才可以見到真正的自己。這正是孟子所謂「義內」的意思,即是說你

---

[15] 董仲舒:《春秋繁露・仁義法》,《春秋繁露義證》,頁253-254。

不能認為凡是從自己出來的想法或要求，都是為了自己的，不能普遍化的想法；人可以給出一個可普遍的法則而人願意去遵行之，人可作普遍的立法，以普遍的法則來要求他自己。上引文說義是「合我與宜以為一」，及「人好義謂之自好」等，都可如此解釋。

這以義來要求自己，自己是否樂意，是否這時表現了真正的自己呢？在〈身之養重於義〉篇開始便說：

> 天之生人也，使人生義與利。利以養其體，義以養其心。心不得義不能樂，體不得利不能安。義者心之養也，利者體之養也。體莫貴於心，故養莫重於義，義之養生人大於利。奚以知之？今人大有義而甚無利，雖貧與賤，尚榮其行，以自好而樂生，原憲、曾、閔之屬是也。人甚有利而大無義，雖甚富，則羞辱大惡。惡深，禍患重，非立死其罪者，即旋傷殃憂爾，莫能以樂生而終其身，刑戮夭折之民是也。夫人有義者，雖貧能自樂也。而大無義者，雖富莫能自存。吾以此實義之養生人，大於利而厚於財也。[16]

此段董子區分了養身與養心的不同，養身要以利養，養心要以義養，此處的區分也可以用自然與自由兩個概念的不同來說明，人的身體有感性的欲求，而欲求需要滿足，那就需要對自然有所需求，是求在外的事情，外在的自然對於自己的欲求相順，那就是對自己有利，於是身得其養；但養心不能夠用自然供給的利來得到滿足，一定是使心靈得到自由才能養心，而董子養心以義之說，就表示了義或普遍的法則，或以普遍的法則來要求自己的作法，是可以使心靈得到自由的，故曰「心不得義不能樂」。從身與心相對、利與義相對，而以義養心，心靈才能樂便可證養心之義是心自己要求實踐的，如同上文所說，心可以用普遍的法則來要求自己，而這種自我的要求，如果是違反心的本性的，那人一定會覺得拘束、困難，如果是這樣，怎麼可以是說義

---

[16] 董仲舒：《春秋繁露・身之養重於義》，《春秋繁露義證》，頁263-264。

可以養心呢？於是由上所引的文獻，好像也可以表達了義內之意。從「以義正我」就是人要反求諸己，要求自己的內心純正，正其誼不謀其利是要求自己的存心的，這可說是「以義養心」，既然可以說以義養心，又如此作也可以得到養心之樂，則當該有願意以義來要求自己的動力。「義者，宜也」表達了義是客觀的合宜，是大家認為應該的，要求自己要符合這普遍的應該，如果只是以客觀普遍的道理來要求自己，在自己的心性上沒有根源，就不會有自己願意依普遍的道理而實踐的動力。而從董仲舒的說法來看，這要求自己合於宜，能夠使心得其養，有使心快樂的結果。當該是肯定真正的自我是願意以普遍的法則作為自己行為依循的準則，如果可以這樣推論，則董仲舒就不必是他律的倫理學，理由是（一）他對道德義務是無條件的，如孟子所說的義利之辨，了解得十分清楚。（二）義雖然是客觀的合宜，但必須先用來要求自己，要求自己真實能實踐，而這種個人的存心與客觀的道義結合為一，就可以養心而得到快樂的結果。這兩點是相連而生的，從這一論述，便可證與董子之見解與孟子相合，起碼可說接近孟子的義內或康德所說的意志自我立法之義。若是，則雖然董仲舒用天人相應、災異的說法勸導人君修德，有宇宙論中心哲學或他律的倫理學之嫌，但他也有自律的倫理學的重要特徵，即肯定義利之辨與義是自己本心自發的要求。

　　上引文說身是用利來養，與養心以義不同，也表示了人之行義，是不能不受感性欲望的限制、影響之意。即滿足欲望是身體所需要的，這造成了人要保持正其誼的純粹存心，是相當困難的。雖然以義養心會有快樂的結果，但是否能長保此樂，不無疑問。這就可以解釋董子雖然有上述的對何謂真正的道德，及義是自我之要求的體認，但對於心、性的看法並不同於孟子之故。本來說心可以用義來養，就可以推論出義對於心也是順的，雖然心會因為欲望的影響而不肯為義而行，但這並不是順心的行為，行義才可以是順心，而且有悅樂，那就是孟子以仁義為人性之說。而若仁義為人之本性，開顯此本心善性，人便可自發為善，不必依其他力量。在董子並不肯定人性普遍為善，而主張人性有善有惡，認為天有陰陽，故人有仁貪二氣，當然人性雖非純善，但還是有善的作用在，可以教養而成善人，如禾可以成米；又說

心可以「柽眾惡於內」(《春秋繁露‧深察名號》)，這也可以說明心的限制貪欲有其內發的要求。

由以上的論述，可見董仲舒對於儒學的基本義理有真切的了解，雖然他的天人相應論得到較大的關注，而且也有重大的影響力，但如果因此就認為董仲舒的思想是以氣化宇宙論的說法作為道德價值的基礎，應該是不能全面體會董子思想的說法。

四、結論

上述宋儒對董仲舒正誼不謀利的說法的討論，都從何謂真正的道德行為，或道德行為的存心必須是純粹為義來理解，朱子的有關討論尤為精切。當然，宋儒的解釋不一定就是董子的原意，從董子的天人相應、災異之論來理解其思想，當然不會如宋儒般的純粹，但是否就表示董子對道德的理解不夠明白，或其道德意識不一定強烈，他對所謂仁義的體會不夠真切呢？由以上的分析，可知這樣的理解是不能成立的。如果是如此，則董仲舒的思想就似乎可以分成兩截不同的部分，一個人的思想涵有兩種理論型態，這種詮釋當然不理想。或許我們可以如此看，董子對於儒家思想的本意是有了解的，儒學的本質是成德之教，而人要成德，必須要從義利之辨做起，而對於通過義利之辨理解到的道德的本意，應該是很容易的；即是說，對於真正的道德行為，一定是出於為了該行而行的存心，不是因為要藉此一行為達到另外的目的，如要達到對我有利的目的。此一區別人只要一反省何謂道德行為、何謂義務，就會清楚明白，這絕不是難明的道理。於是我們可說董仲舒對何謂道德、何謂王道，不會不明白，只是他為了要求漢朝天子實踐道德，要維持純粹的存心以實施仁政、行王道，而在當時帝王專制已經成為不可動搖的現實，於是不得不利用陰陽家的理論，根據陰陽五行而來的五德終始、天人相應及災異之說，來作為對國君的規範、強制。如果沒有這種通過上天的警戒，甚至懲罰來告誡君主，便沒有任何其他力量可以制衡的當權者，如徐復觀先生所主張。於是或許可以這樣了解董仲舒的天人論與義利之辨的不一

致,即前者是「權說」,後者才是「實說」。以天人相應來增加對人君必須行義的說服力,而要求於人君者,是要人君作出具有真正道德價值的行為,故「正誼不謀利」之說才是實說。若是則不必如勞思光先生所主張,董仲舒的思想是宇宙論中心,而非心性論中心的哲學。

　　當然漢朝的思想充滿了陰陽五行與災異的色彩,總的來看,當然是不合孔孟的儒學,而為宇宙論中心哲學,對此董仲舒須負很大的責任,但他本人對道德仁義的了解則並無問題,故上文以權說與實說來解釋兩種不同的形態何以同在於一個思想家之問題,而董子是否有天人相應、災異是「權說」之自覺,則是可以討論的。

道家的無相原則、審美判斷及超越的合目性原則——牟宗三先生對康德審美判斷的批評與重構

一、前言

　　當代新儒家牟宗三先生晚年翻譯康德的第三批判之後，對於康德有關審美判斷的分析提出了批評，[1]認為康德有關審美判斷的有關理論等，都需要作出調整或商榷。康德認為審美判斷與目的論判斷是反省性判斷，是先有具體者，再從具體中找尋普遍者，為非決定性判斷；不同於知識判斷與道德判斷之為決定性判斷，所謂決定性判斷，是先有普遍者，而以普遍者決定具體者，即把特殊具體者歸屬到普遍者。審美判斷雖然不依於知識性的判斷與道德判斷，不通過概念（不論是知識性的概念或道德的善的理念）而對特殊者作出規定，仍然是以合目的性原理作為審美判斷的超越的原則。而審美判斷對於美的鑑賞，雖然是以想像力作主，而在知性、感性相關聯的作用下，而表現了自由的遊戲，雖然其中並非知性作為主要的功能，但仍然有知性的作用在，牟先生對這些康德關於審美判斷的講法，有肯定也有批評。對於康德用質、量、關係與程態四相來說明審美判斷，認為很恰當；從質上說，審美判斷固然因審美而產生愉悅，但此愉悅不同於感官的滿足與善的實現的愉

---

[1] 牟宗三：〈以合目的性之原則為審美判斷力之超越的原則之疑竇與商榷〉，《判斷力之批判》上冊（臺北：臺灣學生書局，1992年），頁3-91。

悅,是無所關心的滿足;在量上說審美判斷是單一的判斷,但具有普遍的妥效性,雖然此普遍妥效性只能從主體上說;從關係上說,審美判斷是無目的而符合目的;從程態上說,審美判斷具有不依於概念而來的必然性。這四點都能表達審美判斷的特殊性格,但由於康德仍然把判斷力屬於高級的認知機能,而又以合目的性原理作為審美判斷的根據,牟先生認為不能表示審美判斷不同於認知與道德實踐而為獨立的生命機能的事實,於是他認為審美判斷的種種特性,可以用「無向判斷」來說明,而此無向判斷所根據的原則是「無相原則」。而無向判斷與無相原則的意義,接近道家,尤其是莊子所表現的玄理,因此牟先生也說明了道家的思想及其中所含的道家式的無向判斷及此判斷所基於的無相原則,才是審美判斷的合理的說明,並由此進一步抒發真美善的分別說與合一說。這一說法也是對康德要通過審美判斷來溝通自然與自由兩界的構想,做出了批評。牟先生此一對康德美學理論的批評,等於是運用中國的道家哲學對審美判斷的本質及其所根據的原則做出重構,很能表現道家智慧的深度及其內涵,本論文希望對此一構思做出闡述及評論,又順審美判斷與目的論判斷為反思性判斷,要從具體的存在尋找或領略普遍的原則或目的之義,對王夫之的哲學型態提出我個人的看法。由於內容涉及頗多,以下只是綜述,未能詳論。

二、玄理與王學論辯

牟先生在前述的論文及晚年其他的有關論著,對於道家的玄理有愈來愈重視的趨勢,甚至對於儒學的理論,也通過道家的玄理來闡發,似乎有儒學的義理必須透過道家的「作用層的無心」、「正言若反」的弔詭的智慧,才能保存、善成之意。此意在他闡發陽明後學著名論辯中見之。

陽明後學著名的「四無四有」[2]與「九諦九解」[3]兩個論辯所顯示的義

---

[2] 吳震編校整理:《王畿集》卷一,〈天泉證道紀〉(南京:鳳凰出版社,2007 年 3 月),頁 1-2。又見黃宗羲:《明儒學案》卷十二,〈郎中王龍溪先生畿〉(杭州:浙江古籍出版社,2005 年 1 月),頁 269-270。

理,是陽明學發展的高峰,也是程朱、陸王二系所以不同的重要特徵。四有四無的論辯牟先生及其他學者論之已多,至於九諦九解之辯,牟先生本人雖常提到,但沒有順著文獻做出疏釋,而在牟先生的指點下,蔡仁厚先生已經作了一篇長文來論述[4],但我認為其中有些意思還可以再行討論,以闡發其中可能含有的未盡之意。我近年借用康德之說對程朱、陸王二系之爭試作會通;康德論及對無條件的實踐(即踐德)的了解,究竟是從道德法則開始或從自由意志開始的問題,而康德認為雖然二者相涵,但卻只能以法則為先,而不能以自由意志為先。因為對於自由意志,人不能認識,自由意志並非經驗上可知的事實。通過這一區分,象山與陽明應該是屬於以自由意志為先來洞見生命中無條件的實踐這一事實,而朱子則以理為先。我覺得這一區分可以清楚的說明程朱陸王二系所以不同,又可以看出其可以會通之道。對陽明與龍溪的文獻,若作較仔細地闡釋,可順著牟先生的疏解,而證成陸王的義理系統,走的是以自由意志為先(即發明本心、悟良知,以洞開實踐行動之源)之途,象山與朱子的爭辯,也可以從「以何為先才是道德實踐的正途」的爭辯,順著牟先生的文獻途徑的詮釋方法,可作這進一步的理解。此一問題與魏晉玄學的義理也有相關,依牟先生言無善無惡,是作用層的「無」,並非存有層(實有層)上的「無」,此一區分是非常明白的,順此意,或就可以接近牟先生用「無相原則」來取代「合目的性原則」,作為審美判斷的超越根據的想法:

（一）從四有到四無:王龍溪的「四無」是對陽明的四句教進一步的發揮,從按照知是知非的良知來作為善去惡的道德實踐,實踐到純熟的地步,便是為善而不覺得有善可為;不為惡而不覺得有惡可去,也就是周海門〈九解〉中所說「無善無惡即為善去惡而無迹,而為善去惡悟無善無惡而始真」（解一）,達到了這種超越善惡而自然而然的為善,或為善而忘其是善,是

---

[3] 黃宗羲:《明儒學案》卷十六,〈泰州學案五・尚保周海門先生汝登〉,頁121-130。

[4] 蔡仁厚:〈周海門「九諦九解」之疏解——王門天泉「四無」宗旨之論辯〉,收入《新儒家的精神方向》（臺北:臺灣學生書局,2017年3月）,頁239-276。

四句教或四有句的工夫可以達到的最高境界。如果以四句教作為下手工夫，到了工夫純熟，便可達四無的境界，這是有理路可循、有工夫可作的理想。但如果直接從無善無惡而自然的境界來契入，則恐怕不切於道德實踐，也會是無工夫可用的理想境界；理想是理想，但沒有工夫來契接，此便是王學流弊，所謂「蕩越」的原因所在。對於龍溪「四無說」所謂「從無處立根基」的工夫是否可能，是需要作進一步討論的。

陽明的四句教是以覺悟良知作為入手工夫，而良知知是知非，隨時可以呈現，也是人不能自昧的，於是這一工夫是有下手處的。這是陽明所謂「致知存乎心悟」（〈大學古本序〉）之說，以悟良知為首要工夫，這如同牟先生所說的逆覺體證的工夫。但如果不是以悟良知為根據而從事為善去惡的工夫，而直接從無知、無善惡而自然處悟入，是否可以證悟或逆覺知是知非的良知呢？在這時候固然可以說是悟本體，但所悟的是無善無惡，而又能為善去惡而自然的本體，於此龍溪雖然可以進一步說心、意、知、物是一，神感神應，但對這本體（可說是以無為特徵的本體）的體悟，並不是從良知知是非，即據此作為善去惡的工夫而悟入，恐怕不切於道德實踐。按照老莊從無為自然來體悟道，也可以有近似的體悟與工夫作法。老莊所說的「無」雖然是可以用來形容道體的，但須先從做為動詞的無或無掉來契入，如同牟先生所說，首先須從無為去掉不自然與造作來了解，這是有工夫可作的，通過無為、損之又損的工夫，就可以表現無為自然的心靈境界，就可以無為而無不為、無心無待而逍遙。到了魏晉，王弼說「聖人體無」，與郭象說「知出於無知，為出於無為」，就把無看作是本體，是無不為的根據，於是就有能體會無或體會無心而自然，就可以給出無不為或逍遙無待的生命的妙用，雖然玄學家所講的體或本體，是道家義的，沒有儒家從道德實踐而講本體所具有的道德義的決定性與創生性，這是道德的創造性，但仍是可以產生自然而然的妙用的根據。此是說對於先秦道家所講的無為或從無來說的道體，體會為假如人一下子掌握這種以無為內容，或以自然為內容的本體（或根據），就可以當下表現出無不為的妙用，故在這裡也可以用體用的關係來說明。故魏晉人認為孔子是體無，而每一存在物假如體會到無知無為的意義，就可以當

下表現出無待而逍遙，或不離開萬事萬物而體證迹即是本，本即是迹的迹本圓的境界，這是順著老莊所說的無為自然，加上體用的觀念而發展出來的玄學理論。

（二）王龍溪從四有而發展到四無，而認為當下可以從無處立根基，就可以一了百當、神感神應，呈現聖人的生命境界，這可以類比上述從先秦道家到魏晉玄學的發展，先秦道家說無，比較強調無掉造作不自然的工夫義，重在對生命的不斷用損之又損的工夫，而王弼與郭象，則重在體無，能體無，則五情的表現都是無的意義的展現，或以無知無心為體，則當下就可逍遙無待、迹就是本。於是通過這個類比，王龍溪是把為善去惡的工夫所達到的化境作為本體，而認為人可以當下體現這一本體，於是就可以直接進入為善而無善的化境，但從這種最高的化境處來立論，是沒有儒道義理的區分的，儒家的義理是通過體會道德的實踐的義利之辨的原則來契入的；而道家的義理是從化掉人的內心造作來體會，其入路是有不同的，如果就化境無分別處來作為本體，那就是儒道沒有區分；如果是這樣，以這種化境為本體來頓悟、來體現自然而然的生命，那就不一定是儒家的，也不一定是道家的，於是，從這一個境界來悟本體，是否可以達到王龍溪與周海門所要求的道德實踐的化境，即無是非而自然知是知非、無善惡的判斷而自然為善去惡呢？這是沒有保證的。龍溪所理解的顏淵所做的工夫，即纔動即覺，纔覺即化，或用楊慈湖的「無意」的工夫，也不一定扣緊道德意識，嚴義利之辨來說，故作這種悟以無為特徵的本體的工夫，不一定能體現道德實踐的本體。

（三）無善無惡或無心於為善而自然是善，無心於去惡而自然無惡，固然可以通於儒道兩家而為至高的生命實踐的境界，但比較切要的意義，可能是需要從審美的境界或審美的原則來說明，審美的境界如康德所說，是無所關心的滿足，而審美判斷或審美的原則，所依據的是合目的性原理，在審美中表現的原則，是無目的而自然合目的，或乃是反身性判斷，而不是決定性判斷，即並非拿一個「美」的概念作標準，來衡量遇到的對象是否符合美的概念；而是在美的對象處，忽然發現其為美，即內心沒有想到什麼是美，而忽然在對象中發現其為「美」的對象，這是所謂「無目的的合目的」，也可

以用「邂逅」來說。王龍溪的從無處立根基，要從無知處而體悟良知本體，超越善惡，突破勉強，自然合乎中道，即亦表現知是知非、為善去惡的良知妙用，這其實是類似無目的而自然合目的的審美判斷。如果此說可通，則就是把道德的判斷，用審美的方式來理解。這種說法固然很美，令人舒暢，但是否能真正給出道德上所需要的嚴格的為義務而義務的行為呢？要給出為義務而義務的行為，必須作存心上的去妄存誠的工夫，不能像四無說所說的從無處立根基、從無知之知處來體會良知。人固然是有道德理性的，但也有種種感性的欲求，這是人作為一個具有感性的存有必具備的，也是生存的必要手段，是以感性欲求可以由理性所規範或主宰，但不能去掉。因此感性的作用在人的生命中是一直存在的，人順著感性的欲求而容易有的，以感性的欲求為先的傾向，也是深藏於人的生命、意識的深處，不容易去掉的。於是雖有良知的呈現或人清楚的瞭解需要按照道德天理而行動，但不容易自然而然，即常常是勉強的，如果不先做克己復禮的工夫，不先克服以滿足感性欲求為先的傾向，而認為道德實踐可以以自然而然、無善惡的對待來開始，未免是忽略了感性對於人的限制，與人心早已與感性的求滿足相連接（結盟）之事實。可以類比克己復禮的先後秩序，先克己才可以復禮，先克服生命中的順感性欲求為先的傾向，才可以真正為善，於是沒有先做致良知以為善去惡的工夫，又怎能有無善無惡的，自然而然地為善的可能？於是四無的境界，必須以為善去惡的致良知工夫為根據，不能有在離開為善去惡的工夫意義下，可以獨立的做體悟無的本體的工夫。這是所謂四無是四有的工夫達到的最高境界，也可以說四無不能獨立於四有句之外另作工夫。由於有上說的生命的限制，自然而然的給出為善去惡的行為，是實踐至化境之聖人才可有，以此為工夫，恐怕是對人作了過高的要求，並不切實。

（四）道德實踐的工夫理論型態，按宋明儒的說法，我近年反思可以有：1、朱子主理的型態，通過對道德法則、義利之辨的意義的深切了解，而提振人的道德意識，希望通過明理來誠意，這一工夫型態應該是可以培養人的道德意識，而使人現實的生命主體，努力接近無條件的道德法則。由於對道德法則或義務的意識是人本有的，因此從對道德之理或義利之辨的深切

了解,而做出道德的行動,是有保證的(即有必然性的工夫),這可以說是從常知到真知的義理型態。也就是康德所說的,以道德法則為先來了解何謂無條件的實踐。2、陸、王以悟道德心體、良知為本質的工夫的型態,所謂「發明本心」、「致知存乎心悟」,由逆覺或覺悟本心,這就是洞開道德行動的真正根源,承體以起用,這如同康德所說的,通過對自由意志的了解,而理解何謂無條件的實踐,當然這時已經不只是「理解」何謂無條件的實踐的問題,而是當下給出真正的道德行動。在本心的呈現下道德行動源源不絕,但這一型態必須要做為善去惡為工夫,如上文所說,而工夫的關鍵,在於讓知是知非的良知,或真誠惻怛的仁心當下呈現。3、王龍溪的四無說,要當下體悟無知之知、這是心意知物是一、神感神應的藏密的心體。要以這「心意知物是一」的無體之體,給出自然而然的、不受善惡的對待的影響而產生意志的掙扎,當下就表現了自然為善而不以為是善的境界,這一型態如上文所說,是實踐之化境,人是否可當下表現出這化境義之本體,是沒有保證的,也就是王學末流之所以被評為虛玄而蕩、情識而肆之故。而此一型態與道家從老莊發展到魏晉玄學,以體無為工夫的說法相似,而也如玄學家雖然大談「以無為體」,崇本息末(也說崇本舉末),崇本的工夫有弔詭性,如不要等到淫亂紛爭在人的意識範圍內成立了,再去打壓它,因為在這種情況下的打壓,可能是越打壓而欲求越熾熱的;而在仁義禮智的實踐上說,也不要以為仁義等有什麼了不起,無心於為仁義,就會產生實踐仁義的妙用,這是無或無為的妙用,表面相反但卻產生成就價值的妙用,很有弔詭性。當然這是通於老莊以無為、損之又損的切實工夫。但魏晉人重在談玄,對於老莊的無心無欲或去掉不自然的工夫的切要,未必能正視。王龍溪強調了四無的境界,對於以知善知惡的良知為根據,而作為善去惡的工夫之道德實踐,雖未必有輕忽,但人受到他強調四無說的影響,對四句教的致良知的工夫之為切實而不可少,也會有所輕忽。

(五)從魏晉玄學與龍溪四無說的相似,可以看出其中有審美原則或審美的精神在表現,從這種無為而自然、無目的心理狀態,當然是可能表現出合理的生命活動的,如嵇康所說的「越名教而任自然」、「夫稱君子者,心

無措乎是非,而行不違乎道者也」(〈釋私論〉),但並無必然的關聯性,從自然自由來契入,雖然可以體會自由自在的心境,但這心境近乎審美式的,去掉對是非善惡的關心之無向,不一定是嚴格的要為善去惡的道德心境,道德心境在人作為有感性的限制的理性的存有而言,嚴辨義利的工夫,是需要先作的。辨義利從存心上作純淨自己的心意的工夫,是每一在現實生活中的人必須從事的實踐工夫。依康德之說,道德的判斷是決定性判斷,不同於審美之為反身性判斷,用牟先生的概念,道德判斷是有向的判斷,而審美判斷是無向的,以無向的審美的心境開始,是否可以產生為善去惡的道德實踐?應該是沒有必然的關聯性的,從審美的無所事事的心境出發,不必能有承良知本體而自作主宰的決定去為善去惡的實踐。

(六)唐君毅先生認為王弼、郭象的玄學不合先秦的老莊,其理由在於玄學家好像缺乏老莊所強調的對生命的體會,與轉化生命的毛病所下的層層工夫[5]。唐先生這一批評是很切實的,從上面所述,就可以比較清楚了解其中的問題所在,即玄學家不從無為而損之又損這個「無」的工夫來逐步著力,而要以無為體,當下表現出迹冥圓的境界,而此一問題也可以用在龍溪學說上,即上文所說,如果脫離了四句教的為善去惡的工夫,而直接悟無善無惡、無知之知為本體,而開出為善去惡的道德行為,是不切人的現實生命的。也如同牟先生所說的自然與名教的衝突問題[6],自然而然,也就是自由自在的生命,這固然很美,但未必是要求自己從事嚴格道德實踐的生命,當然道德實踐可以達到自然而然的境界,但必須要從為善去惡、嚴辨義利為下手的工夫。不先從事這種工夫,人的道德意識就不能提振,於是自由也不是道德意志呈現的自由,只求生命的自由自在,而生命的道德實踐的要求,往往是有要求的,必須要體證要求道德實踐是從內在的道德主體、道德心性所自發,自由與道德的衝突才會解消。即此時之自由即是意志之自我立法。當

---

[5] 唐君毅:《中國哲學原論・原道篇》(卷二),第九章第六節〈郭象言逍遙、齊物、養生等與莊子之本義〉。

[6] 牟宗三:〈自然與名教:自由與道德〉,《才性與玄理》第十章(九龍:人生出版社,民國59年6月),頁358-378。

然道家意義的無為自然或無待,也就是自由,此自由不會造成與道德實踐的衝突,但這乃是去掉一切有待的「消極的自由」,不必涵自我立法的「積極的自由」。且即使是這種無待境界,也需要通過去掉有為造作、不自然,才能達到,不容易當下體無。

由以上所述,從四有四無及九諦九解的爭辯,涉及了道家「無」的智慧,及儒道思想的異同。魏晉人的孔老會通,及王龍溪、周海門對無善無惡的體會,都表現了「無」是共法,是儒道佛以至於基督教都不能違反的,但這「無」的共法義,據上文的分析,也許有其「不共」之意。即這「無」的工夫與境界,是道家的勝場,固然儒家的聖人不能不自然、不能有為,而顯出「無」的共法義,但只作自然無為的工夫,不必能直接產生無條件的實踐,即不必能引發人的道德意識。要引發人的道德意識,需要另作工夫,並不是無為自然就可以。故無為而無不為或「心無措乎是非,而行不違乎道」並不能理解為通過道家的沖虛無為而自然的工夫,就可以引發無條件的道德實踐。如果無心於為善,不必能引發道德實踐,那是會引發何種意義的行動呢?即由無為而無不為或自然的心境,引發的是什麼意義的實踐呢?我想應該是引發了審美判斷的活動或心靈境界,即無心於美而在美的事物呈現時,自然感受到美之為美。即在人作出審美的判斷或對美的事物有領會時,確是有無為而無不為、無目的而自然合目的的主觀境界出現。如果在審美判斷的特性,是符合於道家的玄理,或如牟先生所說,審美判斷的超越原則是無相的原則,而此原則是暗合於道家的智慧的,則道家的思想或智慧恰當的表現,應該就在這個領域上,而不在於道德的領域。雖然無向判斷與道德實踐不相衝突,但不能積極的挺立道德的主體,讓人能為義務而義務地作無條件的實踐。道德判斷應如康德所說,是決定性判斷,即是「有向」的,對善惡是非有所決定的判斷。

三、從無目的而合目的看道家的玄理

從以上的討論,便可從四有四無與九諦九解之辯,通到牟先生對康德第

三批判的商榷,即用「無相原則」作為審美判斷的超越原則的問題上。因此,可從牟先生所說的無相原則,討論道家思想與審美判斷的關係。牟先生是通過對康德美學的修正,而對道家的思想型態再作衡定。另外牟先生晚年又提出了哲學的理境,可以從超越的分解與辯證的綜和兩層來理解[7],這兩層的義理區分,大略同於牟先生在《佛性與般若》所說的分別說與非分別說,這與真美善的分別說與合一說也有關聯,須把牟先生這些晚年說法合在一起來研究,由此又可以涉及在《佛性與般若》中,論天台圓教時,所含的一些特別的實踐工夫論。以下稍作說明:

在牟先生最後出版的譯著《康德:判斷力之批判》,卷首刊載了他對康德以超越的合目的性原則作為審美判斷的超越原則的看法,他對康德此說並不贊成,寫成長篇的〈商榷〉文,詳細對康德之說給出討論。在該長文中,除了用「無相原則」來取代超越的合目的性原理,說明康德的說法不盡恰當外,又提出了「真、美、善」的合一說與分別說,對於人類真、美、善的三種活動及其所根據的原則,給出完整的說明。同時認為這三種人類的重要活動,又可以上達而為即真即美即善之境。這兩層真美善的關係,牟先生說為是天道於穆不已與其垂象,即分別說的真美善是合一說的即真即美即善的象徵,或定相之表現,這一見解可以說是牟先生最後系統性的哲學見解。他認為人的一生所能夠實現的價值與意義盡在其中。[8]他在該〈商榷〉文的有關部分,對此見解的論述雖然清楚,但並不十分詳盡。在他之前的香港新亞研究所及臺灣師大等地講課,有關康德第三批判的課程中已有論述。[9]此一《講演錄》對所以要用無相原則取代超越的合目的性原則,以作為審美判斷

---

[7] 牟宗三:〈超越的分解與辯證的綜和(1993年10月)〉,收入《牟宗三先生全集》第27冊,《牟宗三先生晚期文集》。

[8] 牟先生說:「人之渺然一身,混然中處於天地之間,其所能盡者不過是通徹於真美善之道以立己而立人並開物成務以順適人之生命而已耳。」見牟宗三譯註:《康德「判斷力之批判」》(臺北:臺灣學生書局,1982年10月),頁91。

[9] 課程的錄音先刊登在《鵝湖月刊》上,最近《牟宗三先生演講錄》出版,第九冊《康德第三批判》即為牟先生這一課程的講課紀錄。(盧雪崑整理,楊祖漢校訂:《牟宗三先生講演錄》全十冊,新北市:東方人文基金會,2019年3月。)

的超越原則,有比較詳細的說明,對於合一說與分別說的真、善、美的關係也有補充。如果對這些資料作比較系統的整理,應該可以完整的了解牟先生此一最後的具系統性的哲學見解。無相原則是牟先生認為道家的主要智慧所在,因此這一說法等於是對道家思想給出通過中西哲學的比較而闡發的詮釋,這也含牟先生對美學或審美判斷的理解,而此一從審美判斷來理解道家的智慧,我認為也對老莊乃至於王弼的注老與郭象注莊的義理內容,給出了一個理解的線索,甚至發明。對以上所說諸義,下面稍作討論。

　　牟先生以道家的玄理中所含的無相原則來做為審美判斷的超越原則,認為康德以目的論判斷中的超越原則,即合目性原理來作為審美判斷的超越原則,是不切當的。他認為超越的合目性原則是對自然在經驗界的事物的諸多樣態,可以有一統一性的了解,這是很恰當的,但以此一合目性原則來說明審美判斷,就不很恰當,牟先生認為,這是「外離」之思考方式;與前述康德從「無目的地合目的」,「不依於概念而有普遍性」等「內合」方式不同。從內合的思考方式契入審美,則是很好的。(〈商榷〉,頁六十二)本文對此暫不深論,現在想要討論的是順著牟先生對道家的玄理的了解,何以他會認為無相原則可以取代合目的性原則作為審美判斷的超越原則,似乎藉著牟先生所理解的道家思想與審美判斷的原則之關係,對道家的智慧可作一新的衡定或詮釋。即老子的玄理可以用「無為而無不為」來說明,為與不為兩個好像是相反的概念,必須相連、相即,才能表達老子的思想真義,道並非不作為,也並非作為,而必須二者相連,用「無為而無不為」來表示,此所謂「正言若反」,正言與反言不能分開,才能完整表示其中的含義。「上德不德是以有德」也是如此,必須要德與不德相關聯,二者相反而又是相即,如此表達與說明真正有德者的生命境界。在王弼的《老子注》及〈老子指略〉,對於崇本才能舉末或息末,也表達了此一玄理,即無心於實踐仁義禮智,才可以發揮仁義禮智的全部意義;不去攻擊、強壓淫邪爭亂等亂事,才可以平息淫亂與爭鬥,如果不以作為根本的無為、不起意來作根據,則仁義的實踐一定會產生流弊。等到淫邪爭亂產生了再去對付,就對付不了,會愈打壓愈盛行。郭象注莊則到處都表現了這種「無心於為善而自然是善,無

心於養生而自然生得其養」的義理，這也等於是上述嵇康所說之意，嵇康所說的是無心於為道而自然表現出來的就是道之義，這跟康德所說的「審美是無所關心的滿足」相通，即人在無目的、無心於求美的狀態下，忽然邂逅了美的事物，這才是真正的審美；如此即是說，道家的無心於為而自然作出恰當合理的作為，這種對「道」的理解或所謂「玄理」，與審美的經驗或審美的超越原則，是相符合的。由此可知牟先生用屬於道家智慧的「無相原則」來取代康德所說的「超越的合目的性原則」作為審美的超越原則，是有道理的。這可以看到牟先生思想的深入而一貫。故如果對於道家思想有深入的理解，則可知道家與康德所說的審美判斷的情況，確是相近的。康德對於審美判斷的解釋，主要是用「無目的而自然合目的」來表示。這一種對審美判斷的特性的了解，的確合於道家所說的玄理，道家無心、無為使生命自然的工夫，是可以達成無為而無不為的效果，而這一種心理或生命狀態，確可以用無目的而自然合目的、審美判斷是反省性判斷而不是決定性判斷等義來說明。知識的判斷與道德的判斷都是屬於決定性判斷，即作為普遍者的原則或概念是先給出來的，然後將具體的事物歸屬到普遍的原則或概念上來下判斷，如知識的判斷是把經驗現象的事物歸屬到知性給出的概念如範疇上，而道德的判斷則是先有道德的原則，依道德原則決定意志而決定何者為善，何者為惡，而為善去惡。以上兩者都是決定性判斷，用牟先生的話說就是有向（相）的判斷，而反身判斷是不先給出普遍的原則或概念，而從現實具體的事物上領略到美或合目的性，這時作為超越根據的合目的性原理才表現其意義。老子說的無心、無為、沖虛、自然，或莊子所說的心齋、坐忘，都是通過無為或去掉成心的工夫，使生命主體成為沒有預先的想法、沒有成見、甚至沒有目的性的思考，而在這個情況下，就可以無為無不為。這種無為、虛靜的工夫，確可以用康德所說的無目的而合目的性來說明。而這時成就了的是生命的適順自然，也可以說是無關心的滿足，這的確也通於美感的情調。於是說老莊的思想通於藝術的境界，或可以開出藝術、審美的主體，也是有道理的。運用以上的理論來對道家的智慧作出規定或如同牟先生的做法，以道家的無相原則來做為審美判斷的超越原則，當然是很有道理的。

以上所述即由牟先生對康德第三批判所說的「審美的超越原則」的商榷，討論道家思想在牟先生〈商榷〉文中的地位，又通過牟先生的說法與康德原意的比較，希望對魏晉玄學，對老莊的理解，給出一個當代的詮釋，這也可以關涉到當代新儒家的美學理論。唐君毅先生在他的「心靈九境」論中，關於美或藝術境界的討論，是用「類與不類，相與為類」[10]來說，即類與不類二者的同與不同的二義相即，就敞開了美與藝術、文學的境界。唐先生這個說法也可以用牟先生所說的道家，及上述康德對審美的分析來相類比。由是可順著牟先生藉道家精神的「無相原則」以作為審美判斷的原則，來討論牟先生的美學（及唐君毅先生的美學理論），又通過這一論述，說明道家玄理的意義，即從道家的玄理可以作為審美判斷的超越原則，討論道家的智慧與審美判斷的關係。

如果用康德對審美判斷的分析，即無目的而自然合目的，來說明老莊思想與王弼、郭象的玄學，應該會有比較充實的論述。老子所說的「無為而無不為」、「上德不德，是以有德」，正表達了去掉作為的心，無掉自以為有德，在這種無心的修養下，生命的主體大概同於審美判斷的無目的的合目的性，或康德所說的反省性判斷的意義。反省性判斷是從事物中領略到美或目的，不是先以普遍的美的原則或目的性原理，來把現實中的美的對象或合目的的事物，歸到普遍的原則中，給出判斷，普遍的審美原則與合目的性原理，是在對美的事物與合目的的事物有所體悟時，才顯出它的意義，即是先有具體現實的美或合目的的事物，再有普遍的、超越的原理；這就可以用在老子的說法上，即人愈能無心或無為，就愈能在現實對象處實現合理的作為、表現該有的價值。愈能無就愈能實現價值，如果不能無心，而有心去為或有目的的去作事，就不能夠達成目的。此如王弼所說的「愈為之則愈失之矣」（《老子》第五章，王弼注），在郭象注《莊》，這一類的玄言是更多的，如云：

---

[10] 唐君毅：《生命存在與心靈境界》上冊（臺北：臺灣學生書局，2006年），頁473-474。

故世之所謂知者，豈欲知而知哉？所謂見者，豈為見而見哉？若夫知見可以欲為〔而〕得者，則欲賢可以得賢，為聖可以得聖乎？固不可矣。而世不知知之自知，因欲為知以知之；不見見之自見，因欲為見以見之；不知生之自生，又將為生以生之。故見目而求離朱之明，見耳而責師曠之聰，故心神奔馳於內，耳目竭喪於外，處身不適而與物不冥矣。不冥矣，而能合乎人間之變，應乎世世之節者，未之有也。[11]

所謂「欲知，為見」，就是有目的的行為，而在這種情況下，不能表現知與見的自然的，也就是最好的狀態，而所謂「欲賢為聖」，也就是有意、有目的的追求賢聖，在這種情況下，心神奔馳於內、耳目竭喪於外，一定不可以達到賢聖的境界。這很能看出道家的智慧，當然，此欲賢為聖，並不同於儒家所謂的立志為聖賢；人立志為聖賢，挺立自願為善的道德主體，此時欲賢為聖，是內發的真實要求，並非有意的造作，不會有如郭象所說的心神奔馳的弊病。當然，此兩義各有體會與根據，並不相衝突。如果不是如上文所說的挺立道德主體而有真正的求為聖賢的要求，則欲賢為聖，就難免於人為造作，故道家這一說法可以是重要的提醒。而知、見是在知之自知、見之自見的情況下才能完全實現其功能。這種情形也可以用「反省性的判斷」來說明，此判斷不是就對象是什麼或吾人應該做什麼而給出判斷，即並非道德的判斷與知識的判斷，而純粹是主體自己產生了對於美或合目的性的體悟，於是郭象上文所表示的情況，應該就是審美的或審目的的判斷，郭注又云：

理固自全，非畏死也。故真人陸行而非避濡也，遠火而非逃熱也，無過而非措當也。故雖不以熱為熱而未嘗赴火，不以濡為濡而未嘗蹈水，不以死為死而未嘗喪生。故夫生者，豈生之而生哉！成者，豈成

---

[11] 郭慶藩：《莊子集釋》（臺北：河洛圖書出版社，1974年），頁152。

之而成哉！故任之而無不至者，真人也，豈有概意於所遇哉！[12]

此段更明白表示了無心於為而自然合於目的情況或心靈境界，無心於躲避水之濕而自然行於陸地、無心於躲避火之熱而自然不會接近火，此正如同上文所說的「無目的而合於目的」，即通於審美原則，故從這個角度就可以對道家，尤其是魏晉玄學給出清楚的了解，可以看到道家思想與儒、佛不同之處。即是說，老莊，包括王弼、郭象所強調的無心無為的工夫，所達到的心靈境界，就是無所關心的滿足，或「無目的而自然合目的」的心境。在此境界中，的確無心於為，就開出所當為，不同於道德實踐的要為了義務之故而為，才有道德的價值；在道德實踐中，「無心於為善，而自然是善」是化境，而非用工夫處。而審美的判斷或美的境界，則是無心於美，才可以忽然邂逅了對象之美，無心或無目的的無向的生命，是美或合目的的體會的根據，是必要的，而這種情況與道家的「正言若反」、「道與物反矣」的體會是相合的。愈無心於求美，而在此時體會到的美才是真正的美，如果是在天下皆知美之為美的情況，則美變成一個普遍的概念或一個標準，要把美的事物歸屬於其下，在這個情形下，就不是審美判斷了，變成是認知的判斷，而美的體會、感受便會消失。此段所說明的至人的境界，清楚表達了無目的而合目的的生命表現，這是莊子與郭象的玄理的特殊涵義，而又可以透過康德的美學理論加以闡述。

除上文所說之外，在康德討論審美的第三契機（機要），即「無目的的概念而合目的」處，其中有對「美的理想」的討論，而能夠作為美的理想的，只有人，因為人具有對其自身而為目的的意義，有此目的的意義才能確定美的理想。於是，對於人作為美的理想，康德有仔細的說明，從人的外表形體如何成為美的理想，進而論人的內在德性表現在人的形體中，也是美的理想所含的；於是其中有人內在的德性如精神上的仁慈、純潔、堅毅等等，逐步透過人的形體而表現。此一意義的人作為美的理想，等於是孟子所謂的

---

[12] 郭慶藩：《莊子集釋》，頁227。

「仁義禮智根於心。其生色也,睟然見於面,盎於背,施於四體,四體不言而喻。」(《孟子・盡心上》),這所謂的美的理想,與宋儒所說的聖賢氣象,意思也相近,也可以說是「人格美」。但在康德,美的理想是屬於「依存美」而不是「自在美」,即不是「純美」,而康德對於美的分析,是就純美的意義來說。美的理想非常重要,而且是審美判斷需要有的型範,但此一型範卻不是純美,這裡康德的理論有不一致處。透過儒道的聖賢或真人的人格美的意義,或者可以為康德此處的不一致作出補充。即是說美的理想如果用聖賢或真人的人格美來代表,則此一境界在儒、道都可以表現無目的而合目的之意來說明,於是就可以符合康德所說的美的第三契機;於是,人格美作為美的理想,除了因為基於人的合目的性,才能有圓滿的美的理想的意義之外,也兼表示了無目的而合目的之美的定義。此或者可以用牟先生所說的,可以從分別說的真美善,進到即真即美即善的合一說的境界之說來幫助說明。即儒、道的聖人或真人,的確含有不為善而自然合於中道,不自以為善而自然表現善之意,這就是無目的而合目的,如上文所引的郭象的注文所說,這通到合一說的即真即美即善的境界。除上述之意外,莊子在多處原文說明能有如此生命境界的人,是有其生命型態之美的顯示者,這就可以符合康德所說的美的理想中的德性表現在形體上而為美之意。莊子所說的真人,的確可以用其生命完全表現了美來表達,如在〈德充符〉篇,用了幾個型體殘缺、醜怪的人作例子,來表達別人對他們的佩服與依戀,此中便含有醜陋的形體反而表現出美來之義。如缺腿的兀者王駘的學生與孔子的學生一樣多,平分了魯國;哀駘它相貌醜惡,但女子看到他,寧願當他的妾,而不願意當一般體型健全的人的妻子。魯哀公找他來,果然給他吸引,而要把國家的大政交給他。闉跂支離無脤說衛靈公,靈公悅之,而視全人,其脰肩肩。即衛靈公由於喜歡相貌醜怪的支離無脤,他眼中的一般人反而醜陋。莊子舉這些例子,正是說明了體道的真人的心靈之美,此美可以在醜陋的形體裡具體表現出來,所謂「德有所長,形有所忘」(《莊子・德充符》)。這就明確表達了康德所謂的人作為美的理想之意,而且是藉著醜陋、殘缺不全的形體表現出內在精神之美,有此無心的心境,醜陋的人也成為美的體現。莊子

所說的真人是無心境界的體現者，一定是沒有為仁義的目的，而自然表現出仁義，如上文所說。於是綜合上面的說法，就可以證成人可以藉著內心的修德而使外在的形體表現出人格之美，這是「無目的而合目的」的原則，在人格生命中的具體表現。可見通過儒、道的哲學，可以對康德的美學作進一步的發揮與補充。

如果上述的詮釋可以成立，就可以對道家的智慧，給出更為明確的規定，道家的「無」的智慧固然可以說是「共法」，無心無為的生命境界，可以成全種種的價值，如果有心為之，則善行也會轉成為惡。此「無」的智慧可以通於儒道佛；但也有專屬於道家的「無」的意義及理境，可以說是「無」的「不共法」。這是從審美判斷或無向判斷、無目的而合目的的意義上說，這一境界在審美上或生命的調息自然上，當然是有效的，因此可以說道家的學說講的是如何使生命通暢，如何養生的道理。在無所關心或無向的觀照下，生命就可以得其養，但這原則或生命境界，並不能開出儒家所要的道德實踐，也不能產生知識，故這可說是無作為不共法的專屬意義。這是順著牟先生用道家的「無相原則」來充當審美判斷的超越原則之意，可以闡發出來的對道家玄理的衡定。而順著牟先生以道家的無相原則來做為審美的超越原則的見解，又用康德的有關對審美判斷與目的論判斷的分析，來理解道家及魏晉玄學的大義，這樣似乎可以更為暢通道家所說的玄理的意義。這不是內在於牟先生對康德美學的批評，而論其得失，只是希望順著牟先生的見解，又配合康德對美的規定，對道家思想的特質，能有進一步的闡述。從這個角度來看，牟先生對康德美學的批評，的確闡發了道家玄理的深刻意義。

牟先生在以無相原則取代合目性原則以作為審美判斷的超越原則後，便大力抒發其真美善的合一說與分別說，對此一晚年見解，應該可以作進一步的研究與發揮。從真美善的分別說可以理解人類的求真、求美、求善的三種活動是各有超越的原理作根據的，三種活動的領域有其獨立性，各有其界限，科學求真、藝術求美、道德求善也有個不同的努力方向與方法。而這三方面的不同，正可以撐開人類三方面重要的活動，而看到文化與文明的累積。而這三方面不斷的發展，是由共同的根源即合一說的即真、即美、即善

作為根源的。於是分別說的真美善三方面的不斷的發展，也不必要相互衝突。於是如蘇東坡與程伊川的道學家與藝術文學家的衝突就可以避免。伊川作為理學家，其道德意識非常強烈，而如果達不到合一說的即真即美即善的境界，他由道德意識所表現的善，還不是無善之善，即是有向的，而處在分別說的善的層次，便會與分別說的美產生對立；如果從善而至無善之善，則伊川與東坡的善與美的衝突，就可以化掉了。而科學家求真，如果知道即真即美即善的合一的境界，就可以免於科學一層論，即不會認為藝術的美與道德的善都屬於沒有認知意義的東西，沒有客觀的真理性。故牟先生這一真美善合一說與分別說的兩層論述，既能明白世間求真美善的努力的存在根據，又知三者雖然不同但又可以相通的化境之可能。此一構思與其中含蘊的哲學的洞見，應該是可以再進一步闡發的。根據牟先生在〈商榷〉文與《演講錄》中所說，作更為有系統的說明與發揮。此一分別說與合一說的兩層關係，固然同於牟先生較為早年的以一心開二門作為一切哲學的基本模式之說，因一心開二門也可以用兩層存有論來說明，這的確類似於合一說與分別說的兩層，但又稍有不同。兩層存有論中的「無執的存有論」是可以通過儒、道、佛三教的至其極的實踐而掌握的；而在分別說與合一說處，即真即美即善之境是天道的於穆不已，人所不能知，人所能知者是分別說三途並進的真美善的活動，而此可說可見的三者，就是不可知見的天道的不斷朗現的垂象，是人可以了解天道的象徵。如果是如此，則就不能說真美善的分別說是執著；或雖可以說三者是執著，但不能化掉，因為此三者是人可以理解真美善合一的憑藉，是於穆不已的天道的垂象，既是天道的垂象，當然有其真理性，不能說執，也不能去掉，即是說分別說的真美善的存在有其必然性。

由此可見，兩層存有論與真美善的分別說與合一說，說法上是有所不同的。除此之外，兩層存有論的無執存有論所以可以為人所了解或直覺，是因為通過道德實踐作為通孔的緣故。而在合一說與分別說，分別說的求善的道德實踐是以康德的按照無條件律令而行作準，即一般所言的道德實踐還是處於分別說的層次，而非即真即美即善之境，如是則道德實踐的分位在兩層存有論與在分別說與合一說的真美善處，略有不同。當然，合一說的真美善還

道家的無相原則、審美判斷及超越的合目性原則
——牟宗三先生對康德審美判斷的批評與重構

是要以道德的實踐的善作為擔綱，善而不自以為善就是即真即美即善之境，但雖如此，牟先生對於道德實踐境的理解的確已有不同。以上所說的兩層存有論與真美善的分別說與合一說的不同，二者既相類似，又有不同，值得更作仔細的討論。這可能也是牟先生最晚年的見解與他稍早的見解的不同的所在。

關於儒家以成德為目標的工夫論，牟先生的論述非常多，這是學界熟悉的。關於道家的成真人，體現生命的無為與自然的工夫，牟先生也有完整的論述。關於佛教，尤其是天台圓教的工夫論，牟先生在《佛性與般若》書中論述天台圓教時，除了依天台宗的理論而整理出詳細的工夫論的內容，如見於「位居五品」章[13]外，又提出了一些特別的見解，這在學界則是未獲充分的注意，這也是須闡發的。如：（1）天台宗的「修惡」說，所謂「修惡」不是去修養惡，而是「在惡中修」[14]，去惡為善是必要的，但工夫上有在惡中觀照，而不先強力的驅逐惡事的作法，這裡隱含很深的人生體會，關於此在惡中修之說，牟先生在比較早年的《五十自述》中已有表達，而在《佛性與般若》中的有關說法，則比較詳細的詮釋。他引入天台宗「但使有魚，多大唯佳」之說，認為不管多大的煩惱，在修惡的觀照工夫對治下，便會轉成同樣大的智慧，雖然很弔詭，但也是人生的實情，所謂浪子回頭金不換。（2）在《佛性與般若》下冊的附錄〈分別說與非分別說〉中，論述自以為高人一等的勝意比丘，看不起喜根菩薩，此一念之自以為善，驕傲自大、忌恨，便使他墮入無間地獄[15]，其中的討論含有天台宗所以要肯定三千法的緣故，即處於三千法的任何一法都可以成佛，所以佛可以以最卑微的形象表現出佛境界，即最高的價值與意義，可以在表面最低下的存在情況中表現，所謂詭譎的相即及存有論的圓具一切法。而這一說法表達了必須肯定一切法，必須對任何一法都可以是最高境界的呈現給出承認，也可以說一切諸法皆是

---

[13] 牟宗三：《佛性與般若》下冊（臺北：臺灣學生書局，1977 年），頁 911-1023。
[14] 牟宗三：《牟宗三先生全集》第四冊《佛性與般若（下）》，頁 832-837。
[15] 牟宗三：《牟宗三先生全集》第四冊《佛性與般若（下）》，頁 1206-1209。

佛法，人不須揀擇、不要分別、也不能偏愛。[16]這種說法就可以徹底堵住人的驕傲與自大。人在修德而成聖成佛的過程中，常不免自以為在邁向高而又高的人生境界，於是產生了驕傲，而在此時，他其實是面臨一個重大的生命難關，是會因此而墮落到無窮的深淵的。這裡所表達的是一種洞察人生與人性的修養工夫理論，是具有絕大智慧的。佛教這些說法其實通於上述的道家的智慧，如果稍微展開說，可以有系統性的比較。老子所說的「道與物反」或「反者道之動」表示了從現象中的有，要從相反處看，才能體會到保住現實的存在的根據，而此相反也含回返、反復之意。從表面看是往前發展，其實是回歸，這才是對事物的深觀，所謂「貴以賤為本，高以下為基」，在萬物並作處，其實是萬物回到它的性命根本處。這種深觀可以用佛教《中論》所說的「一切實非實」（〈觀法品第十八〉）來類比，表面現象是實，其實是不實在的，是空的；由此往前進一層的境界，就是「亦實亦非實」，這如同老子所說的「玄」，玄是有、無同出的根源，故玄是無而有、有而無；再往前進就是「非實非非實」，要把實與非實這種相對的看法都否定掉，當下就是絕對的，這在老子，就是「玄之又玄」，要把又是有又是無的玄化掉，才是絕對的玄的意義的呈現，故用任何的概念來掌握道，都不能體現道的真正意義，這是三論宗所說的亡言絕慮，才是真諦。通過了這雙非，才能達到絕對的、不可思議的境界，佛教天台宗的圓教所說的一念三千與任何一法都是圓法，都可以從此一通到一切，這種不可思議的境界，是從有而無，亦無亦有，及非無非有，重重辯證才能達到，而老子對有、無與玄的關係，也是如此表達。如此則可以看到佛教的義理從般若學或空宗到天台圓教的發展，其中道家的玄理應該是給出了莫大的助力的。從這個角度來看，中國哲學史的發展本身有其不期然而然的發展脈絡，三教各有不同，又一直在相會通。即可以看出不管是儒道佛那一家的哲學，都有其從關懷生命而來的，相類似的發展邏輯。上述從亦有亦無到非有非無的不可思議境界，含有一種工夫論的含義，成聖成真人或成佛的生命境界，似乎按照這「四門」或四種表示的

---

[16] 同上注，頁1206。

方式,而層層發展。必須要有這從有而無、從分別到無分別的生命的提升,才可以進入聖佛或至德之人的境界。通過這一比較,應該可以對中國哲學的工夫論,作比較深刻的探討。以上是比較側重佛道二教,從儒家的聖人境界說,則比較平實,但從程明道所說的「居處恭,執事敬,與人忠,此是徹上徹下語,聖人原無二語」[17],說明了即於人倫,而又同時是無限意義的天道的呈現,二者相即,渾然是一,這也多少透露了其中的奧秘性、詭譎性。

　　如果加上魏晉玄學的義理,也可以說明何以天台宗的一念三千或牟先生所說的存有論的圓的理論,是圓教的特性。在郭象注逍遙遊處,表達了至德之人除了自通外,「又順有待者,使不失其所待,所待不失,則同於大通矣。」[18]這是說由於至人與物冥,一定不能離開種種存在事物,於是一切存在物也是至人需要安頓保存的,種種的大小長短等存在物的具體情況,一點都不能少,因為若少掉了,該物就不能安身立命。於是至人的無待的境界,必須含種種存在物的大小、多少、長短的不同情況的,於是無待中又有有待者的地位,雖有有待者的種種分別,但又同於大通。二者同而不同、不同而同,這些郭象的玄義似乎可以說明了為什麼天台圓教那麼重視三千法的保存,而且三千法的差別及種種的不同,都非要保住不可。郭象所表達的可謂是道家式的圓教,此圓教可以保住一切法,要保住一切法的要求,通過至德之人與物冥,就可以給出來。與物冥者,一定順物而應,所謂「無心玄應,唯感之從」,故有上文所說的順有待者,使有待者不失其所待的表現,於是一切有待者所需的種種存在的條件,現實的情況都帶進來成為至德之人逍遙的生活的內容,這些存在面上的各種差別都不能少,因為一旦少掉了,就會使有待者失其所待,有待者就不能逍遙了;不單只不能逍遙,可能根本活不下去,於是至人一定以順從有待,保住一切有待者所需要的種種,作為至德之人本身逍遙的內容。於是一切有待者所待的種種特殊的情況,都必須保存而不失,這也就可以說明為什麼佛必須即九法界而成佛,九法界與佛界是相

---

[17] 程頤、程顥:《二程集・遺書卷一》。
[18] 郭慶藩:《莊子集釋》,頁20。

融而不分的，如果這樣說可通，則魏晉的玄理與佛教的圓教是相通的。可能道家對於一切法的差別必須保存的說明，即無待者必順有待者，使不失其所待，這樣才能使有待者同於大通。此說更為直接而明白。

以上從工夫論所涵的生命的層層升進，與至人與佛的生命境界，必須保住世間種種的差別法，作了一些比較，相信也可以從中看出中國哲學雖有儒道佛三教的不同，但都有共同的關心與由此而闡發出來的深遠的智慧。

四、從「反身性判斷」及「目的論判斷」的意義看王船山哲學

依康德如上文所述，道德判斷與知識判斷都屬於決定性判斷，而審美與審目的的判斷，屬於不決定性判斷即反身性（反省性）判斷，而反身性判斷的特性，即要從特殊者尋找普遍者，不能先有普遍者來決定特殊者，這種反身性判斷的特性，正可以用來契入王船山的哲學。王船山的哲學特性歷來的研究都認為很難論定，或雖然可以給出種種對船山的定性，但都不能夠給出所以要如此決定其哲學型態的必然性。而如果從反身性判斷所具有的特性來看，可能正好說明了船山所以會有這些言論或主張。比較而言，朱子與象山、陽明的思想型態，則可以做很清楚的規定。朱子與陸象山對於道德法則是很清楚的，以道德法則來說明天道或規定人倫生活，二賢都是一致的，所以程朱陸王對於道德法則的理解，都屬於決定性判斷，以道德法則為真實；在朱子雖然強調格物窮理、下學而上達，但乃是從本有了解的道德之理出發，真知性理之後，以道德為內容的太極之理作為一切存在的所以然，還是決定性的判斷，當然也可以說以道德法則決定性的判斷為主，肯定理的先在性，但又對於理在現實事物中的作用或統一性，需要對現實經驗仔細了解，這樣就使決定性判斷的道德法則，有融入現實經驗的需要；而在陸王，則以道德法則為先、為真實，是更為清楚的，此中本末體用，區分十分清楚，只要本心良知呈現，就表現了真實的道德法則，對於存在的事物，就有一超越的、而且是當下的決定，並不需對於經驗存在的種種作太多的關注。程朱的

重格物致知與明理,可以用康德所說的,對於現實經驗中的多樣化的情況、偶然的例外,需要有原則去統一,而表現了反身性判斷的特性。而依船山,更能重視現實的多樣性與偶然性,雖然船山也以道德法則來統一現實經驗或歷史事件,但這種統一如同康德所說的目的論判斷中的合目的性的統一,而這種統一所用的目的性的思考,並不是先有某些具體特殊的目的,然後去統一經驗的多樣或歷史的事實,而是透過對經驗與歷史事件的仔細考察與研究,才產生所以會發生這些經驗事實的合目的之想法,船山這一思路表現了對於形上形下、理與氣、道與器的統一,好像同於康德以判斷力的作用作為自然與自由的統一,即在自然的經驗上,而體會到自由的理念,這如同船山要在形而下的存在中,理解到形而上之道的意義,而這種理解是必須在有形的世界、經驗的存在中,去研究得知的。他比朱子的格物窮理說,更能正視有形世界的真實性。朱子的格物窮理,還是以形而上的理的了解為主要用心,而並不能是在形器存在或活動變化出體會到形而上的道或歷史的事件的目的,在後一思路中,真實的意義存在於形上與形下、道與器的交會中,如同目的的意義,是在存在界的各種存在息息相關,互為目的與手段,缺一不可的情況下,才能體會到。於是天地間固然有形而上的道,一切的存在固然是有合理的目的所安排設計,但這形上之道或目的,就在人對於現實世界存在為息息相關而體會有其合理性的了解上,才能彰顯出來。於是「道」固然是真實的,但「器」也是真實的,或應該說道器關聯在一起,道是「器之道」,才是真實的存在,這樣的表達就比朱子理氣不離不雜中的氣的存在更為真實。船山所說的「有形而後有形而上」(《周易外傳》卷一),就強調了形氣可以在先,而有他的真實性的意義,而船山所說的「有即事以窮理,無立理以限事」(《續春秋左氏傳博議》卷下),好像同於朱子的理氣不離,或他強調的下學上達,但其實不同。「有即事以窮理」可以同於格物致知,表現了從具體的事物中才能了解無形的、形上的道,而「無立理以限事」就強調了不能拿一個我們所認為的普遍的天理,先去作為事物的規定;形而上或普遍的天理,必須在仔細研究事情的具體狀況之後才可了解,才能夠肯定理就在事中,所謂「事理」,這也可以說是歷史哲學之理。唐君毅先

生認為船山所說的理是事理[19]，也就是表達了船山所言之理，如同康德所說的目的論判斷中的「合目的性」的意義。船山這個說法可以說是堵住了以超越的天理、道德之理來規範形而下的經驗世界，所可能引發的不顧現實、泛道德主義的錯誤想法。道德之理當然要遵從，但那只是作當然要作、為所當為之意，究竟人實際上要去做些什麼呢？必須要在每一個具體變化多端的情境上，仔細去研究，才能決定。而理氣之際或道器之間，就是人必須要恰當的找出合理的作為，才能成就的真實的、具體的人生。以上所論，似可以為船山所以會如此立論，給出其理論之必然性，此便似乎可以回應下面所說牟先生對船山學的提問。

牟宗三先生對船山學固然十分肯定，但認為如何說明船山見解的必然性十分困難，他說：

> 惟王船山講性命天道是一個綜合的講法。他遍注羣書，即藉注疏以發揮自己的思想。時有新穎透闢之論，時有精彩可喜之言。但極難見出其系統上之必然性，也許都可為程朱陸王所已建立之原理之所函。[20]

牟先生所提出來的「極難見出其系統上的必然性」，是表達了對船山學理解的困難。大陸上的學者往往從船山重視「氣」的觀點，認為船山是唯氣論，以氣為本體的思想家，但這明顯不合於船山著述中表達出來的對道德、仁道的肯定。唯氣論的思想很難說明道德的當然性，表現不出道德人格的尊嚴，而船山對於道德人格的肯定與讚嘆，及以道德之理來說明歷史運會的興衰與人物品格對於歷史事件的關鍵作用，這不是唯氣論或唯物論所能表明的。但如果認為船山的天道論、人道論，如同宋儒的程朱陸王般，肯定道德之理即是天理，也就是一切存在的根據；這種以道德之理為天理，一定表達了或著重說明天理本體的超越性、恆常性與普遍必然性。這對船山重形氣或即器以

---

[19] 唐君毅：〈原理下〉，《中國哲學原論》上冊（香港：人生出版社，民國55年），頁55。

[20] 牟宗三：《生命的學問》（臺北：三民書局，1989年五版），頁177-178。

明道的特殊說法，不能夠作合理的說明，因此如何界定或契入船山這一型態的思想，的確是很困難的，因此牟先生才會認為船山的見解雖然時有妙論，而且議論正大，但何以船山會有這些見解，其系統的必然性不容易給出。唐君毅先生也有相類似的說法：

> 船山之哲學，重矯正王學之弊，故于陽明攻擊最烈。于程、朱、康節，皆有所彈正。而獨有契于橫渠。其著作卷帙浩繁，又多是注疏體裁，思想精義，隨文散見，其文之才氣盛大，恆曼衍其辭，汗漫廣說，頗難歸約。……以其哲學思想而論，取客觀現實的宇宙論之進路，初非心性論之進路，故特取橫渠之言氣，而去橫渠太虛之義。彼以氣為實，頗似漢儒。然船山言氣復重理，其理仍為氣之主，則近于宋儒，而異于漢儒。惟其所謂理雖為氣之主，謂離氣無理，謂理為氣之理，則同于明儒。[21]

由此段可見唐先生也認為船山的思想型態綜合性很強，很難歸類或定性為某一種型態，唐先生又說：

> 船山之言道，不取朱子嚴分形上形下，嚴分體用之說。朱子以形而上者即理，理之義則或同于道。形下為氣。理為體，而理之顯于氣，為用。船山則統形上形下，而以氣化為形上、為體，即形器明道，即事見理，即用見體。此頗類似陽明。然陽明之即用見體，體惟是良知天理。即事見理，事惟是致此良知天理。陽明以人道攝天道，無獨立之天道論。而船山之言即器明道，即事見理，即用見體，則不僅據以明人道，同時據以明天道，而有獨立之天道論。[22]

---

[21] 唐君毅：《中國哲學原論‧原教篇》（香港：新亞研究所，1975 年），頁 513-514。
[22] 唐君毅：《中國哲學原論‧原教篇》，頁 515-516。

唐先生此段對船山的思想型態剖析得更為清楚，但也由此可見船山此一思想型態難以定位與歸類，唐先生早年有一系列的研究船山的專文，是學界公認對船山之學掌握得最為恰當的，但總起來說，仍然有上兩段所說的對船山學的型態難以定位的問題，這應該是研究船山學的學者一直以來的困惑，現在我提議用康德的第三批判所說的反身性判斷，作為船山思想的觀點，通過反身性判斷的二型，即審美判斷與目的論判斷（審目的判斷），其中蘊含的特色，藉以說明船山的見解，似乎可以給出他所以會有這些見解的理論上的必然性。以下引船山的原文來幫助說明，這幾段都是一般研究船山常引的，應該最能看出船山學的特色：

> 道，體乎物之中以生天下之用者也。物生而有象，象成而有數，數資乎動以起用而有行，行而有得於道而有德。因數以推象，道自然者也，道自然而弗藉於人；乘利用以觀德，德不容已者也，致其不容已而人可相道。道弗藉人，則人與物俱生以俟天之流行，而人廢道；人相道，則擇陰陽之粹以審天地之經，而《易》統天。故乾取用之德而不取道之象，聖人所以扶人而成其能也。蓋歷選於陰陽，審其起人之大用者而通三才之用也。天者象也，乾者德也，是故不言天而言乾也。[23]

船山認為道是表現在物之中，而產生出天下之用者，即不能夠離開物的具體表現的作用來領略道的意義。然後，他區分了「道」與「德」的不同，從物的存在的客觀面來說「道」，道是可以通過在物中象、數、用、行而看出的，於是從數來推象，這是道之自然，即在物邊的客觀的作用。而通過對道的作用而加以人為的努力，加以利用，就是德。於是德必須要有人的對自然

---

[23] 王夫之：《船山全書・周易外傳》（一）卷一（長沙：嶽麓書社，1988 年），頁 821。所引原文參考《周易外傳》（北京：中華書局，1977 年），頁 1。又此處以下所引的船山文獻，參考張西堂：《王船山學譜》（臺北：臺灣商務印書館，1967 年）及唐君毅：《中國哲學原論・原教篇》〈王船山之天道論〉所引。

之道的了解,而給出人為的努力,這是所謂「致其不容已而人可相道」,如果人只任憑物的循其象數而流行,不參與、不作人為的努力,那便是人廢道。所謂人廢道,就是沒有讓道在人生中流行表現出來,於是道要通過人的努力,而成為德,才是真實的在人間的存在。他認為《易經》的乾卦是從用之德來說,而不是從道之象來說,即不取道的自然,而取人明道而給出的參與。德的根源當然也就是道,但必須要通過人相道才成為德,於是人為努力就成為道實現在人間必要的條件。船山這樣體會德,可知他所理解的道,不能離開人為努力來說。德要從天人合德來說,合天人兩方面,才可以體會到道的意義,這就可以給出下面各條文獻的涵義:

> 1.天下惟器而已矣。道者器之道,器者不可謂之道之器也。無其道,則無其器,人類能言之。雖然,苟有其器矣,豈患無道哉?君子之所不知,而聖人知之;聖人之所不能,而匹夫匹婦能之。人或昧於其道者,其器不成,不成非無器也。無其器則無其道,人鮮能言之,而固其誠然者也。洪荒無揖讓之道,唐、虞無吊伐之道,漢、唐無今日之道,則今日無他年之道者多矣。未有弓矢而無射道,未有車馬而無御道,未有牢醴璧幣、鐘磬管絃而無禮樂之道。則未有子而無父道,未有弟而無兄道,道之可有而且無者多矣。故無其器則無其道,誠然之言也。而人特未之察耳。[24]

無其道則無其器,是宋儒的通說,也是朱子嚴分理器、形而上者與形而下者必有之論,而從「道者器之道,器者不可謂之道之器也」可知船山對於道與器的形上形下的區分是清楚的,不然就不能說「器者不可以謂道之器」,因為如果器是道之器,則道就有形體,則就是形而下者。船山雖然肯定了道、器的形上形下的區分,但又強調「無其器則無其道」,而此並非是以器為本體之說,從船山的言論很難說他是唯物論或唯氣論,以氣為本體的理論形

---

[24] 王夫之:《船山全書・周易外傳》(一)卷五,頁 1027-1028。

態。如果不是主張唯氣論,何以會說「無其器則無其道」呢?他舉的例證是說「洪荒無揖讓之道,唐、虞無吊伐之道,漢、唐無今日之道,則今日無他年之道者多矣」,如果是從唯氣論的有現實上的需要,於是產生了所需要的「器」,有器就表現了器用所以能夠存在的原則,當然是說得通的,但如果採取這個觀點,船山所說的道或理,就不能有形而上的性格,這樣了解船山學並不恰當。如果要維持道的形而上性、道德的當然性,而又要說有器方有道,則應該是表示在現實的具體存在中,才可以領略到形而上的道的意義的說法,這就是康德所謂的「反身性判斷」或反身性判斷中的「目的論判斷」的特性。在現實自然的存在中,你可以體會到自然的合目的性,此合目的性的意義或原則,並不是經驗的,而有其超越性,但此超越的合目的性原則,只有在具體現實或經驗的自然中才能領略到,離開形器不可能體會到這種合目的性的意義與原則。如果這樣看是對的,則對船山的思想就可以有一定位,即類似於康德所說的反身性判斷,此可作為知識判斷與道德判斷之間的一種判斷性,是可以貫通經驗界的知識領域與超越的道德領域者,即可以通自然與自由兩界的。所謂「有其器才有其道」不能歸結為「由器的制作,才有道的存在」的說法,而是對超越的道的意義的認定或領悟,不能先於對形而下的器的觀察了解。由於從對形器的觀察領悟,才可以了解道的意義,則可以肯定形器存在的真實性。當然,形器的真實性,因為是道不離器的緣故,但這不離的道,不能先於器的存在而作規定,這可見船山思想的特別。即既肯定道與器有形上形下的區分,但又說有器才能有道,此義藉反身性判斷來了解,確可以解說明白。而對道的意義的體會,用合目的性所含的必須從形器來觀察、領會之意,也十分相應。於是船山的論道,不能只從道是純粹的形而上者來理解,需要從先領略器,才能明道的方式來契入。於是他所說的氣,就可以通於形而下與形而上。這不是說氣可以是形而下者,又可以是形而上者,如果這樣說,就是混亂;而是說,從形而下的形器或氣化的流行中,可以體會到有超越的合目的性,此非經驗所能提供者;此合目的性指向有一超越的設計者,而從這個方向,就可以體會到形而上者,因此並非說氣本身就是形而上的,而是可從其中體會到有從形而上者而來的目的。

船山言氣，的確表示了通形上形下之意，但應該從上述之意來了解，不能說氣兼形上形下兩方面的意義。即可藉康德所說的從自然的合目的性，體會有超越的智性的設計者，因為如果沒有這一超越的設計者，何以有合目的的自然界的種種相互配合、缺一不可的各種存在？

> 2.形而上者，非無形之謂。既有形矣，有形而後有形而上。無形之上，亘古今，通萬變，窮天窮地，窮人窮物，皆所未有者也。故曰唯聖人然後可以踐形。踐其下，非踐其上也……器而後有形，形而後有上。無形無下，人所言也，無形無上，顯而易見之理。……君子之道，盡夫器而止矣。[25]

按所謂「有形而後有形而上」，也如上段的意思，並不能是以形而上者隸屬於形而下者的唯氣論或唯物論的說法，而是要從形而下體會形而上，只有這一種認識的先後秩序，才可以了解現實存在是形而上之道的體現，而形而上者的意義，也在這種體會下得以朗現。如果不採取這一觀點，形而上者與形而下者就可以截然二分，於是不是用形而上者來壓抑形而下者，就是以形而下者來否定形而上者，這兩種態度都是不對的。船山應該是要表達只有從形而下體會形而上，在形器上用功，才能仔細了解形而上者的意義。這種觀點，可以兼收兩邊，即「兩端而一致」，才可以真實體會存在界（含人生活動、歷史發展）的意義，而用功實踐必在於形而下處。在形而下處用功，就可以真實體會到形而上者的意義，而這種即形而下或即氣才能看到形而上之道的觀點，對於現實經驗的真實性與形而上者的必表現於形氣具體性，可以有一善解，也就是可以溝通自然與自由兩界，這也是船山學形態之特別所在。

> 3.道者，物所眾著而共由者也，物之所著，惟其有可見之實也，物之

---

[25] 同前注，頁 1028-1029。

> 所由，惟其有可循之恆也。既盈兩間而無不可見，盈兩間而無不可循，故盈兩間皆道也。可見者其象也，可循者其形也，出乎象，入乎形；出乎形，入乎象。兩間皆形象，則兩間皆陰陽也。……陰陽之生，一太極之動靜也。動者靈以生明，以晰天下而不塞；靜者保而處重，以擬天下而不浮，則共為實，既可為道之體矣。[26]

這一段可以表達目的論判斷的意義，從目的論的判斷來看現實存在，一切的存在事物都互為目的手段，缺一不可，即互相配合、沒有廢料。從此段所說，明白表示了一切存在雖然有往來出入的不同，但都是相互配合，有規則可循的，也就是缺一不可、沒有廢料的。於是也可以說道無所不在，在一切形氣中都表現了形而上的道的意義。

> 4.夫性者，生理也，日生則日成也。則夫天命者，豈但初生之頃命之哉？但初生之頃命之，是持一物而予之於一日，俾牢持終身以不失，天且有心以勞勞於給與，而人之受之，一受其成形，而無可損益矣。夫天之生物，其化不息。初生之頃，非無所命也。何以知其有所命？無所命則仁、義、禮、智無其根也。幼而少，少而壯，壯而老，亦非無所命也。何以知其有所命？不更有所命，則年逝而性亦日忘也。形化者化醇也，氣化者化生也。二氣之運，五行之實，始以為胎孕，後以為長養，取精用物，一受於天產地產之精英，無以異也。形日以養，氣日以滋，理日以成。方生而受之，一日生而一日受之，受之者有所自授，豈非天哉？故天日命於人，而人日受命於天，故曰：性者生也，日生而日成之也。[27]

按「命日降，性日生」或「性日生而日成」之說，是船山的名言，如果性與

---

[26] 王夫之：《船山全書·周易外傳》卷五，頁1003-1004。
[27] 王夫之：《船山全書·尚書引義》（二）卷三，頁299。

天是形而上者,應該是有一定的,生成是就形而下的氣化來說,天道雖然可以說不已,但其實不能說有變化,說乾道變化,是從形而下者的氣、物的變化而投影在道體上來說,形而上的道不能有前後不同的變化。但船山上文的說法,的確表達了性命的變化,所以有日生、日成。形而上者所以會變化而有前後的不同,一定是落在形而下的氣上才可以說,但他並不是指「氣」的變化,而是性與命的生成變化,於是這裡所說的日生日成,一定是從形而下而體會形而上;從眼前具體可見的生命活動,去領略天道不已的作用。於是天道的恆常與形氣的變化需要結合一起來看,如果不從目的論判斷,即反身性的判斷,須從具體特殊者去領會普遍者的思路來理解,船山這些講法就不能說通。因為如果性與命是天天不一樣的,那一切存在就不可能有一定的法則可循,那一切的存在不是會常常亂套了嗎?

> 5.天地人三始者也,無有天而無地,無有天地而無人。……人之于天地,又其大成者也。……以我為己而乃有人,以我為人而乃有物,則亦以我為人而乃有天地。[28]

> 天地之生,以人為始,故其弔靈而聚美,首物以克家,通明睿哲,流動以入物之藏而顯天地之妙用,人實任之。人者,天地之心也。故曰:「復其見天地之心乎?……自然者天地,主持者人,人者天地之心。不息之誠,生于一念之復,其所賴于賢人君子者大矣。[29]

這兩段說明人是天地之始。本來天地才是開始,人是天地所生的,怎麼可以以人作為天地之始呢?這一定是表達從人的生命活動或人文化成的成就處,看到了天道的意義。如果沒有人道的人文化成,天道的作用或意義如何能夠彰明呢?如果沒有人去了解天道,沒有通過人為的努力,制作禮樂教化,則

---

[28] 王夫之:《船山全書・周易外傳》(一)卷三,頁 903-905。
[29] 王夫之:《船山全書・周易外傳》(一)卷二,頁 882-885。

天道的存在是潛存的;而自然是洪荒性的存在,全無價值的彰顯,此與不存在有什麼分別呢?於是這也表達了從人處才能夠體會天道存在的意義,也等於前面所說的有形而後有形而上。而此一看法,正好同於康德所說的天地的生化是為了實現人作為德性的存有之意。康德這是目的論的論證,以人為天地生化的終極目的,康德此說剛好可以用來了解或論證船山此處所說的「人是天地之始」的意義。

牟先生曾引一段船山之文來說明「認識心」:

> 莊子外篇田子方篇云:「子路曰:『吾子欲見溫伯雪子久矣。見之而不言何耶?』仲尼曰:『若夫人者,目擊而道存矣,亦不可以容聲矣。』」船山解云:「目擊而道存者,方目之擊,道即存乎所擊。前乎目之已擊已逝矣。後乎目之更擊,則今之所擊者又逝矣。氣無不遷,機無不變。念念相續而常新,則隨目所擊而道即存。不舍斯須,而通乎萬年。何所執以為當,而諄諄以諫道人乎?不待忘言而言自忘矣。」[30]

此段所謂「目擊而道存」之擊,所謂「循斯須」之斯須,是當下的短暫的片刻;「不舍斯須而通乎萬年」,是說當下所遇的短暫的片刻,就可以通於永恆的意義,這表達了道雖然恆存,但也可以在當下片刻中體會,康德所言的審美判斷就有這種情況,即對美的事物的體會是一種當下的領會,而且不能重複。面對美的事物,而體會其為美,這種美感的判斷或審美的經驗,是每一次都是獨一無二、不能重複的,即乃是「單稱判斷」;但這種審美的判斷有其普遍性與必然性,故可以通於永恆,此所謂「目擊而道存」。在目擊下固然顯示了道,但此目擊是稍縱即逝的,所以謂之斯須,即是不能停住不動的,這是康德所謂的,對於美的對象的領略,是反身的判斷,是看到美的對

---

[30] 牟宗三:《認識心之批判》(香港:友聯出版社,1957 年),頁 31。此段所引的船山原文見王夫之《莊子解·田子方》。

象而愉悅的時候,才能夠體會到美的意義,而不是先有對於何謂美的概念的定義,用此概念來規範現實上可看到的美的事物;一定是先有美的事物,而產生了愉悅,才領悟到美的意義。於是既是道的存在,就有永恆性,但每次的目擊都不一樣,是有原則可循,但是所循的是稍縱即逝的、不能重複的經驗,當然此經驗也具有普遍性,不然就不能叫作道。這剛好表達了康德所謂的美感雖然不能用概念定義來說明,不是決定性的判斷,必須擺脫了種種的先在的目的;沒有概念,但有普遍性,無目的而又有合目的性。從船山這一段詮釋目擊而道存,而又循斯須之言,很恰當的表達了審美判斷的特性。

當然,從船山的思想主旨來看,他強調尊生、大有,天道本體實有,而生化的作用也是真實的,從「用」可以證本體為「實有」,並不贊成佛老對宇宙人生的看法。他對道家以「無」為本體,及主張自然無為,是十分反對的。他雖然對張橫渠的思想大加肯定,但如同前引唐先生所說,對於橫渠以太虛言道並不贊成。雖然船山的思想型態與道家有本質上的差異,但從反身性判斷的特性來理解船山的思想特色,即不先肯定超越的本體的意義或內容,而先從現實具體的存在來反省、探索,是十分相應於船山思想的。可以說,船山的肯定具體現實的存在,重視後天人為的努力,都可以從這種思想方式來契入,但不能因為他有這種思想的方式,就說其同於道家的義理,而主張自然無為。同為無向判斷,但思想的型態、本質並不相同,或者可以說船山是從目的論判斷(也可以說為審目的判斷)來論說天道論方面的見解,如上文所說有關道與器、形而上者與形而下者的特別說法。目的論判斷也是反身判斷,即並非決定性判斷,因此船山的思路可以用反身性判斷的特性來體會。

船山善於觀歷史,從歷史事件中體會出事件的目的,而這種目的也是必須從歷史事件發生的情況上來領略,不是先有一個超越的目的來說明、解釋歷史的事件。於是每一個歷史事件所以要如此發展的目的,其目的性的意義固然可以相通,如都是要為了實現道德的意義,但這些事件完成了什麼目的呢?你必須通過對事件的理解才能領略到,不能以前面種種事情的目的來規定、說明後來的種種事件的目的。於是在歷史事件中所表現的理或目的,是

都不一樣的,都有其曲折而表現各種意義的性格。從這個觀點就可以了解上述船山所謂的「有即事以窮其理,無立理以限事」之義。即事窮理朱子也可以說,所以朱子也強調了理的分殊,要通過在事情上的理解來看到理在不同事件中的呈現,但依朱子的理氣論,理還是先在的,於是雖然強調了即事窮理,但所窮到的理,本身是先驗的、普遍的,並非為事情所限,於是就可以以所窮到的理的先驗而普遍,而制定一個事外之理,來要求人間的種種情況,於是就難免有「立理以限事」的問題。戴震說後儒把理視作如有一物,而甚至以理殺人,雖然過激,但也是觀察到立理以限事的弊病。船山並不否定理的超越性或當然性,但認為這種當然的道德性或合目的性,在不同的事件的存在處,在人生或群體的活動變化處,可以有不同面貌的表現,即在不同的事情上,是有各個不同的目的須要去完成。在完成了的各目的上來看,諸目的串在一起,當然可以看到一個大的目的,但並不是首先了解到一個大的目的,然後限制現實人生或群體的面對未來而可能有的種種變化。於是目的是不能一概而論的,如同審美判斷中的美的領略,是不能重複的,每次都是新的。故審美判斷是單稱判斷。目的論判斷與審美判斷在這個地方看,有其一致的意義。於是我們如何看出歷史事件的意義呢?必須即事以窮理,我們如何面對人事物或群體的活動、未來的變化呢?也必須不「立理以限事」,這是王船山的《讀通鑑論》、《宋論》所表達出來的歷史哲學的見解。

五、結論及餘論

順牟宗三先生以道家玄理重釋康德所言審美判斷及所據之原則,確可更相應地表達了審美之情之義,及其獨立性。牟先生認為審美是生命中「知情意」中之情,亦可曰純情。由審美與道家義之相通,吾人可藉此理解道家的玄學及陽明後學爭論之涵義。以審美判斷的特性來理解王船山之學,亦似可闡明其所以如此立論之理論必然性。當然,船山之論之特色雖可藉反身性判斷來說明,但船山學不同於道家。

上文所闡發船山「有形而後有形而上」的想法，似亦可提供一理解牟先生思想的途徑。牟先生晚年對於儒道佛三教的存有論，有清楚而圓熟的表達，他不認為基督教的上帝創造一切的型態是對存在界的說明的好的說法，因為如果一切由超越而外在，作為最高真實的存有上帝所造，則上帝對於人間所存在的惡也需要負責，在此問題上，他認為康德所說的上帝只創造物自身而不創造現象，是比較好的理論。上帝所造的是一切的存在，而在這一切的存在中，人通過其自由意志給出來的作為，所引生的後果，應該由人自己負責，歸到上帝是不合理的。但如果是這樣，上帝對於他所造的人的自由的抉擇，好像是無能為力的，這也有損於上帝作為最高的主宰者的尊嚴；而且就德福一致作為實踐理性的必然對象來說，有德者不一定有福，但必須要有福，於是要肯定上帝存在。由上帝照察人內心之德，而使他現實上的遭遇與德相配，這種解釋也很難理解，好像需要上帝隨時出現，以調整人的遭遇，使人的遭遇與其內心之德相符應，這是先肯定一最高真實的存有來作一切的主宰，會產生的理論困難。於是牟先生認為，以自由無限心取代上帝，是比較順當的。一切的存在不能沒有存在的超越的根據，如果沒有這存在的根據，一切的存在何以必須要存在，必須成為合理的、有價值的存在，是沒有理由的。於是在三教的存有論的說法或圓教的說法下，可以作以下的解釋：首先是天台佛教的佛即九法界眾生而存在，就保住了一切法的存在，即一切法，沒有任何一法，沒有其存在的必然性。由於佛必須與一切眾生的存在不分離，則必須就九法界的存在，而以不斷斷的方式，使法的存在成為佛的法身，佛法身代表佛的無限豐富的智慧的內容，佛的永恆智慧必須表現在一切的存在中，而使一切的存在成為佛的常樂我淨法身之呈現，如果有一法或一眾生不能表現佛法，就不是佛的悲願與本懷的完全實現。於是佛不能離開任何一法，而任何一法的存在必須不改變其存在情況，而就是佛法身的呈現。這所謂佛即九法界眾生而存在，九法界的差別變成必然的、不可少的存在。這不等於說一切好的壞的存在都可以讓其作為必然的存在，而是在佛要度盡一切眾生的努力下，就每一法的存在，通過佛的智慧、悲願，讓每一法表現其可能有的佛境界；於是佛不是創造一切存在的超越的存有，而是不離開任

一存有而可能表現的無限智慧與境界。能顯此智慧，即佛智，那就可以就任何一存在而表現此存在的無限意義。那就不是把每一存在本身可以達成的圓滿的意義，用上帝的存在來說明或交給上帝負責，而是通過人的修德的努力，而逐步表現無限的智慧與價值；由人間的不斷的努力，就可以不斷實現這一智慧，而使一切存在逐步表現其存在的價值與意義。此天台佛教所以會是真正的圓教也。在魏晉玄學的迹本論或迹冥論，也表達了上文所說的不離開任何一種存在而表現智慧之意。道家式的真人一定是自然而然的生命智慧的體現，在自然而然的生命活動中，一定不排斥他所遭遇到的存在事物，而使這一些事物隨著他的智慧生命的表現而同為自然而然的存在，於是真人的智慧就表現在他所遭遇的任一存在界、存在物或具體情境中，於是就成就了道或自然（道家義的自然）的形上學。也等於上文所說的，道是通過人的努力，逐步在智慧的實現下真實化所遇到的種種存在，如此也可以說道保住一切存在。從至德之人必須順有待者使不失其所待，則一切有待者的差別情況，也必須被保住，此與天台宗的一切差別法必須保住之意相同。在儒家，由於是以道德意識所定義的天理作為一切存在的根據，於是與基督教所說的以超越的真實的存有作為一切存在的根據是相似的，但本體（道體、天理）雖然是超越的，也是內在的，從天道內在於人的心性這一意義來說，天道的作用，其創生性是表現在人的盡心、盡性、「親親而仁民，仁民而愛物」的努力實踐下，於是也有上述佛老的情況，即天道不能被視為一外在的負責一切的存有，而是內在於人的智慧，通過人的道德實踐表現的真實生命或真實而具體的創生性，而逐步通過實踐所及的範圍而表現。於是這自由無限心固然是表現無限的實踐的作用，但此作用是就人所面對的各種倫常關係與對象而具體表現的，於是世界存在的一切，都成為人根據本心善性的規定而努力實踐的範圍；人間的一切或善或惡的存在，人都要對其負責，要通過為善去惡的努力，轉化不合理者成為合理，這就是天道真實而具體的作用。由以上的說明，可以看到中國儒道佛三教固然有其存有論的說法，也可以通過這些說法來保住一切存在，但與肯定超越的上帝來保住或說明一切存在，型態是不同的。儒道佛三教的形上學，的確可以用「實踐的形上學」來規定，但此

所謂實踐的形上學不是只討論實踐的問題，而是以通過實踐（三教的實踐）而顯發出來的自由無限心的創造性，來說明一切存在。即若問何以要有這一切存在，答案是為了實現價值意義。由此義即可說明，何以要保住這一切存在。佛須即九法界眾生而為佛，聖人亦要與萬物為一體，這一三教的存有論共通的精神，似可用「有形而後有形而上」來說明。

　　尚有不能已於言者，牟先生以逆覺體證顯本體，或通過智的直覺而表現般若智、道心的做法，未必為日常一般人能用的工夫，而且即使人能體證本體，但也不能有充分的理由來證明這就是本體的呈現。如果從這個角度，是否可以另作一工夫的教法？我認為朱子所表現的心、理為二的型態，可以給出人如果對道德法則有恰當的理解，就可以按法則的要求，努力純淨自己的意志、為義務而義務，避免了必須本體的呈現才可以做工夫之難題；而可以以法則端正自己的意志，勉力從事純粹的道德實踐。在道家迹本圓的境界中，當然要有道心的朗現，但也可以以自然無為的道心作為標準，以損之又損為工夫。人一旦自覺自己有心有為，就努力去做「無」或「損」的工夫，這樣也可以使現實生命逐步道化、逐步自然而然；在佛教，如果有了對天台圓教的理解，知道世界本來就是一念三千的，如是這般的世界，現實的世界只是如此這般，而我們需要通過不斷斷的方式，勉力從執著煩惱中解脫出來。而雖然努力作解脫煩惱的工夫，但並不尋求否定現實世界，而換取另一理想世界的想法，而就在我們當前所處的情況，作「不斷斷」的努力，這樣也可以在恰當的理解與工夫下，不斷的減去現實生命的煩惱。是否可以說這種不先求本體或純粹的生命的朗現，而依照原理原則去從事轉化現實生命的工夫，是一條比較切實可行的工夫實踐的途徑？

牟宗三先生的《圓善論》中所蘊涵的安身立命之道

前　言

牟宗三先生的《圓善論》[1]通過對儒釋道圓教的詮釋，提出了關於「德福一致」問題的解決，此解決之道是循著對康德的說法給出進一步的思考，可說是作了中西哲學比較與會通的示範。牟先生此說除了在闡發中國哲學上有深刻的見解外，其中也含了豐富的人生哲學的義理，對此我近年已有一些文章論述[2]，當然仍未能盡意，本文準備再從這一角度作一些補充。如從康德的「道德的神學」之見解，以闡發孔子踐仁以知天，是如牟先生早年所認為的孔子對天之感受是屬於「超越的遙契」，而表現了儒學的宗教精神；對於德福所以能一致，依牟先生是在聖人的境界下，一切法隨心而轉，此一重要的理論，我認為可通過道家的「迹本圓」作更切近的了解；對於圓教必須保住一切法的存在之義，本文也作一些闡釋。希望通過以上的說明，表達一些我對牟先生圓善論的理解與體會；也希望能對當代人類如何能安身立命，

---

[1] 牟宗三：《圓善論》，臺北：臺灣學生書局，1985年。

[2] 楊祖漢：〈道統、圓教與根本惡說〉，收入楊永漢編：《紀念牟宗三先生逝世二十周年國際學術研討會論文集》（臺北：萬卷樓圖書公司，2018年7月），頁59-74。楊祖漢：〈比較馮、牟、勞三位先生對宋明理學的詮釋——兼論圓教的涵義〉，收入鍾彩鈞編：《中國哲學史書寫的理論與實踐》（臺北：中央研究院中國文哲研究所，2017年12月），頁13-47。楊祖漢：〈有關牟宗三先生圓善論的一些思考〉，收入郭齊勇主編《當代新儒家與當代中國和世界》（貴陽：孔學堂書局，2017年9月），頁254-265。

提供可能的學理與可行的實踐工夫,而這些討論當然也會與人類和平這一主題有所關涉。

一、康德對「德福一致」問題的解決與孔子「踐仁知天」的比較

　　康德在《實踐理性批判》的〈辯證部〉中,認為「哲學」的希臘古義是針對「何謂最高善」作出思考的[3],哲學是愛智慧之學,而所謂智慧,是以能夠了解何謂最高善,又能了解按照什麼實踐的原則達到最高善來規定,故如何說明及實踐最高善,便是哲學的思考最終的目的。而所謂最高善,就是「德福一致」。有德者是能夠要求自己的存心純粹,即以為義務而義務作為動機而給出行動的人,不會考慮到要藉義務或道德的行動獲取自己想得到的好處,因此有德者不會祈求因為踐德而來的福報。道德的價值在於人的動機或存心的純粹,而不在於行動達成的結果,故這一價值是可以從要求自己行動的存心純粹上用力來獲致的,這雖然是很不容易達成的境界,人成為純德,實在有千萬艱難,但這是反求諸己之事,努力澄清自己行動的動機,使自己行動的存心或動機純按義務之故而行,這是可能的。而在現實生活上是否有幸福,則並非是要求自己純粹化自己的生命就可以達到,故有德者不一定有福,有福者不一定有德;固然有德者可以只求自己意志純淨,即只關心德性上的價值,對於現實上的是否有福可以毫不介懷,但有德者當該有福,因為有純德的人,是值得有福的,這是每一個公正的人都承認的。因此依康德,有德者固然不求福,但因為他值得有福,故「德福一致」才是最高的善。這一最高,並非就德性本身就有最高的價值的最高,而是最圓滿之意。[4]牟先生則建議就「德福一致」而言的最高善,可說為「圓善」。單就德性

---

[3] 牟宗三譯註:《康德的道德哲學》之《實踐理性底批判》,《牟宗三先生全集》第15冊(臺北:聯經出版事業公司,2003年),頁398。

[4] 最高善之「最高」,可以有 supreme(究極)與 perfect(圓滿)二義的不同,見康德《實踐理性批判》的辯證部,《牟宗三先生全集》第15冊,頁403。

本身說，當然可以說德是最高的價值，但如果有德者的遭遇常十分艱苦，為了實踐仁義，常要犧牲了個人的幸福，甚至捨身才能取義，那就太悲壯，並不圓滿。因此「德福一致」之為善，當然是最為圓滿的，也是人生最合理的情況。如上文所述，作為「哲學」古義的「愛智慧」，其所謂智慧，就是對於何謂最高善能夠被明確規定，與明白通過何種的行動可以實踐最高善，故哲學可以說是實踐的智慧論。如果可以這樣了解哲學的原義，牟先生認為這就等於中國人所說的「教」。所謂教，是「凡足以啟發人之理性並指導人通過實踐以純潔化人之生命而至其極者」[5]。如果西方哲學的古義與中國儒道佛三教之「教」的意義相通，就可以說中西哲學都以「如何成德」與「如何能達到有德者必有福的最高善」作為共同的追求的目標。

雖然康德對於「德」與「德福一致」給出很好的說明，但如何能夠達成這一實踐理性必然要求的最高善的理想，他的解決就不能令人滿意。按康德的說法，由於德與福的領域是不同的，求德而給出的作用，是通過自由意志自我立法而給出的實踐；而幸福的生活則屬於存在界的情況，現實人生的存在是服從自然界的因果作用，人也是自然界的一種存在，也需要服從自然律，如需滿足生理的需要，受自己所遭遇的存在界的種種情況的影響，也需要為自己行為的結果之有利抑有害作出關心；這與德之要求，是按照無條件的道德法則而行，要自發而無條件的為義務而義務並不相同。故道德的實踐並不能保證現實的存在界產生與我們的現實生命的欲求相應的結果，於是德與福雖然不至於一定相衝突，但很難相稱（合比例，即愈有德者愈有福）或一致，這不一致可以借用孟子所說的「求在我」與「求在外」（《孟子·盡心上》）的不同來說明。求在我者，就是由我自發的按照無條件的律令而行的自由意志來決定，由此給出的行為，而不管行為產生的結果如何，都具備有道德價值，即道德價值內在於人的自由意志（本心、良知），只要行動由此發動，就有道德價值，人能純淨化其生命，能長期維持以本心作為行動的根源動力，人就是有德者。自由意志或本心良知自發的給出道德行動，這就

---

[5] 牟宗三：《圓善論》序言，頁 ii。

是康德所說的「特種的因果性」，完全是由自己的意志來決定的，這作為因的自由意志並不屬於現象界，此因是自我做主的，因上不能更有因，但如果以因果律來理解經驗現象，則從果追因，因上又有因，可至無窮，於是在現實或現象上，不可能有自發而無條件的自由。從實踐的理性的要求，必須肯定有自發的自由意志，不然就不可能有真正的道德行動的出現，於是說，作為道德行動的發動原因的自由意志，雖然在現象經驗中看不到，但一定是有的，此因是在睿智界（本體界），有因必有果，行動的結果是落在經驗的、現實的現象界的。雖可如此說，但經驗的世界服從「自然的因果」作用，並不能操之在我，如上文所說。這兩層的不同，還是可以用孟子的話來說明，如云：「仁之於父子也，義之於君臣也，禮之於賓主也，……命也，有性焉，君子不謂命也。」（《孟子‧盡心下》），兒女對父母可以表現純孝，父母卻不一定能以慈愛回應，反之亦然；臣子盡忠於國君，但國君不一定能重用忠臣；我對朋友盡禮，但朋友不一定以禮來回應我，這就是所謂「命」，雖然在這個問題上，有德者可以只要求自己不求回報，但未免有遺憾，那麼如何可以讓無條件的行所當行的有德者，在現實上能夠有相應的、合理的情況產生呢？人的遭遇如何才能有相稱於他的德性價值之幸福呢？在康德，這就需要肯定靈魂不滅與上帝存在的兩個設準（懸設），由於人雖然可以反求諸己而要求自己成為純德之人，但能夠達到什麼地步，是很難說的；人不能不受感性欲望的影響，在要求實踐道德而表現其自作主宰的意志時，感性欲望常會趁機而起用，於是在要求成德或按無條件的律令而行時，會面對私心自用，非要把無條件的實踐轉成為有條件的、有所為而為的行動，即總想藉道德行動，得到個人的好處，這是所謂「自然的辯證」[6]，對於這種在行動的存心上遭遇到的困難，非常難以克服，於是人純淨化他自己存心的努力過程將是無窮無盡的，在此一問題上，康德肯定了靈魂的不滅。由於成為純德者是必須達成的理想，是實踐理性所肯定的，於是人的有限的

---

[6] 見康德《道德底形上學之基本原則》，牟宗三譯註：《康德：道德形上學之基本原理》，第一節（《牟宗三先生全集》，第十五冊），頁33-34。

一生過去後,其靈魂不會隨之湮滅,因為必須要繼續努力才能達到成德的理想,而就在這種要求自己生命純淨化,而又自知達不到純德的地步,雖知達不到,但仍然盡其在我的努力希望達到。在這種情況下,就會有靈魂不滅的肯定。康德對人在實踐的要求而有的這種堅信,作了很深刻的分析:

> 縱然如此,在朝向善而前進的進程中,要想去得有「心靈之不搖動的堅固性之確信」,這對於一被造物似乎是不可能的。因此之故,基督教使這確信只從那「造成聖潔化」的同一精神而來,即是說,只從此固定的目標(意向)以及與此目標(意向)相連的道德進程中的堅定性之意識而來。但是自然地(坦白地)說來,一個人,他若意識到在向較好而趨的進程中,通過其生命底久長部分,他已堅持到〔其生命之〕終結,而此種堅持又是依真正的道德動力而堅持,則他很可以有這有安慰作用的希望(雖然不是有這確定性),即:縱使在一延長至今生以外的存在中,他亦將仍然繼續堅持於這些原則;而雖然在他自己的眼光中,他從未能在這裡(在眼前)有理由「將繼續堅持于這些原則」,他亦不能希望在他所期望的其本性之增加的圓滿連同〔其〕義務之增加于一起中「將繼續堅持于這些原則」,可是縱然如此,在這進程中,(此進程,雖然它是指向于一無限遼遠的目標上,然而在上帝的眼光中,它卻是被視為等值于已得的所有物),他可對于一「有福的(有天福的)未來」有一展望;因為「天福」一詞乃正是理性使用之以指表一「圓滿的幸福」,即獨立不依于世界底一切偶然原因的「圓滿的幸福」者,此圓滿的幸福就像「神聖性」一樣,它是一個「只能被含在一無底止的進程以及此進程之綜體中」的理念,因而結果亦就是說,它從未能為一被造物所充分地達到。[7]

---

[7] 康德著,牟宗三譯註:《康德的道德哲學》之《實踐理性底批判》,《牟宗三先生全集》第 15 冊,頁 425-426。又見《圓善論》,頁 223-224,文字依《圓善論》所引校改。

康德認為這種堅信是從聖靈而來的，即表示人能夠肯定實踐理性之要求人必須成為純德者，雖然自知做不到，但仍然堅信可以達成，這種心靈的確信，似乎不是被造物所能有的，於是只能相信其為從聖靈而來。人作為受造物，不能沒有感性的存在，有感性的存在就一定受到感性的欲求所影響，於是人應該不能擁有這種一定可以達成生命的純潔化的堅信。意即當人意識到他一定會受到感性的影響，而造成意志的軟弱，存心的不純粹時，他不可能相信自己可以穩定的、不斷的往純淨化自己的理想邁進，但人必須有此堅信，不然就不能達成在實踐上，要成為純德的生命的理想，而此成為純德是實踐理性所必須肯定的。於是這種堅信應該是從聖靈而來的。康德此說相當曲折，從理性的實踐的使用，或實踐理性的肯定上，人是必須使他行動的格準（存心），完全符合道德法則，這是實踐理性的規定，而此規定也是人意志的自我立法而產生的，並非從外來的規定；但在此道德法則的規定下的要求，人雖必須努力達成，但又自知絕不能圓滿達成，在這種夾逼的狀態或心情下，認為人必須要有這種雖不能達成，但一定可以達成的堅信，是從聖靈而來的。這其實應該可以如下表示：當人在盡心努力要求自己通過道德實踐以純淨化自己的存心時，可以體會到在自己生命中所表現出來的，無論如何都要達成純潔化自己的生命（即成德）的理想要求，其實是與聖靈相通的。你要了解何謂聖靈，只能在盡心竭力在從事實踐時，所表現出來的德性精神上了解，在此時人會有「雖不能至然心嚮往之」，甚至「知其不可而為之」的要求，這就是從道德實踐而來的堅信，而這種堅信是可以通於與聖靈是相通的。這就是孔子「踐仁以知天」的體會與感受。當然依儒家這種踐仁以知天的感受，比較直接了當，仁道即是天道，下學就可以上達，不同於康德的曲折的表示。康德對人作為感性的存有，也就是有限的存有比較強調，故比較曲折，由於認為人不能沒有感性的影響，故成德的歷程是無限的歷程，必須通過此無限的歷程，才可以使自己的心靈不斷接近純德的地步。雖然可以說這是永遠不能完成的歷程，但如果心智能夠如此的堅定，則康德認為在上帝眼中，這種無限的力求企及的歷程，就等同於已經達到理想。康德此說也很動人，好像表達了人用盡其成德的努力，而又了解自己事實上是達不到時，

產了一種精神的飛躍；即在此時相信有從上而來的幫助，使人的這種力求圓滿的理想，雖達不到，但一定可以達到。這很有宗教性的情感。當然這種宗教的情感，是比較表現了基督教的特色者。在此處，康德從人的服膺道德法則而力求使生命成為純德，又對照人現實的生命而承認自己達不到此一理想，能承認達不到而又認為必須按實踐理性的要求而達到，於是堅信自己的靈魂可以無底止的純淨化其自己，肯定了從上而來的聖靈的幫助。[8] 依牟先生這種堅信自己可以純淨化其自己的心靈的努力，應該還是在自己反身修德的範圍內，不必求諸聖靈的幫助。故牟先生在此處做了如下的解釋：

> 依基督教，此種堅定性之意識即是那「造成聖潔化」之精神。「心靈之不搖動的堅固性之確信」即從此精神而來。堅定性之意識，造成聖潔化之精神，即如亞伯拉罕之遵上帝命而奉獻其子於祭壇，雖然上帝並不真要其如此。（此雖足以表示亞伯拉罕之堅定性，但儒家聖人決不說這種詭譎話）。通過此堅定性，人可以希望：縱使在一延長至今生以外的存在中，他亦將繼續堅持這些道德原則。[9]

按牟先生的解釋，並不重視此「造成聖潔化的精神」是從上而來的「聖靈」之義，牟先生認為造成聖潔化的精神如同亞伯拉罕獻祭其子而堅信上帝會為其負責的精神，沒有明白表示此聖潔化的精神，就是上帝的聖靈。而依康德原意，應指上帝之聖靈。此處可以看出康德雖然重德，強調了道德法則是由意志的自律而給出，但對於人作為感性的存有與有限的存有，還是十分重視

---

[8] 康德在《實踐理性批判》論「純粹實踐理性的動機」處，也表達了類似的見解，他認為人在面對道德法則的要求時，會感到自己現實意志的不純粹，與理想相距非常遙遠，於是人就會產生謙卑而不敢驕傲自大；當人有這種謙卑的自我體會時，就會對道德法則產生了尊敬（敬重），而當尊敬之情生了的時候，就可以推動人的現實意志往道德法則處趨近，於是尊敬就成為實踐道德的動力。此一論述同樣強調了人在面對道德法則所要求的理想時，必須要有不能達成此一理想的承認。越承認自己達不到，就越能引發自己希望達到理想的動力。

[9] 牟宗三：《圓善論》，頁224。

的，雖然其肯定上帝是在道德實踐肯定德福一致的要求下而肯定，而為道德的神學，但其中的承認自己永遠達不到完全純淨化自己的意志的地步，由此而必須謙卑，打壓自己的驕傲與自大，這方面的意思就與新儒學的理論不同。此處可以做更深入的探索，暫且不論。這也可以了解，何以牟先生對於康德肯定上帝存在以作為德福一致的理想解決的根據，表示嚴重的不滿、不認同的緣故。依康德，通過修德而不斷純淨化自己的努力，並由此努力而肯定人可以有一無底止的修德的進程，還是不能讓人認為自己已經有純潔圓滿的德性，故在此處，康德必須肯定上帝存在。在上帝看來，此無底止的修德的進程已經是完成了的，即人如果有此確定的堅信，而作不斷的努力，則在上帝的眼中，便已經是達成了完全的德性人格，故在此處還是不能沒有對上帝的信仰。肯定靈魂不滅處是如此，在保證「德福一致」處，更是非要有上帝存在不可。這表示了康德雖然強調道德實踐是自己按照自我立法的無條件律令而行，並非以上帝的拯救作為成德的基礎，但在要求德性人格的圓滿完成處，還是需要有上帝的保證，即由於上帝能全覽無限的修德進程，故在上帝眼中，此無限的修德已經等同於完成。

　　肯定了靈魂不滅，則人就可以通過無止境的修德進程而達成純德的希望。但即使如此，對於德福的一致，即有德者當該有福，還是做不到的，原因就是上文所說的「自由的因果」與「自然的因果」作用並不相同，故在現實上，有德者常常沒有福，有福者則常常沒有德，但這是不合理的，必須要使德福相稱，康德認為，這就必須肯定上帝的存在。由於人的內心是否為純德，上帝可以了解，而存在界也為上帝所決定，於是上帝可以按照人的內心是否值得有福而做存在界的調整，讓有德者可以有福。當然，就從事道德實踐的人來說，踐德是無條件的，並不是為了得到幸福而實踐道德，但也就是因為實踐道德的無條件性，使人值得有福，在有德者不求福，而且在明知不會因為有德於是有福的情況下，還是努力踐德，就在這種純粹心情的流露時，就可以肯定有從上而來，即從上帝而來的幫助，此時人就可以肯定有上帝的存在，此意可引康德《理性限度內的宗教》中一段話來說明：

但是在道德的宗教中（而在已有的一切公眾宗教中，唯基督教是道德的），以下所說乃是一基本原則，即：每一人皆須盡量作其力量之中的事以去成為一較好的人，而且只有當一個人未曾埋葬其內在而固有的才能時（路克福音 XIX，12-16），只有當一個人已使用了其根源的向善之能以去成為一較好的人時，他始能希望那不在其力量之中者將因一較高的協力合作而被供給（將通過從上面而來的協力合作而被供給──依格林譯）。但是「人定須知道此協力合作存于何處」這並不是絕對必要的；或許以下所說乃甚至是不可免的，即：如果此協力合作所依以發生的那道路已在某一定時間內被顯露出來，則另一人在另一時間內定可對于此協力合作所依以發生的那道路形成一不同的想法，而其形成此不同的想法亦是以至誠而形成之。這樣，以下所說的原則是有效的，即：「一個人想要去知道在其得救上，上帝所作的是什麼或已作的是什麼」這對于任何人而言皆不是本質的，因而亦並不是必要的，但只一個人要想值得有上帝之協助，「去知其自己所必須去作的是什麼」這才是本質的。[10]

康德此段也認為人的成德是無限的歷程，是永遠達不到純德的地步的，但人在盡其在我的努力實踐時，就可以期望有從上而來（即從上帝而來）的幫助；但雖然有這從上而來的幫助的堅信，但人還是必須盡自己的力量去成為一個較好的人，有這種盡其當盡的努力，才可以希望有從上而來的幫助。由於有這種特性，故康德認為基督教是道德的宗教。但雖然在先盡其所當盡的強調中，表現了道德的自發自決的特性，而要成為有德者，又希望有德者必有福，都需要預設上帝才可以達成，於是對於康德這通過對上帝的存在的肯定來解決德福必須一致的問題，牟先生是不同意的，他認為在三教的圓教義理下，德福一致是渾圓之事，即二者是詭譎的相即的，不必由上帝來保證。依牟先生在人成德而為聖人、真人或佛的境界下，可以即於任何一種遭遇的

---

[10] 牟宗三：《圓善論》，頁 129-130。

情況,而表現順心如意的感受,所謂心物不二。但雖如此,康德的說法也有其深刻的意義,而可以與孔子的教訓相會通。如上文討論靈魂不滅處所說,在體會到自己踐德而沒有辦法成為純德者,在這種自知的情況下,還是努力去成德,就肯定了靈魂不滅的預設;而在明知實踐道德並不能使人的現實生活為有福的情況下,仍然努力的踐德,就肯定了一定有上帝的存在。在上引文中,便明說在反求諸己而修德中,可以相信有從上而來的協助,康德這些講法都表示了在人面對這種情況下,仍然堅持踐德,就產生了對超越者的肯定,表現了深刻的宗教精神。這種宗教的信仰是在踐德中感受到自己的有限,而又不肯放棄,堅信踐德或成德是人必須要完成的責任,而在此時,就有精神上的突破。我認為這與孔子說「不怨天不尤人,下學而上達,知我者,其天乎」的感受相似,孔子這一感受或慨歎,也表現了深刻的宗教精神。孔子一生發憤忘食的努力實踐,雖然在現實上對他踐德的努力沒有產生合理的回應,但雖然如此,他仍然不怨不尤地實踐下去,知其不可而為之,在這種純德的心情狀態下,人就可以與天道相通,故孔子有「知我其天」的感受。這也可以說是「即有限而無限」,而這時所感受到的天,固然可以說是形而上的天道,是使一切存在能夠維持存在,生生不已的根源性的動力或原理,但也可以理解為主宰性或人格性的天。孔子此時感到天知我,也可以涵在這個實踐下,我也可以知天。若說天知我,我知天,即是說人能與天相知相感,則此天當然是有人格性的。當然儒學後來並不往以天作為人格神,而且以天作為道德實踐的基礎這一方向來發展,孔子本來也不強調對此天的崇拜,而重在所以能上達的「下學」。對於上達知天的理境或與天相知相感的感受,也並不多說,而強調人何以能夠知天的努力,而此努力當然是自作主宰的道德實踐,但能夠如此作純粹的實踐,正己而不求於人,也不求於天,就可以自然與天相知相感,這一說法或體會也是該有的。

以上所說應合於孔子踐仁知天(牟先生語)[11]的體會,上文已說過,牟先生不贊成康德此一通過上帝來調整,使人德與福一致的解決辦法,他認為

---

[11] 牟宗三:《中國哲學的特質》(臺北:臺灣學生書局,1974 年再版),頁 49。

德與福雖然屬於不同的領域，即人修德不會產生在現實遭遇上而為有福的情況，但也不能因此就預設上帝的存在來解決。在康德，所以認為必須要預設上帝的存在，是因為如果德福不能一致，則實踐理性之要求實現德福一致，就是不合理的，假如道德實踐或實踐理性設定一個不能實現的理想作為一定要實現的對象，那就表示實踐理性是有問題的。人從事道德實踐是必須奉行的義務，這是沒有問題的，這也可以說是理性的事實，是無可疑的，而在此無可疑的依道德法則而實踐處，就有真正有德者值得有福的肯定，那麼德福之一致，也就無可疑而一定要達成。如是，就非要有靈魂不滅與上帝存在的預設，康德此一解決的辦法，當然是順著基督教的傳統來說的，基督教強調了人的軟弱與不足，而此一體會或見解，雖然在強調了意志的自律為真正的道德實踐之源的康德，還是保留的。故康德強調，在人服膺義務，行其當行之時，一定會感到自己完全服膺義務或存心純粹，是不可能做到的，而在自己承認圓滿的純粹的實踐為不可能時，就有從上而來的協助或幫助。承認人的無力自救，是基督教教義的特色。而康德從意志的自律來解釋道德的實踐，反對意志的他律，已經是對基督教神學的修正，而在自我努力以求達到德性的圓滿以肯定靈魂不滅，及從肯定有德者必有福而肯定上帝的存在，雖然保留了基督教的教義，但可以說是以意志的自律自我立法，肯定自由意志作為道德實踐的主體而給出的對基督教教義的修正，這種修正所表現出來的精神，可能可以用儒家的踐仁以知天的精神或體會來融攝或會通。康德這一理論型態及此型態所表現出宗教性的體會，與孔子「知天」的體會是有其相通處的。

牟先生在《中國哲學的特質》中說孔子之遙契天道，是「超越的遙契」：

> 孔子所說的「知我其天」，「知天命」與「畏天命」的天，都不必只是形上實體的意義。因為孔子的生命與超越者的遙契關係實比較近乎宗教意識。孔子在他與天遙契的精神境界中，不但沒有把天拉下來，而且把天推遠一點。在其自己生命中可與天遙契，但是天仍然保持它

的超越性,高高在上而為人所敬畏。因此,孔子所說的天比較含有宗教上的「人格神」(Personal God)的意味。而因宗教意識屬於超越意識,我們可以稱這種遙契為「超越的」(Transcendent)遙契。否則,「知我其天」等話是無法解釋的。[12]

在此處,牟先生所理解的孔子「踐仁知天」的精神境界與義理型態,是宗教上的對人格神或超越者有一遙契。而且雖然在人此時的精神感受上與天相契,但天仍代表作高高在上的、超越的(牟先生此處用 transcendent,即是可以說是超絕的),如果保留孔子此一體會,就可以了解康德雖肯定意志的自律,但又不否定在道德實踐的要求下,上帝存在是必須的設準之意,而在這一角度,或許可以提供儒學與基督教的說法一個會通的可能。即在踐德的過程中,會產生對靈魂不滅與上帝存在的堅信,這同於孔子從踐仁而知天。而如果孔子此時所言的天,可以有人格神的涵義,則對於人格神的信仰,在修德者的努力下,也不是不能有的。更積極的說,反身修德的實踐努力,是會在達到純德的境界時,產生了與超越者遙契的宗教精神。即知天或天人合一,固然可以從內在於人的道德性的充分實現而通於生化一切的天道,也可以從踐仁者的內心感受,會產生與天相知相感的宗教性的精神,而此天就可以有人格神的意味。可能合此兩面,即形上實體與具人格神意味,才是踐仁知天的全幅義理,這也可以說儒學是即道德即宗教之教。如果可以這樣說,儒學作為宗教之教的意義,也是可以很強烈而豐富的,在這方面應該可以說給出了一般人安身立命的教法,對於一般人,反身修德的意識很容易有,如果說明了道德的實踐其實可以很自然的產生出對超越者的嚮往或遙契,則又可以接上了一般人對宗教性的信仰的要求,如此對於儒學教化的推廣應該很有幫助。這不是獨斷的信仰一外在的神明,而是從自本自根的道德實踐而產生的信仰,如牟先生所說,是「內信內仰」,而非「外信外仰」。[13]當然,

---

[12] 同前注,頁49。
[13] 牟宗三:《心體與性體(一)》(臺北:正中書局,1968年5月初版),頁6。

依孔子的教訓，雖然踐仁會知天，但並不用精神在追問天意如何，或上天如何對人給出幫助。如康德所說，「人定須知道此協力合作存于何處，這並不是絕對必要的」，人應做的只在於依道德法則而努力求諸己的踐德，即當在「下學」處努力。雖然下學會涵上達，踐仁會涵知天，但不用心在上達的境界上多做描寫，康德上引文最後所說更為明白，即對於在人的得救上（李秋零譯：為他的永福）做了些什麼，並不是必要的，知道人如何才能值得上帝的援助，才是根本的。[14]

二、要真正為善，需先對治人性中的根惡

上面論述康德所以要肯定靈魂不滅作為人修德的設準，是因為人的成德在有限的一生，是不可能達到完全的，而康德所以會如此說，是他對「惡」的來源有深入的省察，如上文所說的「自然的辨證」，此又可以理解為人性中的「基本惡」或「根惡」，人如果要達到純德的地步，必須克服此根惡，康德所說的「基本惡」的意義，十分複雜而且深微，此或須另作專文，在此處先作簡要的說明。

牟先生在《圓善論》第一章之後作了一個附錄，是翻譯康德《單在理性限度內的宗教》的第一章〈論人性中之基本惡〉，此處牟先生加了很多譯註，作了很多分析，闡明了康德此章表達人性中的根惡之義，並認為康德此說是對儒家的人性論的很好的補充。此處牟先生有關康德的人性論內容的分析，如論人性之善惡，須從格準（人之存心），而不能從生而有之性能說；由是必須從人有其自由，才可說善惡，及根本惡說中有關自由決意（Willkür）的討論，的確對於儒家的道德實踐論有重要的補充。在此問題上，牟先生給出了對康德原文明白的詮釋，這些案語對了解康德原文是很有幫助的，如他認為康德所說的採納善的格準或惡的格準來行動，是人性中的善或惡的傾向（性向），而此善惡的性向，雖然可以說是本有的，但人必須

---

[14] 牟宗三：《圓善論》，頁331。

為此而負責,因為是通過選擇的自由才能表現的性向,康德此說十分深入,牟先生認為,是對「生之謂性」的人性論,給出了很好的補充。

對於人性中趨向於惡之傾向（propensity）,牟先生譯為「性癖於惡之性癖」,是很能幫助了解文意之譯筆。又在案語中認為決意的自由,是作為設準的超越的自由之「投映」[15],也非常有啟發性,此即提出了對自由意志（本心）與自由決意的關係的解釋。即若沒有從對道德法則的意識而有之自由,亦不可能有自由之決意,而自由決意雖與超越之自由有關,但亦並非自由意志本身。決意的自由與超越義的意志自由之關係,或可以用「不一不二」來解說。在這問題上,應可以更進一步展開來討論。牟先生對康德宗教書的第二章,也大半翻譯了[16],該章對於「惡」的來源在於人在受到感性的影響而挑戰道德法則時,有接受以感性欲求為先之「傾向」（即性癖）,說得更為明白。此傾向或性癖早已存在於人之生命中,故康德認為人之為善,必須克服早已潛伏在人的理性背後的敵人。由於敵人（即根惡）早已存在,所以人之為善,須先對抗此人性中之惡,故德性是涵勇敢在其內的,一個人首先能作的善行是「棄絕罪惡」[17],或曰「從惡走出來」[18]。這是十分深刻的洞見。要勇敢地克服的不是如斯多亞學派所說的人的感性性好。人在為善時所要面對的敵人並不是感性欲求,而是順著此等欲求,不加抵抗,使存心成為不純粹之傾向。惡的根源存在於當人面對感性的挑戰時,選擇接受感性的要求,而顛倒了行動的存心。即當人意識到道德法則,而要選擇採用法則作為自己行動的格準時,有藉道德行動來滿足欲望的傾向起作用,惡就存在於當這種傾向發生影響力時,人不加抗拒,接受這種影響。康德認為為善需要面對的敵人不是感性欲望,而是順著或接受感性欲望的影響的這種傾向。

---

[15] 牟宗三：《圓善論》,頁67。

[16] 收入牟宗三：《牟宗三先生全集》第十七冊《牟宗三先生譯述集》（臺北：聯經出版事業公司,2003年）,頁379-420。

[17] 同前註,頁383。

[18] 「人們所能做的最初的真正的善,就是從惡走出來。」康德著,李秋零譯：《純然理性界限內的宗教》（北京：中國人民大學出版社,2012年）,頁44。

人在這時，總會接受、「默許」它，如康德所說，「設若我們不曾秘密地早已與誘惑者相聯盟，則我們畢竟不會為誘惑者所誤引而誤入歧途。」[19]意即感性的性好雖然有誘惑性，但人在面對這誘惑，不打算抗拒，才是問題所在，這才是人要真正為善時所要面對之敵人。這敵人須在人做出行動時的存心，即採納何種原則之自由決意上尋找。故人雖在感性性好影響下才會如此，但仍須為其惡行負責。由於這一惡的傾向與人的選擇的自由分不開，而且完全是取決於自己的事情，故要克服之是十分困難的。而選擇上的自由是出於人的理性的，只是也同時受到感性的影響，故此一敵人可以說是躲在理性的作用之後的，理性是人能給出道德原則的根據，但在理性之後，卻又隱含了為惡的根源，會利用理性的自由而要求人做出了不合道德原則的格準（存心），謝扶雅先生把康德這一章的標題譯為「與善俱存之惡的原理」[20]，十分恰當而傳神，表達了要了解所以會產生惡的原則，必須要從給出善原則的自由來理解。

康德這一對惡的根源的分析十分深微，確是值得從事道德實踐或研究儒家實踐理論的人參考的。與孟子的性善論，及陸王心學，亦可深入比較。如果此處對於人性中潛伏的惡根的分析是對的，則明白了這一罪惡的產生的根源，人的實踐的工夫，就可以做得很切實；如果真的能夠如此，則人比較有希望通過修德的工夫，從根上淨化自己的生命，成就純善的意志。這也應是要達成人類和平必須要解決的問題，不能明白人性中惡的根源，錯認了為善時所需要對治的敵人，則修德就不可能有達成完滿的德性的希望。因此，這一對人性中惡的來源的說明，是成德之教必須要有的哲學性的思辨，如果這問題說明白了，而給出了恰當的為善去惡的工夫，則可以為達成真正的人類和平給出根據。

這一惡的原理是與善的原理俱存的實情，是十分詭譎難明的，陸象山在討論「克己復禮」一章的義理時，似乎有相當接近的說法：

---

[19] 牟宗三：《牟宗三先生譯述集》，頁386-387。李秋零譯：「假如我們沒有默許誘惑者，我們本來是不會被他所誘惑的。」《純然理性界限內的宗教》，頁46。
[20] 謝扶雅譯：《康德的道德哲學》（香港：基督教文藝出版社，1972年），頁273。

> 顏子之賢，夫子所屢嘆，氣質之美，固絕人甚遠。子貢非能知顏子者，然亦自知非儔偶。《論語》所載顏淵「喟然之嘆」，當在「問仁」之前，「為邦」之問，當在「問仁」之後；「請事斯語」之時，乃其知之始至，善之始明時也。以顏子之賢，雖其知之未至，善之未明，亦必不至有聲色貨利之累，忿狠縱肆之失，夫子答其「問仁」，乃有「克己復禮」之說。所謂私者，非必如常人所見之過惡而後為己私也。己之未克，雖自命以仁義道德，自期以可至聖賢之地者，皆其私也。顏子之所以異乎眾人者，為其不安乎此，極鑽仰之力，而不能自已，固卒能踐「克己復禮」之言，而知遂以至，善遂以明也。[21]

此段是說以顏淵的修養造詣，應該已經不會有貪求聲色貨利的毛病，但何以孔子還是要他克己復禮呢？顏淵還會犯《論語》上所說的「非禮而視聽言動」一般的過錯嗎？應該不會的。象山對此作了特別的解釋。象山之意可以用上文所說的「為善必須要先從惡中走出」來理解，因此，象山認為先要克去己私，才能真正實踐仁義，假如不先對付自己的私心，而自以為就可以實踐仁義，以仁義自命，而在此時正是他的私心發用，藉實踐仁義的自我作主所產生的自由，來滿足感性的欲求，於是感性欲求之私，會藉著從道德意識而來的自由而膨脹，這時候愈以仁義自期，便愈發危險。人自以為自己可以直接實踐仁義，卻正是他私心趁機起用的時候，象山認為明白了箇中的問題曲折，才可以說知至。象山的話不是十分直接，但應該表示的就是這個意思，因此，實踐仁義要以克去己私作為先行的工夫，即仍要先克服潛在理性背後的敵人，先有這一省察，克服己私，才可以真正為善。如果以上的解釋不錯，則象山此意表達得相當詭譎而曲折，一般不容易了解。朱子就有對象山此說給出強烈的批評：

> 黃達才問：「顏子如何尚要克己？」先生厲聲曰：「公而今去何處勘

---

[21] 陸九淵：《陸九淵集》卷一〈與胡季隨〉（北京：中華書局，1980 年），頁8。

驗他不用克己!既是夫子與他說時,便是他要這箇工夫,卻如何硬道他不用克己!這只是公那象山先生好恁地說道,『顏子不似他人樣有偏處;要克,只是心有所思,便不是了』。嘗見他與某人一書說道:『才是要克己時,便不是了。』這正是禪家之說,如果老說『不可說,不可思』之類。他說到那險處時,又卻不說破,卻又將那虛處說起來。……夫子分明說:『非禮勿視,非禮勿聽,非禮勿言,非禮勿動。』顏子分明是『請事斯語』,卻如何恁地說得?」[22]

據上引象山之說,明確表達先要克去己私,才能復禮,即使是顏淵這般有高修養的人,也不能夠自以為是,必須在為善時先作省察,看自己的為善是否為己私所乘。此意如康德所說,為善時要與早已潛伏在理性之後的敵人(惡)決鬥。在康德的《實踐理性批判》討論實踐理性的動力處[23],強調人的自以為善的自大是必須打壓的,因為人的現實主體與以無條件律令而表示的道德法則的要求,是有相當大的差距的,面對道德法則的純粹要求,人是沒有資格自大的。康德此意也可以用來說明象山的文意,即人如果不省察自己,壓下自己的自大,而就以為當前的自己是可以自命以仁義,則正是人私欲的表現。雖然象山主張人可以當下發明本心,但本心呈現的自作主宰、感通物我的情況,並不同於驕傲與自大,象山對於人必須嚴格從事自省自克的工夫,也多有表示。

故象山此段文字應該依康德所說來理解,朱子以象山是禪、不說破來批評,應該是誤解了,當然朱子對克己復禮的了解,強調了克己復禮應下手做的工夫,也不是不對,說明了實踐上要從事的正面工夫。當然比較起來,象山的體會尤為深刻,象山應如康德般表達了任何人為善時,都必須警惕,有一個藉善而為惡的敵人早已潛伏在人的生命中,必須與此惡根決絕,才能真正為善。朱子對象山上面的說法雖然不滿意,但朱子對於這種「為善而不真

---

[22] 朱熹:《朱子語類》(北京:中華書局,1986 年),頁 1057-1058。
[23] 康德注,牟宗三譯注:《實踐理性底批判》第一卷第三章〈純粹實踐理性底動力〉(臺北:臺灣學生書局,2011 年)。

誠，會給惡者所乘」之意，其實也很有了解。朱子在《大學或問》云：

> 夫不知善之真可好，則其好善也，雖曰好之，而未能無不好者以拒之於內；不知惡之真可惡，則其惡惡也，雖曰惡之，而未能無不惡者以挽之於中，是以不免於苟焉以自欺，而意之所發，有不誠者。夫好善而不誠，則非惟不足以為善，而反有以賊乎其善；惡惡而不誠，則非惟不足以去惡，而適所以長乎其惡。是則其為害也，徒有甚焉，而何益之有哉？[24]

這是說雖然人對於善是本知的，但必須要加強明善的工夫，如果不能真正明善，不只不能實踐善，反而會被滿足私欲的存心趁機起用，私欲會在惡惡而不誠處，就找到反彈而表現其作用的缺口，此時人對私欲的要求恐怕是更難抵擋的，於是為善而不誠會助長了惡。這除了強調「對善的真知」的必要外，也隱含為善的背後潛藏了惡根之意。朱子此段的分析對於為惡的心理的細微處很能掌握，在《朱子語類》論大學的誠意處，也有討論。朱子這些意思不只出現在一處，可見朱子對此意是很有了解，也非常重視的，他認為只有真知性理（道德法則）的意義，才能避免此一現象，也同於康德所認為的，不能停留在對道德法則的一般了解，必須要對道德法則作哲學的分析，成功道德的哲學，才可以對治人性中的根本惡或自然的辯證的現象。

三、儒道佛的圓教對德福一致問題的解決與道家的玄理

牟先生認為對於德福一致問題的解決，依儒道佛三教的圓教，可以不從康德這一依基督教傳統而來的解決，即不用通過上帝與靈魂不滅的設準才可以保證德福的相稱。從儒家所肯定的仁心與良知的感通無限，可以證內在於

---

[24] 朱熹：《四書或問》（上海：上海古籍出版社，2001 年），頁 28-29。關於此意朱子及其門人有相當深刻的討論，可參考趙順孫：《大學纂疏 中庸纂疏》（上海：華東師範大學出版社，1992 年），頁 76-77。

人的良知充其極就是天道的創造性的活動。良知從橫面說與一切存在的感通無限，而從縱貫面說則與天道相通，通過仁者或聖者的道德實踐，在道德活動的表現處，呈現了天道的創生性的活動與意義，證實了天道作為一切存在的根據，並表現其感通潤物的作用。牟先生認為此一內在於人的本體是無限智心（自由無限心），這就是一切存在的根據，既肯定此，就不必以上帝存在作為一切存在的根據。而通過本心良知的呈現，就可以當下呈現純粹的善的意志，而此意志的活動就是理的呈現，在此情況下，康德所認為的感性欲望對人的求善的意志的限制，或在人的自由決意時，乘之起用的「根本惡」，亦可以頓時被克服，於是不能說成為純德是一無限的歷程。為了成就成德的意志而設的靈魂不滅的設準，因此也不必要。順此再進一步，自由無限心的朗現可以通過王龍溪對陽明四句教的調適上遂而講的四無說，表現為「體用顯微只是一機，心意知物只是一事」的渾化境界。而在此渾化的境界中，心與物一體不分，有如是的心就有如是的物，此時的心由於是自然而然而表現道德實踐，故一定是神感神應，順物而化的，而此時所對的物，由於就是無心而自然的心境的表現的場所，心物不能分，故也一定是與心一樣的順當而自然。依此境界，則良知所對的境就一定是順心如意的，而順心如意當然就是福。於是，在為善去惡而自然的四無境界下，心與境雖分而不分，心的順當就必有如意的境與之相應，而這時也分不清楚那一個是心那一個是境。而從德與福的關係上說，德福因為分屬於內心與所處的環境，也是有區分的，但同樣是雖分而不能分，因為在此無分別的，或非分解的良知與物一體呈現下，德與福也相即不離，二者雖不同，但也是不能分開，於是牟先生就以德福二者為「詭譎的相即」來表達此義。這就說明了修德者如果達到純德或聖者的境界，就一定因為心意知物是一而成功了德之所在就是福之所在，一切存在都因無心之心、無知之知的呈現而為心的活動所對的順心如意之境。故牟先生說在此時，「一切法隨心而轉」。由於德之所在就是福之所在，二者相即，也就是有必然的關聯性，於是就不必以上帝存在為實現德福一致的必須要有的預設（設準）了。這一從聖德的生命而表現出來的德福詭譎的相即的境界，不只是在儒家是如此，道家的真人表現的迹冥圓的境界，

與佛教天台宗所說的佛即九法界眾生而成佛，成佛而十界互融、色心不二、三千法皆是佛法等說都含此義。這就說明了通過東方儒道佛三教的教說與修行，修行而至其極，就可以達到有德者必有福的圓善境界。如果此說可通，則從事修德、成聖或成佛、成真人的東方之教，可以憑自己的內聖的工夫，而達到圓善得以實現之境。這就給出了一個人如果能夠反身修德，誠心努力實踐而致其極，就可以達到德福一致這個圓滿的善的境界，可以說在此時人生就不會再有遺憾了。就此意而言，當然是可以讓人產生了對於反身修德而成聖或解脫的教法無比的信心。牟先生通過對三教的圓教來說明二者可以詭譎的相即，我認為是很有道理的。這闡發了成聖成佛或成真人之教，可以達成了古希臘以來，對哲學的思辨所希望要達成的目的。

當然達至圓善是修德者的最高境界，一般人是不容易企及的，但一般人也可以在日用中通過實踐的努力多少體會到其中的意義，此可以用道家的迹冥圓來作稍為切近的說明。道家希望人的生命達到沖虛無為、自然而然的地步，而一旦有這種沖虛自然的生命境界，當然會把這種境界具體表現在所遭遇的種種情況中。人有沖虛、自然，毫無人為造作的生命境界，當然不會排斥日用倫常的生活，不會故意的、有造作的去做事，也不會有意的不做事。則在這種自然的心境下，一定因種種人事物之來，而給出自然而然的回應，於是所面對的遭遇、種種事情，就一定成為自然而然的生命境界實現的場所。王弼所說的「聖人有情」很恰當的表達此義，郭象所說的堯的治天下，固然是迹而不是本（本是無為），但迹其實就是無為之本的體現處，所謂「迹冥圓」也是此義。於是人若能夠使心境自然而然，則所面對的生活上的事情，就會成為無心而自然的表現的場所。於是日用的行為就一定成為道的境界的實現處，而二者是一體不分的，從道家這一意義來契入，對於心物是一，德福相即之境是比較容易了解的。道家的玄理是用正言若反來表示的，如所謂「無為而無不為」、「為出於不為，知出於不知」[25]，以無為或不知為本，就可以給出為與知的作用，這是體用的關係，從正面說。從反面說，

---

[25] 《莊子・大宗師》：「知天之所為者，天而生也。」郭象注語。

就是「愈為之，則愈失之矣」[26]，於是為與不為，知與無知，一定需要結合起來才是玄理，不能只說無為，當然也不能只說要為。而這種玄理也符合康德論審美判斷所說的「無所關心的滿足」、「無目的而合於目的」，綜合上面所說的意思，道家強調了無為而自然的心境，一定要連同所處的環境、生活的事件來表現，而且是以一種無為而自然、無心去做而卻自然達成目標的情況來表現的，於是既道心或玄智不會離開現實來表現；或進一步說，一定以現實作為自然心境表現的場所，心是自然的，所以境也一定是自然的，而且這一心境，是通於無目的而又合目的的審美與為善而自然的境界，似乎迹冥圓或迹即冥，比較容易說明牟先生所謂的對於至德之人而言，「一切法隨心而轉」之意。

四、從德福的「區分而又相即」論對存在界的肯定及從圓教保住一切法的意義

從上文道家的玄理，就可以比較容易理解德福二者是詭譎的相即之意，於是德福就有必然的關聯性，這樣說也強調了反身修德、沖虛無為及觀空破執等工夫，是可以作為德福一致的根據者，當然這些工夫必須要至其極而達到化境才能德福相即。雖然這是以至德的境界來解明德福一致的可能，但此意不能理解為福的是否具備，收攝在主觀修德上。雖然是要以修德為主，但沒有存在界的一切存在，福也是不可能有的。故牟先生的圓善論強調了三教的圓教，認為圓教保住一切法，才能保住有德者之必有福，這表示了德福二者雖然可以詭譎的相即，但必須保持「福屬於存在界」之意；而且由於福屬於存在界，故存在界的一切存在，一個也不能少，這裡表達了中國哲學中對存有論的一種特別的看法，即通過修德來保住一切法，或可以說通過實踐的要求，而對一切法做出了根本上的肯定。用康德之意來說也可以通於此意，康德說從事道德實踐的人，固然不意在追求幸福，但由於有德者值得有福，

---

[26]《老子・第五章》：「多言數窮，不如守中。」王弼注語。

所以福不能少掉，此說就是對於「人生的存在，必須是幸福的存在」做了一個從道德理性而來的肯定。人生的幸福，比較而言，當然不能如修德所表現的善的價值之高，實踐道德表現了無條件的、絕對的意義，故道德的善是至上善，這當然不是人間的幸福可以相比，但人間的幸福是有德者值得擁有的，於是在成德的要求下，幸福的人生也收進來而成為與德性有相關的事情，而且這種相關是必要的相關；於是如何去達成現實人生的幸福，也是人生的義務或起碼是間接的義務。按照此意，對於人生的幸福是絕對不可以輕視或忽略的。而由於圓教的說法，一切現實人生可能的情況，也絲毫不能少掉，這除了是仁者必須吉凶與民同患，無為的冥必須通於現實之迹，及佛必須即九法界眾生而成佛，此中所含的聖與佛的悲心所自發的要求外，也應該涵由於福是有德者配享的，而福不能離開存在，故一切存在也不能有任何一個少掉之意。於是仁者與萬物為一體，就不只是泛說的與一切相通相感，而是在要使一切的存在情況都能與至德者心境相順的要求下，對於各具體的存在，要做善化的努力，也可以說對於人生一切的存在，是在正視每一存在的具體特殊性而作出如何才能恰當的善化、安排，使之成為人生的幸福而做出努力。於是儒道佛的肯定一切法，不是泛泛的肯定概念上所涵的一切存在，而是對一切存在的各種特殊情況，各個個體的不同性格、人生的不同時空中或情況中表現的千差萬別的人生事物做出肯定。這是天台宗所以要肯定三千世間法，而且這三千世間法是差別法，並非只是無差別的佛境界的法之意，於是從圓教肯定一切法的意義下，就可以給出了對現實世間的每一個具體的人、具體的事件，都需要盡心的理解、安頓的要求。這應該是牟先生闡發的儒道佛圓教所含的意義，在這一理解下，不會對於一切具體的存在，一切的人事物，不加以肯定。

　　這一從德福一致而肯定存在界的存在，包括存在事物的差別性都要保住的說法，等於是對具體的人生做了全幅的肯定，而幸福就是在各別的人遇到具體不同的生活情況而產生的感受。這種感受是在具體的生命活動，即與外界作具體而真實的接觸才能表現的。所謂幸福固然有理性與知性的成分，但也含感性、想像等，所以幸福的產生，必須是在理性、知性、感性與想像合

在一起的具體生命中,於是人生的具體的活動,種種與我們的感性、想像接觸的人事物,都是我們產生幸福的資源,於是可以說,具體的、活潑潑的人生,是幸福之源。由於有德者應該有福,故幸福是應該存在的,而幸福不能離開或不能沒有具體的生命活動,故具體的、活潑潑的人生種種,都是應該的,甚至必須的存在,於是由德福一致的理論而肯定的福,就連帶肯定人生種種具體的存在情況,世間乃至於一切的事事物物,都必須以其具體而特殊的狀況而存在,這些具體的存在法,都必須被肯定,一個都不能少。而在圓教肯定一切法,而且是差別的三千世間法的理論下,就能夠說明幸福所需要的具體的存在情況,即是說人的幸福,不是由概念所統一的一切法而產生,而是在種種人生的具體的情況下,才能表現的,從這個角度就可以了解何以天台宗一定要對三千世間法作出肯定,認為一法都不能少,而且這三千世間法是有各別不同的特殊性的,從幸福是人生需要有,而且在有德者應該有的理論下,世間的具體的差別法的肯定,在理上是必要的。從這個角度來理解天台圓教與華嚴圓教的不同,及天台宗山家與山外派的爭論,應該可以更為清楚,又通過以上的說明,也可以理解儒家肯定世界的性格,如程子認為「道外無事,事外無道」之意。

五、結論

(一)從牟先生對康德道德神學的批評,可以看出儒學的發展不必走肯定人格神的途徑。但雖如此,在孔子的踐仁以知天的體會中,也可以有與作為超越者的天相知相感的情形,在此處也表現了非常濃厚的宗教情感。踐仁是反求諸己的純粹的理性的實踐的事,而當這種實踐充其極時,也可以有與超越者相知相感的感通,這種道德情感(也是宗教情感)對於了解儒學的義蘊是相當重要的,而且也可以幫助儒學的推廣。因此而引發的道德實踐的熱情,也會比只從形上意義或從理上來了解天道來得動人。另外,康德的肯定靈魂不滅,是以人必須純淨化他的心靈,使他的行動的格準(存心)完全合於理為根據,這是一道德理性的根據,是很純正的。人的成德由於只能是一

無限的接近的歷程,而不能圓滿達到,這裡給出了人肯定有靈魂的不滅的一個道德實踐上的理由,人應該成德,這是人的義務,這義務是必須達成的,而達成此義務,必須有生命的不斷的延續,不能在今生完結之後,自我的心靈就不存在了,這是所謂對靈魂不滅,給出了道德實踐上的理由,這種肯定靈魂不滅或人可以不朽,並不由於人的貪生怕死。這一講法有點像佛教認為人從業力的束縛中完全解脫是很不容易的,必須要經過多次的生死輪迴的努力修持才能達成,由於要從業力輪迴中解脫,肯定了來生的存在。這兩種說法相似,但康德的說法完全基於道德理性的要求,佛教的說法是以離苦為目的;比較而言,康德的說法更為純粹而正當,這一對靈魂不滅的肯定,雖然是基於基督教的傳統來說,但由於是以道德實踐為根據而發出來的要求,則儒學成德之教,也可以表現這種堅信,雖然儒家肯定性善,甚至可以當下呈現心即理的心體,但對成德的艱難也有很深的體會,於是應該也會有一生時間太短,不能完全純淨化自己的生命的感受,順著這種對於成德艱難的感受與慨嘆,也可以有靈魂不滅的肯定。[27]另外,從修德需要生命的無底止的善化的歷程之說,可以理解為人的生命的歷程,是德性逐步表現的歷程,存在得愈久,德性的意義或價值就可以表現得愈多。德性的意義或說天德的意義有無窮的內容與奧祕,如果人可以有不朽的生命,就可以使德性的意義透過生命的善化其自己的過程而逐步朗現,而且這種朗現是一直在往前進的。如果可以這樣說,生命的存在就是德性價值的呈現的過程,而且生命存在得愈久,就愈能展現德性價值的豐富內容,這樣應該可以為人的生命存在給出一個道德價值的肯定,說明了人的生命是值得存在的。

(二)根據康德的分析,人在意識到道德而從事實踐時,了解到人是自由的。在此時,對於人的有自由意志,而且此自由同時是自律的,有明確的肯定。如此就可以體會到人是可以給出普遍的實踐的法則而自己遵守的,人可以擺脫他的感性欲望的影響與利害的關心,而行所當行,這是人的尊嚴所

---

[27] 唐君毅先生早年就曾表示相信靈魂不滅,見唐君毅:《致廷光書》(臺北:臺灣學生書局,1998年),頁97。

在。但也由於人意識到道德法則而有的自由,可以成為感性欲望藉以影響人行動的機緣,感性欲望藉該有的道德行動的動機,來滿足欲望的需要,即藉道德意識的而呈現的主體自由來滿足個人之私,在這時候人的主體自由可以表現為決意的自由,可以為了善而為善,也可以為了利而為善。而沒有這種決意的自由,人也不可能為惡。而且如果人的為惡是不自由的情況下給出的,那他也不必為他的惡行負責。康德對於根本惡的分析與說明,相當深刻地表達了惡根潛伏在人的生命中,或躲在人的生命的理性運用下的事實。通過牟先生的譯注對這一問題有更清楚的表達。如果通過此一分析的確可以說清楚人的惡根的所在,則對於人的修德、成聖的實踐當然是有極大的幫助的。即如果說明了這一種善與惡兩原則是相依而存在的事實,人就不那麼容易自欺,不會藉為善來滿足私欲的要求。

（三）牟先生對三教圓教的說明,表達了從德福一致的角度,非要肯定世間一切法的存在不可之義。而且此所謂一切法,是具體的生活中所表現的存在事情。如果有此一肯定,則人生所有可能的具體情況,都有從理而來的根據,於是也有其存在的必然理由。這種對人生一切具體活動或事情的肯定,可以通過幸福必須是有德者該有的給出說明。即有德者所面對的生活情況是具體的,而且任何一種情況都可能,於是人生一切具體的可能情況,都可以是有德者的福,於是,一切具體人生情況,就可以有從理而來的肯定。這樣便會了解人之從事具體的生命活動,不管是哪一種的活動,都可以是體現無限人生價值的所在。這一說法可以說是極高明而道中庸,對於日常人生的活動其本來就含有無限價值,給出了一個清楚的說明。由於幸福不能離開具體的人生活動而表現,故具體的存在就得以被肯定,於是每一個不同的人,雖然過著不同情況的生活,但只要能修德而覺悟,都可以不離開他當下個別的特殊生活,而表現無限的意義。

（四）按照牟先生對佛道兩家圓教的比較,認為通過魏晉的王弼、郭象的闡發,道家也有其圓教義,但只能是主觀作用的圓,而不是客觀的、存有論的圓。如王弼的「聖人有情」論,肯定了情緒的活動,就是聖人體無的生命境界的呈現,情緒是不能少掉的,而由於至人、真人是迹冥圓的,所以無

為、不以天下為心者，可以順應人民的要求而治天下，治天下的迹，就是不以天下為事，或無為的心境的具體呈現，無為之本必通過治天下之迹而表現，於是人生種種的作為，都成為無為的心境表現的必有之迹，甚至天刑或表現為天之戮民的情況，也可以是無為的道本的表現，於是也可以保住一切法；而牟先生認為，這只是主觀作用的圓，玄學的這些理論，只能如同佛教般若空宗，以般若智的作用，從主體的無心於為而應物表現，而保住一切法，即不管遇到何種情況，都可以物來順應，表現般若妙道。這種境界固然圓通，但沒有從理論上客觀地說明這一切存在的情況從何而來，沒有對一切法的根源於何處的存有論的說明，就不能從客觀上、理論上說明這一切具體不同的法所以會如此。唯有給出一切法的存在根源是如何，何以故有這一切法的存在的說明，又說明這一切法都是成聖成佛或成真人的機緣（如天台宗「即空即假即中」之說，每一存在之法由於是因緣所生，故是空。而它之所以是如此而非如彼，即假，也需要承認；而就在此法之存在處，就是中道實相的呈現），才能夠讓一切法的存在有其客觀的必然性。不然不能夠充分說明任何一種法而為人所面對的，是客觀必然的。如果不能說明這一點，就不能真正肯定此一法，於是從人生是否會有這一法之存在，就不能夠有其存在的穩固性，即不能夠對於世間種種的不同的法，給出一存有論的說明，就不能夠證明任何一法的存在，都有其存在的客觀必然性，法的存在的必然性不能說明，則任何法的存在就是可有可無的，於是存在的法與主體的相即，也欠缺了客觀的保證。德福一致所需要的任何法的存在，都有其存在的可能性，於是聖德可以即於任何一法而表現德福一致的圓境，此一結果，就不能得到證成。此可見是否有對一切法的存在作根源的說明，而使一切法的存在性或客觀的存在的必然性得以保住，對於德福一致是否可能，是很重要的。因為如果沒有對一切法作存有論的說明，而又是聖德或佛境界的呈現所必須的機緣，則人生所面對的法是否一定有其存在的理由，或理上的必然性，就不能講了。那麼聖德所遭遇的法，可能就是沒有辦法說明的、甚至沒有理由存在的新的法，面對這些法，聖德能否面對之而順心如意，而實現德福一致呢？理論上說明是有困難的，對於這些法，人的理性未必能掌握得住。如果

可以說明原則上人生就是這些一切法，而這一切法，本來就是可以與德詭譎的相即的，則聖人、真人或佛，面對人生的一切法中的任何法，都可以有德福一致的可能。由於人生就是這三千法，不能外於這一切而另有別法，於是保住了德福一致之可能，這是牟先生對天台圓教的重要闡發。有了這對一切法的存有論的說明，就可以掌握了人生的一切可能情況，不管是何種的遭遇，都有其存在的理由，也有其所以會有個別不同的情況之緣故，而且不能離開這些個別遭遇而表現聖佛的境界；這樣人生就可以得到一種最大的安定，人可以即於任何人生遭遇的情況，而體現最高的智慧，連帶使這任一具體的遭遇成為具有最高價值的存在，這是所謂一切平平之境。

　　道家或魏晉玄學是否就不能有這種存有論的圓的說明呢？我看在郭象注解中，是有對一切法的存在，而且是分殊不同的存在，給出理論的說明，雖然他的說明不夠詳細；如他在說明一切「逍遙一也」時，說「鵬鯤之實，吾所未詳也。」（〈逍遙遊「化而為鳥，其名為鵬。」注〉）即我們不用太注意鯤魚何以會變化而為大鵬，及大鵬、蜩與學鳩的具體情況，這些都不需要仔細考慮，只要明白莊子的大意。莊子要說明的是一切都可以逍遙，而這一切是涵極大的大鵬鳥與很小的蜩與學鳩在內的，這是所謂「極小大之致」。即說明一切存在，不管是多大或多小的存在，都可以逍遙。這就表示郭象的莊子注，是肯定大大小小的不同存在的，逍遙是不離開任何一種人生情況，最大的、最小的、最長的、最短的、最幸運的或最不幸的，都含在內。郭象不是通過小大的比較來貶小以讚美大，不是說要從低的層次逐步至昂首天外，才可以達到精神的自由。從小而大，從比較不逍遙到逍遙的發展或工夫次第，雖然必須肯定，但郭象要表達的，是一切都逍遙的圓境。這種圓境與如何達到最高境界的工夫歷程，即頓與漸的不同，可以區分但也可以相融。逍遙的境界是任何人在任何存在情況都可以體現的，於是人生種種不同或差別的情況是要保住的，這是郭象「大小逍遙一也」要表達的意思，如果其中沒有對不同的存在情況，或三千法的差別的肯定，是不會這樣說明的。大鵬、小鳥等等不同的情況，都在同樣可以逍遙的理想下保住，於是存有論的圓的意義應該就含在其中。而對於一切法的存在，若要給出根源的說明，則

老莊的道論,認為「道生萬物」,不管對道的意義如何規定,是實體性的道生萬物,還是境界型態的不著的生,即生萬物的生,是「生生」還是「不生之生」,不管是哪一種理解,都可以是對一切法的存在給出根源的說明。於是綜合以上的意思,道家的圓教的型態,雖然的確是以主觀的境界型態為主,但也有對一切法的存在作根源的說明,而保住世間的一切大小長短不同的存在。於是通過道家的玄理,也可以有對一切法的存在有理性上的掌握,而能夠從理上說明何以人生面對任何一種情況,可以表現德福一致的圓境。有對一切法的存在有存有論的說明,就不只是籠統的說一切法我都可以面對,而是任何一種人生的具體的情況,我都可以知道他的來龍去脈,曉得這種存在有他存在的理由,而且無論是什麼存在都不妨礙,因為人知道這些法本來就可以是佛法身的法,或聖德所表現的存在情況。於是,在這種存在情況中,因為聖佛之德的呈現,而使一切法隨心而轉。這一對存在法的所以如此分別、參差的說明,不只是思辨上的哲學的、存有論的說明,同時是在實踐上、工夫論上,要修德而成聖必須要有的理論說明。這些理論的說明,對於克服人實踐上的困難是有其必要的。由此可見,仔細地思辨、理論的說明,對於切實的修養工夫是必要的,這樣理論與實踐也有其一一對應的關係,理論說明不足或思辨不足,在實踐上也會不能深入,深刻的實踐必須要仔細而深入的哲學理論作為基礎。

  通過以上的分析,可見牟宗三先生《圓善論》含有很多可以讓人真正安身立命的智慧或見解,是很值得闡發的,以上所說可能有不清楚或者作了過度的引申,希望以後能作更進一步的思考。

哲學思辨、自然的辯證
及道德實踐的動力

前 言

　　李瑞全教授最近發表一長文[1]，討論我近年提出的對伊川、朱子的理論型態不同於牟先生的詮釋。我藉康德的說法，即在其道德哲學中，認為人對道德法則本來有一般的理性的了解，但必須要進至哲學的理解，即必須把人通常所理解的道德、義務的涵義中的根本原理抽象出來，詳細展開，建構實踐的哲學、道德的形上學，人才能免於道德的墮落與腐敗。我藉此以說明朱子與程伊川的理論型態，認為程朱之學與其實踐工夫理論有其合理性，即在道德實踐或以成德之教為目的的工夫理論中有其必要，未必如牟先生所說的為儒門的別子、非成德成聖的本質的工夫，即說其只是重要的輔助，因不能夠說明道德實踐的真實可能性及其動力來源之故。我提出了這個說法之後，得到相當多的回應，好幾位較年輕的學者表示贊成，並作進一步的引申與討論[2]；而一些同門師友則給予指正，如黃兆強、盧雪崑、曾昭旭等教授，而

---

[1] 李瑞全：〈論德性之知與見聞之知之實踐意義：常知、真知與自然的辯證〉（《鵝湖學誌》第 64 期，2020 年 6 月），頁 1-65。

[2] 如黃瑩暖教授（〈再論朱子之「心」〉，《鵝湖學誌》第 56 期，2016 年 6 月，頁 113-139）、吳啟超教授《朱子的窮理工夫論》（臺北：國立臺灣大學出版中心，2017 年 12 月），及賴柯助的博士論文《朱子道德哲學重定位：如何回答「道德規範性」問題？》（中央大學哲學研究所，2014 年，臺北：國立臺灣大學出版中心，2017 年 12 月）等。

我也作了一些回應[3]。其中盧雪崑教授對我藉康德之說為朱子的理論作出不同於牟先生的詮釋的作法，給出了強烈的批評，一再為文提出異議，關於她後來的批評，我在〈再論程朱陸王二系的會通〉[4]中，作出較為詳細的回應。經過這些論辯，我個人認為已經把有關的思考作了系統的說明。最近上述瑞全兄的大文，對有關的問題，又作出了他個人深入的思考，如德性之知與聞見之知之區分；伊川所提出的常知與真知的區別如何了解；對自然的辯證與根本惡的探討與克服，是否於成德為必要；朱子所理解的明德、心與理的關係等等；最後，瑞全兄提出了他根據內在論來說的道德實踐的動力問題。

瑞全教授文中的論述細密，對牟先生的伊川朱子的詮釋給出了說明，又有補充，表達了他個人的心得，他的一些想法與我的論述也並不構成嚴重的衝突。我在上述已發表的回答師友的文章中，對有關問題有進一步的敘述與說明，可能已經涉及到瑞全此文所表達的意見，當然瑞全兄文中也有他就個人的理解提出的見解，是我在上述文章未處理的，但我想藉這個機會重整一下思路，先提出一些進一步的想法，以完善上述的見解。故以下的內容並不全然針對瑞全兄的論文而發。

一、證體之學與理性是認知的機能

眾所周知牟宗三先生運用了康德的道德哲學的理論，對儒學中的不同型態作了明白的區分與詮釋，而儒學與康德學的異同與中西哲學會通的途徑，

---

[3] 這些有關的文章見鵝湖月刊〈思辨於成德是否必要——敬答黃兆強教授並論讀經問題〉，《鵝湖月刊》第 501 期（2017/03），頁 27-33；〈再論思辨於成德是否必要——敬答黃兆強、盧雪崑兩位教授〉，《鵝湖月刊》第 507 期（2017/09），頁 49-58；以及〈三論思辨於成德是否必要〉，《鵝湖月刊》第 515 期（2018/05），頁 18-26。

[4] 楊祖漢：〈再論程朱、陸王二系的會通〉（《杭州師範大學學報　社會科學版》第 41 卷，第五期，總第 242 期，杭州：杭州師範大學，2019 年 9 月），頁 10-25。

也作了前所未有的義理上的展示。他同意康德對道德、義務的分析，如康德在《道德底形上學之基本原則》書上所說的。康德在該書通過對一般人本來就知道所謂道德的意義，作逐步的分析、展開，如首先認為道德可以從下面三命題（定理）來表示，即為義務而義務是道德行為的特徵；道德行為的道德價值在於行動者的格準（存心），而不在於行動的結果；義務是由「尊敬法則而來」的行動的必然性。又認為道德義務是無條件的律令，故道德法則由人的意志的自我立法給出來，即所謂意志底自律，而不能從意志的對象處尋找道德法則，即不能是意志的他律。又從人當該按照以無條件律令所表示的道德法則而行，而肯定人的道德行動的主體，必須為不受其他任何原因所影響的自由意志，人作為理性的存有，其意志是可以作普遍的立法的意志。道德行動的主體是由意志自我立法、無條件的該行而行的純粹意志（善的意志），由此而給出的道德行為與行為的存心的道德價值具有絕對性，並非現實任何其他價值所可比擬。這些康德的道德哲學要義，都為牟先生所肯定，但人能否真實的有自由意志，即真實的呈現能作普遍的立法的意志，則是需要討論的。從對道德法則的分析可以肯定意志的自律，而自律當然也就是自由，但在意志之實處，即現實的意志，是否真的能表現此只為了義務之故而行的自由意志呢？康德認為則不能證明。在實踐理性的批判中，康德一再強調人的道德的實踐是帶著勉強與責成，即努力的為義務而義務，而不是喜歡法則而實踐，如果說人能因為喜歡法則而從事道德實踐，是自我的諂媚。人只能尊敬法則而從事實踐，這與孟子以仁義為人性、道德的實踐如宋儒所常說的「性發的不容已」有所不同，康德未達以仁義為性的地步，也不能肯定心即理；自由意志在康德，只是存有不活動，而為設準，因此牟先生判定康德是介乎朱子與孟子、陸王之間的居間型態。

　　牟先生認為，康德從道德法則為理性的事實，而肯定自由意志；雖然這是道德法則為意志的自我立法所必然肯定的，但對於自由意志並不能承認為當下呈現，即認為自由意志並非為人的現實意志，自由意志只能為設準，人只能依道德法則的命令而要求自己的現實意志從理而行，這類似於朱子的心理為二的型態，於康德所要證成的意志的自律，並不能圓滿的成功。而牟先

生認為依孟子、陸王與胡、劉系，肯定心即理、本心即性即理，故理為即存有即活動，本心隨時在人的生命中呈現，而人通過逆覺體證的工夫，就可以擴充本心，證實此心是無條件地為所當為的，也就是康德所說的純粹意志或自由意志，這也證明純粹理性可以成為實踐的。康德的理論未能至於此，於是牟先生認為康德對於道德的分析，與他所謂的實踐哲學、道德底形上學並未至其極，必須百尺竿頭更進一步，孟子的型態正是康德學的真正歸趨。這也可以看到牟先生所認為的依孔孟而來的正宗的儒學是何種的型態，即必須肯定心即理，而此即是理的本心，可以當下呈現，這便是道德實踐的真實根據，也是實踐的動力所在，此本心性體的當下呈現，就是人體證本體的根據，可說是「所」亦是「能」。故牟先生認為在此就可以作逆覺體證的工夫，當下返回來而對呈現的本心加以擴充，使其進一步的體現，本心如果不能進一步的體現，就會受感性私欲的影響而退縮。故當下體證本心而擴充，是本質的工夫。

　　牟先生這個講法可以說是「體證本體之學」，即肯定道德法則為意志自由所發，此自由的意志就是吾人的心體，心體就是人的本性（也可以說是性體）自發而不容已的活動，而此本心、自由意志，就是康德所說的實踐理性。康德雖然說純粹理性可以成為實踐的，但不能直接說自由意志可以當下呈現而為生命的事實，而這也是人的本性，也就是純粹實踐理性。如此了解的實踐理性，應該也可以用牟先生所說的「即存有即活動」來規定，牟先生這進一步的證體之說，與康德對實踐理性的規定是有不同的。依康德，理性的實踐的使用與理論的使用，都是同一理性的應用，而此同一理性，是以認識機能為基礎的理性。依牟先生，則理性的實踐應用，是理性本身或本體，由此本體給出道德法則，此本體也表現為自由意志。於是按牟先生，實踐理性與理論理性並非同一理性的不同應用，理性的本體是實踐理性或道德理性。理性本身自發命令、給出道德法則，也可以說這是根源的理性，而理性的理論的使用，是本體義的理性在理論上的表現，與本體的理性有差別，有層次上的不同，用牟先生的話說，是「知體明覺開知性」，即理性的理論的使用，是由實踐理性曲折的開出來，比實踐理性低一層次。

牟先生在實踐理性批判第一部第三章（〈論道德實踐的動力〉）有按語云：

> 但雖說是兩種理性之批判，依康德，卻實是一純粹理性之兩種使用，因而方便說為兩種理性——知解理性與實踐理性。依康德，這兩種理性皆基於同一知識機能，因皆是純粹理性故。康德又說：「因著這種比較，我們可以期望有一天能發見全部理性機能底統一，並能從一個原則中推出一切。」如果純粹的實踐理性之分析開始於「作為一切學問之基礎」的原則，則純粹實踐理性底原則，即是一最高的原則，且由之可以推出其他一切，因之可以得到全部理性機能之統一。這說法好像太籠統、太死硬，其實義究何在？其實義似乎當該這樣了解，即：實踐理性底原則所表示的只是意志底因果性，「因」屬於智思界、「果」屬於感觸界。意志底因果性即意志之實現存在。當把這存在當作一對象而求知之，則純粹理性之思辨使用即出現，因此而有第一批判所說之一切。此即是全部理性機能之統一，由實踐理性底原則作一最高的原則，由之而引申出其他一切。第一《批判》由果窺因，而不得其實；第二《批判》由因說果，而因仍是一設準。此是康德學之綱脈，也可說是一種識見。此識見，我看只是「作者之謂聖，述者之謂明」之兩語。「作者之謂聖」即由因說果，此是首出庶務，開物成務，亦可說是統宗。……「述者之謂明」是知解之事，即是由果窺因，然而為感性所限，為概念所圍，此所以難窺至彼岸，然而終究不得其實也。因為知解總隔一層故。[5]

這一段就表示了牟先生認為實踐理性是理性本身，而此理性的作用，是給出了實踐上的要求，這一作用較理論理性的作用為優先。牟先生以「從因說

---

[5] 牟宗三：《康德的道德哲學》，《牟宗三先生全集》第 15 冊（臺北：聯經出版事業公司，2003 年），頁 324-325。

果」與「從果窺因」來區別康德兩批判的不同，表示了實踐理性批判所講的「意志的因果性」是理性作為本體的作用，給出的原則是最高的原則。康德所說的理性應該以實踐理性為理性本身，只是康德不能夠充分肯定此義，因此康德還是認為理論理性與實踐理性之分是同一理性的兩種使用，而且這同一理性是以認知功能作為規定的。當然依中國儒學，本心善性是直接給出道德法則的根源，以此作為根源的理性或本體的理性，是順理成章的；依康德哲學，則因為有現象與物自身的區分，人對於自由意志之為本體是不能夠認識的，故在康德，智思界、本體界或物自身是不可知的，雖不可知、不能見體，但可以通過本知的道德法則而通到智思界與本體界；雖可通即可肯定但並不能有認識，於是人只能依道德法則而勉強從事義務的行為，實踐義務一定帶有勉強性，而人的道德的位階，只能勉強的依法則而行，而不能夠心悅理義，自發的好善而從事道德實踐。後者在康德是屬於神聖意志的層次，並不是作為一定有感性存在的，有限的理性存有的人所能有的境界。但牟先生依孟子、陸王之學，就可以肯定人可以是暢通或逆覺心體，呈現自由意志而當下給出意志的自律，或從性體的不容已而給出真正的道德實踐之型態。因此依牟先生的分析，康德是未達一間的，而朱子則尚未達到康德肯定意志的自律的地步，因此是別子、非儒學之正宗型態。

　　但我認為康德所說的，人或一般的理性，對於道德法則本有所知，這種對道德或義務的一般了解，就可以肯定道德或義務，或用無條件律令、定然律令等來說道德，或肯定自由意志，都是所謂理性的事實，是真實而不可移的。這一道德之法則為人人可知、是理性之事實之說可以用來說明朱子的理論型態，如上面所說，即伊川與朱子所強調的格物致知，是在肯定人對何謂道德法則（性理）本有了解下，去格物致知。對性理之知不是問題，問題是不能停留在對理的一般了解的情況，而必須要從一般的了解進到真知。由於所知的是道德法則，是以通過義利之辨，即有條件與無條件的對揚，而體會何謂道德性、道德價值，則這種本有的了解的加深，可以產生人肯定道德法則是人自己本來是自我要求的，而且要以法則作準，來純化自己的意念，這種通過理解法則而反身要求實踐的做法，也可以作為真正可以開出道德實踐

的一種工夫型態。當然如果牟先生所說的證悟本體、肯定自由意志就是給出道德法則的根源,純粹理性就是本心良知的活動,如果是這樣,則人當下呈現其良知本心,就可以給出道德行為,如象山所云「雖不識一個字,亦須還我堂堂地做個人」。這說法也合於孔子「為仁由己」、「仁遠乎哉?我欲仁,斯仁至矣」,及孟子所說的「求則得之,捨則失之」、「聖人先得我心之所同然」等義,此都可證人當下立大本,按照心性自發的道德實踐是可能的,也是說自由意志當下可以呈現。但牟先生所闡發的體證本體之學,是否就是唯一的、正宗的儒學的理論與工夫的型態呢?是否程朱的從常知到真知的做法,是非本質的呢?那就要看這種從常知到真知的主敬窮理的型態是否可以產生真正的道德實踐,如果程朱的型態與其工夫理論也可以產生真正的道德實踐,是可以給出真正的道德行動之源,那就不能說只有孟子、陸王的型態是正宗,而不同於此者就是別子。伊川與朱子的強調格物致知,與我現在援用康德的對道德從一般理性的理解進到哲學的理性理解的說法,對於人可以當下呈現本心善性而作出真正的道德實踐之義與這一型態的理論,是否有所損傷、有所違逆呢?如果有,那麼程朱的說法一定是別子,只有輔助性的意義而沒有本質的意義,即格物致知、主敬涵養的工夫並不能給出道德實踐的真實可能性;而我所謂要以哲學的思辨用於成德,甚至思辨於成德有必要性,恐怕也有傷於「我欲仁斯仁至矣」之聖教。但問題似乎不能如此簡單的處理,如果肯定心即理,而可以在本心呈現時逆覺體證,則通過對道德法則的正確了解,自然就會產生要按照理所當然的道德法則,無條件的服膺的要求或心願,在這種由於真切的了解而產生的實踐的要求中,難道不能引發本心的活動嗎?即既然本心是真實的,則對於道德之理的正確了解,而成為真知理的情況,對於本心的呈現,應該也是一種很好的觸發的機緣;即使不肯定心即理,依康德,現實意志在對照於本來了解的道德法則時,通過對於道德法則的純粹要求,而自覺到現實意志遠有不如,即遠遠達不到道德法則所對存心必須純粹的要求,於是產生慚愧,愈慚愧則愈對法則起尊敬(敬重),則尊敬的產生也會成為使現實的主體朝向道德法則的規定而接近,於是也會產生實踐的動力。如果此說可通,則對法則的了解從常知進到真知,

也會給出實踐的動力，而有真正的依理而行的道德實踐，這也不能說不是開出道德實踐、逐步純化人的存心而成德的可行的途徑。而按照康德所說的道德法則與自由意志是互相涵蘊的（reciprocally imply each other），此可說是道德法則與自由意志之「交互論」。[6]就此義而推，則對道德法則有清楚的了解，就會要求意志成為自由的意志；而如果是對自由意志有了解，也會肯定道德法則。如果此說可通，則通過明理的途徑，會反身要求意志作出為義務而義務的實踐，可以用此意來說明程伊川所說的「格物致知後必須反躬」。此交互論除了在理論上證明自由意志與道德法則是互相含蘊之外，在實踐上也可以說明兩者的做法都有實踐力量給出來，以下對此稍作說明。對於道德法則從一般的了解到哲學的理解，是對道德法則的涵義作深化的理解，而道德法則的涵義或定義是道德或義務的服膺，是行所當行、是為了義務而義務，即內心或行動的存心要行所當行，不能為了別的目的去做該做的事，對這道德的涵義，如果了解得清楚，當然就會要求自己為義務而義務，不能在自己認為該做的事情（這該做的事情也是我認為一般人應該做的）上抱著其他目的，這所謂道德的意義，康德之分析或許嚴格，但其意是人所本知的，稍有道德行動之經驗者一旦經人指出，便無不同意。但此義雖人所本知，知之不深，可能就不會有非按照這個意義去實踐的決心；現在既然知之深，當然會產生在存心上的自我要求，即要求自己在實踐的行動時之存心的純淨化，於是格物窮理的工夫，當然會產生反躬自省、要求自己誠意的結果。這由對法則的了解、肯定，而要使自己的意志成為純粹意志、自由意志的要求，是法則與自由互相涵蘊之交互論，一定可以推出來的在實踐上的作用。當然，人可以依牟先生的證體說給出質疑，即假如對於道德法則的了解是認知性的了解，則雖然了解得很深切，還是心與理為二的情況，不能夠心

---

[6] Immanuel Kant, translated by L. W. Beck: *Critique of Practical Reason*, p.29.「互相涵蘊（reciprocally imply each other）」之義在 H. E. Allison 的 *Kant's Theory of Freedom*（Cambridge: Cambridge University Press, 1990）書中有專章討論，說是康德的「reciprocity thesis」（pp.201-213，陳虎平譯為「交互論」，見亨利・E・阿利森著，陳虎平譯：《康德的自由理論》，瀋陽：遼寧教育出版社，2001 年，頁 301-321）。

理是一,於是怎麼能給出真實的實踐的動力呢?我的回答是這種對法則的理性的了解的加深,雖然是認識的作用,但也是實踐理性的作用或理性在實踐上的使用,如上引牟先生的案語,也表達了依康德,實踐理性與理論理性,是同一種作為認識機能的理性的兩種使用,即理性的實踐的使用,還是一種認識的機能的作用,於是對於法則的深切的了解而引發按照法則而實踐,這種情況是可能發生的,這就是康德所說的「理性的實踐的使用」。這種使用還是以理性作為認識的機能而起的作用,如果是這樣,怎麼可以說在心對於理有真知的時候,因為還是心與理為二,就不可能保證有真實的道德實踐給出來呢?理性的實踐的作用,還是以理性的認知的機能而對實踐造成作用,認識的作用是橫攝的,有主客對列之相。現在心真切了解理的意義,而按照法則去實踐,這應該合於康德所說理性的實踐的使用的規定,於是由這種方式而產生實踐的要求,是說得通的,並非心、理是一才可以給出康德所謂的理性的實踐的使用。即依康德意,實踐理性還是以認知作用為底子的理性給出的實踐,如果理性的實踐的使用是在理性的認知機能下給出作用而引發的,那一定有心與理為二的認識作用在其中,也可以佐證在康德的理解中,心與理為二的理性的認識的作用是不可少的。如果可以這樣說,則在伊川朱子的格物窮理的型態下,心與理為二的情況,或通過格物致知,而使心對於理有真知的認識論的活動,是可以有或引發理性的實踐的使用的,即是說,對於理的認知的深切,會產生意志要去依理而實踐的要求。不能說凡是心與理為二的情況,或心對於理認知的情況,就不能夠產生反身實踐的結果;反而是必須要通過以認知作用為底子的,對於理的理性的理解、理性的認識,才能使理性給出了實踐上的使用。心中有「為了義務而行,不能為了其他目的」之想法,行動才有道德性,而這一想法、存心,難道不是心與理為二?如果不是處於心理為二的情況,怎可有對自己存心的反省,看自己是否符合無條件的律令?故對於理的知,是人對自己行動之存心作反省時必有的,此中所含的認識的作用,依康德是必須要有的,於是程朱的格物窮理的型態非徒不足以為病,反而是必要而不可少的;而牟先生所肯定的,透過逆覺體證而使心與理為一的型態,在康德是理上可有,而在現實上,反而是不可能

的。這就是康德認為對於無條件的實踐的事情的認識,必須要從法則開始,不能從自由開始之意。

二、論自然的辯證

以上希望說明通過對道德法則的真知,可以引發真正的道德實踐,而從對道德法則的一般了解,進到哲學的理解,即由常知到真知,就是用哲學思辨來對道德法則或所謂義務,作真切的了解。而這種了解是把本來一般人都已經明白的道德法則,從日常行事與一般的觀念中抽象出來,對原理作深刻的了解,這是康德所謂的實踐哲學、道德形上學的作法,即把一般所了解的所謂的「道德」的先驗的原理分解出來作抽象之分析,而這種深刻的了解,必須要用哲學的思辨才可以達到,如果不作這種進一步的求真知的工夫,康德認為道德不能免於腐敗,這是所謂「自然的辯證」。即人的感性欲望在人自覺要按照無條件的道德律令而行的時候,會因為受打壓而作出反彈,在此感性的影響下,人會作虛假的推理,要把無條件的道德或純粹的意志的要求拉下來,認為在實踐義務時滿足一下自己感性的要求也是可以的,於是義利之辨的嚴格性,就會因為這種虛假的推理而逐漸模糊,會為了感性欲求的滿足而從事善的行為,而在這個時候,表面符合法則的行為,其實沒有道德價值;再往下掉,人會為了滿足私欲,而無所不為,便成一個真正的壞人。人性本善,對何謂道德、何謂公義,本有所知,亦有自然之嚮往;但由此生命之自然辯證,便不自覺地逐漸墮落。這種自然的辯證的現象,康德認為是普遍的。由於有這種生命的現象,人雖然知道什麼是道德法則,什麼是義務性的行為,但很少人能貫徹始終而成德。對於這一人的生命的普遍現象,康德又曰人性中的根惡(radical evil)。關於此義,唐君毅先生有一段話,與康德所說的十分相似,雖相似而有其獨特的體會,而且在論述此義時,未提到康德,可知唐先生此說是他自己體認出來的。茲引之以助證,他說:

除了極少天生聖哲或天才之外,人如順自然的道路走,人總是由原始

的表面的公志之存在,轉變為私志之升起,再轉變為以公志之達到,為私志之達到之手段,又轉變為以口說的公志,文飾自己之私志,而成假人。人如不用一自覺的修養工夫,人之心靈總是由向上而向下,成一拋物線的歷程。任你英雄豪傑、才人學者,都逃不過此必然之命運。[7]

唐先生這幾句話已扼要道出我在前文要說之意,他點出大多數人的生命,都有這種私志隨公志而起,於是利用原初的善意、公志,使成達成私志之工具的情況;最後以口說的公志,來文飾自己的私心,於是成為假人。此即以虛假的論證來自欺,藉著虛假的論證以自安,自以為自己為了實現公志,不得不如此,其實是自欺欺人。唐先生謂之假人,真是一針見血。這明顯即是康德所說「自然的辯證」之意。唐先生亦說此為自然的辯證。(見後)只是這種辯證是往下墮落,如拋物線的歷程。他進一步說明何以青少年時期的自然向上心不能維持到中年的階段:

但是此種少年青年之自然的向上心,常不能久。其所以不能久是因任何由自然的向上心而生起之理想,無論其最初是如何大公無私,而要其實現於事業,則必須人對世間之事物,能有所佔有。因人必須對世間事物有所佔有,才能在實際世間有立腳點,亦才能在事業之成就上有一開始點。物質的東西與貨財,是一種可佔有的東西。身體的健康強壯,亦是一可佔有的東西。名譽權力地位,都是一可佔有的東西。人只要一動念,要實現其理想於此客觀的世界,人即必然的須要去多多少少佔有這些東西,以為其在世間的立腳點,事業的開始點。人由青年而壯年,逐步表現運用其天賦的才智、德性,以獲得知識技能及對人之信用以後;人亦必然可多多少少佔有一些物質的東西、貨財、名譽地位等。然而人在開始對此世間諸事物,覺有所佔有之一剎那,

---

[7] 唐君毅:《人生之體驗續編》(臺北:臺灣學生書局,1988 年),頁 78-79。

即人之生命精神陷溺沉淪於此諸事物的開始。（亦即人轉而回頭看其所有之才能知識以至德性，而加以把握佔有，以生矜持、自恃、倚著、安排等心病之開始。然此諸病較細微，乃宋明理學家所深論，本文姑不說。）對於此所佔有者，人必求保存之並擴大之。此保存與擴大之要求，乃隨自覺有所佔有之一念，直接的自然的引生而出者。此即一私的目標，一私志。自此私志之本原看，最初亦可是依一公志。因人可是為了一公志之實現，而後求有所佔有。然此私志既成，則可與最初之公志相反對，而其本身，又要求自然的永遠相續下去，此即成為貪財好名好權之意識，而使人之精神向下墮落者。此是一自然的心靈生活之發展之辨證現象。此處人如無自覺的逆反之工夫，人總是順滑路，一直走下去。人通常在此，則恆只去自覺自己之最初的公志，以為其一切私志之生起，作自恕自飾，而視此私志無礙於我之公志之存在。實則此時吾人已走入最初之公志之否定階段。順自然之路而行，乃只能下墮，而永無上升之望者。由是而人乃漸以公志之達到，為私志之達到之手段，與自欺欺人之具。此即亙古及今，千千萬萬以上之壯年中年老人，罕能自拔之命運。人類之自古及今之亂原，追根究本，亦在於此。[8]

對於青年何以不能長久保持其理想公志，而生命墮落之故，唐先生用年輕人希望實現理想，而必須要有現實的立足點、憑藉，如名聲，財富、權力等；而一旦要佔有此等時，生命便陷溺其中來說明何以有理想者會轉而為用心於現實的名利的追求上，而有心志的滑轉而步步墮落。人原初都是有理想、求公道的，而為了實現理想，人必須有現實的憑藉，於是自然會用心於現實憑藉的追求；人在追求名利等現實的憑藉時，不自覺求佔有、永保，於是精神便陷溺於物質性的東西，最後遂以理想的實現作為藉口來滿足自己物欲，亦以此擋住了別人的批評，甚至自己內在的省察。這一過程，是人生順滑之

---

[8] 唐君毅：《人生之體驗續編》，頁 79-80。

途；即人之心志精神會如此地順私欲而下滑。由此可見，這種追求物欲、名利的墮落，與理想的要求、向上的心志是糾纏在一起的，這是以求實現道德理想的公志作為手段，以達到個人名利的私志的目的。由於有這種自欺欺人的情況，吾人可說，人的墮落、成為假人，自己難以扭轉，因為有這一虛假的推理來自飾。唐先生這裡對於青年人從理想的心志而下墮的過程，作了非常真切的描述，也正好為康德所說的自然的辯證舉出例證。由這一分析，可以見到人的生命中的確存在著這由善轉惡的自然辯證，這可說是一人的生命發展的，大部分人不能免的律則。人於此怎可不警惕戒懼呢？唐先生說這是千千萬萬古今的中年人、老年人，除非是天生的聖哲，任你是英雄豪傑、才人學者，都難以避免的宿命，可見這是有道德自覺的、有理想的青年人普遍會遭遇到的生命難題。他又說這是人類自古及今之亂源所在，可見唐先生對此義非常重視，非常有感受。此同於康德所說的人性中的根本惡之義。康德所說的根本惡，就是當人在意識到道德法則而有抉擇上的自由時，很難擋住與生俱來順著感性欲求而以欲求的滿足為先的傾向，於是以滿足欲求為先作為意志抉擇的根據。如何克服此一傾向，即人性中的根惡，是要成德的人必須要思考的真實問題。唐先生續云：

> 此上的道理，說來有一點抽象。但這都是我數十年來，在與人生活及自己生活中所省察出來的。這有無數之具體事實作證。我親眼看見無數青年時的朋友的精神，依著此自然的辯證歷程，循一拋物線而下墮，而他們自己不知道。我亦曾多多少少幫助一些有理想的青年，使他對世間之事物，能多多少少有所佔有，如一點貨財與地位之類；又看見他們在開始有所佔有的一刹那，即開始失去其原初的理想。[9]

按唐先生這裡也用「自然的辯證」一詞，表達了生命的確有這種辯證的現象，人在青少年時候都有純粹無私的理想，但就在為了實踐理想而需要有現

---

[9] 唐君毅：《人生之體驗續編》，頁81。

實的憑藉的想法中,就會逐漸丟失了原初的理想,而投降於感性欲望的滿足,唐先生的講法雖然與康德略有不同,但都指出了就在人要求作無條件的道德實踐時,私欲就會趁機求滿足,如果在此情況之下沒有嚴格的分辨,很難阻擋生命的墮落。依唐先生說,他經歷或目睹過無數的這種例子,而對於青年、充滿理想的年輕人,不能不變成墮落的中老年人,深致其慨歎。可見若不明白生命的這一現象而加以對治,成德是沒有希望的。而對於這種生命的辯證現象的說明,必須求諸於哲學的思辨,依康德,所以要從對道德之一般的理性的理解進至哲學的理解,便是針對人這一問題的。如果不是人有這問題,則人停留在對道德的原初的具體(亦是正確的)了解,不對之作哲學思辨,亦未嘗不可。對道德、義務作哲學的了解,即必須把道德法則的涵意,抽象出來正視,作清晰的解明。

徐復觀先生也有一段話,對於人間之惡的表現,往往與道德仁義相關聯的現象,作深入的觀察:

> 但人是很狡猾的動物,他可以不反對仁義,卻可將仁義繞一個圈子,以加強自私自利的目的。即是以義去繩尺他人,抑壓他人,而自身則站在繩尺的上面,以抬高自己;尤其是知識份子,對於自己所惡者則用上義,對於自己所好者則用上仁。在仁義其名之下,成一私欲的裏脅,私欲更因仁義之名而得悍然自肆。至於統治階級,特殊階級,更是必然地拿著義去要求人民,剝奪人民,成為對貧賤者的精神與物質的枷鎖。而由個體擴大出來,放射出來的佞倖集團、特殊階級,都得到特別的恩寵,特別的利益,並通過仁義之名去加以保障。這在各種專制之下,是必然的、命定的現象。[10]

徐先生此處是由討論董仲舒的《春秋繁露・仁義法》之文意,而抒發的感想。董子認為仁是用來對待別人的,而義則是用來要求自己的,這等於孔子

---

[10] 徐復觀:《兩漢思想史卷二》(臺北:臺灣學生書局,1979年再版),頁367-368。

說的「躬自厚而薄責於人」，但一般人常常會以仁愛對己，以義對人。即對別人不只看他外在的行為，而要求別人要存心為善才是義，這是對別人是否合於義作不打折扣的嚴格要求。徐先生從這一反省轉到知識份子或統治者利用道德遂行自己的私欲，自己站在純粹的道德正義的制高點上要求別人，對於己所惡的用上義，對於己所好者用上仁，於是產生了深重的罪惡。這種由對仁、義態度的錯置而產生的禍害，在政治的活動上是尤為彰明的。人在這種情況下，是以私心來裏脅仁義，即以仁義為手段來達到滿足私心的目的，由此而表現出悍然自肆的態度。徐先生這一描寫，真是入木三分。徐先生說這是人性的狡猾，也是很生動的說明，這所謂狡猾，不正是上文所說的自然的辯證之意？可見這幾位對人性人生有深度觀察的哲人，都有不約而同的看法。從以上的引述，可證康德所說「自然的辯證」與「根本惡」是人在自覺要踐德，而要作自由抉擇時，難以避免的普遍的難題。而如何克服這生命的難題，當然是成德之教必須面對的。

據康德在《理性限度內的宗教》第一章〈論人性中的根本惡〉中所說，人在意識到道德法則時，又不讓道德法則作為自己行動的存心，而屈從於感性欲望的求滿足，這是人的根本惡，這根本惡是隱藏在人對理性的道德法則的自由的意識中表現的，人意識到自由，就可以作出自由的抉擇，而在這個抉擇中，由於先天的與感性欲求相結盟（或默許感性欲望求滿足的要求），於是就使自由的抉擇採用了以感性的滿足為先的要求。如果沒有意識到道德法則，就體會不出自由的意志的作用，而由於有這個體會，就造成了抉擇的自由的可能，於是「惡」的原則與「善」的原則是俱存的或共處的，這一說法更是十分深入。了解這一點，就不能夠只滿足於體現本心這一工夫。逆覺本心而體現之，固然真切，但就在對本心的體會而產生的自由處，就是私欲趁之而表現、影響人的抉擇之處，這裡要用的工夫就非常複雜而深微，可能就不能用本心呈現而立大本就可以達成。

三、常知與真知

程伊川有德性之知與聞見之知的區分，而德性之知的意義如果依張橫渠的說法，是天德良知，此知本身就是理的呈現，即就是本心。伊川所說是否屬於此意，需要思考，而在朱子，則有明文反對德性之知與聞見之知的區分，他說：

> 「知，只是一箇知，只是有深淺。須是知之深，方信得及，如漆雕開『吾斯之未能信』是也。若說道別有箇不可說之知，便是釋氏之所謂悟也。」問：「張子所謂『德性之知不萌於聞見』，是如何？」曰：「此亦只是說心中自曉會得後，又信得及耳。」[11]

> 知天是起頭處。能知天，則知人、事親、修身，皆得其理矣。聞見之知與德性之知，皆知也。只是要知得到，信得及。如君之仁，子之孝之類，人所共知而多不能盡者，非真知故也。[12]

> 問：「聞見之知，非德性之知。他便把博物多能作聞見之知。若如學者窮理，豈不由此至德性之知？」曰：「自有不由聞見而知者」。[13]

朱子說知只是一個知，只是有深淺，於是只有心知對於理的理解是否足夠的問題，不能肯定有一種不同於對於理的理解的知。即朱子不承認「知」本身就是「德性」，或不主張有異於真知的覺悟。從此一討論可知，朱子嚴格守著心理為二的立場，對於理即使能達到真知，也還是心、理為二的情況下的真知。但雖如此，並不能說朱子反對心對於理本有所知，人稍為用心去反省何謂道德之理，就可以了解道德行動必須是為了該行而行，不能為著另外的目

---

[11] 朱熹：《朱子語類》〈論語・公冶長上〉（北京：中華書局，1994年），頁715。
[12] 朱熹：《朱子語類》〈中庸三・第二十章〉，頁1560。
[13] 朱熹：《朱子語類》〈中庸三・張子書二〉，頁2538。

的而給出道德的行動,如果是後面這一情況,則雖然表面是好的行為,也不能具有真正的道德價值。道德行為是否是真的,須從行動的存心來決定,這一義理,即由義利之辨以規定道德或義務,人一反省就可以知道。如果可以這樣說,則心對於道德之理就有先驗的了解。人可以根據這一原有的了解來加深,成為對道德之理的真知,故雖然朱子不承認德性之知,但並不反對人對於何謂道德、何謂德性原來有了解。在上引文最後一條,朱子說「自有不由聞見而知者」。即表示人對道德之理有本知。朱子之意或可如是理解:如果從對道德之理有不由聞見之知來說德性之知,他不會反對。故要論辯程朱從常知到真知的理論,是否有助於成德。或甚至是成德之教一個必須的實踐工夫理論,與德性之知與聞見之知的區分沒有太大的關係。當然,依橫渠所說,德性之知乃天德良知,非聞見小知,又說「知合內外於耳目之外,則其知也過人遠矣」(《正蒙・大心篇》),則德性之知是如同牟先生所說的直貫創生的道德明覺,並不是心理為二的對德性道理的了解;在朱子,則一定是心理為二的理論型態,故如上文所引的文獻,朱子強調了對於道德之理了解有深淺的不同,強調了真知之意,而對於德性與見聞之知的分別則不太重視。如果德性之知可以規定為對德性或道德法則的了解,則此詞可以用在伊川與朱子所說的常知與真知上。李瑞全教授文中對於常知與真知,都規定在德性之知的範圍內,但必須要了解,伊川朱子所謂的「德性之知」,是在心與理為二的格局下對於德性的了解。而如果要對德性有充分的了解,即要有真知,則需要做格物窮理的工夫。而我認為伊川朱子的格物窮理的工夫,如同康德所說的哲學的或思辨的工夫。此意根據康德的《邏輯學講義》[14],該書說明古希臘是唯一產生哲學的民族,而所謂哲學,就是把普遍的道理或原則,從具體的生活或事物中抽象出來,即把具體中的普遍,抽出來成為抽象的普遍,而這種工作或思想的活動,康德稱之為思辨;故哲學就是思辨性的活動,也就是把在具體事物中的理性的原則抽象出來理解。康德在《道德底形上學之基本原則》書中的第一章,標題就是「從道德之通常的理性知識轉

---

[14] 康德著,許景行譯:《邏輯學講義》(北京:商務印書館,1991 年),頁 17-18。

至哲學的知識」，就表示了從一般理性（即一般人）所理解的道德，抽出其原則，而成就實踐哲學或道德底形而上學；而作這一步的抽象，康德認為可以避免道德的腐化，也可以克服人在從事道德實踐，要求自己無條件的按理而行時，產生的順著感性的欲求而使實踐道德的存心不純粹，從為了義務而行，轉而為為了其他目的而實踐義務，而這種現象就是人的惡的根源。依康德在該處的說明，為了對付此自然的辯證，人就必須從一般的理性對道德的理解，轉到實踐的哲學，這就表示了實踐哲學是用哲學思辨來把含藏在一般人的理解中的道德義務的概念抽象出來而闡明其基本原理，這是用哲學的思辨於道德的原則的研究，而不是為了滿足思辨的要求而建構思辨哲學。這種用哲學的思辨來探究道德的根本原理，成功了實踐哲學或道德形而上學，是為了實踐的目的或要求而作的，如果不作這一步的分析，則人要維持他本來就已經了解的道德的本意，即維持本來就希望實踐道德的初心，是十分困難的。上述之意是有康德的原文作根據的，而為康德該書作註解的巴通（H. J. Paton），就以「哲學的必須（The need for philosophy）[15]」來說明康德有關自然的辯證一段的文意，可見巴通也認為依康德，哲學對於道德實踐是必要的。我認為的思辨對於實踐是必要的，也是依此意來說。即如果道德實踐是必須以人的存心為善，即為義務而義務，實踐道德只是為了行所當為，則人給出行動的存心，是該行為是否真正有道德價值的關鍵，而在存心是可以以道德法則作為評斷的依據處，正是人能夠作出自由的抉擇處，而此時人是往往會受到感性欲望的影響，或由於天生就有的會順著感性的欲求而以滿足感性為先的傾向，而使行動的格準滑轉而成為不純粹，這是要從事道德實踐時人常會遇到的困難。即在要作行動格準的抉擇時，遇到了為利還是為義的艱難抉擇，這就是實踐道德的生死關頭，也是真正要用工夫對治的地方。康德對此討論得非常深微，而伊川與朱子對此也很有體會，他們強調的主敬窮理的工夫，即要從常知進到真知的說法，都可以從這一角度來理解，如果此一

---

[15] Immanuel Kant, translated and analysed by H. J. Paton: *Groundwork of the Metaphysic of Morals*, New York: Harper & Row, 1964, p.72.

解釋可以成立，就可以闡發程朱在這方面的見解的價值。恐怕就不是如瑞全教授所說，常知與真知之說對於對付自然的辯證並非切要。當然或可以這樣說，對付人性中的根本惡並非只有在哲學思辨上作真知一種途徑，如果人能致良知而達到真切的地步，當然也可以對治根本惡，使其不發生作用；但致良知的工夫也是要不能間斷的，陽明便曾強調私欲的冒起是常常發生的，人必須常做存天理去人欲的工夫，並對學生認為這樣的工夫好像沒事找事、挖肉做瘡，給出了嚴正的訓斥[16]。真切的致良知也可以與格物致知的真知為異曲同工，同樣可以達到目的的工夫。在日本所藏的《陽明遺言錄》，有一條陽明的說法如下：

> 林致之問先生曰：「知行自合一不得。如人有曉得那個事該做，卻自不能做者，便是知而不能行。」先生曰：「此還不是真知。」又曰：「即那曉得處，也是個淺淺底知，便也是個淺淺底行，不可道那曉得不是行也。」後致之多執此為說：「人也有個淺淺的知行，有個真知的知行。」以方曰：「先生謂淺的知便有淺的行，此只是遷就爾意思說。其實行不到處還是不知，未可以淺淺底行，卻便謂知也。」致之後以問先生，先生亦曰：「我前謂淺淺底知便有淺淺底行，此只是隨爾意思。」[17]

按「人有曉得那個事該做，卻自不能做者，便是知而不能行」，這知就是常知，而且含有「自然的辯證」的意思。即在自覺到該從事道德實踐時，由於

---

16 「一友問：『欲於靜坐時，將好名、好色、好貨等根，逐一搜尋，掃除廓清，恐是剜肉做瘡否？』先生正色曰：『這是我醫人的方子，真是去得人病根，更有大木事人過了十數年，亦還用得著。你如不用，且放起，不要作壞我的方子！』是友愧謝。少閒曰：『此量非你事，必吾門稍知意者為此說以誤汝。』在坐者皆悚然。」見《傳習錄》卷下，〈門人黃省曾錄〉。

17 見《陽明先生遺言錄》，《王陽明全集（新編本）》第五冊（吳光、錢明等編校，杭州：浙江古籍出版社，2010 年 12 月），卷四十，頁 1597。

自然之辯證、根本惡的作用，而產生了「知而不行」的阻隔。對於如何克服這一問題，陽明也用了要從淺淺的知進到真知的說法。由於即知即行才是知行的本體，而淺淺的知雖涵淺淺的行，但並非知行本體之真實呈現，故必須致良知，而致良知即可真正為善去惡，亦即足以對付自然的辯證；致良知之道，由上段所說也可涵以淺知進至真知，從淺的知行進至知行的真正本體之意，即同樣的要使淺知進到真知，這不是與程朱的說法異曲而同工嗎？在良知的淺知進到真知的過程中，難道不需要對於良知所含的道德之理，作充分的了解嗎？陽明所說的「知之真切篤實即是行」，這真切篤實之知，應該也含對於良知天理的真實了解。在陽明書中，對於良知之意義，對於何以要主張心即理、知行合一，論辯可謂詳矣，不是只言致良知一語而已。於是吾人可說從常知到真知的工夫，可以同樣用在程朱、陸王兩個系統。

四、道德實踐的動力

　　關於實踐的動力問題，朱子雖然是心理二分，心性情三分的理論系統，但通過心對於理的了解，是可以產生真實的實踐動力的，這可以先用康德的理論來說明。依康德，雖然肯定了意志的自律，但此自律、自我立法的意志，並不是人的現實意志，人的現實意志不能自發的好善、喜歡道德法則，如果是這樣，促使人去按道德法則而行的動力從何而來呢？康德認為在人明白到道德法則之時，就會了解自己現實上的生命行為與道德法則之要求（純粹而無條件），是相去甚遠的；於是人的現實的德性處境，是了解道德法則而尊敬之，而不是喜愛之。由此亦可知程、朱所以重敬之故，尊敬法則，甚至敬畏之，不能說不是既了解、肯定法則而且又正視自己生命之弱點而生之恰當之情。由於自覺與道德法則的純粹要求距離很遠，於是覺得自己不能自以為是、不能驕傲。在對照於法則而打壓自己的驕傲自大時，就會產生對法則的尊敬，但這種是消極的引發的動力。從自知不如道德法則而壓下自己的驕傲引發動力，可以說是消極的；有沒有積極的動力呢？我認為可以是有的：當人了解到道德法則的意義，真切認識到人的道德實踐必須是無條件

的、不能遷就感性欲望的要求，在這個時候，就產生了一種不顧感性欲求的力量，如康德說，此時人的精神或靈魂，得到了非常強的提振。順著這個意思可以說，順著對道德法則的本意的了解，人就可以產生一種超越自己感性欲求的力量，即在克己復禮的時候，產生了任何私欲都需要在理性的要求下自行引退，如果可以這樣說，就產生了一種積極的動力。

　　如上說可通，則思辨與實踐，或橫攝與直貫的區分，可能需要鬆動一下。肯定心即理而以逆覺體證的工夫呈現本心，當然是可以給出道德實踐的動力，但通過心的認識道德法則，這種心與理為二的情況下，是否就不能保證道德實踐，即不能給出實踐的真正動力呢？我認為，如果認識的是道德法則，通過對法則的意義的真切了解，也可以引發真正的道德實踐的動力。因為道德法則是以無條件的律令的形式給出來的法則，即乃是為義務而義務，行所當行才是真正的道德行動，對於此一意義的了解，如果不引發人反躬自省，要求自己作行動的存心的純淨化，則他對於道德法則的了解，就不能說是真誠的。如果心學家肯定人人都有道德的本心，則如果通過對道德法則的真切了解，還不能引發要去作真正的道德實踐的自我要求，即不能引發必要如此的道德實踐的心願，則本心的存在不是很可疑嗎？何以人人有本心卻不能在這種對於人本知的、何謂道德行動的了解，作進一步的分析了解時，產生按照法則的意義而給出一定要依循法則實踐之要求呢？因此，如果真要反對於道德法則有真切的了解，便會引發實踐的動力之說，則同時會動搖心學所肯定的本心良知可以真實呈現之說。孟子陸王的型態，牟先生給出了很有說服力的論證，即由於人隨時可有不安不忍的仁心的感通，而把握這種感通、逆覺體證之就可以充沛而出，就成為克服私欲、習氣的剋星，而使人有真正的道德行動的出現，這是沒有問題的。而從人對道德法則本有之知為根據，把道德法則抽象出來作充分的了解，而在這種了解的過程中，對法則本意的加深了解，真知道德是怎麼一回事，不正是呈現人的道德本心的機緣嗎？這種對法則的分析了解，不是可以使人穩定地呈現道德意識嗎？如果這一真切的分析、了解不能成為本心呈現的機緣，則說人的本心良知可以通過指點而隨時呈現的說法，也就有問題了。因此，肯定本心良知當下可呈現的

直貫的型態，不能反對以心明理來加強道德意識的橫攝型態。這兩個型態，或兩個工夫論，是相通而可以互補的。

五、結語

（一）牟先生肯定證悟本體或呈現自由意志是可能的，這固然可以說明人當下會給出純粹的道德實踐之行，但如果自然的辯證或人性中的根本惡是存在的事實，則要真正成德，就必須面對這種善原則與惡原則糾纏的情況，與針對人傾向於先滿足感性欲求的根本惡來作對治的工夫。如果不了解這種人性的情況，不知道這實踐的難題，是否可以成德呢？是否可以貫徹道德的實踐呢？按康德或前述唐、徐二先生的有關說法，這是不可能的。而要對付此一自然的辯證及人性中的惡根的問題，不從事哲學的思辨，可以明白其中人性問題的深微而作恰當的工夫嗎？我認為也是不可能的。於是不作哲學的思辨可以成德嗎？答案是很明顯的。

（二）根據對法則的常知而求真知，又據此作格物的工夫，是朱子的「明德注」、「大學格致補傳」都肯定的，這種知理之知，並不需要規範在德性之知的範圍；知如朱子所說，只是一種知，問題是所知的對象是什麼，常知與真知所知的對象是道德法則，而道德法則的內容就是要人作無條件的實踐，這種對理的了解是人本有的，愈致知就愈明白此理，這可說是有根源的知識。明白了這個道理，很自然就會要求自己的存心純粹，於是不須區分德性與聞見之知，只需要對知理之知加強就可以了。當然對此知理之知為先驗的，普遍的為人本有，須作論證；而按朱子許多文獻，對知理之知為人本有之義，所在多有。如朱子對明德的規定，明德是心與理的作用都在其內的，二者有必然的關聯性，即雖然是下愚者都有此明德，所謂「明德未嘗息」（〈大學章句〉與〈大學或問〉都明確表示此義。），而這就是朱子系統中成德的超越根據。不能因為在明德中還是知與理二分，就說知對於理的了解必須要作後天的致知才能有。

（三）明白道德法則的意義，就一定要求自己行動的存心、意志是純粹

的，愈了解就會愈加要求自己，這是一個實踐成德的穩當的工夫。這可以用康德所說的雖然道德法則與意志自由互相含蘊，但對於無條件的實踐此一事情的了解，必須從法則來開始，不能從自由來開始之義來說明。雖然我們也要肯定孟子、陸王當下呈現本心的進路是可能的，但這兩種進路或工夫途徑是可以相通的。因為既然對道德法則的分析必會進而肯定自由意志；而對自由意志有了解，就會肯定自由意志是以道德法則作為其活動的根據者，雖然此後者必須肯定自由意志為呈現，而康德對此不能承認，但按理，這是必要有的發展。於是從明道德之理為開始，以了解何謂無條件的實踐，一定會引發自由意志（本心、良知）的呈現，於是明理這一進路及伊川、朱子涵養用敬、進學致知的工夫理論，是可以給出真正的實踐動力的。

AI 時代的來臨與人之所以為人的反思

一、前言：AI 時代對人性的影響

　　當代人工智能（AI）快速發展，引發了人工智能是否會取代或超越人類的智慧的擔憂，此問題引發了正反兩方見解的爭論。本文對此有所討論，但文章的重點放在 AI 的發展對於人性或人的生命活動的重要影響，即人 AI 化或人的物化的危機。現代人挾科技之力，往往使追求現實利益的心態發揮至極，使各個人或社會整體納入一種以追求現實利益，以趨利避害為目的的因果思考、邏輯推理底下，認為每個人都是有所為而為的，這樣就會使人生平面化或扁平化，使人生本具的自由自主、人心的靈明在 AI 的長足發展下，會有嚴重的損害。再進一步，也會使大資本家或政治上的當權者，利用 AI 的演算法，影響或甚至操控群眾的心理，使群體的心理符合少數人，或甚至野心家的企圖，於是社會的整體會成為遂行少數人想法的工具，如果這不是杞人憂天的多慮，則必須加以遏止。本文希望對此趨勢作一反思，雖然人類社會不可能不隨著科技的發展而往前進，但也需要在重要的轉折點出現時，作出深度的反省，是否通過這一機緣，可以對人之所以為人，或人之特性、特質，作一省察。

　　所謂「人工智慧」（或譯作「人工智能」較恰當，智慧用在有生命的存在較妥），是由人造出的機器表現智能，通常是指透過電腦程式、智能軟體來表現相似於人類智慧般的技術。[1]由於科技日趨進步，通過電腦程式而做巨量的資料運算，通過一定的算法，模擬人腦的分析綜合的能力，而給出判

---

[1] 參考維基百科「人工智慧（artificial intelligence）」條目。

斷,作為人要在做判斷時的參考,或甚至成為人判斷的代理。通過電腦的程式運算,提供大量的資料,讓 AI 閱讀,作深度的學習,而發展到人工智能的階段,這對於我們的生活產生了巨大的影響,它不只是提供對收集到的資料的分析,而是給出了如何決斷的參考,這已經是影響到人的「判斷」的層次。到了運用判斷力,層次便更高了,在運用判斷力這個地方看,的確可稱為「智慧」。如果 AI 能夠在分析大量資料之後,模仿人腦的理解作用,通過它的運算,而給出判斷,而且它的判斷又是正確的,或甚至遠比人類正確,那麼 AI 雖然是人腦的機器化,但由於深度學習而產生的長足進步的可能,AI 的作用對人影響就越來越大。如果通過深度的學習,使 AI 能自己給出判斷,就有可能擺脫現有程式的控制,而自主的下判斷,這樣對於人類就會有威脅[2]。近年去世的霍金就認為 AI 的發展如果不加限制,會造成人類的滅絕,於是 AI 從最偉大的發明,變成最不應該有的發明。

關於 AI 的發展,對未來人類社會的影響,本來就有樂觀論與悲觀論兩種看法,樂觀論者認為不管 AI 如何發展,人都能與之協作,而產生對於人類好的結果;悲觀論者認為,如果聽任 AI 一直發展,會使人過度依賴 AI,甚至為 AI 所主宰。由最近 AI 深度學習的發展趨勢來看,這是很有可能發生的。這兩種看法應該是各有理據的。而作為專業的哲學家的陳榮灼與李瑞全兩位教授,在中央大學 AI 與人文的系列講座中[3],都表達了不論 AI 如何發展,雖然在運算、整理資料上超過或甚至遠超過人類,但並不能達到作為一個理性的存有,有情感、有意志,有種種的感受,並能不斷提升自己的生命存在。陳榮灼從好幾點說明了 AI 與人的分界,也就是人的不能為 AI 所取代的特性。李瑞全則通過康德對人的知情意三方面的活動的所以可能的系

---

[2] 有認為威脅可以從尊嚴威脅、倫理風險與生存風險三方面來說。參考夏永紅、李建會:〈後奇點時代:人工智能會超越並取代人類嗎?〉,《教學與研究》2018 年第 8 期,頁 64-71。

[3] 在國立中央大學哲研所舉辦 AI 與人文論壇,陳榮灼教授的演講:「人文與 AI 對話論壇——AI 與人類思維:對立/合作」(2020 年 11 月 30 日),李瑞全教授與筆者為特約評論人。

統分析，也表達了與陳教授同一個觀點。即，人與 AI 有不可泯除的分界。從人的整體的生命活動所表現出來的情感、認知、審美等，或三者的互相影響、相互關連，都表現了人不是機器、不能還原到 AI 的計算法的生命特色。他們兩位的見解，我十分同意。照這樣講，似乎我們就可以放心藉著 AI 的發展，相信通過 AI 的發展，可以更快的促進人的能力的提升，減低人在生活上遇到的不方便，以增進人的福祉。這是認為人無論如何都可以主宰 AI，因為其中有不可泯除的分界。人的靈明、自由意志及對機器的主宰性，不會因為 AI 的發展而被超越。如果這樣理解沒有錯，則陳、李二位也是屬於對 AI 的發展採取樂觀論者的立場。

我當然同意陳、李二位的分析，但我的擔心是由於人工智能的快速發展，是否會使人逐漸趨向於必須依賴它，一定要靠它計算出來的結果我們才能下判斷，或甚至讓 AI 代替我們判斷。以 AI 造就的對於人的比較妥善的安排，讓我們不必自己去動腦筋，這樣會造成一種後果，就是不必去實現原來具備在我們生命中的種種能力與潛能，不必為了生活與精神的需要而付出身體上與精神上的勞苦，這樣長此下去，人就會退化，與 AI 或機器人同類化。即是說，人會放棄了或自然而然的泯滅了他與 AI 的不同的界線，例如不去從事自己情感的培養、提升，以同情關愛別人，盼望別人能不斷地有美好的生活，或悲憫人難以避免的生命的苦難，希望能解除別人現實上感受到的痛苦；不去從事提升自己的鑑賞力，從滿足於感性上的肉體的形象的美，逐漸領略形式之美或甚至理型的永恆性之美。在知性的活動上，不能因為純粹的好奇心的促使，而不斷求知；在行為實踐上，不要求自己行所當行而純淨化自己的意志，提升自己的道德人格。這些知情意三方面的求真美善，表現人之所以為人的特色之活動，都可以逐漸泯失掉。人生是真實而具體的，有血有淚、有悲歡離合而造成的種種人生感受，這也是人異於機器人，人與 AI 不同的所在。這些人的特性是否會因為 AI 的時代的來臨，人逐漸依賴 AI 來做判斷，而逐步消失了？如果真有此危機，那麼人就會逐漸變成 AI 人或機器人，人們的生活就只會追求物慾的滿足，思考也完全停駐於為了達到目的而安排設計的思想層次中，人的理性也只表現為為了達成目的的工具理

性，喪失了理性存在本身的目的。這應該是現在 AI 快速發展下，人性或人的生活的未來的最應正視的危機。人會在被精確妥善的安排設計下，失掉了「人之所以為人」的特性。這種現象或許亦可以用「異化」來說明，即人本來要用 AI 來服務於人，結果被 AI 所同化，甚至被其主宰了。人主動的放棄了自己的特性，而日趨於人工智能化。那麼，如何在 AI 時代來臨時維持人的特性呢？我們要如何的策劃未來呢？要有怎樣的教育、人格培養，要維持怎樣的社會風氣，才能讓人不被人工智能同化了呢？這應該是現在或最近的將來，政治家、教育家、哲學家要鄭重思考的時代課題。

我以上的說法，可能會被歸到悲觀論者的觀點。當然也可以不贊同這種觀點，認為 AI 的發展是促成人類社會不斷進步的助力，不會有 AI 宰制人類的情況出現。但如上文所說，本文重點不是討論 AI 的發展在將來是否可以超越人類，於是產生不可挽回的人被 AI 機器人主宰的悲劇，而是從 AI （含現代的科技）的不斷發展，是否會造成人的 AI 化，這也是一種「物化」，如果是會如此，則對於人是好是壞，是否需要避免，從這個角度反思人之所以為人。AI 要有自主的判斷擺脫既有的程式的掌控，必需要通過長期的深度學習才有這種「自我的意識」，這可能是遙不可及的目標，我們對此事不必過度擔心，但隨著 AI 不斷的發展，人對其越來越加強的依賴，有離開了 AI 就不能自主生活的趨勢，而且有習慣於電腦程式的演算給出的資料與判斷，影響到人的自主的判斷力，習慣於快速的取得結果，對於產生結果的過程不能有具體而真實的領會，這樣一來是否有損於人的生命能力與具體的感受？是否有損於人之所以為人的特質？我認為這已是現代人快將面對的處境，這是本文比較關心的。

二、從仁且知的「知」來理解判斷力及 AI 對人的判斷力之削弱

AI 的功能與以前的機械或生產工具的改進，如蒸汽機的發明等情況已經不同，AI 已經可以影響到人的判斷，或對人的判斷提供參考，這與機器

的對人的影響層次是不同的。所謂「判斷」或「判斷力」,是指把具體特殊的東西歸屬到普遍的概念或原則上的能力,如我們看到眼前的杯子,把這具體的形象,歸屬到杯子的概念,於是我們就可以產生「這是杯子」的知識。因此判斷力是人的高級的認知機能,不是只對對象加以直覺地攝取,而是把對象歸屬到概念或原則上來。這種判斷力是人人都有的,但並不是每個人都能夠有很好的判斷力,雖然可以培養,但有先天的限制,而人各不同。如戰國時名將趙奢的兒子趙括雖然熟讀兵書,但只能紙上談兵,在實際的戰場上沒有能給出恰當的判斷,於是兵敗;又如宋朝的岳飛抗金,戰無不勝。別人問他靠甚麼兵法來打仗,他說「運用之妙,存乎一心」,這就是能表現判斷力的妙用。有判斷力就可以把已有的知識材料運用恰當。孔子所謂的「知」正表達了判斷力的妙用。這在「樊遲問仁」及「問知」一章表達得很清楚:

> 樊遲問仁,子曰:「愛人。」問知,子曰:「知人。」樊遲未達。子曰:「舉直錯諸枉,能使枉者直。」樊遲退,見子夏,曰:「鄉也吾見於夫子而問知,子曰,『舉直錯諸枉,能使枉者直』,何謂也?」子夏曰:「富哉言乎!舜有天下,選於眾,舉皋陶,不仁者遠矣。湯有天下,選於眾,舉伊尹,不仁者遠矣。」(《論語・顏淵》)

此章仁知(智)關聯在一起來說,仁是愛人,但如何才是恰當的愛人的方法呢?舉薦德性與能力符合的人來任事,把不適任的人放在一旁不推薦,這樣就可以使德不配位,才能不夠的人,反省而改進他們自己成為能夠勝任的人才。子夏就舉了恰當的例子來表達此理,這的確是明智的表現,舉直錯諸枉,而使枉者直,才是真正的愛人之道。如果不問優劣全都推薦,表面是汎愛眾,是仁德的表現,其實是不智。沒有智的運用,人的表現仁德就不恰當。孔子此處仁、智並舉,應該是主張有智慧才能成就仁。而據上述的說明,所謂「智」就是判斷力。這是人人都有的能力,所謂「母慧」。但雖生而有,也需要培養、鍛鍊。由以上的說明可以大略看到人的判斷力的特性。智雖然是天生的,但如何能發揮其妙用,這就很不容易掌握了,可能這就是

人之所以為人的特性之一。如上文所舉之例，孔子所謂的表現仁的智，可以通過表面不愛人的方式，而有真正愛人的效果的達成，即這裡有曲折的思考，也可說有「弔詭性」，這就是智，也就是判斷力之妙。人工智能的深度學習，如果可以達到這種有曲折性及弔詭性的思維，那就可以更像人腦的判斷力了，但如果進到這個地步，就可以發生一般可以想到的人工智能或機器人會因為保護人類，而不讓人類有自由意志來作出決定，即基於保護人類的目的，而對人類加以監管，剝奪人類的自由，如果有這種情況發生，當然是很可怕的。是故這種「智」的判斷，是否可以為人工智能企及，或是否應該讓人工智能發展到這一地步？應該是需要思考的重要問題。

另外，能夠模擬人的大腦的思維，掌握大量的資料，通過快速的演算，得出結論，來幫助人作出判斷或甚至代替人做出判斷，固然可以把事情做好，使行動有好的結果，但在其中的思維過程與下結論，是具有奧妙及價值的；其奧妙及價值並不只是在於達成行動或事情預期的結果，而是在這種智或判斷力的妙用底下，使人感受到智慧在生命的活動中表現出來的滿足，這種滿足感並不是事情或行動在現實上達成預期的效果所可以比擬的。如果人表現出判斷力的運用之妙，確有特殊的生命的感受與滿足產生，則假如因為 AI 長足進步，人的判斷越來越依賴它，弄到最後人只需要作出最後的決定，而不需要有如何去運用其判斷力而要求達到恰到好處的思考與努力，則人的判斷力是否會越來越鈍化，而且越來越喪失了這種運用之妙存乎一心的滿足感呢？喪失了這種感受，對於人生本來可以取得的重要的愉悅，不是大有損害嗎？此即是說不去主動的運用本有的判斷力，不去在事情上磨練，反覆的思考，以增進其判斷力，此時所下的不是自己親自體察事理而給出的判斷，便會喪失了人非常可貴的享受與滿足。如果這樣說不算錯，則擔心因為 AI 的不斷進步而幫忙或甚至代替人去做判斷，會造成人本有的能力或特殊的感受與滿足的損失，就不是杞人憂天了。AI 或機器人不管如何的深度學習，通過算法而給出判斷，只能在結果上有好的判斷，而不會有在過程上實際做出判斷的感受與滿足，這是毫無疑問的，因此 AI 即使能做出恰當的判斷，甚至做出比人更會取得有利結果的判斷，但只是人的判斷力的機械化，

是通過機械性的因果推理，或歸納性的邏輯運用而給出結果，沒有這種過程中的感受，沒有因智慧的表現而產生的滿足；而且最有利的結果，不一定就是最應該有的結果。人不必擔心 AI 會有如人般的深刻體會，但人應該擔心依賴 AI 來做判斷，會喪失了自己本有的判斷力的運用的感受與滿足，即只以結果的利害作為自己判斷的依據，喪失了人對其他價值的感受與追求，人的理性的功能並非只表現為工具理性的作用。

　　上說的判斷力的運用所產生的感受與滿足，是在推理或智慧的表現的過程中產生的，這所產生的感受與價值感，並不是只以邏輯推理或思維就可以表現出來，必須關連到人的理性其他的作用，及生命的種種感受才可以產生的。可以說，這種判斷力的運用而給出決定的過程是「綜合」的，除了邏輯推理之外，還加上人的生命的其他能力的綜合運用，才可以產生意義與價值的感受。如果這種推理的過程，把具體歸入普遍的判斷力的運用，都由 AI 來代勞，這種價值的滿足感一定消失於無形。因此我們雖然不擔心 AI、機器人可以如人般的有自我意識、有生命體的感受，因為 AI 不是生命體，不可能達到這個層次，但作為生命體的人本來應該有的感受，會因為依賴 AI 而喪失，這是人性或作為有機體的人，生命中各種機能互為目的手段息息相關、和諧一致的人生會有扁平化、貧乏化的危機。

　　從 AI 可以幫助人去判斷，即已經涉及到人的判斷力的層次，就可以知道現在的科技發展，已經達到前所未有的境地。AI 的作用在我們日常生活中已經很普遍，如我們每個人天天都使用手機，離開了手機，好像不能正常生活。固然手機使我們生活方便，但其實它提供的種種資料，是通過了演算法，如大數據的應用，統計了我們的上網查資料或閱讀新聞，使用 YouTube、Line 等的習慣，投我們所好，提供了我們的習性所喜歡搜尋的資料，適應我們的觀點、想法。於是我們在利用手機來查資料，及與外界討論、聯絡時，是在一種被 AI 設計好的情況下，來作出種種的活動與判斷。如果這種 AI 的設計與作用，被有心人所操控，那我們以為是出於自己的想法、出於自己自主決定的判斷，很可能是被影響，或甚至是被操控的，這是我們這個 AI 時代的，科技對人心的一個重大影響。是否從這個地方我們就

了解到,現代人,尤其是年輕人,為何會沉迷在電腦、手機的使用中,應該是它們提供了大量適合我們習性、嗜好的資料,讓我們一旦進入,就難以自拔。我們以為是得到自由的連接、享受,其實是給 AI 所設計,要我們陷溺其中,不能自拔。我們一旦養成這種習慣,沉迷其中,就容易受到機器的算法所引誘、所決定,於是為了滿足其中,多少時間都不夠,這樣會使生命進步嗎?很可能掉在一個使生命不斷在一個自以為是的、停不了的漩渦中打轉。如果真的是這樣,是對有用的生命的重大引誘、重大陷溺,也可能是重大的浪費,浪費在被引發的無窮盡的享樂的想像中。記得以前牟宗三先生說過,現代科技的進步、發展應該停止了,科技過分的發展使人生太舒服太享受,不需要勞動,是沒有好處的。[4]他這話可能過激了一點,科技的進步也不可能停頓下來,但其發展與進步,是否一定必要呢?是否有價值呢?人太享受,一點汗水也不用流,未必是好事。如果這是值得擔憂的,那麼有志氣的年輕人(應該不只年輕人)就需要想辦法抵抗這種被 AI 所設計的趨勢,自覺地堅持人操控機器,而不要受機器操控。即是說人必須要鍛鍊他的決斷能力、自覺心,以期能「物物而不物於物」[5],即主宰物而不受物主宰。在以前,所謂受物主宰,還是在於人的追求物欲對象的滿足,而在現在,根本是由於 AI 的算法而不斷地挑戰人的意志力,在不斷投你所好的情況下,使你自然的屈從於它,這應該是人的自主性不斷減弱,更是「人化物[6]」了。以下稍作引申說明。

---

[4] 這是牟先生在課堂上說到的意思,沒有文字紀錄。
[5] 支遁論逍遙義之語,見郭慶藩:《莊子集釋》(北京:中華書局,2017 年 3 月),頁 1。
[6] 《禮記・樂記》:「人生而靜,天之性也;感於物而動,性之欲也。物至知知,然後好惡形焉。好惡無節於內,知誘於外,不能反躬,天理滅矣。夫物之感人無窮,而人之好惡無節,則是物至而人化物也。人化物也者,滅天理而窮人欲者也。」《十三經注疏》(臺北:新文豐出版公司,1977 年),頁 666。按此段話真是現代人的生活寫照。

三、AI 機器人對人工的取代

　　在現今科技不斷發展的趨勢下，AI 的時代很快來臨，如機器人已經逐步取代大量工人的工作，而且機器人的進化逐漸從「自動」而為「自主」，這是由 AI 自己不斷的發展而成的，於是機器人取代人力，除了取代人的勞力外，對於必須運用人的理智判斷，甚至創造性思考才能完成的工作，也會為機器人所取代。如醫生、畫家、音樂家等的工作，也有被機器人取代的可能，由 AI 寫出來的小說，據報導也可以入圍文學獎。如果人類的大量工作，都可以由機器人所取代，則由於機器人在接受了指令之後，不會像人一樣，會因為情緒、想法的變化，與回應時刻轉變的外在事件，受眾多不確定的因素影響而發生錯誤，而且機器人不需要休養生息，因此一些一成不變不需要人當下反應調整的工作，早已不需要真人來做。照人工智能的發展趨勢，未來人類的工作有更多會被機器人所取代，很多行業只需要少數的下指令與維修的人上班就可以了，工作的人佔社會上人口的比例會愈來愈少，這是我們看得出來未來社會的趨勢。當然 AI 的發展對人類造福很多，例如 AI 使殘障人士有更多的方便，可以成就更多。如失明的人可以通過 AI 刺激腦部的視覺功能而辨識外物、環境的明暗及交談對象的輪廓，從這方面看來，AI 的確可以說是迴轉天地的造化，補救人生的遺憾。這些對人類困境的克服，滿足追求幸福的需要，當然是值得肯定的。但 AI 的發展不同於以往的生產工具的進步，以往生產工具或生產力的改變，固然使生產的效率、產品的數量得到大幅度的提升，但機械與人的距離是遙遠的，人對機器的控制，也是清楚而直接的；而現在所謂人工智能的發展，使人的生活逐漸仰賴 AI 的代勞，如智慧手機與電腦已經是人片刻離不開的機器，這種智慧的機器可以為人設計他的生活模式，可以參與抉擇、提供意見。如有擇偶公司通過 AI 替人選擇對象，現在人加上 AI 的裝置，也逐漸流行，如健康手環等。照此趨勢發展下去，將來的人一定是「人＋AI」，AI 融入人的生命的整體的活動中，而成為其中不可脫離的一部分，這就不是以往的發明蒸汽機、工業革命等的生產工具的進步的情形了。這也是所謂人工智能的特點，它可以取

代部分的人類理智的判斷、幫人類思考,而且 AI 會不斷進步,後來可能會自主性的進步,不需要人為操作,這種理智的進步很可能不斷拉近人與機器的距離。這就會讓人類面對一個新的情境,準備人工智能融入人的生命,人就是某個意義的「機械人」了,而且這種發展的前境似乎是不可阻擋的。

如果將來社會上,人生活所需可以通過人工智能的設計規定而大部分被解決,固然人會享受大量的閒暇,譬如說每週只需工作幾個小時,就可以解決一週的生活所需;於是大部分的人,他們人生大部分的時間,都不用工作,這種情況如果出現了,後果當然有利有弊。人可以不因為工作而付出大部分的時間精力,於是可以從事於個人喜歡的活動,這是從工作或生存的壓力中解放。但如果人生中大部分的時間都是閒暇、無所事事,人會懷疑自己生命存在的意義。現在的人忙於工作,表面是不自由,被生活壓力所迫,套在某些固定的工作上,但其實也會感受到人是被需要的,在忙碌的工作過程中,也會感受到自己的存在的真實性。如果生命大部分是閒暇,或大部分的人都不用工作,人的被需要感就很弱了,在這種情形下,人的存在如何不是多餘的呢?這應該是一個重要的問題,如何在 AI 取代大部分的勞動時,人如何發揮每一個人本有而不可取代的價值,人如何使他的家庭成員感受到彼此是不可少的,是互相需要的;人在社會上,如何能發揮他作為一個不可少的,社會一份子的作用;哪一些工作或哪一種貢獻,是每個人獨自需要擔當,而不是 AI 所能取代的呢?即是說每一個人作為與別不同的個體,他的獨特的價值是在哪裡呢?如何在工作中取得他的個體性與價值性?[7]

---

[7] 謝謝審稿人陳立勝教授對本文提出討論,他說:「AI 機器人對人工的取代問題。楊老師肯定了 AI 技術會將人從工作或生存的壓力中解放出來,但又擔心如果人生中大部分的時間都是閒暇、無所事事很容易滋生人生無意義之感。阿倫特(Hannah Arendt)曾區分出『勞動』『工作』與『行動』三個概念,並認為由『行動』所展開的公共領域是一個排除了僅僅是維持生命或服務於謀生目的的領域,是從勞動與工作中解脫出來的領域,只有在這個公共領域中,人才能最大限度地表現自己的個性。由此而觀,AI 將人從『勞動』與『工作』中解放出來,會不會讓人更專心地從事『行動』,讓人在公共世界的交往行動中表現自己?哲學、審美、藝術等精神活動本是『閒暇』階層、精英階層的活動,AI 會不會讓滿街都是哲學人、審美人、遊戲人成為現實?」按陳

又有人認為人的生命中很多的配備，可能就逐步因為不需要而退化，譬如人不必動腦，如需要自己所沒有的知識，可以戴上一個什麼機器或植入晶片，就可以獲得以前需要好幾年學習閱讀得來的知識，又可能戴上一些什麼配置，人就可以變得孔武有力，或避免不必要的情緒的干擾，於是可以很清明平靜的作出判斷，譬如要進行射擊練習，戴上一種配置，你就可以百發百中，人類的體能、生理心理的能力或潛能，也就不必努力開發了，即通過人與 AI 的協作，可以突破人的體能與聰明才智的限制。這種情況是好還是不好呢？從這個角度來看，便會反思人是什麼、人的生存有何意義的問題，就是一個很值得思考的問題。人會覺得他的生存可能是多餘的，不需要為了生活而奮鬥，不需要時時勉勵自己追求進步努力向上。是否人生的存在只是為了有幸福愉快的生活？人是否只是以追求幸福為目的的存在？人一想到這裡，就很容易反省到，所謂幸福是否只從感性欲望得到滿足來規定呢？是否人心靈上、精神上的不滿足，甚至痛苦，只由於感性的欲望得不到滿足所引致呢？幸福如同康德所說，是「想像的理想」[8]，很難確定的來理解，其中含有理性、知性、感性與想像的諧和一致，每個人所認為的幸福可能都不太一樣。如果從這個地方來看，人加上 AI，即人與 AI 的協作，不一定可以使人得到真正的幸福。

四、人格的獨立性與完整性的被損毀

除了工作被取代，基本生活所需，會被完善的程式設計安排外，人的智慧也可能會被超越；從西洋棋、圍棋高手接連敗陣[9]，可見人腦的運算思維

教授所說非常有道理，但如何從勞動中解放而得到的閒暇用於「行動」？這其中人必須有充分的自覺，才能自作主宰地行動。如何開啟人的自覺自由這一領域，便不同於順著科技的發展而生活。本文最後提到內向與外向的超越的區分，也表示了此意。

[8] 康德：《道德底形上學之基本原則》第二章。
[9] 如電腦深藍（Deep Blue）打敗了國際西洋棋冠軍卡斯帕羅夫（Garry Kimovich Kasparov）；AlphaGo 擊敗世界圍棋冠軍柯潔。

甚至決斷，已經被 AI 程式設計經過深度學習的不斷進步而超越，人如果要在下棋方面超越 AI，則必須得到 AI 的幫助，純人力已經沒有辦法了。這對於人之所以為人是重大的刺激，即是說人要進步，不能單靠人的力量，必須配合 AI 的智能。這種配合可能是外在的配合，也可能是內在的植入，如用科技讓人腦直接接通電腦，或植入晶片，讓 AI 在人腦中配合來運作；這樣子的話就是改造自然本有的理智、體能與情感，這當然就不能叫作純粹的人類了。人當然要不斷的進步、超越自己，但這種超越自己，如果因著 AI 的幫忙而馬上達到，是否是人真正想要的超越呢？所謂超越自己，是在過程中不斷克服困難、限制而體會到；還是只希望達到超越自己的目標？可能過程比結果更為重要。另外，藉著 AI 的不斷發展的幫忙，人固然可以力求進步，但人生的意義是否就是這種不斷追求更高、更快、更強的未來，而不是在於充分體會生命中本有的知情意的能力的實現？如同前面提到牟宗三先生所說，現在人類科學的發展，其實可以暫時停一下，科技過分的發展，對於人性被鼓勵作出的不斷的享受的要求，並不是好事。如上文所引的《禮記》的說法，外物引發人的心知、官能欲求的往外追逐，是無窮無盡的，既然是無窮無盡的，則人的生命活動在被引發的無盡的欲求的追逐下，恐怕並非理想的生活。在這種情況下，人類其實需要保持不受科技發展影響，而自由自在地過生活的權利，我們似乎可以提倡免於科技宰制的人的生活。

從某些疾病可以通過植入晶片來改善，如心臟病、帕金森症等，那是對人類的造福；但如果利用科技，使人與 AI 結合，讓人本來的能力擴充許多倍，那就可能產生了科學怪人，恐怕就不是人類社會所能承受的了。以前人所說的「天地之性，人為貴」、「人為萬物之靈」，這種對自身的自豪感，將來也恐怕保不住了。因為如果人是「人＋AI」，沒有純粹的獨立而完整的人，而且必須依賴 AI 才能維持他的正常生活，那麼人的獨立性、人格的完整性都會逐漸被削弱。

如果 AI 的發展逐漸脫離人為的操作，自主的不斷往前進，除了在處理資料、運算速度方面進步外，可不可能因為電腦模擬人腦，而作複雜的、深度的學習，而有像人類大腦中億萬個神經元錯綜複雜的作用而有的「自我意

識」呢？如同前些時候的電視影集「Westworld（西方極樂園）」，機器人有了自我意識與記憶，於是仇恨人類曾經對它們的所作所為，而展開反人類的計畫。如果有這個可能，真是 AI 產生的恐怖的未來。如果將來人要讓 AI 融入他的生命或身體，才可以正常過活，這一事實會從根本上打擊人的尊嚴；又如果 AI 發展下去，會產生自我意識而有不必聽從指令的自由，在這個時候，人就被 AI 所宰制，如果真會這樣，這種科技是否要發展下去呢？是否要設限到某個階段就停止呢？有人認為人性是要求不斷進步、不斷求超越的，而且人類對機器的迷戀也是不能擺脫的，因此設定機器發展的範圍與限制是不可能的。[10]當然，AI 產生自我意識可能永遠不會實現，但面對這種可能的情況，人是應該做深刻的思考，人之所以為人究竟如何界定，如何體認到不管科技如何發達、AI 如何進步，人還是有科技製成品達不到的意義與價值？

五、人之所以為人的本質與特性

許多著作或電影都表達了以上的對 AI 發展下去的憂慮，現在我們似乎可以從哲學的層面來思考，人的本質是什麼？如果人真有其本質，而這就是人生的意義價值與尊嚴所在，則當 AI 的發展有損於人的本質的話，是否就當然可以有理由作出嚴格的規範，甚至停止人工智慧的繼續發展？在此或許可以先作以下的表示：人生的存在意義或人之所以為人的本質，是在於他能夠運用他的思想作出他認為恰當的行為或決定，即是說人必須要有選擇上的自由，雖然這種選擇上的自由，不保證他的抉擇一定對，人就在他可能做出錯誤的抉擇的情況下，給出了正確的決定，於是他的決定不是與生俱來、非如此不可、沒有錯誤的可能的決定。如果人只能作出對己對人或對可見的將來最恰當（所謂恰當，以最有利來規定）的決定，則人作出這種決定是被決定，而非出於自己的抉擇。那這種決定可以說是最好的決定，固然有價值，

---

[10] 參考高橋透：《AI 世代生存哲學大思考》（臺北：聯經出版事業公司，2019 年）。

但這種價值不是人自己給出來的，人不能參與到這種價值的創造裡頭，長此下去，人不是就會變成機器人了嗎？一般人都會說，人生是要追求真美善價值的，這是不錯的，但求真是在不斷的錯誤的嘗試中而尋求或發現真理，而美是在看到某些自然景色、園林或藝術文學作品時，產生了不期而遇的美的感受；道德的善是在明白到人要按照道德原則（該如何就如何的規定）而行，而這法則或規定，是出於自己認為對的判斷；這裡一定要有要使自己行動的存心符合自己所肯定、認可的道德法則，這種內心的抉擇與要求存在，此即是抉擇的自由。即為善（或道德的實踐）必須在我們為了「善行是應該行」的存心（想法）下，才會成為真正的道德的行為，如果只是依樣畫葫蘆被決定的作出該做的事，不必抉擇，也不一定有明顯的為了「這是應該的所以要去做」的想法，那也等於是我們不能夠參與到善的行為所表現的價值裡頭來。由此可以更進一步，從自己對何謂正確合理的做法的抉擇，體會到我此刻的意志的決定，就是我認為每個人都應該下的決定，於是自由的抉擇，同時是在道理上應該有的決定，人可以做出他認為該如何便如何，而不考慮利益的作為，這就表現了人真正的自由，這就從抉擇的自由進到道德上的自我立法的自由。此時可以證明，他不是給感性欲望或利害計較所決定，或如尤瓦爾・赫拉利所說，人類的本能作為，就是生化算法在起作用[11]，如果是這樣，人就不可能有真正的自由。但從抉擇的自由進到道德的自我立法的自由，就可以體會到人可以無條件的行其所當行，而這種對於真正自由的體會，應該是真正的人性或人之所以為人的本質。能表現這種真正的自由的人，應該可以免於在 AI 時代來臨時對自我認同的迷惘。

據以上的分析，如果人工智慧的發展可以做到對人生的作為給出最妥善的安排，不必人去操心煩惱的地步，人對於真美善的價值的感受，會被削弱，甚至成為不存在。可能在這個時候，人會徹底厭倦他的存在，而失去了生存的意志，即人如果很容易達到他身心的滿足，會失去了追求向上的意志，人類就會退化。提出意義治療法的心理學家弗蘭克（V. E. Frankl）認為

---

[11] 尤瓦爾・赫拉利：《未來簡史》（北京：中信出版社，2018 年）。

人是追尋意義的存有（Man's Search for Meaning），如果不能找到事情所以會發生的意義，人就可能不能接受此事，於是活不下去。對於意義的追尋與理解，是要人自己從事的，事情的意義很可能有多端，究竟取哪一種意義來說明某一事情的發生呢？需要人自己去詮釋，自己去下決定，在這個角度來說，對於存在的事物的意義追尋，就一定不是 AI 所能代勞的。或許從意義的追尋這個地方，可以清楚地劃下人與 AI 的界線。一般也認為在道德倫理、哲學思考上，AI 的發展是很難替人代勞，很難突破的，在這些領域上，AI 的演算法應該不會取代人類的思考；雖然如此，人是否能更進一步的發揮這些 AI 所不能取代的人的特長，是不無疑問的。在當代世界，倫理道德的問題往往用知性的認知推理來解決，以為道德上錯誤的行為，只要人能承認錯誤，在現實上能夠作妥善的處理，即在利害上能夠擺平就可以了，這樣一來，人的道德意識會日漸薄弱。現在要重新強調人的道德意識，犯了道德上的過錯而有的罪惡感，正是人的本質或人性的本質所在，也就是不管 AI 如何發展，都不能取代的，於是這一種學問必須要努力提倡。因此哲學的思維，尤其是倫理學、價值哲學的思考，是很重要的，但我們看現在的社會情況與未來的趨勢，哲學可能是顯學嗎？

六、痛苦與錯誤在人生的必要性

古今的哲學家對人生的考察，大多認為人性有善也有惡，人的生命也非常複雜，意志力可以很堅強，有時候又會很脆弱；可以經得起重大的考驗，但在一些一般人以為是小的事情上，或突然面對的狀況，又會作出荒謬的決定，引至嚴重的不合理的後果。人性或人生的矛盾錯綜複雜，真是說之不能盡，如果這就是人生的煩惱痛苦的根源，則由人所設計的 AI 反過來主導人生，避免人性或人的生命活動，人與人的關係中產生的荒謬錯誤；人從這些錯誤中擺脫出來，不是很好嗎？但在這裡反思一下，就知道那種沒有煩惱痛苦可能的人生，幸福快樂與價值意義的感受領略應該也是沒有了。可能人類的生存有他的命運，他是被命定為在煩惱衝突中，努力實現家國天下與自己

的諧和（人固然要與他人和諧相處，也要與自己和諧相處），在痛苦煩惱中逐步克服煩惱，而表現智慧與悅樂。從這個意義上看，最高的理想是「煩惱即菩提，生死即涅槃」，沒有了煩惱，就沒有了最高的智慧；沒有對生老病死的切身感受，就不能體會到恆常清靜與快樂。此處如同上文所說的工作對於人有被需要的感受，人生的煩惱痛苦，對於人生的智慧的開發也是必要的，而且不只是由於煩惱而引發智慧，很可能是「煩惱之所在就是智慧之所在」，人生雖然充滿了問題，但沒有問題的就不是人生。人生有生老病死、貧富貴賤，及思想觀念信仰的種種不同，離開了這些種種，就不是現實而具體的人生，因此佛教的天台宗有「佛即九法界眾生而成佛」的說法。意思是說佛境界可以在人生任何遭遇到的情境中表現，而且必須在這種種可能的人生情況中表現，這些情況可以是煩惱的，也可以是解脫的功德之所在，如果這個說法是有意義的，則沒有這種種可能的人生，就沒有無限豐富的、理想的功德，如「常、樂、我、淨」等，人生就是具有這樣的種種的可能，沒有任何一個人生的可能情況不可以是佛的功德所在，於是沒有人生的種種，就沒有佛法的呈現。在儒、道二家的圓教，同樣表達出這種智慧或人生的體會。於是人生固然是需要不斷進步的，但進步的過程中的每一步本身就是目的，不是達到一個最高、最美的境界才是目的，每一步的生命的知情意的真實表現，也就是目的，即可以是生命所能表現的最高價值意義之所在。於是人生的每一處境，每一種可能有的活動，要嘛是煩惱，要嘛就是解脫或最高意義的體現。這種說法有兩點結論可以推出來：一是沒有了人生的種種，也就不能實現最高的智慧與價值；二是人所處的環境或他的遭遇，並不是人能自主而決定的，不管科技如何發達，總有這些人生的可能情況，亦有遭遇上的無可奈何之處；雖然人生的遭遇自己不能完全決定，但可以決定我在這個處境或事情上，表現的是生命上的煩惱或者是最高的智慧，這一層則是通過自我的修養而自己決定的。

另外，從煩惱痛苦而解脫，或從愚昧中超越而達到明智，這一過程也是不能省略的，如果 AI 加進來而使人的擺脫煩惱與愚昧，一下子就可以做到，不需要由下而上、從迷而覺的過程，則對於這些意義與價值的體會，一

定是不能深切的,這樣也等於是剝奪了人生重要的存在意義與體驗。[12]

七、理性與自由

人工智慧雖然可以不斷的進步,但應該還是在計算這一層面上的進展,人是理性的動物,而理性並不只在計算認識這一層面上表現,也給出了實踐的要求,而實踐是通過自己理性上所肯定的理想,要求實現出來。這種按照理性的理想而給出實踐的要求,應該在計算籌劃(為了得到某種結果,而給出達到目的的手段)之上,是為了追求價值意義而自我要求的一種自己給出

---

[12] 關於痛苦與錯誤於人生是否必要這一問題,陳立勝教授也提出很好的補充:「痛苦與錯誤在人生的必要性問題。此一議題在西方基督教哲學尤其是神義論中是一經典問題,既然上帝是至善全能全知,為何不創造一個永遠不會犯錯誤的人、一個沒有痛苦的世界?一種回應是人之偏離善、人之經受不住邪惡的誘惑,最終的根子在於人的自由,天賦予人自由創造的能動性的同時,也就不可避免地包含了受到誘惑而犯錯誤的危險,在上帝的創世計畫裡,人的創造力的價值是如此之大,冒與創造力俱來的犯罪危險是值得的。另,如世界是一所溫室,則人不可能形成剛健有為的大丈夫人格。此種辯護自古即有,前幾年去世的希克(John Hick)是此論的當代代表。但是一個美好的世界、美好的人生感受是否必須以『痛苦與錯誤』為對比背景以及以多大的痛苦與多大的錯誤為對比背景?此一直是有爭議的議題。換言之,即便我們承認美好感受必在不美好的背景對比下才能產生這一理論前提,依然可以追問的是:能不能以一種最低限度的痛苦與錯誤作為背景?或者能不能以一種虛擬的痛苦與錯誤作為背景?而AI正使得這種設想成為可能?」按因為人有自由,才能作抉擇而產生錯誤,因此人的為善是在可以不為善的情況下,自己決定為善,這樣才是行善或德行所以是可貴的緣故,人能夠真心認為善應該遵行,於是為善,這是人最可貴的特性,也因為是如此,錯誤便避免不了,因為若不可能發生錯誤的話,則人的行善或踐德便是機械性的。而自由與自主的這種人的可貴性,是否會因為 AI 的加入而削弱或甚至喪失?人當然可能可以通過 AI 的設計減免錯誤的抉擇與痛苦的感受,但人生亦可因此而變得不真實;也可能因為 AI 的深度學習,進而利用人的生命發展人工智慧本身的要求,這樣人的自主性是否能保持,就很成疑問。這是涉及到人的最內在而真實的人性。如何能維護這方面的人性,而不被 AI 的程式設計與演算法削弱或代替,需要深入思考。

來的綜合作用，而不只是邏輯推理。如上文所說，這就表現了人的自由，儒、道、佛三教與西方的哲學宗教，都在這個層面上給出了探索，希望達到最高的智慧的層次，而這一層次與通過計算而追求較好的結果是不同的。這可以用莊子的「有待與無待」、孟子的義利之辨，及康德自由與自然的區分來說。如果有這種層次的區分，而道德宗教的要求在上一個層次，不能因為計算的進步，收集統計資料而做裁決的能力的提升，而達到此更高的層次；如果是這樣，不管 AI 的未來發展如何的前進，應該不能（如果能亦應限制，使其不能）達到此較高的層次，如果是有 AI 所不能逾越的層次，而為人的生命活動所專有的，則我們就不必擔心 AI 的進展會侵害到人性或人的尊嚴。當然如果從這個角度來說，則人之所以為人，就不在於計算、為達到何種好處去努力的層次，於是人應該多用心於精神層次或靈的層次的需要，而未來 AI 發展得越好，就越能幫助人從物欲的層次擺脫，而追求精神層次上的滿足。

八、結論

（一）在所謂 AI 的時代，人面對的危機不只是人順著他的感官欲求而對欲求對象的追逐，不只是為了滿足自己的權力欲望，而使欲望不斷的膨脹，這種以往的要對治的情況，還是人自己主動的去追逐、去要求滿足所引致，而現在是被設計 AI 的工程師按照所掌握的大量資料運用，透過算法而做出對不同的習性的與特殊喜好的人或人群，作出持續不斷的引誘、影響。於是就不是人主動地去滿足自己的欲望，而是在不斷被誘發欲望，不斷讓人掉進一個被設計的圈套或漩渦中，不由自主地陷溺其中的情況。於是人面臨的危機是不由自主、自然而然的陷溺，在這種陷溺的過程中，甚至連自己要去滿足、要去追求的自主性，也逐漸喪失，我認為這是人性的重大弱化，是在被引誘、被動的情況下，掉進自以為是自己所喜歡、所要滿足的欲求中。如果真的是如此，人雖然不必擔心 AI 機器人會突破，能有像人的判斷與智慧，但還是要擔心人逐步變成了機械人，失去了他的自主性。針對這種 AI

發展的流弊，或甚至是人的自主性的弱化的危機，如何來挽救？人如何從這種受 AI 的程式設計者所設定的投我們所好的漩渦中超拔出來呢？可能要逆反 AI 的操控與設計，當然不可能完全把與 AI 有關的東西，如智慧型的手機都停止不用，但應該可以把它限制在某個時間某種情況下才使用，不能無限制的一有空檔就利用手機從事種種的聯絡與瀏覽，逐漸從依賴手機電腦提供資訊的習慣，轉而為看電視、文字媒體（報章雜誌）及書籍，擺脫由 AI 而造成的被操控。反科技文明是不可能的，但如何利用科技而又不受其主宰，應該是人的靈明可以做到的。可能可以這樣說，藉著 AI 時代的來臨，使人更能正視人之所以為人的自主性，自由的抉擇與不受控制的精神的自由的要求，而提升這方面的自我要求，讓人過著更為自覺的更能表現心靈自由的生活。於是 AI 對於人生的影響越加盛大的現代，應該也是促進人自覺地反省，以活出真正的人之所以為人價值的時代。AI 的發展，的確產生種種方便，如搜尋資料、翻譯、程式設計等等，固然有助於人的活動，但有一利就有一弊，我們的想法、習慣、嗜好，都會給 AI 所蒐集，人生的一切活動，甚至都會被做成記錄。人的判斷也會依賴 AI 而逐漸成為機器人，這是我們應該深以為戒的。於是如何順著科技的不斷發展，得到其中的好處，而又能逆著其所造成的人的自主性的流失，而強調人的自主性；如何提升人的精神的自由，活出每個個人自我的特別的個性，是這個時代的人必須面對的挑戰。

（二）如何使科學的發展與人生的意義協和一致，此一問題之思考是現代人不能迴避的。上文說，人生充滿矛盾衝突，時有錯誤的發生，有時候一失足成千古恨，錯誤當然要糾正或避免，但產生錯誤的根源，也就是價值能夠創造的可能性所在，取消了產生錯誤的根源，也就取消了創造價值的可能。當然價值可以由設計 AI 的人，或按照程式自己發展出來，但這些價值只是一種客觀的存在，跟人的抉擇與從自由抉擇而有的感受掙扎，如抵抗以感性的欲求為先的人性的傾向，克服人性的脆弱，控制自己的情緒等等無關，沒有了這些，就不是活生生的人生。從這個角度看，人的感性，及由感性欲望產生的影響力、理解力與理性，都全部要承認，缺一不可，由此我們

可以看到人具有 AI 不論何種發展都不能有的本質，這種人的本質必須要包含上述的種種生命的成分，缺一不可。AI 不會犯錯，那就不是真實的人生、不是真實人的存在，只是人藉以生存的工具或手段，人如何使用這種工具，不要讓他反過來取消了人生的真實性與價值性。以上是從目的論的思考來看有關的問題，即認為人生的存在所具有的種種如理性、知性、感性、想像等，都是缺一不可的，合而成為一個整體的人生；而人生可能的遭遇、可能有的關係，悲歡離合、禍福吉凶等等，也是一個息息相關的整體，缺一不可的。人生種種與所遭遇到的一切問題，都可以由人所生而有的種種能力去加以解決，當然其解決是要通過種種力量的配合，又要經歷各種的過程，這一切也是缺一不可的。現在 AI 加進來，成為人的生命的一部分，而且這一部分不是外在的，而是參與到生命內部的運作的，這樣會不會打亂了生命存在作為一個整體而各部分互為目的手段、缺一不可的情況呢？於是「人＋AI」的這種存在，可能就不合於本來的人的整體的結構，打亂了其中目的手段缺一不可的諧和一致；當然這個是從目的論或合目的性原理的觀點來看，但由於 AI 是外來而又以強大的科技力量參與人的理智的決策，而且改變人的心智、身體與情感的現狀，則上述目的論的觀點可能是有道理的，即 AI 的發展會破壞人生命乃至人類群體活動、歷史發展的合目的性。人作為一族類而言，有其透過賡續的生命發展，才會充分表現的潛能，這種潛能的逐步發展，當然是要通過人類歷史的不斷繼續才能完整表現出來。從這個角度來看，人所具備的各種才能與潛能，是有需要充分實現出來，才符合人這一族類存在的目的。如果因為 AI 加進來，而使人類某些才能或潛能不能充分實現，糟蹋了或荒廢了，那便對於人具有這些才能與潛能的目的相違背。如果這樣說是可以成立的，那 AI 對於人類的影響的後果是什麼呢？大家可以思考一下。

　　（三）由上面所論，及現在人工智能與科技的發展趨勢，似乎對於人的定義需要重新規定，這是說通過了人工智能的加入或直接涉入到人的內在生命、能力來看，似乎人的能力在人工智能的協助下，不斷突破超越了以往所認為的極限。所謂極限是人不管如何力圖進步，總是受到人的有限性所限

制，生命雖有各種的能力，但不管人如何聰明睿智或強壯，力量總是有限；而現在假如可以與人工智能結合，就會大幅度的增長人本有的智力與體力，也會領會或感受到以前所沒有的生命感受，而且這種進步與超越，好像是隨著人工智能的進步而無止盡的，如果是這樣，所謂「人」就不能被劃定在一個範圍內被規定或被了解，人所面對的未來，在科技的發展趨勢底下，未必不能衝破他生命中的限制，甚至不受時空所限制。如果可以這樣看，人是否可以用一個明確的定義來範圍住他的本性，他的能力？這是從人工智能通過深度的學習而有不受限制的前境，又可以進入人的生命，與人本有的種種能力相結合，而做不可預測的推進來說的。既然人的能力有不可預知的推進可能，則將來的人是否適合於我們現在對人的看法、規定，當然是有問題的。以往中國哲學不管是儒道佛的說法，都肯定人可以成為體現無限意義的理想存在，如成聖、成佛、與成真人等，成為這些理想的生命存在，當然已經表現了人生命中的超越性。從聖、佛、真人的與萬物為一體，表現了不受人此一生類的現實生理所限，而表現衝破了人作為某一生類的本能欲望的限制，表現了與天地萬物、自然的整體合而為一的境界，而這種生命意義的超越性的表現，可以借用當代新儒家所說「內在的超越」來說明。即人可以通過體現本有的善性、佛性、道性，而表現無限的意義。但這種無限只是意義上的或價值上的無限，並不是在此時人可以衝破他生命的有限，而成為事實上的無限者，這是牟宗三先生所說的「即有限而無限」的意思。在此意義上，人也可以說並非可以劃定在某一種類的定義上。人當然是屬於人類，有一定的限制與規定，如人不能是其他動物，也不能是神，在此意義下說，他被劃定在某一類別上，也就是有限的；但從人可以即有限而無限，而此無限是從人可以表現無限的意義與價值來說的，也可以就此一面來說人可以與天道相通。於是從人可以體現無限意義而與天道相通，就說人並「不只是」被劃定為某一種類的存在，即人是某一種類，但又可以突破這一種類的限制。當然這一突破是價值意義上的突破，並非事實上或形體上成為無限者，這是上面所說的內在的超越之義，當然這是借用而並非原意。按當代儒學的原意，超越者如天道是超越而內在的，人只要能盡其本有的心性就可以通於超越的天

道。現在借用內在的超越（也可以說是「內向超越」，如余英時所說[13]），儒道佛所追求的生命的無限，是往內的追求，雖然體現了人的生命可以表現的價值意義的無限，但對於人的生命本身所具的力量，形體的存在，並沒有改變。而現在加入了人工智能的幫助，似乎人可以不受天生而有的能力所限制，通過科技的幫忙而做不可測的往外推進，這可以說是「外向的超越」。這一外向當然也含人的認知的心智，藝術的品鑑與價值的追求，如同上文所說的內向超越所含之種種，但在人工智能的推動下，這本有的也是內在的能力，不管是精神的或體力的，都有往外推進而無止盡的可能。這往外推進是從借助科技力量來說的，與內在超越只反求諸己不同。如果上述的區分是可以說的，則人現在面對的外向的超越的情境，一定是會給出一個前所未有的人類的處境，人的智力生命的體驗與欲望的享受，在這種外向的超越的要求下，會被科技的快速進步而推動，不知止於何處、伊於胡底？這種前境是否可以為人類控制得住，是否如一些對 AI 抱著樂觀的態度者所認為，善於利用人工智能，是人可以擺脫以往的限制而開出新的紀元？[14]

---

[13] 余英時：《論天人之際》（臺北：聯經出版事業公司，2014 年 1 月），頁 219。
[14] 李開復：《AI 新世界‧增訂版》（臺北：遠見天下文化出版公司，2019 年 5 月二版）。

論楊澤波教授
對牟宗三先生圓善論之批評

前 言

楊澤波教授對牟宗三先生的著作研究非常用心，出版了《貢獻與終結——牟宗三儒學思想研究》[1]五卷，共兩百四十餘萬字的鉅著，內容很豐富，對牟先生的思想有系統地整理、詮釋與批評。對於他有關《圓善論》的評論，我之前也作了一些回應[2]。最近又收到他寄贈的《焦點的澄明—牟宗三儒學思想中的幾個焦點問題》[3]，把前書各卷論衡部分的重點章節，再行收錄成書，當然也作了一些補充。最近重看了此書有關牟先生圓善論的討論，覺得澤波教授的評論雖然不一定中肯，但藉此可以對牟先生原書的思想作進一步的探究，這也是非常有意義的。本文從「詭譎的相即」與道德幸福、分別說與非分別說，以及存有論的圓在圓善論中的特殊意義三方面來作評論。

---

[1] 楊澤波：《貢獻與終結——牟宗三儒學思想研究》（上海：上海人民出版社，2014年）。

[2] 楊祖漢：〈《圓善論》中所涵的特別哲學見解〉，「『百年儒學走向』國際學術研討會暨牟宗三誕辰110周年紀念大會」，2019年7月13-14日，山東煙台。收入顏炳罡主編：《儒家文明論壇》第七期（濟南：山東大學出版社，2021年9月），頁269-280。

[3] 楊澤波：《焦點的澄明——牟宗三儒學思想中的幾個焦點問題》（上海：上海三聯書店，2019年）。

一、「詭譎的相即」與道德的幸福

楊澤波教授認為牟先生的圓善論雖然是晚年代表作，但未能解決康德所提的最高善，即德福一致如何可能的問題。他主要認為康德所說的「幸福」，是屬於物質的幸福；而牟先生所說的圓善所含的福，是道德意義的幸福，故不足以解決康德所提的問題。以下先引楊教授的原文，再加討論。他說：

> 牟宗三能夠達到的只是道德幸福。
>
> 「詭譎的即」是牟宗三圓善論頭一個理論步驟。「詭譎的即」包含兩層意思：頭一層意思是，德與福不能分離地看，而應聯繫地看，「德福同體，依而復即」，德離不開福，福亦離不開德。第二層意思是，德與福的關係不能僵死地看，而應該變化、轉換地看。一件事從一般的角度看是苦，從另一個角度看則是福。成就道德往往意味著犧牲，這種犧牲一般人看來只是苦、只是罪，但在另外一些人的眼目中，卻能轉化為一種愉悅、一種幸福。「詭譎的即」雖然是牟宗三借助佛教天台智慧新創立的概念，但這個概念所要表達的思想對於中國人而言並不特別難理解，它的基本精神其實就是儒家一貫提倡的「孔顏樂處」，通過「詭譎的即」得到的幸福不過是「孔顏樂處」的另一種表達方式。「孔顏樂處」必須在成就道德的過程中產生，單獨的「孔顏樂處」沒有意義，也不能存在。另外，「孔顏樂處」不可能直接得到，必須經過轉化。成就道德的過程中的付出和犧牲，只有經過辯證的視角，才能轉化為成就道德的滿足和愉悅，轉化為一種幸福。如果我們以「孔顏樂處」詮釋「詭譎的即」沒有原則性失誤的話，讀者可以很容易看出，由「孔顏樂處」得到的只是一種道德幸福，屬於精神領域，即使由此可以達成一種所謂儒家式的圓善，但這種圓善也只是精神意義的，而不是康德所要求的物質意義的幸福。[4]

---

[4] 楊澤波：《焦點的澄明——牟宗三儒學思想中的幾個焦點問題》，頁320-321。

這一段是澤波教授對圓善論的批評的關鍵，文中開始處對於「詭譎的相即」的了解似乎不錯，但如果真能了解此意，就不會認為牟先生所說的德福一致之福，只屬道德的幸福。由於他認為牟先生提出的德福一致的福，只能是道德的幸福，於是不能對康德所要求的「德福一致如何可能」提出真正的解決。雖然澤波所說之意，並不完全等於用「德」來代表「福」，或用有德者的坦然無懼來規定福，如同斯多亞學派的說法，但澤波之說其實也近乎此，這是牟先生十分自覺加以區分的地方。按牟先生所說的「圓善」，是就有德者，甚至是至德者的境界來說，當然是一個通過生命的修持而達到的最高境界，即生命完全純潔化，此並非一般所謂的有德者。一般的有德者當然是會有對自己能具有道德情操，而感到自己生命有意義、有價值，有不管是什麼情況遭遇，都可以坦然無懼，但這些只是道德的愉悅，並非面對遭遇、處境而感到順心如意。牟先生所說的圓善意義的福，是在聖人與佛的境界下，一切法隨心而轉，即是說達到了這種心靈境界，所面對的「物」即對象的一邊，完全受此心靈所決定，成為順心如意的情況，而不是人在面對不順利的情境時，作內心的轉變而表現出心靈的坦然無懼或內心的滿足。我們在面對不如意的情境時，通過精神的修為或涵養，而不至於受外物的宰制，使本來會引發的難受、痛苦，轉而為順應而愉悅的心境，這當然是可能的，但並不是至德者的心靈境界。達到聖人、真人或佛境界的人，如上文所說，是不管遭遇到怎麼樣的情況，都完全當下成為順心如意的情況，一切法由純淨的心靈所決定，而都成為與此心靈一致的順心如意的狀態，即是說物當下由主體的心所決定，心是如何，物就是如何；這裡當然可以說「詭譎的相即」，因為不離開所遭遇的任何情況，而頓時是順心如意，但並不需要如澤波教授所說的，通過辯證的過程而使心靈產生與原初面對事物不同的感受；即當下就是順心如意，而不必從不如意或難受，轉而為順心如意，不需要有所謂辯證的發展，不需要翻轉或改變，而是當下真正表現為事事如意之感。如果說是改變，是物順著心而改變，此改變也只是表現了不同的價值與意義，法的存在情況可以如舊。這裡必須強調心或主體的對物的決定，不論是儒家的縱講的型態，或佛老縱貫橫講的型態，都是在聖、佛的德行智慧的表現下，一切

法隨心而轉,這是因為頓時心與萬物為一體,不分彼我而顯的物皆順心的境界。上述澤波教授的解釋,表示了對牟先生原意的不了解,並不透徹明白所謂「一切法隨心而轉」之意。此一切法隨心而轉,也可以理解為「物即是心,心即是物」,但並非泯除了心物的不同。如果泯除了心物的不同,那就不能有德福的分別說。福還是要從在物邊順心的意思,即不能只從心境上的坦然愉悅來規定。如果只從心上的對德的實踐而有的體會、愉悅來說,那只是德,並不是福。

所謂的「孔顏樂處」,也不能夠只從內心的對德性的悅樂來理解。孔子「飯疏食飲水,曲肱而枕之,樂亦在其中矣」,他的樂是在疏食、飲水等的生活上表現,不能離開這些生活來說,才可以說是幸福。顏淵是「一簞食,一瓢飲,在陋巷。人不堪其憂,回也不改其樂」,他的樂,也是從一簞食、一瓢飲、居陋巷的情況上表現,這當然是聖賢修養才能表現的境界。但也要說,他們所處的環境,在這個時候成為他們享受的地方,離開了這些居住飲食的情況,也不能有這種愉悅與快樂。這就是一切法隨心而轉。而如果只就內心的悅樂,或只就自己的踐德的滿意,則不必涵物處順心之意,也沒有表達聖德或聖心對於外物的決定。進一步說,如果「孔顏樂處」要理解為牟先生圓善論的福,則如上文所述,一般人不堪其憂的情況,在顏子都是福,而且此福是沒有福與非福的相對的,「回也不改其樂」雖然說是樂,但顏淵所感受到的並不是與苦相對的樂,此意可以用程伊川所說的「使顏子而樂道,不為顏子矣」[5],這是說「道」不是顏子所樂的對象,牟先生曾用「無向(相)」來說明此意,表示如果道是顏子所樂的對象,就不是真正的樂道。程伊川這說法的境界是很高的,表示了顏子的樂道,是與道合一,道不是作為一個「樂的對象」而存在,嚴格講可以說,道在這個時候與顏淵所處的環境渾然為一,道即顏淵的生活,顏淵的生活即道,他也沒有求道的想法,只是當下該如何就如何的生活,於是道是在忘了道與現實的生活的分別,也忘了所處的環境是苦或樂的不同,而以一種當下即是,而沒有任何分別的想法

---

[5] 〔宋〕程頤、程顥:《二程集》(北京:中華書局,1983年),頁395。

來面對;而在這種無分別,如郭象注莊所說「芚然直往而與變化為一」[6]的心情面對一切,就是樂,也可以說是「無樂相之樂」。這裡當然是有不同的人生境界的升進,首先人的經驗處境是有苦有樂,然後由於有道德涵養,於是不受苦樂的分別所影響,表現坦然自得的心境;再進一步,有德者完全以無心而自然、無分別的心情面對一切,而與萬物為一,於是物即是樂、樂即是物,這是沒有前面苦樂不同的分別,也沒有主客不同的分別,而渾然是一,這就是無樂相之樂,也是無道可樂、處處是道的境界。此種樂,與苦是不離的,在表面苦樂相對的苦中,也表現了不與苦相對的無樂相之樂。這種心靈層次的升進,可以用《大般涅槃經》的說法來說明,一般人以為有常、樂、我、淨,其實是執著;現實上的存在是無常、苦、無我、不淨的,但從無常、苦、無我、不淨的現實中,了解了緣起性空的道理,就可以於無常、苦等現實而證皆是般若實相,現實處境與般若實相兩種情況其實是分不開的,最後體會到無常之常、無我之我、不離苦之樂與不淨之淨,於是這就是佛或涅槃的常樂我淨的四德,這四德並不離開現實的苦、無我等而呈現,但又並不只是現實上的苦、無我、不淨等意義。可以說,四德是涅槃法身的意義,此意義是遍一切法而呈現的。可以以此意類比孔顏之樂,即此樂是不離開一切現實的生活,即於任何一種現實處境都可以呈現,儒道佛都可以有這種境界,都表示了不離開任何一種處境、任何一法,而可以表現圓滿而悅樂的境界。如果此說可通,這樣的境界就有似於牟先生要表達的德福一致的「福」,此福是就人所面對的客觀情境與人的內心想法順遂如意來說,雖然與有德的心境相關聯,但又不只是對德的感受,而必及於所面對的情境所表現。雖然圓善中的德與福是必然關聯的,但仍然有德、福或主體與所對的環境的分別,只是此時主客的分別,是有渾然一體的情況。此意可以用天台智者大師一段話來幫助說明:

如如之境,即如如之智。智即是境,說智及智處,皆名為般若。亦例

---

[6] 莊子:《莊子・齊物論》「聖人愚芚,參萬歲而一成純」郭象注。

> 云：說處及處智，皆名為所諦。是非境之境，而言為境；非智之智，而名為智。[7]

這一段表達了在佛如如智證如如境的境界下，還是可以有能、所的分說，但如果從主體之能來說，就是主體之智與所對的境不二，於是智與智處都是般若，主體所對的處，也就是主體的般若智的表現；如果從客體之所來說，也是所與能不二，處與處智，皆名為所諦；即是說，要說所或處，所也就是能，處就是智的表現。於是，境是非境之境，因為境一定要連同智來呈現；智是非智之智，因為智一定連同境而呈現。此段所說的如如智證如如境的境界，很能表達一切法隨心而轉或聖德聖心所對的外境，完全由主體的智所決定的意思。於是就可以證上文所說，有聖德者一切法隨心而轉之意。如果是講這種境界即圓聖、圓佛之境，那裡需要把原來是苦境或對苦境的、不如意的感受，轉化為順心如意的感受呢？不必有這種犧牲或辯證的轉變，而當下即是。

澤波教授所認為牟先生圓善論所說的福只是道德的幸福，而康德德福一致所要求的福，是物質的幸福。他認為即使承認道德的幸福也是福，但不合於康德所說的對幸福的定義。於是牟先生是轉換了幸福的意義，來證德福可以一致，因此牟先生這一論證是不能成功的。這的確是需要討論的問題，但若了解這是就圓聖圓佛之境上說的，便不成問題了。

二、分別說與非分別說

澤波教授的評論，除了上節所說的，不能理解「詭譎的相即」所含的當下即是、境智一如之義外，他對於牟先生所說的「分別說」與「非分別說」的區分也沒有恰當的了解。他對圓善論的質疑，如圓善論所說的德福一致的福，只是德性的幸福，而不是物質的幸福，是通過精神的辯證的發展，使本

---

[7] 智顗：《四念處》卷第四。

來是苦的情況，轉而為樂的情況，而且圓善所說的幸福，是物自身的幸福，而非現象義的幸福，這幾點質疑，都屬於分別說，即分別了苦與樂、德性與物質、現象與物自身。如果了解牟先生圓善論中所說的「詭譎的相即」，是非分別的說法，上述的質疑應該都可以消除。即是說並非通過化苦為樂、去妄為真、轉染為淨的過程，才可以達到「福」的境界，而是如果是聖、佛與真人生命的呈現，則他所遇到的任何情境，不管表面是苦境或樂境、染境或淨境、善境或惡境，都一是皆福。雖然說是一切法隨心而轉，但不是使苦境轉為樂境，而是境隨著心的情況而轉，成為心所樂的境界，客觀境的情況沒有改變，這是所謂「詭譎的相即」。詭譎是說不離開現實的苦與不淨，而就是樂與清淨，也可以說佛的常樂我淨，就在空、苦、無我、不淨中表現。表面與常樂我淨相反的情況，在佛心中，卻是常樂我淨。這兩種表面相反的情況或感受，相即在一起，這是所謂詭譎的，於是雖然是詭譎的相即，但也就是當下是一，而沒有轉化的過程，或可說轉化是「頓」的轉化，即是說沒有轉化的過程，沒有想去轉化現實的想法而當下頓現；而且這種頓現是可以保住一切法的不同情況的，不管面對何種情況，而就在該情況下頓時就是順心如意的福，因此所謂「詭譎的相即」，是保住一切法的存在，而且保住一切法的不同情況，而說每一個法在聖、佛的心境下都是福，這也可以說是圓頓的境界。圓是就即於任何一法，或不捨任何一法來說；頓是就當下即是之意來說。當然這個境界非常難以實現，但假如按傳統儒道佛三教的講法，通過修德的實踐，這三種實踐的型態都可以使人達到這種最高的生命境界，於是三教的圓教意義下的聖人境界，就可以涵這種德福一致之境。

　　聖人的生命是表現了天道創生一切的功能，如天地的普遍的潤澤一切，而且又與萬物一體不分，當然就可以處於任何一個情況下，潤澤當前的存在，而呈現萬物一體的無限意義，而此意義是一種順心如意的感受。在天台圓教所表示的佛格，由於佛不捨任何眾生，則一切眾生所處的情況，都是佛的悲願要使其成為佛境界呈現的，於是任何三千世間的情況，都可以是佛法身表現的所在，於是佛的任何一種遭遇情況，都可以是常住的法身的表現，而佛法身是永恆的常樂我淨，於是法身所在處，頓時就是永恆的福樂；在道

家,真人的自然而然的心境,是不離開他的現實處境,而一體呈現的,即迹本圓融。既然本迹圓融而不相離(亦可說「不能離」,故是「天刑」),於是即使是遭遇到桎梏等苦境,也是真人自然而然的逍遙境界的呈現,於是也就是有德必有福的情況。故透過儒道佛三教的圓教理論,德福一致是真實可以體現的理想,而且不能有上述所謂的分解的不同表示,即如果還有福與不福、苦與樂、染與淨的分別不同,那就不是圓聖、圓佛的境界。在聖佛的境界中,所遭遇到的任何情況都是福,而且當下就是,最苦也就是最樂,其實應該說沒有苦與樂等等的分別,只是「如如智,證如如境」,楊澤波教授對圓善論的理論,理解德十分仔細、用心,但恐怕是想太多了,把比較簡單的想法複雜化了。當然這也可能是對於牟先生所謂的「非分別說」了解不夠。一般人的思考都落在轉惡為善、轉苦為樂、轉識成智來思考,這當然是不能沒有的思考或修養方式,但真正的圓教卻是即九法界眾生而成佛,沒有一個眾生可能存在的狀況不是佛的境界,這樣才是圓教,於是就不能沒有非分別(非分解)的說法。非分解的說法表達了即染而淨、即惡而善,要保住九法界的差別,而肯定這些差別法不必去掉差別,而就是佛法、佛境界。這並不是廢掉了轉惡為善的工夫努力與轉化的過程,而是雖然有內心或精神上的轉化,需要去掉煩惱,但客觀存在的法,可以是一樣的,這是所謂「不斷斷」,這樣才能保住三千世間法,於是也才能說明整個人間的一切都可以是佛法的表現。在儒家、道家,也需要有這樣理想的境界,如王陽明說「古者四民(士農工商)異業而同道」(〈節庵方公墓表〉),四民的差別如果保不住,就不能是真實的人間了,於是實現聖人之道,是必須可以在人生可能的種種差別法上表現。這些人間的差別是不能改的,斷是斷煩惱、無明,但並不斷煩惱法,三千法的差別與佛相即,若是佛境界的呈現,當下就是,不必去掉分別。這也是所謂無明法性相即,無明即法性,法性即無明,二者依而復即。九法界的分別本來是由無明而成,雖然必要轉無明為法性,但既有的差別相可以不改,於是就保住了人間一切差別的情況,由此圓教之意,就可以說明了一切人間的遭遇可以在聖佛與真人的境界下,既沒有改變其現實情況,而當下就是順心如意之福,九法界不用轉也不用壞,如果轉九壞九,

才能是佛境界、才能是福,就是天台宗人評華嚴宗的「緣理斷九」之說,此說並不能保證德福一致。

此中固然有如澤波教授所說的精神的辯證,或心靈境界的層層上升,但此一過程在詭譎的相即、不斷斷的表示下已經過去了,上文所說的《涅槃經》之意,可以再用來說明,如果不見空與不空,則並非對空義的真正了解,真正了解空義,就需要空與不空兩方面都能看到;即必須在無常、苦等的現實經驗,體會到也就是空的意義的呈現,再進一步,二者相即,於是體會到無常相之常、無我相之我,當下就是常樂我淨的佛境界,此佛的境界也就是三千世間法,三千世間法就是恒沙佛法佛性的呈現,這是空即不空,真空也就是妙有。於是吾人可說精神的種種辯證、層層上升的過程,在此詭譎的相即之意義下已經過去了,這是當下即是而沒有翻轉、改變可說。如果明白此意,則楊澤波所作的對牟先生圓善論的各種批評,其實並未徹底了解這一圓境,他還是處在分別說的層次來理解牟先生的說法。

楊氏認為牟先生所說的德福一致之福,或從聖人與佛所呈現的一切法隨心而轉,物處順心之福,還只是道德的幸福,並非康德所言德福一致之福為自然之福或物質之福,這就停留在分別說的層次。首先康德所說的幸福,並非如他所說的為物質的幸福,康德是從幸福離不開自然,而自然的存在服從自然律,並不服從人實踐道德而給出的自由,自由與自然不同,於是人所處的自然,並不能有必然的符合或相一致。固然幸福不能離開自然,但這裡重點是在於自然與人的意志相符,如果人所處的自然或他的生活遭遇,與他的意志相符順、無不如意,那就是幸福,這自然與人的意志相符而無不如意,並非只是物質方面的幸福,此一分辨在賴柯助的討論中已經說明白[8]。如果聖、佛的境界可以心物一如,如如之智證如如之境,則是可以達到物隨心轉而無不如意之境,既然是無不如意,當然就是幸福,而且也不宜再有道德的幸福與物質的幸福的區分,只要能有心境一如、一切法隨心而轉的情況出現

---

[8] 見賴柯助:〈誤解與澄清:論楊澤波詮釋牟宗三之德行與幸福的合理性〉,《當代儒學研究》第 24 期,2018 年 6 月,頁 99-143。

就可以了。如果說幸福一定要從感性或物質性方面得到滿足,這也不合於對幸福一般的規定。幸福是人事事如意之感,對於怎麼樣的情況遭遇會使人如意呢?是可以不一定的,因此有人以辭官歸故里為幸福,有人則非要漏夜趕科場不可;住高樓大廈不一定幸福,而住草舍茅寮也不一定不幸福(當然必須要有住的地方),可見幸福感固然與物質或物質對於感性的作用相關,但並不能決定在何種物質情況下才是幸福,故康德雖然說幸福不能離開自然,但也不是規定何種自然情況就是幸福,幸福在康德也說是「想像的理想」[9],與人的知性、感性、想像有關,而且是隨時變動的,並不能明確規定。如果從這個意義來看,則是否感到幸福,與人的生命的綜合情況,或與人的精神修養境界是非常相關的;如果是至德者,他的幸福當然與他的德性境界的呈現有相當的關係,在他的幸福的感受,也可能是偏向德性的意義,但說至德者之福,只是德性的幸福,就不合理了。固然人如果自覺他有道德的人格,而且其德性人格的精神,獨立而不受任何情況所影響,即他有強烈的道德的操守,如孔子所說的「據於德」,即能夠如同戰士的守在戰壕,不容易為外敵所攻破。人能據守他的德而抵抗種種誘惑,能夠有這種操守,人當然是會有道德上的愉快的,但這並非圓善論中所說的德福一致的福。在德性的實踐給出來後產生的愉快,可以如楊澤波所說的德性的幸福,而不是康德所要的德福一致之福[10],但牟先生所說的,在聖人與佛的境界下,德福詭譎的相即的福,並不只是對於自己實踐道德的純粹的悅樂,而是不能離開所存在的情況,而得到的幸福之感。這種福,固然由於聖德的呈現,而使一切法隨心而轉,但法的存在也提供了此一愉悅幸福的作用。即是說,在德福一致之

---

[9] 見牟宗三譯注:《康德的道德哲學》之《道德底形上學之基本原則》(臺北:聯經出版事業公司,2003 年),頁 55。

[10] 楊澤波把道德的幸福,理解為人在道德上的需要得到滿足,按此說法也有問題。把道德視為人的一種需要,容易與人感性上的需要相混,感性上的需要讓人不由自主,很難擺脫,道德上的要求則是自由的表現,人自由自主的表現德性的意義,如按理所當然、無條件的律令而行,並非如天生的感性的需要,迫使人不得不為。用「需要」來說德性的要求恐怕很不恰當。

福中,存在界的情況也提供了福的內容。此意可以用唐君毅先生的「心靈九境」論中,心所對的境於境界的內容是有貢獻的說法來幫助說明。唐先生用「開門見山」[11]來表示客觀的境對於心靈境界的構成有其作用,即固然開門才能見山,但山的存在對於開門見山這一境界是有一定作用的,不能說山的存在完全由心所變現所產生,此中唐先生不贊成「唯心無境」的說法,也不贊成不管人認不認識外境,外境都以他本來的狀態存在的實在論說法。參考唐先生的理論,可以如下的表達牟先生的一切法隨心而轉之意。即,法的存在意義,或對於人的感受是隨心而轉的,於是有物處順心之感受,這是心通於境,遍運於境;但也不能離開物的存在,而有此順心之感。故曰「心開與境現俱起」,物或心所對之境,對於順心如意之福,是有其貢獻的。於是不能夠把牟先生所說的德福一致的福,理解為只是踐德之人對於德性、價值的體會,或由此而生的坦然、愉悅的心情。物或境的存在,也有其客觀意義,也是造成人此時順心如意的構成成分。如果可以這樣講,則德福一致的福,不只是內心的踐德之境界,而是有對境而順當的感受,這種就是福的享受。這種享受離開了物境的存在,是不能有的,於是楊氏說德福一致的福,由於是物隨心而轉,而為只是道德的幸福,就不恰當了。此處不能說只是道德的幸福,也不能說只是物質的幸福,而是二者可以是「詭譎的相即」的關係。在這種二者必然連結,而又各有作用的情況下,產生了德福一致之福。這是德性心的作用於境,而且是心所對的境作用於心,合而成為二者相即的情況下而產生的福。也可以模仿上引智者的話來說。如果說是德性心這邊的幸福,則德性的幸福也就是物質的幸福;如果從德性心所對的境來說的幸福,

---

[11] 唐先生說:「中國思想,則不言上帝造天地,只言天地開闢以來。天開地闢而萬物生,此乃謂天地開闢與萬物之生俱起。故今謂心開而境現,亦可是心開與境現俱起。與境現俱起而開後之心,亦存於境,而遍運於境,遍通其境。固不須說先有離心之境先在,心開而後至於其境,而更知之通也。如人之開門見山,此山雖或先有,然如此如此之山之境,以我開門而見者,亦正可為前此所未有也。」唐君毅:《生命存在與心靈境界》上冊,《唐君毅全集》卷23(臺北:臺灣學生書局,2006年),頁96-97。

則物質的幸福也就是道德的幸福。

三、存有論的圓的特殊含義

順此意，就可以理解牟先生所說的「存有論的圓」的特別含意，楊澤波教授對於牟先生所說的存有論的意義的特別與在理論上的重要性，是有了解的，但可惜不完全相應。存有論的圓，是牟先生解釋佛教的圓教義理所用的一個概念，他認為由於「佛性」一觀念的加入，使得佛教的教義有各種宗派的不同發展，由於按佛的悲願，需要度盡一切眾生，於是肯定眾生都能有成佛的保證，佛性義的提出就是要肯定一切眾生都能成佛，而也因此佛性是如來藏恆沙佛法佛性，一切眾生都收進來而成為佛性所及的範圍。由於一切眾生都是佛要救度的內容，任何一個都不能少，於是就有對一切眾生的存在給出根源的說明的要求，即要說明，所謂一切眾生要如何理解，於是對一切眾生的來源、範圍及其性相，需要有說明，於是便有天台宗「一念三千」之說，即一切眾生是十法界的眾生，包含地獄、餓鬼、畜生以至佛的十類眾生，每一法界都有國土、五陰及眾生三種世間，又可以通過「十如是（如是相、如是性、……如是本末究竟等）」，要對三千法作這樣的說明，才可以表達究竟都可以成佛的眾生，是什麼情況的眾生。這種存有論說明是非常重要的，不然只是籠統地說一切眾生都要度盡，而對於所謂眾生沒有真實而具體的說明。另外，要度眾生必須說明眾生的煩惱的來源，及如何還滅，於是對於煩惱的根源，及解脫的根據，又必須有說明，於是有妄心系與真心系的說明。而這些說明，都是有可諍處而不是圓說，於是依天台宗的非分解的說明，即一念心即是三千法，而一念心是一念無明法性心，於是才可以成為無諍的、對一切法的存有論的說明。一念三千、十法界互具，於是佛是即一切眾生而成佛，一切眾生乃至於一切世間的種種情況，都可以是佛境界表現的場所，於是一切的存在由於都可以是佛境界呈現的機緣，一法也不能少，這所謂「是法住法位，世間相常住」，於是雖然佛教以緣起性空來說諸法實相，但這一切以空為性的一切存在都有其存在的客觀根據，甚至有存在的必

然性；因為都可以是佛法身的呈現處，都可以表現無限的價值意義，而一法不可少。而這一種對一切法的存有論的說明，才可以保住一切法，及一切法的差別相，世間相全部可以因為就是佛法身的呈現而被保住，而此保住一切法，或言一切法都可以是佛法，就保住了一切法都可以是福，即給出了德福一致的真實可能。這是圓教與圓善的關係。圓善是德福必然一致，而由於世間一切法都可以是成佛的機緣或佛法身的呈現之處，可以在人生任何的情況下，為佛境界的實現，是佛境界的表現處就表現無限的價值意義，如上文所說；由於在此時是佛境界或佛法身的呈現，那就一定是常樂我淨，所謂涅槃四德的呈現處，既然是常樂我淨的表現，當然就是福。即如上文所曾表示的，按照《涅槃經》的講法，此四德是在無常、苦、無我、不淨處表現處的意義，可以外表是無常、苦、無我、不淨的情況，而就是樂與清淨實現的所在，所謂無常之常、無我之我、不淨之淨。由於一切法的確是緣起性空的，於是在任何一種存在處，都可以證空而表現佛智，而佛智就含常樂我淨，於是按《涅槃經》與天台宗的說法，由於即九法界眾生而成佛，圓具一切法，一法不可少，那任何一法既然是可以不改其差別相、煩惱相，而當下是佛境界，則於佛或聖人他所遭遇的任何情況，就可以是福樂的所在，這種樂當然是順心如意或一切法隨心而轉的（此所謂轉，是即一切煩惱無明法不離開其差別相，而覺悟一切都是佛法，也可以說是「不轉轉」），由於有這存有論的圓具的說法，才能說佛或聖人在其即於一切可能的存在情況，即於任何一法而實現福樂，可見此「存有論的圓具一切法」是很關鍵的理論。由於有存有論的圓具一切法，才可以保證佛或聖人遭遇到不管是人生那一種情況，都可以成為常樂我淨表現之處，由於成佛必須即九法界眾生而成，於是有存有論的圓具或天台宗所謂的「性具」之說，這本來是為了說明一切眾生都可成佛的理論，而現在又成為保證德福必然可以關聯在一起的關鍵性理論，一法不能少，與世間相常住，才可以保證佛在任何一種情況下都表現佛境界；而由於佛境界含常樂我淨的意義，那也就保證了有德者必有福的圓善理想。牟先生這種說法其實是相當合理的，當然成佛是一個難以達到的理想，但也不是沒有實現的可能，而假如佛境界是可以實現的，則按照佛即九法界眾生而

成佛的圓教理論，又按照佛境的表現處，必具有常樂我淨的四德，於是就使有德者必有福，或圓滿的善成為可能，怎麼會如楊澤波所說牟先生的說法不能解決德福一致如何可能的問題呢？

這種存有論的圓具一切法的理論，雖然是從佛教的圓教開發出來的說法，但用在儒道二教也是很適當的。牟先生甚至認為儒家的形上學是縱貫縱講，比佛老的形上學（或存有論）為縱者橫講更為飽滿，更能肯定一切存在，在儒家肯定本心仁體是天道生化之本體，則一切的存在本來就具有從天德而來的無限的價值與意義，於是對一切法的存在，有從道德之理而來的肯定，即一切的存在都是善的應該的存在；而這一切存在的善或價值，在仁心、良知的呈現下，就顯發了存在界的無限意義，而人就有與萬物同體，一切法都是仁心、良知所關愛善化的對象之要求，於是聖人所處的任何一種情況，都可以即存在而表現無限的價值與意義，朗現天道生萬物的遍潤一切，感通萬物的活動。雖然人的形體是有限的，不能如天道生萬物遍及一切，但即於當前的任何一法或存在情境，就可以表現與萬物為一體的無限價值的實現，雖然只即於眼前有限的範圍，但所實現的是如同天道生萬物的無限創生，當然那是從意義上說的，那也就是把天地生萬物的創生再一次在聖人的生命中具體表現。於是聖人即於任何一種存在，而表現天道的無限創生的價值意義，應該也可以如同佛表現涅槃四德的情況，即無往不是福樂之所在，於是儒家的形上學更能肯定一切法的存在的客觀意義，也可以說明任何一個世間法都不可少，因為都是天道生生而使之存在的緣故。再進一步說，牟先生通過對王龍溪四無說的闡發，表達了聖人的境界是心意知物一體無分別，於是就可以說一切法隨心而轉，更證實了德之所在就是順心如意的福之所在，然後牟先生認為胡五峰的「天理人欲同體而異用、同行而異情」，也表達了天台宗一念無明法性心所含的無明與法性同體之意。即任何一個事情可以是天理，也可以是人欲；人要斷的是煩惱，而不是煩惱法，於是去除煩惱而仍然可以保住一切法，即胡五峰的說法也是一種存有論的圓具，也就是無明與法性同體相即或「依而復即」之意。這也可以證儒家義的德福一致，也需要有存有論的圓具一切法作為基本的理論。牟先生此一引入存有論來說明

德福一致必須要有的理論根據，並不如楊澤波所說的用存有論或用道德的創生來賦予德福一致之福，即不是要以存有論的說明一切法的根源，或以道德形上學來說明一切法便可以通過道德的實踐、遍潤，而賦予一切存在道德的意義，於是產生了道德的幸福。

德福一致的福必須要有存有論的圓具作為根據，那是對於聖或佛境界中帶出的幸福，是不管遭遇什麼情況都有的，那是一個理論的根據或保證，而不是由存有論創生而給出了幸福，幸福之有或產生，是由於聖人之德使一切法隨心而轉，存有論的說明是要說明這種情況、這種福的產生是在任何的存在情況中都可以有的，而說天道超越而內在，人的道德心可以遍潤一切法，呈現天道創生的意義，也是把本有的天道的創生再一次落在人的實踐中呈現，可以說是暢通了原來有的存在的意義與價值，這是人通過理性的實踐而去除生命的障蔽，恢復存在界的價值與意義，這就不能說是德性實踐或天道生生賦予了德性的幸福。故德福一致之福，依牟先生，既不只是道德的幸福，也不是由道德心的活動而賦予的幸福，楊澤波之說可能犯了上述兩處的謬誤。從以上的說明，可知楊澤波下面引文說理的不恰當：

> 牟宗三以「縱貫縱講」論圓善的核心是存有論。如上所說，牟宗三明確講過，他這樣做就是要把圓善問題「套於無執存有論中來處理」（……）。按照牟宗三的一貫思想，在無執的存有論的視野下，道德之心可以賦予宇宙萬物以道德的價值和意義。因為道德之心是無限智心，其思維方式是智的直覺，所以其所面對的對象不再是現象，而是物自身。更有意義的是，牟宗三堅持主張，在道德之心創生存有的同時，也可以改變人們對於成德過程中所付出的犧牲的看法。成就道德並不是一個輕而易舉的事情，在很多情況下必須付出犧牲。這種犧牲在一般人看來，只是迂，只是苦，只是罪。但從存有論的眼光來看，這種迂，這種苦，這種罪，也可以在道德之心創生存有的過程中改變性質，變成一種內心的愉悅和快樂，從而出現「物隨心轉」而成福的情況。有了「物隨心轉」，儒家歷史上所說的命也沒有了意義，被超

化了,不起作用了。因為「物隨心轉」並不受客觀條件的限制,即使現實生活再不好,再困苦,從道德存有論的視角來看,也可以轉變為幸福。在道德存有的境界中,已經完全沒有了孤立看的苦和罪,所有的苦和罪都成為了成就道德過程中必不可少的一環,成為了成就道德過程中內心的滿足和愉悅,「事事如意而無所謂不如意」(……)苦即是樂,罪即是福。因為這種福不再受任何的限制,是必然得到的,所以有德就一定有福。特別有趣的是,由於無限智心屬於智的直覺,在其朗照之下,與此相應的幸福,也具有了物自身的意義,屬於「物自身層之自然」這樣一來,德福便達成了完全的一致,康德意義的圓善難題也就得到了解決。為了便於表述,我把牟宗三對於道德幸福的這種解說稱為「賦予說」。簡要而言,所謂「賦予說」就是將道德幸福視為道德之心在創生存有的過程中將對象賦予道德的色彩而產生出來的一種說法。[12]

從這一段話可以了解楊澤波教授對牟先生圓善論雖有了解,也很認真思考,但確有不相應處。從前文的說明,可知在不肯定有創生性的本體,但仍然可以說明一切法的存在的佛教式的存有論,照樣可以說明有德者必有福;於是楊澤波此段引文說,由於儒家的形上學創生一切存在,而且仁心、良知的呈現,使一切法隨心而轉,於是一切法成為物自身的存在而為福的表現,而為賦予說,是並不周延的說法,因為佛道的存有論並沒有創生性,而佛道的福,雖然也要以存有論的圓具來說明其所以可能,但德的產生是在人修養到聖佛或真人的地步,而表現出來的與物相合的境界,這是至德者的心靈境界所產生的結果,當然在此境界中,做為客觀的存在之境,對於福的產生也一定給出了貢獻,如上文所說。這是由德性心、佛智、道心,即物而表現的境界,由主體之心做主,這樣怎麼可以說是通過存有論的說明而給出或所賦予呢?即使說是由道德心的創生性,而給出使一切存在產生存有論的意義的改

---

[12] 楊澤波:《焦點的澄明——牟宗三儒學思想中的幾個焦點問題》,頁354-355。

變，而表現道德的幸福意義，也是不對的，上文已說由道德心的遍潤，固然是實現了存在界的道德價值與意義，但那是原來的一切存在本有的意義與價值，只是通過人的德性的活動，而再一次呈現，這也無所謂賦予。而且如果從佛道不必肯定道德的本體的創生，仍可以用存有論的圓具來保住德福一致，可見以德福一致之福為道德的福，而且是道德心創生、賦予一切存在，是不恰當的說法，佛道並非主張道德創生的理論型態。如果說是天道賦予也不恰當，天道即超越即內在，在主體或自由無限心的活動中呈現，雖然說是天道創生，但也是自由的主體的作主而發用，是聖佛的主體自由自發呈現的無限意義，雖然用詭譎的相即或存有論的圓，智的直覺呈現物自身來作說明或作理論的根據，但並非由這些理論所賦予，主體（自由無限心）的活動還是主要的關鍵所在，而幸福與否，不是在於主體與存在界相遭遇是否順心如意決定嗎？而人只要能通過修德的實踐而成聖人、佛與真人，就自然表現出福的感受，這是實踐所決定，雖然不同於一般人所了解的幸福，但幸福這種感受隨著人的主體境界的提升而有不同，這也並非不可能。

四、結論

由以上的討論，可知楊澤波教授執著於幸福只能是物質性的幸福，而不承認或理解聖、佛之德的呈現，可以達到心與物不離，一切法隨心而轉而表現順心如意的境界，就是最高的幸福，他只認為這是道德的幸福，而且是由德性的活動所賦予的，說賦予就不是原來的自然物質世界或人現實的生命所本有的。他不了解存有論的圓具一切法，是聖佛於任何情況都可以表現福的理論說明；又對於牟先生所說分別說與非分別說沒有深切的理解，於是陷入以分別說來理解德福一致的境界，這都是楊澤波教授未能善於體會《圓善論》理論的原因。

詭譎的相即與非分別說是相關聯的，詭譎的相即是保持所論或所涉及的對象的不同，而又必須相關聯，而且這種關聯是有必然性的，可謂「德福同體」。此如牟先生所理解的天台宗所說的無明與法性的相即，是同體的相

即,即在同一事體上,可以是無明之事,也可以是法性之事,故曰「無明無住,無明即法性;法性無住,法性即無明」。此意也同於宋儒胡五峰所說的「天理人欲同體而異用」,同一事情可以是天理之事,也可以是人欲之事,端賴人處此事的存心為如何,是順理或者不順理。[13]德福一致所要求的詭譎的相即也是此意,即就同一個事情上,一般人會是不幸福的事,而在聖佛,就是幸福,不是把眼前的事情換掉成為另外一個事情,才可以是幸福,這也名曰「同體的相即」或「依而復即」,依此意來理解德福一致,則德與福是在同一個事情上的表現,雖有德、福的不同,但就在任一個事情上表現,此是德之事,而又是福之事,德與福的不同必須保留,不能把德歸到福,或把福歸到德,但就在同一事情上表現德福二者,雖然可區分為物質的幸福與道德的幸福,但作這區分後,必須要了解在圓教的意義下,二者相即。如果要區分主體與客體,則必須說明主即客、客即主,二者相即不離;如果要說現象與物自身的區分,在聖與佛的心靈境界下,當然是物自身境,而不是現象。但在旁人看來,聖、佛所表現出來的生活,也就是現象,並非有與一般所感到的與現象界不同的情況。於是也可以說,是即現象而表現為物自身。即也可以說,現象與物自身的區分,當然可以有,但必須說這兩種意義也是相即而不離的。如果可以這樣來理解詭譎的相即,即保留二者的分別,而又肯定二者相即,於是你說牟先生所說的圓善意義下的福,只是精神性的、道德性的幸福,他所說的在物邊的、或在存在界而言的幸福,只是物自身的物,福是由無限心的呈現而賦予,這種種表示與批評,都不是從詭譎的相即的說法來理解,可以說都是由分別說而來的批評,而圓教意義下的德福一致,則是非分別說,那是不同層次的,可能也可以用這一解釋,來說明楊澤波教授對圓善論的理解之不相應處。當然,牟先生所說的圓善,並不是康德所理解的德福一致所說的福,康德所說的福並不能心物一如,一切法隨心而轉,任何一法都與有德者的心相符順,而德福二者為詭譎的相即,即,任何情況保持其各別不同,而同時可與有德者心境相應,這是圓教下的心靈境

---

[13] 牟宗三:《圓善論》(臺北:臺灣學生書局,1985 年),頁 274-275,及頁 324。

界，而且是通過發揮人的理性，以純淨化人的生命，通過不同的實踐型態而達到最高之境的人的生命境界，當然與康德所說的不一樣。但假如人的確可以通過他的理性，從實踐而達到這種境界，則雖然是康德所說的德福一致義的升進，但也不能說不是福，即，假如人通過成德的努力而可以達到這種生命的最高境界，而真能感受到事事如意，怎麼不能說是福呢？何必一定要以康德所規定的，或一般所認為的幸福來自限呢？

五、後記

楊澤波教授後來針對我這篇論文作了專文回應[14]，我對他的回應文，有以下的思考：

澤波教授認為牟先生《圓善論》中，對德福一致問題的解決，其中所謂的「福」，並非物質性的幸福，而是通過對存在界作存有論的說明而給出的解釋或「賦予」，即是說，由於牟先生對存在界或天地的生化，給出了道德形上學的說明，於是所謂「福」，是在道德形上學的理論說明下，以道德的意義來說明存在界的存在意義，於是對存在界的理解，認為是「德之所在，就是福之所在」。可以說，由於人通過道德實踐，表現了德性的意義與智慧，於是對於存在界的一切，都看作是德性意義的呈現，於是人的生活所遭遇到的存在事物，都表現出德性的意義，而與自己的實踐相合、相一致，於是有事事順心如意的感受，這就是用人的德性實踐所體會到的價值意義，賦予於存在界。如果這樣理解沒錯，應該可以說澤波教授的理解，不是牟先生的原意。固然牟先生是主張道德的形上學，認為宇宙的秩序就是道德的秩序，也可以說以道德的意義或道德的價值來說明存在界，但不能根據這個意思，來說存在界的道德價值是人所賦予，表面上看好像可以這樣說，但仔細研究，不能這樣說。宋儒乃至於當代儒家所說的道德形上學，是認為在修德

---

[14] 楊澤波：〈論楊祖漢教授對牟宗三圓善思想的理解〉，見微信公眾號「中哲網」（https://mp.weixin.qq.com/s/SMTGxzcYgmrmow_xEabD9Q，搜尋時間 2023 年 10 月 25 日）。文章來源是《國際儒學（中英文）》2023 年第 3 期。

成聖賢的實踐下，可以體會到宇宙的生化就是道德的創造，這是對於世界的存在產生了一個真實的了解，而這種真實的了解，也可以說是對存在界的本來面目的了解，因為在道德實踐下，人的成見、習氣，都被消泯，而能夠以無偏私的或純淨的心境來面對天地萬物，而這時所看到的天地萬物，可以說是存在界的本來面目，當然你可以說這所謂的本來面目是道德實踐的主體的一種投射，但這樣說是不恰當的，不是因為我們是這樣，所以認為世界是這樣；因為這一觀點要以真實的道德修養，存天理去人欲才能發生，這裡就預設以毫無偏見的實踐的主體，觀照天地萬物。而此時，可以說是讓天地萬物以其本來的存在的狀態而呈現，這可以用現象與物自身的區分來說明，即這時候的物是以物自身或物之在其自己的身分而存在，如果有這個可能（當然要說智的直覺在人是可能的），則說從人給出的存有論的說法而「賦予」天地萬物德性的意義，是不恰當的。起碼不恰當於人通過真實的道德修養而成德的心情下，觀照天地萬物的那種心境或境界。應說「證實」，而非賦予。

　　關於存有論的圓，並不能被理解為通過一套存有論來說明天地萬物，而由於對天地萬物作完整的說明，於是叫作存有論的圓，可能不能這樣理解。在牟先生，用存有論的圓，是表達一切的存在都不能有遺漏之意，他用此詞是要說明天台圓教所說的「佛即九法界眾生而成佛」、「性具九界」、「不斷斷」、「無明與法性依而復即」之義，由於任何法的存在都是佛法要關注、救度的對象，而且是體貼一切可能的人間的煩惱痛苦而加以轉化，於是一切眾生所可能有的煩惱痛苦，一切人間的不同的情況，所謂九法界的差別，都要在佛的關注下，一一面對、救度，如果沒有這些差別的九法界的存在，就沒有所謂現實上，生命的煩惱痛苦，沒有這些可能的、無限的不同的煩惱痛苦，又何須佛來拯救呢？於是佛一定對於具體的人生任何可能的存在、所有的煩惱痛苦都能體貼就度之，於是就有佛即九法界眾生而成佛的講法，九法界的差別與具體的生命可能有的煩惱痛苦，全部包在裡頭，一點也不能遺漏，這是佛本身的悲願所決定的意義，而又由於要度盡一切眾生，於是一定讓一切眾生有不離開他們現實生活上可能的生活而覺悟，使當前的生活或眾生可能遭遇到的任一種生活情況，都可以通過成佛的智慧而轉為佛法

身的內容,或都表現法身、般若、解脫的三德,才可以滿足眾生能度盡的條件。如果要以另外一種生活,如佛的徹底乾淨、光明遍照的生活來換掉眾生現實上的、充滿煩惱痛苦的生活,那只是以一個高高在上的理想,作為眾生努力要求達到的,這不能保證人人都可以成佛。固然成佛之路是非常遙遠,但如果成佛是就眾生日常可能有的生活而不斷斷,則佛境與眾生境是不隔的,這樣子才可以保證成佛於眾生的生活有份,當然在這個地方的思考還可以再討論,但天台圓教應該就是要表達這個意思,那這就不是一種以自己給出的,對存在界作說明的存有論,來發明一種人生意義,賦予給眾生的存在。存有論在這個地方是作為含一切可能有的存在的說法,所以天台宗的「一念三千」、「性具」,其中固然含存有論的意義,但乃是把一切法都擺出來,沒有一個可以遺漏的存有論的意義,而不是用一套存有論的理論來說明一切法。即是說,牟先生用存有論的圓,是說明眾生可能有的一切情況,都為佛法身所有,沒有一法可以去掉,這是在佛的大悲願、大悲心的要求下,對一切眾生的痛苦都能夠體貼,所發出來的要求。而一切眾生的痛苦,是包含過去、現在、未來一切眾生可能有的痛苦,這是所謂「存有論的圓」或「圓佛具備一切存在」之義,應該不是楊澤波教授所理解的,以存有論來賦予道德意義(應該包含佛的境界)的意思。

至於「詭譎的相即」也要從存有論的圓來理解,這是說世界就是人生各種可能,所謂九法界的差別世界,人生一切可能,都在這個九法界的範圍內,至於什麼時候表現這一界或那一界的種種差別的存在呢?要看因緣所生的情況,這所謂「理具而事造」,雖然這個事造要因著緣起,但所造的就是原則上眾生所可能呈現的九法界,也可以說世界就是這樣子的世界,就是這九法界的差別存在,不能多也不能少。既然是這樣子的、如是這般的九法界,則雖有迷或悟的不同,但沒有事情或法上的不同,於是同一個法或同一個事情,可以是迷,也可以是悟,於是迷悟的不同,可在同一個事情上表現,這是所謂「詭譎的相即」。無明與法性是不同的,但可以在同一個法上或事上表現,於是可以說「除病不除法」,佛的境界可以與眾生一樣,表現於九法界中,於是佛的境界或佛的真心,是在任何法界中都可以表現出來的

清淨境界或解脫境界，任何一法界，甚至任何一法，都可以表現般若、解脫、法身的三德，也可以說「煩惱即菩提，生死即涅槃」，佛可以生活於與眾生一樣的九法界的存在中，當然他是沒有眾生的九法界的煩惱痛苦的毛病；沒有這個毛病，但照樣有這些法的表現。如果可以這樣講，那麼佛境界不離於任何人生可能的存在（因為人生的存在或遭遇，全部都屬於這九法界，而這九法界可以是佛界）而表現，佛境界與九法界境不離，於是人生任何存在、處境，都可以表現佛境界，問題是你要從迷而悟，這是「迷則三道流轉，悟則果中勝用」所表達的意思，於是就可以保住九法界的存在，而這九法界都可以是佛界。當然要以覺悟為條件，但覺悟並不必斷現實上的人生可能的情況。這是牟先生根據天台宗的智者、湛然與知禮的文獻而詮釋出來的見解，這裡頭表現出天台宗人的「絕深的智慧」。

朝鮮儒學的核心價值及其21世紀新意義

一、引言

　　韓國朝鮮朝儒學是宋明理學的義理內容在朝鮮的發展。以朱子學為主，承接朱子的理論問題，給出了具有韓國特色的詮釋，內容十分豐富，通過與當代新儒學及康德的道德哲學的對照，很能看出其中的理論特色與哲學的深度。由於宋明理學是探索人的道德實踐的可能根據，及在道德人格的樹立與生命境界的體會上，表現了與天道相通的宗教體驗，使人的生命展開了內部的寬廣的人格世界，又有立體性的生命的上達的過程。故心性之學的成德途徑，已有學者通過與當代心理學家馬斯洛（Abraham Harold Maslow，1908-1970）提倡的「自我實現」論及柯爾伯格（Lawrence Kohlberg，1927-1987）的「道德發展階段」學說中的道德發展階段之第六層相比較。此所謂第六層階段與康德所說道德實踐是按照無條件律令而行的意義相同，可見通過孟子的義利之辨發展而成的儒學成德之教，可以使生命達至最高的境界，合於心理學對人格心理或道德發展的階段區分。如果通過這個比較，則成德之教對於人的生命的確有深度的理解，能引發生命往高層次發展，則宋明儒的成德理論，追求成為聖人的理想，並非為不可實現的理想。當年方東美先生晚年講學，曾強調當時流行的心理學理論，都是研究人的表層的心理或人的潛意識，都看不到人性的高貴與尊嚴，於是提倡「高度心理學」（Height Psychology），即除了佛洛伊德等從人的生命的底層去探索下意識、潛意識（無意識）之外，應該從生命可以層層超越而向上來討論心理學。此說與當代的人文心理學的發展應該是同一路向，而與宋明理學追求人格生命的提升很相類似。張東蓀先生早年也提出宋明理學的修養工夫是內部的「心理衛

生」的工夫，與上說相似。韓國朝鮮朝是以儒學作為政教制度的理論根據，當然是以追求生命的上達而成德，為人生存在的目的。從這個角度，可能可以更親切地理解朝鮮儒學的發展。

二、朝鮮儒學重要爭論所涵蘊的哲學問題

（一）鄭三峰的闢佛與李晦齋的強調道只是人事之理

朝鮮朝的採用儒家為教化的根據，完成於鄭道傳（號三峰，1342-1398）的〈佛氏雜辨〉。他辨儒佛的不同，主要從儒學的道德實踐是行其所當然，而佛教是為了出離生死，是有目的者來說，這等於是有條件與無條件之辨。即如同上述柯爾伯格所說的道德發展的最高階段來自我期許。他辨因果、輪迴、地獄等都按照嚴格的義利之辨來判別儒佛的不同。李彥迪（號晦齋，1491-1553）與曹漢輔辯論無極太極的問題也相似於儒佛之辨，而比較強調道作為真實的本體，而反對佛教以空、寂滅來說明存在界。曹漢輔用寂滅來形容道體，對世間的存在，尤其是人生的倫常，不能有原則上的肯定。在李晦齋的質疑下，曹漢輔雖然承認以敬存心的工夫，但認為有此主體的修養工夫，就可以上達天理，體會天理就可以混同一切存在的區別，而達到渾化的境界。李晦齋認為曹漢輔是缺乏了下學人事的工夫，沒有下學人事，就不能上達天理。這一論辯顯明了儒學的工夫是即於倫常來實踐的，道雖然恆常而遍在，但必須在人事的當然實踐中才能顯示。故他說「道只是人事之理」（陳淳的《北溪字義》也有類似之說[1]）。當然這人事之理就是形而上的天道，故有永恆性，但必須通過在倫常的實踐才能上達天理。這一強調很切於儒學的精神，這種不能離於人事實踐而上達的意義，正表達了當代新儒學如牟宗三先生所謂實踐的形上學的理論，即是說，對於超越的天道的理

---

[1] 「道之大綱，只是日用之間人倫事物所當行之理。……其實道之得名，須就人所通行處說，只是日用人事所當然之理，古今所共用底路，所以名之曰道。……不知道只是人事之理耳。」《北溪字義》卷下，〈道〉。

解，不能只用理智的推測，要由道德的實踐而肯定。此意也可以用梁漱溟先生「互以對方為重」的說法來說明，他認為儒家反求諸己的精神，是以互以對方為重的行動實踐來表現。在互以對方為重的感通下，人我之間的生命逐步提升。譬如父母以兒女為重，為兒女犧牲可以毫不考慮；而兒女也會以父母為重，為安頓父母，如莊子所說的「不擇地而安之」。我以朋友為重，朋友也以我為重，於是彼此的生命就得以通過相互感通而層層上升。故真切於倫常的實踐，也就能使人我的精神得以不斷的提升，梁先生此說十分真切。

（二）李退溪的理發說、四端七情之辨

李滉（號退溪，1501-1570）修改他的同輩朋友鄭秋巒（1509-1561）的〈天命圖說〉提出了四端發於理，理發而氣隨；七情則發於氣，是氣發而理乘之說。朱子本來就有「四端是理之發，七情是氣之發」之說，退溪則據此而展開，但他的理發說認為理有活動性，與朱子主張的理不活動有不同，而且認為四端（惻隱、羞惡、辭讓、是非）是純善的，純善的四端不能有一點氣的成分，不然就不能是純善的了。這是根據孟子的說法而肯定理有活動性，故人的心或情的表現可以有純粹的理本身活動的可能，於是當下就可以給出真正的道德行為，而表現了德性的崇高價值。於是他認為四端是從中而發，即是從人的內心的自我的要求給出來的，不是因為受到外界的影響，被動的引發的，說明了真正的道德行為的起因是純粹的道德自我的要求，是自由的。如同孔子所說的「為仁由己」。他一生崇拜朱子，但是他的理發說越出了朱子學的範圍；退溪的門人奇大升（號高峰，1527-1572）對退溪的說法提出疑問，認為按朱子本意，四端是從七情剔撥出來的，即七情中的善情就是四端，七情則是情的全部，善情、不善情都在其內，四端是其中的純粹部分，四七之分是全體之情與情中的純粹的部分的分別，不能說四端以理為根源，七情以氣為根源。按退溪「理氣互發」，而且是四端是由中而發，七情是感觸於外而發的說法，就有兩類情感，此兩類情感的生發的根源不同。此一區分其實很切於道德實踐，人在見孺子入井而產生惻隱時，的確表現了一種跟平常的情感或情緒不一樣，好像是從另外一個根源發出來的、與現實

的情緒不同的情感。退溪有他真切的體會。照高峰的說法，情感都是出於感性的作用，雖然是以性理為根據，但不能說有從理直發的情感。對四端、七情的根源或來源的理解不同，也產生了兩種工夫做法。如果理可以發而為情，則在理發之際就需要特別留意，讓理之發能夠直遂。除了對理是否發用的見解有不同外，退溪與高峰的論辯也涉及了本然之性（天命之性）與氣質之性如何分別的問題。奇高峰對於朱子所說的氣質之性的意義，理解十分恰當，在這些論辯分析上，他們對於宋儒所使用的義理概念有很深的探討，也表達了他們對這方面的學問與哲學理念的消化。客觀來說，退溪的說法對於道德行動的根源給出明白的解釋，也對於道德實踐的動力做出比較充分的說明。而高峰對於朱子的理氣心性論比較能明白掌握，退溪的說法所代表的理論型態已經越出朱子而往孟子靠近。退溪了解孟子所說的四端是用來說性的，此類情就是性的本身的表現，這也可以用從心見性或從情見性來說。由於此情即是性，是純善，那就不能不肯定性理有活動性。退溪的四七之辨的論證很明白說出這個意思。

(三) 李栗谷的氣發理乘一途與理通氣局說

退溪的後學李珥（號栗谷，1536-1584）在退溪去世後與友人成渾（號牛溪，1535-1598）討論退溪關於四七之辨、理發氣隨、氣發理乘等說，栗谷關於四端七情的分別，見解同於奇高峰，即他認為七情是情的全部，四端是七情中的善的部分，故說四端不如七情之全，七情不如四端之粹。他對退溪的見解大加反對，通過與成牛溪的論辯，又對朱子所說的人心道心的區別與四端七情的關係，作了一番辯論。這部分的內容對於理解朱子所使用的哲學概念的內涵意義，非常有貢獻。栗谷主張天地的生化只有「氣發理乘一途」，不能像退溪分開兩途來說，即四端屬於「理發氣隨」的情況，而七情則是「氣發理乘」。栗谷認為如果像退溪所說，則理氣就有先後、有離合。即如果四端是理先發，七情是氣先發，則會有「有理而無氣」的時候，而且氣就有「開始」可說，這是不合理的。按栗谷的想法，即是他認為退溪這種理氣先後的說法，是在時間意義下的先後，如果在時間上先有理再有氣，則

氣就有開始。他認為，凡物有始者就一定有終，於是氣化的存在就會有全然消失的一天。到這個時候，天地間只有理而沒有氣，則理的作用在何處表現呢？這是不合理的。故氣的存在不能有始終，即氣的存在也是恆存的。首先，理當然是恆存的，沒有理，一切不可能存在。而有理就有氣，不能只有理而沒有氣，於是氣可以有聚散，但不能有斷滅，即氣不能不存在。由此他反對理氣有先後、有離合。所謂有離合，就是理氣本來是分開的存在，後來才合在一起，而這是不合理的說法。這裡相當清楚地闡釋了朱子主張理先氣後，但又認為理氣不離的意義。朱子有理先氣後的主張，這種先後的關係，栗谷認為是作為根柢基礎者在先之意，栗谷之意是作根柢者的理雖然先於氣，但此先後並沒有時間性。可以說栗谷所說的理在先是邏輯上及形上學之先在。他解釋太極生陰陽時，就認為所謂「生」是太極作為陰陽的根柢之義，並非陰陽直接從太極生出來，這一方面表達了二者雖然不同，但其存在沒有時間上的先後。另外也不能把太極生陰陽理解為從太極直接產生出氣來，即太極生陰陽不能是宇宙論式的衍生，因為如果是這種生，則太極就不能沒有氣的成分，不能符合朱子所說的「理形而上者，氣形而下者」的規定。[2]故太極生陰陽，是由於有太極作根柢，於是陰陽得以生。作根柢或基礎的太極，可以與氣本來就合在一起，並非先分在兩處，或先有太極，再生陰陽。這裡也表現了韓儒辨名析理的功力。

　　栗谷從反對理氣有先後、有離合，又承認理氣有形上形下的區分，於是推出了我們所看到的天地，已經過了無限次的生滅的說法。由於理一定是恆存的，而有理就有氣，理氣無離合與時間上先後的關係，於是氣也不能有始終，即不能斷滅。但由於氣是形而下的，有形體的東西就一定有聚散，恆存的氣而不斷以聚散的方式來存在，於是天地作為形而下的氣化的存在，就一

---

[2] 當然，太極生陰陽的「生」不一定需要從宇宙論式的衍生來理解。牟宗三先生主張，此「生」是存有論的妙運創生之意（見《心體與性體》第一冊論周濂溪處。），即氣化活動由於有太極之理的妙運，所以能夠生生不已、不斷地存在。於是，此生有創生義，但並不含陰陽直接從理，如母生子般生出來，於是理可以有活動性，而理先氣後在此義下也可以成立。此先後是形上學義的先後。

定已經經歷了無數次的往來聚散。那麼現在所看到的天地，必定是已經是經歷過無窮的聚散、生滅，不能說天地只能有一次的生滅。這種思考是非常有哲學性，或說很有形上學的玄思，對宇宙人生有一種整體性的掌握，此天地已有無窮生滅的說法，很能引發人的超越的、宇宙性的悲情。此說中含有值得更深入討論的意義。

除以上所說外，栗谷說明了只能有氣發理乘一途，理不用活動，有氣的生成變化處，就有理作根據存在，他又以「理通氣局」來表示，很能夠說明理是普遍的、恆存的、不用動的，而氣的存在是何種情況，決定了理在其中呈現的程度。如果氣質昏濁，則理在其中的呈現，當然就受限制而不能全幅呈現，於是人有上智與下愚或善惡的不同，但不能因為有這些不同便否定性理是人人本有的。性理是普遍的、無形的存在，在任何存在中，都是同樣的性理，只是在存在物中，由於氣有不同的狀況，理才會有表現的不同。這一「理通氣局」的說法發揮了朱子理氣論本有的涵意。對朱子所謂的「理弱氣強」，也給出了很好的理論說明。也合於朱子所謂氣質之性是本然之性（天命之性）墮於氣，而受氣性所限制的說法。[3]由於理本身是普遍而無形的，即是「通」的，故對於理，人不能用任何的人為做作對理有所增損。而對於氣，則可以給出後天的作為，即可以使現實存在的形氣產生變化。於是人的修養成聖賢，工夫的要點落在如何使氣性澄清上，這是栗谷對「養氣」工夫的說明。即他認為對於氣才可以用工夫。他有「氣之本然」的說法，認為氣本來是清明的，只是因為氣化運轉不已，本然之氣或有不在。如果通過後天的培養、對治，使氣恢復清明，則理在氣中的表現就得以完全，故養氣是關鍵的工夫。

栗谷這一工夫理論可能弱化了朱子的實踐理論的力量，按朱子的理氣論，雖然心與理是要區分的，但心本來明理，所謂「明德」，明德是人人本具的，雖然是下愚之人，明德也未嘗息，即對於理，下愚者也有所知。故朱

---

[3] 栗谷對於自己使用「理通氣局」一詞來說明理氣的關係，很感得意。「通、局」的用法應是來自佛教的天台宗。

子所說的致知工夫，是以本有的知理之知（朱子說這是不能自昧的），在事物上進一步明理，而所謂格物，是以人在父子、君臣、朋友等倫常關係中，本來就有不容自已的實踐要求來進一步要求實踐。人本來就有不容自已的上述的實踐要求，在種種人倫事物上格物，就可以更進一步的從事實踐。如果可以這樣說，朱子所主張的致知與格物的工夫，都有本有的知理與在倫常中實踐的要求作根據，而求進一步的真知與實行，並不是如栗谷所說的，理無所作為，只能用養氣的工夫，希望藉著澄清氣質，而讓不離氣質的理更進一步朗現，栗谷的理氣論與工夫論，其道德性與實踐的主動性，明顯是有所減殺。

（四）退溪栗谷之後主理、主氣兩派的發展

栗谷與退溪是朝鮮性理學的發展前期兩位最重要的儒者，由於他們的學術見解不同，又各有影響，成就了他們後來朝鮮儒學的兩大派系（也有人說是兩大山脈），而這兩大派的不同關鍵就在這四七之辨的爭論。受到退溪理發說的影響，許多儒者強調了理的主宰性、能動性，雖然還是遵守朱子「理氣二分」，以明理格物為主要工夫的矩矱，但也越出了朱子主張的理不活動的規定，如奇正鎮（號蘆沙，1798-1878）認為栗谷所說的理無為而氣有為、理通氣局，理的能否表現，端賴氣的情況而定等說，使理被理解為其本身沒有作用，只是依附氣而表現，與傳統上的尊理的看法不合。如果肯定經典上以理為主、為尊的看法，但又認為活動者只是氣，天地間只有氣發理乘一途，則氣又可以作主。這樣一來，天地間使一切存在能夠存在，又生生不已的主宰便會有兩個，即理、氣二者都是主宰。如果是這樣，理氣二者應該相爭，誰也不服誰，如同三國時魏延與楊儀爭權不合的情況。存在界不可能是理氣二元相爭的情形，於是他認為理當然是主宰氣的，理從來不離氣而顯示其主宰性，看到氣的流行，就表現了理的意義。於是氣的表現的種種情況，本來就有理的主宰，作為其存在的基礎，並非通過了氣的作用才讓原來整一的理，在氣中表現為分殊的意義。他認為栗谷的理通氣局，是先假定有整一的理，然後因為氣的作用，理乘氣而表現，於是理的主宰性、主動性就

消失了。他認為理一分殊不能作如此的了解,因為理從來都是駕馭氣而實現理的目的,故所謂理一分殊,是在各種不同的存在情況下,都可以看到理的意義,然後體會到「其為理一也」。他這一論辯也相當有哲學性。如此理解理氣關係與理一分殊的意義,則理從來都是主宰著氣,只是不須要如氣般的活動來表現其主宰性,氣的活動就是理的意義的展現,如同主人坐馬車出遊,馬的奔跑或者車夫的駕馭,都是聽命於主人,而主人的主意可以不必透過自身的行動表現出來。由此類比,理對於氣的主宰,是不用通過如同氣化活動般的表現。這一論證可以用道德實踐行動來作說明,雖然蘆沙並非直接就道德之理的意義,來論證理對氣一定能給出主宰性,但對於道德之理的肯定,或韓儒的形上學的理論思辨,都是為了如何能真正成德之目的,這是很清楚的。如何成德的問題,當然是朝鮮的重要儒者普遍關心的。因此,我認為蘆沙肯定理一定可以主宰氣,而且理的作用完全不依賴於氣,這些看法是由於他對於道德之理的理解而來。即,這些論證表達了道德法則本身就有力量,而且其力量完全不需要人的感性欲求或道德行動產生的效益來決定或支持。理不必透過形氣的作用,但可以主宰形氣的存在,如同道德法則雖然從表面看來完全不考慮生命感性的需求,不承諾在人生幸福上會給出什麼好處,直接就要人無條件的服從,當然這對道德之理的服從是服從自己理性的立法,不是服從外在的、強加進來的理,只要認識到道德之理的意義,就會有單是理本身就具有力量,有主宰性,而此主宰性不依賴任何其它有形的力量。當然,理雖然有這種意義,人越認識就越會承認而生發出因為是理就要循之而行的要求,但人還是有不遵從理的可能,這與說明天地氣化情況不同。在天地氣化上說,氣的活動都以理作根據,是無例外的,但在人生的活動上,不依循本該依循的道德之理是可能的。如果像蘆沙所論證的理氣關係,而用來說明人生的道德活動,則對於罪惡的產生就給不出合理的說明,這也是蘆沙哲學中會面對的難題。雖然他對此有些答覆,而認為惡的產生是由於「善的不直遂」,雖可如此說,但對於惡的產生,與人的「自由意志」的關係,未深入探討。雖然如此,用對道德法則本身的理解來契入蘆沙的主理的論證,應該是很恰當的。

蘆沙的主理論證，應該也關涉到道德法則本身是否可以給出實踐的動力的問題。這可以用康德所說的「純粹理性是否能夠成為實踐的」來說明。由於人對道德法則本來就有以下的理解：道德之理是人本來就要服膺者，就因為是理所當然，所以必須遵從，不是因為依理而行可以得到好處，所以才要服從理。即實踐道德是無條件的，由於是無條件，所以不能因為行動可以成就任何現實上的利益而給出，只能因為理所當然而行。根據這一人人本知的道德的意義，義務的意識，就可以有不能因為任何別的動機而作道德行動的想法。於是，道德法則本身就須要給出人按照道德法則行動的動力，即是說，實踐的動力不能夠從法則之外的任何地方提供，因為實踐道德必須是無條件的。人雖然有理性，但也有感性的存在，是否可以只因為理當如此的緣故而給出道德的行動？這種行動的產生，是否可以在動機上完全排拒感性欲求的作用，完全不考慮該行動是否對自己有利？按康德的說法，道德之理是這樣子地要求我們，要我們的意志作出應該如何就如何的行動，但就我們的現實意志而言，人不可能如此純粹，不可能只因為法則的緣故就去實踐，於是必須要有因為對照現實意志與法則的距離而慚愧、不敢自尊，產生對法則的尊敬。靠著尊敬的力量，使現實意志接近道德法則，於是引發道德的實踐。雖然康德認為實踐的動力只能是由於道德法則，但他上述的關於實踐動力的來源的說明比較曲折。如果問蘆沙同樣的問題，則照上面蘆沙的說明，理具有主宰性之論證，則蘆沙的答案應該比較直接，可以歸在通過明理就能誠意的朱子的工夫論型態。即他會說：理本身就會有力量。人假如真切了解道德法則的意義，知道道德法則本來就不靠任何有形的、感性的作用來支持，則就可以明白，道德法則本身就有力量，越認知到道德法則的本意，越會引發要按照法則而實踐的要求。道德的命令要人無條件的該行而行，人愈能剝落感性的欲求，去掉為了其它的目的而為善的想法，才愈能表現真正的道德價值，道德之理的作用在抖落一切現實的思慮計較後，正可以表現出來。蘆沙的主理說（理主氣從說），即理對氣有主宰性的作用的論證，正可以用來說明道德之理的力量所在，理所以能主宰氣，有超越於形氣的力量，即不管是如何強大的有形的力量，如果不合理，也必須退讓，此可見理的真

正力量所在。蘆沙的論證，也可以說明理不必活動而就有主宰性，因為只要人了解何謂道德之理，懂得行為之所以有真正的道德價值，在於行為的存心或動機完全是純粹的，一空依傍，只為了理當如此而行。了解了這個道理，就會引發按理而行的動力（或動機），這是人常有的經驗。於是，不必說理本身是活動的，才可以給出實踐的力量。蘆沙這一理不必活動（或仔細說，不必表現如同氣化般的活動），就可以表現出最強大的主宰性的說法，我認為很能表現道德法則的特性，從這個意義來說理的動力非常恰當，理的動力是從「無所為而然」這一存心上的純粹而發的。這一說法可以修正退溪的「理發」說，退溪所說的理氣互發，有混同理發與氣發是同樣的活動之意，其實理固然可以說有力量，但這種形而上的道體的力量，不同於氣化的力量。在現實經驗來看，能夠給出不同於氣化力量的理，可以被理解為不活動的。當然，在現實經驗上沒有活動性，不等於其本身沒有動力，是故牟先生會說理本身有其神用，是即存有即活動的。即存有即活動應是就本體界來說，在現實經驗上，我們可以視理為不活動，而從對於道德之理的真正了解處，引發了我們現實意志的動機，這樣就可以單就對於理的理解，來說明實踐的動力。這也似乎可以說明朱子在與陳亮論辯漢唐是否有價值，即王霸之辯的問題時，朱子所強調的越能在存心上辨別義利的不同，人越能有實踐的勇氣之義。[4]

其他主理的學者，如華西學派的李恒老（號華西，1792-1868）、寒洲學派的李震相（號寒洲，1818-1885），都凸顯了理在心中的作用，李華西認為朱子「明德注」所說的「明德者，人之所得乎天，而虛靈不昧，以具眾理而應萬事者也」，其中包含的心性情三者，都是明德，也都屬於理，故主張「明德以理言」，這樣說明德也就是心，故認為朱子論明德時之心也就是理，此所謂「心以理言」；華西的弟子柳重教（號省齋，1832-1893）對華西論心提出異議，認為心的正說應該就氣言。華西的另一弟子金平默（號重

---

[4] 此問題見於朱子答陳亮的有關書信，在《陳亮集》（北京：中華書局，1987年）的附錄中把有關的兩家書信彙整在一起，在牟宗三先生的《政道與治道》中也有專章處理。

菴，1819-1891）則維護師說，認為明德是合心性情三者來說的，而其中的心當然是以理言。李寒洲則更直接主張心即理，雖然如此，他的說法不同於陸象山、王陽明所主張心即理的意義，他認為陽明所說的心即理，是把心中的氣的作用理解為理。此說並不符合陽明本意，陽明是就心的活動的知是知非、好是惡非來說心即理。寒洲則有心的內在本質與心的外表活動，是理氣的不同之說法，可見他不能有陽明、象山所說的「心即理」或「心的明覺就是理」之義。陸王的「心即理」說認為本心或良知可以在人當下的心靈活動中呈現，而寒洲的說法，須從當前的心之氣的活動中，體認心的本質的理，這裡可說有隱顯的不同。陽明學是顯教，當下從心中認取理的意義，寒洲則須從心的表面活動返本來探索心本具之理。在朝鮮朝儒學史中，只有鄭齊斗（號霞谷，1649-1736）是唯一真懂陽明學的大儒。霞谷對陽明所說的心即理、致良知，與知行合一之義都有了解，比較一下霞谷與李寒洲之說，就可知寒洲的心即理不同於陽明，可以說有「顯」與「密」的不同。陽明就當下心的虛靈明覺而知是知非處體證理的存有，有此心的明覺呈現，就有理的呈現，故工夫在體證此心或良知的明覺，而操存擴充之。這可以說是顯教的工夫，良知當下就是天理的彰顯，故在此處就可以體會到真正的道德活動；而寒洲則認為理是心的本質意義，雖然理的作用不離開心的活動，在心對於性情之「統」處可以看到，但還是從活動而追問其根據，不如上文所說之顯。他不能直下肯定當前心的活動是理，認為心的活動有氣的成分，雖然心有氣的作用與活動，但本質的作用是理，又認為心統性情的「統」，就表現了理的作用，這樣來理解心與理的關係，雖不同於陸王之論，但的確是往心學接近。陸王所說的心即理之心則本身就是理，不能以氣論，不同於寒洲之說。但雖如此，寒洲的說法強調了理在心中的能動性，越出了朱子的見解。寒洲的重要弟子郭鍾錫（號俛宇，1846-1919）則謹守師說，也認為寒洲與他自己是主理，與主氣派不同。朝鮮儒學會發展出重視性理的作用，甚至主張理本身就有其活動性，應該是為了說明道德實踐能否有真實根據的問題，如果理不活動，則理的能否表現其作用，要看氣的存在狀況，如栗谷的修養工夫就以養氣（恢復氣的清明之體）為主，氣清是理能夠表現的條件，這樣似乎

不能說在人知道理所當然時，就為了理當如此的緣故而去實踐，因為知道理當如此而要按理而行，跟氣的存在情況是清是濁，並沒有必然的關聯性。於是說要養氣，使氣恢復其本然的清明狀態才能為善的這種說法，對於人從事道德實踐的主動性，即要為了理或為了當然而行，便不能夠強調，而這是不切於道德實踐的。應該可以說，不管人的氣質清或濁，都可以在明白道德是理所當然的事情、人人都應該從事的，於是都可以有實踐道德的要求。這種因為對道德有了解，就給出實踐的經驗，是有普遍性的，不能說只有氣質清明的人，才可以有這種理解。如同上文所說，朱子所理解的明德，是上智下愚都具備的，這也就給出了成德的超越根據。[5]人的道德行為所以有道德價值，是因為人自覺的要按照理所當然而行，依朱子，就是要以道心主宰人心，人為了道義而行，以道心作主，就不能夠被動的順從氣的清明的作用，故栗谷的說法雖然思辨很精，但不切於道德實踐的事實。而朝鮮的主理派的學者，如上所說，都偏向理的能動性或主宰性來強調，雖然並不同於心即理的心學的理論，但顯示了道德實踐必須要只因為理所當然而發，而理所當然之理本身就有決定人的意志，要人行所當行的力量。主理派的思想從對道德實踐的分析，就可以自然地給出道德實踐必須是自己作主，又必須是單純地為了理的緣故而行之意。如此，理雖然不同於氣而沒有氣化的活動，但不能說沒有主宰性的力量，這是主理派為了說明道德實踐的動力根源與道德實踐是否有必然的保證，所不能沒有的說法。

（五）湖洛論爭：人物性異同論與未發時心體是否有善惡

栗谷之後，其學說在朝鮮漸成主流，栗谷學派（又稱畿湖學派）有所謂湖洛的爭論，居於湖、洛兩地的栗谷後學，以李柬（號巍巖，1677-1727）與韓元震（號南塘，1682-1751）為首，一派主張人性與物性同，另一派主張人性物性異。湖洛論爭又論及未發時的心體，是否有善惡之問題。上述兩

---

[5] 在朝鮮儒者中，金昌協（號農巖，1651-1708）、金昌翕（號三淵，1653-1721）兄弟就在這一點上對栗谷的說法作出了批評，他們的批評點出了實踐上的重要問題。

個問題都是由朱子的思想發端，而在宋明時未明顯討論的性理學的問題，都很有哲學意義，也有關於實踐。人物性同異的爭論的所謂性，是指天命天道之性，由於一切存在都以天道作根據，也可以說「以天道為性」，如果是如此，人性物性應該是一樣的，這在以道德說明存在界的角度來看，是必要有的說法。一切存在都有從天道而來的存在根據，於是都有存在的價值。而從存在界的一切存在中，可以體會到天道生生的意義與價值。故人及其他萬物，同以天地之性為性，只是氣質之性有差異，這是李柬的人、物性同論。但如此一來，人與物的差異如何說明呢？何以人在萬物中是最可貴的存在呢？從現實上說，對於人以外的萬物，好像人可以作出主宰，為了成就人文世界，人以外的存在可以成為工具。這種人禽的分別，在萬物都以天道為性的理論下，就會失掉其合理性。這是韓南塘主張人物性異的理由。在這個問題上，雙方的論辯是相當仔細的。另外，雖然一切的存在物都可以是以天道作為存在的根據，但只有人由於有虛靈的心，可以自覺地盡心盡性，體現天道、實踐仁義禮智，而物則不能，於是也需要主張「人物性異」。這一論點更能表現出人之所以為萬物中的至貴，而從這個觀點看人，人就有保住一切存在、善化一切存在的責任，不能因為證成了人比其他萬物為可貴，就以為有理由宰割人以外的萬物。而且，如果人自以為比萬物可貴，而驕傲自大，不只是凌虐人以外的萬物，而甚至對自己的同類也加以歧視，這一心態已經保不住天道之性了。即是說人以天道為性，就應朝向以普遍的愛心來努力來對待天地萬物；如果自以為是，而以人類為中心，甚至以自己為中心，自以為是最貴的，便會喪失了天道之性，那麼就連禽獸也不如了。因為禽獸雖不能自覺，但還是以天道為超越的體性，多少會表現出天道的意義。由此可知儒學認為天生萬物人為最貴，並不是從人可以駕凌一切存在，對於一切存在作出宰割這一意義上說，即與人類中心主義是不同的。這是人物性同異論可以啟發出來的當代意義。

　　這一人物性同異論的爭論，是承宋明理學以天道說明一切存在，肯定宇宙間一切存在都因為道德的善所以能夠存在的道德形上學，自然產生的一種對人性物性的不同看法，兩派各有道理，都有其立論的根據。這問題的爭論

到現在還在持續,沒有給出一個究竟的、讓人信服的解決。我認為可以採用牟宗三先生的有關說法來解決此一爭論。由於一切存在中只有人可以把超越的天道,自覺的體現出來,於是天道或天命之性對於人而言,是「超越而為其體」,又是「內在而為其性」的。說以天道為性,是以天道在人的自覺處得以真實而具體的彰顯來規定。如果不能自覺的體現,就不能說為性,於是人以外的萬物,雖然也因為天道作為根據而存在,但天道對於萬物,乃是「超越而為其體」,萬物不能自覺的體現,也就不能說天道是萬物之性。即「內在而為其性」在萬物是不能說的。於是,說人物性同,是在天道作為一切存在的超越之體上說,此性以「體」來說比較好;人物性不同,是就人能自覺天道而體現之,物則不能上說。於是說人物性同固然可以成立,說人物性異也同樣可以成立。二說並不相矛盾。另外李柬主張在情緒未發時,人的氣性比較純粹,而此時的心是純善的,所謂「氣純則理純」;而韓元震則主張,雖然在未發時比較不顯氣性的駁雜,但其駁雜仍然存在,主張未發時心體有善惡,這一論辯也關係到工夫論的問題。主張未發時心體純善就可以為人的道德實踐給出超越的根據,只要從事未發時涵養的工夫,就可以保住心體之善。當然,這未發時的心體之善,可能是因為念頭還沒有發動,而沒有對善惡的區分,這一未發時的心體,並不是明白道德法則,有為了該行而行的自覺。於是,這種未發時純善的狀態,也不能作為實踐的根據。由此可見,這一論辯在朱子理論心與理為二的義理型態下,要說明道德實踐是否有超越根據,而需要有的爭論。另外,從人性物性異同論可以看到宋儒從人的道德性來說明天地萬物存在的根據,而顯發了道德之性的絕對普遍意義,擔負了存有論根源的責任,但由於如此,也擔負了作為普遍的存有原則的道德之性需要擔負的理論困難;如上文所說,如果道德之性是普遍的為人物所共有,則人與禽獸的不同應該如何說明呢?如果人的道德之性是普遍的存有原則,則人的實踐道德,便是依照本有的、普遍的存有之理而活動,則人的道德行動,就不是自發自覺的,而是被動的不得不如此,如是,人實踐道德便不是自由的;人也不可能為惡,為惡的自由也是沒有的。當代的勞思光先生就給出了這一質疑,順著勞先生的思路,馮耀明教授提出了這樣的問題,他

說，如果一切存在都以天道為性，則人禽的差異是因為氣質清濁的不同，這是所謂「氣質決定論」。如果是這樣，人之所以能夠自覺地以天地為性，所以比禽獸更有價值，只是因為天生的氣質如此，對此，人就不能居功了，人之所以有價值，並非是自己努力取得的，這樣人類的尊嚴與價值就保不住了。他說，如果有外星人而在氣質上要比人類更為清明，那是否就有權宰割人類，把人類視同動物禽獸呢？這問題好像很難回答，但其中是有虛幻性的。人由於氣性清明，所以能夠自覺以天道為性，此中人的自由決意還是關鍵的。即，人雖然可以明瞭天道的意義，知道人應該無條件地、無私地善化一切，但人是否可以實際上如此做呢？必須要人自由的決定，並不因為人有靈明理解天道，就必然以天道為性。此中自覺而自發還是需要的，人可以願意這樣做，也可以不願意。他在可以不服從天道的可能情況下而服從天道，也就是服從自己的本性，這就可以說人取得了或真實而具體的表現了天道的價值。另外，即使有天外飛來的、比人類更聰明的外星人，他們也可以以天道為性，則在能夠表現天道的角度上看，是沒有比人更為有價值的外星人的。即雖然比人更聰明，但也不能有以天道為性之外的選擇，如果更聰明的外星人選擇了不以天道為性而去宰割人類，則人類當然可以奮起抵抗，因為對生類加以凌虐，就不是以天道為性。如果外星人用其聰明於宰割人類，那麼其在道德價值上看，是比人類遠有不如了。據以上所說，當代學者對於儒家形上學理論的質疑，即對於宋明儒、當代新儒學的形上學義理的質疑，其實並不難回答。而在朝鮮儒者的論辯中，已經很清楚地展示了當代學者所質疑的問題的意義。

（六）田艮齋對栗谷學的承繼與對主理派的批評

朝鮮朝後期的大儒田愚（號艮齋，1841-1922）則根據栗谷的說法，將朱子的心性理氣論作明白的展示，認為明德是心，心是以氣言，因此心雖然是虛靈，但還是要以謙卑恭順的態度來明理，他主張「性師心弟」，「心學性」，對於人以心為尊，而容易流於自大驕傲，很是戒慎疑慮，於是他認為朱子的心性情三分、理氣二分，心是氣而不是理，理不活動等主張，是儒學

的第一義,即這是決定說,不能搖動的。他根據這些見解大力批評奇蘆沙、華西、寒洲等學派;艮齋的見解是根據栗谷學而有進一步的發揮,他可以說是栗谷學派的後勁。艮齋雖然反對主理派「理有作用」之說,但也強調了氣的本體是清明的,由於氣體本清,故人稍加歇息,氣就可以恢復清明,而善就可以表現,這是本於栗谷所說的「善是清氣之發」,此說也淵源於朱子,而可以為主氣之論給出實踐的先驗根據,但以氣的本體來作為實踐的保證,此一保證並不充分。雖然可以說氣之本體是清明的,但氣是形而下的、流動變化的,清明之體並不穩定。因此,在艮齋的理論型態中,作為實踐的真實根據,還是在於性理,而不在於心。心雖然有其靈明,甚至本體清明,但由於心是活動變化的,不能保證一定有善的行為的呈現。於是,對於心性為二、心性情三分等朱子的說法,艮齋作出了詳細的說明。他之所以能對於朱子的這些理論作出闡明,認為是必要之說,因為面對了上述重理的蘆沙、華西、與寒洲三大派,通過對於這三派的主張的論辯、批評,使艮齋對於上述朱子的理氣心性論有很好的理論說明。艮齋的說法,顯示了心要以理為根據,按理而行才是道德實踐,而心中的作用,不只是理,故人隨時要面對心氣的不如理而省察、戒慎,在隨時會違反道義的情況下,勉力遵照道德法則而行,以性為尊。這一型態雖強調心性為二,也有其切於道德實踐義之處;道德行動之所以有道德的價值,在於人去從事該行動,是為了道義而行,內心有這種想法,給出來的行動才有道德價值。在心為了義而行的想法中,理義是心所依循之對象,當然是心、理相對而為二的。對於現實的意志而言,尤其是如此。道德的價值在於人行動的存心,而存心之所以能夠有道德價值,是在於可能不依從道德法則的情況下,要求自己一定要遵從道德法則,由於有這種心要依理而行的自我要求,道德的意義才能彰顯,不然如果只是發明自己的本心,順著心自己的要求而行,而沒有「要服從道德法則,而不可藉道德的行動滿足自己的私欲」的想法,則道德行為的道德性是不顯明的;即是說假如沒有心以理為格準(準則)的想法,沒有心所表現出來的自由的抉擇,則道德價值就不能真實表現出來,從這個意義上看,田艮齋強調心與理一定為二,心必須遵從理而行,而不能只信任自己的心中想法,也是

很有道理的。當然心學的說法也不是不對，從良知知是知非而反身體會，這良知知是非的判斷是沒有錯的，而此就是天理之所在，也很切要，此時也有知善知惡之良知與有善有惡之意念的相對，也顯示了為義而行之意。但假如從知是知非、為善去惡，進而強調無是無非、為善去惡而自然，那道德性就可能不能彰顯了，自然神感神應、為善而不自知其為善，那是超道德的境界，所謂神聖的意志，那就不是道德實踐境了。而此境在一般人，是不能企及的。艮齋對「心理派」的批評，可說是重新將朱子的基本理論加以闡明並作出辯護，對於朱子的理論型態的特性及意義有作詳細辨明之功。

艮齋是朝鮮理學最後的大儒，此時朝鮮朝也因日本侵略而亡國，韓儒深有感於世變，也如中國知識分子一般，對於是否必須吸收西學，及東方儒學如何轉化以適應時代，也有重要的討論，對此本文暫不涉及。

（七）鄭霞谷對陽明學的理解

陽明學在朝鮮並不盛行，而且研究陽明學者都會受到打壓，只有鄭齊斗是唯一大家，他對陽明心即理的主張很有了解，認為道德之理是人內心真至而發的，並不能從外在事物的研究中而得知。這即是主張能顯本心才有理的呈現，如陽明所說無私欲之蔽，即是天理；有心而後有理。而且此心此理是通內外的，此理的表現是良知，也是惻隱的感通，又可以說是「生理」。所謂生理就是活潑潑的實理，這是他對天道天理的體會，此意可以用牟宗三先生所說的「即存有即活動」來規定。霞谷對陽明以良知來體會本心，而且此知是知非的良知就是心的本體，並不只是本心的一端，也不是知覺，說得非常清楚。他又認為本心良知給出的理，是通於人我內外的，由本心真至的要求，就可以使本心表現的理通到事事物物，所謂「內外一理」，這並不是忽略了外在事物本身各有不同的情況，各有其特殊的形構，因為現在說的理是道德的理，道德之理由良知本身給出，面對事事物物該如何處置，如何才能作出道德上恰當合宜的決定，也應該是由本心良知決定，如見孺子入井，必須無條件的趕快去拯救，這種內在的良知的要求，當然就是決定要去救人的動力所在，也是該如何行的命令所在，良知之理通內外，是從這個意義上

說；而至於用什麼行動的方式或技術，才能把孺子救離險境，那就是經驗知識的問題，這固然是良知要求的，但也不能是良知直接生出來的，這個地方就需要經驗性的學問，霞谷此處的區分也很清楚。

霞谷對陽明學也有批評，他說：

> 余觀《陽明集》，其道有簡要而甚精者，心甚欣會而好之。辛亥六月，適往東湖宿焉，夢中忽思得王氏致良知之學甚精，抑其弊或有任情縱欲之患（此四字真得王學之病）。[6]

由於鄭霞谷享年八十多歲，經歷過兩個辛亥年，這一段話究竟是發自於他二十來歲時，還是八十多歲的言論，學者有不同的看法。從他說話的口氣，我認為以發自於晚年比較可能，早年應沒有這樣成熟的批評意見。陽明學以本心良知的呈現作為道德實踐之源，十分簡要而直接，但如果只用心於直承本心良知而活動，不對良知本身就是道德之理，作仔細的研究（即只用力於讓道德主體的呈現，而不去明理），而不把涵良知本心的道德之理作詳細清楚的理解，則在人的感性作用的影響下，行動的主體是否真的能依理而行，是有困難存在的，當然真切的致良知就不會有問題，但加入對於良知本身就是理的「理」作思辨的探究，可能是避免王學末流的重要工夫。霞谷很可能對於陽明學心與理的不能拉開而正視理的意義，引發的流弊有所體會。霞谷在論辯良知的意義時，相當強調良知就是惻隱，很可能有用惻隱之仁來規定良知，或補充只從知是知非來說心體的不足，這應該已經是一種對良知學的修正。而此惻隱也就是「生理」，霞谷從生理來解釋良知，也有從行動的主體體會良知之外，可以從宇宙生化的本體來說明良知，強調了良知是宇宙本體之義，也可以避免從主體來證良知，從良知主體的活動而說明天理，而有過分重視主體，過分從主觀面來說道德之理的毛病；過分從主體自我處來講良

---

[6] 鄭奇斗：《霞谷集》卷九〈存言下〉（收入《韓國文集叢刊》第 160 冊，首爾：景仁文化社，1997 年），頁 264。

知天理，會有上文所說的「任情縱欲」的毛病，針對此一流弊，強調良知的客觀性與絕對性，言良知就是生理，生理是宇宙生化的本源，是很有意義的。

在朝鮮理學以朱子學為主流、正宗的情況下，霞谷對陽明學雖有深入的了解，但顯得勢孤力弱。在當代，霞谷所隱居的江華島，則有霞谷學的繼續發展，號稱江華陽明學派。

三、韓國儒學的特色及其當代意義

前文是對朝鮮儒學的發展作一概論，在敘述中已強調了朝鮮儒學重要的論辯中，所涵的哲學問題，與其現代意義。還有一些未盡之意申述如下。

（一）研究朝鮮儒學需要採用「文獻的途徑」。朝鮮儒學有其論辯的傳統，其中重要的問題的爭論，如四七之辯、湖洛論爭、無極太極之辯、心說論爭（含明德論爭）也可以用「主理」與「主氣」概括兩大陣營的爭論。這些論爭都通過詳細的文獻，對其中義理的內涵、使用的概念作了非常仔細的論辯。有些論辯甚至延綿數百年，如四七之辯與人性物性異同論。這些論辯成為了韓國儒學的特色與傳統，他們所討論的問題，雖然是承接宋明儒的義理而來，但有自己的發明與側重，在論辯中也往往把該問題的哲學涵意作了很明白的展示。這一現象，可以用牟宗三先生所提議的，讀中國哲學需要採用文獻的途徑來說明。由於中國哲學不像西方哲學般，以問題為中心、以邏輯分析為方法，通過前人與後學對問題的理解與主張的不同，而給出了重重的辯論，問題就很清楚地展示出來。中國哲學固然有其所關心的問題，前後的哲學家也有見解的不同，但由於不是以問題為中心，前修與後學的爭論也並不熱烈，往往是後人承前人之說而加以發揮，又常用注釋的形式表達己見，注釋對本文大體尊重，又疏不破注，後人的特殊見解不太容易彰顯。於是牟先生主張，在論爭中往往是最容易看到對問題不同的理解與義理的發展，於是他挑出中國哲學史中，比較重要的論爭，及其有關的文獻，來作為理解中國哲學的研究途徑。即不能單就問題本身來作分析研究，必須順著文獻的內容，而展開討論。離開對文獻的了解，不容易掌握到其中的哲學理論

與主張。牟先生這一照顧到中國哲學的特性之研究法，正好說出了韓國朝鮮朝重要論爭中，通過文獻而表達出的哲學義理，其中的確有深具哲學涵意的問題，而且有不斷發展、探究的歷史。而如果要了解這些問題的深刻意義，必須要通過對有關文獻的研讀。這一現象，從當代韓國及臺灣學者的韓國儒學研究成果上，也可以充分說明這一點。[7] 必須要通過對有關的原典的研究述釋，才能明白掌握問題的意義，而且也容易推陳出新，而有不同的理解。如果只就問題本身作概念分析、邏輯分析，而不作文獻探究，則不容易見到其中蘊涵且層出不窮的義理思想，也可以說，這裡表達了儒學的詮釋傳統及研究方法。這是用「理解文獻」的手段來談哲學之方法。當然，理解文獻不是一般的考據，而是就文獻而闡發其中的哲學涵意，也必須通章句、明段落的大意。通過了通章句、明段落之後，又需要有哲學的思辨工夫，把其中的問題、涵意抽象出來說明。於是，也可以類比地說用考據的方式來談義理，當然這種考據是就文獻中的義理闡發為主，只是由於離不開文獻的研讀，所以基本的閱讀文獻的功力必須要具備。

（二）朝鮮朝儒學如同中國的宋明理學，是以成德為目標的學問。雖然如上文所說，重視問題的論辯，而在其中表達了相當多的哲學的思辨，但目的還是要通過實踐而成德或成聖賢。這種認為人生以成就德行、聖賢人格為最高價值的看法，使他們對何謂道德，有非常明白的了解與強烈的關心。這一重德的精神，也成為朝鮮朝五百年社會人心的穩定力量。對於德性的意義與價值的理解與重視，從朝鮮朝初期鄭道傳所著的〈佛氏雜辨〉即已彰明昭著。三峰對儒道佛思想的本質的不同，非常了解，完全是以義利之辨來分辨出儒學與其他教派之所以不同，他的論辯中很能表達出道德價值的超越性，或其它價值不可比擬的絕對性。當然這義利之辨是孔孟以下的儒者所共同遵守而不能違背的，但朝鮮儒學在這一點上掌握得非常穩固，而以重德或德行精神為核心，使朝鮮朝的士大夫大體以中華禮義教化作為人生的準則。

---

[7] 比較老一輩的韓國研究者，如玄相允、裴宗鎬的著作中，都引證相當多的原典。裴宗鎬有《韓國儒學資料集成》，選錄的原典相當豐富。

以華夏文化為人類共同的理想,這是文化意義的華夷之辨,他們自居為小中華,而對滿清統治的中國,認為不足以稱為中華。韓國人這種中華意識,而以中華文教作為他們的傳統,並不以中華文化為「他者」,這種精神表現在他們的政治活動與有關著述中,非常特別。對比當代的中國大陸地區以外的去中國化的趨勢,實在令人感慨。中華文化是否代表了一個人該表現的做人的道理、該表現的文化教養,是否仍可以是東亞人共同的精神資源,是我們要重新思考的。而在這個問題上,我們不應該悲觀,中華文化的特色有其永恆的價值,不會因為一時的衰頹、西方文化的當令而消滅。從鄭三峰著述中,有一段討論儒佛實踐人道的不同,肯定了人物的差異、家國天下的體制,及家人或家庭價值的文字,可以看到上文所說的不容抹滅的永恆價值。他說:

> 天地以生物為心,而人得天地生物之心以生,故人皆有不忍人之心,此即所謂仁也。佛雖夷狄,亦人之類耳,安得獨無此心哉?吾儒所謂惻隱、佛氏所謂慈悲,皆仁之用也。其立言雖同,而其所施之方則大相遠矣。[8]

此處先肯定了佛氏的慈悲與儒家的不忍之仁本質相同,都是得之於天的生物之心,但所以實現仁心的途徑不同。所謂的不同,是從儒家的仁心的實踐,由親人開始,而佛教則對一切生類一視同仁,無分別的想法來說。表面看來,對眾生平等地給出慈悲,不是比有人、物的分別與我的家、你的家的不同,於是給出不同的關心與情感來得更偉大嗎?鄭三峰在此給出了答辯,認為這些分別是必要的:

> 蓋親,與我同氣者也;人,與我同類者也;物,與我同生者也。故仁

---

[8] 鄭道傳:《三峰集》卷九,〈佛氏慈悲之辨〉(收入《韓國文集叢刊》第五冊,首爾:景仁文化社,1996年),頁452。

> 心之所施，自親而人而物，如水之流盈於第一坎而後達於第二第三之坎。其本深，故其及者遠。舉天下之物，無一不在吾仁愛之中，故曰：「親親而仁民，仁民而愛物。」此儒者之道所以為一、為實、為連續也。佛氏則不然，其於物也，毒如豺虎、微如蚊蝱，尚欲以其身餧之而不辭。其於人也，越人有飢者，思欲推食而食之；秦人有寒者，思欲推衣而衣之，所謂布施者也。若夫至親如父子，至敬如君臣，必欲絕而去之，果何意歟？[9]

當然，家庭倫常與宗教的嚮往是不同的，不必以對家庭倫理、父子兄弟夫婦等分位的肯定，來批評宗教上的超越而絕對的精神的嚮往。佛教肯定一切眾生都可以成佛，的確也是一種廣大普遍的慈悲心的表現，表現了一種一切眾生都可得度而成佛的永恆的宗教嚮往。這裡我們不宜重儒而輕佛。但三峰所強調的儒家倫常的分位差等的分別，表面是肯定了特殊性，沒有普渡眾生的絕對無分別，但仁心也是大公無私、絕對普遍的，只是仁心的實現或流露，必須要有他的程序，有程序就必須要有開始。如果實施仁心的開始不在於自己的親人，而以對其他人或物來作開始，的確有違於仁心，如果硬要這樣做，不免傷害不忍之情。於是，對於人心的發用，佛教的不問親疏遠近、人與物的不同，而以無緣大慈、大悲來對待，也不能說一定合理。此處三峰說明了家庭成員在仁心實踐上有其優先性，於是保住了家庭倫理的份位等級，說明得十分合理。此段最後，三峰再說：

> 且人之所以自重慎者，以有父母妻子為之顧藉也。佛氏以人倫為假合，子不父其父，臣不君其君，恩義衰薄，視至親如路人，視至敬如弁髦。其本源先失，故其及於人物者，如木之無根，水之無源，易致枯竭，卒無利人濟物之效。[10]

---

[9] 同上註，頁452。
[10] 同上註，頁452。

這一段很能表達家庭溫暖對人生在世的意義。人的一生可能遭遇到非常多的挫折、煩惱,乃至於痛苦,但由於有父子、兄弟、夫婦、朋友的相互慰藉與支持,於是使人感受到世間有源源不絕的溫暖。於是,倫常制度提供了人不管是面對如何大的困難,也有繼續生存下去的勇氣。三峰認為,如果像佛教出家的作法,這種對人生在世的支持的力量,就會枯竭了,失掉了人生溫暖的泉源。當然,事實是否如此?佛學的慈悲是否離開了家庭就成為了無源之水,是可以討論的。但三峰此處的表達,申明了家庭倫常是人生常道的意義,說明得十分感人。這一說明可以說是東亞以儒家為主的社會,對家庭制度的重視,給出了理性的說明。

(三)下學於人事,是上達天理的必經之途。李晦齋與曹漢甫辯論「無極太極」的問題時,強調了道是人事之理的意思,這不是說道只是現實具體的人事的道理,道代表了超越的、永恆的存有,具有恆常的價值,這一對道的意義與價值的規定,是宋明及朝鮮儒者之共識。只是道的永恆無限的價值,就在現實具體的人事中體現。即是說,如果嚮往無限性的道,必須要通過人事的實踐,必須在人事的實踐中才體會到形而上的無限之道。這表達了在人事的實踐中,人體會到的意義與價值是無窮無盡的。人生固然多變化,甚至是偶然的、無常的,但既然有這些人生遭遇與所面對的種種的對象,人就有使這些偶然無常的遭遇,甚至瞬息萬變的情況,加以安頓、善化之責任,於是,就使現實具體特殊的存在,表現了普遍永恆的意義與價值。這也如同上文所說,對於儒家肯定人間五倫的生活為真實的存在,給出了形上學的說明。

(四)栗谷的理氣論強調了理通氣局、氣發理乘,雖然由於強調了氣的活動而理不活動,對於道德實踐的本質及其動力的來源說明得不夠,但他對理氣之妙的體會非常有哲學性,很能表現從儒學理論而對存在作解釋的純哲學的思辨,也闡發了肯定了天道論而對於人生實踐的疑難問題的解決。本來從《易傳》、《中庸》,到宋儒,強調了儒學理論的形而上的義理,從道德實踐所體會到的道德之理來說明存在,這一方面表現了道德之理的超越性與從人的道德實踐可以體會到永恆無限的意義與境界,是儒學理論的重要發展,這如同當代儒學所強調的「即道德即宗教」及「即有限而無限」,但這

一儒家形上學一旦成立,就會面對如果有客觀普遍的以道德為內容的天道存在,則在此普遍的形上規律或本體所決定下,人何以會有不合理的活動產生?而且如果人本性就是天道,則人的實踐道德,也是天道決定,那人也不應該真實具有實踐道德而來的價值,即這裡含有人的道德實踐是否可能的兩個問題:如果有天道作為普遍的存有之理,則人的自由是不能有的,於是為惡不可能,為善也不值得讚美;如果天道是最高的存有而決定一切,人間的惡如何產生呢?栗谷的理氣論表達了朱子所謂「理弱而氣強」的情況,雖然理先於氣,也可以說理生氣,但如上文所說,氣是本有的,只是其存在為理所決定。氣雖由理決定,但其本身自有活動的力量,天地生化就是氣化的陰陽消長,其中雖然有理,但理的表現端賴氣的存在的清濁狀況,活動的程態而定,於是雖然理為尊,但氣發決定了理的表現情況,在這種情況來看,就可以說「氣強而理弱」。於是雖然最終是理的決定,但在過程上往往是氣化流行決定,這是栗谷理通氣局、氣發理乘的說法可以給出來的對存在界常常不合理、人心常有不善的表現的說明。順著這個方向,栗谷對於「理有善惡」就有特別的體會,現實上常有不合理的情況出現,但這不合理的情況,不能說沒有理在其中,因為如果沒有理,存在物的存在是不可能的,於是既要肯定存在界中有理,又要承認其中常有不合理,於是不合理也有理,就是最後的結論。固然這只是表達了理通氣局的意思,但也可以發揮為理如果要在現實中完整的呈現,必須要面對現實氣化流行的限制;及雖承認其中有限制,而又努力去改變,於是對人生既不能悲觀消極,也不能因為肯定理而認為自然就可以有合理的情況出現。即肯定理,而又要擔當險阻、積極奮鬥。人類經過了充滿了殘忍殺戮的二十世紀,對於人性中之非理性,人生存在遭遇之偶然,應是體會深切的。如何能從根本上肯定人生的意義、肯定存在界有其合理性,是相當困難的。我認為栗谷的理氣論的這一面的意義,即對合理與不合理同時承認,是相當有啟發性的。

另外,當代的天文學告訴我們,人在宇宙中真的是如蘇東坡所說「寄蜉蝣於天地,渺滄海之一粟」,其實人在宇宙中的地位比這兩句所說更為不足道,在了解了宇宙是不可思議的無窮無盡,人的存在在這萬古長空中只是一

朝風月,那人生的短暫存在,即使整個人類的文化業績,與浩瀚宇宙比較起來,根本不算甚麼,而且可能最後都會歸於滅絕,那麼如同當代哲人所說,人容易會問「這一切是為了什麼」之問題,即假如一切人類文化,乃至於一切浩瀚的星球,最後都會歸於滅絕,為什麼要有這一番的存在呢?而且這些存在充滿悲歡離合、勞苦愁煩,最後又歸於無有,這又何必呢?上文所說,栗谷從理氣的不離,而且理不直接生氣、有理就有氣,於是氣雖然是有形的、有變化,但不會滅絕,而理是恆常的,當然也不可能滅絕,於是恆常的理,一定表現在生滅變化的氣的存在中,兩種恆常者連在一起,就有現在的天地已經經過了無數次生滅的結論,這就可以解決了或起碼慰藉了當代人在了解宇宙的無窮,而反省到人生的渺小而產生的悲感,及產生對人生存在的價值的根本上的懷疑。由於理一定存在,於是氣化流行就要以無限的生滅來表現理,人生的存在雖然短暫,或甚至天地萬物無量的星球的存在,也是有其時間上的限制的,但這些生滅變化的存在界,原則上一定要存在,不然理就沒有表現的地方,無限價值的天道天理,必須在有限的、有生滅的氣化流行,乃至於每一個個體存在中,表現其意義,這也是上文所說的「即有限而無限」的說法。可以說如果沒有有限的存在,沒有人具體的人生,就不能把天道的意義,具體的表現在生命的活動中,而當人自覺的按理而行時,就把理的意義具體實現在個體生命中,而人也可以經驗到理的真實意義,如果沒有如此的人生及存在界的種種存在,理只能成為客觀的自存,或其作用雖然表現在生化萬物中,但如果沒有人,就不能夠真正體會到這些生化的意義,如同康德所說,人如果能夠按無條件律令而行,以成就德性人格,就是宇宙生化的終極目的。亦可說是把天地生化的意義,表現在人能成為德性的存有這種無所待的目的的實現上。如周濂溪所說的立人極。栗谷由理氣無離合、無先後推論出來的見解,表達了渺小的人思及無限的天地的悲感,也說明了面對宇宙雖然浩瀚,但人還是有值得生存下去的價值,於是有存在的勇氣。此一意義應該是在當代社會中,對每一個人都有的疑惑,給出很好的解決。現代人不可能沒有當代天文學的知識,不可能沒有人在如此浩瀚的宇宙中存在,是否有其理由、有其存在的意義與價值的疑惑,這些疑惑不能解決,可

能人的存在的勇氣就沒有了,如同神學家田立克所說[11]。

（五）田艮齋強調心性為二、理不活動而氣活動、性師心弟之說的當代意義。

　　田艮齋雖然尊理,但也很肯定人心的作用之價值。人能成聖賢,由於心能明理,而心能明理,也可能不明理,或雖明理而卻不遵從,這是所謂「心本善而不可恃」。不能不肯定心的作用的靈明,由於心有靈明,所以可以學習很多的知識,表現很多優美的禮義文化,可以使人格不斷上進、超越現實的自己,而成德成聖；但當人意識到道德法則,自覺為善、往上超越,而感受到自己的自由、自作主宰時,也就是欲望趁機起用,要用人的心知的靈明來滿足感性欲求的需要之時,這種自由心靈的誤用,是人類的惡會如此深重的原因。面對這一人性的困難,即人類的感性欲望不能沒有,原則上也是好的,而人意識到道德法則,而有自作主宰的自由,更是人的尊嚴所在,而在此兩者的交錯中,人就會表現非常深重的罪惡,這就是人所面對的人性的困難。於是人當以性理為師,不管人心如何靈明、如何偉大,但總是要以性理為規範,不敢僭越性理的地位,不能因為人心靈的自主,而自大、自負、以自己為至尊。艮齋這一說法對於人性的深微、人的處境,的確有深刻的體會,在這方面的論述,可以理解為基督教思想與儒家思想的交流會通。基督教強調人的驕傲自大是惡的根源,認為很多重大的惡都由自大驕傲產生,但太強調這一點,人的自尊、自主的性格,就會被弱化。對於人在意識到道德之理,而體會到人有自立普遍法則之意志,自己的本心良知的自發自主的表現,就是絕對價值之義,在基督教教義中就不能夠被肯定,這可說是對人類的卑視。故究竟人要無論如何都須謙卑,還是強調人可以為仁由己,自律地成就道德人格,故人性為至貴而可以自尊？這裡可能需要一個折中的見解。即如何能在意志自律而實踐道德,體會到人的自尊的情況下,又保持謙卑而不自大,這應該是我們當代要強調,對於我們的人性的實情,包括人的尊貴

---

[11] 田立克（P. Tillich, 1886-1965）在《存在的勇氣》一書,說明人的存在或世界的存在很難說有其終極的必然性,如果存在不能有終極必然性,會讓人產生深刻的焦慮。

與弱點都要能了解，而循著這個方向而給出自我教育、自我省察。

四、結論

（一）韓國朝鮮朝儒學是宋明理學程朱一系哲學的發展，問題雖然源自程朱，但朝鮮儒者有進一步的討論，從本文前述的討論，可見他們的論辨使得有關問題中的內容得到深度的開展，非常有價值，而儒家的學理與精神境界也得到開展。從朝鮮儒者對儒學義理的開展，也可以證成當代學者所謂的「東亞儒學」的想法，即是說如果要探究儒學的思想義理與其對社會、文化的影響，需從近代的東亞社會，如中、日、韓、越的歷史文化中來作理解，不能只限於中國大陸本土。

朝鮮朝自建國以來，即以朱子學立教，因此自 15 世紀以來朱子學思想即漸漸深入朝鮮半島，而成為社會的精神支柱。不僅如此，朝鮮士大夫也以研讀朱子學問、實踐朱子學工夫來作為修己治國之道。整體而言，可說朱子學雖發源自中國宋代，但卻漸漸東傳至朝鮮半島，延續其精神。特別是在以陽明學為主流的明清之際，朝鮮士大夫更感到作為道統的朱子學已漸漸失勢，在面對這一危機感下，他們更自覺要延續中華道統，朝鮮朱子學即是在朝鮮儒者們此一精神下而蓬勃壯大的。也就是說，朝鮮儒者對於朱子學的研讀，並不是為了科舉考試，更不是因為物質上的追求，而是由於理性的抉擇，認為這種學問是真理之所在。正如韓籍學者姜智恩所說：「朝鮮士大夫作為社會統治階層的使命，無論他們自己或他人都認為是為了實現正確之道。朝鮮儒學史由以實現正道為己身義務，無論何時都為此行動的儒者所形成」[12]，這種以維繫道統為己任的精神，即是中華文化的共同精神，由此，亦可了解朝鮮朝儒者自稱為「小中華」的緣故，他們甚至認為這種中華的精神或中華意識，在清朝時的中國已經失喪了，是靠著朝鮮才得以保持。

---

[12] 姜智恩：《被誤讀的儒學史：國家存亡關頭的思想，十七世紀朝鮮儒學新論》（臺北：聯經出版事業公司，2020 年），頁 292。參考張崑將：〈導言〉，《東亞視域中的「中華」意識》（臺北：國立臺灣大學出版中心，2017 年），頁 i。

（二）中日韓的學者對於儒學的探討，在學理上的成果或有不同；而儒學對於各地的文化、社會的影響也有不同的面貌，但對於儒學的基本大義是有共識的。對於所謂儒學的基本大意，可以作以下的概括說明。「義利之辨」可說是儒學的第一義，即要求人所作所為必須為了事情是該行而行，不能因為行動獲致的結果有利，來決定行動的動機。這一「義利之辨」的思考，就可以挺立人的德性主體，使生命理性化。這一由「義利之辨」而了解的道德之理，或道德行動的之所以有道德性，本來是人都了解的常理，從這個角度來理解人性，也是很自然的事，因此，當代儒者唐君毅先生認為，道德之理就是「性理」，是很符合傳統對道德法則與人性的規定。以人對道德法則的了解，作為人性的事實，即人本來就承認或肯定道德行動或道德義務，是人當該肯定的，這是人性的道理。這不只是中國有這個傳統的講法，西方人說 human nature 也涵這個意思，即道德就是人性的道理，是本來或自然就要承認的。而在儒家，此道德之理是人的本性，而由此肯定性體，道德是本性或性體自然發出來的，此以道德性為人性，及此道德性是人的真正的本性，而且具有本體的意義，是真實而不可移的。這種肯定與信念，是儒家的特色所在。整個宋明儒的儒學發展雖有派系的不同，但以道德性為人性本有，甚至此才是真正的人性，而且是天地生化的本體、根源的動力，是一切存在能夠維持其存在的根據所在，則是宋明儒所共同肯定的。而此一意義在西方雖然也有，如基督教的講法，但在基督教，把此性理與本體理解為屬於上帝所有，而不是每一個人的性體，因此，此性體的觀念是儒學的特色。朝鮮儒學也有此一肯定，即以道德性為人性，道德是人人可以自發表現出來的，無求於外，而且是天地萬物存在的根據所在。而對於此性體觀念的肯定，朝鮮儒者完全承繼孟子與宋儒的說法，不產生疑義，可以看到朝鮮儒者對於儒學的重德的特性，與以道德性為人性及宇宙的本體的義理是完全接受的，而這種接受，應該是由於道德性理的確是人的真生命所在，是人一反己或反身，就可以體會到的理性的事實。

（三）從義利之辨而要求自己存心的純粹，而存心的純粹就是道德意義及價值之所在，於是反己或反身要求自己，是儒學的另一重要特徵，即儒學

是反己之學。所謂反己是回到自己存心上來要求,自己的意念,行動的動機是否純粹,自己是清楚的。而在這個地方反身而求,就會覺得有無窮盡的工夫可作,於是精神就用在反身或反己的方向上,要正己而不求人、反求諸己,這是從孔子以來的儒學的精神方向,或用工夫的途徑。這也是所謂內聖之學的本質所在。這種反求諸己的精神,不是不關心外界的問題、不關心事功,而是給出了先後本末的區分。人要成為一具有道德價值、養成道德人格的人,便必須重視此一反求諸己,而在自己的念慮上作義利之辨的工夫,如果不做這種工夫,根本就不能走上成德的途徑。於是當然要以德為本、以反己為成德的本質的工夫。當然在這種要求下,關於外王的事功如何從成德的關注下而轉出,在理論上與精神上如何調整,思考恐怕有所不足。這一精神的特質往往也在韓儒表現出來。舉例來說,朝鮮朝末期大儒田艮齋的學生金駿榮（號炳菴,1842-1907）在朝鮮朝危亡之際作出的反應,是認為還是要以成德作為生命的終極關懷,他說:

> 時氣大不佳,死了許多人,使人傷歎,且不勝悚懼也。雖然,死生天也,吾輩只當節飲食、遠房室,盡吾所以攝生之方,而任之而已。至若心之存亡,職由乎自家操舍之如何耳。心存、是生也,不存、雖生亦死也。生焉而死,反不若死焉之死。此駿榮所以常憂懼警惕,而以心之存亡,為有大於身之死生者也。向讀朱子答李晦叔書,至「操則存」一句,果有契於心,而殆若親承面命於先生者。[13]

此段區分了外在的限制之命與自作主宰之義,在國家危亡之際,人什麼時候死,並非操之在我的事情,對此人只能盡養生的義務,節制飲食等欲望,盡量保持身體的健康;而人的存心是否純粹,是否按照該行而行的原則來實踐,則是人當下可以決定的「義」,這是所謂「能否存其心」,而能存心,就表現了人之所以為人的價值;不能存心,雖然是人,也沒有人的價值。於

---

[13] 金駿榮:〈答鄭景子〉《炳菴集》卷一（首爾:驪江出版社,1988年）,頁91-92。

是炳菴憂懼警惕自己對於本心的存亡，比不上對形軀的生死的重視。這雖然是孟子早就說明的所欲有甚於生的道理，但炳菴上文的表達有深刻的通過實踐而來的體會，也表達了他對朱子言論的融會貫通。炳菴又說：

> 朱子曰：「凡人多事廢讀書，或曰氣質不如人者，皆是不責志而已。若有志時，那問他多事，那問他氣質不美。」駿榮敢以一語而繼之曰：「人之有志於學，而以年老趑趄者，亦是志不立。」苟有志，尤可汲汲下手。若今日不學而明日死，將奈何？雖一日不猶愈於不學而死乎？但量其筋力而讀書講學，以進其步耳。[14]

金駿榮先引朱子所說的要讀書的時候，就不要因為事情多而荒廢，或因為自己聰明不夠、氣質不美，而不想去讀書，這些都是藉口，只要能責志，即要求自己端正為學的志向，只管努力向前，見到書就讀即可。順此意，駿榮進一步說，人在讀書的時候，也不要考慮自己是否已經年紀大，即使已經年老，但可以用孔子「朝聞夕死」的話來自我勉勵，即是說在明道之後，如果不久就死掉，比死的時候不明道，不是更好麼？人能明道，就體會到生命存在具有絕對的價值，能有一天這種體會，當然與不明道而死迥然不同了。

　　如果理解到上述金駿榮的話，是在朝鮮朝因為日本的侵略的危亡之際所說的話，就可以看到朝末儒者從學習程朱理學而來的，對生命存在的真實體會。即使面臨國家危亡的情況，也對成德或成德之教的學問的不放棄，我認為這的確是反身修德的儒學特性的充分表現。這不能用一般人所說的迂腐來說明。此中固然需要有如何使儒學現代化、舊內聖如何才能產生新外王的理論上的開展的要求，但內聖之學的絕對性也要肯定，就是要求自己反身成德，作念慮上的澄清，與對德性本身有絕對價值的肯定，是必須承認其為合理的。這裡需要肯定德性的價值是絕對的價值，不必也不能用其他世間的價值來比擬。

---

[14] 金駿榮：〈洪致教〉《炳菴集》卷一，頁40。

戴璉璋先生的易學研究

一、前言

　　戴老師有關易學的著作有《易傳之形成及其思想》（1988年）、《玄智、玄理與文化發展》（2002年）、《周易經傳疏解》（2021年）。可見戴老師從大概五十左右就對《周易》發生濃厚的興趣，越後面越用心於此。他幾本專著都與易學有關，希望通過《易經》義理的分析，建構一套實踐的智慧學；也可以說，是希望把易學的智慧活化，使華人社會接上傳統中國文化的慧命，運用在具體現實的生活中。我對易學沒有專門研究，只是常有機會聽到戴老師在這方面的心得，知道他的用心所在。希望藉這次的報告，表達一下我有關的了解，著重說明戴老師有關易學義理、哲學方面的貢獻。關於《易》經、傳的文字訓解，如卦爻辭難解的文句，他在書中有很明白而確定的說明，雖然常是以語譯的方面表達，其實當中含藏了很深的功力，有嚴格的訓詁考證的工夫。戴老師是語法專家，對於古文的語句辭氣有深刻的掌握。他曾受學於屈萬里、許世瑛二位先生，對於中國典籍的閱讀與理解有深厚的造詣。雖然在《周易》的研究方面，戴老師參考了前輩學人的成果（如屈萬里、高亨對《易經》的考證與解讀），但都經過戴老師的深思考察後，提出明確的解釋。因此，對於戴老師書中關於《周易》文字的詮解與翻譯，我們不能等閒視之，以為是坊間一般的今注今譯。戴老師在這方面很有貢獻，最近看到羅聖堡先生的一篇論文，對此寫得很清楚，我就不重複了[1]。

---

1 羅聖堡先生的主要論點，由張惠敏同學幫忙整理摘要如下：其一，戴璉璋老師的《周易經傳疏解》雖源自屈萬里的影響，但並非無條件地全部接受，而是有所選擇。其二，戴老師《易》例方面的說法，看似接受高亨的講法，但是其背後的易學見解，偏

二、《周易》的起源與成書

對於《易》卦的起源問題，戴老師十分肯定張政烺先生關於《易》卦起源於數字卦的說法，即古人占筮的活動，通過對蓍草的計算程序，產生了一些數字，排列成卦，從中得到啟發，來預測吉凶。這些數字從一到九都有，後來簡化為奇偶的兩種符號，以「一」代表奇數的數字，而為陽爻；而偶數的數字以「∧」作代表，「∧」是六的古文，後來演變為八，再演變為「- -」，而為陰爻。此說表示《易》卦的陽爻與陰爻都與數字有關，由數字卦逐漸演變為陰、陽爻構成的符號系統。對這種演變的說明很合理，也解釋了何以陽爻念作「九」，而陰爻念作「六」之故。這種對《易》卦根源的說明，比起民國初年因為佛洛伊德心理學的流行，許多學者用男女性性器官的崇拜來說明陰爻、陽爻，合理得多。[2]

對於《周易》的成書，以往有歷經三代四聖的說法。戴老師認為，不能把《易經》與《易傳》的作者確定為某些個人，應該是古人（以周人為主）在占筮的活動累積中，逐漸形成卦象的符號，從八卦重為六十四卦，又形成

向屈萬里論《周易》為創作，而非纂輯的講法。其三，戴老師的《周易經傳疏解》吸收屈萬里繼承清儒通假、虛詞及異文研究的解釋。通假部分，如舉〈需卦〉六四「需于血，出自穴」，與〈小畜卦〉六四「血去惕出」中的「血」字，與古籍中「血」、「洫」、「恤」三字相通。在虛詞的部分，如〈革卦〉九三「革言三就，有孚」，戴老師據《讀易三種》的訓詁，不將「革」視為「改革」義，而是「用皮革捆綁，繞三圈，顯示誠信」的意思，認為這較能合理地解釋爻辭為何以「有孚」作結的原因。其四，高亨注《易》，每卦先例卦形、卦名、卦辭來通讀全書。戴老師接受高亨增補的觀念，以卦辭皆有卦名，為《周易》通例。同時在改經的部分，如〈復卦〉初九底本作「無祇悔」，將「祇」改為「祇」，為戴老師處理經傳異文的方式。見羅聖堡：〈戴璉璋先生的《易》學觀及其詮釋特點——以屈萬里先生說為參照〉（中研院文哲所主辦「2022 年經學工作坊」，2022 年 3 月 29 日），頁 3、11-14、16-17。

[2] 張政烺：《張政烺論易叢稿》（北京：中華書局，2011 年），頁 57。高亨則認為古人以「一」為陽，是象徵天；以「- -」為陰，是象徵地。《易‧繫辭傳》也有「天一地二」之說，此說也有道理。但張政烺的說法有遺留的數字卦為證，對於陰陽爻讀為六與九，提出合理的說明。這應該是戴老師肯定張政烺說法的緣故。

卦辭與爻辭，經過孔子的論《易》，而形成《易傳》（十翼）。在此過程中，周初的王公大臣如周公、召公等，有鑑於殷取代夏、周取代殷，從這些歷史教訓中體會到在人間建立王朝，固然是得天命，但天之授命，需要以有德為條件。道善則得之，不善則失之，故天命靡常，並非一旦得到，就不會改變，得政權的君王不能以為天命一定在我。於是卜筮者從對天命做一往的祈求，轉而以反身修德作為維持天命的條件。當政者必須心存憂患，敬德愛民。如同徐復觀先生所說，周初以「憂患意識」為特徵的人文精神之躍動，這是殷周之際的變革的重點。戴老師非常強調《周易》卦爻辭中所含的人必須反身修德，才能免於因為失德而造成的禍患，這一由人自身所產生的禍患的憂慮感。因此，此所謂「憂患」，並非重在擔心外來的禍患，而是擔心「自己是否成為禍患的引致者」，於是就使得以《易》的占筮來追求天命的眷顧，轉為自覺的踐德，保民而王。而對於以求問吉凶，希望得到神諭指導的心情，也轉而為在面對種種不同的情況，要求自己加以因應，即不是被動地聽從神明的啟示，而是自覺地以自己認為合理的做法來回應。這確是人文精神的表現，道德的自覺性、自主性逐步發展。在這種重德精神的發展下，逐步肯定人的自由自決，而並非一往以追求從神明而來的啟示。故《周易》的卦爻辭「是在傳統信仰活動中提示讀者對己、對人、對事、對物的適切作為，重點不在告知吉、凶，是在或吉、或凶的情境如何擅自因應。這一方面涉及個人本身的修為，另一方面則涉及對於事物發展的認知」[3]。戴先生在這裏明白表示，《周易》的卦爻辭不同於殷周的卜辭，已經相當程度地表現了人文的精神。

三、由《易經》到《易傳》

《易經》發展到孔子，更有重大的突破，這突破使《易》的占卜涵義與

---

[3] 戴璉璋：《周易經傳疏解》（臺北：中央研究院中國文哲研究所，2021年），頁300。

孔子儒學的義理得到融合，使兩方面都有長足的進步，而這種敘述與說明，我認為是戴老師對易學的重要貢獻。戴老師很重視《帛書周易・要》篇中的記載，認為很符合從《易》古經進至《易傳》的發展理路。本來孔子的教訓並不重視通過占筮來預知吉凶，而以反身修德，為仁由己，凸顯自覺的道德主體為重點；反求諸己乃是君子之德的本質。故孔門弟子對於孔子老而好《易》，覺得奇怪，因為這不符合孔子平時的教訓。子贛（貢）於是提出了強烈的質疑，孔子回答：「我觀其德義耳也。」即孔子是要從卦爻符號、象數，理解人該有的德及處事之義，並非老年因為自覺、奮發的精神衰退而喜歡求神問卜。孔子表示他對於《易》的占筮的看法與喜好與一般史巫是「同涂而殊歸」[4]。戴老師認為，孔子這種老而好《易》的態度與對《周易》明德義的體會，是《周易》與儒學發展的重要關節。此處需要引用戴老師的原文來說明：

> 所謂易學，本以占筮為主，占筮的目的在探問吉凶禍福，這與儒家反求諸己的成德之教不合。孔子雖然「五十以學《易》」，但他只是藉卦爻辭發揮義理，孔門師生及孟子的言談紀錄中，都沒有涉及占筮。荀子則有「善為《易》者不占」的說法。《易傳》作者在這樣的儒學傳統中面對《易》書，自然不會沉迷筮法；他們注意的焦點是易學傳統中由筮法與人文精神相結合而形成的卦爻象位與義理。[5]

戴老師這裏對占筮與孔門義理為不同型態的學問，做了明白的區分，又認為這二者通過孔子的晚而好《易》而得到結合；這一方面使易學融入儒學義

---

[4] 見《帛書周易・要》，在今本《周易・繫辭傳》有「天下同歸而殊途」之語，與帛書要篇的「同涂而殊歸」正好相反，在〈要〉孔子表達了他雖然喜歡周易，與巫祝的做法相同，但目的不一樣，因此是「殊歸」；而「天下同歸而殊途」是認為一切都在天道流行下，個別表現雖然不一樣，但最後都得以實現其價值，〈要〉與〈繫辭傳〉的意思不同。

[5] 戴璉璋：《易傳之形成及其思想》（新加坡：東亞哲學研究所，1988 年），頁 229。

理，而境界層次得到上提，儒學義理也因為占筮的卦爻象位[6]的加入，有更豐富的發展。戴師續云：

> 象位，是《易傳》作者解說卦爻的依據；也是他們申論義理的憑藉。就象與象位來說，位其實也可以說是一種廣義的象，所以象位更具根源性。在《易傳》，可以見到論象不論位的篇章，如〈文言〉、〈繫辭〉兩傳都只論卦象而不論卦位；《易傳》中卻沒有論位不論象的篇章。就象來說，最具根源性的是八卦的自然物象，這是來自傳統的說法。天、地、雷、風、水、火、山、澤，分別象徵乾、坤、震、巽、坎、離、艮、兌。這種卦象觀念加強了卦爻與自然界的聯繫，也為《易傳》作者提供了發展卦爻德性象徵的基礎。於是剛柔、健順、動入、險麗、止說，以及陰陽、大小等等相繼衍生。這些觀念，豐富了卦爻的意涵，也拓展了《易傳》作者的思想領域。他們憑藉這些觀念來探索宇宙，體會人生，就把易學與儒學會通融合起來。於是乾、坤不只是〈乾卦〉與〈坤卦〉，它們還是萬物資之而始、資之而生的乾元、坤元。剛柔、陰陽不只是卦爻的性質，它們還是事物各種相對性情況的象徵，包括動靜、寒暑、往來、屈伸、闔闢等等。此外它們還是人類品德的標誌，代表健動與順成、創生與含容，以及仁與智。卦爻的對偶性，塑造了從對偶關係、感應關係探索事物生化原理的天道觀；也印證了仁智之德相生相成的心性觀。卦爻的變動性，提示了「天地盈虛，與時消息」，（豐象）的宇宙觀；也加強了見幾而作、適時變通的人生觀。卦爻的象徵性，啟發天地法象無非教也的道德觀；也培育了觀象制器、開物成務的文化觀。[7]

戴老師此處從《周易》的卦象、爻象，陰陽之數與爻位的序列，做出種種的

---

[6] 這即所謂象數。「象」是指卦象、爻象；「數」是陰陽、奇偶之數；「位」是指爻位，以爻的位置表明事物的關係（參考高亨說）。

[7] 戴璉璋：《易傳之形成及其思想》，頁229。

引申、聯想,這的確是表達了從《易經》到《易傳》的發展,也表示了儒學義理與易學的融合。象位與八卦的象徵,從自然的存在引申發揮為種種德性的象徵,使易經的卦象與儒學會通融合,既表達了天地之道的兩大根源性的力量(乾、坤),又表達事物種種的相對、相輔相成的情況,從卦象的對偶、感應的關係,關連到人事物的種種變動。因此《易經》發展到《易傳》,就成為占筮的結構、符號系統與儒家德性思想的融合,使得兩個型態的思想融成為內容豐富、系統架構清楚的自然哲學與人生哲學。我覺得戴老師這一說法很清楚而中肯,很能說明易學與儒學發展的軌跡,清楚說明了孔子之後,《周易》作為儒學重要典籍的內容特色。戴師續云:

> 《易傳》義理的建立,當然是以易學與儒學兩方面的深邃學養為基礎的。《易傳》作者,如果沒有來自儒學的道德實踐、人事磨練,就不可能在卦爻中有深刻的哲思、高明的睿識;另一方面,他們如果不精通於易學的卦爻知識、象位觀念,也不可能在儒學中有新境的開拓、形上的創見。《易傳》作者,成功地會通了易學與儒學,他們用儒學的義理充實了易學的內涵;用易學的卦爻開拓了儒學的思路。他們的成就,使古代占筮用書超越了迷信的巫術層次,提升到理性的道德層次、哲學層次;也使儒家以往存而不論或語焉不詳的天道思想獲致一套有效的表達形式。他們的成就,對易學與儒學的發展都起了決定性的影響。就易學來說,他們把討論的重點從占筮轉移到象位與義理。從此以後,象位與義理就成為易學研究的主要課題。人們在《易》書中所要探究的,不再是際遇的吉凶禍福,而是在吉凶禍福中如何自處;如何得其中道,守其中位,成其志行;如何與相關的事物感應而彼此相輔相成。就儒學來說,《易傳》作者把討論的興趣從心性論引導到天道論。從此以後,天道論就成為儒學研究的主要課題,人們在儒學中所要探究的,不只是如何面對自我、面對社會,而且還要追問如何面對自然、面對宇宙。於是性命與天道的關聯、人與萬物的關聯、生命的終極意義、宇宙的終極歸趨,凡此等等都成為儒者所關懷

的問題。《易傳》使易學的研究轉向，於是《易》書成為儒家的經典；《易傳》也使儒學的領域擴大，孔孟思想所蘊含的道德形上學因而得到圓滿的完成。[8]

此段承上文的意思而做了開展，從《易經》到《易傳》，使《易》從占筮之書得到提升，「從占筮轉移到象位與義理」，成為人在面對人倫事物，乃至於天地萬物種種可能的情況中，根據本身對倫常實踐的體會，而反思如何回應從《易》的象數而來的啟發指點。如此的根據對德性的深入了解，而做出的回應，就使得占筮的易學內容得到德性精神的加入，提升層次，不只是為了考慮現實的吉凶禍福而用心，而是思考在種種人事物的情況變化中，如何有恰當的、合於德義的回應。這些回應因為有卦爻象數系統的指引，而有聯想、引申發揮等，如同《詩經》所說的比興的作用，可以使德性的精神在卦象符號的結構下，得到與所接觸的對象感通的效果。而這些卦爻象數，也可以讓人掌握對於人生各種可能的情況的回應之道的基本型態。於是通過了這些卦象系統，也可以使儒者本來就很深切掌握的對倫常關係的處置因應之道，藉著卦象符號的幫助，使德性的意義與原則有一套可以通達落實在具體生活中的指引。

當然這些指引需要個人有清明的心思，才能得到啟發與聯想，並非如了解經驗的對象般的客觀而實在。因此戴老師認為，易學所培養的是人的智慧，而不是一般的經驗知識。對於經驗知識在道德實踐上的需要，戴老師也十分肯定，此意可見他在討論「格物致知」的文章中。但在論易學時，通過對《易經》卦象的觀察與人事的精察，是以培養實踐的智慧為主。《易經》的卦象符號本身涉及天地自然，逐步發展為對自然生化的理解。八卦本身就是種種自然存在的象徵，而這些卦象又成為儒家德性之學從人生而關涉到大自然，從個人的反身修德而體悟到天地生化的本體，於是認為天人合一，三才同道。通過這種發展與融合，決定了後來易學重視象位與義理的內容特色

---

[8] 同注4，頁230-231。

及發展方向。戴老師認為，儒家思想能夠發展為道德的形上學，融入《易經》的卦象是重要的關鍵。通過易道的陰陽乾坤，乃至於天、地、山、澤、風、雷、水、火等等相對相偶的相互變化，人在觀這些相偶變化的現象時，就引發了對天道不測的神用、生生不已之妙有一具體的了解，於是從形而下而達於形而上，從用而掌握到體。戴老師這一表達，即通過《易經》的象數使儒學從重人事實踐，而通於自然，以至天道，開闊了儒學的視野與精神境界，說明了義理的轉折的關鍵。這是對儒學的流變，乃至於中國哲學史的發展十分重要的說法。

四、《易傳》之道德的形上學

儒家的形上學或從道德實踐體會天道，在孟子、《中庸》本來就有，但《易傳》的理論型態，因占筮系統的作用，而非常有特色，與老、莊的天道論也有不同的義理型態。對此戴老師有以下的說明：

> 關於天道，與《易傳》先後同時的作品如《禮記》裏的《中庸》、《禮運》、《樂記》、《大戴禮記》的《本命》、以及道家的《老子》、《莊子》都有所論述。在天道的形式意義上，即作為形上的實有而是萬物生成的終極根源這一意義上，各家是相同的。但在天道的內容意義上，由於體證途徑的歧異，《易傳》與其他各家就有顯著的不同。《老》、《莊》的天道，是由人的無為、萬物的自適而印證，是在「有」與「無」的相反相成中彰顯其大用。這與儒家的天道當然不能混為一談。《易傳》與上述大小戴《禮記》各篇的天道，是由人的德性、萬物的生生而印證；但只有《易傳》在道的體用方面有詳盡的論述。它是從事物的對偶性因素相互感應這裏來說明天道的大用。這對偶性因素當然不是《老》、《莊》的「有」與「無」，它是乾坤、剛柔、健順、動靜等等，而在〈繫辭傳〉作者心目中，這一切又

都可以用「陰」與「陽」來概括。[9]

此處戴老師認為，《易經》卦象所含的相對相偶、相反相成的組織結構，對於體會天道的生化、人事的實踐，是有重要的作用，有特別的闡發，這也可說是戴老師對易學的重要見解。他認為由《易傳》這樣卦象的對偶變化（如：泰卦與否卦，剝卦與復卦，既濟與未濟），而體會天地、人事的變化多端、生生不已，就可以體會到道不離開陰陽變化，但又不同於陰陽而為生化之神。戴老師此說，我認為可說是表達了《周易》特別的「觀法」，這也是戴老師對易學的重要看法。所以他說：

　　一陰一陽之謂道。（〈繫辭上傳〉、第五章）
　　這一陰一陽，描述了事物的對偶感應、盈虛消息、生生不已，這就是道的大用，易道就在這一陰一陽中呈現，萬物的體性也在這一陰一陽中呈現，人的仁智德性也是這樣一陰一陽地呈現。所以說：
　　一陰一陽之謂道。繼之者善也，成之者性也。仁者見之謂之仁，知者見之謂之知，百姓日用而不知。
　　在先秦儒家典籍中，能這樣體用兼顧而又道器貫通地論述天道的，只有《易傳》。[10]

此處戴老師對「一陰一陽之謂道」的意思做出了「體用兼顧」、「道器貫通」的解釋，這是很恰當的，也清楚表達了《易傳》藉陰陽消息的變化來說明以道德為本質的天道本體的作用。由此，如果要討論《易傳》的道德形上學，除了要了解天道生生不已、宇宙生化，也就是道德的創造外，也要配合《易經》本身的卦象的結構，從其中的對偶性與感通性，相反而又相成，來體會易道的生生不已。易道就在可見的陰陽生化與人事的變化中表現，可謂

---

[9] 同前註，頁 231-232。
[10] 同前註，頁 232。

是即用而見體。這種對《易經》卦象與象數的觀察而體會到的意義，可說是《易傳》觀天地自然的「觀法」（類比佛教所言觀因緣生起，而有析法空、體法空等觀法）。由於有這一觀法，就可以使人對於天道的生生有一上達之途，即從具體可見的現象，通過卦爻象位的觀察而自然上達。

在《周易經傳疏解》的〈緒論〉中，戴老師對此義有更明確的發揮：

> 這一段意謂人們習《易》，觀玩卦爻象、辭，體會其對偶感應的「一陰一陽」之道，然後「引而伸之，觸類而長之」，乃可以據以仰觀天文，俯察地理，能體會幽明消長的緣故；推究開始的狀況，歸結終點的情形，能體會到死生交替的義蘊；著眼於適當元素聚集成物，其所散布的作用流動生變，能體會聚散盈虛的情狀。這樣窮理，可以印證《易》書「與天地準，故能彌綸天地之道」的說法；同時也會拓寬人們的視域，開顯仁智心性，成就人文化成的德業。[11]

這一段論說周詳而明白，所謂的「觀玩卦爻象」，「觀」可以說是觀法；「玩」則表示對於《周易》卦爻與象數的變化，有一種由深觀而來的體悟。說是玩，含美感的觀照，也是理智的遊戲之意。通過觀與玩，使人內心純粹、精神清明，而開拓視野，與天道生化相感相應。戴老師認為，孔門「仁且智」的教訓與人文化成的德業，與易卦的加入而形成的《易傳》的道德形上學，是非常有關係的。人的精神如果只停留在人事關係上用心，而不通於自然萬物，不能上契天心，智慧是達不到圓成之境的。

五、討論與結語

上文表達了戴老師對《周易》的特別了解。他的說法對於理解《易》古經的原義及《易傳》的形成，提出了很有價值的解釋，對於儒家義理在《易

---

[11] 戴璉璋：《周易經傳疏解》〈緒論〉，頁 XV。

傳》形成之後的發展，也表達了個人的體會。在這個問題上，戴老師可謂是「成一家之言」。他對於儒家形上學的形成，通過易學的發展來說明，又強調了「觀易」與「玩易」的意義，相當有創意。除了上述的意思之外，還有一些意思，補充於後。

戴老師對於《易》經、傳所說的君子之德，認為「敬以直內，義以方外」是最恰當的表達。這裏可以有內外兩層的修養，修德是清明自己的心智，而義是精察外界的情況，做出恰當的回應。「敬以直內」根據的是道德的原則，這是人反身就可以理解的，但通過卦象符號的作用，可以即象以明理，使道德原則通過卦象符號，作比較具體的展示。而對於處事之義，本來也有重視倫常關係的傳統學問來做底子，但通過卦象系統的展示，的確也會表達出新的精神或新的啟發。我想用以下各點來表達我對戴老師易學的一些體會：

（一）占筮本來是求神明以解疑難的活動，並不是純粹對於德性的原則做理性的反省。但由於占筮必須誠敬純淨人的精神，如〈繫辭傳〉所說：「易，無思也，無為也，寂然不動，感而遂通天下之故。」這幾句話的原意是描寫占筮的時候所用的蓍草沒有生命，沒有思維活動，但如果以誠心來求問，這蓍草就可以對所問的任何問題做出回應或做出啟發指點。這樣通過占筮的精神狀態，而體會到人與天地之道相通，又可以通過作為占筮的《易經》的卦象而得到啟發指點，這就表達了對於易卦與《易傳》的閱讀，並不能當作外在的文獻資料或一般的道德教說來看，而需要提起精神，純淨化自己的內心，希望能與神明相契相通，這並不能以一般所謂迷信的活動來理解。提起精神而求與天地、神明相通時，的確可以有與天地、與自然萬物相感、相應的體會，這是何以《易》的經、傳從占筮而可以論到天地神明之德、三才之道之故。當人的精神提振而澄清生命、表現智慧時，便會有與天地萬物相通相感之契悟，而體會到天、地、人三才之道其實是相通的。而觀天地、陰陽往來的變化，也可以理解到天地萬物與人生都是往來變化、始終相繼而無窮無盡的。這是通過《易經》卦象的演變逐步人文化，以德義改變只為了趨吉避凶而占筮的存心，使儒家內聖外王之學，通過易道的通於神

明、卦象符號的連接人生萬事，合而成為一個特別的成德之教的聖典。

（二）何以要通過卦象符號來對於人的反身修德與回應所遇，即「敬以直內，義以方外」，加以智慧的培養呢？本來孔門論學，重在即事言理，而非空說理論。從孔子作《春秋》而亂臣賊子懼，是藉歷史中的人事來明白是非；《論語》論理多不離開人事，言下學而上達，踐仁才能知天，也是此意。《易》的經、傳通過符號系統來啟發指點人的修德及對遭遇的回應，也是不空言義理的傳統做法。《易》卦象從數字卦的一到九各個數，歸納為奇偶的系統，這一系統就可以引申發揮為陰陽的變化。通過對偶反覆而曲折的運用，具體指點人生的各種情況，一方面不空言理論，另一方面，卦爻的變化又對人生具體的情況，提出種種的啟發指點、引申發揮，十分奧妙。這是通過符號系統，來表達人內心理性的運用所可以產生的德行意義，以及在人倫關係的實踐上，對於人事物的種種可能情況的先見，加上符號系統的啟發指點、微妙的暗示，就使得「敬以直內，義以方外」不止於道德的教說或經驗的歸納，而讓人的精神凌虛觀照，有神妙莫測之感。這是說符號系統的運用，加強了德義的豐富內容。

（三）道德基於人本具的理性，有其先天的根源，而人倫關係的實踐，則是先天的德性的原則落在具體的人事上實踐。這裏有從根源的道德理性，用在具體的人事關係，與先天的原則落實在現實經驗中的運用，而且不只是純粹的德與義的要求，而有行道盡義，因應現實上種種可能的情況，而可以有善於變通，吉無不利的效果。這裏可能不像從仁義之心做出道德的決定那樣的直接而純粹，因為仍有占筮上的趨利避害而做的要求存在。雖然如此，仍是以仁義的德性作主，認為有德者才配有幸福的結果，於是也使得《易經》的卦象系統、《易傳》的種種啟發性的言詞或申明，固然內容豐富，但也有在現實上達成合理的結果的強烈要求，使人能精察事理，造就合理的人生。這是《易經》與《易傳》的特性。

（四）戴老師對於《易傳》的道德形上學的理解，雖然受到當代新儒家的影響，但戴老師有他自出機杼之處。熊十力先生的哲學思想歸宗大易，通過其翕闢論來表達《易》卦的三劃，象徵宇宙生化的兩股力量的相反相成。

這固然精彩，但對卦象系統沒有全然的鋪陳與掌握，也沒有說明卦象系統何以能夠與儒家成德之教相結合。牟宗三先生早年的易學著作，固然也從《易》的卦象系統說明宇宙生化過程與條理，即《周易的自然哲學與道德函義》，但此時牟先生所重的是藉懷德海的哲學，以表明易學的宇宙論意義，對於生化的本體之意義說得不多，也未建構完成道德的形上學。後來他在《心體與性體》與其他的論述中，則以創生性原理與終成性原理來解說乾坤，透悟宇宙的生化及道德的創造，對於道德形上學的涵義、儒家客觀面的義理充分提出說明，但也不同於戴老師內在於卦象系統，指出一條觀卦象變化而體會天道生生的下學而上達的途徑。通過以上的比較，相信可以看出戴老師易學的形上學之特色。

（五）至於何以人以《易》來占筮，能夠從《易》的卦爻之象，對人生的各種事情，似乎都可以做出有意義的回應，好像《易》之卦象是無事不可問似的，這一問題也需要說明。《周易》的象數通過了符號時位的變化運用，好像蘊涵了一個無限可能的人生事件之大海，一切事都可以在卦象符號中取得關聯。這除了《周易》的作者們認為人道通於天地之道，所謂「三才」，以及八卦六十四卦、三百八十四爻的卦爻象，可以象徵人生與自然一切的變化外，一切人生事物的情況，本來是有其基本的模式型態，而可以以卦象來象徵。若是如此，則對《易》卦可以應對人生任何事情的提問，就不足為奇了。二十世紀的心理學家榮格（Carl Gustav Jung, 1875-1961）認為，《周易》卦爻所表達的內容，合於他所謂的「集體無意識」（collective unconscious）。人除了自我意識外，又有自我無意識及集體無意識。集體無意識如同一大海，潛藏了人類種種生活的可能（案：這似乎可以用佛教所講的阿賴耶識來理解），於是個人的意識內容，可以是無窮無盡的；通過《易經》卦象的啟發、聯想與暗示，可以觸發了每個人都具有的集體無意識的內容的了解。這就說明了何以通過卜筮的求問，對任何事情都可以做出合理的回應的緣故。連同上面所說，人在面對「寂然不動，感而遂通」的蓍草的時候，就可以釐清、引發人所本具的「集體無意識」的內容，而對於眼前所關心的事情究竟如何回應，提出合理的指示。如果這樣講，用《易》來占卜，

並不只是求神明給予答案，而是引發及釐清自己的本有的無限可能的思慮，思考回應之道，而做出恰當的決定。以上所說是順著戴老師對《周易》的理解而做出補充，即是就占筮時感通天地之道的可能，以及閱讀卦象的符號與文辭時，暢通及調理生命本身可能有的、本為潛藏的眾多經驗。戴老師認為，《周易》是培養智慧之書，又為實踐的智慧學，說明了易學既是占筮，又明德義，而且通過卦象的符號系統，讓人精察事理，由「敬以直內」到「義以方外」，最後通過這些修德與精察的訓練，通於天地之德、宇宙的生化。戴老師的這些講法非常純淨而合理，表明了《周易》的獨特性，以及雖然不能脫離占筮以趨吉避凶為目的，而又是成德之教的寶典的緣故。必須綜合以上各點，才能了解《周易》的大義，而明白《周易》的種種內容與特色。戴老師對於馬一浮先生所說的「終於《易》」十分贊成，認為人文教化需要以《周易》為終。成德之教必須使自己內心清明、純粹，而又能行所當行，而且這種「敬以直內，義以方外」的實踐，可以讓人時時感受到天、地、人的相通，人與自然之為一體，而且也可以靈活地回應遭遇的種種情況，而吉無不利。從這些實踐中，人就可以與天道相感通，這就是人之所以為人的終成。而「終」是「完成」之義，這是人道的完成，也是天、地、人三才之道具體在人中完成，而且終而始，始而終，沒有斷滅。故《易》之為終教，是完成而又是生化的再開啟，即〈繫辭傳〉所謂「原始反終，故知死生之說」。如果只說生死，即生之後一定是死，則宇宙終歸於空無、存在者即終於不存在。而《周易》從原始反終來知生死之說，便是只有完成而不是終了。

附：「戴璉璋先生追思紀念座談會」（2022 年 7 月 7 日，中央研究院中國文哲研究所）討論摘錄

呂政倚：

　　各位老師和線上的朋友，大家好！我一直有個疑問，剛好楊祖漢老師在引言稿中也提到。在楊老師引言稿的第七頁到第八頁提到「先天的德性的原則落在具體的人事上實踐」；楊老師又提到，對《易經》卦象系統的詮釋，可以幫助我們在實踐上有所啟發與發揮。我一直不太懂的地方，就是當我們將道德法則落實在經驗世界上，將道德法則實踐出來時，以及讀《易經》時，卦象系統到底能發揮怎麼樣的作用？我有時候會想，這是不是像康德（1724-1804）所講的「圖式」（Schema）？當然，康德是從先驗知識的角度去講「圖式」。只是像《易經》的卦象在中國傳統中的奇妙作用，我們可以用什麼樣的方式來解讀？想請問各位專家，或請楊祖漢老師、謝大寧老師來解答。謝謝！

楊祖漢：

　　謝謝呂政倚博士的提問。我覺得這個問題的確也是戴老師《易》學的一項貢獻。剛才我報告的時候，說《易經》作為占筮之書，通過卦象、符號、時位、象數，來為占卜者提出啟發、啟示。這套卦象符號融入儒學的德性理論時，兩個方面一拍即合。這是《易傳》所表達的內容與義理，一方面提升《易經》作為占筮之用的境界，另一方面也使儒學重「德」的理論，既不停留在原則性的說明，也不停留在空說義理或理論，而是可以運用卦象符號來言「理」。

　　本來不崇尚空談義理，是儒學的傳統。所以孔子在《論語》中就是從日常的事物來講道理。你可以說，道理徹上徹下都是如此，但是他一定連帶著行事來講。他講《詩經》的時候，也是具體地講；引述《尚書》的時候，則是就歷史事實來講教訓。《易傳》講哲學、講形上學，但不是空談，而是落在卦象符號上來表達。這一方面是歷史的、事實的發展，另一方面也是就著古老傳統，從事德性學的創造。

《周易》是即於卦象符號來言「理」。因此，這個卦象符號不是具體的事實，但是它對於具體的事實可以有所啟發。戴老師說，這些卦象符號和人的內在德性的自我要求連同在一起時，它所產生的作用，就好像《詩經》的「比」、「興」的作用[12]。比、興就是聯想、啟發、指點。這些啟發、指點一半是具體的，但不完全是具體的。這就好像唐君毅先生說「禮」是「一半之行為」[13]，它不是具體的行為。卦象更抽象一點，但它還是符號，還是有形可見。既有形可見，卻又不是那麼落實，這便容許人在此有自由的體會和發揮。這就看你怎樣通過這些卦象，藉閱讀也好，藉對吉凶的探索也好，而得到什麼啟發；而所得的啟發，不只跟你的生命的修養、存心有關，也跟你對事理的理解，及你對於客觀存在界、自然界的領悟有關。

　　在這個地方，啟發是很個人的。《周易》的卦象並不提出一個通則，做為一般的規定，說你要這樣做，不要那樣做；但是它也有規則，只不過這個規則可以讓人設身處地，為自己做出創造性的決定。這裡頭有剛才所講的比興、聯想、啟發、指點和想像。這就是《易》學的傳統：通過占筮、通過卦象符號來做聯想，以通於人我、內外，通於自然，通於天地。但是最後決定要怎麼做，你自己要負責。這個地方有自己的創造性，這是很微妙的。我看戴老師要講的，就是這種意思。所以他稱之為「智慧」。所謂「智慧學」[14]，便是取這個意思。《周易》並不告訴你一些可以通過經驗來說明的事實。當然，它也不離開這些事實，而是舉出很多例子。但是你在這個地方究竟得到什麼樣的「啟發」？有什麼感通與聯想呢？它有規則、有落實的指點，但是最後你還是要自己決定。這是很微妙的。

　　關於剛才呂政倚博士所提的問題，我在發言稿後面提到榮格（Carl Gustav Jung, 1875-1961）的「集體無意識」（collective unconscious）。榮格

---

[12] 參見戴璉璋疏解：《周易經傳疏解》（臺北：中央研究院中國文哲研究所，2021年），頁 ix-xi。

[13] 參見唐君毅：《中國哲學原論・原道篇二》（臺北：臺灣學生書局，1993年），頁116-118。

[14] 見前文言「實踐的智慧學」處，另可參見牟宗三《圓善論》中〈序言〉部分的討論。

問道:《易經》為什麼對任何事情都可以問?為什麼任何事情都可以透過《易》卦來回應,但又好像又契合於每個人所問的問題?他認為:這可能是在我們的腦裡、意識裡、觀念裡已有豐富的內容,這些意識內容,不只是我們今生經歷到的,很可能是遺傳自幾十代的,甚至是幾千年到幾十萬年人類的集體意識。所以,通過《易》卦,《易經》指點、啟發了我們內在的「集體潛意識」或「集體無意識」的內容。它有一種暢通的作用,對於好像是一個大海似的意識內容的一個通道。它給你一個指點,給你一個通道,讓你條理化你內在的、可能根本意識不到的許多生命的內容,於是對於你目前要用卜筮探問的問題,自己內心產生了一種自我的指引。

在這個地方,從形上學來講,就是「天道」之神,對我們的指引;從心理學來講,就是我們累積而有的種種心理觀念的被引發。從心理學來講的經驗或集體潛意識,等於佛教所講的「阿賴耶識」的觀念。在那個地方,通過《易》卦的指點,你可以啟發、清理、整頓你自己,你可以回應你自己,你可以從你的內心探索到一些生命的智慧,而這是你本來沒有意識到的。它可能有這個作用。我引言稿的最後一段就指出:為什麼很多人使用《易》卦去問的時候,覺得《易》卦的確對自己身心,或甚至對自己眼前要問的事情,都有具體的答案?可能那個具體的答案,你又說不出來,不能做清楚的說明,而你卻是有受用的。

這個作用跟政倚剛才提到的「圖式」不一樣。「圖式」雖然通於感性與知性,但還是一個知識的概念。或許在實踐上說也可以做類比,如牟先生在譯康德的《實踐理性批判》時,用「符徵」一詞來譯 Type [15],符徵頗可表述上文之意。另外,據我看,《易傳》仍保留「幽贊神明」的作用,就是在占筮的時候,「寂然不動,感而遂通」而通於「神明」的那種宗教的奧秘性,這意思還是要保留下來的。

---

[15] 牟宗三:《康德的道德哲學》,《牟宗三先生全集》15(臺北:聯經出版事業公司,2003 年),頁 249。

附　錄

一、楊祖漢簡介

　　原籍廣東新會，1952 年生於香港。臺灣師範大學國文系畢業，香港新亞研究所哲學組碩士。曾任中國文化大學哲學系講師、副教授、教授、國立中央大學中國文學系教授、系主任、文學院院長、人文研究中心主任、特聘教授，東吳大學文理講座教授、香港中文大學哲學系訪問教授。現在為中央大學哲學研究所榮譽教授、東吳大學劉光義中國哲學講座教授。

　　1975 年參與創辦《鵝湖月刊》，曾任社長與主編；又在 1988 年創辦《鵝湖學誌》，歷任主編與編審委員。經過與師友近五十年來的努力耕耘，鵝湖學派蔚然成為臺灣新儒學的重鎮。又參與成立東方人文學術研究基金會，曾任多屆董事，共同推動舉辦當代新儒學國際學術會議，至今已達十四屆。於任教中央大學期間，成立儒學研究中心，創辦《當代儒學研究》，此刊物出版至今。

　　主要著作見本書論著目錄；未收成書的論文除收錄本書外，將結集為宋明理學新詮與朱子學新詮二書。

二、楊祖漢新儒學研究論著目錄

一、專書

《中庸義理疏解》，臺北：鵝湖出版社，1984 年 5 月。（此書有韓文譯本，書名改為《中庸哲學》（중용철학），京畿道：서광사，1999年。）

《儒學與康德的道德哲學》，臺北：文津出版社，1987 年。

《儒家的心學傳統》，臺北：文津出版社，1992 年 6 月。

《當代儒學思辨錄》，臺北：鵝湖出版社，1998 年 11 月。

《中國哲學史》上下冊（合著），臺北：里仁書局，2005 年 9 月。

《從當代儒學觀點看韓國儒學的重要論爭》，臺北：國立臺灣大學出版中心，2005 年 8 月。（本書的簡體字版由華東師範大學出版社於 2008 年 5 月出版）。

《近思錄：導讀及譯注》（合著），香港：中華書局，2015 年 7 月。（本書的簡體字版由中信出版社於 2016 年 1 月出版）

《從當代儒學觀點看韓國儒學的重要論爭續編》，臺北：臺灣大學人社高研院東亞儒學研究中心，2017 年 6 月。

二、專書論文

〈徐復觀先生對王陽明哲學的理解〉，收入《「徐復觀學術思想國際研討會」論文集》，臺北：東海大學，1992 年。

〈王龍溪哲學與道德教育〉，收入劉國強、李瑞全主編《道德與公民教育：東亞經驗與前瞻》，香港：香港中文大學香港教育研究所，1996 年 10 月，頁 129-140。

〈從劉蕺山對王陽明的批評看蕺山學的特色〉，收入鍾彩鈞主編《劉蕺山學術思想論集》，臺北：中央研究院中國文哲研究所籌備處，1998 年 05 月，頁 35-65。

〈孝弟慈與入聖之道〉，收入國際儒學聯合會學術委員會主編《儒學與道德

建設》，北京：首都師範大學出版社，1999 年 09 月，頁 445-459。

〈牟宗三對「仁」的詮釋及在「倫理教育」上的涵義〉，收入丁福寧主編《倫理哲學教育論文集》，臺北：輔仁大學出版社，2000 年 08 月，頁 189-204。

〈哲學的古義與成教——論牟宗三先生對中西哲學會通的看法〉，《第一次「哲學與中西文化：反省與創新」學術研討會論文集》，臺中：東海大學哲學系，2001 年 1 月，頁 53-64。

〈再論儒家形上學與意志自由〉，收入《天人之際與人禽之辨——比較與多元的觀點》，香港：香港中文大學新亞書院，2001 年 07 月，頁 107-122。

〈胡五峰之體用論與朱子「中和舊說」的關係〉，收入《含章光化——戴璉璋先生七秩哲誕論文集》，臺北：里仁書局，2002 年 12 月，頁 21-58。

〈世界存在的終極目的與立人極〉，收入陳榮照主編《儒學與世界文明》（上冊），新加坡：國立大學中文系、八方文化企業公司，2003 年 01 月，頁 64-79。

〈劉蕺山與黃梨洲的氣論〉，收入澳門中國哲學會編《21 世紀中國實學》，北京：社會科學文獻出版社，2005 年 02 月，頁 208-218。

〈朝鮮陽明學者鄭霞谷的生理說及其對告子學說之詮釋〉，收入黃俊傑主編《東亞儒者的四書詮釋》，臺北：國立臺灣大學出版中心，2005 年 06 月，頁 231-250。

〈鄭齊斗對王陽明哲學的理解〉，收入鄭仁在、黃俊傑編：《韓國江華陽明學研究論集》，臺北：國立臺灣大學出版中心，2005 年 09 月，頁 205-238。

〈朱子理一分殊論的現代意義〉，收入梁承武主編《艮齋學論叢》第五輯，首爾：艮齋學會，2006 年 08 月，頁 345-394。

〈再論韓儒李晦齋對朱子學的理解〉，收入黃俊傑主編《東亞朱子學的同調與異趣》，臺北：國立臺灣大學出版中心，2006 年 12 月，頁 279-

296。

〈時代與學問——熊先生與牟先生的一次論辯〉，收入《人文論叢 2006 年卷》，武漢：武漢大學出版社，2007 年 06 月，頁 87-95。

〈從良知學之發展看朱子的思想型態〉，《廈門大學國學研究院集刊（第一輯）》，北京：中華書局，2008 年 11 月，頁 141-149。

〈《文化宣言》論中國文化的宗教精神〉，《中國文化與世界：中國文化宣言五十週年紀念論文集》，桃園：國立中央大學儒學研究中心，2009 年 09 月，頁 169-177。

〈羅近溪的道德形上學及對孟子思想的詮釋〉，收入林維杰、邱黃海主編《理解、詮釋與儒家傳統：中國觀點》，臺北：中央研究院中國文哲研究所，2010 年 06 月，頁 65-97。

〈從朝鮮儒學「主理派」之思想看朱子理氣論之涵義〉，收入陳來、朱杰人主編《人文與價值：朱子學國際學術研討會朱子誕辰 880 週年紀念論文集》，上海：華東師範大學出版社，2011 年 09 月，頁 338-352。

〈黃梨洲對劉蕺山思想的承繼與發展〉，收入楊祖漢、楊自平主編《黃宗羲與明末清初學術》，桃園：國立中央大學出版中心，2011 年 09 月，頁 21-46。

〈從伊川、朱子的「格物致知論」看自然與自由的統一〉，收於楊祖漢、楊自平主編《綠色啟動：重探自然與人文的關係》第 1 冊，桃園：國立中央大學出版中心，2012 年 03 月，頁 245-263。

〈韓儒奇蘆沙「主理」的論辯及「理一分殊」論〉，收入黃俊傑編《朝鮮儒者對儒家傳統的解釋》，臺北：國立臺灣大學出版中心，2012 年 06 月，頁 173-196。

〈韓儒郭鍾錫（俛宇）的心論及其對朱子思想的理解〉，收入於陳來主編《哲學與時代——朱子學國際學術研討會論文集》，上海：華東師範大學出版社，2012 年 09 月，頁 417-426。

〈韓儒田艮齋「性為心宰」的道德實踐涵義〉，收入於潘朝陽主編《跨文化視域下的儒家倫常》（上冊），臺北：國立臺灣師範大學出版中心，

2012 年 12 月，頁 231-260。

〈程明道、胡五峰思想中的圓教涵義－順牟宗三先生之說進一解〉，收入於景海峰主編《儒家思想與當代中國文化建設》，北京：人民出版社，2013 年 10 月，頁 93-105。

〈香港新亞書院的成立對臺港二地新儒學發展的影響〉，收入於李誠主編《臺灣、香港二地人文、經濟與管理互動之探討》，桃園：國立中央大學出版中心，2013 年 11 月，頁 17-39。

〈臺港兩地新儒家思想最新發展之比較〉，收入於李誠主編《臺港兩地人文、社會、經濟發展之比較》，桃園：國立中央大學香港研究中心，2014 年 04 月，頁 84-109。

〈程伊川、朱子思想型態的當代詮釋之反省〉，收入於鄭宗義、林月惠合編《全球與本土之間的哲學探索——劉述先先生八秩壽慶論文集》，臺北：臺灣學生書局，2014 年 06 月，頁 237-271。

〈唐君毅先生對朱子哲學的詮釋〉，收入於鄭宗義編《中國哲學研究之新方向》，香港：香港中文大學新亞書院，2014 年 10 月，頁 75-97。

〈以牟宗三先生康德第二批判的詮釋看康德與朱子的思想型態〉，收入於景海峰主編《儒學的當代發展與未來前瞻》，北京：人民出版社，2014 年 12 月，頁 70-85。

〈牟宗三先生對宋明理學的詮釋〉，收入於鮑紹霖、黃兆強、區志堅主編《北學南移——港臺文史哲溯源》（學人卷 I），臺北：秀威資訊科技公司，2015 年 04 月，頁 138-152。

〈唐君毅先生與中央大學〉，收入楊祖漢主編：《中大百年》，桃園：國立中央大學出版中心／臺北：遠流出版事業股份有限公司，2015 年 06 月，頁 163-188。

〈論朱子所說的「誠意」與「致知」關係的問題〉，收入李瑞全、楊祖漢主編：《二十一世紀當代儒學論文集 I：儒學之國際展望》，桃園：國立中央大學儒學研究中心，2015 年 06 月，頁 525-532。

（本文又收入朱子學會編《朱子學年鑑 2015》，北京：商務印書

館，2016 年 10 月，頁 28-37。）

〈從主理的觀點看朱子的哲學〉，收入吳震主編：《全球化視野下的中國儒學研究》，貴陽：孔學堂書局，2015 年 09 月，頁 206-223。

〈韓儒田艮齋對朱子心性思想的詮釋與體會——心論的三個型態〉，收入於景海峰主編《經典、經學與儒學思想的現代詮釋》，北京：人民出版社，2015 年 11 月，頁 220-237。

〈如何理解中國的思辨性——從伊川、朱子之學說起〉，收入景海峰主編《儒學的歷史敘述與當代重構》，北京：人民出版社，2016 年 11 月，頁 258-279。

〈有關牟宗三先生圓善論的一些思考〉，收入郭齊勇主編《當代新儒家與當代中國和世界》，貴陽：孔學堂書局，2017 年 09 月，頁 254-265。

〈朱子思想與東亞儒學之成立——對東亞儒學研究的一些想法〉，收入吳震主編《東亞儒學問題省思》，北京：三聯書店，2017 年 10 月，頁 148-160。

〈比較馮、牟、勞三位先生對宋明理學的詮釋——兼論圓教的涵義〉，收入鍾彩鈞編《中國哲學史書寫的理論與實踐》，臺北：中央研究院中國文哲研究所，2017 年 12 月，頁 13-47。

〈道統、圓教與根本惡說〉，收入楊永漢編《紀念牟宗三先生逝世二十周年國際學術研討會論文集》，臺北：萬卷樓圖書公司，2018 年 07 月，頁 59-74。

〈論唐君毅先生的返本開新說〉，收入楊祖漢、李瑞全主編《二十一世紀當代儒學論文集 II：儒學的全球在地化與當代文明》，桃園：國立中央大學儒學研究中心，2018 年 12 月，頁 161-174。

Cho-hon Yang、Ko-chu Lai: 'Zhu Xi and Contemporary New Confucians: Reflections on Mou Zongsan's and Tang Junyi's Interpretations', edited by Ng, Kai-Chiu and Huang, Yong *"DAO Companion to Zhu XI's Philosophy"*, Springer, Switzerland, 2020.02, p221-240.

〈田艮齋的朱子學理解與牟宗三說法的比較〉，收入吳震主編《東亞朱子學

新探：中日韓朱子學的傳承與創新》第三十二章，北京：商務印書館，2020 年 11 月，頁 824-849。

〈《圓善論》中所涵的特別哲學見解〉，收入顏炳罡主編《儒家文明論壇》第七期，濟南：山東大學出版社，2021 年 09 月，頁 269-280。

〈道家的無相原則、審美判斷及超越的合目性原則——牟宗三先生對康德審美判斷的批評與重構〉，《第九屆新子學國際學術研討會論文集》，臺北：中國文化大學，2021 年 11 月，頁 131-158。

〈蔡仁厚先生的朱子學詮釋對我的啟發〉，收入《蔡仁厚教授紀念集：慶壽紀念聯璧》，臺北：鵝湖出版社，2021 年 12 月，頁 39-45。

〈朝鮮儒學的核心價值及其 21 世紀新意義〉，收入黃俊傑主編《儒家思想與 21 世紀的對話》，臺北：國立臺灣大學人文社會高等研究院東亞儒學研究中心，2022 年 09 月，頁 169-206。

〈AI 時代的來臨與人之所以為人的反思〉，收入林遠澤主編《危疑時代的儒學思考》，臺北：國立政治大學政大出版社，2022 年 12 月，頁 123-145。

〈如何活化宋明理學的智慧〉，收入黃冠閔、林維杰主編《儒學的當代性：生態、政治、文化》，臺北：中央研究院中國文哲研究所，2024 年 6 月，頁 322-371。

三、期刊論文

〈人性中惡的根源〉，《宗教世界》第 11 卷 2/3 期，總第 42/43 期，1990 年 04 月，頁 2-13。

〈牟宗三先生對孔子的理解〉，《鵝湖月刊》第 334 期，2003 年 04 月，頁 15-22。

〈四端七情之辯與成德之教〉，《鵝湖學誌》第 30 期，2003 年 06 月，頁 1-26。

〈韓儒李退溪與奇高峰「四端七情」之論辯〉，《華岡文科學報》第 26 期，2003 年 09 月，頁 45-116。

〈從當代儒學的觀點看韓儒「心體善惡」之爭論〉，《臺灣哲學研究》第 4

期，2004 年 03 月，頁 151-180。

〈李栗谷與羅整菴思想之比較〉，《哲學與文化》第 363 期，2004 年 08 月，頁 37-58。

〈朱子「中和說」中的工夫論新詮〉，《朱子學刊》創刊號，吉隆坡：馬來西亞朱熹學術研究會，2004 年 11 月，頁 14-25。

〈齊物論的言說方式〉，《鵝湖月刊》第 354 期，2004 年 12 月，頁 5-12。

〈從王學的流弊看康德道德哲學作為居間型態的意義〉，《鵝湖學誌》第 33 期，2004 年 12 月，頁 149-206。

〈論莊子的知與無知〉，《鵝湖月刊》第 373 期，2005 年 07 月，頁 24-32。

〈關於牟宗三先生的哲學方法論問題〉，《新亞學報》第 24 卷，香港：新亞研究所，2006 年 01 月，頁 41-58。

〈李退溪人文思想的意義〉，《鵝湖學誌》第 36 期，2006 年 06 月，頁 133-149。

〈朱子理一分殊論的現代意義〉（附韓譯），《艮齋學論叢》第 5 輯，首爾：艮齋學會，2006 年 08 月，頁 345-394。

〈羅近溪思想的當代詮釋〉，《鵝湖學誌》37 期，2006 年 12 月，頁 145-175。

〈王龍溪與季彭山的論辯〉，《當代儒學研究》1 期，2007 年 01 月，頁 23-49。

〈當代新儒學哲學理論應有之發展〉，《儒學評論》第三輯，保定：河北大學出版，2007 年 05 月，頁 217-241。

〈心學的經典詮釋〉，《興大中文學報》第 21 期，臺中：中興大學中國文學系，2007 年 06 月，頁 59-82。

〈羅整菴、李栗谷理氣論的涵義〉，《中央大學人文學報》第 31 期，桃園：國立中央大學文學院，2007 年 07 月，頁 209-242。

〈艮齋學派與蘆沙學派的思想異同及其特徵〉，《艮齋學論叢》第 10 輯，首爾：艮齋學會，2010 年 02 月，頁 161-205。

〈比較牟宗三先生對天台圓教及郭象玄學的詮釋〉，《新亞學報》第 28 卷，2010 年 03 月，頁 203-221。

〈比較李寒洲與鄭霞谷的「心即理」說〉，《鵝湖月刊》第 418 期，2010 年 04 月，頁 18-29。

〈儒家思想的超越性與內在性〉，《東海哲學研究集刊》第 15 輯（東海大學哲學系三十週年系慶特刊），臺中：東海大學哲學系，2010 年 07 月，頁 373-395。

〈艮齋學派與淵齋學派的思想同異及其特徵〉，《艮齋學論叢》第 10 輯，2011 年 02 月，頁 61-114。（附韓譯）

〈從朝鮮儒學「主理派」之思想看朱子理氣論之涵義〉，《鵝湖學誌》第 46 期，2011 年 06 月，頁 191-219。

〈程伊川、朱子「真知」說新詮——從康德道德哲學的觀點看〉，《臺灣東亞文明研究學刊》第 8 卷，第 2 期（總第 16 期），2011 年 12 月，頁 177-203。

〈艮齋與遂菴權尚夏的思想異同及其特徵〉，《艮齋學論叢》第 13 輯，首爾：艮齋學會，2012 年 02 月，頁 37-66（韓文），頁 67-86（中文）。

〈朱子學與陽明學的會通〉，《杭州師範大學學報》（社會科學版）第 34 卷第 5 期（總 200 期），2012 年 09 月，頁 30-38。

〈儒家道德實踐理論新詮〉，劉笑敢主編《中國哲學與文化》第 10 輯，桂林：漓江出版社，2012 年 09 月，頁 147-175。

〈「以自然的辯證來詮釋朱子學」的進一步討論〉，《當代儒學研究》第 13 期，2012 年 12 月，頁 119-138。

〈牟宗三先生朱子學詮釋之反省〉，《鵝湖學誌》第 49 期，2012 年 12 月，頁 185-209。

〈從「否定知識，為信仰留地步」看中國哲學〉，《新亞學報》第 31 卷（上），2013 年 06 月，頁 267-287。

〈從主理的觀點看朱子的哲學〉，《當代儒學研究》第 15 期，2013 年 12

月，頁 117-140。

〈從朱子思想看道德教育〉，《揭諦》第 26 期，嘉義：南華大學，2014 年 01 月，頁 1-24。

〈比較康德的德福一致論與孔子的天命觀〉，《深圳大學學報》（人文社會科學版）第 31 卷（總第 150 期）第 6 期，2014 年 11 月，頁 36-45、134。

〈論朱子晚年訓門人的有關問題〉，《當代儒學研究》第 17 期，2014 年 12 月，頁 1-20。

〈康德哲學與當代的儒學詮釋〉，《中國哲學與文化》（第十二輯），漓江出版社，2015 年 05 月，頁 1-19。

〈朱子「鵝湖寺和陸子壽」詩探索〉，《鵝湖月刊》第 40 卷第 12 期（總號第 480），2015 年 06 月，頁 10-14。

〈康德的「外在自由說」與華人社會的發展──對戴震「以理殺人」之說的解答〉，《哲學與文化》502 期（第 43 卷第 3 期），2016 年 03 月，頁 103-118。

〈中華經典的易讀與難讀〉，《鵝湖月刊》第 41 卷第 11 期（總號第 491），2016 年 05 月，頁 9-17。

〈石農與陽齋對艮齋氣質體清說的繼承發展〉，《艮齋學論叢》23 輯，首爾：艮齋學會，2017 年 02 月，頁 245-277（韓文）、頁 279-299（中文）。

〈思辨於成德是否必要──敬答黃兆強教授並論讀經問題〉，《鵝湖月刊》501 期，臺北：鵝湖月刊社，2017 年 03 月，頁 27-33。

〈朝鮮儒學對朱子思想的詮釋〉，《孔學堂》2017 年第 1 期，總第 10 期，貴陽：孔學堂雜誌社，2017 年 03 月，頁 34-44。

〈再論思辨於成德是否必要──敬答黃兆強、盧雪崑兩位教授〉，《鵝湖月刊》507 期，臺北：鵝湖月刊社，2017 年 09 月，頁 49-58。

〈從二程思想的不同看中國哲學的兩種理論型態〉，《杭州師範大學學報‧社會科學版》第 39 卷第 5 期，總第 230 期，杭州：杭州師範大學，2017 年 09 月，頁 27-35。

（本文又收入在「中國人民大學書報中心」複印報刊資料《中國哲

學》2017 年第 12 期，頁 78-87。）

〈牟宗三先生哲學之貢獻與朱子思想新詮〉，《雲南大學學報》（社會科學版）第 17 卷，總第 95 期，2018 年 03 月，頁 42-52。

〈三論思辨於成德是否必要〉，《鵝湖月刊》515 期，臺北：鵝湖月刊社，2018 年 05 月，頁 18-26。

〈程朱、陸王二系的會通〉，《當代儒學研究》24 期，桃園：國立中央大學儒學研究中心，2018 年 06 月，頁 47-68。

〈孟子告子之辯的再探討〉，《鵝湖學誌》60 期，臺北：東方人文學術研究基金會，2018 年 06 月，頁 83-114。

〈朱子與康德敬論的比較〉，《杭州師範大學學報（社會科學版）》第 40 卷，第 4 期，總第 235 期，杭州：杭州師範大學，2018 年 07 月，頁 1-11。

（本文又收錄在「中國人民大學書報中心」複印報刊資料《倫理學》2018 年第 11 期，頁 82-93。）

〈臺灣中國哲學研究的現況〉，收入鄭宗義主編《中國哲學與文化》16 輯，上海：上海古籍出版社，2018 年 11 月，頁 156-167。

〈朱子的「明德注」新詮〉，《泰東古典研究》第 42 輯，首爾：翰林大學校泰東古典研究所，2019 年 06 月，頁 159-188。

〈從《朱子書節要》看退溪對朱子思想的了解〉，《退溪學報》第 145 輯，首爾：退溪研究院，2019 年 06 月，頁 6-38（韓文）、頁 39-62（中文）。

〈再論程朱、陸王二系的會通〉，《杭州師範大學學報 社會科學版》第 41 卷，第五期，總第 242 期，杭州：杭州師範大學，2019 年 09 月，頁 10-25。

（本文又收錄在「中國人民大學書報中心」複印報刊資料《中國哲學》2020 年第 3 期，頁 66-82。）

〈從「天生人成」、「性惡善偽」來看荀子的思想〉，《孔孟月刊》第 58 卷，第 7、8 期，2020 年 04 月，頁 1-12。

〈從《生命存在與心靈境界》論述唐先生的一些哲學見解〉，收入於鄭宗義

主編《中國哲學與文化》第 18 輯，上海：上海古籍出版社，2020 年 11 月，頁 70-99。

〈從「心本於性」看韓儒艮齋的儒家的人文關懷〉，《當代儒學研究》29 期，桃園：國立中央大學儒學研究中心，2020 年 12 月，頁 87-114。

〈牟宗三先生的《圓善論》中所蘊含的安身立命之道〉，《儒學評論》第 14 輯，北京：中國人民大學孔子研究院，2021 年 03 月，頁 157-178。

〈哲學思辨、自然的辯證及道德實踐的動力〉，《鵝湖學誌》第 66 期，新北市：東方人文學術研究基金會，2021 年 06 月，頁 129-160。

〈朱子的「明德注」與韓儒田艮齋、華西學派的有關討論〉，《哲學與文化》第 48 卷第 7 期，臺北：哲學與文化月刊雜誌社，2021 年 07 月，頁 5-25。

〈論董仲舒的思想是否為「宇宙論中心」哲學〉，《衡水學院學報》第 23 卷第 5 期，河北：衡水學院，2021 年 10 月，頁 3-8。
（本文又收入魏彥紅主編：《董仲舒與儒學研究》第十一輯，成都：巴蜀書社，2021 年 6 月，頁 582-594。）

〈論楊澤波教授對牟宗三先生圓善論之批評〉，《玄奘佛學研究》第 37 期，新竹：玄奘大學，2022 年 03 月，頁 1-24。

〈霞谷思想的現代詮釋〉，景海峰主編，《國學集刊》第 8 輯，北京：商務印書館，2022 年 07 月，頁 69-82。

〈戴璉璋先生的易學研究〉，《中國文哲研究通訊》第 32 卷，第 4 期，臺北：中央研究院中國文哲研究所，2022 年 12 月，頁 87-98。

〈敬答四位學者關於我的朱子詮釋的評論〉，《鵝湖月刊》第 578 期，2023 年 08 月，頁 54-64。

〈從朝鮮儒學思想發展看田艮齋理學的理論結構及其特色〉，《鵝湖月刊》第 582 期，2023 年 12 月，頁 2-14。

〈道家與佛教的圓教之比較——玄學與天台佛教的互證〉，《杭州師範大學學報（社會科學版）》，2024 年 1 月第 1 期，杭州，2024 年 01 月，頁 1-12。

後　記

　　承蒙高柏園教授邀約及學生書局的支持出版，讓我得以藉論文精選集的名義，把學思後期（五十歲後）的多篇論文收集成書。這些論文都是有關當代新儒學師長們思想的討論，或運用當代新儒學的思想理論來詮釋傳統儒學的論文。本來將諸論文組成有系統的著作，是學人的心願，但各單篇論文撰寫之時，都有一些特別的感受，以論文原初的樣貌呈現，對個人學思的發展軌跡，可能更有紀念性的意義。

　　因此，本書收錄論文所作的修改，除了有少數明顯的疏漏需要補充外，大多是文字的勘誤、語意的完備與引用資料的更新，盡量不影響論文的原意。我最近十多來年在思想上與對於傳統學問的詮釋上有些轉變，其中以對朱子思想的理解改變最大；雖然有這種改變，但並未用後來的想法來更改已發表的論文，這是需要聲明的。現在看來，書中所收個人想法未改變時的研究成果，也有其立論的合理性與客觀的學術價值。本書所收論文大略依照發表的時間先後排序，原發表的時間與刊物，請見本書所附的論著目錄。

　　另外，最近一兩年發表的論文也有幾篇是與當代新儒學理論相關的，也頗有份量，但因為其內容還有需要斟酌修改處，就暫不收入本書了。

　　既有此一選集，就不須要再花時間把有關論文改寫成有系統的專書，這對於利用我餘下的時光集中在學問、真理的進一步探討上，是比較有利的。本書未收錄的其他論文，將結集為其他專書，作為我的學思歷程的完整呈現。本書三校之際，適值慈母一○六歲壽辰，敬以此書為賀！

　　我已經退休了三年，在此期間能夠繼續研究工作，聘請助理蒐集資料、整理稿件等，得力於東吳大學文理講座與劉光義中國哲學講座的經費支持，這對於個人學術生命的延續與深化是非常重要的，謹此致謝。

國家圖書館出版品預行編目資料

楊祖漢新儒學論文精選集

楊祖漢著. – 初版. – 臺北市：臺灣學生，2024.08
面；公分. – (當代新儒學叢書)
ISBN 978-957-15-1951-7 (平裝)

1. 新儒學 2. 文集

128.07　　　　　　　　　　　　　　113011401

楊祖漢新儒學論文精選集

主　編　者	郭齊勇、高柏園
著　作　者	楊祖漢
出　版　者	臺灣學生書局有限公司
發　行　人	楊雲龍
發　行　所	臺灣學生書局有限公司
地　　　址	臺北市和平東路一段 75 巷 11 號
劃　撥　帳　號	00024668
電　　　話	(02)23928185
傳　　　眞	(02)23928105
E - m a i l	student.book@msa.hinet.net
網　　　址	www.studentbook.com.tw
登　記　證　字　號	行政院新聞局局版北市業字第玖捌壹號
定　　　價	新臺幣一〇〇〇元
出　版　日　期	二〇二四年八月初版
I S B N	978-957-15-1951-7

12859　　　　有著作權・侵害必究